EVOLUTION IM UNTERRICHT

Evolution im Unterricht

Herausgegeben von
Roland Hedewig, Ulrich Kattmann und Dieter Rodi

Verfaßt von
*Ulrich Kattmann, Wolfgang Klemmstein,
Gerd Nottbohm und Gerhard Winkel*

AULIS VERLAG DEUBNER & CO KG · KÖLN

Die Deutsche Bibliothek – CIP-Einheitsaufnahme

Evolution im Unterricht / hrsg. von Roland Hedewig …
Verf. von Ulrich Kattmann … - Köln : Aulis-Verl. Deubner, 1998

ISBN 3-7614-2068-4

Zu den Herausgebern und Autoren

Hedewig, Roland, Prof. Dr.
Universität Kassel

Kattmann, Ulrich, Prof. Dr.
Universität Oldenburg

Klemmstein, Wolfgang,
Monheim

Nottbohm, Gerd, Dr.
Kassel

Rodi, Dieter, Prof. Dr.
Pädagogische Hochschule Schwäbisch Gmünd

Winkel, Gerhard, Dr.
Hannover

Das vorliegende Werk wurde sorgfältig erarbeitet. Dennoch übernehmen Autoren, Herausgeber und Verlag für die Richtigkeit von Angaben, Hinweisen und Ratschlägen sowie für eventuelle Druckfehler keine Haftung.

Best.-Nr. 2138
© AULIS VERLAG DEUBNER & CO KG · KÖLN 1998
Einbandgestaltung: Ursula Wentzlaff
Illustrationen: Brigitte Braun-Dähler, Bad Schwalbach
Satz: Verlagsherstellung
Druck und Weiterverarbeitung: Konrad Triltsch, Graph. Betrieb, 97070 Würzburg
ISBN 3-7614-2068-4

Inhaltsverzeichnis

Vorwort.. IX

I	**Evolution als Naturgeschichte**	1
0	**Basisinformationen (von *U. Kattmann*)**	1
0.1	Zum Thema	1
0.2	Zur Behandlung im Unterricht	10

Klassenstufe 5/6

1	**Klassifikation und Evolution (von *U. Kattmann*)**	11
1.1	Sachanalyse	11
1.2	Vorschläge zur Unterrichtsgestaltung am Beispiel „Wirbeltiere: vom Wasser aufs Land - und zurück"	13
1.3	Medien	19

Klassenstufe 9/10

2	**Erdgeschichte - Paläontologie (von *G. Nottbohm*)**	19
2.1	Sachanalyse	19
2.2	Vorschläge zur Unterrichtsgestaltung am Beispiel „Lebensgemeinschaften der Vorzeit".....	27
2.3	Medien	32

3	**Schöpfung und Evolution (von *U. Kattmann*)**	33
3.1	Sachanalyse	33
3.2	Vorschläge zur Unterrichtsgestaltung am Beispiel „Erschaffung der Erde und des Menschen"	37
3.3	Medien	46

II	**Prozesse der Evolution**	47
0	**Basisinformationen (von *U. Kattmann*)**	47
0.1	Zum Thema	47
0.2	Zur Behandlung im Unterricht	51

Klassenstufe 5/6

1	**Züchtung und Verwilderung (von *G. Winkel*)**	53
1.1	Sachanalyse	53
1.2	Kriterien der Themenauswahl	73
1.3	Vorschläge zur Unterrichtsgestaltung am Beispiel „Die Hauskatze: sanftes Wildtier oder wildes Haustier?"...	77
1.4	Vorschläge zur Unterrichtsgestaltung am Beispiel „Kaninchen: vom Wildtier zum Haustier - vom Haustier zum Wildtier"	80
1.5	Vorschläge zur Unterrichtsgestaltung am Beispiel „Gartenmöhre und Wildmöhre"	85
1.6	Vorschläge zur Unterrichtsgestaltung am Beispiel „Vielfalt der Kohlsorten"..............	87
1.7	Medien	89

Klassenstufe 9/10
2 **Evolutionstheorien (von *G. Nottbohm*)** 91
2.1 Sachanalyse 91
2.2 Vorschläge zur Unterrichtsgestaltung am Beispiel „*Darwin* und *Lamarck*" 96
2.3 Medien 104

3 **Variabilität und natürliche Selektion (von *U. Kattmann*)** 105
3.1 Sachanalyse 105
3.2 Kriterien der Themenauswahl 119
3.3 Vorschläge zur Unterrichtsgestaltung am Beispiel „Mutation und Selektion" 120
3.4 Vorschläge zur Unterrichtsgestaltung am Beispiel „Entwicklung der Artenvielfalt" 126
3.5 Medien 132

4 **Populationsdifferenzierung beim Menschen (von *U. Kattmann*)** 133
4.1 Sachanalyse 133
4.2 Vorschläge zur Unterrichtsgestaltung am Beispiel „Hautfarben und Rassismus" 141
4.3 Medien 151

III **Belege für die Stammesgeschichte** 152

0 **Basisinformationen (von *U. Kattmann*)** 152
0.1 Zum Thema 152
0.2 Zur Behandlung im Unterricht 154

Klassenstufe 5/6
1 **Lebewesen der Vergangenheit: Die Saurier (von *G. Nottbohm*)** 156
1.1 Sachanalyse 156
1.2 Vorschläge zur Unterrichtsgestaltung am Beispiel „Vielfalt der Saurier" 162
1.3 Medien 165

Klassenstufe 7/8
2 **Brückentiere - connecting links (von *G. Nottbohm*)** 166
2.1 Sachanalyse 166
2.2 Vorschläge zur Unterrichtsgestaltung am Beispiel „Archaeopteryx" 169
2.3 Medien 176

Klassenstufe 9/10
3 **Verwandtschaft (von *W. Klemmstein*)** 177
3.1 Sachanalyse 177
3.2 Kriterien der Themenauswahl 185
3.3 Vorschläge zur Unterrichtsgestaltung am Beispiel „Homologie und Analogie –
    Konvergenz und Divergenz" 186
3.4 Vorschläge zur Unterrichtsgestaltung am Beispiel „Verwandtschaft des Menschen" ... 189
3.5 Medien 200

IV	**Evolution des Menschen**	202
0	**Basisinformationen (von *U. Kattmann*)**	202
0.1	Zum Thema	202
0.2	Zur Behandlung im Unterricht	207

Klassenstufe 5/6

1	**Eigenart des Menschen (von *W. Klemmstein*)**	208
1.1	Sachanalyse	208
1.2	Vorschläge zur Unterrichtsgestaltung am Beispiel „Der Aufrechtgang und seine Konsequenzen"	216
1.3	Medien	222

Klassenstufe 7/8

2	**Menschen der Vergangenheit (von *W. Klemmstein*)**	223
2.1	Sachanalyse	223
2.2	Kriterien der Themenauswahl	238
2.3	Vorschläge zur Unterrichtsgestaltung am Beispiel „Neandertaler"	239
2.4	Vorschläge zur Unterrichtsgestaltung am Beispiel „Frühmenschen"	247
2.5	Medien	251

Klassenstufe 9/10

3	**Stammbaumrekonstruktion (von *W. Klemmstein*)**	255
3.1	Sachanalyse	255
3.2	Vorschläge zur Unterrichtsgestaltung am Beispiel „Wie könnte der Stammbaum des Menschen aussehen?"	266
3.3	Medien	277

4	**Menschwerdung (von *W. Klemmstein*)**	278
4.1	Sachanalyse	278
4.2	Vorschläge zur Unterrichtsgestaltung am Beispiel „Werkzeuggebrauch, Sozialleben und kulturelle Entwicklung"	286
4.3	Medien	293

Literaturverzeichnis	294

Stichwortverzeichnis	305

Vorwort

Evolution ist die Geschichte der lebenden Natur. Sie ist daher nicht nur ein besonderes Forschungsgebiet, sondern betrifft zugleich grundlegende Sichtweisen und die durchgehende Theorie der Biologie: die Evolutionstheorie. „Evolution" ist daher nicht nur ein wichtiger Themenbereich des Biologieunterrichts. Wegen ihrer themenübergreifenden Bedeutung ist auch vorgeschlagen worden, die evolutionäre Sichtweise als grundlegendes Erklärungsprinzip in den Biologieunterricht einzuführen (Konzept des naturgeschichtlichen Unterrichts). Darüber hinaus sind mit dem Thema „Evolution" wichtige Bezüge zu anderen Unterrichtsfächern, wie Religion (z. B. Kreationismus), Philosophie (Welt- und Selbstverständnis) sowie Sozialkunde und Ethik (z. B. Rassenfragen) gegeben.

„Evolution im Unterricht" ist eine Sonderausgabe des Bandes 7 des von *Dieter Eschenhagen, Ulrich Kattmann* und *Dieter Rodi* herausgegebenen „Handbuch des Biologieunterrichts, Sekundarbereich I". In diesem Band werden sowohl die grundlegende Sichtweise wie wichtige Themen und Beispiele der Evolutionsgeschichte behandelt. Viele der Unterrichtsvorschläge und Materialien sind auch für den Einsatz im Sekundarbereich II geeignet.

Die evolutionäre Sichtweise kann als Erklärungsprinzip in der Biologie bei vielen herkömmlichen Lehrplanthemen auch schon auf unteren Klassenstufen angewendet werden. Daher wird das Thema „Evolution" in diesem Band bereits in Klassenstufe 5/6 eingeführt. Die dort meist vorgesehene Behandlung von Artmonographien und die üblichen Betrachtungen zur Angepasstheit der Lebewesen an ihre Umwelt können auf dieser Grundlage evolutionsbiologisch ausgerichtet werden.

Das erste Hauptkapitel ist der historischen Sichtweise gewidmet. Es wird u. a. gezeigt, wie sich bereits in der Orientierungsstufe der Evolutionsgedanke nutzen lässt, um die Wirbeltiere in natürliche Gruppen einzuteilen. Die Beschäftigung mit der Erdgeschichte führt Methoden und Deutungen der Paläontologie und vor allem die zeitliche Dimension vor Augen.

Die Evolutionsbiologie stößt bei vielen Menschen auf weltanschaulich oder religiös motivierte Widerstände. Ein Kapitel beschäftigt sich daher mit kreationistischen Vorstellungen und dem Verhältnis von Schöpfungsaussagen und Evolution.

Entgegen der Gepflogenheit der meisten Lehrbücher wird in diesem Handbuch empfohlen, den Unterricht nicht mit Fossilien und Vergleichen als Belegen der Evolution zu beginnen, sondern mit den Evolutionsprozessen (zweites Hauptkapitel). Dies entspricht dem Vorrang der Theorie vor den „Fakten" und ermöglicht auch die vergleichenden Betrachtungen von Beginn an im Sinne der Evolutionstheorie zu deuten. Als anschauliche Beispiele werden Züchtung und Verwilderung ebenso herangezogen wie vom Menschen unbeeinflusste Evolutionsprozesse der Artumwandlung und Artaufspaltung.

Das dritte Kapitel enthält Untersuchungen zum Ablauf der Evolution (Stammesgeschichte im engeren Sinne), die anhand des Vergleichs von Fossilien und lebenden Organismen in Teilen durchgeführt werden. Dabei erfolgt auf der Klassenstufe 9/10 eine einfache Einführung in die phylogenetische Systematik.

Sowohl bei den Evolutionsprozessen wie bei der Analyse der Fossilien und den vergleichenden Betrachtungen wird besonderer Wert darauf gelegt, neben den theoretischen Überlegungen möglichst oft die Selbsttätigkeit der Schüler durch Untersuchungen und Experimente mit Lebewesen, Modellen, Simulationsspielen, Zoobesuchen oder Freilandbeobachtungen vorzusehen.

In der Sekundarstufe I und der Sekundarstufe II bildet beim Thema „Evolution und Abstammung" die Phylogenetik des Menschen einen wesentlichen Schwerpunkt. Auch in Alltagsvorstellungen wird unter Evolution vor allem die Entstehung des Menschen verstanden. Dementsprechend nimmt das vierte Hauptkapitel mit der Behandlung der Humanevolution den größten Raum in diesem Band ein. Angesichts der schnellen Veränderungen auf diesem Gebiet ist die Darstellung nicht nur auf den aktuellen Forschungsstand gebracht, sondern so angelegt, dass die grundsätzlichen Deutungsmöglichkeiten und Grundzüge der Evolution des Menschen aufgezeigt werden.

Im Schulunterricht und in den Richtlinien hat die Evolutionsbiologie nur selten den Stellenwert, der ihr aufgrund ihrer wissenschaftlichen Bedeutung zukommt. Den Verfassern und Herausgebern ist bewusst, dass der geringe Stundenanteil der Biologie in den gegenwärtigen Stundentafeln es den Lehrkräften nicht ermöglicht, die Vorschläge dieses Bandes in großem Umfang umzusetzen. Die Beiträge sind jedoch so angelegt, dass mit ihnen die Möglichkeiten und Ansätze, die die Richtlinien gestatten, voll genutzt werden können, um dem Thema „Evolution" und der naturgeschichtlichen Sichtweise den ihnen gebührenden Platz im Unterricht aller Klassenstufen zu geben.

Kassel, Oldenburg und Schwäbisch Gmünd
Frühjahr 1998

Roland Hedewig · Ulrich Kattmann · Dieter Rodi

I Evolution als Naturgeschichte

0 Basisinformationen

0.1 Zum Thema

0.1.1 Historische Erklärungen

Der Terminus „Evolution" (lat. evolvere: auswickeln) wurde von dem englischen Philosophen *Herbert Spencer* (1820-1903) geprägt und bedeutet im umfassenden Sinne „Entwicklung". Das Wort „Entwicklung" ist doppeldeutig: Bezogen auf die Individualentwicklung (Ontogenese) meint es Werdegang und Entfaltung eines Individuums von der Zygote bis zum Tod; im Zusammenhang mit der Stammesgeschichte (Phylogenese) betrifft es die historischen Vorgänge, die zur Entfaltung des Lebens auf der Erde und zur Ausbildung der fossilen und rezenten Lebensformen geführt hat. Biologisch wird der Terminus „Evolution" ausschließlich im letzteren Sinne verwendet.
Für seine Evolutionstheorie warb *Charles Darwin* (1859, 456) so: „Wenn wir jedes Produkt der Natur als etwas ansehen, das eine Geschichte hat, und in jeder komplexen Struktur und Verhaltensweise das Gesamtergebnis vieler für seinen Besitzer nützlicher Abänderungen erblicken, in derselben Weise etwa, wenn wir auf eine bedeutende mechanische Erfindung als Gesamtergebnis von Arbeit, Erfahrung und Verstand, vielleicht gar Fehler einzelner Arbeiter ansehen; wenn wir in solcher Weise die Lebewesen betrachten, um wieviel interessanter - ich spreche aus Erfahrung - wird das Studium der Naturwissenschaft werden!"
Die um den Evolutionsgedanken geführten Auseinandersetzungen - glühendes Verfechten und vehemente Ablehnung - entspringen alle gleichermaßen einem Verständnis von Evolution als Tatsachenbehauptung. Die Annahme der Evolution entspricht jedoch schlicht dem Entschluss, die Natur geschichtlich zu sehen. Wer in der Natur nur ewig wiederkehrende Zyklen sieht - wie etwa ein Buddhist - oder wie mancher Kreationist allenfalls absteigende Degeneration und Verarmung der Arten als Folge des Sündenfalls anzunehmen bereit ist, wird sich durch keinen empirischen Beleg oder darauf bezogenes Argument überzeugen lassen (vgl. *von Wahlert* 1992).
Das entscheidend Neue in der Theorie *Darwins* ist die geschichtliche Sichtweise der Natur. Aus ihr ergibt sich ohne weiteres die Notwendigkeit, sich von Evolution einen Begriff zu machen. Von nun an wird allen Aussagen der Biologie der Evolutionsgedanke unhintergehbar zugrundegelegt. Hinsichtlich der Voraussetzungen und des wissenschaftlichen Vorgehens ist ein Vergleich mit der experimentellen Kausalforschung angebracht. Das Phänomen der Evolution mit Belegen nachweisen zu wollen, ist weder gefordert noch sinnvoll: Wie man heute in der Naturwissenschaft voraussetzt, dass es einen ununterbrochenen Kausalzusammenhang gibt, so wird in der Evolutionsforschung von dem naturgeschichtlichen Abstammungs-Zusammenhang ausgegangen. In der evolutionären Deutung erhält damit das Wort „Naturgeschichte" einen präzisen evolutionären Sinn. Diese Bedeutung ist von dem früheren Sprachgebrauch im Sinne einer nur beschreibenden Naturerfassung zu unterscheiden (vgl. *Kattmann* 1995 a).
Der Charakter der Evolution als einmaliger, unwiederholbarer Geschichte (und nicht nur als naturgesetzlich ablaufender Prozess) ist insbesondere von dem Paläontologen *Stephen Jay Gould* sowie dem Ichthyologen und Evolutionsökologen *Gerd von Wahlert* herausgestellt worden. *Gould* veranschaulicht die geschichtlichen Voraussetzungen des Ablaufs der Evolution (Kontingenz, vgl. z. B. *Gould* 1989; 1991 a; b; c; 1994). *Von Wahlert* beschreibt Evolution als Geschichte des Ökosystems „Biosphäre" und begreift sie damit als synökologisches Geschehen, das ein Zusammenschauen der sich gemeinsam entwickelnden, sich gegenseitig voraussetzenden und wechselseitig beeinflussenden Stammeslinien nötig macht (vgl. *von Wahlert* 1990; 1992;

von Wahlert/von Wahlert 1981). Evolution umfasst so nicht nur die Organismen, sondern auch die Ökosysteme und geologischen Stoffkreisläufe. Evolution ist die Geschichte des durch die Lebewesen geprägten „Bioplaneten Erde" (vgl. *Kattmann* 1991).

Für die wissenschaftliche Erklärung der Evolution ist die Unterscheidung zwischen gesetzlichen (nomologischen) Erklärungen und geschichtlichen (historischen) Erklärungen wichtig. Geschichte ist nie allgemeingültig und vollständig zu erfassen; gesetzliche Aussagen können Geschichte nicht hinreichend erklären. Sie geben im zutreffenden Falle die notwendigen Bedingungen an, die ein historisches Geschehen bewirkt haben (Fernursachen, ultimate causes), und die Faktoren, die heute beobachtbare Prozesse steuern (Nahursachen, proximate causes). Prinzipien und Gesetze aber machen noch keine Geschichte. Das Erfassen historischer Bedingungen und Geschehnisse hat in der Biologie daher grundsätzlich einen eigenständigen Erklärungswert neben der Kausalanalyse („narrative explanation" *Mayr* 1984; „historische Erklärung"; vgl. *Eschenhagen/Kattmann/Rodi* 1996, 69 f.; *von Wahlert* 1992; 1993).

In Geschichte sind also einmalige Ereignisse und kontingentes Geschehen inbegriffen. Die Frage nach den Ursachen der Evolution ist nur zum Teil nomologisch, zum anderen Teil historisch. Wäre die Frage nur nomologisch, dann ließe sich der Verlauf der Evolution mit allgemeinen Prinzipien oder Gesetzen vollständig erklären und (wenigstens in engen Grenzen) vorhersagen. Der konkrete Verlauf wird jedoch durch nicht vorhersagbare geschichtliche Ereignisse mit verursacht, wie das Zusammentreffen von Organismen, die Zufallswirkungen bei Rekombination und Alleldrift, die klimatischen und geologischen Ereignisse einschließlich der Dezimierung durch erdgeschichtliche Katastrophen. Eine Abfolge von erdgeschichtlichen „Glücksfällen", vom Überleben der Chordatiere beim Massensterben in der Wende vom Kambrium zum Devon bis zu dem der Säugetiere beim Übergang von der Kreide zum Tertiär, bestimmte z. B. mit, dass der Mensch in der Evolution entstehen konnte (vgl. *Gould* 1991 c).

Wenn in der Evolutionsbiologie als historischer Wissenschaft die Geschichtlichkeit des Lebendigen vorausgesetzt wird, so sind von ihr grundsätzlich nur noch zwei Fragen zu beantworten:

– *Welche Ursachen hat der Verlauf der Evolution auf dem Bioplaneten Erde?* Damit wird nach den Prozessen der Evolution gefragt sowie nach den die Prozesse bewirkenden notwendigen und hinreichenden Evolutionsfaktoren (s. Kapitel II).

– *Wie ist die Evolution auf dem Bioplaneten Erde verlaufen?* Diese Frage betrifft vor allem die konkrete Rekonstruktion der Geschichte von Arten und größeren Abstammungsgemeinschaften (s. Kapitel III).

0.1.2 Zeitliche Dimensionen der Erd- und Lebensgeschichte

Der Planet Erde hat etwa ein Alter von 4,6 Milliarden Jahren. Man nimmt an, dass er vor etwa 4 Milliarden Jahren so weit abgekühlt war, dass Lebewesen entstehen und sich entwickeln konnten. Anhand der Isotopenverteilung des Kohlenstoffs glaubt man erste Anzeichen für die Tätigkeit von Lebewesen zu erkennen, die bereits vor 3,8 Milliarden Jahren existierten. Wahrscheinlich handelte es sich um thermophile Archaebakterien (vgl. *Greber/Greber* 1996, 12). Eukaryoten gibt es frühestens seit 1,4 bis 1,8 Milliarden Jahren, fast 2/3 der Lebensgeschichte der Erde wurde also von Prokaryoten bestimmt (s. Abb. I, 0-1). In dieser Zeit wurde z. B. ein wesentlicher Teil der Sauerstoffvorräte der Atmosphäre aufgebaut (s. Abb. I, 0-2; vgl. *Cloud* 1983; *Kattmann* 1991; *Gerdes* 1996; 1997). Fossile Belege der heutigen Tierstämme gibt es erst seit dem Kambrium, das vor etwa 570 Millionen Jahren begann; das davor liegende Präkambrium umfasst also über 4/5 der Lebensgeschichte. Diese Verhältnisse werden durch die üblichen erdgeschichtlichen Tabellen nicht erfasst, da die Einteilung der Epochen überwiegend an dem Auftreten von Fossilien von Tieren bzw. Pflanzen orientiert ist (s. Kasten I, 2-1). Die bereits unvorstellbar langen geologischen Zeiträume der erdgeschichtlichen Epochen sind also nur die kürzeren Phasen der Lebensgeschichte auf dem Bioplaneten Erde und die erfaßten Stammeslinien nur die jüngsten Ausläufer oder Sprößlinge eines breiten und weitgehend unerforschten Grundstocks.

Basisinformationen

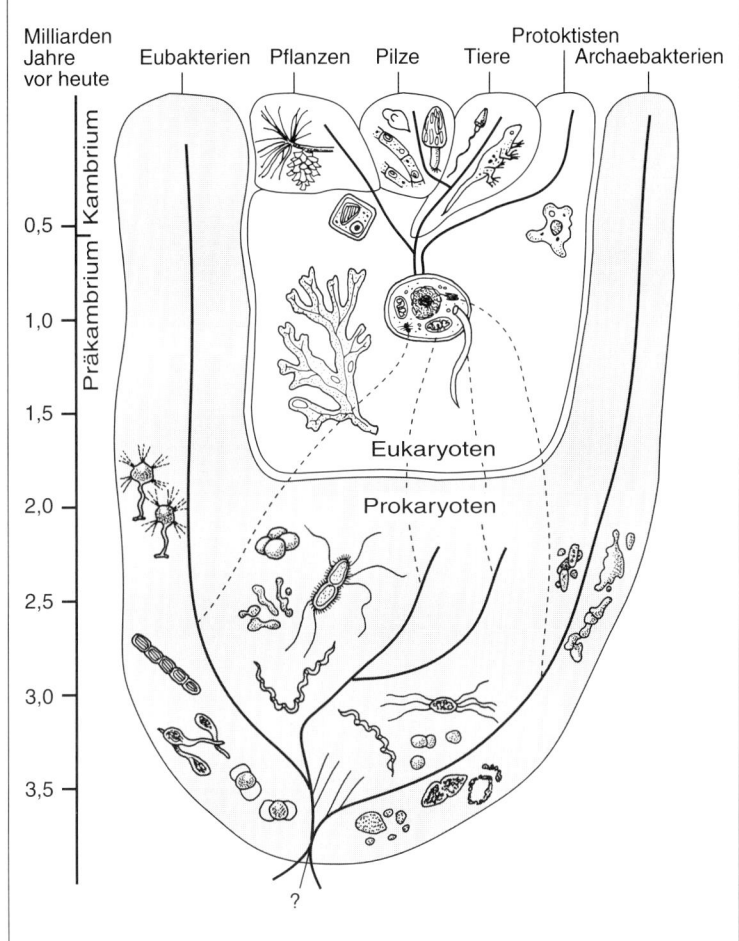

Abb. I, 0-1: Evolutionäre Beziehungen zwischen Prokaryoten (grau: Bacteria und Archaea) und Eukaryoten. Mehrzeller (Pflanzen, Tiere, Pilze) treten erst im letzten Viertel der Erdgeschichte auf. Unter Pflanzen werden hier nur die Moose, Farn- und Samenpflanzen verstande, unter Tieren nur die mehrzelligen Tiere oder Metazoa (nach *Margulis/Guerrero/ Bunyard* 1996, 172)

0.1.3 Der Vorrang der Selektionstheorie und die sogenannten Belege

Die Evolutionstheorie macht Aussagen über die Ursachen und den Verlauf der Geschichte des Lebens auf der Erde. Wie jede wissenschaftliche Theorie ist die Evolutionstheorie an Voraussetzungen gebunden, die weder beweisbar noch beweisbedürftig sind. Zu diesen Voraussetzungen gehört der Entschluss, die Natur geschichtlich betrachten zu wollen (s. Abschnitt I, 0.1.1). Wissenschaftliche Aufgabe kann daher nicht sein, Beweise oder Belege für die Evolutionstheorie selbst zu finden. Wissenschaftlich geprüft werden können nur die aus ihr abgeleiteten Hypothesen und Erklärungen.

Für die Frage, welchen Wert sogenannte Belege für die Evolution haben, ist der Vergleich zwischen den Auffassungen von *Ernst Haeckel* und *Charles Darwin* hilfreich. Bei *Haeckel* beweisen Beobachtungen und Daten direkt die Wahrheit der Abstammungslehre. Entsprechend stehen Vergleichende Anatomie und Morphologie im Vordergrund seiner Arbeit. Dass *Darwin* eine solche Begründung für defizitär hält, führt er an entscheidender Stelle in der Einleitung seines Buches aus: „Was die Entstehung der Arten betrifft, so könnte ein Naturforscher, der die gegenseitige Verwandtschaft der organischen Wesen, ihre embryonalen Beziehungen, ihre geographische Verbreitung, ihre geologische Aufeinanderfolge und ähnliche Tatsachen erwägt, zu dem Schlusse kommen, dass die Arten nicht unabhängig voneinander geschaffen sind, sondern ähnlich den Va-

I Evolution als Naturgeschichte

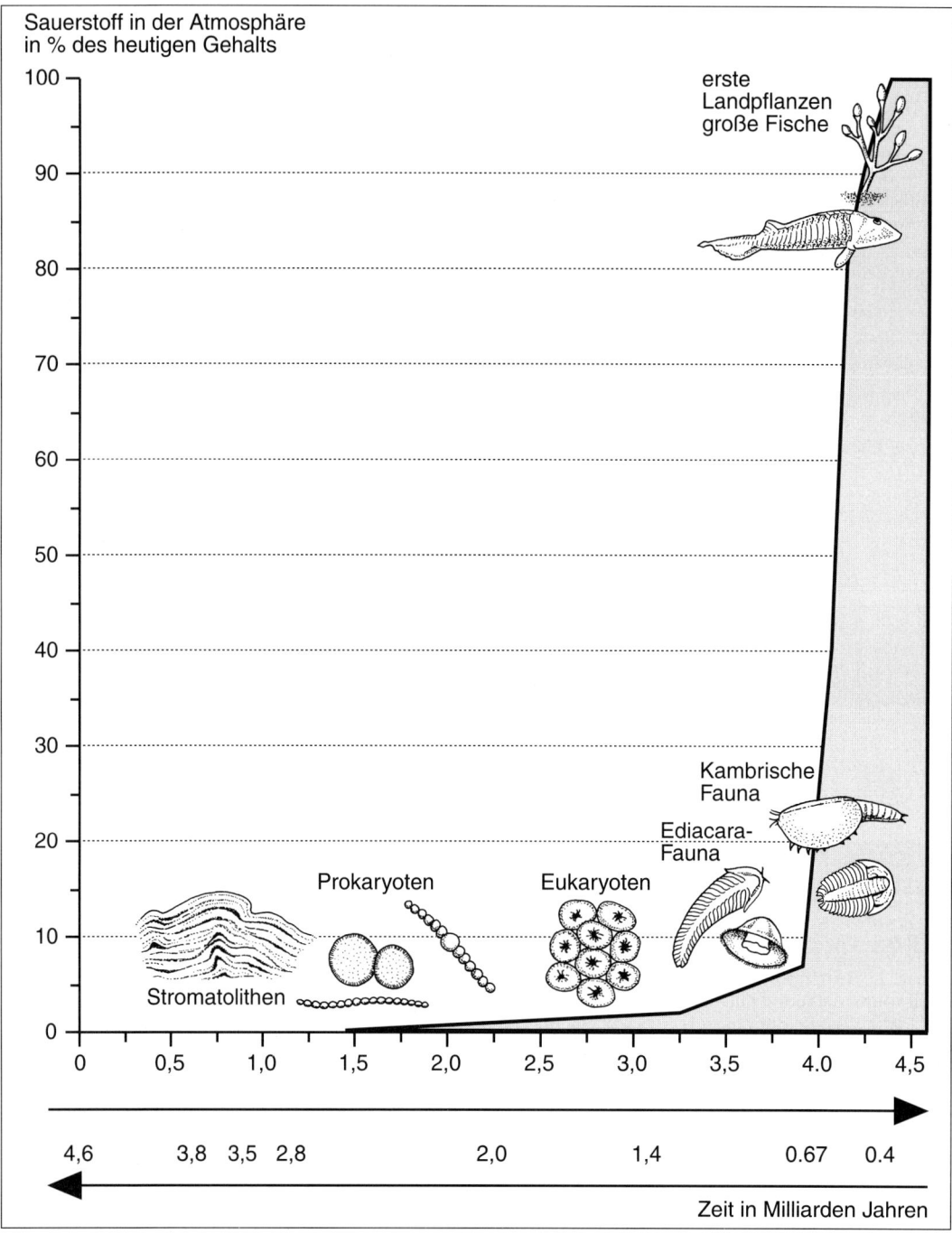

Abb. I, 0-2: Älteste Lebensspuren, Fossilien und die Entstehung des Sauerstoffgehalts der Atmosphäre (nach *Cloud* 1983, verändert)

rietäten von anderen Arten abstammen. Dennoch wäre ein solcher Schluss, wie gut er auch begründet sein mag, unbefriedigend, solange nicht auch erwiesen wird, wie sich die unzähligen unsere Erde bewohnenden Arten ... abgeändert haben. ... Es ist daher von größter Wichtigkeit, einen klaren Einblick in die Wirkungsweisen zu gewinnen, mit denen Abänderung und gegenseitige Anpassung erfolgen" (*Darwin* 1859, 66 f.).

Diese Aussage widerspricht der heute noch verbreiteten Auffassung, man könne die Evolutionstheorie als eine Tatsachenaussage über die Evolution formulieren, zu der die Selektionstheorie als Ursachenaussage hinzutrete. Die reine Tatsachenbehauptung der Evolution ist wissenschaftlich nichtssagend. Mit ihr wird nämlich nur festgestellt, dass überhaupt ein organismischer Wandel während der Erdgeschichte stattgefunden hat. So lange eine Ursachentheorie noch nicht formuliert ist, lädt der so ausgesagte Wandel als naturwissenschaftlich unbegriffenes oder gar unzugängliches Phänomen dazu ein, spekulativ Pseudoursachen anzunehmen. *Darwin* hält die Selektionstheorie für ausschlaggebend, da erst durch sie die Annahme einer Evolution naturwissenschaftlich hinreichend begründet wird (vgl. Abschnitt II, 0.1.1).

Der Vorrang der Theorie im Werk *Darwins* ist lange nicht erkannt worden, da der Erfolg *Darwins* wesentlich auf dem immensen Belegmaterial beruht, über das er aufgrund seiner Weltreise und seiner Sammeltätigkeit verfügte. *Darwins* Leistung besteht jedoch darin, dass er alle verfügbaren Daten auf seine Theorie bezog und entsprechend auslegte.

Tab. I, 0–1: Teiltheorien der Evolutionstheorie *Darwins*. Die Selektionstheorie bildet die logische Grundlage für die älteren Teiltheorien I und II (aus *Kattmann* 1992 a, 3)

I Theorie der Verwandtschaft durch gemeinsame Abstammung	II Theorie der Abstammung durch graduelle Abänderungen	II Theorie der Abänderung durch natürliche Selektion
Erfasst Ergebnisse der Evolution: Gestalten, Strukturen, „Baupläne" (Statik)	Erfasst Abläufe der Evolution: Stammesgeschichte (Kinematik)	Erfasst Ursachen der Evolution: Faktoren, Regeln, Gesetze (Dynamik)
1. Übereinstimmungen in der Struktur können auf gemeinsame Vorfahren hinweisen.	1. Alle Lebewesen entwickelten sich aus einer oder wenigen einfachen Formen.	1. Lebewesen haben die Tendenz, sich in geometrischer Rate zu vermehren.
2. Alle Glieder einer Klasse sind durch Verwandtschaft miteinander verbunden und können in weitere Gruppen unterteilt werden.	2. Jede lebende oder fossile Art stammt von einer anderen Art ab, die ihr zeitlich vorhergeht.	2. Mittelfristig bleibt die Anzahl der Lebewesen in einer Population annähernd konstant.
3. Je größer die Übereinstimmungen zwischen zwei Gruppen sind, desto enger ist ihre Verwandtschaft.	3. Evolutionärer Wandel vollzog sich in kleinen Schritten und sehr langsam.	3. Die Ressourcen in einem Lebensraum sind begrenzt.
4. Organe im rudimentären Zustand weisen darauf hin, dass ein Vorfahr sie noch völlig entwickelt besaß.	4. Neue Gattungen, Familien, Ordnungen, Klassen und Stämme entstanden in langen Zeiträumen auf dieselbe Weise wie die Arten.	4. Die Individuen in einer Population unterscheiden sich in erblichen Eigenschaften.
5. Die Übereinstimmung der Lebewesen nimmt in frühen Entwicklungsstufen zu (Embryonen), was auf einen gemeinsamen Ursprung verweist.	5. Jede Art entstand in einer einzigen geographischen Region. Die Verbreitung verwandter Arten und Gruppen spiegelt ihre Entstehung und Ausbreitung.	5. Der Fortpflanzungserfolg der Individuen entscheidet sich in der Konkurrenz um die Ressourcen („Kampf ums Dasein").
6. Fossile Überreste füllen oft Lücken zwischen bestehenden Formen.	6. Je näher zwei Gruppen miteinander verwandt sind, desto später haben sie sich in der Stammesgeschichte getrennt.	6. Individuen, die mehr vorteilhafte Eigenschaften haben, produzieren durchschnittlich mehr Nachkommen.
7. Sämtliche Lebewesen der Erde stammen von einer oder wenigen Urformen ab.	7. Das Aussterben von Arten ist die Folge der Entstehung neuer Arten oder von Umweltänderungen.	7. Die natürliche Selektion reichert vorteilhafte Varianten in der Population an, so dass die Arten unbegrenzt abgeändert werden.
	8. Eine einmal ausgestorbene Art kann nicht noch einmal entstehen.	8. Unterschiedliche Umweltbedingungen bewirken die Divergenz der Charaktere, so dass neue Arten entstehen, die unterschiedlichen Stellen des Naturhaushaltes angepasst sind.
	9. Das Zeugnis der Fossilien für die Stammesgeschichte ist lückenhaft.	9. Evolution ist in der Vergangenheit nach denselben Gesetzmäßigkeiten abgelaufen, die wir noch heute als wirksam erkennen können.

◄─── Logische Begründung

Geschichtliche Abfolge der Beobachtungen ──────────────────────────────►

I Evolution als Naturgeschichte

Die Evolutionstheorie *Darwins* läßt sich in drei Teiltheorien darstellen, deren Beziehungen zueinander zugleich das Verhältnis zu Vorläufern und Nachfolgern aufzeigen können (s. Tabelle I, 0-1). Grundlegend ist Teiltheorie III: die Selektionstheorie. Ihre innere Logik ist die einer wissenschaftlichen hypothetisch-deduktiven Theorie (s. Abb. II, 0-1). Aus der Selektionstheorie leitet sich logisch die Annahme der Evolution ab: Wenn Arten unbegrenzt variieren, dann kann ihre Abänderung durch Konkurrenz und Selektion ebenfalls unbegrenzt erfolgen. Kleine Abänderungen können so über lange Zeit durch immer wiederholte Auslese in der Summe zu völliger Umkonstruktion führen.

In den Teiltheorien II (Abstammung) und I (Verwandtschaft) wird logisch die Teiltheorie III vorausgesetzt, die ihnen zugrundeliegenden Beobachtungen sind jedoch viel älter als die Selektionstheorie (vgl. *Stripf* 1989). Sie waren lange bekannt, sind aber in der Regel nicht evolutionär oder geschichtlich gedeutet worden. So wurden die erkannten Bauplanübereinstimmungen als Zeichen der Gedanken des Schöpfers verstanden oder als Abbilder von der Natur innewohnenden Ideen. Man sah in Gesteinen, Pflanzen und Tieren und schließlich dem Menschen eine Stufenleiter der Schöpfung, ohne an eine Abfolge zu denken. Erst *Lamarck* hat diese Stufenleiter als zeitliches Nacheinander gedeutet und so die Teiltheorie II aus Teiltheorie I entwickelt. Alle Vorgänger *Darwins* und im Grunde auch noch *Darwins* Mitstreiter *Ernst Haeckel* und *Thomas H. Huxley* haben in gleicher Weise versucht, die Evolution mit Hilfe der Teiltheorien I und II zu beweisen, was scheitern muss, so lange die Annahme der Abstammung mit der Annahme der anderen genannten Ursachen konkurriert. *Haeckel* schließt sich mit seinen Beweisen aus vergleichender Anatomie, Embryologie und spekulativen Stammbaumkonstruktionen eher an *Lamarck* an als an *Darwin*. Zu *Darwins* Kummer haben seine Gefährten zwar den Evolutionsgedanken als Glaubenswahrheit propagiert, aber die eigentliche wissenschaftliche Grundlage, nämlich die Theorie der natürlichen Selektion, für nicht so wichtig gehalten.

0.1.4 Der naturwissenschaftliche Charakter der Evolutionstheorie

Als eine naturwissenschaftliche Theorie sind die Aussagen der Evolutionstheorie hypothetisch, d. h. prinzipiell widerlegbar. Innerhalb der Theorie sind sie widerspruchsfrei und haben hohen Erklärungswert. In diesem Sinne ist die Evolutionstheorie die zentrale Theorie der Biologie: „Nothing in biology makes sense except in the light of evolution" (*Dobzhansky* 1973; vgl. *von Wahlert* 1992; *Kattmann* 1995 a). Zuweilen wird dennoch bezweifelt, ob die Evolutionstheorie überhaupt wissenschaftlich begründet sei.

Ein schwerwiegender Einwand besteht darin, in der Evolutionsbiologie könnten keine *Prognosen* aufgestellt werden. Die Kritik orientiert sich am heute allgemein anerkannten naturwissenschaftlichen Vorgehen. Die naturwissenschaftliche Methode besteht in vier Schritten:
1. Aufstellen einer Hypothese aufgrund vorlaufender Erfahrungen und Zufallsbeobachtungen;
2. Ableiten von Prognosen aufgrund der Hypothese;
3. Überprüfen der Prognosen anhand von Experimenten und gezielten Beobachtungen;
4. Bestätigung oder Widerlegung der Hypothese, je nachdem, ob die Ergebnisse von Experimenten und Beobachtungen mit den Prognosen übereinstimmen.

Aufgrund des Zusammenspiels von Hypothese und logisch daraus abgeleiteten Folgerungen spricht man vom hypothetisch-deduktiven Verfahren (vgl. *Eschenhagen/Kattmann/Rodi* 1996, 208 ff.). Danach müssen wissenschaftliche Aussagen als Hypothesen grundsätzlich empirisch widerlegbar sein. Der Einwand gegen die Evolutionsbiologie lautet nun, als historische Wissenschaft könne diese gar keine Vorhersagen machen, sie habe ein metaphysisches Forschungsprogramm, das zwar viele Fragestellungen anregen und viele Phänomene im Rahmen der Theorie erklären könne, aber ihre Hypothesen seien empirisch nicht überprüfbar und somit auch keine naturwissenschaftlichen Aussagen. Da diese Kritik von prominenter Seite, nämlich vom Erkenntnistheoretiker *Karl Popper*, vorgetragen wurde, hat man sie weithin übernommen, obgleich sie *Popper* später widerrufen hat. Das Problem empirischer Überprüfung löst sich nämlich auf, wenn Prognosen nicht nur auf die Zukunft, sondern auch auf unbekannte Ereignisse in der Vergangenheit angewendet werden. Derartige Retrodikte sind mit empirisch überprüfbaren Vorhersagen logisch gleichwertig und daher als rückwärtsgerichtete Prognosen anzusehen (vgl. *Vollmer* 1987). Im übrigen sind innerhalb der Evolutionsbiologie auch (vorwärtsgerichtete) Prognosen nicht ungewöhnlich (vgl. *Williams* 1985; *Lewis* 1986):

– *Darwin* selbst gibt ein klassisches Beispiel für eine evolutionsbiologische Prognose, indem er beim Anblick der madegassischen Orchidee Angraecum sesquipedale, deren Blüte einen 30 cm langen Sporn hat, die Existenz eines ebenso langrüsseligen Bestäubers auf Madagaskar vorhersagte (s. Kasten II, 2-4).
– Die frühesten Vertreter der Pferdelinie hielt man lange Zeit für Allesfresser. Der Paläontologe *W. D. Matthew* kam 1926 aufgrund von Vergleichen mit heute lebenden Pflanzenfressern wie dem Pudu, einem Spießhirsch, zu dem Analogieschluss, dass sie wahrscheinlich Laubfresser waren. 1982 wurde in der Grube Messel ein Urpferdchen ausgegraben, dessen Mageninhalt erhalten war und sogar mikroskopisch untersucht werden konnte: Der Mageninhalt besteht eindeutig aus Laubblättern, wie die Spaltöffnungen zeigen. Damit ist das Retrodikt von *Matthew* eindrucksvoll bestätigt worden (vgl. *Franzen* 1984).
– In sehr überzeugender Weise wurden evolutionsbiologische Prognosen 1911 bei der Entwicklung eines Impfstoffes durch die Mediziner und Biochemiker *Twort* und *Ingram* angewendet. Der Erreger der Rinder-Pseudo-Tuberkulose ist ein Bakterium, das bis dahin nicht in Kultur gehalten werden konnte, was zur Entwicklung eines Impfstoffes nötig ist. Der Erreger ähnelt einem saprophytisch lebenden Heubakterium. Daher vermuteten *Twort* und *Ingram,* dass der Krankheitserreger von Heubakterien abstammt, die von den Rindern mit der Nahrung aufgenommen wurden. Einige dieser Bakterien hätten sich dann zu Parasiten entwickelt, indem sie Stoffwechselprodukte des Wirtes nutzten. Da sie diese Stoffwechselprodukte nun nicht mehr selbst herstellen mussten, wurde der eigene Stoffwechsel vereinfacht: Die Verlustmutanten wurden durch die natürliche Selektion begünstigt, da sie die einfacheren, weniger Material und Energie benötigenden Individuen waren. Aus diesen Hypothesen wurde die Prognose abgeleitet, dass Heubakterien genau diejenigen Stoffwechselprodukte herstellen, die für eine Kultur der Erreger benötigt werden. Tatsächlich konnten die Erreger erfolgreich kultiviert werden, wenn man ihrem Nährmedium einen von Heubakterien-Kulturen gewonnenen Extrakt zusetzte. Die Hypothese, dass die Erreger der Rinder-Pseudo-Tuberkulose von Heubakterien abstammen und durch Verlustmutationen abgeändert worden sind, ist somit glänzend bestätigt worden. Mit Hilfe der Kultur der Erreger konnte dann auch der Impfstoff gegen die Rinderkrankheit erfolgreich entwickelt werden (vgl. *Lewis* 1986).

Auch in der Populationsgenetik gibt es viele Beispiele für bestätigte Prognosen zur Evolution. Hierher gehören die Hypothesen zum Industriemelanismus des Birkenspanners (s. Abschnitt. II, 3.1.2) ebenso wie die Annahme eines Heterozygotenvorteils bezogen auf das Sichelzellenallel beim Menschen. Im ersten Fall ist das häufigere Überleben dunkler Mutanten in Industriegebieten vorherzusagen, im zweiten Fall das häufigere Überleben der Heterozygoten in Malariagebieten. Die Prognosen lassen sich in beiden Fällen auf zukünftige Entwicklungen ausdehnen: Mit der Luftverbesserung in Industriegebieten wird die dunkle Mutante abnehmen, mit der Bekämpfung und dem Rückgang der Malaria das Sichelzellenallel in den betroffenen Gebieten. Dasselbe gilt für die Häufigkeit des Sichelzellenallels bei Amerikanern afrikanischer Herkunft, die jetzt in malariafreien Gebieten leben (s. Band 6).

Als historische Wissenschaft ist die Evolutionsbiologie allerdings nicht in der Lage, den Verlauf der Evolution insgesamt vorherzusagen. Sie kann Evolution immer nur rekonstruieren. Dies ergibt sich aus der großen Komplexität sowie der Kontingenz historischer Ereignisse und der dadurch gegebenen Offenheit zukünftiger Entwicklungen.

0.1.5 Naturgeschichtliche Sicht und ahistorische Fehlurteile

Wie nötig die naturgeschichtliche Betrachtungsweise für ein angemessenes Verständnis der gesamten Biologie ist, soll an verbreiteten fehlerhaften Erklärungsmustern verdeutlicht werden. Dazu gehören:
– die Annahme vollkommener Anpassung,
– die typologische Inversion,
– die Anschauungen von Zweckmäßigkeit und Fortschritt,
– die Deutung der Evolution als Höherentwicklung.

I Evolution als Naturgeschichte

Die Angepasstheit der Organismen an ihre Umwelt wurde auch von *Darwin* bewundert. Auf dem Wege zur Evolutionstheorie aber war sie für ihn ein Hindernis. Er bekennt, dass er durch diese Erscheinung lange Zeit im Sinne der Schöpfungslehre „orthodox" geblieben sei. Vollkommene Angepasstheit passt besser zu einem schöpferisch planenden Geist als zu den Ursachen, die in einer naturwissenschaftlichen Theorie angenommen werden müssen.

So ist es eigentlich verwunderlich, dass die Angepasstheit der Organismen heutzutage meist als „Beleg" für die Evolution angeführt wird. Für *Darwin* ergab sich die Lösung des Problems, als er entdeckte, dass die Lebewesen nicht vollkommen konstruierte Maschinen, sondern jeweils nur begrenzt angepasste Systeme sind. *Darwin* (1862) entdeckte, dass Orchideenblüten stets aus denselben Bauteilen bestehen, die jedoch jeweils in Hinblick auf bestimmte Bestäubungsmechanismen abgewandelt sind. Bestimmte Bauteile bleiben auch dann erhalten, wenn unabhängig von ihnen bessere Konstruktionen möglich wären. Organismen sind also nicht die Produkte eines am Zeichenbrett frei planenden Ingenieurs. Die Bauteile der Orchideenblüten sind nicht jeweils speziell für die einzelne Blüte konstruiert, sondern sie entsprechen ganz normalen Blütenblättern anderer Orchideen. Konstruktive Lösungen sind so nur innerhalb der vorgegebenen Organisation der Vorfahren möglich: Die Grenzen der Anpassung der Organismen liegen in ihrer Geschichte (vgl. *Gould* 1989).

Für die Evolutionsbiologie sind also in erster Linie nicht die Grade der Angepasstheit interessant, sondern die spezifischen Formen und Grenzen der Angepasstheit sowie die jeweiligen Voraussetzungen und die Beschränktheiten der Anpassungsprozesse bei einer Art oder Stammeslinie. In naturgeschichtlicher Betrachtungsweise ist als Ergebnis der Evolution historisch bedingte Unangepasstheit der Organismen zu erwarten. Die typologische Inversion ist ein logischer Fehlschluss: Ergebnisse der Evolution werden als Ursache angesehen. Als causa finalis wird das Ergebnis zum Ziel. Der Name des Fehlschlusses leitet sich daraus ab, dass die Ergebnisse der Evolution bei der Umkehrung der kausalen Verhältnisse typologisiert werden: Aus den so konstruierten Typen und (idealisierten) Prinzipien werden fälschlich „Regeln" und „Gesetze" abgeleitet (vgl. *von Wahlert* 1992).

Typologische Inversion liegt z. B. vor, wenn aus den heute erkennbaren „Stufenreihen" von Organismengruppen, wie Fische, Amphibien, Reptilien, Vögel und Säuger, die „Leserichtung" einer evolutionären Stufenreihe abgeleitet wird. Es wird dann z. B. angenommen, der Typus „Knochenfisch" repräsentiere eine stammesgeschichtlich ursprünglichere (und weniger weit entwickelte) Form der Wirbeltiere als die Säugetiere. In der Vergleichenden Anatomie werden häufig entsprechende Entwicklungsreihen der Organe wie selbstverständlich angenommen. Selbst *Darwin* ist einem solchen Fehlschluss erlegen. Er erkannte völlig richtig, dass die Schwimmblase der Knochenfische der Lunge der Landwirbeltiere homolog ist, und folgerte daraus, dass die Lungen umgewandelte Schwimmblasen seien. Die Geschichte verlief jedoch nach allen Indizien umgekehrt: Zwar gibt es „Fische" seit dem Ordovicium, aber die modernen Knochenfische (Teleostei) haben sich wahrscheinlich später entwickelt als die Säugetiere. Die Vorfahren beider besaßen wahrscheinlich sowohl Kiemen wie auch Lungen. Die Schwimmblasen der Knochenfische haben sich aus Lungen entwickelt, nicht umgekehrt (s. Abb. I, 0-3). In naturgeschichtlicher Sicht sind die (von uns konstruierten) Stufenreihen Ergebnis einer evolutionären Diversifikation (adaptiven Radiation), nicht einer einlinigen (gerichteten) Höherentwicklung (s. Kapitel III, 0-1).

Mit beiden Fehlschlüssen, typologischer Inversion und dem Argument der Angepasstheit, wird Geschichte übersehen. Beide Fehlschlüsse bestehen in dem untauglichen Versuch, Evolutionsverläufe an Typen und mit Hilfe von Prinzipien erkennen zu wollen. An die Stelle historischer Erklärungen treten dann ausgesprochen oder verdeckt die ahistorischen Fehlurteile von Zweckmäßigkeit, Zielgerichtetheit und Fortschritt in der Evolution. Gegen letztere sprechen vier Argumente:

– Zwar kann z. B. die Zunahme von Komplexität (wenn auch innerhalb von Stammeslinien nicht mit eindeutiger Richtung) in der Evolution verfolgt werden, aber damit verbundene Wertungen sind keineswegs zwingend. Die Bewertungskriterien für „hoch" und „niedrig" sind vielmehr subjektiv und anthropozentrisch.
– Die jeweilige Organisation eines Organismus entspricht den Erfordernissen und Gegebenheiten seiner spezifischen Umwelt und Lebensweise; die angeblich Niederen leben nicht schlechter, sondern anders als die sogenannten Höheren.

Basisinformationen

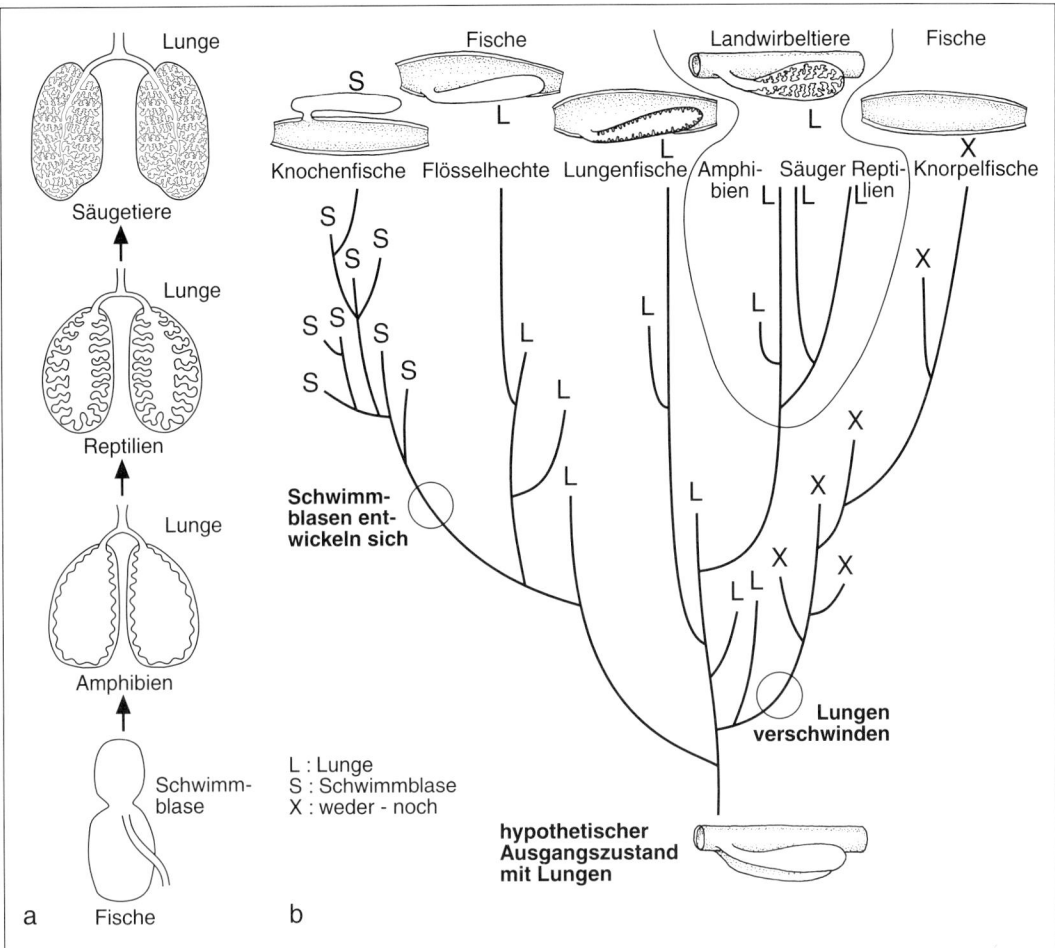

Abb. I, 0-3: Evolutionäre Beziehungen zwischen Lungen und Schwimmblasen. a) Stufenleiter und Vorstellung von einer Höherentwicklung vom Einfachen zum Komplexen, b) Diversifikation und Differenzierung: Die Entwicklungslinien werden zum Busch, die Lungen sind ursprünglich, Schwimmblasen sind umgewandelte Lungen. L Lunge, S Schwimmblase, X weder Lunge noch Schwimmblase (nach *Gould* 1990, verändert)

– Die Evolution einer Organismengruppe ist nicht auf „Höheres" gerichtet, sondern geht in alle Richtungen (Diversifikation). Eine gerichtete „Höherentwicklung" wird nur vorgetäuscht, wenn - wie bei den Pferden - zufällig nur eine Stammeslinie übrig bleibt. Komplexere Organisation und leistungsfähigere Organe entstehen also nicht aufgrund eines in diese Richtung zielenden Evolutionsprinzips, sondern entsprechen unterschiedlichen Lebensweisen. Sie werden durch die in alle Richtungen gehende Diversifikation verursacht: Bei den entsprechenden Lebensweisen wird Komplexität nicht vermehrt, sondern reduziert (z. B. bei Parasiten).

– Die „höheren" und „niederen" Partner haben sich gemeinsam entwickelt; die sogenannten Höheren hängen weiterhin unlösbar von den angeblich Niederen ab.

Naturgeschichtlich stellt sich die Evolution nicht als Summe von (aufstrebenden) Entwicklungslinien dar, sondern als Kette von miteinander verschränkten Ereignissen und wechselhaftem Geschehen, gleichsam als Lebensdrama, in dem die Organismen als interagierende Partner in unterschiedlichen Rollen auftreten. Die adaptiven Radiationen der Organismen erscheinen als Teile einer umfassenden Diversifikation, in der ver-

I Evolution als Naturgeschichte

schiedene ökologische Rollen entwickelt werden. Mit den so gebildeten ökologischen Nischen (der Arten) und den ökologischen Zonen (der phyletischen Gruppen) werden auch den anderen mitspielenden Organismen neue Rollen, d. h. neue Lebensweisen eröffnet. Aus der Evolution resultiert eine Zunahme der Biosphäre in Hinsicht auf Ausdehnung, Energie- und Stoffumsätze, Formenvielfalt und Komplexität, aber keine isoliert für eine Stammeslinie in Anspruch zu nehmende Höherentwicklung und also - ungeachtet unterschiedlicher Leistungen und Komplexität - auch keine unterschiedliche „Entwicklungshöhe" der Organismen. Die als Stufenfolge beschriebene Evolution der Organismen und der sogenannte evolutionäre Fortschritt sind ahistorische, von den geschichtlichen Zusammenhängen abstrahierende Konstrukte.

Ein ahistorisches Fehlurteil in diesem Sinne ist auch das Postulat einer Sonderstellung des Menschen in der Natur. Seine spezifischen Eigenschaften als Lebewesen sind evolutionsbiologisch als Eigenart zu beschreiben (s. Abschnitt IV, 0.1.1 und Kapitel IV, 1; vgl. *Kattmann* 1974; 1994 a).

0.2 Zur Behandlung im Unterricht

0.2.1 Evolution als Erklärungsprinzip

Der Biologieunterricht hat bis heute von der geschichtlichen Sichtweise, die *Darwin* empfiehlt, kaum einen Gebrauch gemacht. Die Evolutionsbiologie hat eine Randstellung im Unterricht inne und ist weitgehend in die Abschlussklassen verbannt. Im Rahmenplan des Verbandes Deutscher Biologen (*Berck/Graf* 1987) wird die Evolutionstheorie zur Begründung des Themas in der Sekundarstufe II als „zentrale Theorie der Biologie" bezeichnet. Bei den Begründungen der Auswahl für die Sekundarstufe I kommt sie nicht vor. Wo „Evolution" tatsächlich als Leitlinie des Biologieunterrichts auftritt, wird sie meist nicht als Geschichte begriffen, sondern als „Prinzip" (vgl. *Horn* 1989, 19 ff.; *Wieser* 1992, 71).

Dabei geht es bei der „Evolution im Unterricht" nicht allein um ein mehr oder weniger umfangreiches Thema, sondern um die durchgehende evolutionsbiologische Beschreibung, Deutung und Erklärung biotischer Sachverhalte. Die Erkenntnis, dass die Evolutionsbiologie die sinnstiftenden Zusammenhänge bereithält (*Dobzhansky* 1973), sollte dazu führen, bisher losgelöst vom Evolutionsgedanken behandelte Themen entsprechend umzugestalten. Im Konzept eines naturgeschichtlichen Biologieunterrichts (*Kattmann* 1995 a) wird die Evolution nicht nur für das Große und Ganze bemüht, sondern auch für die Klärung von Teilen und Details. Vollständige und angemessene biologische Erklärungen sind danach immer auch historische Erklärungen.

Die naturgeschichtliche Sichtweise sollte so früh wie möglich im Unterricht eingeübt werden. Dies geschieht nachhaltig, wenn die historische Dimension auch in anderen Bereichen (z. B. Umweltgeschichte, Ökologie) beachtet wird (vgl. *Kattmann* 1984 a; *Stichmann* 1989; *Herrmann* 1994). Wandelt sich Evolution vom Überbau zur Basis des Biologieunterrichts, so sollte so früh wie möglich mit Evolutionsthemen eingesetzt werden (vgl. *Eschenhagen* 1976; *Kattmann* 1992 b; *Becker/Berck* 1992; *Winkel* 1997). Die Inhalte und Konzepte sind dabei anhand der naturgeschichtlichen Sichtweise neu zu orientieren und anzuordnen.

Am Beispiel der Klassifikation der Wirbeltiere kann Evolution als Erklärungsprinzip bereits auf Klassenstufe 5 gezeigt werden (s. Abschnitt I, 1.2; vgl. *Kattmann* 1996). Mit der naturgeschichtlichen Sichtweise wird dann auch auf höheren Klassenstufen, z. B. beim Vergleich der Organsysteme und der Ontogenese der Wirbeltierklassen, die Diversifizierung betont und die Deutung der Evolution als Höherentwicklung vermieden (vgl. *Harwardt* 1996; *Kaminski/Kattmann* 1996).

0.2.2 Evolution und Weltanschauung

Von den frühen Auseinandersetzungen um den Evolutionsgedanken bis heute haftet den Aussagen zur Evolution etwas Spekulatives und weltanschaulich Kontroverses an. Dies ist ein Grund für die Schwierigkeiten, die Lehrerinnen und Lehrer mit der Evolutionsbiologie haben. Der Evolutionsgedanke ist für weltanschauliche Ausweitungen deshalb so anfällig, weil sich mit ihm die Frage nach Vergangenheit und Zukunft und damit nach dem Sinn der Geschichte stellt. Die Frage kann fruchtbar sein, sie ist jedoch aus der Evolutionsbiologie heraus nicht zu beantworten. Naturgeschichtliche Sicht und historische Erklärungen sind ihrem Charakter nach undogmatisch und weltanschaulich offen. Diese Einsicht kann so der bei Lehrpersonen zu beobachtenden Vermeidungsreaktion gegenüber der angeblich weltanschaulich belasteten Evolutionsbiologie entgegenwirken. Moderne Evolutionsbiologie sollte daher nicht mit bindenden und verbindlichen Glaubensaussagen verbunden oder verwechselt werden.

Evolutionsbiologen lassen zuweilen die Distanz zu ihren Erkenntnissen vermissen, indem sie sie weltanschaulich überhöhen. Die Weltanschauung des Evolutionismus, die u. a. von *Ernst Haeckel, Julian Huxley* und *Konrad Lorenz* als Glaubensbekenntnis vorgetragen wird, kann ebenso wenig als wissenschaftliche Erkenntnis gelten wie jede andere religiöse Überzeugung. So wenig die Bibel ein modernes kosmologisches, geologisches oder biologisches Lehrbuch ist, so wenig entspricht das Evolutionskapitel im Biologielehrbuch (gewöhnlich das letzte) der Offenbarung des Johannes (dem letzten Buch der Bibel).

Eine gleichartige Verwechslung liegt vor, wenn mit dem wörtlichen Verständnis der Schöpfungserzählungen der Hebräischen Bibel (Altes Testament) der Anspruch auf eine Theorie verbunden wird, die naturwissenschaftlich zur Geltung gebracht werden könnte. Die mit dieser Anschauung verbundenen Positionen sind weniger ein biologisch-fachliches als ein pädagogisches Problem (s. Abschnitt I, 3.1).

Literatur

Becker/Berck 1992; *Berck/Graf* 1987; *Böhme* 1988; *Cloud* 1983; *Darwin* 1859; 1862; *Dobzhansky* 1973; *Eschenhagen* 1976; *Eschenhagen/Kattmann/Rodi* 1996; *Franzen* 1984; *Gerdes* 1996; 1997; *Gould* 1989; 1990; 1991 a; b; c; 1994; *Greber/Greber* 1996; *Harwardt* 1996; *Herrmann* 1994; *Horn* 1989; *Kaminski/Kattmann* 1996; *Kattmann* 1974; 1984 a; 1991; 1992 a; b; 1994 a; b; 1995 a; 1996; *Lewis* 1986; *Margulis* u.a. 1996; *Mayr* 1984; *Stichmann* 1989; *Stripf* 1989; *Vollmer* 1987; *von Wahlert* 1990; 1992; 1993; *von Wahlert/von Wahlert* 1981; *Wieser* 1992; *Williams* 1985; *Winkel* 1997; *Zauner* 1968

1 Klassifikation und Evolution der Wirbeltiere

1.1 Sachanalyse

Die Klassifikation der Wirbeltiere wird im Schulunterricht traditionell nach Bauplanmerkmalen vorgenommen (s. Band 2, 114). Zum typologischen Ordnen wird dabei u. a. die Körperbedeckung (schleimbedeckte Schuppen, schleimige Haut, Hornschuppen, Federn, Haare) als anschauliches Kennzeichen herangezogen. Dieses Vorgehen führt zu den üblichen fünf Klassen „Fische", „Amphibien", „Reptilien", „Vögel" und „Säugetiere". Dieses Ordnen entspricht einer logischen Klassenbildung: Es werden Mengen von Tieren gebildet, die in den ausgewählten Merkmalen übereinstimmen. Aus evolutionärer Sicht ist es jedoch unbefriedigend, da biologische Taxa im Sinne der phylogenetischen Systematik nicht als logische Klassen, sondern als Abstammungsgemeinschaften zu verstehen sind. Daher handelt es sich beim Klassifizieren von Lebewesen nach Merkmalen um eine typologische Inversion: Lebewesen gehören nicht deshalb einer systematischen Gruppe an, weil sie übereinstimmende Merkmale haben, sondern sie haben übereinstimmende Merkmale, weil sie durch gemeinsame Abstammung zu einer systematischen Gruppe gehören: Ein Tier mit einem Fell bestimmen wir als Säugetier. Das Tier ist jedoch nicht deshalb ein Säugetier, weil es Haare hat, sondern es hat Haare, weil es ein Säugetier ist. Die Kombination der Merkmale ergibt sich aus der Geschichte der Art, die eine

I Evolution als Naturgeschichte

Fortpflanzungsgemeinschaft und (noch) nicht aufgespaltene Stammeslinie darstellt. Beim Bestimmen von Lebewesen wird dieser historische Kausalzusammenhang vorausgesetzt. Die Möglichkeit, an Merkmalen die Artzugehörigkeit zu erkennen, kann keine kausalen Aussagen über Naturzusammenhänge begründen. Man kann diesen Sachverhalt durch eine Analogie verdeutlichen: Die (häufig zu beobachtende) Ähnlichkeit von Geschwistern ergibt sich aus gemeinsamer Abstammung von denselben Eltern. Die Ähnlichkeit ist jedoch nicht die Ursache dafür, dass die beiden Personen Geschwister sind. Übereinstimmende Merkmale ergeben sich also aus Abstammung, nicht umgekehrt. Bestimmte gemeinsame Merkmale der Lebewesen konstituieren also nicht die stammesgeschichtliche Verwandtschaft, sondern dienen lediglich als Indizien, die auf die gemeinsame Abstammung hinweisen. Taxonomische Gruppen sind in naturgeschichtlich evolutionsbiologischer Sicht nicht gedanklich zusammengeordnete Gruppen, sondern reale (Abstammungs-)Gemeinschaften („Individuen höherer Ordnung", vgl. *Ax* 1988; *Kattmann* 1995 a, 34 f.).

Die Evolution der Pflanzen- und Tiergruppen erfolgte generell in ökologischer Abhängigkeit. Wirbeltiere haben sich zuerst im Wasser entwickelt und von da aus das Land besiedelt. Die ursprünglichen Wasserwirbeltiere werden gewöhnlich als „Fische" zusammengefasst. Unter den Vierfüßern sind die Amphibien (mit wenigen Ausnahmen) bei der Fortpflanzung auf Gewässer angewiesen, wenn auch viele der erwachsenen Tiere den überwiegenden Teil ihres Lebens außerhalb des Wassers verbringen. Erst bei den Echten Landwirbeltieren (Amnioten) findet die Entwicklung generell außerhalb von Gewässern statt. Die Eiablage und Entwicklung an Land kann daher als Kennzeichen der Echten Landtiere gelten, zu denen Reptilien, Vögel und Säuger gehören. Ihre Klassen spiegeln daher die Abfolge der Besiedelung wider (vgl. *Kattmann* 1996). Den großen Lebensräumen entsprechen also die großen Gruppen der Wirbeltiere: Fische (Wasser), Amphibien (Wasser/Land) und Echte Landwirbeltiere. Die Echten Landwirbeltiere, die so gar nicht nach einer systematischen Gruppe aussehen, stellen in dieser Aufzählung tatsächlich eine einzige Abstammungsgemeinschaft dar: die Amnioten (s. Abb. III, 1-1).

Einige Gruppen der Echten Landwirbeltiere haben in ihrer Evolution den Weg zurück ins Wasser genommen. Wasser- und Meeresschildkröten, Pinguine und Robben legen ihre Eier auf dem Festland ab oder ziehen ihre Jungen dort auf und „verraten" damit ihre Zugehörigkeit zu den Echten Landwirbeltieren. Nur einige Seeschlangen und die Wale bilden eine Ausnahme, denn sie gebären ihre lebenden Jungen im Wasser.

Evolutionsbiologisch stellt sich beim Rückbesiedeln des Wassers das Problem der Leserichtungen „vom Wasser aufs Land" bzw. „vom Land ins Wasser". Von vornherein kann eigentlich nicht ausgeschlossen werden, dass Seeschildkröten Vorfahren von Landschildkröten, Wale die von Landsäugetieren sein könnten. Eine solche Frage wird also auch von Schülern zu Recht gestellt. Die Leserichtung läßt sich nur anhand von Indizien beantworten. Die Amphibien geben mit ihrer Entwicklung als „Übergangstiere" die stärksten Hinweise auf die Leserichtung vom Wasser aufs Land. Bei den Walen läßt sich u. a. aufgrund aktueller Fossilfunde mit ihrer zeitlichen Abfolge die Leserichtung begründen (s. Kasten I, 1-3).

Besondere Fälle der Fortpflanzung, wie „eierlegende Säugetiere", die aus typologischer Sicht besondere Aufmerksamkeit erregen, lassen sich ebenfalls evolutionär deuten. Die in Australien und Tasmanien lebenden Kloakentiere können als eine Übergangsform zwischen der Stufe der Reptilien und den übrigen Säugetieren (Beuteltiere und Plazentatiere) angesehen werden. Der bekannteste Vertreter ist das Schnabeltier. Der Bau seiner Eierstöcke und Eileiter ähnelt dem der Reptilien. Wie die Reptilien legt das Schnabeltier weichschalige Eier, die über die Kloake nach außen gelangen. Aber wie die anderen Säugetiere zieht es seine Jungen mit Hilfe von Milch aus Bauchdrüsen auf. Es besitzt ein Fell, und auch der Aufbau des inneren Ohres sowie das Herz- und Kreislaufsystem stimmen mit denen der übrigen Säuger überein.

1.2 Vorschläge zur Unterrichtsgestaltung am Beispiel „Vom Wasser aufs Land - und zurück"

1.2.1 Didaktische Überlegungen

In dieser Unterrichtseinheit werden die Wirbeltiere klassifiziert, indem von der Einordnung der Tiere in ihren Lebensraum ausgegangen wird. Damit wird einem Unterrichtsvorschlag gefolgt, der nach dem Konzept des naturgeschichtlichen Unterrichts angelegt ist (vgl. *Baumann* u. a. 1996).
Beim sonst üblichen Ordnen nach Merkmalen wird die Auswahl der Klassifikationskriterien meist nur mit dem Hinweis auf „das" wissenschaftliche Verfahren begründet. Für die Schüler bleibt dann uneinsehbar, warum gerade die ausgewählten Merkmale für das Ordnen gewählt werden. Kinder und Jugendliche würden, wenn man es ihnen überließe, die Tiere nach ganz abweichenden Gesichtspunkten ordnen, und zwar vorwiegend nach Lebensräumen und Bewegungsweisen (vgl. *Kattmann/Fischbeck/Sander* 1996; *Kattmann/Schmitt* 1996). Das hier gewählte Vorgehen ermöglicht es also, die den Schülern naheliegenden Kriterien zur Klassifikation stärker zu berücksichtigen als beim bisher üblichen Verfahren. Durch das Einführen des Evolutionsgedankens können die Schüler die taxonomischen Gruppen als Abstammungsgemeinschaften verstehen lernen, so dass sie die Körperbaumerkmale nur noch als Erkennungszeichen für Abstammungsgemeinschaften benutzen.
Durch das naturgeschichtliche Vorgehen wird das Klassifizieren darüber hinaus mit allgemeinbiologischem Wissen verknüpft, vor allem mit der Entwicklungsbiologie.
Für die Klärung des Begriffs „Echtes Landwirbeltier" wird der Vergleich zwischen Molch und Eidechse auch deshalb vorgeschlagen, weil diese Tiere sowie Amphibien und Reptilien insgesamt auch von älteren Schülern häufig verwechselt werden. Die Tiere sehen sich zwar äußerlich ähnlich, können aber auch für die Schüler anschaulich und eindeutig anhand des Lebensraumes (Feuchtlufttier- Trockenlufttier) und der Entwicklung (Eiablage und Entwicklung der Larven im Wasser - Eiablage und Entwicklung der Jungen an Land) zugeordnet werden.
Mit dem Klassifikationskriterium der Entwicklung können dann z. B. die für die Kinder hochinteressanten Sachverhalte der Wanderungen und Brutfürsorge bei Meeresschildkröten sowie die überraschende Brutpflege bei Krokodilen und Alligatoren im Unterricht über die Systematik der Wirbeltiere angesprochen werden. Außerdem wird mit dem Vorgehen die große Motivation der Schüler an abweichenden Formen optimal genutzt: Kloakentiere, Fledermäuse, Pinguine und Wale werden nicht mehr allein deshalb behandelt, weil es das Interesse der Kinder an diesen Tieren auf dieser Klassenstufe fordert, sondern weil die Thematik selbst danach verlangt.
Für den vorgeschlagenen Unterrichtsverlauf muss allerdings der Begriff der Wirbeltiere vorausgesetzt werden. Dieser ist für die Kinder keinesfalls so leicht verfügbar, wie häufig angenommen wird. Mangels anderer Möglichkeiten wird dieser Begriff in traditioneller Weise anhand einfacher Kennzeichen gebildet (Knochengerüst, vier Gliedmaßen, s. Band 2, 111; vgl. *Kattmann/Stange-Stich* 1974; *Pissarek/Riquarts* 1979). An die Unterrichtseinheit kann in Klassenstufe 7/8 die vergleichende Betrachtung der Baupläne und physiologischen Leistungen der Tiere verschiedener Wirbeltierklassen angeschlossen werden, wobei in naturgeschichtlicher Sicht dann die Diversifikation und die Beziehungen zwischen Bau, Funktion und Lebensweise im Vordergrund stehen, so dass die in diesem Unterrichtsvorschlag angebahnte evolutionsökologische Sicht vertiefend weitergeführt wird (vgl. *Harwardt* 1996).

Unterrichtsziele:

Die Schüler sollen
– Wirbeltiere und Wirbellose anhand einfacher Merkmale unterscheiden können;

I Evolution als Naturgeschichte

– die Wirbeltiere in die Gruppen Fische, Amphibien und Landtiere ordnen und dieses Ordnen mit dem Evolutionsgedanken begründen können;
– die Abstammungsgemeinschaft der Echten Landwirbeltiere durch die Eiablage an Land (bzw. Austragen der Jungen im Körper) charakterisieren können;
– erläutern können, inwiefern Haare und Federn Hilfsmittel zum Erkennen von Vögeln und Säugetieren sind (Erkennungszeichen);
– Säugetiereigenschaften des Schnabeltiers nennen und dessen Brutpflege beschreiben können;
– die Evolution der Wale beschreiben und Wale als Angehörige der Abstammungsgemeinschaft der Landwirbeltiere charakterisieren können;
– die Besiedelung der verschiedenen Lebensbereiche durch die Gruppen der Wirbeltiere und die damit entstandene Vielfalt an Formen und Lebensweisen beschreiben können.

1.2.2 Unterrichtsprozess

Zu Beginn des Unterrichts ist zu klären, welche Tiere zu den Wirbeltieren gehören (s. Band 2, 111).
Bei der Frage, wie die Wirbeltiere weiter zu ordnen sind, führt die Lehrperson gleich zu Beginn den Evolutionsgedanken ein. Dabei kann sie meist an das Vorwissen der Schüler über Tiere der Vergangenheit (Saurier) anschließen. Sie teilt mit, dass die Wirbeltiere in ihrer Evolution zuerst das Wasser und von da aus das Land besiedelt haben. Dementsprechend soll versucht werden, die heutigen Wirbeltiere nach den Lebensräumen „Wasser", „Wasser/Land", „Land" und „Land/Luft" zu ordnen. Die Einordnung in die genannten Lebensräume erfolgt spielerisch mit Kärtchen, die die Abbildungen einer Anzahl von Wirbeltieren aller Klassen enthalten (Abbildungen s. Band 2, 112 f.; die Bilder sind zweckmäßigerweise durch das Bild einer Fledermaus zu ergänzen). Die Kärtchen werden im halben Klassensatz bereitgehalten. Die Schüler ordnen die Bilder in Partnerarbeit den oben genannten Lebensräumen zu. Die Ergebnisse werden in einer Tabelle an der Tafel festgehalten.
Bei der ersten Einordnung in Lebensräume folgt man ohne Ausnahme den Vorschlägen der Schüler. Einige Tiere, wie Molch, Schildkröte, Schlange und Krokodil werden jedoch meist auch nach längerer Diskussion den Lebensräumen „Wasser/Land" oder „Land" nicht eindeutig zugeordnet. Die Namen solcher Tiere werden dann unter die Tabelle geschrieben und mit einem Fragezeichen versehen.
Damit ist bereits die Frage gestellt, wie die nicht eindeutig zugeordneten Tiere als Wasser/Land-Tier bzw. Landtier bestimmt werden können. Zur Klärung dieser Frage schlägt die Lehrperson einen Vergleich zwischen Molch und Eidechse vor, die für zwei typische Gruppen der Wirbeltiere stehen. Anhand des Kastens I, 1-1 werden beide in Hinsicht auf Lebensräume und Entwicklung verglichen. Ergänzend können Filme oder Diapositive die Lebensweisen und die Entwicklungsweisen der beiden Tiere veranschaulichen (s. Abschnitt I, 1.3).
Für die „Molchgruppe" wird der Name „Amphibien" eingeführt, für die „Eidechsengruppe" der Name „Echte Landwirbeltiere". Als Kennzeichen der Echten Landwirbeltiere gilt danach, dass sie ihre Entwicklung an Land beginnen: Landtiere legen ihre Eier an Land ab.
Nun spielen die Kinder Detektiv, indem sie unter den „Wasser/Land"-Tieren nach Echten Landtieren fahnden: Krokodile, Schlangen und Schildkröten werden nun als Echte Landtiere erkannt. Stehen genug Zeit und eine gut ausgerüstete Schulbibliothek zur Verfügung, so kann dieser Abschnitt in Form einer Freiarbeit erfolgen, in der verschiedene Schülergruppen über die nicht zugeordneten Tiere Informationen speziell zu deren Entwicklung zusammentragen und anschließend entsprechende Kurzreferate halten. Vertiefend sollte auf interessante Fälle der Brutfürsorge und Brutpflege eingegangen werden (Medien s. Abschnitt 1.3 zu Krokodilen und Schildkröten).
Das Kriterium der Eiablage an Land wird dann für die dem „Land" zugeordneten Tiere überprüft. Die Behauptung „Säugetiere legen keine Eier" gibt Anlaß, das Schnabeltier zu behandeln (s. Kasten I, 1-2). Die Definition für die Echten Landwirbeltiere trifft für dieses Säugetier voll zu. Auf die übrigen kann das Kriterium so erweitert werden, dass die Entwicklung der Eier und Jungen im Körper geschieht.

Teichmolch

Teichmolche findet man in der Nähe von Gewässern, unter Steinen, moderndem Holz oder im Moos. Zur Paarungszeit im April suchen sie ein nahegelegenes Gewässer auf. In dieser Zeit verändern sich Männchen und Weibchen stark im Aussehen: Bei beiden verlängert sich der Schwanz, und zwischen den Zehen bilden sich Schwimmhäute. Das Hochzeitskleid des Männchens ist bunter, und auf seinem Rücken wächst ein Kamm mit Zacken. Durch Duftstoffe und einen Hochzeitstanz versucht es, die Aufmerksamkeit des Weibchens auf sich zu lenken. Hat es das erreicht, setzt es ein Spermienpaket ab, das von der Hinterleibsöffnung des Weibchens aufgenommen wird. Die befruchteten, von einer Gallerthülle umgebenen Eier werden an Wasserpflanzen abgelegt. Nach 3 bis 5 Wochen schlüpfen aus den Eiern beinlose Larven mit Kiemen; sie wachsen zunächst im Wasser heran. Später im Jahr bilden sich die Außenkiemen zurück und die Vorder- und Hinterbeine voll aus. Nun können die kleinen Molche an Land gehen.

Zauneidechse

Die flinken Zauneidechsen laufen uns an warmen Tagen an Waldrändern, auf Lichtungen oder trockenen Wiesen oft über den Weg. Zur Paarungszeit in Mai und Juni kann man zwischen dem jetzt seitlich grün gefärbten Männchen und dem Weibchen ein eifriges Liebesspiel beobachten. Hat ein Weibchen ein Männchen akzeptiert, so beißt sich das Männchen an dessen Hinterflanke fest, umschlingt es und führt dann sein Begattungsorgan in die Geschlechtsöffnung des Weibchens ein. Nach einigen Wochen gräbt das inzwischen rundlich gewordene Weibchen eine Erdhöhle. In die feuchtwarme Erde legt es 5 bis 14 weichschalige Eier, die durch die Bodenwärme ausgebrütet werden. Aus ihnen schlüpfen nach etwa 2 Monaten kleine Eidechsen. Sie gehen sofort auf die Jagd nach Insektenlarven und kleinen Spinnen.

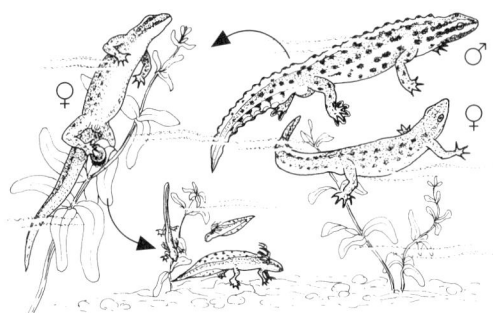 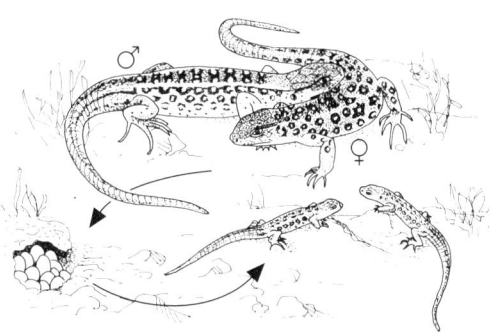

Aufgabe
Vergleiche die beiden Tierarten hinsichtlich ihrer Entwicklung. Beachte besonders die Art der Eier, den Ort der Eiablage, die Gestalt und Entwicklung der Jungen.

Kasten I, 1–1: Molch und Eidechse im Vergleich (nach *Baumann* u.a. 1996)

Nun wird die Gruppe der „Land/Luft"-Tiere untersucht. Das führt zu der Erkenntnis, dass auch die Vögel ihre Eier immer an Land ablegen und ihre Entwicklung an Land durchmachen. Am Gegenüber von Säugern und Vögeln wird herausgestellt, dass man die Zugehörigkeit zu diesen Gruppen an gemeinsamen Kennzeichen (u. a. Haare und Säugen bzw. Schnabel und Federn) erkennen kann. Als Ursache für gemeinsame Merkmale wird von der Lehrperson die gemeinsame Abstammung herausgestellt. Die Merkmale dienen nun also nur als Indizien („Erkennungszeichen") für die Gruppenzugehörigkeit. Man kann diesen Sachverhalt durch die in Abschnitt I, 1.1 genannte „Geschwisteranalogie" (Familienähnlichkeit) veranschaulichen. Damit soll den Schülern bewusst werden, dass die Merkmale Hilfen sind, die natürlichen Abstammungsgemeinschaften zu erkennen. Die Fledermäuse werden daraufhin als Säugetiere, die Pinguine als Vögel erkannt und entsprechend zugeordnet.

Zuletzt bleibt die Frage zu klären, ob alle in der Tabellenspalte „Wasser" aufgeführten Tiere ursprünglich Wassertiere sind. Dazu erinnert die Lehrperson noch einmal an die Geschichte der Wirbeltiere mit ihrem Weg

I Evolution als Naturgeschichte

Welches Tier legt Eier und säugt doch seine Jungen?

Dieses merkwürdige Tier lebt in den Flüssen und Seen Australiens und Tasmaniens. Es ist so groß wie ein Hase. Als das erste Mal ein ausgestopftes Tier nach Europa geschickt wurde, hielten es die Wissenschaftler zunächst für eine Fälschung aus dem Fell eines Maulwurfs, dem Schnabel einer Ente und dem Schwanz eines Bibers. Und das lebende Tier hielt noch mehr Überraschungen für die Wissenschaftler bereit. Durch Schwimmhäute zwischen den Zehen und mit dem abgeplatteten Ruderschwanz kann es sich hervorragend im Wasser fortbewegen. Mit dem Schnabel sucht es im Schlamm der Gewässer nach Würmern, Krebsen, Insektenlarven und anderen kleinen Tieren. Erst nach 10 Minuten muss es zum Luftholen wieder an die Wasseroberfläche kommen. Am Ufer gräbt dieses Tier mit seinen Krallen einen bis zu 18 Meter langen Tunnel, an dessen Ende sich eine Höhle befindet. Hier baut das Weibchen nun ein weiches Nest aus feuchtem Gras und Schilf. In dieses Nest legt es ein bis drei etwa murmelgroße weichschalige Eier, die das Muttertier mit seiner Körperwärme ausbrütet. Wenn die Jungen nach zehn Tagen  schlüpfen, kriechen sie zum Bauchfell ihrer Mutter. Dort lecken sie eine fettreiche Milch, die von Milchdrüsen der Mutter abgegeben wird.

Aufgaben
1. Welchen Namen hat dieses Tier?
2. Überlege, welcher Tiergruppe man dieses merkwürdige Tier zuordnen kann. Begründe diese Entscheidung.

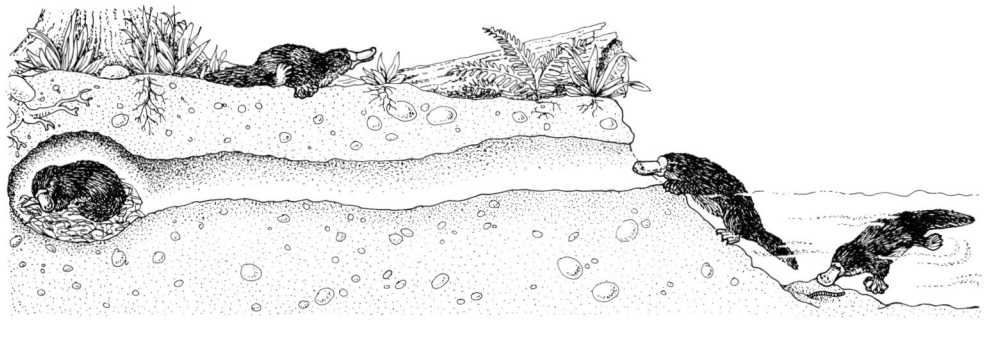

Kasten I, 1–2: Schnabeltier (nach *Baumann* u.a. 1996)

vom Wasser aufs Land und gibt den Impuls: „Kann es Echte Landwirbeltiere geben, die ganz im Wasser leben?" Wenn an dieser Stelle Tiere wie Biber oder Wasserratte genannt werden, wird danach gefragt, wie und wo diese Tiere ihre Jungen großziehen, und so erkannt, dass diese Tiere nicht ihr ganzes Leben im Wasser verbringen. Manche Schüler äußern aufgrund ihres Vorwissens, dass Wale „vom Land wieder ins Wasser zurückgegangen" seien. Mit einer monographischen Behandlung der Wale wird die Motivation, die die Schüler mit dieser Gruppe verbinden, optimal genutzt (vgl. *Eschenhagen/Hasler* 1991). Mit dem Film „Wale" (FWU, s. Abschnitt I, 1.3.1) und anhand der umfangreich verfügbaren Jugendbuch-Literatur zu Walen erarbeiten die Schüler Fortpflanzung und Entwicklung und stellen fest, dass die Wale Säugetiere sind. Vertiefend wird die Evolution der Wale, also die Rückkehr der Vorfahren vom Land ins Wasser behandelt (s. Kasten I, 1-3). Erfahrungsgemäß fällt es den Schülern leichter, die Wale zuzuordnen, wenn man diese nicht einfach als Landtiere bezeichnet, sondern verdeutlichend von der „Abstammungsgemeinschaft Echte Landwirbeltiere" spricht.

Wie die Wale ins Wasser kamen

Für eine sehr lange Zeit – immerhin 150 Millionen Jahre der Erdgeschichte – bestimmten die Dinosaurier das Bild der Wirbeltiere auf der Erde. Als sie vor 70 Millionen Jahren ausstarben, gab es schon Säugetiere: Diese „Urhuftiere" ähnelten in ihrem Aussehen den heutigen Schweinen. Aus ihnen entwickelten sich später sowohl Elefanten und Nilpferde als auch die Wale.

Als die Dinosaurier ausstarben, starben auch die Meeressaurier. Daher konnten die überlebenden Tierarten nun reichlich Nahrung in den Meeren finden. Vor kurzem fanden Forscher in Pakistan die Überreste von einem Vorfahren der Wale: *Ambulocetus natans,* was soviel heißt wie: „gehender Wal,

Urhuftier

Ambulocetus

der auch schwimmt". Er lebte amphibisch, jagte wohl im flachen Wasser mit Hilfe seines langen Schwanzes nach Fischen, konnte aber auch mit seinen kurzen Vorderbeinen an Land robben Man könnte ihn mit einer Robbe vergleichen, die rund 300 Kilogramm wog. Kurze Zeit danach fanden die Forscher die Überreste eines Tieres, das später gelebt hat – sozusagen einen jüngeren Bruder von *Ambulocetus*. Dieser drei Meter lange *Rodhocetus kasrani* hatte eine Körperform, die ganz an das Schwimmen angepasst war. Er hat wohl schon ganz im Wasser gelebt. Seine Vorderbeine waren zu kurzen Flossen umgebildet, die Hinterbeine so kurz, daß sie wohl nur noch bei der Paarung eine Hilfe darstellten. Bei den heutigen Walen sind nur Reste der Beckenknochen vorhanden.

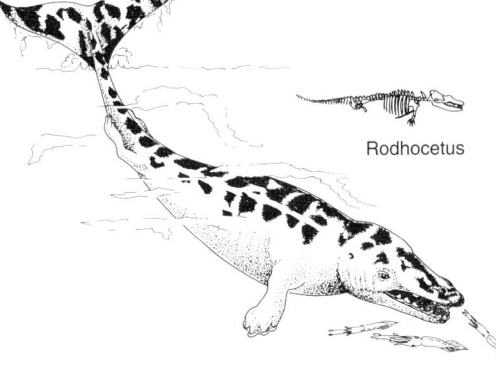
Rodhocetus

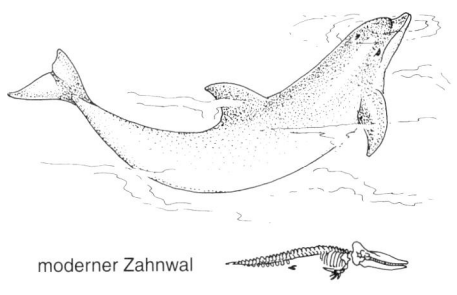
moderner Zahnwal

Kasten I, 1–3: Evolution der Wale (nach *Baumann* u.a. 1996, verändert)

I Evolution als Naturgeschichte

In einem letzten Schritt kann veranschaulicht werden, wie die gebildeten Gruppen sekundär und in unterschiedlichem Ausmaß verschiedene Lebensräume besiedelt haben. So werden die Diversifikation der Lebensformen und die „Rückkehr" von Landtieren ins Wasser noch einmal veranschaulicht. Als einführendes Beispiel kann die Gruppe der Schildkröten betrachtet werden, die mit Landschildkröten extrem trockenes Land (Wüsten) besiedeln und zugleich amphibisch lebende Sumpf- und Wasserschildkröten sowie nur noch zur Eiablage an Land gehende Seeschildkröten entwickelt haben (vgl. *König* 1991; *Dulitz/Gropengießer* 1992). Dazu kann auch der entsprechende Film oder es können Diapositive gezeigt werden (s. Abschnitt I, 1.3).

Um eine größere Vielfalt betrachten zu können, werden die Schüler aufgefordert, Bilder von (beliebigen) Wirbeltieren mitzubringen. Die mitgebrachten Bilder werden von den Schülern zunächst in die Gruppen Fische, Amphibien und Echte Landwirbeltiere sortiert. Die Echten Landwirbeltiere werden dann in Vögel und Säuger und solche unterteilt, die weder Haare noch Federn besitzen. Letztere werden als Reptilien bezeichnet (den Namen „Kriechtiere" sollte man möglichst vermeiden, da die Schüler ihn in der Wortbedeutung „kriechende Tiere" verstehen und anwenden). Dann werden die Bilder der fünf Gruppen jeweils in einem Landschaftsbild (s. Abb. I, 1-1) beim zutreffenden Lebensraum eingeordnet. Gegebenenfalls müssen sich die Schüler dazu vorher noch über einige Tiere der mitgebrachten Bilder informieren. Am besten hängt man die drei Landschaften als vergrößerte Wandbilder auf und befestigt die Tierbilder mit Nadeln, so dass Zuordnungen der Schüler noch korrigiert werden können.

Als Ergebnis wird deutlich, dass Fische und Amphibien weitgehend auf die Bereiche Wasser und Wasser/Land beschränkt sind, während die Gruppen der Echten Landwirbeltiere, speziell die Säuger und Vögel alle Lebensbereiche besiedelt haben.

Aufgrund der großen Motivation der Schüler bietet es sich hier an, die Thematik durch einen Transfer auf die Saurier zu vertiefen (s. Abschnitt III, 1.2; vgl. *Weber* 1991). Zur Demonstration der Vielfalt eignet sich der Film „Die Saurier" (s. Abschnitt I, 1.3.1). Die Aktivität der Schüler wird stärker gefördert, wenn sie zum Sammeln und Mitbringen von Saurierbildern und -figuren aufgefordert werden, die möglichst viele verschiedene Lebensformen betreffen sollen (Land: große und kleine Raubdinosaurier, große pflanzenfressende Dinosaurier; Luft: Flugsaurier; Wasser: Fischsaurier). Indem die Bilder und Figuren nach Lebensräumen und Lebensweisen geordnet werden, wird noch einmal vor Augen gestellt, wie die Vielfalt einer Gruppe mit dem Besiedeln und Nutzen verschiedener Lebensbereiche verknüpft ist.

Abb. I, 1-1: Großlebensräume (Vorlage zum Anfertigen von Postern zum Einordnen der Wirbeltiere)

1.3 Medien

1.3.1 Filme
FWU: Bergmolch 32 03971; Delphine 32 03995/42 01772; Nilkrokodil 42 01696; Schildkröten 32 10148/42 01983; Die Saurier 32 02655; Wale 32 03994/42 01771; Zauneidechse 32 00935/42 00237.

1.3.2 Diapositive
FWU: Lurche. Entwicklung 10 00556; Einheimische Echsen und Sumpfschildkröte 10 00692; Evolution der Reptilien 10 02629;
Dia-Didact (ehemals V-Dia Verlag): Der Molch 22005; Die Zauneidechse 22099.

1.3.3 Poster
Friedrich-Verlag: Poster Dinosaurier 32610; Biogeographie (Faunenreiche der Erde) 32646.

Literatur

Attenborough 1979; *Ax* 1988; *Baumann* u. a. 1996; *Dulitz/Gropengießer* 1992; *Eschenhagen/Hasler* 1991; *Glaubrecht* 1995; *Griffiths* 1988; *Grzimek* 1979; *Harwardt* 1996; *Kattmann* 1995 a; 1996; *Kattmann/Fischbeck/Sander* 1996; *Kattmann/Schmitt* 1996; *Kattmann/Stange-Stich* 1974; *König* 1991; *Pissarek/Riquarts* 1979; *Weber* 1991

2 Erdgeschichte – Paläontologie

2.1 Sachanalyse

2.1.1 Paläontologie

Die Paläontologie (griech.: die Lehre vom alten Seienden) beschäftigt sich mit der Tier- und Pflanzenwelt der Vorzeit, besonders mit den Fossilien (Petrefakten, „Versteinerungen") als deren Überresten. Sie ist dadurch eng mit der Geologie, Petrographie und Mineralogie verbunden und stellt für die Biologen und Evolutionsforscher das historische Grundlagenmaterial bereit. Ihre wissenschaftlichen Arbeitsweisen und Methoden entstammen sowohl der Geologie als auch der Biologie. Beiden Fächern liefert die Paläontologie den zeitlichen Bezugsrahmen für die letzten rund 600 Millionen Jahre der Erdgeschichte. Der Geologie liefert sie Erkenntnisse über die Entstehung von Sedimentgesteinen, der Biologie Material zur Erforschung der Entwicklung der Organismenwelt und ihrer vielfältigen Veränderungen im Laufe der Erdgeschichte. In den letzten Jahren wird daher von einigen Wissenschaftlern der Begriff Paläontologie auch durch „Päläobiologie" oder „Geobiologie" ersetzt. Während die Beschäftigung mit Fossilien schon sehr viel älter ist, beginnt die Geschichte der heutigen Paläontologie mit *Georges Cuvier* (1769-1832; s. Abschnitt II, 2.1.2), der als erster nachwies, dass es sich bei den Fossilien um Überreste ausgestorbener Lebewesen handelt. Analog zur Biologie wird die Paläontologie grob in Paläozoologie und Paläobotanik unterteilt, wobei Teilaspekte wie die Paläoökologie (Palökologie) immer mehr an Bedeutung gewinnen.

I Evolution als Naturgeschichte

Zeitalter (Aera)	Periode (Formation, System)	Epoche (Serie)	Alter in Mio Jahren	Geologische Verhältnisse in Mitteleuropa
KÄNOZOIKUM („Erdneuzeit")	Quartär	Holozän (Gegenwart)	0,01	Festland mit Binnenseen
		Pleistozän	1,7	Vereisung Nordeuropas/Englands/Norddeutschlands und des Alpenraumes mit Zwischeneiszeiten. Moränen, Schotter, Kies, Löß.
	Tertiär	Pliozän	7	Wechselnde Meeresbecken und -arme neben Festlandgebieten. Auffaltung der Alpen. Vorwiegend klastisch, Sande, Tone, Braunkohle. Molasse- und Flyschsedimente im Bereich der Alpen. Vulkanismus.
		Miozän	23	
		Oligozän	38	
		Eozän	54	
		Paläozän	65	
MESOZOIKUM („Erdmittelalter")	Kreide		144	Meeressedimentation von Kalk und Mergel. Festlandgebiet im Raum Südwestdeutschland/ Nordostschweiz. Beginn der alpinen Gebirgsbildung.
	Jura	Malm		Größte Meeresausdehnung in der Geschichte Mitteleuropas. Kalke, Mergel und Tone. Korallenriffe. Oolithische Eisenerze Lothringens. Solnhofener Plattenkalke.
		Dogger		
		Lias	213	
	Trias	Keuper		Zweiteilung Europas durch die vindelicische Festlandschwelle im Bereich der heutigen Alpen. Nordwestlich davon: dreigeteilte germanische Trias. Festland mit einigen Überflutungen. Sandsteine, Kalke, Gips, Mergel. Südöstlich davon: Ausbildung der Tethys (Urmittelmeer, alpine Geosynklinale). Kalke, Dolomit, Korallen- und Kalkalgenriffe. Fünfteilung der Trias.
		Muschelkalk		
		Buntsandstein	248	
PALÄOZOIKUM („Erdaltertum")	Perm	Zechstein		Mehrere Überflutungen, zum Teil rasch wieder eindampfende Buchten und Becken. Kalk, Dolomit, Gips, Steinsalz- und Kalisalzlager. Vorwiegend Festland. Kontinentalsedimente, vielfach rot gefärbt: Konglomerate, Sandsteine, Ton. Vulkanismus (Porphyre).
		Rotliegendes	320	
	Karbon		345	Mitteleuropa wird Festland; variszische (hercynische) Gebirgsbildung prägt Kristallin von Vogesen, Schwarzwald, Odenwald, Böhmischer Masse und alpinen Zentralmassiven. Klastische Sedimente, z.T. Kalke. Kohlelager (bei Aachen, Ruhrgebiet, Saarland, Niederschlesien).
	Devon		408	Meer, Osteuropa teilweise Festland. Variszische Geosynklinale. Schiefer, Kalke, Quarzite.
	Silur		438	Meer. Schiefer, Kalke. Kaledonische Gebirgsbildung und Metamorphose in Schottland/ Norwegen/Lappland/Grönland.
	Ordovizium		505	Meer. Tonschiefer, Sandstein/Quarzit, Kalke.
	Kambrium		570	Teils Festland, teils Meer. Tonschiefer, Kalke, Sandsteine/Quarzite.

Kasten I, 2–1: Zeittafel der Erdgeschichte seit dem Kambrium (nach *Labhart* 1988, 118 f.; verändert nach *Meyer/Daumer* 1981; *Pflug* 1984)

2 Erdgeschichte

Klassenstufe 9/10

Klima	Entwicklung von Fauna und Flora	Wichtige Leitfossilgruppen Dicker Strich: Dauer der Verwendungsmöglichkeit als Leitfossilien +: Zeitpunkt des Aussterbens.
gemäßigt-kontinental Eis- und Regenzeiten mit wärmeren Zwischenperioden	Auftreten und Ausbreitung des Menschen. Aussterben vieler großer Säugetiere.	
warm, mild, gemäßigt	Rasche Entfaltung der Säuger und Vögel.	
warm, feucht	Aussterben der Ammoniten und Saurier. Bedecktsamige Blütenpflanzen.	
warm, ausgeglichen, ozeanisch	Erste Knochenfische	
warm, trocken	Erste Säugetiere. Nadelhölzer.	
warm, trocken, Wüstenklima (Südhalbkugel der Erde: Vereisung!)	Entfaltung der Saurier.	
warm, feucht	Steinkohlenflora, Bärlappgewächse, Farngewächse. Erste Insekten.	
warm, zum Teil tropisch	Erste Amphibien. Panzerfische. Einfache, blütenlose Pflanzen.	
warm, feucht	Pionierzeit der Besiedlung des Festlandes.	
warm, mild, ausgeglichen	Erste Fische.	
warm, gemäßigt	Sprungartige Entwicklung des Lebens	

21

I Evolution als Naturgeschichte

2.1.2 Abschnitte der Erdgeschichte

Da hier auf geologische Aspekte nur begrenzt eingegangen werden kann, sei auf allgemeinverständliche Einführungen in die Geologie verwiesen (vgl. von *Bülow* 1974; *Bloom* 1976; *Henningsen* 1986; *Labhart* 1988). Für die meisten Gebiete Deutschlands liegen Darstellungen der lokalen geologischen Verhältnisse vor, die häufig auch eine allgemeine Einführung enthalten (Veröffentlichungs- und Kartenverzeichnisse können beim jeweiligen Landesamt für Geologie und Bodenforschung angefordert werden). Als historische Wissenschaft verfolgt die Geologie die Entwicklung der Erde zurück bis in die Zeit ihrer Entstehung bzw. des Erstarrens der Erdkruste. Sie bedient sich bei der Zeitrechnung und -einteilung der Geochronologie, die gleichzeitig auf weite Strecken eine Biochronologie ist, da sowohl erd- als auch lebensgeschichtliche Spuren (Fossilien) als Dokumente herangezogen werden. Die Geochronologie stützt sich sowohl auf die Stratigraphie, die Beobachtung geologischer Schichten, ihrer Lebensformen und Abfolge als Chronik erfüllter Erdzeit (relative Altersbestimmung) als auch auf die Chronometrie, physikalisch-chemische Methoden zur Altersbestimmung, wie C 14- und andere radiometrische Methoden (absolute Altersbestimmung; vgl. *Krumbiegel/Krumbiegel* 1981; *Labhart* 1988). Die Auswertung des heute vorliegenden reichen Fundmaterials an Fossilien erlaubt die Aufstellung eines biostratigraphischen Systems, einer Altersgliederung von Schichtenfolgen nach ihren Leitfossilien, die für die ganze Erde gilt und Schichten gleichen Alters zusammenfasst. Die Namen der Erdzeitalter sind von den Entwicklungsstufen der Lebewesen abgeleitet, die der Systeme wurden aus geographischen Begriffen oder Räumen gebildet (z. B. Kambrium: alte Bezeichnung für Wales; Perm: Landschaft im Ural; Devon: Devonshire) oder von Namen bestimmter Gesteine (Karbon: Steinkohle; Kreide; vgl. *Labhart* 1988). Das Präkambrium bezeichnete ursprünglich die ältesten Abschnitte der Erdgeschichte, in deren Gesteinen man bis dahin keine Fossilien gefunden hatte. Heute weiß man aufgrund von Mikrofossilien und der Struktur dieser Gesteine, dass dieser Zeitraum überwiegend von prokaryotischen Mikroben geprägt wurde und 85 % der Geschichte des Lebens auf der Erde ausmacht (s. Abschnitt I, 0.1.2; vgl. *Kattmann* 1991). Je nach ihrer Bedeutung und Größenordnung werden die Einheiten der Erdgeschichte als Erdzeitalter, Systeme (Perioden), Serien (Epochen), Stufen und Zonen (Zeiten) bezeichnet (s. Kasten I, 2-1). Für die Beschreibung lokaler Schichtfolgen ergeben sich häufig weitere, feinere Unterteilungen. Die Altersangaben in Mio. Jahren wurden mit chronometrischen Methoden ermittelt und schwanken in der wissenschaftlichen Literatur, was bei derartig großen Zeiträumen aber nur eine untergeordnete Rolle spielt.

Ein weiterer, für die Evolution der Organismen wesentlicher Aspekt ist die Plattentektonik der Erde. Die Kontinente sind bewegliche Platten, die sich im Laufe der Erdgeschichte mehrfach auseinander und wieder auf-

Abb. I, 2-1: Plattentektonik und Kontinentalverschiebung seit Ende der Trias (nach *Knodel/Bayrhuber* 1983).

Klassenstufe 9/10 2 **Erdgeschichte**

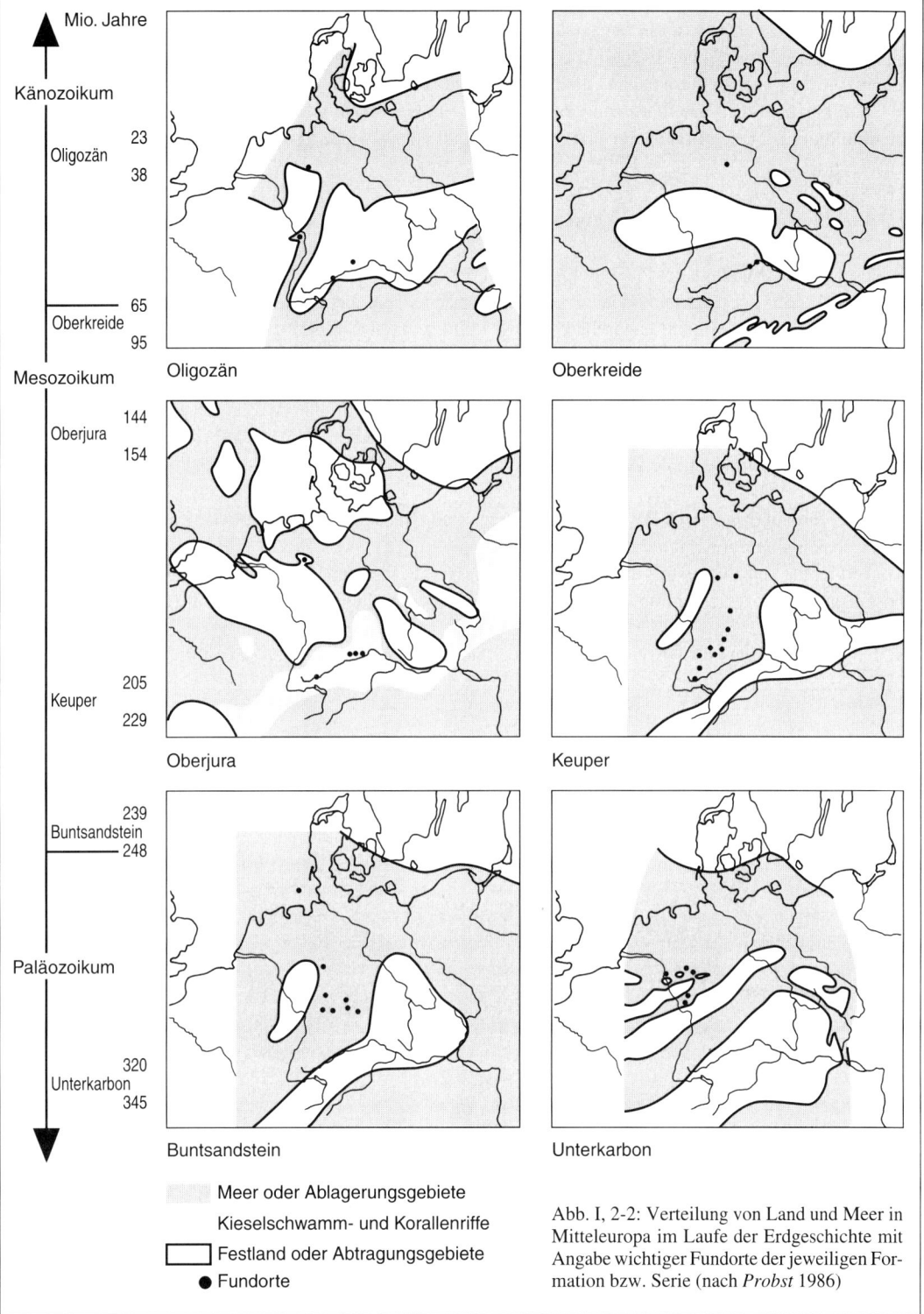

Abb. I, 2-2: Verteilung von Land und Meer in Mitteleuropa im Laufe der Erdgeschichte mit Angabe wichtiger Fundorte der jeweiligen Formation bzw. Serie (nach *Probst* 1986)

I Evolution als Naturgeschichte

einander zu bewegt haben (s. Abb. I, 2-1). Während die ausgedehnten Landmassen der nördlichen Erdhalbkugel in ihrer rezenten Tier- und Pflanzenwelt keine grundsätzlichen Unterschiede aufweisen (Holarktis), hat jede Landmasse der südlichen Erdhalbkugel durch ihre sehr viel frühere Trennung von den restlichen Kontinenten jeweils eine charakteristische Lebenswelt entwickeln können (Paläotropis, Neotropis, Australis). Einen Überblick über die Verteilung von Land und Meer im Gebiet Mitteleuropas im Laufe der Erdgeschichte gibt Abbildung I, 2-2 (zu Fragen der Plattentektonik und Gebirgsbildung vgl. *Stanley* 1994).

2.1.3 Fossilien und fossile Lebensgemeinschaften

Die wesentliche Grundlage der Paläontologie sind Fossilien. Der Begriff wurde bereits von *Agricola* (*Georg Bauer,* 1494 -1555) geprägt und bedeutet „das aus der Erde Gegrabene" (lat. fodere: graben) und bezog sich ursprünglich auch auf Mineralien, archäologische Fundstücke u.a.. Erst im Laufe der Zeit fand eine Einengung auf Organismenreste statt. Den Gegensatz zu „fossil" bezeichnet der Terminus „rezent", der all das beschreibt, was in der Gegenwart oder jüngeren Vergangenheit lebt oder lebte.

Von den unzähligen Lebewesen, die die Erde im Laufe der Jahrmillionen bevölkert haben, sind nur von wenigen Fossilien erhalten geblieben. Erst eine Reihe von „glücklichen" Umständen führt dazu, dass sich Lebensspuren über derartig große Zeitspannen erhalten. Einige Möglichkeiten der Entstehung von Fossilien (Fossilisation) sind:
– Objekte, die aufgrund ihrer Festigkeit überliefert sind (Substanzerhaltung, z. B. Zähne, Knochen, Muschelschalen jüngerer Schichten);
– Konservierung unter Sauerstoff- und Wasserabschluss (z. B. Insekten im Bernstein, Funde aus Asphaltlagen);
– Fossilisation im Faulschlamm in Gegenwart von Wasser aber Fehlen von Sauerstoff (Erdöl);

Abb. I, 2-3: Möglichkeiten der Fossilerhaltung bei einer Muschel (nach *Thenius* in *Ziegler* 1972, 28).

- Erhaltung im Eis oder durch völlige Austrocknung (Mammutfunde im sibirischen Eis; Mumifizierung);
- Umwandlung ursprünglicher Körpersubstanz in andere Stoffe unter Beibehaltung der Körperform (Verkieselung, Inkohlung);
- Steinkernbildung, wobei das ehemals umgebende Sediment in Hohlräume eindringt und diese ausfüllt. Bei dicht schließenden Schalen, in die kein Sediment eindringen konnte, wird aus wäßrigen Lösungen eine Kristallfüllung, meist Calcit, ausgeschieden (s. Abb. I, 2-3; vgl. *Ziegler* 1972);
- Konkretionen, d. h. Einbettung in Zusammenballungen von ehemals gleichmäßig verteilten Stoffen der Umgebung, wie z. B. die sogenannten „Krebsknollen" im Toneisenstein.

Abb. I, 2-4: Das Leben im Lias-Epsilon-Meer und die Einbettung der nach dem Tode abgesunkenen Tierreste im Faulschlamm des Meeresbodens. a) Ammonit, b), e) bis g) und i) verschiedene Muschelarten, c) Seelilie, d) Belemnit, h) Röhrenwurm (nach *Sellwood* in *Meyer/Schmidt-Kaler* 1992, 24)

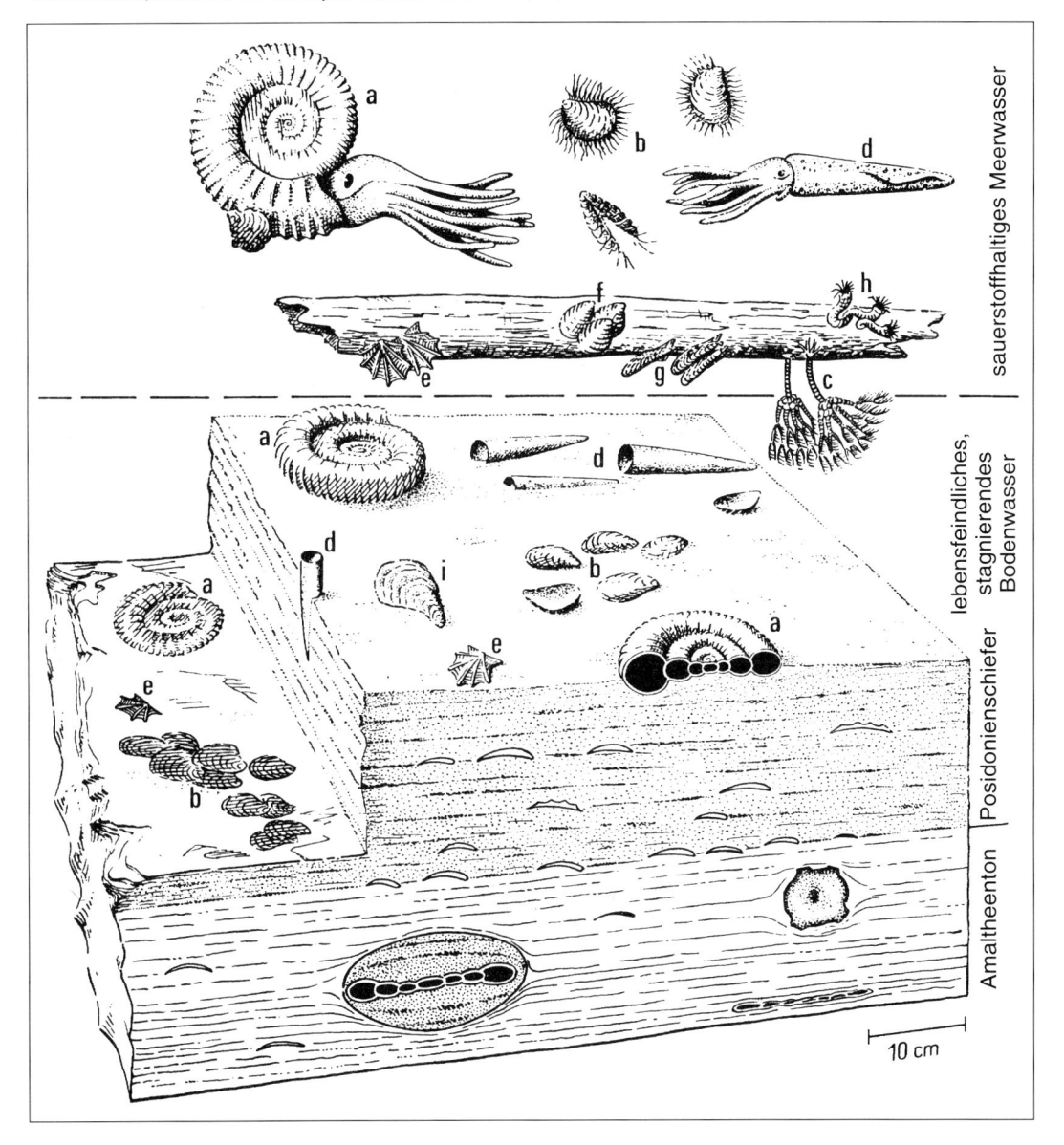

I Evolution als Naturgeschichte

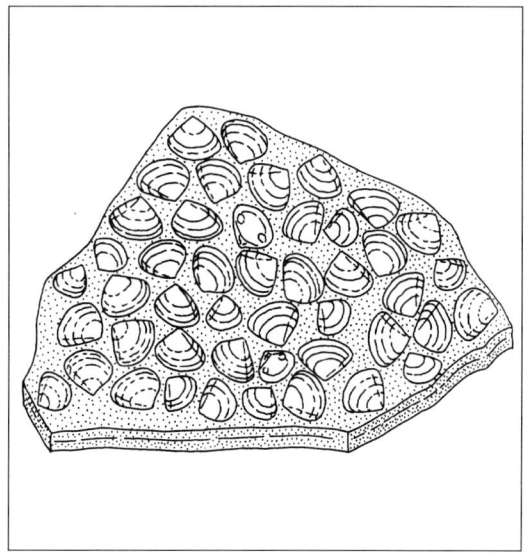

Abb. I, 2-5: Schillbank und Muschelpflaster als Beispiele fossiler Lebensgemeinschaften. a) Schillbank aus Ammoniten (Psiloceras) und Muscheln (Plagiostoma), Unterster Jura, Württemberg, b) Pflaster aus Muscheln (Neomiodon), Unterste Kreide, Südengland (nach *Ziegler* 1972, 44)

Ob es sich bei Fundstätten um den ursprünglichen Lebensort der aufgefundenen Fossilien handelt oder ob diese sekundär, z. B. durch Meeresströmungen, dort erst abgelagert wurden, läßt sich meist nur im Fundzusammenhang klären. Oft haben sich große Teile ehemaliger Lebensgemeinschaften fossil erhalten, wie z. B. Steinkohlewälder, Korallenriffe oder Muschelschalen mit ihren diversen Aufsitzorganismen (s. Abb. I, 2-4 und I, 2-5). Häufig lassen sich anhand des Körperbaus, z.B. der Schalenmorphologie von Muscheln, noch Rückschlüsse auf die Lebensweise und die ökologische Nische der einzelnen Arten ziehen, wobei ein Vergleich mit rezenten Lebensformen hilfreich ist (vgl. *Stanley* 1970; *Vogel* 1984).

Zur Frage des Verschwindens bzw. Aussterbens fossil beobachteter Lebensgemeinschaften und Arten gibt es eine ganze Reihe von Erklärungsversuchen. Neben den bereits beschriebenen Verschiebungen von Land und Meer im Laufe der Erdgeschichte (s. Abb. I, 2-2), die, wenn auch langsam ablaufend, gravierende Folgen für die Lebewesen des jeweiligen Raumes hatten, fallen bei einer Betrachtung des letztmaligen Auftretens fossiler Tiergruppen Zeiten hoher Aussterberaten auf. Man unterscheidet nach dem Kambrium die fünf großen Katastrophen beim Übergang Ordovicium/Silur, Devon/Karbon, Perm/Trias, Trias/Jura und Kreide/Tertiär (s. Abb. I, 2-6; vgl. *Benton* 1995; *Kerr* 1995). Nach neueren Untersuchungen sollen bei dem größten Massensterben der Erdgeschichte am Ende des Perm sogar 80 bis 90 % aller Lebewesen ausgestorben sein (vgl. *Kerr* 1993). Derartige Faunen- und Florenschnitte werden mit Klimaveränderungen, vulkanischer Aktivität, kosmischen Vorgängen, tiefgreifenden Veränderungen der Ökosysteme, rückläufigen Nahrungsressourcen, steigendem Konkurrenzdruck oder abnehmender Fertilität erklärt. In letzter Zeit sind die Aussterbeereignisse besonders mit Vulkanausbrüchen in Zusammenhang gebracht worden. Im Perm soll es in Sibirien 100 000 Jahre lang währende starke Vulkanausbrüche gegeben haben, die z. T. tausendmal stärker waren als jeder historisch bekannte Vulkanausbruch. Die Vulkanasche konnte dabei die Sonnenstrahlung absorbieren und Temperaturstürze hervorrufen. Das entlassene Kohlenstoffdioxid konnte durch den Treibhauseffekt anschließend einen starken Temperaturanstieg verursachen (vgl. *Kerr* 1995, 28).

Es erweist sich jedoch als schwierig, die Gesamtheit aller Ursachen und Folgen zu rekonstruieren, wie ein Blick auf das Aussterben der Ammoniten oder das Verschwinden der Saurier, zweier ganz gegensätzlicher Tiergruppen, zeigt. Gerade das Artensterben der letztgenannten Gruppe an der Wende zwischen Kreide und Tertiär wird kontrovers diskutiert, wobei nach neueren Forschungen ein gewaltiger Meteoriteneinschlag (vgl.

Abb. I, 2-6: Aussterben von Arten (durchgezogene Linie) und erstes Erscheinen von Familien (gestrichelte Linie) von Tieren zwischen Kambrium und Känozoikum. Angegeben sind jeweils die Prozentanteile an der Gesamtanzahl der jeweils nachgewiesenen Tiergruppen (nach *Simpson* 1984, 136; Aussterberaten verändert nach *Benton* 1995; *Kerr* 1995)

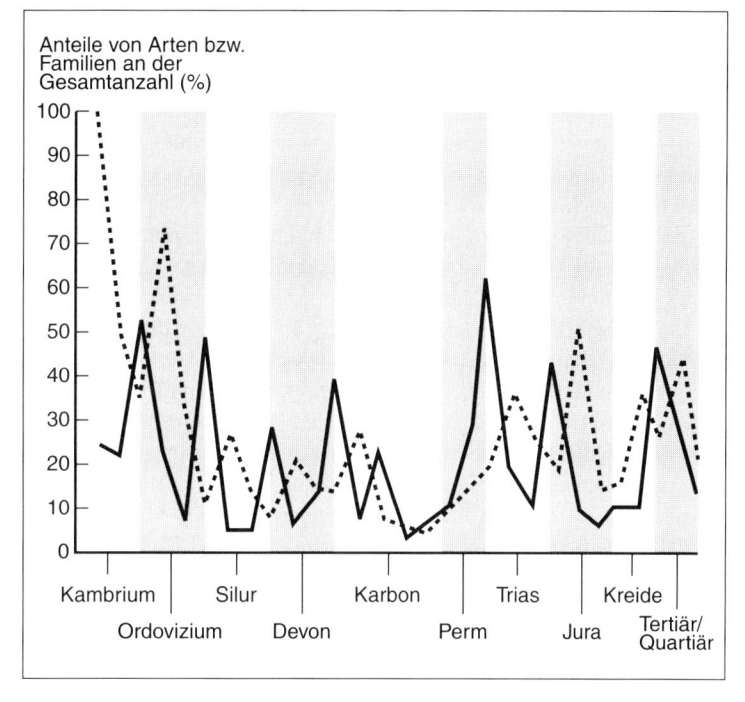

Alvarez/Asaro 1990) bzw. verheerende Vulkanausbrüche (vgl. *Courtillot* 1990) als plausibelste Theorien gelten. Beide Erklärungen setzen voraus, dass Staubwolken und chemische Veränderungen in der Atmosphäre und in den Weltmeeren einen ökologischen Domino-Effekt auslösten, dem dann eine große Anzahl von Tier- und Pflanzenfamilien zum Opfer fiel (s. auch Kapitel III, 1). Im Gegensatz dazu gibt es andere Gattungen und Arten, die unverändert als „Dauergattungen" oder „lebende Fossilien" Jahrmillionen fast unverändert überdauert haben. Beispiele sind der Ginkgo-Baum seit rund 175 Mill. Jahren, der Quastenflosser Latimeria, dessen direkt verwandte Arten in der Kreidezeit ausstarben, die Brückenechse (Sphenodon punctatus) oder die sechs Arten des Perlbootes Nautilus, das in seiner Schalenmorphologie an die Ammoniten erinnert. Evolutionäre Änderungen sind bei diesen Formen fast nicht mehr eingetreten, nachdem sie ein Adaptionsoptimum in einem mehr oder weniger stabilen Lebensraum ohne konkurrierende Arten erreicht hatten (s. Abb. I, 2-8). Das Problem der erdgeschichtlichen Katastrophen, des gehäuften Aussterbens von Organismen in bestimmten Abschnitten der Erdgeschichte bzw. des Überlebens einzelner Formen ist bis heute noch nicht zufriedenstellend gelöst.

2.2 Vorschläge zur Unterrichtsgestaltung am Beispiel „Lebensgemeinschaften der Vorzeit"

2.2.1 Didaktische Überlegungen

Klammert man das für Kinder und Jugendliche häufig besonders interessante Thema „Dinosaurier" (s. Kapitel III, 1) einmal aus und liegt die Schule nicht gerade in einem Stein- oder Braunkohlerevier oder einer extrem fossilreichen Gegend wie der Fränkischen oder Schwäbischen Alb, bestehen auf den ersten Blick wenige Bezugspunkte zwischen der Paläobiologie und den Alltagserfahrungen der Schülerinnen und Schüler.

I Evolution als Naturgeschichte

Vorstellungen von zeitlichen Dimensionen sind in der Altersstufe der 12- bis 14-jährigen noch in der Entwicklung begriffen, bereits die Einordnung von Ereignissen aus der jüngeren Menschheitsgeschichte bereitet oft noch Schwierigkeiten. Noch schwieriger ist die Vermittlung von Vorstellungen erdgeschichtlicher Zeitabläufe und Entwicklungen, die noch bei manchem Erwachsenen die Vorstellungskraft überfordern. Diese Schwierigkeiten werden durch sachlich falsche Darstellungen im täglichen Lebensbereich, wie mit Sauriern kämpfende Comic-Helden, noch verstärkt. Bei Befragungen geben viele Schüler an, dass Dinosaurier und Urmenschen gleichzeitig gelebt haben.

Da die Paläontologie eng mit Fragen der Evolution, als einem Kerngebiet der Biologie, verbunden ist bzw. hierfür wesentliches Grundlagenmaterial bereithält, bietet sich ein Zugang zu dem mehr theoretischen Fachgebiet „Evolution" durch die Betrachtung paläontologischer Fundstücke oder geologischer Besonderheiten an. Die unübersehbare Materialfülle sowie die Komplexität des Themas, die die Grenzen des Faches Biologie häufig sprengt, zwingen die Lehrkraft sowohl zur inhaltlichen Auswahl als auch unter Umständen zur Kooperation mit anderen Fächern wie der Geographie. Um für die Schüler Bezüge zur Alltagswelt zu eröffnen, ist eine Schwerpunktlegung auf den eigenen Heimatraum sowie eine der Altersstufe gemäße, anschauliche, praktisch-handlungsorientierte Vorgehensweise angebracht. Als außerschulische Lernorte bieten sich Museen und Ausstellungen sowie Fossilfundplätze an.

Fossilien finden sich in Ablagerungsgesteinen wie Kalk, Mergel, Ton sowie in Sanden und Flusskiesen fast überall in Deutschland. Auch wenn die Attraktivität der Fundplätze auf den ersten Blick sehr unterschiedlich erscheint, ist es für die Schüler wichtig, selbst nach Fundstücken zu suchen, diese freizulegen, zu reinigen, evtl. zu bearbeiten, Bestimmung und Einordnung vorzunehmen und sie anderen zu präsentieren. Es ist daher bei Exkursionen darauf zu achten, Fundorte anzusteuern, an denen alle Schüler Fossilien finden und damit Erfolgserlebnisse haben können. Hinweise auf geeignete Plätze, an denen gefahrlos und ohne Schaden für den Fundort nach Fossilien gesucht werden kann, sind in regionalen Museen oder bei naturkundlichen Vereinigungen zu erhalten bzw. geologischen Führern und Kartenwerken zu entnehmen. Die Ansprüche an eine solche Exkursion - manche Schüler erwarten anfänglich, dass mindestens Saurierskelette zu finden sein müssten - sollten bereits vorab realistisch eingeschätzt werden, wobei eine kleine, anschaulich präsentierte Überblickssammlung, die der Unterrichtende bereits im Rahmen einer Vorexkursion zusammengetragen hat, hilfreich ist. Alternativ kann eine Fossiliensammlung, wie sie im Lehrmittelhandel angeboten wird, präsentiert werden, die auch Leitfossilien zeigt, die es in der Umgebung des Schulortes nicht gibt.

Durch die Beschäftigung mit Fossilien aus dem eigenen Heimatraum werden das erdgeschichtliche Geschehen und geobiologische Zeiträume im Wortsinn konkret erfaßbar. Durch die Palette der gefundenen Arten wird die ehemalige Lebensgemeinschaft vor den Augen der Schüler wieder lebendig, Fragen nach Veränderungen und Aussterbeereignissen drängen sich auf, so dass nun auch die Bereitschaft zu theoretischen Reflexionen gegeben ist. Betrachtet man den derzeitig weltweiten Artenrückgang, momentane Umweltveränderungen und -zerstörungen, ist man sehr schnell bei aktuellen Fragestellungen, die sowohl ökologische als auch evolutionsbiologische Aspekte berühren und weit über das Fach Biologie hinausweisen. Die Schüler erkennen, dass das Aussterben ein irreversibler Vorgang ist und dass somit auch keine Chance besteht, einmal verschwundene Tier- und Pflanzenarten jemals wiederzugewinnen (vgl. *Knoll* 1985 a). Darüber hinaus werden bei der Beschäftigung mit Fossilien elementare Arbeitsweisen und Denkstrukturen der Biologie erprobt bzw. vertieft wie Präparieren, Zeichnen, Anlegen einer Sammlung, morphologische Betrachtung, Bestimmung und systematische Einordnung in Gruppen bzw. Entwicklungslinien des Tier- und Pflanzenreiches, Hypothesenbildung, Betrachtung von Bau-Funktions-Verschränkungen. Durch die häufig ästhetischen Formen von Fossilien, das Sammeln vor Ort und die damit verbundenen Erlebnisse in der Gruppe werden der affektive Bereich angesprochen und das Interesse an der eigenständigen Beschäftigung mit biologischen Objekten und Zusammenhängen gefördert.

Unterrichtsziele:

Die Schüler sollen
– Fossilien als Überreste ausgestorbener Tier- und Pflanzenarten definieren und Möglichkeiten der Fossilisation benennen können;
– ausgestorbene Lebensformen anhand fossiler Reste im Vergleich zu rezenten Arten rekonstruieren können;
– erdgeschichtliche Veränderungen, insbesondere auch des eigenen Heimatraumes, darstellen können;
– praktische Arbeitsweisen der Paläontologie wie Sammeln, Präparieren, systematische Einordnung und Bestimmung selbst durchführen können;
– die zeitliche Dimension erdgeschichtlichen Geschehens in bildliche Darstellungen und Modelle umsetzen können;
– die Erdzeitalter sowie wichtige erdgeschichtliche Formationen (Systeme) nennen und einordnen können;
– typische Formen und Leitfossilien den einzelnen Formationen zuordnen können;
– vor Ort untersuchte fossile Lebensgemeinschaften als solche definieren und Hypothesen über die Lebensweise und Beziehungen der einzelnen Glieder äußern können;
– wissenschaftliche Erklärungsversuche für gehäufte Aussterbeereignisse im Laufe der Erdgeschichte darstellen und Bezüge zu aktuellen Umweltveränderungen und zum Artenrückgang herstellen können;
– das Phänomen der Dauergattungen (lebenden Fossilien) an Beispielen erläutern können.

2.2.2 Unterrichtsprozess

Eine Möglichkeit des Einstieges ist die Vorführung des Filmes „Reise in die Urwelt" (s. Abschnitt I, 2.3.3), der eingebettet in eine Spielfilmhandlung in Trickaufnahmen die Lebewelt der verschiedenen Erdzeitalter darstellt, wodurch die Frage aufgeworfen wird, woher unser Wissen über das Leben der Urzeit überhaupt stammt. Es können aber auch sofort fossile Fundstücke demonstriert werden. Im Vergleich mit rezenten Lebewesen nehmen die Schüler eine erste Einordnung der vorgelegten Fossilien vor und begründen diese. Unbekannte Formen wie z. B. die Rostren von Belemniten bieten sich für Hypothesen und Rekonstruktionsversuche an (vgl. *Nottbohm* 1989). Möglichkeiten der Fossilisation, des Erhaltes fossiler Lebensspuren über Millionen von Jahren, werden anhand von Beispielen angesprochen und soweit vorhanden mit Fundstücken belegt. Weitere, den Schülern vorher nicht bekannte Fossilien werden in der Klasse ausgeteilt mit dem Arbeitsauftrag, Vermutungen über Gründe für den Erhalt gerade der vorliegenden Fundstücke anzugeben. Es werden Zeichnungen angefertigt. Daneben können flächige Versteinerungen (z. B. Rinden- und Blattfossilien in Steinkohle) auch mit dem Bleistift direkt auf weißes Papier durchgerieben werden („Rindenbilder"). In Gruppenarbeit lassen sich Fossilrepliken anfertigen, wie in Kapitel III, 2 näher beschrieben. Einfache Abgußformen, z. B. von Muscheln und Ceratiten, können auch aus Knetmasse, wie sie im Spielwarenhandel erhältlich ist, vom Original abgeformt und anschließend mit Gips ausgegossen werden. Modellversuche zur Entstehung von Steinkernen und Abdrücken werden mit rezenten Schnecken- und Muschelschalen und Gips durch den Unterrichtenden demonstriert oder aber in Partner- bzw. Gruppenarbeit von den Schülern unter Anleitung selbst durchgeführt (vgl. *Tischlinger* 1986).

Die Herkunft der in der Schule vorliegenden Fossilien läßt bereits auf gravierende Veränderungen der Erdoberfläche im Laufe der Erdgeschichte schließen: Fossilfunde von Ammoniten in heutigen Mittelgebirgen weisen z. B. auf ehemals ausgedehnte Meeresbereiche hin (s. Abb. I, 2-2). Ausgehend von einer Betrachtung der Weltkarte entdecken die Schüler die puzzleartig ineinandergreifenden Küstenlinien der Landmassen beiderseits des Atlantiks und schließen auf einen früheren Zusammenhang. Durch ein selbst gefertigtes Puzzlespiel mit den Umrissen der Kontinente bzw. anhand des Simulationsprogramms von *Thomas Schmidt* (1994) wird diese Beobachtung vertieft und das Phänomen der Plattentektonik erörtert (s. Abb. I, 2-1). Ein Blick auf die örtlichen Verhältnisse, evtl. anhand topographischer oder auch geologischer Karten des Heimatraumes, sollte für die Schüler Bezüge schaffen, Aspekte der Gesteins- und Gebirgsbildung einschließen sowie auf die im folgenden geplante Exkursion vorbereiten.

I Evolution als Naturgeschichte

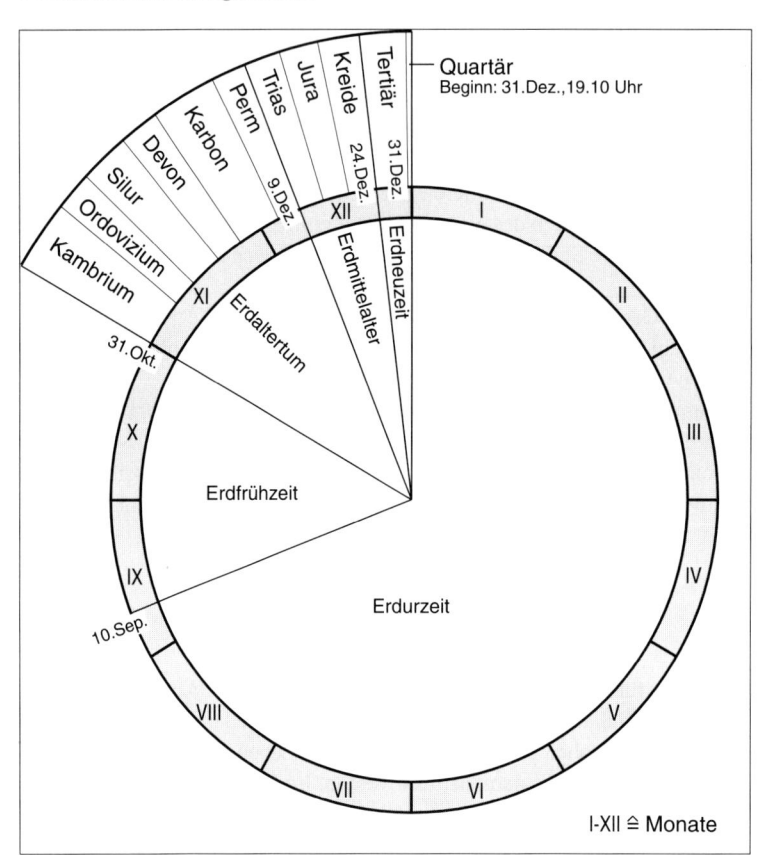

Abb. I, 2-7: Veranschaulichung erdgeschichtlicher Zeiträume in Form einer Jahresuhr (nach *Knoll* 1985 b, 54).

Die zeitliche Dimension erdgeschichtlicher Vorgänge wird im Klassenraum oder auf dem Schulflur mit Hilfe einer Zeitleiste, z. B. aus dem Papier einer Zeitungsendrolle, Bindfaden oder Tesa-Krepp veranschaulicht. Beginnend mit dem letzten Neuntel des Präkambriums, vor etwa 1 000 Millionen Jahren, werden für je 100 000 Jahre 1 mm bzw. je 1 Million Jahre 1 cm auf der Zeitleiste angesetzt, die dann 10m Länge einnimmt. Die Namen der erdgeschichtlichen Formationen, ihre zeitliche Ausdehnung sowie typische Lebensformen werden eingetragen, ergänzt durch Kopien von Abbildungen aus Fossilienbüchern, Zeitschriften oder kurze Texte der Schüler. Bereits vorliegende Fossilien, auffällige geologische Gegebenheiten sowie Fundstellen des Heimatraumes werden ebenfalls eingeordnet. Als weitere Modelle zur Veranschaulichung erdgeschichtlicher Zeiträume bieten sich eine Darstellung der Erdgeschichte als Jahresuhr (s. Abb. I, 2-7), in Form eines vielbändigen Werkes, eines Filmes oder als eine geographische Strecke an (vgl. *Knoll* 1985 b). Die konkrete Betrachtung fossiler Lebensgemeinschaften kann in einigen Fällen bereits im Treppenhaus der Schule beginnen, wenn dessen Marmorbelag im Anschnitt verschiedenste Lebensformen wie Ammoniten, Belemniten, Wurmgänge zeigt. Für die Schüler sehr viel plastischer und lebendiger ist natürlich der Besuch eines Fossilfundplatzes vor Ort.

Hat die Lehrkraft einen Fundplatz ausfindig gemacht, sollte sie sich im Rahmen einer Vorexkursion mit dem Grundeigentümer in Verbindung setzen. Häufig wird dieser, wenn er dem Vorhaben zustimmt, wichtige Hinweise auf fossilführende Schichten, Fundmöglichkeiten, Geschichte des Aufschlusses und wirtschaftliche Nutzung geben können. Im Hinblick auf potentielle Gefahren vor Ort sollte der Unterrichtende allgemein verbindliche Verhaltensmaßregeln mit den Schülern vorab besprechen. Auf keinen Fall darf unter Überhängen gearbeitet werden. Das Herumwerfen von Steinen und Werkzeug hat strikt zu unterbleiben. Je nach Fundort werden verschiedene Gerätschaften wie Hammer, Meißel, spitzer Schraubenzieher, Siebe o. ä. nötig sein;

Arbeitshandschuhe, festes, knöchelumschließendes Schuhwerk und evtl. Schutzbrille sind dringend zu empfehlen. Zum Heimtransport der Funde dienen Photodöschen, Plastikeimer, Tüten oder Gefrierdosen mit Deckel. Brüchige Fundstücke werden am besten in Zeitungspapier eingewickelt. Die weitere Präparation richtet sich nach der Art der Funde. In den meisten Fällen ist eine Reinigung mit Wasser und weicher Bürste als erster Arbeitsschritt sinnvoll, um lose Erd- und Schmutzpartikel zu entfernen (zu weiteren Präparationstechniken vgl. *Schniepp* 1976; *Lichter* 1979; *Ricke* 1985). Die Bestimmung und Zuordnung der Funde geschieht am besten beim Besuch eines örtlichen Museums oder mit Hilfe eines Bestimmungsbogens, auf dem der Unterrichtende die häufigsten Formen dargestellt und benannt hat. Morphologische Betrachtungen der Fundstücke und Vergleiche mit rezenten Arten geben häufig Hinweise auf Lebensweisen und ökologische Beziehungen innerhalb der Lebensgemeinschaft (vgl. *Nottbohm* 1994). Nachdem die Funde bestimmt und beschriftet sind, bietet sich das Anlegen einer Sammlung und deren Ausstellung im Klassenraum bzw. in Vitrinen auf dem Schulflur an, die durch eigene Texte der Schüler, Zeichnungen, Photos, Rekonstruktionen und Gerätschaften ergänzt wird. Bereits vor der Exkursion angesprochene Veränderungen des Lebensraumes werden abschließend nochmals, konkret bezogen auf den untersuchten Fundort, aufgegriffen und Aussterbeereignisse erörtert (s. Abb. I, 2-6), wobei der Blick vergleichend auf heutige Klimaveränderungen, Meeresspiegelanstieg und Artenrückgang gelenkt wird. Das Phänomen der „lebenden Fossilien" oder Dauergattungen sollte, wenn möglich, anhand von solchen Beispielen erläutert werden, die im Kontext zu den Funden der Schüler stehen, wie bei Ammoniten der Nautilus, oder im Original demonstriert werden können, wie der Ginkgo (s. Abb. I, 2-8).

Abb. I, 2-8.: Beispiele für einige Arten bzw. Gattungen, die lange Epochen der Erdgeschichte bis heute fast unverändert überdauert haben („lebende Fossilien"). a) Ginkgo, b) Perlboot (Nautilus), c) Quastenflosser (Latimeria chalumnae), d) Brückenechse (Sphenodon punctatus) (nach *Czihak/Langer/Ziegler* 1993, 924; 926; *Ward* 1993, 89; 183)

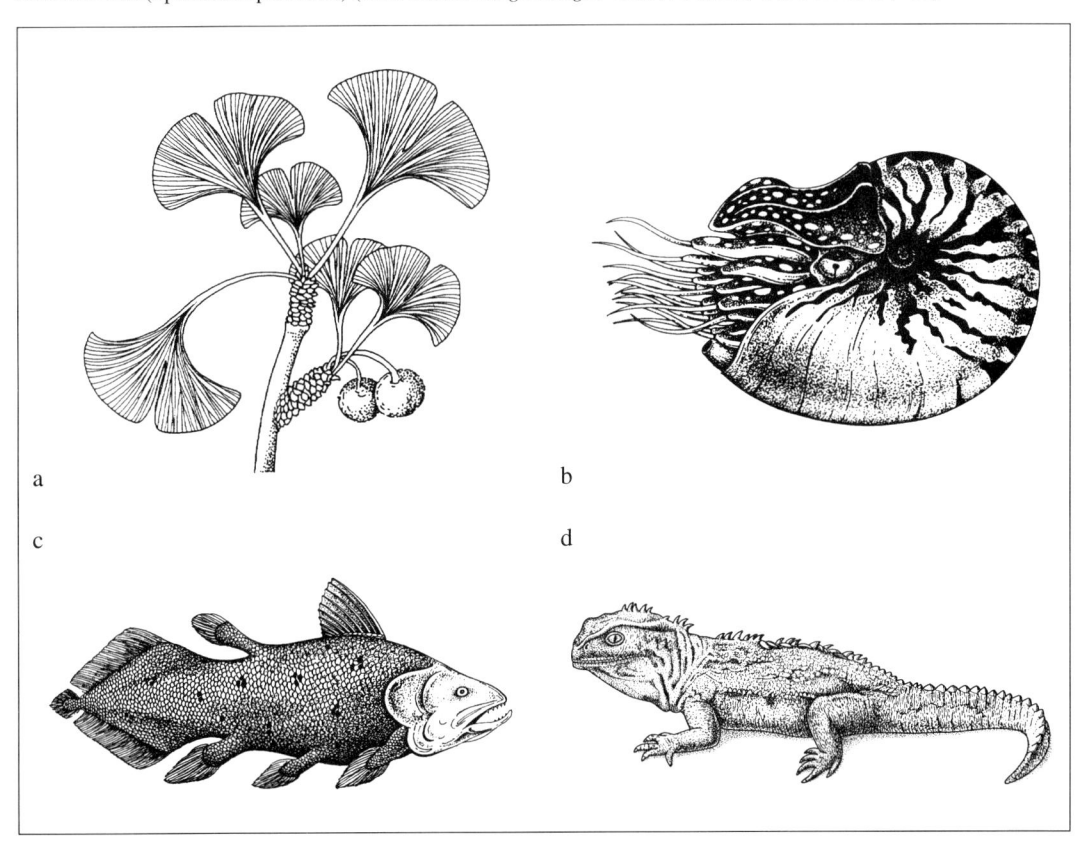

I Evolution als Naturgeschichte

2.3 Medien

2.3.1 Naturobjekte, Abgüsse
Fossilien verschiedener Erhaltungsformen und Arten, möglichst auch Funde aus dem Heimatraum;
Schlüter: Objektkasten Kopffüßer: Tintenfisch, Krake, Nautilus, Belemnit, 1101; Nautilus-Schale 1104; Rekonstruktionsmodelle Latimeria 160 o; Brückenechse, 166 h;
Mauer bzw. Müller: Verschiedene stratigraphische Fossiliensammlungen mit typischen Vertretern der einzelnen Erdzeitalter;
Jaeger: Begleitsammlung von 10 Leitfossilien zum Schülerarbeitsblatt „Entwicklungsgeschichte des Lebens" (s. Abschnitt I, 2.3.5);
PHYWE: 20 Leitfossilien 72230.00.

2.3.2 Computer-Simulationsmodell
Naturmuseum Senckenberg, Frankfurt, M.: PC-Diskette: Die dynamische Erde 32.

2.3.3 Filme
FWU: Kontinentalverschiebung 32 02422; Die Entdeckung des Quastenflossers 32 10145; Die Biologie des Quastenflossers 32 10146; Entstehung von Erdöl und Erdgas 32 03527; Nautilus: Ein lebendes Fossil 42 01371;
Imbild-Verlag: Reise in die Urwelt (Bildstellen);
Spektrum-Videothek: Im Felsen versiegelt 4247289; Gebirge türmen sich auf 4247290; Untergang der Dinosaurier 4247292; Spuren des Eises 4247293.

2.3.4 Diapositive
FWU: Wirbellose: Erdaltertum 10 02626; Wirbellose: Erdmittelalter und Erdneuzeit 10 02627; Evolution der Fische und Amphibien 10 02628; Lebende Fossilien 10 02464; Vom Fossil zur Rekonstruktion 10 02442; Entstehung und Lagerung der Steinkohle 10 02286;
Dia-Didact (ehemals V-Dia): Pflanzenfossilien 28001; Erdgeschichtliche Vegetationsbilder 28002;
Mauer: Entstehung und Evolution der Lebewesen II und III 756 442.10 und 756 442.20; (s. auch Folienatlas, Abschnitt I, 2.3.6);
Jünger: Entstehung und Entwicklung der Erde 1209; Entwicklung der Pflanzen und Tiere 1210.

2.3.5 Wandbilder
Jaeger: Entstehung des Lebens (Zeittafel der Erdgeschichte mit Rekonstruktionen prähistorischer Landschaften und ihrer Tier- und Pflanzenwelt, auch als farbiges Schülerarbeitsblatt in Klassenstärke lieferbar 3-8110-1145-6).

2.3.6 Arbeitstransparente
Müller bzw. Jünger: Entstehung und Evolution der Lebewesen II 8229; (u. a. Rekonstruktionen prähistorischer Landschaften und typischer Tier- und Pflanzenformen); Entstehung und Evolution der Lebewesen III 8230 (u. a. „lebende Fossilien"); Entstehung und Entwicklung der Erde 5600; Entwicklung der Pflanzen und Tiere 5610;
Hagemann/Düsseldorf: Lebende Fossilien 172022; Fossilien 172031.

Literatur

Alvarez/Asaro 1990; *Benton* 1995; *Bloom* 1976; *von Bülow* 1974; *Courtillot* 1990; *Czihak/Langer/Ziegler* 1993; *Henningsen* 1986; *Kattmann* 1991; *Kerr* 1993; 1995; *Klahm* 1985; *Knodel/Bayrhuber* 1983; *Knoll* 1985 a; b; *Krumbiegel/Krumbiegel* 1981; *Labhart* 1988; *Lichter* 1979; *Meyer/Daumer* 1981; *Meyer/Schmidt-Ka-*

ler 1992; *Nottbohm* 1989; 1994; *Pflug* 1984; *Probst, E.,* 1986; *Ricke* 1985; *Schmidt, T.,* 1994; *Schniepp* 1976; *Simpson* 1984; *Stanley* 1970; 1988; 1994; *Thenius* 1970; *Tischlinger* 1986; *Vogel, K.,* 1984; *Ward* 1993; *Ziegler* 1972

3 Schöpfung und Evolution

3.1 Sachanalyse

3.1.1 Kreationismus

Zu Anfang unseres Jahrhunderts und wieder in jüngster Zeit formierte sich besonders in Amerika eine auf einem wörtlichen Verständnis der Bibel beruhende Gegnerschaft gegen die Evolutionslehre, die unter der Bezeichnung Kreationismus zusammengefaßt wird (vgl. *Numbers* 1982; *Stripf/Zupanc/Zupanc* 1989; *Jeßberger* 1990; *Gould* 1991 b, 251-287). Eine der Hauptforderungen der Kreationisten ist, Schöpfungslehre in den Biologieunterricht der Schulen einzuführen. In Amerika wurde zu Anfang des Jahrhunderts versucht, die Evolutionslehre durch Gesetze aus den Schulen zu verbannen, was schließlich am Verfassungsgebot der Trennung von Kirche und Staat scheiterte. In Preußen hatten Proteste lang anhaltenden Erfolg. Als der bekannte Blütenbiologe *Hermann Müller* als Lehrer am Gymnasium in Lippstadt 1882 das Problem der Stammesgeschichte im Unterricht der 13. Klasse ansprach, kam es zum Eklat („Lippstädter Fall"). Als Folge wurde in Preußen der gesamte Biologieunterricht an der Oberstufe der Gymnasien abgeschafft, und zwar von 1882 bis 1925 (vgl. *Siedentop* 1972, 16 f.).

Der moderne Kreationismus tritt mit dem Anspruch auf, „Schöpfungswissenschaft" zu sein. Diesem Zweck ist auch eine als Schulbuch angelegte Veröffentlichung gewidmet (*Junker/Scherer* 1986).

Die Motive der Kreationisten entspringen jedoch nach wie vor nicht naturwissenschaftlichem Interesse, sondern dem Für-wahr-halten von Aussagen, die in einem wörtlichen Verständnis von Texten der Hebräischen Bibel (Altes Testament) entspringen. Dem entspricht das Bemühen, die folgenden Überzeugungen als Tatsachen zu belegen:

– Variabilität der Pflanzen und Tiere gibt es nur in den Grenzen der ursprünglich geschaffenen Formen. In der sogenannten Grundtypenlehre (vgl. *Junker* 1989; 1991; zur Kritik: *Bretschneider* 1991; *Stephan* 1991 a; b; *Kattmann* 1992 a; b) wird nur die Makroevolution (Entstehung großer Taxa) abgelehnt, während eine Mikroevolution ausgehend von „Grundtypen" als Aufspaltung bereits ursprünglich vorhandener genetischer Variabilität und genetischem Verlust angenommen wird.

– Menschen und Affen haben keine gemeinsamen Ahnen; so wird z. B. in der Grundtypenlehre, ohne die engen genetischen Beziehungen zwischen Mensch und afrikanischen Menschenaffen auch nur zu erwähnen, ein gesonderter Grundtyp „Mensch" postuliert (vgl. *Junker/Scherer* 1986, 230). Damit geht die Betonung der Sonderstellung des Menschen einher.

– Erde und Lebewesen haben ein junges Alter (Entstehung vor nur 10 bis 15 000 Jahren, nach anderen Vertretern vor 100 000 bis 110 000 Jahren); die Methoden naturwissenschaftlicher Datierungen werden entweder als unzuverlässig angezweifelt oder gänzlich als fehlerhaft verworfen.

– Es haben erdumfassende Katastrophen stattgefunden, die die heutige Gestalt der Erde erklären, darunter auch die Sintflut; es werden alle möglichen Indizien zusammengetragen, die für eine vollständige Überflutung des Erdballs in der Vergangenheit sprechen könnten.

Um die eigene Position zu bekräftigen, wird der Evolutionsbiologie vorgeworfen:

– Die Annahme der Evolution beruhe nur auf einer Theorie, nicht auf Tatsachen. Dieser Hinweis verrät, dass der hypothetische Charakter jeder naturwissenschaftlichen Theorie verkannt wird. Alle Aussagen der Naturwissenschaft beruhen auf Theorien. Naturwissenschaftliche Beobachtungen und Experimente sind stets

I Evolution als Naturgeschichte

theoriegeleitet (vgl. *Eschenhagen/Kattmann/Rodi* 1996, 61 f.; 210 f.). Nichts ist in der Wissenschaft als sicherer anzunehmen als eine gute Theorie (s. Abschnitt I, 0.1).
- Die Aussagen der Evolutionsforscher seien widersprüchlich, die Evolutionstheorie daher fragwürdig oder widerlegt. Neue und abweichende Vorstellungen werden gegen die Evolutionstheorie in Anspruch genommen, obwohl die Autoren - wie zum Beispiel *Stephen Jay Gould* - einer solchen anti-evolutionistischen Deutung ihrer Theorien und Ergebnisse ausdrücklich widersprechen.
- Wichtige Fossilien, die für den Verlauf der Evolution in Anspruch genommen werden, seien Fälschungen. Ein Glaubenssatz vieler Kreationisten lautet, dass es keine „Brückentiere" gebe. So war es folgerichtig, dass das in dieser Hinsicht berühmteste Fossil „Archaeopteryx" als Fälschung bezeichnet wurde. Dieser Vorwurf ist inzwischen durch minutiöse Untersuchung des Londoner Exemplars eindeutig widerlegt worden. Es ist ohnehin im höchsten Grade unwahrscheinlich, dass eine Fälschung mehrere, über hundert Jahre verteilte Fossilfunde umfassen sollte (vgl. *Charig* u. a. 1986; *Scharf* 1986; *Gould* 1987).

Mit eigener Forschung versuchen kreationistische Wissenschaftler die Evolutionstheorien widerlegende Ergebnisse zu erzielen. Der spektakulärste Fall ist die Behauptung, bei Ausgrabungen im Paluxy River (Texas) seien fossile Fußspuren von Menschen und Dinosaurierfährten in derselben geologischen Schicht direkt nebeneinander gefunden worden. Dagegen hatten bereits die ersten Entdecker der gemeinten Abdrücke vermutet, dass es sich bei den fußähnlichen Spuren um Teilabdrücke von Dinosaurierzehen handele (s. Kasten I, 3-1; vgl. *Lang* 1984). Das Bemühen, wörtlich verstandene biblische Aussagen als historische Tatsachen zu belegen, entspringt oft der Angst, mit einem Abweichen vom wörtlichen Verständnis würden alle Aussagen des christlichen, jüdischen oder islamischen Glaubens unsicher oder hinfällig.

Das Interesse vieler, auch wissenschaftsferner Gruppen an der Evolutionstheorie wird verständlich, wenn man sich bewusst macht, dass mit der Frage nach dem „Woher" und „Wohin" des Menschen wesentliche Aspekte des Selbst- und Weltverständnisses berührt werden. Vorstellungen zur Schöpfung wurden schon sehr früh in den Mythen der Völker von Generation zu Generation tradiert. Motive solcher Schöpfungsmythen sind z. B. Paradies, Lebensbaum, Erschaffung des Menschen durch höhere Wesen aus Materie (Erde, Ton, Holz, Knochen, Blut, Maismehl), Aussagen zur Stellung des Menschen zu seiner belebten und unbelebten Umwelt (Schlange, Kojote, Urbarmachen der Erde, Feldarbeit) oder zur Begegnung mit „außerirdischen" Wesen (Meeresschlange, Cherubin). Die biblischen Schöpfungstexte (1. Mose 1 und 2,4 b ff.), indianische, babylonische, altägyptische oder afrikanische Mythen enthalten zahlreiche der genannten Aspekte (vgl. *Schmitt/Rottländer/Reinhard* 1986). Vielfach spiegeln sich in den Schöpfungsmythen symbolhaft grundlegende Lebensfragen jedes Menschen und seines seelisch-individuellen Erlebens wider: eigene Unvollkommenheit und Sterblichkeit, Abhängigkeit von den Mächten der Umwelt, die Frage nach Gut und Böse, Bestrafung des Bösen (vgl. mehrfach vorkommende Sintflutberichte).

Das Verhältnis von biblischen Aussagen zur Schöpfung und naturwissenschaftlichen zur Evolution ist auf diesem Hintergrund näher zu beleuchten.

3.1.2 Korrespondenzen zwischen Aussagen von Schöpfungstheologie und Evolutionsbiologie

Seit der Begründung der modernen Evolutionstheorie durch *Charles Darwin* stehen sich biblisch-theologische Aussagen zur Schöpfung und naturwissenschaftliche Aussagen zur Evolution spannungsvoll gegenüber. Traditionell gibt es zwei Wege, dieses Spannungsverhältnis aufzulösen. Entweder wird versucht, die Aussagen miteinander zu harmonisieren und in ein übergreifendes System zu pressen, oder man rechnet Schöpfungsglauben und Evolutionslehre verschiedenen Aussagebereichen oder Wirklichkeitsdimensionen zu, so dass beide gegenseitig unberührt nebeneinander bestehen können. Der bedeutendste Versuch für eine einheitliche Schau stammt von *Pierre Teilhard de Chardin*, während die Ansätze zu sauberer Scheidung zahlreich sind (vgl. *Johannsen* 1982; 1988; 1996; *Böhme* 1988; *Bange* 1989).

Unverbindliches Neben- und feindliches Gegeneinander könnten wahrscheinlich vermieden oder überwunden werden, wenn genauer als bisher nach den Orten gesucht würde, an denen Aussagen über Schöpfung und

Evolution überhaupt in Beziehung treten können. Diese Berührungspunkte sind nicht auf der Ebene von weltbildhaft verdichteten Aussagesystemen oder Gedankengebäuden zu finden. Naturwissenschaften konstituieren nämlich von sich aus kein bestimmtes, gegen Glaubensaussagen abgeschlossenes Weltbild, das damit zur Weltanschauung würde. Sie entwerfen lediglich Modelle der Wirklichkeit, deren Geschlossenheit auf der lückenlosen Anwendung naturwissenschaftlicher Methoden beruht. Eine festgefügte naturwissenschaftliche Weltanschauung kann somit als methodisch bedingtes Artefakt angesehen werden.

Ebenso wenig beruhen aber auch biblisch-theologische Aussagen auf einem bestimmten, einmal festgelegten Weltbild. Die beiden Schöpfungstexte am Anfang der Hebräischen Bibel (1. Mose 1 und 2) zeigen, dass schöpfungstheologisch gleichsinnige Aussagen auf dem Hintergrund ganz unterschiedlicher Vorstellungen gemacht werden können. Deshalb sind die Beziehungen zwischen Schöpfungsglauben und Evolutionstheorie nicht im Faktischen zu suchen, sondern auf der Bedeutungs- und Sinnebene. Dann geht es nicht um die weltanschauliche Ausdeutung von Prinzipien der Evolution oder die Inanspruchnahme von religiösen Überzeugungen als Wissenschaft, sondern um Sinn und Bedeutung von konkreten Einzelaussagen in beiden Bereichen.

Die in dieser Hinsicht wichtigen Bedeutungszusammenhänge werden im Folgenden als Korrespondenzen beschrieben. Bei den Korrespondenzen geht es darum, zunächst disparat und unvereinbar erscheinende Aussagen auf einer gemeinsamen Ebene ins rechte Verhältnis zu setzen. Das Ziel ist dabei nicht, die Aussagen miteinander zu harmonisieren oder das Spannungsverhältnis aufzuheben. Es soll vielmehr ausschließlich danach gefragt werden, ob die biblischen und die biologischen Aussagen so aufeinander bezogen werden können, dass sie füreinander Bedeutung haben, d. h. sich gegenseitig interpretieren.

Der Anschauung von der Erschaffung der Lebewesen korrespondiert die Aussage, dass die *Entstehung der Arten* in genetisch voneinander getrennten Entwicklungslinien erfolgte und erfolgt. Die Korrespondenz erhellt, dass die Lehre von der Konstanz der Arten und der speziellen Schöpfung jeder einzelnen Art nur eine platonisch geprägte Ausdeutung der Schöpfungsgeschichten ist. Die Bedeutung der Aussagen trifft sich darin, dass in Schöpfung bzw. Evolution keine Willkür und kein Durcheinander herrschen, sondern zuverlässige Kontinuität. Eine ständige Urzeugung neuer Arten und monströse Übergänge von einer Art zur anderen sind damit ebenso verneint wie die kuriosen Kreuzungen zwischen verschiedenen Tieren (z. B. Huhn und Kaninchen), an die einige Naturforscher des 19. Jahrhunderts zu glauben scheinen.

Der Aussage der biblischen Schöpfungstexte von der *Abstammung der Menschen* von einem einzigen Stammvater (Adam bzw. Noah) korrespondiert die Aussage der Evolutionsbiologie, dass die heutige Menschheit auf nur eine einzige Stammeslinie zurückzuführen sei. Beide Aussagen betreffen das Verfasstsein der Menschheit als einer Einheit. Die Korrespondenz der beiden Aussagen bedeutet nicht, dass diese sich gegenseitig in ihrem Wahrheitsgehalt stützen könnten (das wäre ein Rückfall ins Faktische). Wenn sie aber jeweils als verbindlich angenommen werden, so haben sie eben für die Aussage der Einheit der Menschheit gleichsinnige Bedeutung. Mit ihr werden sowohl politische wie auch wissenschaftliche Spekulationen zumindest kritisch distanziert: Der Korrespondenz widersprechen z. B. die politisch-ideologischen Versuche, die Existenz des eigenen Volkes wie im „Arischen Mythos" des Faschismus auf gesonderte Stammväter oder eine besondere „Rasse" zurückzuführen.

Ist ein (göttlicher) Plan erkennbar? Oder ist die *Evolution ohne Ziel*? Das Schöpfungsgedicht der Priesterschrift (1. Mose 1) gibt an, dass Gott am siebenten Tag ruhte. Nach alter rabbinischer Auslegung sind mit der Ruhe Gottes die Vollendung und das Ziel der Schöpfung angegeben. Damit ist auch gesagt, dass das Ziel eben *nicht* in der Schöpfung selbst zu suchen ist. Dem korrespondiert die Aussage biologischer Wissenschaft, dass Evolution selbst ohne naturwissenschaftlich erkennbares Ziel abläuft: Weder die Annahme von der Sinnlosigkeit noch vom gesetzmäßig sich einstellenden Fortschritt ist wissenschaftlich zu belegen. Dennoch sind die Vorstellungen zur Evolution in verschiedener Weise religiös gedeutet worden, z. B. als Beweis der Sinnlosigkeit unseres Daseins oder als sinnhaft fortschreitender Prozeß zunehmender Integration und Harmonie. Naturerkenntnis und Naturwissenschaft können aber für sich genommen weder Sinn stiften noch Hoffnung geben. Die Korrespondenz zwischen biblischer Sicht und der Beschränkung naturwissenschaftlicher Aussagen verwehrt, über die Offenheit zukünftiger Entwicklungen hinaus, in der Evolution spekulativ den Sinn und das Ziel menschlicher Existenz oder der Natur überhaupt ausmachen zu wollen.

I Evolution als Naturgeschichte

Wenn die Schöpfung nicht mit der Erschaffung des Menschen am sechsten Tag, sondern mit der Ruhe Gottes am siebenten Tag vollendet wird, so ist nicht der Mensch, sondern der Schöpfer selbst das Ziel seiner Schöpfung. Als Geschöpf des sechsten Tages ist der Mensch ein Landtier. „Bild Gottes" gibt den Auftrag des Menschen an, in der Schöpfung nach dem Willen Gottes und in seinem Auftrage zu handeln. Die Bezeichnung des Menschen „als Bild Gottes" ist also nicht ontologisch zu verstehen und meint daher keine Ähnlichkeit in Konstitution oder Bauplan - ein Missverständnis, das *Ernst Haeckel* zu dem sarkastischen Umkehrschluss veranlaßte, der Gott der Bibel sei ein „gasförmiges Wirbeltier" (*Haeckel* 1984). Eine *Sonderstellung des Menschen,* die mit Eigenschaften des Menschen wie Kognition, Selbstbewusstsein und Sprache zu begründen wäre, ist daher nicht nur biologisch fragwürdig (s. Kapitel IV, 0), sondern auch theologisch nicht zu begründen. Der Mensch ist theologisch nicht durch vorfindliche Qualitäten aus der übrigen Schöpfung hervorgehoben, sondern durch sein Angeredetsein von Gott, seinen Schöpfungsauftrag und die daraus erwachsende Verantwortung. Damit wird dem Menschen eine ihm „fremde Würde" verliehen. Der Anspruch auf eine ausweisbare Sonderstellung ist nur der Versuch, sich die unverdiente Auszeichnung aus eigenem Recht anzueignen. Diese theologische Aussage korrespondiert mit dem Verzicht darauf, die biologisch erfaßbaren Besonderheiten des Menschen als trennend von den Tieren oder als Überlegenheit über andere Organismen auszulegen oder den Menschen, wie es leider auch im biologischen Schrifttum noch oft geschieht, als das am „höchsten entwickelte Lebewesen" zu bezeichnen. Der Mensch ist weder die Krone der Schöpfung noch das Spitzenprodukt der Evolution. Er ist das Geschöpf (oder das Lebewesen), das Verantwortung für den Bioplaneten Erde trägt.

Die Aussage, dass diese Welt Gottes gute Schöpfung sei (und nicht nur Teile davon), korrespondiert mit der Beschreibung der *Einheit der Natur,* wie sie besonders in der Ökologie zu finden ist. Im priesterlichen Schöpfungsgedicht kommt die Einheit der Natur in der Abfolge der Schöpfungstage zum Ausdruck (s. Abb. I, 3-2): An den ersten drei Tagen werden die Lebensbereiche durch Scheidung geschaffen: Licht-Finsternis; Himmelsgewölbe zum Scheiden der Wasser darüber und darunter; Wasser und Land auf der Erde. In den folgenden drei Tagen werden die Geschöpfe in die Lebensbereiche hineingesetzt: Die Gestirne (die im babylonischen Weltbild ursprünglich Götter waren) werden als Lampen an das Himmelsgewölbe gehängt; die Tiere am Himmel und im Wasser geschaffen, dann die Landtiere (und der Mensch). Mit der Scheidung in Lebensbereiche wird die Ordnung in der Schöpfung dokumentiert, wie sie der Lebenserfahrung der Menschen entspricht. Die Schöpfungserzählung spiegelt also grundlegende Züge menschlicher Weltauffassung und -er-

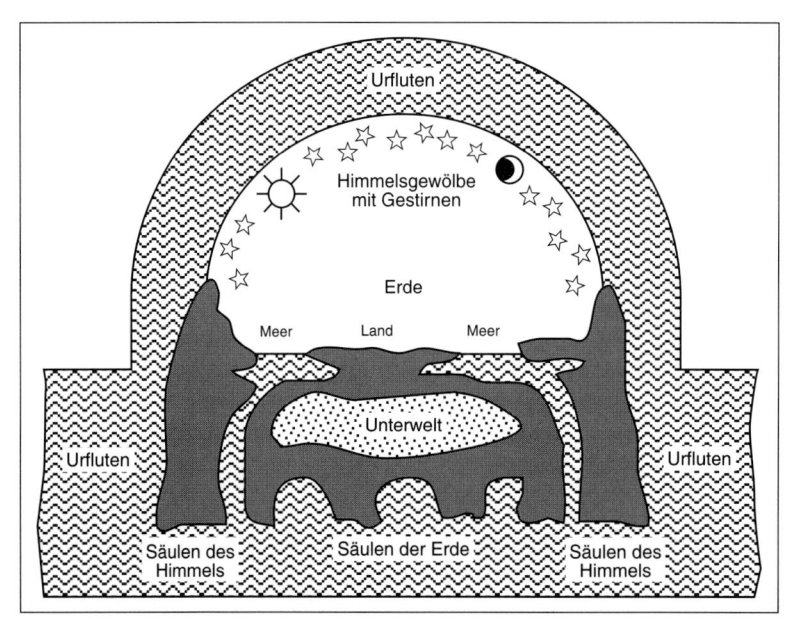

Abb. I, 3-1: Das babylonische Weltbild. Die chaotischen Urfluten werden nur durch das Himmelsgewölbe zurückgehalten, andernfalls stürzen sie auf die Erde (Sintflut)

fahrung wider. Die Lebensbereiche bilden dabei zusammen ein Beziehungsgefüge, das als ein zusammengehörendes Ganzes verstanden wird. Die Einheit der Natur und die Zusammengehörigkeit aller Geschöpfe ist biblisch so eingehend bezeugt, dass manche hier das ökologische Denken bereits vorgeprägt sehen. Dies wäre jedoch wieder ein Rückgriff auf das Faktische und ginge an dem eigentlichen Bezugspunkt vorbei: der Bedeutung dieser Einheit für den Menschen. Hier treffen sich die Aussagen über die Geschöpflichkeit des Menschen und seine Verantwortung für die Schöpfung (vgl. *Johannsen* 1988) mit der ökologischen Betrachtung des Menschen als Teil und Gegenüber der Natur und des Bioplaneten Erde (vgl. *Dulitz/Kattmann* 1990; *Kattmann* 1991).

Das Geschehen der Sintflut wird in buchstäblicher Auslegung der biblischen Erzählung, wie sie z. B. von Kreationisten vorgenommen wird, als Faktum behauptet. Die Wissensbehauptung, es habe eine erdumfassende Flut stattgefunden, ist als Tatsachenaussage jedoch völlig bedeutungslos. Der Sinn der Sintflut kann nur anhand des babylonischen Weltbildes erkannt werden, wie es der priesterlichen Schöpfungsvorstellung zugrundeliegt (s. Abb. I, 3-1): Die Schöpfung ist stets durch das Hereinstürzen der chaotischen Urfluten bedroht, die nur durch die Himmelsfeste zurückgehalten werden. Die Sintflut bedeutet daher Preisgabe der Schöpfung. Wer die Sintflut mit ihrer theologischen Bedeutung als historisches Geschehen betrachtet, müsste sinnvollerweise also auch das babylonische Weltbild für wahr halten. Das kann natürlich heute niemand ernsthaft tun. Das Bild von der durch das Hereinbrechen des Chaos ständig gefährdeten Schöpfung kann uns jedoch angesichts der atomaren Bedrohung und der nahen ökologischen Katastrophen stärker ansprechen als je zuvor. Die Sintflut war für die Autoren der Bibel die Folge von Grenzüberschreitungen der Menschen im Umgang mit der Schöpfung: Die Korrespondenz zu unserer heutigen Situation liegt nahe.

3.2 Vorschläge zur Unterrichtsgestaltung am Beispiel „Erschaffung der Erde und des Menschen"

3.2.1 Didaktische Überlegungen

Obgleich die Behauptungen von Kreationisten in naturwissenschaftlicher Sicht z. T. abwegig sind und zuweilen propagandistisch manipuliert sind (vgl. *Mahner* 1986; 1989), sollte sich die Auseinandersetzung doch nicht auf diese Aspekte beschränken. Wie ein ernsthaftes Eingehen auf kreationistische Vorstellungen trotz der sonst vorherrschenden Polemik aussehen kann, wird eindrucksvoll von *Stephen Jay Gould* (1991 b) berichtet. Schülerinnen und Schüler, die im Unterricht religiös bestimmte Überzeugungen im kreationistischen Sinne äußern, haben ein Recht darauf, ernst genommen und verstanden zu werden. Zunehmend sind hier die Überzeugungen moslemischer Schüler zu berücksichtigen (vgl. *Ohly* 1997). In den Tatsachenbehauptungen liegt aber nicht der eigentliche Kern der Gegensätze. Ein gegenseitiges Verstehen ist nicht durch beidseitig rechthaberische Tatsachenbehauptungen zu erreichen, sondern nur durch das gemeinsame Stellen der Sinnfragen, die von den Gesprächspartnern mit Schöpfung oder Evolution verbunden werden.

Ein solcher Unterricht wäre natürlich am besten in Kooperation von Biologie- und Religionslehrkräften zu leisten. Doch ist ein sachgemäßer Unterricht auch im Biologieunterricht selbst möglich, wenn die Fragestellungen eingeschränkt werden. Im Biologieunterricht steht nicht die religiöse Frage (Gottesglaube), sondern das Verständnis der Lebenswelt (Welterfahrung) im Vordergrund. Insbesondere im Unterricht der Sekundarstufe II kann die Auseinandersetzung mit einzelnen Thesen der Kreationisten im Sinne eines wissenschaftspropädeutischen Vorgehens fruchtbar genutzt werden (vgl. *Rottländer* u. a. 1988; *Rottländer* 1989 a), und zwar auch deshalb, weil manche Alltagsvorstellungen der Schüler mit entsprechenden Anschauungen von Kreationisten übereinstimmen.

In der Sekundarstufe I kommt es darauf an, ein Verständnis für verschiedene Sichtweisen zu fördern und die Einsicht in den Charakter naturwissenschaftlicher Aussagen zu eröffnen. Da bei Jugendlichen und Erwach-

I Evolution als Naturgeschichte

senen mit dem Stichwort „Evolution" vor allem die Frage nach der Abstammung des Menschen verbunden ist und diese auch in religiöser Hinsicht eine Hauptrolle spielt, ist diese Zielsetzung zweckmäßigerweise mit Fragen der Humanevolution zu verbinden. Dafür sollten anschauliche Beispiele gewählt werden, mit denen gleichzeitig biologisch zutreffende Vorstellungen gebildet werden können, z. B. über das geologische Alter der Stammeslinie des Menschen und über die Frage einer biologischen Sonderstellung des Menschen.

Als Einstieg eignet sich die kreationistische Deutung des Nebeneinanders von Saurierspuren und Menschspuren (Paluxy River). Nach mehreren Befragungen von Schülern wird von diesen häufig angenommen, dass Saurier und Menschen gleichzeitig gelebt haben. Es bietet sich hier also nebenbei auch die Gelegenheit, eine verbreitete Alltagsvorstellung zu korrigieren. So wird dieses Beispiel zwar zunächst auf der Tatsachenebene zu erörtern sein, es läßt sich aber leicht auf die damit verbundenen religiösen und naturwissenschaftlichen Motive und Sichtweisen ausdehnen, und es kann so den Unterricht zwanglos zur Frage nach dem Verhältnis von Schöpfung und Evolution hinführen.

Der Inhalt des biblischen Schöpfungstextes (s. Kasten I, 3-4) kann wegen des Traditionsabbruches bei den meisten Schülern nicht als bekannt vorausgesetzt werden. Für seine Behandlung im Biologieunterricht sprechen die folgenden Gesichtspunkte:
– Das explizite Heranziehen eines Bibeltextes erleichtert es Schülern mit christlichen und kreationistischen Überzeugungen, ihre Vorstellungen unbefangen in den Unterricht einzubringen.
– Anhand des Textes läßt sich die zugrundeliegende Weltsicht leicht aufzeigen und herausarbeiten, dass in ihm Ordnung, Beziehungen und Aufgaben in der Mitwelt thematisiert werden und nicht Entwicklung oder Abstammung der Lebewesen.
– Die in der Erzählung vorgestellte Ordnung der Lebensbereiche spricht die Schüler unmittelbar an, da sie die Lebenswelt nach ihren eigenen Vorstellungen ganz ähnlich ordnen würden (vgl. *Kattmann/Schmitt* 1996).
– Die Erzählung gibt Gelegenheit, mit der in ihr enthaltenen Weltsicht die Sinnhaftigkeit und Berechtigung unterschiedlicher Betrachtungsweisen der Wirklichkeit aufzuzeigen.

Unterrichtsziele:

Die Schüler sollen
– Behauptungen und Vorstellungen über Gleichzeitigkeit von Sauriern und Mensch als unzutreffend belegen können;
– einen biblischen Text zur Schöpfung auf dem Hintergrund des babylonischen Weltbildes interpretieren können;
– zwischen Tatsachenbehauptungen und Sinnaussagen (Bedeutung von Aussagen für das menschliche Leben) unterscheiden und diesen Unterschied auf Schöpfungsaussagen und Evolutionstheorie beziehen können;
– Aussagen zur Sonderstellung des Menschen kritisch erörtern können.

3.2.2 Unterrichtsprozess

Falls der Unterricht nicht unmittelbar an vorhergehende Evolutionsthemen anschließt, ist es lohnend, mit einer Kartenabfrage zu beginnen, mit der die Alltagsvorstellungen der Schüler zur Evolution erfasst werden. Auf einer Karteikarte ergänzen die Schüler jeweils die folgenden Sätze:
1. „Unter Evolution (Abstammungslehre) stelle ich mir vor ..."
2. „Es gibt viele verschiedene Pflanzen- und Tierarten. Ihre Entstehung stelle ich mir so vor ..."
Als Ergebnis der Kartenabfrage ist ein Spektrum von im Unterricht Gelerntem (und Missverstandenem) sowie persönlichen Vorstellungen zu erwarten. Nur etwa ein Drittel der Schüler der 9. Hauptschulklasse kennt den Terminus Evolution. In den persönlichen Vorstellungen ist Evolution oder Abstammungslehre häufig aus-

Klassenstufe 9/10 3 Schöpfung und Evolution

schließlich auf die Entwicklung zum Menschen beschränkt, andere Schüler betonen im Gegenteil die Notwendigkeit und Entstehung der Vielfalt der Lebewesen. Sehr häufig wird eine zielgerichtete Höherentwicklung angenommen (vgl. *Kattmann* 1994 b; *Baalmann* 1997). Während der erste Satz häufig beschreibend ergänzt wird, werden beim zweiten Satz meist Vermutungen über Ursachen angegeben, dabei wird sehr häufig auf religiöse Vorstellungen (Gott, Allah, als Schöpfer von Pflanzen und Tieren) Bezug genommen (vgl. *Kattmann* 1997, 12). Daraus ergeben sich unterschiedliche Aussagen dazu, ob Evolution für wahr gehalten wird und welche Vorstellungen bzw. und Vorbehalte die Schüler im Blick auf Evolution haben.

Die Karten werden eingesammelt und an einer Pinnwand angebracht, so dass sie von allen Schülern studiert werden können. Eine andere Möglichkeit besteht darin, dass die Lehrperson die Karten für sich auswertet und nur besonders interessant oder wichtig erscheinende Stellungnahmen im Unterricht erörtert werden. Falls sich aus der Kartenabfrage die Frage des Verhältnisses von Schöpfungsvorstellungen und Evolution unmittelbar ergibt, wird sofort zur Behandlung des priesterschriftlichen Schöpfungstextes übergegangen. Da aber meist auch die Frage nach der Entstehung des Menschen aufgeworfen wird, kann ebenso gut zur Frage übergeleitet werden, seit wann es Menschen auf der Erde gibt.

Kasten I, 3–1: Menschen in der Kreidezeit? (Arbeitstext, zitiert nach *Lang* 1984, 32 f.; 34)

Dinosaurier- und Menschenspuren nebeneinander in einem Flussbett

Der kreationistisch eingestellte Biologe *Wilder-Smith* schreibt 1968:
„Am Ende des Mesozoikums, in der Kreidezeit (nach moderner geologischer Datierung also vor etwa 140 Millionen Jahren) sollten wir kaum moderne menschliche Spuren erwarten. Und doch gibt es überzeugende Zeugnisse des modernen Menschen in Kreideformationen.
Deutlich, klare Spuren von Dinosauriern, Brontosauriern und wohl auch Tyrannosauriern, die die betreffende Formation als kreidezeitlich ausweisen, wurden im Flussbett des Paluxy River bei Glen Rose in Texas gefunden. Es ist schwer zu glauben, dass so schön erhaltene Spuren (ich habe sie selbst gesehen) so alt sein können, aber für die Geologen ist die Datierung eindeutig. In demselben Flussbett in derselben Schicht, nur wenige Meter entfernt von den Dinosaurierspuren sind auch unverkennbare Menschenspuren entdeckt worden. ...
Wie dürfen wir solche Fakten interpretieren? Es sollte klar sein, dass ein Mensch die Spuren etwa zur selben Zeit hinterließ wie die Dinosaurier. Sogar der Fachmann Dr. *Roland T. Bird* gibt zu, dass es perfekte Menschenspuren sind. Diese Art von Funden menschlicher Spuren in Formationen, die man zu den allerältesten zählt, taucht immer wieder auf. Die Anerkennung eines einzigen dieser Funde brächte natürlich die ganze Evolutionstheorie durcheinander. Für die heutigen evolutionären Theorien ist die Anerkennung der Echtheit daher einfach undenkbar. Die Folgerungen aus der Anerkennung eines dieser Funde als echt würde die moderne Geologie, Biologie und Anthropologie auf den Kopf stellen."

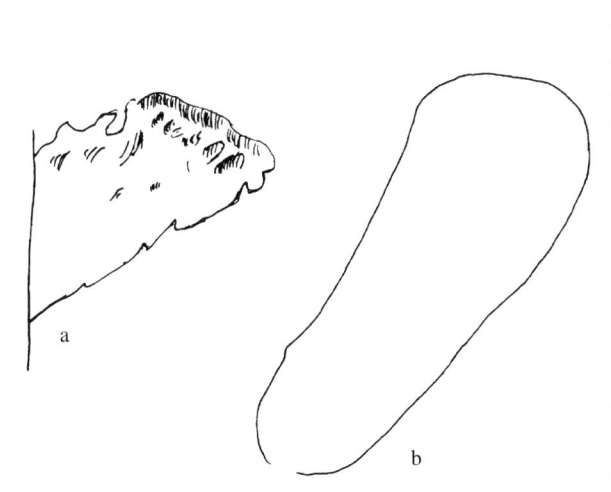

Aufgaben
Welche Belege führt *Wilder-Smith* an?
Welche Konsequenzen hätte es für die Evolutionstheorie, wenn die Aussagen von *Wilder-Smith* zuträfen?

Abb.: Fußspuren, gezeichnet nach Fotos, die in einem Buch von *Wilder-Smith* abgedruckt sind. a) soll einen normalen Abdruck in der Kreideformation zeigen, b) einen riesigen menschlichen Fußabdruck

I Evolution als Naturgeschichte

Mit der zuletzt genannten Frage wird auf den Fall der „Menschenspuren" vom Paluxy River eingegangen. Die Schüler erhalten das Material von Kasten I, 3-1. Für die Beantwortung der dort gestellten Fragen müssen die Schüler sich zunächst verdeutlichen, welche wissenschaftlichen Aussagen es zum zeitlichen Verhältnis von Dinosauriern und Mensch gibt und wie diese Aussagen bei einer Gleichzeitigkeit verändert werden müssten. Dazu sind die zeitlichen Dimensionen der Trennung von Kreidezeit (Aussterben der Dinosaurier) und Pliozän (Auftreten von Homo) zu veranschaulichen (s. Abschnitt I, 2.1.2). Es wird herausgestellt, dass die Evolutionstheorie durch eine Gleichzeitigkeit von Dinosauriern und Mensch nicht hinfällig würde, wohl aber die Evolution ganz anders verlaufen sein müsste und die bisherigen Datierungen als völlig unbrauchbar erscheinen müssten.

Die Lehrperson klärt nun in einem Kurzvortrag darüber auf, dass nach gründlicher Untersuchung die „menschlichen Fußspuren" als Abdrücke von der mittleren Zehe pflanzenfressender Dinosaurier zu deuten sind (s. Kasten I, 3-2). Die Frage, wie es zu der „menschlichen" Deutung mit den weitreichenden Konsequenzen kommen konnte, wird anhand der Texte von Kasten I, 3-3 behandelt. Dabei wird deutlich, dass das Motiv vor allem darin lag, die Evolutionstheorie zu widerlegen, um damit die Richtigkeit der Schöpfungsaussagen der Bibel zu belegen. Dieser Umstand führt zur Frage, in welchem Verhältnis Evolutionstheorie und Schöpfungsaussagen der Bibel tatsächlich stehen.

Der Text zur Schöpfung (s. Kasten I, 3-4) wird in Einzelarbeit gelesen, anschließend werden Verständnisfragen beantwortet (zu Methoden der Textarbeit vgl. *Eschenhagen/Kattmann/Rodi* 1996, 245 ff.).

Kasten I, 3–2: Wissenschaftliche Deutung der Paluxyspuren (zitiert nach *Lang* 1984, 32; 34)

Nur Saurierzehen

Genaue Untersuchungen der Paluxy-Fossilien brachten 1981 das folgende Ergebnis: „Die ‚Fußabdrücke' zeigen oft einen Schritt von über zwei Metern, und einige sind über 50 cm lang. Der Autor erklärt dies mit einem Hinweis auf die Urgeschichte der Bibel „Und es waren Riesen auf der Erde in jenen Tagen". Eine Abbildung zeigt einen angeblichen menschlichen Fußabdruck im Vergleich zu einem heutigen Fuß. Der große, sich unklar abzeichnende Fleck links davon wird im Text nicht erwähnt und leicht übersehen, bis man andere Fotografien aus nicht kreationistisch geprägten Quellen betrachtet. Die Zehenabdrücke echter Dinosaurierfußspuren sind bemerkenswert ähnlich den ‚menschlichen Fußabdrücken'. Tatsächlich sieht der große Fleck neben dem ‚menschlichen Fußabdruck' dem Fußballen eines Dinosauriers erstaunlich ähnlich. Bei einem anderen Bild, das ‚menschliche Fußabdrücke' in ‚offensichtlichem Schritt' zeigen soll, bedecken im Foto ersichtlich Sandablagerungen die Stellen, wo der Rest des Dinosaurierfußes zu sehen gewesen wäre, als hätte man die Spuren dieses Tieres verdeckt, um die ausgewählten Zehenspuren hervorzuheben. Nirgends wird die Möglichkeit erwogen, man könnte die Dinosaurierspuren mit menschlichen verwechselt haben, trotz der Größe mancher der Abdrücke, des großen Schritts und der Ähnlichkeit von Zehenabdrücken von Dinosauriern mit menschlichen Fußspuren."

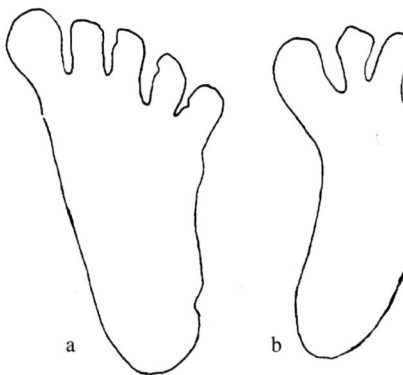

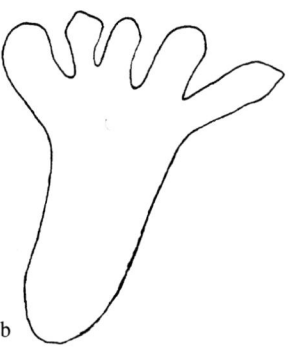

Abb.: Abdrücke von Dinosaurierpfoten (nach Fotos gezeichnet). a) einem Menschenfuß ähnlich, b) offensichtlich nicht von einem Menschenfuß verursacht

> **Saurier und Menschen in der Kreidezeit?**
>
> *Schlussfolgerungen von Wilder-Smith*
> „Mit dem Verschwinden der *darwinschen* und der evolutionären Doktrinen verschwände einer der hauptsächlichsten Waffen der Atheisten gegen Christen und andere Gottgläubige. Aber die heutige wissenschaftliche Atmosphäre verhindert das Verschwinden derartiger Waffen und wird es weiterhin verhindern."
>
> *... und von nichtkreationistischen Wissenschaftlern*
> Der Fossilienkenner Dr. *Roland Bird,* auf den *Wilder-Smith* sich beruft, ohne ihn wörtlich wiederzugeben, gab 1939 den folgenden Bericht. *Bird* entdeckte im Schaufenster eines Trödelladens in Texas, nahe dem Paluxy River, ausgestellte Abdrücke von Fußspuren und ließ sich die Stücke aushändigen: „Meine Finger drehten die Steine und drehten sie mehr zum Licht. Für einen Augenblick hatte ich sie für mich allein – die seltsamsten Exemplare dieser Art, die ich je gesehen hatte. An der Oberfläche jeden Steines war das fast genaue Abbild eines menschlichen Fußes gespreizt, vollkommen bis in jede Einzelheit. Aber jeder Abdruck war 38 cm lang! ... Es war lächerlich, sie für menschliche Fußabdrücke zu halten. Sie waren zu groß und erinnerten an einen Bären. Und doch waren es nicht die Abdrücke des größten prähistorischen Bären, der mir einfiel, des großen Höhlenbären aus dem Pleistozän, denn die Zehen waren nicht typisch für ihn. Mit einem Gefühl starker Enttäuschung gab ich zu Protokoll: ‚ich fürchte, Ihr *Jack Hill* [Sammler der Fundstücke] hat ein Paar gefälschter Fußabdrücke gefunden.'" *Bird* erkundigte sich an dem Ort, wo die Steine gefunden wurden, ob es weitere solche Abdrücke gebe.
> „Oh, Sie meinen die Menschenspuren. Aber sicher, früher war eine ganze Reihe davon oberhalb der vierten Kreuzung zu sehen, bevor der Fluss sie ausgewaschen hat." Sofort machte sich *Bird* mit dem ortskundigen Begleiter *Ryals* auf die Suche: „Nachdem wir von Stein zu Stein gesprungen waren, hielten wir schließlich bei einer flachen Vertiefung mit schlammigem Boden an. *Ryals* klatschte eine Schaufel hin und her und trat zurück, während die Strömung den Boden sauber wusch. Ich beobachtete genau, wie der Umriss eines Fußes Gestalt annahm, ungefähr 38 cm lang mit einer seltsam verlängerten Hacke.
> Was ich sah, war auf der einen Seite entmutigend, anderseits auch aufschlussreich. Offensichtlich stammte der Abdruck von einem bisher unbekannten Dinosaurier oder Reptil. Der ursprüngliche Schlamm war an dieser Stelle sehr weich gewesen und das Felsgestein hatte treulich die Eigenschaft der Weichheit bewahrt. Aber dem Abdruck fehlte die Umrissschärfe, aus der man Schlüsse hätte ziehen können."
>
> Aufgaben
> 1. Vergleiche die Aussagen von *Wilder-Smith* mit denen von *Bird*.
> 2. Welche Ziele verfolgt *Wilder-Smith* mit seiner Deutung der Paluxy-Spuren?

Kasten I, 3–3: Schlussfolgerungen zu den ‚Menschenspuren' aus der Kreidezeit (Arbeitstext, zitiert nach *Lang* 1984, 32)

Zum besseren Verständnis des Textaufbaus und der Schöpfungshandlungen schildert die Lehrperson in einem kurzen Lehrervortrag das babylonische Weltbild (s. Abb. I, 3-1) und betont dabei die Lebensbereiche Himmel, Wasser und Land und dass die Urfluten durch das Himmelsgewölbe von der Erde ferngehalten werden.
Danach werden die folgenden Fragen in Gruppenarbeit erörtert:
– Welche Aussagen macht der Text über den Aufbau der Welt und die Zusammengehörigkeit der Lebewesen? Stellt Eure Deutung bildlich für die anderen Gruppen dar.
– Welche Stellung hat der Mensch in der Schöpfung?
– Was sagt der Text über die Entstehung und die Entwicklung der Lebewesen?
Jede Gruppe entscheidet, wie sie ihr Ergebnis zu den Fragen vorträgt. Zu Frage 1 wird von jeder Gruppe ein Poster angefertigt, aus dem die Abfolge der sechs Tage und die Scheidung der Lebensbereiche deutlich wird (als Beispiel s. Abb. I, 3-2).
Im anschließenden Unterrichtsgespräch werden Differenzen zwischen den Gruppenergebnissen geklärt und von den Gruppen besonders herausgehobene Aspekte zusammengestellt. Dabei sollte deutlich werden, dass der Schöpfungstext Vorstellungen enthält, wie Lebensbereiche und Lebewesen zusammengehören, aber keine Aussagen über eine Entwicklung oder Abstammung der Lebewesen (s. Abschnitt I, 3.1.2). Wenn die von biologischer Fragestellung unterschiedene Sichtweise von den Schülern erfasst wird, dann können sie auch folgern, dass die Aussagen über die Zusammengehörigkeit der Schöpfung nicht wirklich im Widerspruch zu

Am Anfang

Am Anfang schuf Gott Himmel und Erde. Die Erde aber war ein tohu wabohu[1]: Finsternis herrschte über dem Urmeer und ein gottgewaltiger Sturm flog über die Fluten.

Der erste Tag
Gott sprach: „Es werde Licht", und es entstand das Licht. Und Gott sah, dass das Licht gut war, und er schied Licht und Finsternis voneinander. Das Licht nannte er „Tag" und die Finsternis „Nacht". So wurde es Abend und Morgen: der erste Tag.

Der zweite Tag
Gott sprach: „Es soll ein festes Gewölbe in den Wassern entstehen und eine Scheidewand zwischen ihnen bilden." Und so geschah es. Gott machte das Himmelsgewölbe und schied dadurch die Wasser unter dem Gewölbe und über dem Gewölbe und er nannte das Gewölbe „Himmel". So wurde es Abend und Morgen: der zweite Tag.

Der dritte Tag
Gott sprach: „Das Wasser unter dem Himmel soll sich an einem Ort sammeln, so dass das Trockene sichtbar wird." Und so geschah es. Und Gott nannte das Trockene „Land" und die Ansammlung des Wassers „Meer". Und Gott sah, dass es gut war. Gott sprach: Die Erde soll Grünes sprießen lassen: Kräuter, die Samen hervorbringen je nach ihrer Art, und Fruchtbäume, die Früchte tragen, in denen Samen sind nach ihrer Art. Und so geschah es. Und Gott sah, dass es gut war. So wurde es Abend und Morgen: der dritte Tag.

Der vierte Tag
Gott sprach: „Es soll Leuchten am Himmelsgewölbe geben, um Tag und Nacht zu unterscheiden. Sie sollen als Zeichen dienen, um Festzeiten, Tage und Jahre zu bestimmen, und als Lampen, um die Erde zu beleuchten." Und so geschah es. Gott machte zwei große Lampen, eine größere zur Herrschaft über den Tag, und eine kleinere zur Herrschaft über die Nacht. Und dazu auch noch die Sterne. Und Gott setzte sie an das Himmelsgewölbe, damit sie die Erde beleuchten und Tag und Nacht, Licht und Finsternis scheiden. Und Gott sah, dass es gut war. So wurde es Abend und Morgen: der vierte Tag.

Der fünfte Tag
Gott sprach: „Das Wasser soll voller Lebewesen wimmeln, und Flugtiere sollen über der Erde am Himmelsgewölbe fliegen." Und so geschah es. Gott schuf die großen Meerestiere und alle quicklebendigen Wesen, von denen das Wasser wimmelt, und außerdem alle geflügelten Tiere mit ihren verschiedenen Arten. Und Gott sah, dass es gut war. So wurde es Abend und Morgen: der fünfte Tag.

Der sechste Tag
Gott sprach: „Das Land soll Lebewesen hervorbringen: zahme, kriechende und wilde Tiere je nach ihrer Art". Und so geschah es. Gott machte die verschiedenen Arten der Landtiere. Und Gott sah, dass es gut war. Gott sprach: „Wir wollen Menschen machen nach unserem Bilde, uns ähnlich. Sie sollen herrschen über die Fische im Meer und die Vögel am Himmel, über das Vieh und alles Wild auf dem Felde und alle kriechenden Tiere, die sich an Land regen." Und Gott schuf den Menschen nach seinem Bild – als Mann und als Frau schuf er sie. Und Gott sah alles an, was er gemacht hatte: Ja, es war sehr gut. So wurde es Abend und Morgen: der sechste Tag.

Der siebte Tag
Am siebten Tag vollendete Gott sein Werk und ruhte von all seinem Werk, das er gemacht hatte. Und Gott segnete den siebten Tag und erklärte ihn für heilig.

---

[1]) Hebräisch: lautmalerische Wendung für „öde Leere" oder „leere Einöde", *Luther* übersetzt: „wüst und leer", *Buber:* „Irrsal und Wirrsal"

Kasten I, 3–4: Die Entstehung der Welt. Das babylonische Weltbild (s. Abb. I, 3–1) gibt für diesen Schöpfungstext der Hebräischen Bibel den Rahmen. Schöpfung und Geschöpfe werden nach Lebensbereichen (Wasser, Luft, Land) geordnet (s. Abb. I, 3–2) (1. Mose 1–2,3, gekürzt; eigene Übertragung)

Klassenstufe 9/10　　　　　　　　　　　　　　　　　　3 Schöpfung und Evolution

Abb. I, 3-2: Die Abfolge der ersten fünf Schöpfungstage (Schülerzeichnung). Die Zuordnung der Tage und die Abfolge der Erschaffung der Geschöpfe zeigt die Orientierung an Lebensbereichen (Wasser, Himmel, Land, s. Text)

I Evolution als Naturgeschichte

Abb. I, 3-3: „Sonderstellung des Menschen" verdeutlicht durch die Kluft zwischen Mensch und Tieren (aus einem religiösen Traktatheft, nach *Kattmann* 1974).

Evolutionsvorstellungen stehen. Dieser Schluss fällt den Schülern leichter, wenn zwischen Sinnaussagen und Tatsachenbehauptungen unterschieden wird. Mit dieser Unterscheidung sind dann auch scheinbar der Evolution widersprechende Aussagen (getrennte Erschaffung der Arten, Abfolge der Erschaffung der Lebewesen) als sinnvolle Aussagen über das Leben auf der Erde und den Menschen zu begreifen (s. Abschnitt I, 3.1.2). Dabei sollte auch herausgestellt werden, dass der Mensch zusammen mit den Landtieren geschaffen wird und so als Teil der Schöpfung betrachtet wird und nicht grundsätzlich von ihr abgehoben ist.

Der Gedankengang wird nun zur Frage nach der Stellung des Menschen in der Natur und seiner Zusammengehörigkeit mit den Tieren weitergeführt. Als Gesprächsimpuls kann dazu die Abbildung I, 3-3 dienen, indem die hinter der Darstellung stehende Vorstellung von der Kluft zu den Tieren den Widerspruch der Schüler erregt. Diese können die Vorstellung von der Sonderstellung nun sowohl aus biologischer Sicht als auch von dem biblischen Schöpfungstext her kritisieren. Diese Kritik kann durch eine Analyse von Texten und Bildern des Biologiebuches, die sich auf Aussagen über die „Sonderstellung" bezieht, fortgeführt werden. Damit werden die Schüler angeleitet, das eigene Lehrbuch kritisch „gegen den Strich" zu lesen (vgl. *Eschenhagen/Kattmann/Rodi* 1996, 249). Ideologische Aussagen zur Sonderstellung sollten dabei durch solche zur Eigenart des Menschen korrigiert werden (s. Kapitel IV, 0; IV, 1 und IV, 4). Bei dieser Gelegenheit kann auch auf Vorstellungen von gerichteter oder kontinuierlicher „Höherentwicklung" zum Menschen eingegangen werden, wie sie in einigen Lehrbüchern in Text und Abbildungen zum Ausdruck kommen (s. Abb. I, 3-4 und I, 3-5). In Absprache mit der Religionslehrkraft läßt sich hier eine Unterrichtseinheit über die Verantwortung des Menschen in der Schöpfung anschließen, in der im Religionsunterricht die Erzählung von der Sintflut (s. Abschnitt I, 3.1.2), im Biologieunterricht die Verantwortung für die Biosphäre thematisiert wird (vgl. *Dulitz/Kattmann* 1991). Als gemeinsamer Einstieg eignet sich dazu (mit Rückbezug auf den Schöpfungstext) der Film „Söhne der Erde" (s. Abschnitt I, 3.3.1).

Klassenstufe 9/10 3 Schöpfung und Evolution

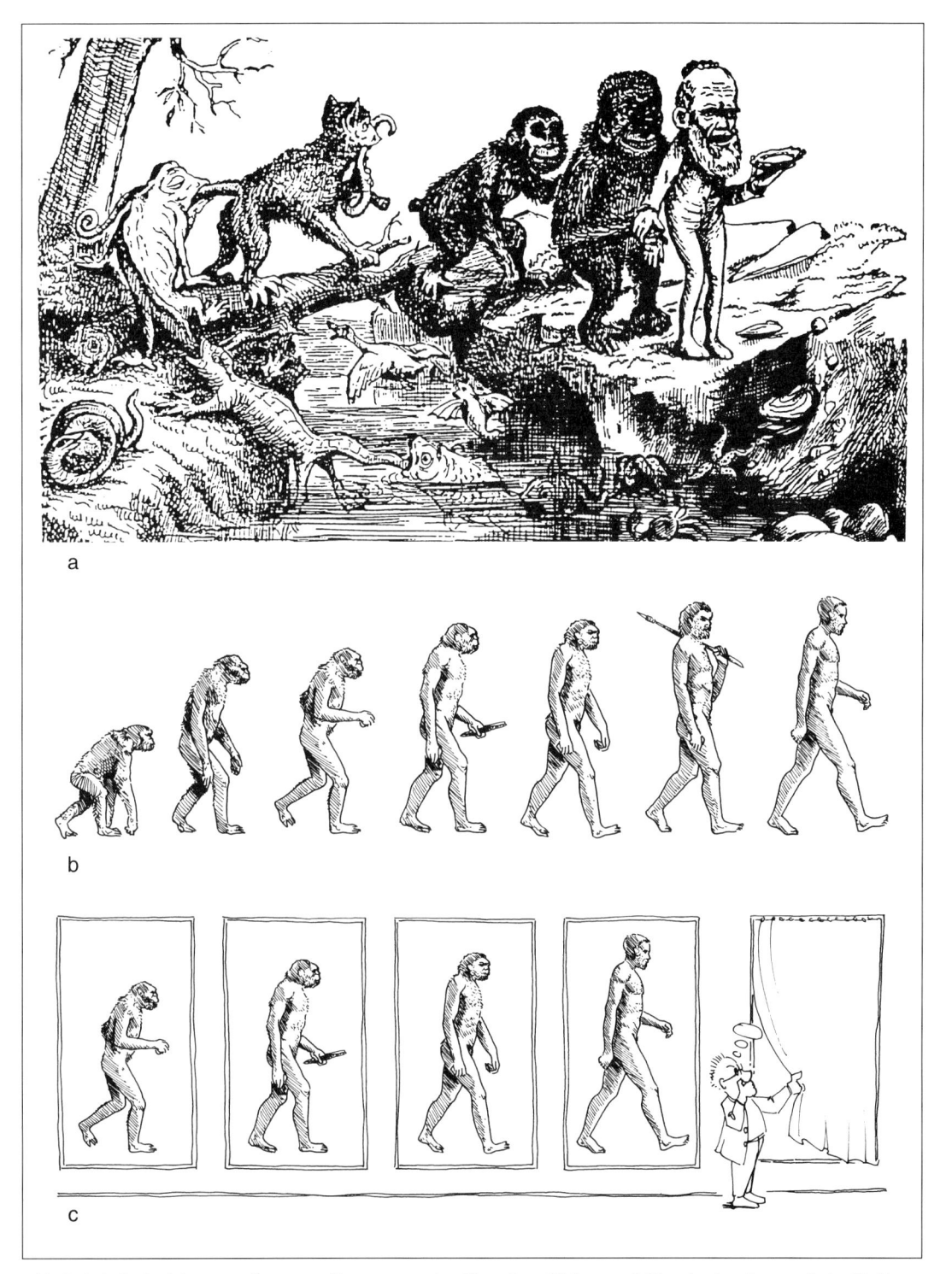

Abb. I, 3-4: Stufenleitervorstellung zur Abstammung des Menschen (Höherentwicklung). a) zeitgenössische Karikatur zu *Darwin*, b) Lehrbuchdarstellung, c) Karikatur zur Frage der zukünftigen Evolution des Menschen

I Evolution als Naturgeschichte

Abb. I, 3-5: Stammbaum des zivilisierten Mannes (Titelbild der Zeitschrift New Scientist vom 13. 5. 1976, Zeichnung *Bill Sanderson*, aus *Dulitz/Kattmann* 1990)

3.3 Medien

3.3.1 Filme
FWU: „Söhne der Erde" (Rede des Häuptlings Seattle mit unterlegten Bildern zur Umweltzerstörung) 32 02629/42 01719; „Die Geister der Tiere" (Verhältnis zu Tieren und Natur in verschiedenen Kulturen unter dem Einfluss der Religionen) 42 01730.

3.3.2 Texte
Textauszüge zu Schöpfungsvorstellungen in verschiedenen Kulturen s. *Schmitt/Rottländer/Reinhard* (1986, 79-86).

Literatur

Baalmann 1997; *Bange* 1989; *Böhme* 1988; *Bretschneider* 1991; *Charig* u. a. 1986; *Dulitz/Kattmann* 1990; 1991; *Eschenhagen/Kattmann/Rodi* 1996; *Gould* 1987; 1991 b; *Haeckel* 1984; *Jeßberger* 1990; *Johannsen* 1982; 1988; 1996; *Junker* 1989; 1991; *Junker/Scherer* 1986; *Kattmann* 1974; 1991; 1992 a; b; 1994 a, b; 1997; *Kattmann/Schmitt* 1996; *Lang* 1984; *Mahner* 1986; 1989; *Numbers* 1982; *Ohly* 1997; *Rottländer* 1989 a; b; *Rottländer* u. a. 1988; *Scharf* 1986; *Schmitt/Rottländer/Reinhard* 1986; *Siedentop* 1972; *Stephan* 1991 a; b; *Stripf/Zupanc/Zupanc* 1989

II Prozesse der Evolution

0 Basisinformationen

0.1 Zum Thema

0.1.1 Begründung und Logik der Selektionstheorie

Charles Darwin konnte seine Evolutionstheorie zwar auf zahlreiche Beobachtungen stützen, z. B. durch die Übereinstimmungen im Bau, die embryonale Entwicklung, die Variabilität, die geographische Verbreitung der Lebewesen und die Abfolge von Fossilien, doch hielt er die Klärung der Ursachen bei der Begründung der Evolutionstheorie für ausschlaggebend (s. „Vorrang der Selektionstheorie" Abschnitt I, 0.1.3). Dabei beschäftigten *Darwin* zwei Probleme:
– die Abänderung der Arten;
– die Entstehung neuer Arten.

Entscheidend für seine Überlegungen war die Beobachtung, dass Pflanzen und Tiere durch künstliche Zuchtwahl des Menschen abgeändert werden. In der Domestikation sieht *Darwin* daher das groß angelegte Modellexperiment, das ihm die Richtigkeit seiner Theorie bestätigen kann (s. Abb. II, 0-1).
Die erste Analogie zwischen der Züchtung und der Abänderung der Arten sieht er im Variieren der Tiere und Pflanzen (A 1.1) und im Nachweis, dass die Züchter tatsächlich wiederholt kleine Abänderungen der Zuchtpflanzen und -tiere bei der Zuchtwahl nutzen (A 1.2).
Die Möglichkeit, dass in der Natur ohne Absicht und Züchter eine Selektion stattfinden kann, wird von *Darwin* aus dem Variieren und der Überproduktion in zwei Schritten logisch abgeleitet (Deduktionen D 1.1 und D 1.2). Daraus kann dann gefolgert werden, dass Arten unbegrenzt abgeändert werden können (D 1.3).
Die Theorie der natürlichen Selektion wird also hypothetisch deduktiv formuliert. Die Bestätigung gibt nicht der Naturzustand, sondern das Modell der Züchtung (B 1). *Darwin* betont ausdrücklich: „Die große Macht des Prinzips der Zuchtwahl ist nicht hypothetisch. Es ist sicher, dass mehrere unserer besten Viehzüchter selbst innerhalb der kurzen Zeit eines Menschenalters ihre Rinder- und Schafrassen erheblich veränderten. Um ihre Leistungen vollauf zu würdigen, muss man Fachzeitschriften lesen und die Tiere selbst in Augenschein nehmen" (*Darwin* 1859, 59).
Dass die natürliche Selektion kräftig und nachhaltig genug wirken könnte, davon überzeugte *Darwin* letztlich die übergroße Produktion an Nachkommen in der Natur, die ihm die Lektüre von *Malthus'* „Bevölkerungsgesetz" vor Augen führte. Damit ist die Theorie der Abänderung der Arten durch Abstammung begründet.
Zu beachten ist, dass die Selektion nach *Darwin* zuerst und vor allem die Individuen ein und derselben Art betrifft, da diese sich am ähnlichsten sind und daher um dieselben Ressourcen konkurrieren. Die natürliche Selektion ist interindividuelle Selektion.
Das zweite Problem betrifft die „Divergenz der Charaktere" und somit die Selektion zwischen den Individuen verschiedener Arten. Zur Klärung dieser Frage half *Darwin* die Intuition: „Ich kann mich selbst noch der Stelle auf der Straße erinnern, wo mir, während ich in meinem Wagen saß, die Lösung einfiel: ... dass die modifizierten Nachkommen aller herrschenden und zunehmenden Formen dazu neigen, vielen und in hohem Grade verschiedenartigen Stellen im Naturhaushalt angepasst zu werden" (*Darwin* in: *Altner* 1981, 11). Die Analogie zum Züchtungsmodell (A 2) und die Deduktionen (D 2.1 und D 2.2) waren dann leicht zu ziehen. Die divergierenden Zuchtformen bestätigen die Möglichkeit, dass Arten durch unterschiedliche Selektionsbedingungen sich divergent entwickeln (B 2).

II Prozesse der Evolution

Selektionstheorie	Modell: Züchtung
Variieren im Naturzustand —A 1.1—	Variieren im Zustand der Domestikation
Überproduktion an Nachkommen	
↓ D 1.1	
Konkurrenz „Kampf ums Dasein"	
↓ D 1.2	
unterschiedlicher Fortpflanzungserfolg „Überleben der Tauglichsten" natürliche Selektion —A 1.2—	Praxis der Zuchtwahl
	Ergebnisse der Zuchtwahl
↓ D 1.3 —B 1—	
Abänderung der Arten	
	A 2
verschiedene Umweltbedingungen —	verschiedene Zuchtziele
	Entstehung stark divergierender Zuchtformen (Rassen)
↓ D 2.1	
Anpassung an verschiedene ökologische Bedingungen „Divergenz der Charaktere" „Anpassung an verschiedenartige Stellen im Naturhaushalt"	
↓ D 2.2 —B 2—	
Entstehung neuer Arten	

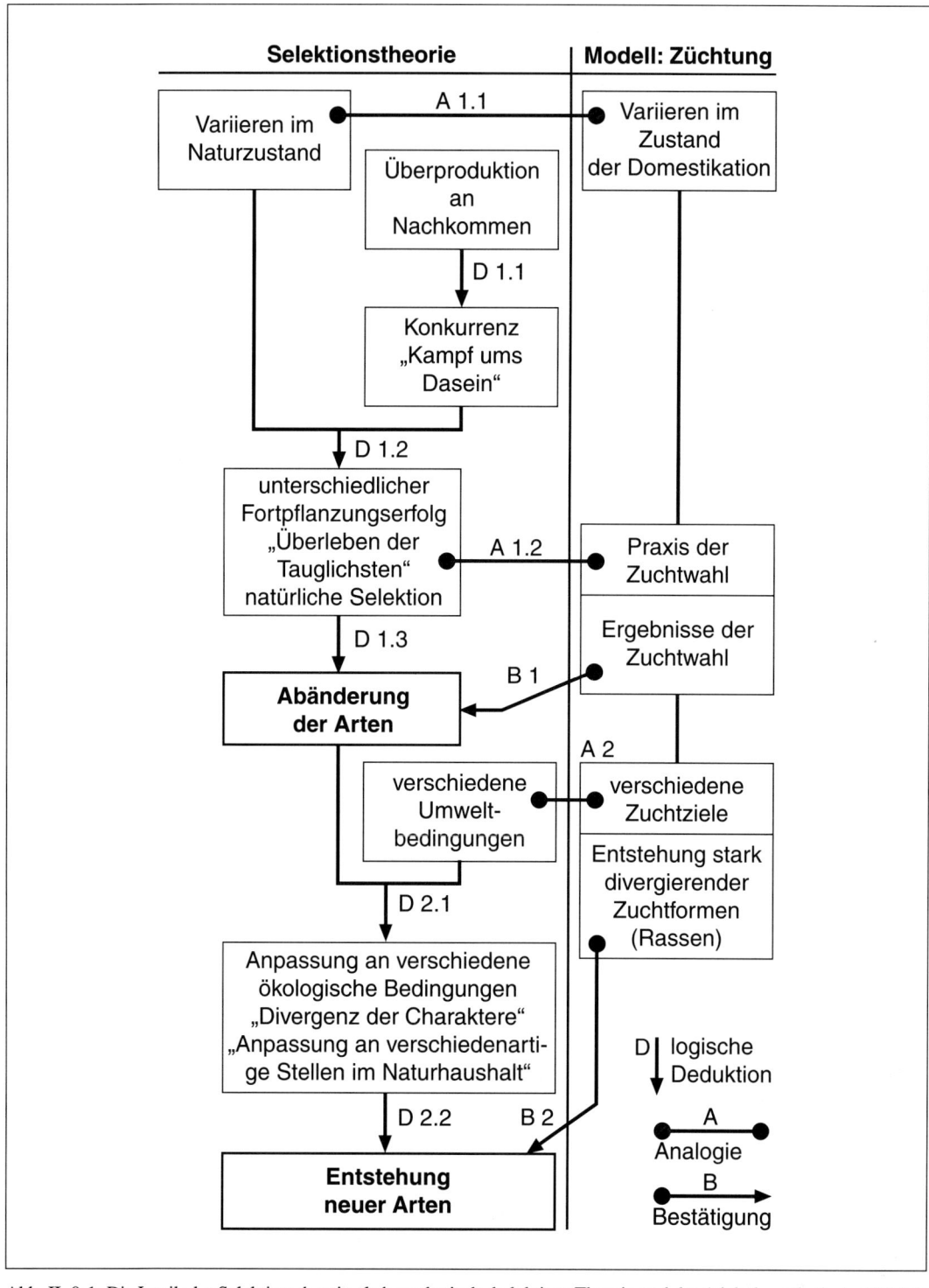

D ↓ logische Deduktion
A •—• Analogie
B •→ Bestätigung

Abb. II, 0-1: Die Logik der Selektionstheorie als hypothetisch-deduktiver Theorie und das (nicht hypothetische) Modell der Züchtung (nach *Kattmann* aus *Winkel* 1992, 17)

Die Anpassung an die verschiedenen Stellen im Naturhaushalt, die *Darwin* einleuchtete, bezeichnen wir heute als „Einnischung" oder „Annidation" und den evolutiven Prozeß als „adaptive Radiation". Die Rolle der Isolation bei der Artbildung (s. Abschnitt II, 0.1.2) erwog *Darwin* in diesem Zusammenhang nicht.

Auf seiner Weltreise begegnete *Darwin* in Südamerika auch zahlreichen Populationen von verwilderten Haustieren. Deren Vermehrung in einer ihnen fremden Umwelt und deren Konkurrenzfähigkeit mit den einheimischen Tieren gaben *Darwin* den Hinweis, dass Organismen auch ohne spezielle Angepasstheit an bestimmte Umwelten überleben können. Dies ließ ihn an der damals herrschenden Anschauung zweifeln, dass an jedem Ort der Erde speziell für diese Gegend geschaffene und daher an die Umwelt vollkommen angepasste Lebewesen existieren. Mit der Selektionstheorie werden nicht vollkommen angepasste Individuen und Arten, sondern immer nur relativ angepasste Individuen erwartet. Angepasstheit ist nicht ideal auf Vollkommenheit angelegt, sondern auf Überlebenswirksamkeit, sie wird also so weit ausgebildet, als sie das Bestehen in der Konkurrenz mit anderen Individuen ermöglicht (s. Abschnitt I, 0.1.5).

Nicht nur die Domestikation, sondern auch das Verwildern kann als wichtiger evolutionsbiologischer Prozeß und als ein Beleg für die Selektionstheorie *Darwins* betrachtet werden. Herausragende Beispiele sind die wildlebenden Pferde Amerikas (Mustangs), die Nachkommen von Reitpferden der spanischen Eroberer, der Dingo, der von Haushunden abstammt, die von nach Australien einwandernden Menschen mit auf den Kontinent gebracht wurden, und das Kaninchen, dessen Domestikation und mehrfache Verwilderung besonders gut dokumentiert sind (s. Abschnitt II, 1.1.4).

Schon *Darwin* folgerte, dass die Ursachen für die erfolgreiche Verwilderung in denjenigen Eigenschaften der Lebewesen liegen, mit denen sie die neuen Umweltbedingungen nutzen konnten. Er betont daher wiederholt, dass es zwei Grundbedingungen für die Selektion gibt: die Faktoren der Umwelt und die Organisation der Lebewesen. Die Organismen nur als Produkt der Umweltbedingungen zu sehen, entspricht nicht der Auffassung *Darwins*. Selektion wird nicht einseitig durch die Umwelt bewirkt, sondern sie besteht in einer Wechselwirkung zwischen Organismen und deren Umwelt.

So wird auch durch die Verwilderung die Selektionstheorie bestätigt:
– Wildlebende Populationen unterliegen der natürlichen Selektion: Die Wildpopulationen bestehen vielfach aus Tieren mit Wildfarbe oder Schutzfärbung (vgl. die schwarze Fellfarbe der Porto-Santo-Kaninchen, graue Farbe der Memmert-Kaninchen, s. Abschnitt II, 1.1.4).
– Ähnliche Selektionsbedingungen führen teilweise zu ähnlichen Ergebnissen: täuschende Übereinstimmung (vgl. die übereinstimmende Sandfarbe der Amrumer und Sylter Wildkaninchen und der wildlebenden Memmert-Hauskaninchen, s. Abb. II, 1-5).

Zugleich zeigen sich einige Prinzipien der Evolution:
– An den Eigenschaften der Lebewesen kann man deren Geschichte erkennen: Haustiere unterscheiden sich durch Domestikationsmerkmale von ihren Stammarten (z. B. durch ein kleineres Gehirn, veränderte Verhaltensweisen).
– Die Evolution der Lebewesen ist nicht umkehrbar: Aus Haustieren werden nicht wieder Wildtiere: Verwilderte Hauskaninchen sind keine Wildkaninchen, Mustangs sind keine Wildpferde, Dingos keine Wölfe.
– Die Organisation der Tiere bestimmt die Möglichkeiten der Evolution, nicht allein die Umwelt: Verwilderte Haustierpopulationen leben unter Umweltbedingungen, die bei der künstlichen Zuchtwahl keine Rolle spielten. Obwohl sie also auf diese Umweltbedingungen nicht selektiert wurden, konnten sie sich dennoch vermehren und entwickeln.

0.1.2 Evolutionsfaktoren

Obwohl *Darwin* immer wieder hervorhebt, keiner habe so viele Evolutionsfaktoren erwogen und vorgeschlagen wie er selbst, wird seine Theorie doch auch heute meist mit dem Zusammenwirken von Mutation (genetisches Variieren) und Selektion gleichgesetzt. Eine Beschränkung der Evolutionsfaktoren auf Selektion und Mutation würde die Vorstellung bestärken, derzufolge die Evolution als eine umweltgesteuerte An-

II Prozesse der Evolution

Faktor	evolutionäre Bedeutung	Theorien
Populationsebene		
Mutation und Rekombination der Allele	Variabilität, genetische Verschiedenheit der Individuen Anpassungsfähigkeit	
Selektion	differentielle Reproduktion der Individuen, Stasis oder langsamer Wandel	Selektionstheorie (*Darwin*)
Annidation	Divergenz der Arten, Artenvielfalt, adaptive Radiation, Koexistenz der Arten, Koevolution	
Isolation	Populationsspaltung, Artaufspaltung	synthetische Theorie
Allelfluss „Genfluss"	genetische Vielfalt in Populationen langsamer Wandel	
Alleldrift „Gendrift"	genetische Verschiedenheit der Populationen; Erhöhung der Evolutionsgeschwindigkeit; zufällige Fixierung von Allelen	Neutralitätstheorie
auf der organismischen Ebene:		
Betriebsselektion	Stasis und langsamer Wandel: Erhalt und Verbesserung der Funktionsfähigkeit	Funktionsmorphologie
Funktionsverschiebung	Entstehung neuer Eigenschaften, Organe und Organisationstypen	(bereits *Darwin*)
oberhalb der Populationsebene:		
Populationsabspaltung	„Flaschenhalseffekt" kleiner Gründerpopulationen mit Alleldrift: schnelle Evolution, Artbildungen, adaptive Radiation, Bildung von Claden	Punktualismus
Artenselektion	Verdrängung und Bevorzugung von Arten	
Katastrophen	Aussterben und Überleben von Arten als (Un-)Glücksfälle	
Ökologische Interaktion und Überschichtung	Koexistenz von Organisationsformen Koevolution	Evolutionsökologie
Symbiotische Rekombination	Intertaxonische Kombination neue Organisationstypen	Symbiontentheorie der Eucyte
evolutionsbiologisch nicht zu akzeptierende, teleologische Faktoren:		
Makromutation	koordinierte, zielgerichtete Abänderung	
direkte Umweltwirkung	schnelle, zielgerichtete Anpassung	„Kybernetische Evolution"
Gebrauch und Nichtgebrauch	schnelle, zielgerichtete Evolution	*Lamarck*
Schöpfungsakt	geplante, vollkommene Angepasstheit	Kreationismus

Tab. II, 0–1: Evolutionsfaktoren betreffen verschiedene biologische Organisationsebenen (aus *Kattmann* 1992 a, 7)

passung der Organismen an die (abiotische) Umwelt aufgefasst wird. Damit verbunden ist dann meist die irrige Ansicht, die Evolution würde aufhören, wenn die (abiotische) Umwelt sich nicht ändere. Das Gegenteil ist der Fall: Nicht die Wirkungen der abiotischen Faktoren der Umwelt, sondern das Zusammenspiel der Organismen ist der wichtigste Faktor in der Evolution (*Darwin* 1859, 67; 458). Auch wenn die abiotische Umwelt sich nicht änderte, ginge die Evolution der Arten aufgrund der Mutationen und der Aktivität der Organismen (Konkurrenz und Kooperation, unterschiedliche Nutzung von Umweltressourcen) weiter.

Basisinformationen

In der Synthetischen Theorie der Evolution werden zu Mutation und Selektion die Evolutionsfaktoren Isolation und populationgenetische Faktoren (Rekombination, Allelfluss, Alleldrift) hinzugestellt.
Der Evolutionsfaktor Isolation spielt bei der Artbildung (Artaufspaltung) und der Aufrechterhaltung der Fortpflanzungsbarrieren zwischen den Arten eine ausschlaggebende Rolle (s. Abschnitt II, 3.1.3). Die populationsgenetischen Evolutionsfaktoren sind besonders für die Beurteilung innerartlicher Populationsdifferenzierung bedeutsam. Beim Menschen hat ihre Beachtung zusammen mit molekulargenetischen Untersuchungen in letzter Zeit zur gründlichen Revision der Vorstellungen zur Klassifikation der Bevölkerungen in „Rassen" geführt bzw. dazu, das Rassenkonzept beim Menschen völlig aufgeben (s. Abschnitt II, 4.1).
Die Evolutionsprozesse betreffen nicht nur die Populationsebene, sondern sind auch auf organismischer und ökologischer Ebene zu erfassen, so dass sich die Anzahl der evolutiven Prozesse und Faktoren erheblich vergrößert. Die innere Konstruktion der Organismen hat eine große Bedeutung („Frankfurter Theorie"), ohne die von Umwelt und Anpassung zu ersetzen (vgl. *Kattmann* 1998). Teleologische Faktoren sind in evolutionsbiologischer Sicht so lange nicht zu akzeptieren, wie deren Wirksamkeit nicht experimentell überprüft wurde oder wenigstens Möglichkeiten dazu vorgeschlagen werden (s. Tab II, 0-1).

0.2 Zur Behandlung im Unterricht

0.2.1 Schülervorstellungen und Akzentuierung des Unterrichts

Möglicherweise auch aufgrund der verbreiteten Darstellung von Evolution als Typenwandel unterscheiden Schülerinnen und Schüler nach empirischen Untersuchungen in mehreren europäischen Ländern auch nach dem Unterricht über Evolution kaum zwischen der organismischen Ebene (Individuen) und den Veränderungen auf der Populationsebene. Die Art betrachten sie daher wie ein Individuum, das sich als Einheit umwandelt (vgl. *Kattmann* 1992 b).
Die Vorstellungen vieler Schülerinnen und Schüler auch noch der Sekundarstufe II sind durch die Annahme zielgerichteter Prozesse geprägt, mit denen sich Organismen angeblich ihren Bedürfnissen oder den Umweltbedingungen anpassen. Die Schüler fügen nach einem Unterricht über Evolution häufig die evolutionsbiologischen Aussagen einfach zu ihren eigenen vorwissenschaftlichen Konzepten hinzu, ohne die Widersprüchlichkeit aufzuheben oder auch nur zu entdecken (vgl. *Baalmann* 1997). Für die Lernenden ist es besonders schwer, die Selektion und Adaptation (Anpassung) als Populationsprozesse zu begreifen. Schwierigkeiten des Denkens in Populationen und in Prozessen kommen hier zusammen (vgl. *Halldén* 1988).
Bei der Wirkung der Selektion wird fast ausschließlich an Auslese zwischen Arten gedacht und die für Adaptation bedeutendere interindividuelle Selektion innerhalb der Arten übersehen. Von Studierenden (Erstsemester) in England, die einen Biologiekurs auf der Schule abgeschlossen hatten (A-level), waren nur 18 % fähig, den Begriff richtig anzuwenden. Diejenigen ohne Biologiekurs gaben überhaupt keine völlig richtige Lösung an (vgl. *Brumby* 1979). Als grundlegender Fehler, mit dem das Konzept der Selektion missverstanden wird, kann aufgrund der Ergebnisse das völlige Übersehen der genetischen Variation und der ungerichteten Mutationen identifiziert werden. Schülerinnen und Schüler vermischen in ihren Antworten häufig das Resultat mit dem Prozeß, in dem die Organismen bestimmten Umweltbedingungen angepasst werden: Anpassung geschieht durch Anpassung. Oder: Anpassung erfolgt, weil sie zum Überleben nötig ist (Tautologien). Da die genetische Vielfalt (Variabilität) und die an ihr ansetzende Selektion auch in diesem Zusammenhang übersehen werden, treten neben den Tautologien vornehmlich Deutungen auf, die Anpassung direkt aus Umweltwirkungen oder aus den Bedürfnissen des Lebewesens ableiten. Anpassung wird danach meist als zielgerichtetes Handeln der Organismen selbst verstanden (teleologische Deutungen; vgl. *Deadman/Kelly* 1978; *Wandersee/Good/Demastes* 1995; *Baalmann* 1997).
Weniger Typologie und größere Beachtung von Variabilität, d. h. genetischer Vielfalt in Populationen und Veränderlichkeit von Populationen, sind also geboten. Dabei sollten die Prozesse beachtet und nicht nur die Ergebnisse der Selektion betrachtet werden. Zur Unterscheidung von Prozess und Ergebnis sollte daher

II Prozesse der Evolution

zunächst sprachlich exakt zwischen beidem differenziert werden: Bezogen auf die Evolution sollte „Anpassung" allein für den selektionsbedingten Prozeß verwendet werden. Die Ergebnisse dieses Prozesses sollten als „Angepasstheit" bezeichnet werden. Es werden also nur diejenigen Merkmale so bezeichnet, die durch Selektion herausgebildet wurden (vgl. *Schrooten* 1981; *Kattmann* 1992 c; *Eschenhagen/Kattmann/Rodi* 1996, 255). Komplizierter wird die Benennung der Sachverhalte noch dadurch, dass es neben den evolutionären auch physiologische Anpassungsprozesse gibt, z. B. die aktiven Farbanpassungen von Tieren an ihre Umgebung (u. a. Chamäleon, Scholle, Sepia). Hier ist die Fähigkeit zur individuellen (physiologischen) Anpassung eine durch Selektion herausgebildete Angepasstheit.

Zum evolutionären Verständnis und zum Abbau der teleologischen Deutungen erscheint es sinnvoll, die immer nur begrenzte Angepasstheit der Lebewesen zu betonen und damit Aspekte der Unangepasstheit von Lebewesen herauszustellen (s. Abb. II, 0-2).

Das Ansetzen an Prozessen der Evolution und das kritische Anknüpfen an die Alltagsvorstellungen zur Evolution sind auch geeignet, dogmatische, weltanschauliche Aussagen zu vermeiden, in denen der Glaube an Sinnhaftigkeit und Wirksamkeit der Evolution als Wissenschaftsbehauptung (anderen) religiösen Überzeugungen gegenübergestellt wird, die mit ebensolchem Anspruch auftreten (s. Abschnitt I, 3.1.1).

0.2.2 Dynamik zuerst

Die Prozesse der Evolution werden in Lehrbüchern meist an die sogenannten Belege für die Evolution angefügt, ohne dass die zuvor dargestellten Untersuchungen zu Fossilien und Vergleichender Morphologie, Anatomie, Embryologie und Biogeographie später im Lichte der Selektionstheorie betrachtet würden. Dies widerspricht dem Vorrang der Selektionstheorie vor den Theorien der Abstammung und der stammesgeschichtlichen Verwandtschaft (s. Abschnitt I, 0.1.3).

Die Untersuchungen zu Schülervorstellungen lassen vermuten, dass ein tieferes Verständnis von Evolution wohl erreicht werden könnte, wenn man in der Evolutionslehre *Darwin* folgte und das Populationsdenken in den Vordergrund rückte. Die Voraussetzungen zur Beachtung der Vielfalt sind in diesem Handbuch bereits in Band 1 abgehandelt. Hier wird darauf aufbauend ein Vorgehen vorgeschlagen, in dem die bisher übliche

Akzente	Grundbegriffe der Evolutionsbiologie
genetische Vielfalt statt nur Typologie	Variabilität
Unangepasstheit statt nur Anpassung	Selektion
	Anpassung/Angepasstheit
Divergenz statt nur Konvergenz	Artumwandlung
Analogie statt nur Homologie	Artaufspaltung
Aufspaltung und Radiation statt Stufenleiter und Höherentwicklung	Verwandtschaft
Neues statt nur Kontinuität	Abstammung
ökologische Rekombination statt nur Abstammungsgeschichte	Koevolution
Katastrophen und Dezimierung statt nur Entfaltung	Erdgeschichte

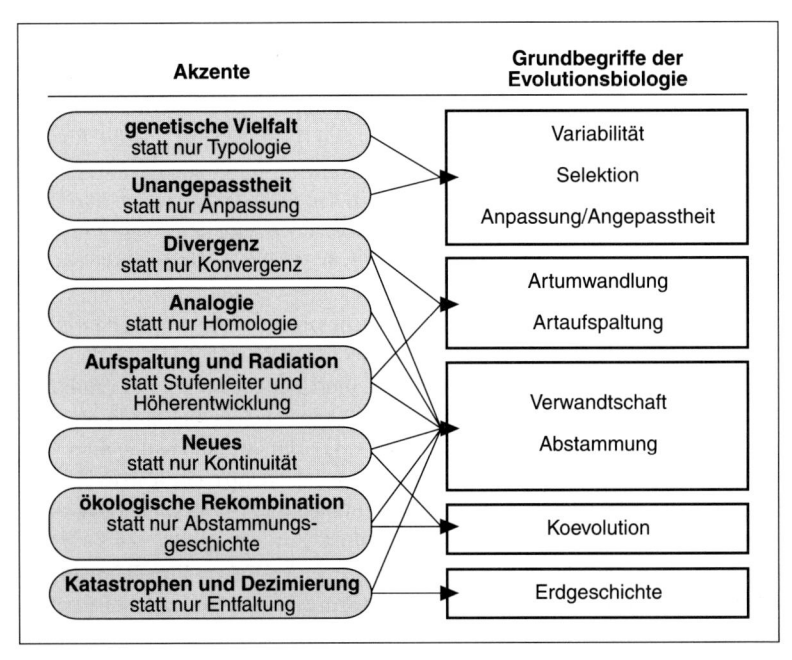

Abb. II, 0-2: Evolutionsthemen und ihre für den Unterricht vorgeschlagene Akzentuierung (nach *Kattmann* 1992 b, 46)

Reihenfolge - erst Belege, dann Ursachen der Evolution - im Sinne der Logik der Selektionstheorie umgekehrt wird (vgl. *Kattmann* 1992 b; 1995 a). Anstelle der Verwandtschaft (Statik) und der Abstammung (Kinematik) wird die Dynamik der Evolution zuerst behandelt (s. Abb. II, 0-2 und Tabelle I, 0-1). Nichts spricht z. B. dagegen, bereits bei den Themen in der Orientierungsstufe auf die Überlegungen *Darwins* zur Zuchtwahl und deren Wirkungen einzugehen. Die Umzüchtung von Haustierrassen oder deren Verwilderung bieten anschauliche Beispiele der Geschichte von Populationen. Domestikation und Züchtung sind als gemeinsame Geschichte (Koevolution) von Haustieren, Nutzpflanzen und Mensch zu beschreiben (s. Kapitel II, 1). Auf der Klassenstufe 9/10 sollten populationsbezogene Prozesse im Vordergrund stehen: genetische Vielfalt, Mutation und Selektion, Isolation, Populationsveränderungen, Artumwandlung und Artaufspaltung. Vergleichende Betrachtungen an Fossilien und lebenden Organismen sollten anschließend nicht dazu dienen, die Evolutionstheorie zu begründen, sondern deren Aussagen zu überprüfen (s. Abschnitte I, 0.1.3 und III, 0.2.1).

Literatur

Altner 1981; *Baalmann* 1997; *Brumby* 1979; *Darwin* 1859; *Deadman/Kelly* 1978; *Eschenhagen/Kattmann/Rodi* 1996; *Halldén* 1988; *Kattmann* 1992 a; c; 1995 a; b; 1998; *Schrooten* 1981; *Wandersee/Good/Demastes* 1995; *Winkel* 1992

1 Züchtung und Verwilderung

1.1 Sachanalyse

1.1.1 Domestikation, Züchtung und Evolution

Haustiere und Kulturpflanzen sind Lebewesen, deren Existenz menschenabhängig ist. Sie leben in einer Umwelt, die von Menschen geschaffen und gestaltet ist und erhalten wird. Kulturpflanzen wachsen ausschließlich in den von Menschen hergestellten Umwelten. Weil sie sich nicht fortbewegen, sind sie viel stärker vom Menschen abhängig als die Tiere. Menschen bestimmen aber auch für die domestizierten Tiere den Lebensraum, die Futtersuche, die Fortpflanzung und Vermehrung bis hin zur obligaten Geburtshilfe. Die Haustiere bilden mit den sie pflegenden Menschen eine neue soziale Gemeinschaft, eine jeweils arteigentümliche Organisationsform (vgl. *Edlin* 1969; *Herre/Röhrs* 1990).
Eine einheitliche, allgemein gültige Definition, was ein Haustier sei, ist schwierig. Indische Arbeitselefanten z. B. werden auch heute noch der Wildnis entnommen und nur gezähmt. Sie werden nicht gezüchtet, nicht einmal vermehrt. Sind sie Haustiere? Andererseits leben Lamas in den Anden, Rinderherden in Argentinien oder Rentiere in Lappland nahezu wild und sind dennoch vom Menschen züchterisch verändert worden. Sind sie (echte) Haustiere? Wir erleben hautnah, dass bei uns die Jäger Rehe, Wildschweine, Hirsche und Gemsen im Winter füttern und diese so vor der winterlichen Selektion bewahren. Sind diese Arten (noch) echte Wildtiere? Jeder Schwarm der Honigbiene, bei der niemand bezweifelt, dass sie ein echtes Haustier ist, kann sich in der Wildnis ansiedeln und dort auch bestehen. Weder der Nutzen für den Menschen noch die Zahmheit noch die züchterische Veränderung ergeben eindeutige Kriterien, die für alle domestizierten Tiere zutreffen. Jede Art ist anders zu bewerten: Die Zahmheit ist unterschiedlich, ebenso der Nutzen und die züchterische Veränderung.

II Prozesse der Evolution

Der Domestikationsprozess von Tieren und Pflanzen ist bis heute nicht abgeschlossen: In den Tropen gehören Paranuss, Mate, Kautschukbaum zu den Arten, die an der Grenze zu Kulturpflanzen stehen. Bei uns stehen viele - sonst gejagte - Wildtiere im Grenzbereich zwischen Wild- und Haustieren: einige Pelztiere und das Damwild (s. Band 1, 39 f.).
Alle domestizierten Tiere werden hinsichtlich der Fortpflanzung vom Menschen ausgelesen. Die durch Züchtung entstandenen Rassen und Sorten von Haustieren und Kulturpflanzen zeigen, welche Variationsmöglichkeiten in einem Genom liegen können. Bei jeder Domestikation nutzt der Mensch zunächst nur die im Genpool der Wildarten schon vorhandenen Möglichkeiten; erst in der Folge spielen neu auftretende Mutationen eine größere Rolle. In jedem Genpool einer Art liegen in Fülle rezessiv wirkende Erbanlagen bereit, die im Domestikationsprozeß erhalten bleiben und angereichert werden. Das erste „Angebot zur Züchtung" wird also vom Genpool der Art bereitgestellt. Im Falle der Evolution in der freien Natur sorgt dieses Angebot für die Wahlmöglichkeiten bei der „natürlichen Zuchtwahl". Im Falle der Haustierentstehung und Kulturpflanzenzüchtung nutzt der Mensch mit seiner „künstlichen Zuchtwahl" die Veränderungen. Es liegt auf der Hand, dass Haustier- und Kulturpflanzenzüchtung die Artenbildung wie in einem Modell verstehen helfen. *Charles Darwin* kam über diese Brücke zu seiner Theorie (s. Abschnitte I, 0.1.3 und II, 2.1.3). *Darwin* erkannte, dass die „natürliche Zuchtwahl" nach ähnlichen Regeln verläuft wie die „künstliche". Da er Gene und Vererbungsregeln noch nicht kannte, aber eine (erbliche) „Variation" für seine Theorie voraussetzen musste, versuchte er die Grundlagen für seine Theorie bei praktischen Erfahrungen der Tier- und Pflanzenzüchter zu finden. Deren Handeln und deren Ergebnisse gaben ihm das anschauliche Modell für die nur hypothetisch postulierte natürliche Selektion (vgl. *Darwin* 1859; s. Abschnitt II, 0.1.1).
In seinem Buch „Das Variieren der Tiere und Pflanzen im Zustande der Domestikation" beschreibt *Darwin* (1868) z. B. schon den „Gigas-Wuchs" und den Verlust wichtiger Wildpflanzeneigenschaften als Merkmal aller Kulturpflanzen. Auch das Standardbeispiel für Pflanzenzüchtung, die Kohlsorten, geht auf *Darwins* Untersuchungen und Beschreibungen zurück. *Darwin* erkannte ganz deutlich die Ursache für die erhöhte (erbliche) Variabilität der Kulturpflanzen: „In der Natur sind die Individuen einer und derselben Spezies nahezu gleichförmigen Bedingungen ausgesetzt." Unter der Obhut des Menschen sind die domestizierten Produkte aber „gegen Konkurrenz geschützt".
Schon *Darwin* vermutete, dass die Nutzung bestimmter Teile die Aufmerksamkeit der Menschen auf diese gelenkt habe und mit der Auslese die Begünstigung der besten (erblichen) Varianten eingesetzt habe: „Die Wahrheit aber ist, dass nur Variationen dieses Teiles bei der Nachzucht berücksichtigt worden sind, und da die Sämlinge eine Tendenz, in derselben Weise zu variieren, erben, so sind analoge (erbliche) Variationen fort und fort ausgewählt worden, bis endlich eine bedeutende Veränderung bewirkt worden ist."
Darwins Vorstellungen zur Züchtung haben weitgehend auch vor heutigen Erkenntnissen Bestand. Seine Termini der Variation und Modifikation sind heute allerdings genetisch zu deuten und entsprechen insofern nicht der modernen Fachsprache.
Die züchterischen Veränderungen der Nutzorganismen können so gravierend sein, dass sich die Frage stellt, ob mit Nutzorganismen neue Arten entstanden sind. Während man früher den Artbegriff morphologisch fasste, gebraucht man ihn heute populationsbiologisch. Eine Art ist eine Fortpflanzungsgemeinschaft (s. Band 1, 159 f.). Hier wird die Besonderheit der Haustiere und Kulturpflanzen deutlich. Haushund und Wolf, Hauskaninchen und Wildkaninchen sind z. B. untereinander kreuzbar und ergeben unbegrenzt fruchtbare Nachkommen. In der Regel bilden die Nutzorganismen jedoch eine vom Menschen überwachte und isolierte Fortpflanzungsgemeinschaft. Auf diese trifft die biologische Artdefinition nicht streng zu, weil sie nur auf natürliche Populationen bezogen ist. Haustier- und Kulturpflanzenindividuen oder -populationen können sich - wenn eine einzige Art die Stammform ist - jederzeit mit einer Population ihrer Wildform vereinigen und so in die Fortpflanzungsgemeinschaft der jeweiligen Stammart zurückkehren. Sobald Kulturpflanzen oder Haustiere aus der Obhut des Menschen in die Wildnis entweichen, unterliegen sie den Auslesebedingungen der Umwelt, in die sie entwichen sind (s. Abschnitte II, 1.1.4 und II, 1.1.6).

1.1.2 Wechselwirkungen zwischen Nutzorganismen und Mensch: neolithische Revolution

Ehe Menschen Tiere domestizierten und Kulturpflanzen züchteten, lebten sie Jahrmillionen als Sammlerinnen und Jäger in Wildbeutergesellschaften (s. Band 4, Abschnitt III, 7.1.4; vgl. *Kattmann/Strauß* 1980). Auch wir sammeln noch Pilze, Blaubeeren, Sanddornfrüchte, Waldhimbeeren. Noch vor ein paar Jahrhunderten wurden Wasserschwaden, Strandhafer und Strandsegge als Brotzusatz gesammelt, ebenfalls die Eichel. Die Buchecker war Ölfrucht und wurde noch nach dem letzten Krieg in Deutschland gesammelt. Die Anzahl der wildwachsenden Gemüsepflanzen wie Rohrkolben (die Sprosse wurden wie Spargel behandelt), Feldsalat (der erst mit der Erfindung des Wendepfluges vor 200 Jahren Gartenpflanze wurde), Löwenzahn, Hühnermiere und Heilpflanzen sind Legion. Die Zeit der Sammlerinnen und Jäger ist (auch bei uns) noch nicht vollständig vorbei. Das Sammeln in der Natur wird aber immer weiter zurückgedrängt: Fast alles wird im Supermarkt erworben.

Menschen der Jüngeren Steinzeit begannen Haustiere und Kulturpflanzen zu halten und zu züchten. Die Entstehung von Kulturpflanzen und Haustieren ist nicht notwendig miteinander gekoppelt. In einer Modellvorstellung wird angenommen, dass „Erntevölker" Massenbestände von Wildreis, Buche, Eiche, Wassernuss oder Kastanie abgeerntet hätten (vgl. *Schwanitz* 1967). Die Vorratshaltung hätte zur Sesshaftigkeit geführt. Ernteabfälle hätten zunächst unbeabsichtigt zur Ausbringung von Samen und zur Düngung geführt. Hieraus sei eine „Grabstockkultur" entstanden, die von den Frauen bewirtschaftet wurde, während die Männer noch gejagt hätten. So sei es über die Beobachtung von Pflanzen und Tieren zu deren Bindung an den Menschen gekommen.

Den Beginn von Ackerbau und Viehzucht nennen wir die neolithische Revolution, weil damit eine völlig neue Phase der Evolution des Menschen begann (s. Band 8, 267 ff.). Die neolithische Revolution war kein punktförmiges Ereignis, sondern sie umfasste in verschiedenen Regionen verschieden große Zeiträume. Die Haltung von Haustieren und der Anbau von Kulturpflanzen bewirkten höhere, sicherere, planbare Erträge und ermöglichten Vorratshaltung, z. B. in Form von Getreide oder lebenden und jederzeit verfügbaren Tieren. Dadurch wirkten sie bald auf den Menschen zurück (Koevolution, vgl. *Kattmann/Strauß* 1980). Nutzpflanzenanbau und Tierhaltung führten zu:
– einer enormen Vermehrung der Menschen,
– dem Seßhaftwerden vorher nomadisierender Gemeinschaften,
– dem Erwerben von Besitz mit allen damit zusammenhängenden Problemen,
– einer Organisation von Gemeinschaften, in denen sich Berufe heraussondern konnten, die nicht unmittelbar mit dem Nahrungserwerb zusammenhängen (z. B. Handwerker, Kaufleute, Verwalter usw.),
– Gesetzesregelungen, die das Leben innerhalb der Gemeinschaft ordneten und den einzelnen in ein System von Rechten und Pflichten einbanden. Dazu gehören natürlich auch Instanzen, die dieses durchsetzen.

Noch stärker waren die Veränderungen der Nutztiere durch den Menschen.

1.1.3 Haustierwerdung

Der Prozess, in dem Wildtiere zu Haustieren werden, wird Domestikation genannt. Warum eigentlich sind Fuchs und Gepard keine Haustiere geworden, obgleich es an Versuchen dazu nicht gefehlt hat? Die Beobachtung zeigt, dass viele Haustiere als Wildtier in sozialen Verbänden leben. Das gilt z. B. für Hund, Rind, Schwein, Gans, Taube, Huhn, Pferd, Kamel, Esel, Schaf, Ziege. Der Mensch kann hier die Rolle des Tierkumpans übernehmen. Dieser Umstand ist sehr auffällig, wenn Rudel- oder Schwarmtiere einzeln gehalten werden: Wie eng kann die Bindung zwischen Einzelhund und Mensch, zwischen Wellensittich und Mensch werden!

Zum Regelfall, in dem die Domestikation über die sozialen Beziehungen (Mensch als Kumpan) verlief, gibt es nur wenige Gegenbeispiele: Die Einzelgänger Katze, Frettchen, Mungo dulden den Menschen, „benutzen" ihn gar, bleiben aber immer distanziert (s. unten). Haustiere, die keine Bindung zum Menschen eingehen können (Biene, Seidenspinner oder Karpfen), werden bis heute nur „gehalten", bleiben dabei aber beziehungs- und namenlos.

Folgende *Parallelerscheinungen* betreffen viele Haustiere (vgl. *Comberg* 1971):
– Das Haarkleid ändert sich. Es treten auf: Scheckung, Fleckung, Tigerung, neue Farbtöne, Locken, Nacktheit. Insgesamt wird die Haut schlaffer; es bilden sich Falten und Hängeohren.
– Das Skelett ändert sich in den Größenverhältnissen. Vor allem treten Dackelbeinigkeit und starke Umbildungen des Gesichtsschädels auf.
– Der Fortpflanzungsrhythmus wird gelockert, die Beziehungen zum Jahresrhythmus werden schwächer. Die Anzahl der Nachkommen wird größer, der Vorgang der Geburt schwieriger.
– Die sexuelle Reife erfolgt wesentlich früher als bei Wildtieren.
– Das Hirngewicht ist um 20 bis 30 % verringert. Die Verringerung betrifft vor allem die Regionen, die mit den Sinnesleistungen zusammenhängen (Großhirn und Isocortex).
– Verhaltenselemente ändern sich, werden „jungtierhafter" und können ganz ausfallen.
– Die Aktivität ist herabgesetzt und kann bis zur „Stumpfheit" abnehmen.
– Die ursprüngliche ökologische Einnischung als Wald-, Steppen - oder Hochgebirgstier wird abgeschwächt.

Hinsichtlich der herausgezüchteten *Körpergrößen* gibt es gegenüber den Pflanzen bei den Haustieren eine merkwürdige Umkehrung (vgl. *Comberg* 1971): Wird bei Pflanzen generell Riesenwuchs begünstigt, so bei Tieren Zwergwuchs. Ein Bulle des Ur hatte eine Schulterhöhe bis zu 2 m. Jungsteinzeitliche Rinder hatten gerade noch 125 cm, Rinder des Mittelalters 105 cm. Das Minimum betrug 95 cm. Erst in der Neuzeit wurden die Rinder wieder größer. Ähnlich ist es beim Pferd: Die Pferde der Jungsteinzeit waren nur so groß wie ein Pony. Erst die Ritterpferde kamen wieder auf 160 cm Schulterhöhe. Bei Schaf und Schwein ergeben sich ähnliche Verhältnisse.

Im Verlauf der Domestikation kann man mehrere *Stufen* unterscheiden. Zur ersten Domestikationsstufe zählt man jene Tierarten, die bei ihrer Futtersuche auf die Abfallplätze der Menschen gestoßen sind (vgl. *Zeuner* 1967). So kamen sich Mensch und potentielles Haustier örtlich, sozial und damit psychisch näher. Hund, Ente und Schwein sollen so zu Haustieren geworden sein: Von der psychischen Nähe zum Pflegen eines Jungtieres ist nur ein kurzer Weg. Die halbwilden Stockenten in den Städten zeigen, wie es gewesen sein könnte. Während hier die Tiere sozusagen den Menschen nutzen, geht es auch umgekehrt: Der Mensch wird „Parasit" bei Schaf, Ziege und Ren, folgt den Herden, nutzt und verändert sie in ihren Eigenschaften durch Zuchtwahl. Sie werden bis heute naturnäher gehalten als andere Haustiere, z. B. Huhn, Rind oder Hund, und sind daher dem Klima und den Jahreszeiten stärker ausgesetzt als jene.

Die zweite Gruppe von Nutztieren entstand aus Ernteräubern und Flurschädlingen. Diese setzten also den Ackerbau voraus. Rind, Büffel, Gans und wiederum das Schwein machten den Menschen die Ernte streitig. Aus Jagdtieren wurden gezähmte Tiere: Es ist leicht möglich, dass ein erlegtes Muttertier ein Jungtier dabei hatte, das nun gezähmt und gepflegt wurde. Bei der Zähmung müssen Mensch und Tiere so aufeinandertreffen, dass die Fluchtdistanz abgebaut wird. Das lässt sich heute überall leicht beobachten, z. B. bei handaufgezogenen Wildtieren, aber auch bei den Tauben am Bahnhof, den Vögeln in den Kurparks, Enten im Stadtpark, sogar den Murmeltieren auf der Großglocknerstraße. Ihre Situation ähnelt der vor dem Beginn einer Domestikation. Die Tiere verrichten viele Tätigkeiten unter den Augen der Menschen. Bei weiterer Annäherung werden sie auch ihre Jungen nicht verbergen, und sobald die gezähmten Wildtiere irgendeine Nutzleistung erkennen lassen, wird die Domestikation beginnen. Würden unsere Stadtamseln irgendeinen größeren Nutzen erkennen lassen, hätten sie schnell zu Haustieren gemacht werden können.

Im ersten Stadium ist die Beziehung zwischen dem potentiellen Haustier und dem Menschen locker. Zwischen den Populationen des entstehenden Haustiers und denen der Wildform findet noch dauernd ein Genfluss statt. Da die gezähmten Tiere wertvoll sind, werden sie bewacht und in Ställen oder Einzäunungen gehalten. So werden sie von der Wildpopulation getrennt, d. h. genetisch isoliert. Jetzt vergrößert sich die Individuenanzahl, besonders geeignete Individuen werden zur Fortpflanzung ausgewählt, so dass ganz bestimmte Merkmale zunehmend gehäuft auftreten. Es sind vor allem solche, die in der Wildpopulation schon rezessiv vorhanden waren. Mit der Isolation setzt die intensive Züchtung ein. Die Bedürfnisse der Menschen gestalten die Auslese. Neue Eigenschaften treten durch Mutationen auf. Tiere mit neuen Eigenschaften werden ausgelesen, wenn diese nützlich erscheinen. So entstehen Landrassen: Sie sind in jeder Hinsicht standortgemäß, aber noch nicht auf Höchstleistungen ausgerichtet. Spät erst setzt planmäßige Zucht ein, wenn genau überlegt wird, welche Eigenschaften gefördert werden sollen.

Schon während der Landrassenbildung wird die zugehörige Wildart unerbittlich verfolgt. Nur Wildschwein, Graugans, Ente haben das bei uns überlebt, Wolf, Ur, Wildpferd mussten weichen. Der Wolf lebte noch bis in die Neuzeit hinein in Rückzugsgebieten in Mitteleuropa, heute noch in Russland, Kanada.

Der *Haushund* ist das älteste Haustier. Der früheste gesicherte Fund von Car Starr in England wird um 7 500 v. Chr. datiert. Nur wenig später gibt es Funde aus Dänemark und China, was die Frage aufgeworfen hat, ob der Hund vielleicht mehrmals domestiziert worden ist. Diese erste sichere Zuordnung sagt nichts über den ersten Domestikationszeitpunkt. Nach Genuntersuchungen steht heute fest, dass der Wolf die Stammform des Hundes ist. Die Art „Wolf" ist nach Gestalt und Größe jedoch so variabel, dass man an den vielen älteren Fundstellen nicht sagen kann, ob die Knochen dem Wolf oder dem Hund zuzuordnen sind. Der Hund ist wahrscheinlich ursprünglich Fleischlieferant gewesen (vgl. *Comberg* 1971). Vielleicht haben sich aber auch Wölfe den Menschen als Abfallvertilger und Helfer bei der Jagd von sich aus angeschlossen (vgl. *Goerttler* 1979). Für die durch Domestikation erfolgten Änderungen und die erhalten gebliebenen Übereinstimmungen im Verhalten ist ein Vergleich zwischen Wolfs- und Pudelrudel aufschlussreich (s. Tabelle II, 1-1).

	Wolfsrudel	**Pudelrudel**
Bewegungen:	kräftig, wohlkoordiniert	etwas „nachlässig"
Gesichtsausdruck:	sehr differenziert, Ohren-, Schwanzhaltung und Haarstellung werden von allen verstanden	abgeschwächt; Pudel teilen einander viel weniger mit als Wölfe
Hochspringen am Menschen:	selten	häufig
Schwanzhaltung:	differenzierte Mitteilungen	Schwanzwedeln übermäßig häufig
Laute:	winseln, wimmern, knurren, fauchen, bellen, heulen differenziert nach Länge und Mischform	bellen; wird nicht präzise verstanden, hypertroph; heulen möglich, aber selten; Lautsystem vergröbert
Jagdverhalten:	spielerische Übung wird später komplett koordiniert	spielerische Übung von Teilen wird nicht koordiniert, verfällt
Angriffsverhalten:	wird zu Ernst	bleibt spielerisch
Ranzzeit:	große Aversion gegen Rudelfremde	keine Aggressionssteigerung
Nahrungsaufnahme:	erhöhte Aufmerksamkeit, positives Sozialverhalten	keine erhöhte Aufmerksamkeit erhöhte Aggressivität
Rangordnung:	veränderlich, fließend	stabil
Individualabstand:	wird immer eingehalten	keiner, z.B. beim Schlafen; juveniles Verhaltensschema

Tab. II, 1–1: Vergleich des Verhaltens im Wolfs- und im Pudelrudel (nach *Herre/Röhrs* 1990, 301 ff.)

Nach der Fleischnutzung kam wahrscheinlich bald die Nutzung des Felles hinzu. Neben dem Einsatz als Jagdhund erfolgte wahrscheinlich sehr früh auch die Verwendung als Schlittenhund. *Erik Zimen* (1979) hat sogar gezähmte Wölfe einspannen können. Ursprünglich ist wohl auch die Wächterfunktion. Angelernt dagegen ist die Tätigkeit als Hirtenhund. Schon sehr früh tauchen verschieden große Hunde auf. Man darf vermuten, dass die Bindung zwischen „Herr" und Hund (Übertragung der „Leitwolfbindung" auf den Menschen) den Hundebesitz zu einem Statussymbol machte. Dies konnte bereits zur Rassenaufspaltung führen, woraus sich bald unterschiedliche Aufgabenzuweisungen und damit weitere Zuchtziele ergaben. Aufgrund der Vielseitigkeit der dem Hund zugewiesenen Aufgaben entstanden entsprechend zahlreiche Hunderassen, dagegen nur we-

II Prozesse der Evolution

Abb. II, 1-1: Stammform und Zuchtrassen des Haushundes

Klassenstufe 5/6   **1 Züchtung und Verwilderung**

Abb. II, 1-2: Stammform und Zuchtrassen der Hauskatze

II Prozesse der Evolution

nige bei der auf wenige Aufgaben (Schädlingsvertilgung, Schmusetier) beschränkten Hauskatze (s. Abb. II, 1-1 und II, 1-2). Unsere heutigen Hunderassen sind allerdings sehr jung. Sie lassen sich nicht weiter zurückverfolgen als zu den Tierbildern der alten Niederländer (18. Jh.) und den Zuchtbüchern der Züchtervereinigungen. Der heutige Spitz läßt sich zum Beispiel nicht auf den Torfspitz der Steinzeit zurückführen (vgl. *Goerttler* 1979, 209). Bei morphologischer Einordnung würde man die heutigen Hunderassen sicher verschiedenen Gattungen zuordnen: Sie bilden aber mit dem Wolf nur eine Art, weil alle untereinander fruchtbar kreuzbar sind.

Es gibt eine Gruppe von Haustieren, die insofern aus dem Rahmen fallen, als sie nicht in Sozialverbänden leben, sondern als Einzelgänger. Während der Mensch in die Sozialverbände als Kumpan aufgenommen wird und so die Wildart „überlisten" konnte, wurden einige Tierarten als Einzelgänger domestiziert. Gemeint sind Katze, Frettchen und Mungo. Der Mungo hat wahrscheinlich als Vertilger schädlicher Kleintiere den Weg in die menschlichen Behausungen gefunden und wurde in Ägypten ab ca. 1600 v. Chr. nicht nur geduldet, sondern wegen seiner Fähigkeit, Schlangen zu töten, gehalten und sogar als heilig verehrt. Wo es noch viele Schlangen gibt, hat er sich als gezähmtes Wildtier - als Haustier im Wartestand - bis heute bewährt. Änderungen durch menschliche Zuchtwahl sind kaum auszumachen; der Mungo gewöhnt sich an Menschen, bleibt aber Einzelgänger. Das gilt auch für das Frettchen, das - vereinfacht - als domestizierter Iltis bezeichnet werden kann. Schon *Aristoteles* erwähnt es (vgl. *Zeuner* 1967). Es fand (nach *Strabo*) als Jagdgehilfe bei der Bekämpfung der Kaninchenplagen um Christi Geburt vielfachen Gebrauch. Die Römer nutzten es auch als Fleischtier. So ist es kein Wunder, dass sich viele Farbschläge und Haustiereigenschaften entwickelten. Noch heute werden Frettchen für die Kaninchenjagd genutzt. Frettchen müssen als Einzeltiere gehalten werden. Sie lassen sich ihren Pfleger gleichsam gefallen, nehmen aber keine echte Beziehung zu ihm auf.

Zur Domestikation der Hauskatze

Die Hauskatze ist einer der domestizierten Schädlingsvertilger (vgl. *Zeuner* 1967). Ihre Stammform ist sehr wahrscheinlich die Falbkatze, eine Unterart der Wildkatze (Felis silvestris), die die Steppengebiete Nordafrikas noch heute bewohnt (F. s. lybica). Bei archäologischen Funden sind Hauskatzen nur schwer zu identifizieren. Hauskatzendarstellungen tauchen in Ägypten etwa ab 1600 v. Chr. auf (s. Abb. II, 1-3), es ist aber wahrscheinlich, dass Falbkatzen und halbdomestizierte Tiere schon vorher in den Vorratshäusern gelebt haben. Wildkatzen leben von Kleinsäugern bis Kaninchengröße. Der Getreideanbau im Niltal führte zur Vorratshaltung und zu Vorratsschädlingen. Nicht der Mensch zähmte die Katze, sondern Wildkatzen, die ihre natürliche Scheu überwanden, fanden in den Speichern reichlich Nahrung. Damit ging eine Verkleinerung ihrer Territorien einher und die Duldung von Artgenossen und Menschen. Die Katze hat sich also zunächst selber domestiziert. Der Genbestand verschob sich; natürlich erkannten die Menschen die Nützlichkeit der schleichenden Schädlingsvertilger. Nun überlebten auch Jungtiere, die das harte Wüstenleben nicht überstanden hätten. Menschen und Katzen gewöhnten sich aneinander.

Die Hauskatze hätte vielleicht noch heute diesen lockeren Domestikationsstatus, wenn sie nicht in Unterägypten als heiliges Tier verehrt worden wäre. Niemand durfte sie töten. Tote Katzen wurden wie Menschen als Mumien behandelt und auf einen Katzenfriedhof gebracht, der Tausende von Katzenleichen aufnahm. Wer Katzen exportierte, wurde mit dem Tode bestraft. Die Katze wurde also nicht Opfertier, wie z. B. Rind, Schaf und Taube, sondern selber verehrtes Tier. Kein Wunder also, dass dieser Status die Zahmheit verstärkte und die Rassenbildung ermöglichte. Beide Elemente, der Nutzen als Schädlingsvertilger und die Verehrung als heiliges Tier, brachten zusammen die Hauskatze hervor.

Die Differenzierung in nur wenige ausgeprägte Katzenrassen entspricht bis heute diesen Funktionen, wobei an die Stelle der Verehrung die Katzenliebhaberei getreten ist (s. Abb. II, 1-2). Die Variabilität der Fellfärbung und -zeichnung bei der Hauskatze darf nicht mit einer wirklichen Rassenzüchtung verwechselt werden. Es handelt sich lediglich um Varianten innerhalb einer nicht eng gezüchteten Landrasse (Landkatzen).

Als Schmuggelgut erreichte die Hauskatze etwa 500 v. Chr. Palästina, Kreta und Griechenland. Um Christi Geburt kam sie nach Italien. Bis etwa 1000 n. Chr. war sie überall in Mitteleuropa bekannt. Es wurden jedoch

Klassenstufe 5/6 **1 Züchtung und Verwilderung**

Abb. II, 1-3: Altägyptische Darstellung der Hauskatze, Bronzefigur, Höhe 17 cm, etwa 600 v. Chr. (aus *Sackarndt* 1930, Tafel 27)

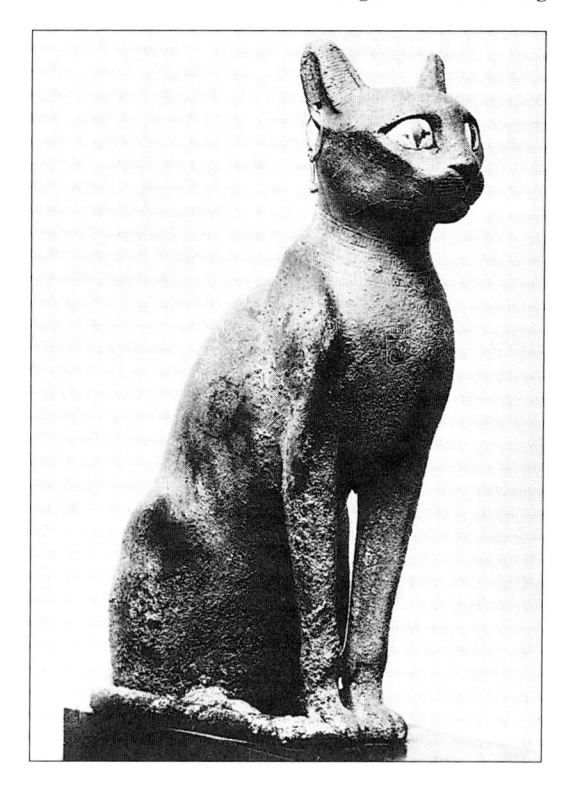

überall zunächst nur Einzeltiere eingeführt, und es ist wahrscheinlich, dass sich Hauskatzen sehr oft mit den einheimischen Wildkatzen kreuzten.

Zu Beginn des Mittelalters gerieten die Katzen wegen ihrer Distanz zum Menschen und nächtlichen Lebensweise zusammen mit den Eulen in Verruf, verkleidete Teufel zu sein (s. das Urteil von *Buffon*, Kasten II, 1-2). Ehemals heilige Tiere wie Pferd (Germanien), Eule (Griechenland) und Katze (Ägypten) wurden jetzt verteufelt, weil ihre Verehrung das Christentum hätte behindern können. Die Tiere wurden aufgespießt, bei lebendigem Leibe verbrannt oder eingemauert. Wohl kein anderes Haustier hat von Menschen so viele Torturen erleiden müssen wie die den Ägyptern heilige Hauskatze (vgl. *Comberg* 1971; *Zeuner* 1967).

Wohnungskatzen werden im Grunde widernatürlich gehalten. Hauskatzen haben in der Regel ein Revier von 0,5 bis 1 km^2 Größe. Die Populationsdichte wird von den katzenhaltenden Menschen bestimmt. Wenn sie hoch ist, überschneiden sich Katzenreviere in Wegnetzen und Komfortplätzen. Das Zusammenleben wird durch unterschiedliche Nutzungszeiten der überschneidenden Teile der Reviere erleichtert. Begegnen sich dennoch Katzen, erkennen sie sich, und es geht meist friedlich zu, je weiter vom Heim entfernt, desto leichter. Katzen markieren ihr Revier. Die Markierungen sind aber keine Hoheitsmarken, sondern Mitteilungen. Es gibt sogar Katzenversammlungen in Form eines „geselligen Beisammenseins". Kater sind in der Regel duldsamer als Katzen, die ihren engeren Heimbezirk verteidigen, sobald sie Junge haben. Junge haben eine Rangordnung im Wettbewerb um die Zitzen. Junge Kater werden nach der Mannbarkeit von anderen Katern herausgefordert, später aber in eine relativ friedliche „Katzenbruderschaft" aufgenommen. Die Auswahl eines Katers zur Paarung ist Sache der Kätzin. Das Paarungsverhalten ähnelt nur teilweise dem der Wildkatze. Zwar kommt der Paarungsbiss in den Nacken noch vor, nicht aber das Verspritzen von Urin. Katzen kennen sich untereinander. Der Mensch ist für die Katze eine „Mitkatze", die eigentlich wissen sollte, wie man sich katzengemäß verhält. Er ist vor allem als Schmuseperson wichtig, was *Paul Leyhausen* (1973) als Rest juvenilen Verhaltens deutet. Alle Tiere unter ihrer eigenen Größe können zur Beute der Hauskatze werden. Das Beuteverhalten reift zwischen der 6. und 20. Lebenswoche und wird spielerisch geübt (s. Band 5, 209 f.). Das

II Prozesse der Evolution

Tötenlernen wird durch Futterneid verstärkt. Das Spielen mit der Beute zeigen erwachsene Wildkatzen im Gegensatz zu Hauskatzen nicht. Es gilt als juveniles Merkmal, das bei der Hauskatze in höherem Alter erhalten bleibt. Man darf nach *Leyhausen* (1973) nicht sagen, die Katze habe Wildtiereigenschaften beibehalten; sie ist ein echtes Haustier. Wohl aber kann man feststellen, dass die Katze ein Haustier mit völlig andersartigem Verhaltensrepertoire ist als das Rudeltier Hund oder die herdenbildenden Wiederkäuer.

Die Hauskatze unterscheidet sich im Knochenbau relativ wenig von der Wildkatze. Sie fällt infolge ihrer Verhaltensweisen völlig aus dem Rahmen der anderen Haustiere heraus. Sie kann leichter verwildern als andere Haustiere. Das hat folgende Ursachen:
– Die Hauskatze lebt revierbezogen und damit personenferner als alle übrigen Haustierarten, die in Sozialverbänden leben.
– Die Hauskatze lebt und „arbeitet" für sich allein. Sie bietet sich neben ihrer freien Tätigkeit als Mäusejäger dem Menschen nur als Spieltier an.
– Die Reviernutzung ist bei großen Katzenpopulationen zwischen den Individuen zeitlich aufgeteilt. So hat jede Katze auch ihre individuelle Jagdzeit.
– Das Paarungsverhalten ähnelt noch sehr stark dem eines Wildtieres. Auch das Verscharren des Kotes ist Wildtierverhalten.
– Katzen haben überproportional viel Nachwuchs. Das führt zur Verstoßung durch den Menschen. Streunende Katzen haben fast überall die Chance zu verwildern.

Wie groß aber das Bedürfnis von Hauskatzen nach einer „Mitkatze Mensch" ist, wird durch die Tatsache offenbar, dass freilebende Katzen Menschen gern in die Wohnung folgen.

1.1.4 Verwilderung von Haustieren

Verwilderung ist das natürliche Gegenexperiment zur Domestikation. Sie kann aus dem Haustier kein Wildtier machen, wohl aber ein wild lebendes Haustier.

Verwilderte Haustiere ähneln zwar oft den Stammarten, aber nur, so weit sie noch deren Genmaterial in sich tragen. Im genetischen Sinn sind sie verwilderte Haustiere. Verwilderte Haustierpopulationen „schlagen nicht ins Wildtiererbe zurück", sie müssen - abgesehen von neu auftretenden Mutationen - mit dem mitgebrachten Genpool weiterleben.

Die meisten Haustiere, die in die Freiheit gelangen, „gehen unter". In Gebieten, wo ihre Stammart noch vorkommt, werden sie von der Wildpopulation aufgesogen. In neuen Regionen jedoch können sie manchmal eigene Bestände aufbauen. Das ist bekannt von Hauspferden, Hauseseln, Hausschweinen, Hausrindern, Sundaochsen, Wasserbüffeln, Hausschafen, Hausziegen, Hauskaninchen, Hauskamelen, Hauskatzen, Haushunden, Frettchen, Haustauben, Haushühnern, Hausgänsen. Die folgenden Beispiele sind gut belegt:
– Seit 3000 bis 5000 Jahren ist z. B. in Australien ein *Haushund* verwildert, der als Dingo überlebt hat. Bei ihm ist das Haarkleid des Wolfes nicht zurückgekehrt. Bei einer Kreuzung zwischen Wolf und Dingo im Zoo Rotterdam stellte sich heraus, dass das Dingo-Haarkleid dominant ist. In der Dingopopulation konnten im Verlaufe der Verwilderung nur die Gene des Teils des ursprünglichen Wolf-Genpools vererbt werden, den die verwilderten Haushunde nach Australien mitgebracht hatten. Das ursprüngliche Erscheinungsbild des Wolfes konnte daher nicht von neuem entstehen. Die Gehirngröße der Dingos liegt im Haushundbereich, d. h. um 24 % unter dem Durchschnitt von Wolfshirnen. Auch das Jagdverhalten des Dingo ist im wesentlichen Haushundverhalten (vgl. *Meggitt* in *Herre/Röhrs* 1990).

In Indien und Afrika gibt es große Mengen streunender, herrenloser Haushunde, Paria-Hunde genannt. Auf Grund ihrer menschengebundenen Lebensweise können sie offenbar keine eigenen Populationen aufbauen, sie befinden sich also höchstens auf einer Vorstufe zur Verwilderung.
– *Hauspferde* verwilderten mehrfach, Nachkommen verwilderter Hauspferde sind z. B. die Mustangs in Nordamerika. In Japan verwilderten vor 250 Jahren Misaka-Pferde vollständig und in der südlichen Namib gibt es sogar eine wildlebende Wüstenpopulation, die sich dem kärglichen Nahrungsangebot dort angepasst hat.

- *Hausschafe* sind als Kildar-Schaf seit Jahrhunderten verwildert mit großer Farben- und Formenfülle, aber mit einem Haarwechsel wie bei Wildschafen.
- *Hauskatzen* sind vielfach verwildert. Diese Katzen gleichen in Gewicht und Proportion der Hauskatze, haben aber 10 % mehr Gehirnmasse als diese.

Bisher gibt es keine Hinweise, dass aus verwilderten Haustierrassen neue Wildarten entstehen. Die verwilderten Individuen gelten als artgleich mit der Stammform und den daraus hervorgegangenen Haustierrassen. Sie sind mit diesen weiterhin fruchtbar kreuzbar.

Domestikation und Verwilderung beim Kaninchen

Keine Tierart ist aber für das Hin und Her zwischen Wildtier und Haustier so beispielhaft wie Wild- und Hauskaninchen, weil
– das Hauskaninchen nachweislich von einer einzigen, relativ einheitlichen Wildpopulation abstammt,
– die Haustierwerdung in geschichtlicher Zeit stattfand und besser als bei anderen Haustieren dokumentiert ist,
– die Plastizität des Kaninchen-Genoms außerordentlich groß ist,
– verwilderte Hauskaninchen inzwischen alle Erdteile bevölkern.

Wildpopulationen des Kaninchens leben seit der letzten Eiszeit in einem breiten Küstenstreifen des westlichen Mittelmeeres, also Südfrankreich, Spanien, Nordafrika. Sie bilden fünf geographische Unterarten. Den alten griechischen Naturschriftstellern war das Kaninchen noch unbekannt. Zum ersten Mal beschrieben wurde es um 1100 v. Chr. von den Phöniziern, die die Kaninchen für Klippschliefer hielten, die sie aus ihrer Heimat kannten. So nannten sie den beschriebenen Landstrich „Klippschlieferland" oder in ihrer Sprache „i-shephan-im", was über Isphahan von den Römern zu Hispania latinisiert wurde.

Auf der Speisekarte der Römer stand als große Delikatesse Hasenfleisch. Um Hasen über einen längeren Zeitraum frisch zu halten, bauten sie sogenannte Leporarien, Hasengehege. Hasen vermehren sich darin nicht. Um Christi Geburt trat das Kaninchen in diese Lücke. Es bot eine weitere kulinarische „Köstlichkeit": die „laurices", Kaninchenföten. Die Kaninchen nahmen die Leporarien als Lebensraum an und vermehrten sich in ihnen kräftig. Die Gehegehaltung ist noch keine Züchtung; der Wildtiercharakter und die Wildtiereigenschaften des Kaninchens blieben dabei völlig erhalten. Ihrer Lebensweise gemäß wühlten sie stark. Wegen des gar nicht einfachen Bauens von kaninchensicheren Gehegen kam man auf den Gedanken, sie auf Inseln auszusetzen. Das Kaninchen erwies sich nicht nur bei gemischter Haltung mit Hasen diesen überlegen, sondern auch den Menschen. Schon bald nach der Zeitenwende führten auf einigen Mittelmeerinseln die Bewohner einen aussichtslosen Kampf gegen das sich ausbreitende Wildkaninchen.

Vom späten Mittelalter ab setzte man auch in unserem Raum Kaninchen auf Inseln (Kaninchenwerder) aus, um sie für die Jagd bequem zur Hand zu haben. Insbesondere die adligen Frauen, die mit dem Falken jagten, konnten so leicht Beute machen (s. Abb. II, 1-4). Die früheste Darstellung eines Wildkaninchens ist auf einem Holzschnitt von 1423 zu finden. Das Aussetzen der Kaninchen führte zur vollständigen Einbürgerung. Das Wildkaninchen hat seinen Besiedlungsraum dadurch stark ausgedehnt. Das hängt sicher auch damit zusammen, dass die heimische, kaninchenfeindliche Waldlandschaft infolge der Rodungstätigkeit aufgelichtet und in eine kaninchenfreundliche Buschlandschaft verwandelt wurde. Von Haustierwerdung (und Verwilde-

Abb. II, 1-4: Mittelalterliche Jagd auf Kaninchen (Darstellung von 1393, aus *Winkel* 1992, 19)

II Prozesse der Evolution

rung) kann bei dieser Entwicklung noch keine Rede sein. Im Gegenteil könnte der Wildtiercharakter durch die Bejagung noch verstärkt worden sein.

Die Haustierwerdung des Kaninchens verlief auf einer zweiten Schiene (vgl. *Nachtsheim* 1949; *Zeuner* 1967; *Herre/Röhrs* 1990). Sie geht auf Mönche des ganz frühen Mittelalters zurück und erfolgte in den Klöstern Südfrankreichs. Klöster sind von der Außenwelt abgeschlossen. Die Gebäude gruppierten sich um einen oder mehrere Innenhöfe. Die Mönche begehrten von den Kaninchen zunächst weniger ihr Fleisch und Fell als die Föten, denn diese galten wie der Biber und Fisch als zugelassene „Fastenspeise", weil sie aus dem (Fruchtblasen-)Wasser kamen. Der Bischof von Tours berichtet 590 in einem Brief über diese „üble Sitte" der „laurices" als Fastenspeise. So gelangten wahrscheinlich noch vor 500 n. Chr. Wildkaninchen in die Innenhöfe der Klöster. Der Plastizität des Kaninchen-Genoms ist es zuzuschreiben, dass sie ihre Jungen jetzt in den dunklen Ecken der Klosterhöfe absetzten und nicht mehr in Setzröhren. Damit begann die Haustierwerdung: Nun hatten nicht mehr die wildesten, sondern die zahmsten Tiere die größte Chance zu überleben. Der eigentlichen Züchtung ging also die Zähmung voraus. Wie aus eigenen Versuchen hervorgeht, wird ein handaufgezogenes Wildkaninchen relativ zahm, behält aber seinen Rhythmus: Tag heißt Ruhezeit, man kann das Tier anfassen. Dämmerung bedeutet Aktivität, Verstärkung des Fluchtverhaltens (s. Kasten II, 1-5). Die Fütterung im Innenraum eines Klosters schaffte als Vorbedingung der Haltung und Züchtung und als Einbruch in die strenge Verhaltensperiodizität viele Bindungsmöglichkeiten zwischen Mensch und Kaninchen. Größenveränderungen, Farbschläge, Verhaltensannäherungen an den menschlichen Tageslauf traten wahrscheinlich auf und wurden ohne bewusste Zuchtziele ausgelesen.

Das Hauskaninchen verdankt seine Entstehung also Mönchen. Seine Domestikation ist innerhalb weniger Jahrhunderte erfolgt. Das Auftauchen bestimmter Rassen im geschichtlichen Verlauf ist verhältnismäßig gut dokumentiert (vgl. *Nachtsheim* 1949; *Zeuner* 1967). Die älteste Nachricht von hiesigen Hauskaninchen stammt aus dem Jahre 1149, in dem der Bischof von Corvey (Weser) seinen Bruder *Gerald* in Solignac (Berry, südlich von Orleans) um zwei Paar (Haus-)Kaninchen bittet.

Bei der Haustierwerdung treten regelhafte Veränderungen auf, die beim Kaninchen gut zu erkennen sind. Als erstes ist die Veränderung der Fluchtdistanz zu nennen, als weiteres ändert sich die angeborene Tagesrhythmik, die instinktiven Fähigkeiten nehmen also insgesamt ab. Der Fortpflanzungszyklus wird gelockert. Das alles schlägt sich dergestalt in Zahlen nieder, dass das Gehirn eines Wildkaninchens - auf die Körpermasse bezogen - um 22 % schwerer ist als das eines Hauskaninchens. Das Auge wird kleiner, das Gehör stumpfer, der Geschmackssinn gröber. Auch das Skelett verändert sich. Das Wildtier hat schwerere und festere Knochen als das Haustier, das Herz wird in der Leistung schwächer: Das Wildkaninchen hat ein um 37,5 % schwereres Herz. Der Darm wird beim Hauskaninchen kürzer, Magen und Blinddarm haben eine kleinere Kapazität. Fell, Größe und Gewicht sind beim Wildkaninchen in jeder Population einheitlich. Sie schwanken beim Hauskaninchen enorm, die Masse z. B. liegt bei der kleinsten Rasse unter 1 kg, bei der schwersten über 8 kg (s. Abb. II, 1-15). Alle diese Unterschiede sind genetisch bedingt. Wenn also ein Kaninchen verwildert, ist der Ausgangspunkt stets der Genpool der betreffenden Haustierpopulation.

Die Wildkaninchenpopulationen bei uns gehen vorwiegend auf Kaninchen zurück, die aus der Gehegehaltung entkommen sind. Daneben hat es aber immer wieder, z. B. in Kriegszeiten, Verwilderungen echter Hauskaninchen gegeben (s. Kasten II, 1-5). Da lediglich der Größenunterschied ein Paarungshindernis darstellt, sind in unseren Wildkaninchenpopulationen gewiß auch verwilderte Hauskaninchen aufgegangen (s. Abb. II, 1-5).

1.1.5 Die Entstehung von Kulturpflanzen

Auch für die Pflanzen stellt sich die Frage, welche Eigenschaften Wildarten haben müssen, um eine Kulturpflanze werden zu können.
– Die Pflanze muss für die Menschen einen Wert haben: meistens durch Früchte, Blätter, Öl, Fasern oder Heilstoffe, aber auch durch ihre Schönheit. Nur dann wird sie gesammelt und in Menschennähe gebracht.

Klassenstufe 5/6   **1 Züchtung und Verwilderung**

Abb. II, 1-5: Domestikation, Ausbreitung und Verwilderung beim Hauskaninchen. Die Populationen des Wildkaninchens und des Hauskaninchens sind zu unterscheiden (nach *Winkel* 1992, 17)

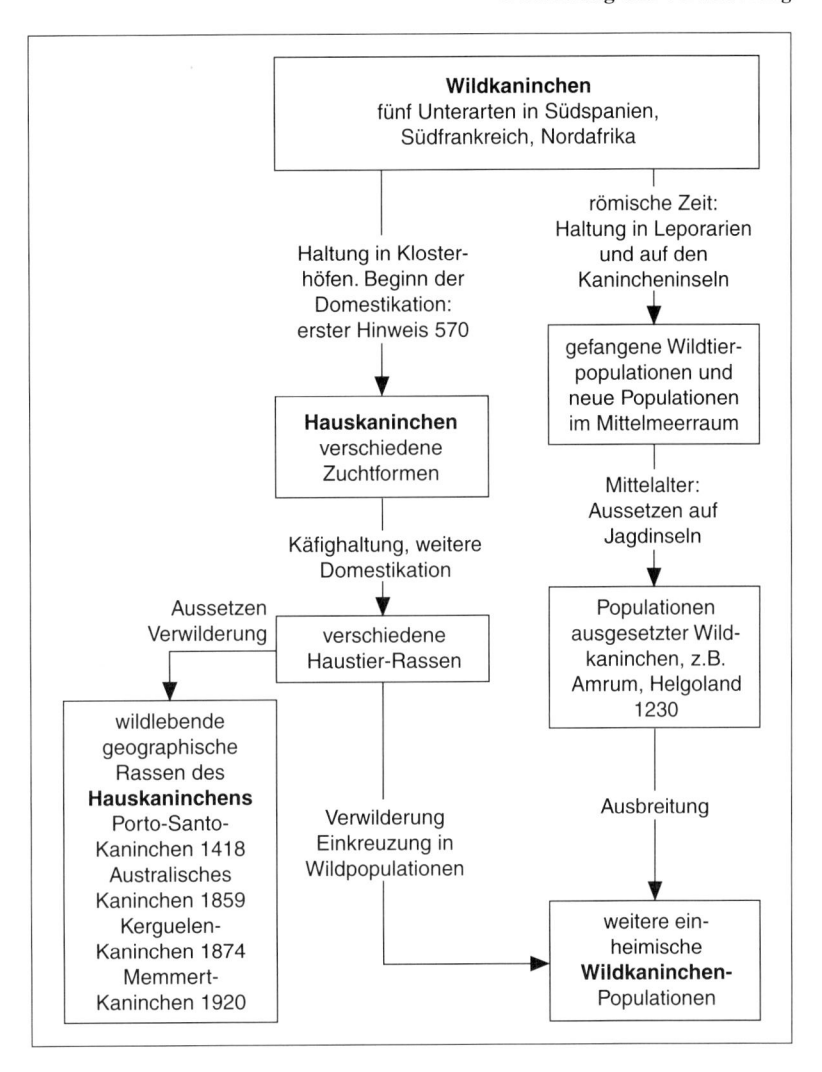

```
                    ┌─────────────────────────────┐
                    │      Wildkaninchen          │
                    │  fünf Unterarten in Südspanien, │
                    │  Südfrankreich, Nordafrika  │
                    └─────────────────────────────┘
                       │                    │
         Haltung in Klosterhöfen.      römische Zeit:
         Beginn der Domestikation:     Haltung in Leporarien
         erster Hinweis 570            und auf den Kanincheninseln
                       │                    │
                       ▼                    ▼
                 ┌──────────────┐    ┌──────────────────┐
                 │ Hauskaninchen│    │ gefangene Wildtier-│
                 │ verschiedene │    │ populationen und  │
                 │ Zuchtformen  │    │ neue Populationen │
                 └──────────────┘    │ im Mittelmeerraum │
                       │              └──────────────────┘
              Käfighaltung, weitere          │
              Domestikation           Mittelalter:
                       │              Aussetzen auf Jagdinseln
                       ▼                    │
     Aussetzen   ┌──────────────┐           ▼
   Verwilderung  │ verschiedene │    ┌──────────────────┐
                 │ Haustier-    │    │ Populationen     │
                 │ Rassen       │    │ ausgesetzter Wild-│
                 └──────────────┘    │ kaninchen, z.B.  │
          │            │             │ Amrum, Helgoland │
          ▼            │             │ 1230             │
 ┌──────────────┐      │             └──────────────────┘
 │ wildlebende  │      │ Verwilderung         │
 │ geographische│      │ Einkreuzung in    Ausbreitung
 │ Rassen des   │      │ Wildpopulationen     │
 │ Hauskaninchens│     │                      ▼
 │ Porto-Santo- │      │             ┌──────────────────┐
 │ Kaninchen 1418│     └────────────▶│ weitere ein-     │
 │ Australisches│                    │ heimische        │
 │ Kaninchen 1859│                   │ Wildkaninchen-   │
 │ Kerguelen-   │                    │ Populationen     │
 │ Kaninchen 1874│                   └──────────────────┘
 │ Memmert-     │
 │ Kaninchen 1920│
 └──────────────┘
```

– Es muss ein „Handlungszwang" entstehen, indem das einfache Sammeln nicht mehr ausreicht, genügend Material zu gewinnen. In Australien, Südafrika, Patagonien, Neuseeland entstand infolge der dünnen Besiedlung diese Situation nie. Dort entstanden auch keine Kulturpflanzen.

– Die potentielle Kulturpflanze muss für Feld- oder Gartenanbau geeignet sein. Solche Eignung haben Pflanzen, die Initialphasen der Besiedlung bilden, also aufgerissene Flächen oder Schuttplätze besiedeln (Ruderalpflanzen). Pflanzen der Wälder sind deswegen so gut wie nie zu Kulturpflanzen geworden (Ausnahmen sind die Kahlschlagbesiedlerinnen Himbeere und Brombeere).

– Die Pflanzen müssen sich „anbauen" lassen: Sie müssen nach der Aussaat zuverlässig keimen, Stecklinge sich bewurzeln, Veredelungen verwachsen. Nahezu alle Kulturpflanzen bevorzugen lockere, frische, etwas nitrophile Böden mit einem pH-Wert zwischen 6 und 6,5. Arten, die aus einem extrem sauren Bereich stammen (3,5 bis 4,5) wie Preißel-, Heidel- und Moosbeere sind seit alters wohl „Sammelgut-Nutzpflanzen" gewesen, aber nicht zu Kulturpflanzen geworden, weil ihre Kultivierung zu schwierig ist. Auch die sogenannte Gartenheidelbeere ist nur auf Moorboden kultivierbar und daher erst in neuerer Zeit als Kulturpflanze eingeführt worden.

II Prozesse der Evolution

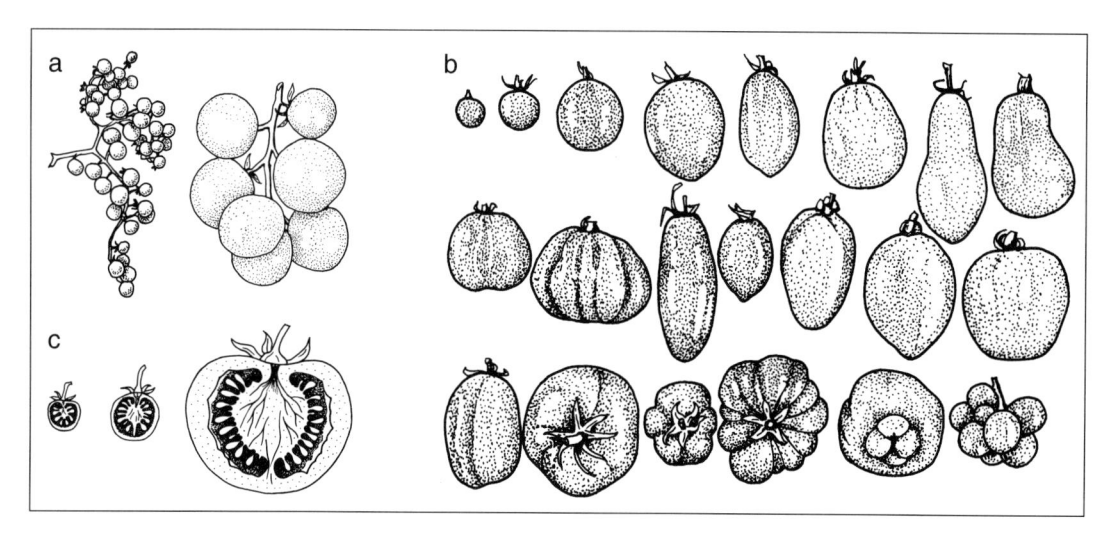

Abb. II, 1-6: Die Zucht der Tomate. a) Fruchtstand der Johannisbeertomate (Wildform) und einer Kultursorte, b) Varianten der Fruchtgröße und -form bei verschiedenen Kultursorten und Frucht der Wildtomate (links oben), c) Längsschnitt durch die Tomatenfrüchte der Johannisbeertomate (Wildform), einer frühen Kulturform und einer heutigen Kulturform. Man beachte nicht nur die Steigerung der Fruchtgröße, sondern auch der Dicke der Fruchtwand (nach *Schwanitz* 1959, 716 ; 1967, 116)

– Das Genom muss zur Variabilität neigen, d. h. eine hohe Mutabilität bei vielen Genen zeigen. Je spezialisierter der Ausgangsstandort, desto geringer ist meist die Mutabilität. Epiphyten zeigen im allgemeinen eine geringe Mutabilität. Sie sind durch die Angepasstheit an den Standort stärker spezialisiert als Ruderalpflanzen, die „von Natur aus" stärker variieren.

Die genannten Zusammenhänge lassen sich am Beispiel der Tomate veranschaulichen (s. Abb. II, 1-6). Die Tomate wächst wild auf Schuttplätzen und Ruderalflächen in Mittelamerika, und zwar so „ungehemmt", dass von dieser Eigenschaft der Name: tamana „wild, üppig wachsend" abgeleitet wurde. Die Früchte dieser „Johannisbeertomate" sind nicht größer als rote Johannisbeeren. Aber die Art zeigt ihrem Standort gemäß große Variabilität. Im gleichen Verbreitungsgebiet wächst eine sogenannte Baumtomate, die einer anderen Gattung angehört und als Wildpflanze Früchte von der Größe dicker Pflaumen hervorbringt. Sie wird heute in Feinkostgeschäften angeboten. Beide Arten wurden etwa zur gleichen Zeit vor 4 000 Jahren durch Indianer in Kultur genommen. Die Baumtomate läßt sich wohl kultivieren, hat sich aber gegenüber der Wildart bis heute kaum geändert. Die Johannisbeertomate hat dagegen schon in indianischer Kultur einen großen Formenschwarm hervorgebracht, der Sorten mit kirschgroßen, pflaumen- und birnenförmigen, roten und gelben Früchten umfasst. Die Riesenformen der Fleischtomaten sind erst in Europa entstanden. Die absoluten Grenzen, die die Wildart setzt, sind z. B die Frostempfindlichkeit, die Bevorzugung sonnigen Klimas, das übermäßige Wachstum (tamana) und die großen Ansprüche an die Düngung (Schuttplatzpflanze) (vgl. *Lehmann* 1953; 1955; *Rick* 1978). Der Prozess der Züchtung besteht in seiner einfachsten Form in der Vermehrung besonders ausgelesener Exemplare. Das führt schon in bezug auf die interessierenden Organe zu „Gigasformen" (vgl. *Schwanitz* 1967). Dieser Gigaswuchs kann alle Organe betreffen: Blätter, Blüte, Frucht, Wurzelteile usw., natürlich auch die Zellen selber. Zum Beispiel nimmt das Blattgewicht der Zuchtpaprika gegenüber der Wildpaprika im Verhältnis 4 : 1 zu, das Fruchtgewicht 500 : 1 (s. Abb. II, 1-7). Als anderes Beispiel kann man sich die Kohlsorten vor Augen führen oder Stielmangold, Blattmangold, die Futter- und Zuckerrübe, die alle von nur einer Wildpflanzenart abstammen.

Wie bei den Tieren gibt es auch bei den Pflanzen *Parallelentwicklungen* wie Riesenwuchs oder Zwergwuchs, krause, weißbunte (panaschierte) und rote Blätter, Korkenzieher-, Trauer- und Pyramidenwuchs bei Bäumen oder gefüllte Blüten bei Zierpflanzen. Weltweit gibt es über 1000 Kulturpflanzen.

Klassenstufe 5/6 **1 Züchtung und Verwilderung**

Abb. II, 1-7: Die Zucht der Paprika. a) Fruchtgrößen bei der Wildpaprika, b) drei verschiedene Sorten der Kulturpaprika (nach *Schwanitz* 1969, 33)

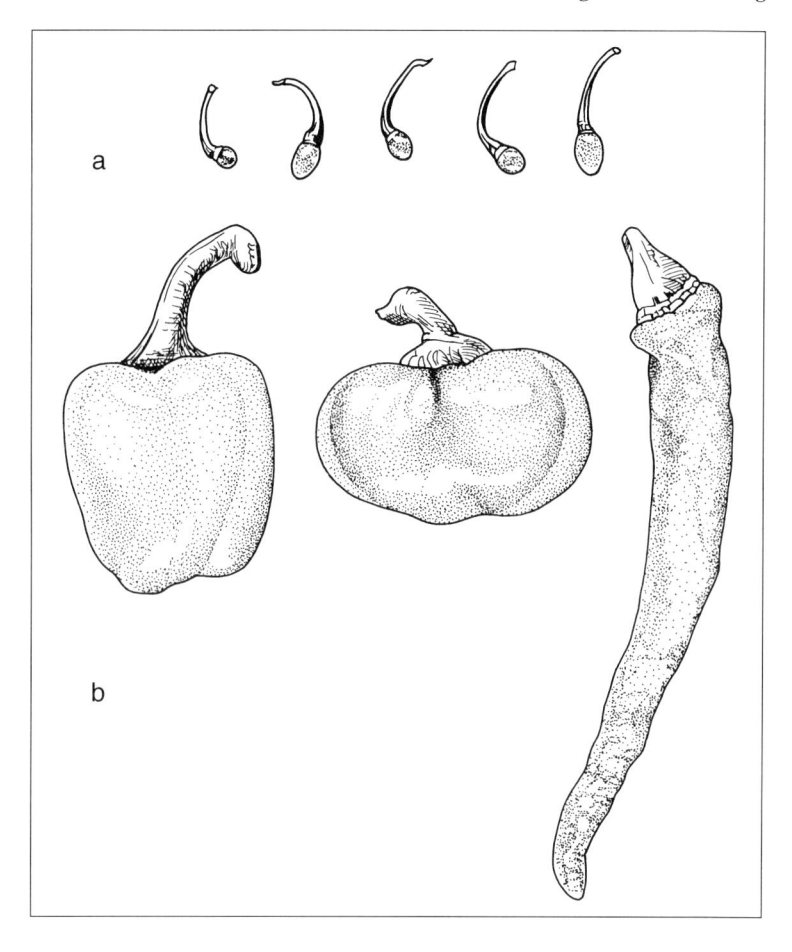

Viele Eigenschaften der Wildpflanzen konnten gesteigert oder verändert werden. Die in relativ kurzer Zeit erreichbaren Veränderungen durch Züchtung werden am Beispiel Gartenbohne deutlich, die erst nach der Entdeckung Amerikas bei uns zur Kulturpflanze wurde:

Wildform:
Hülsen ungenießbar
Kletterpflanze
Kurztagblüher
Pflanze verholzt
langer Vegetationsverlauf
Frucht mit störenden Fäden
Frucht roh giftig, erst nach dem Kochen eßbar

Kulturform
Hülsen eßbar, grüne, gelbe Sorten
Buschform
tagneutrale Pflanze
Pflanze bleibt krautig
nur 100 Tage vom Samen zur Ernte
Frucht ohne Fäden

Die Qualität änderte sich also erheblich. Bei Kulturpflanzen werden Bitterstoffe weggezüchtet (Grüner Salat, Sellerie, Kürbis, Gurke, Melone, Süßlupine), giftige Saponine (Mangold, Rüben), störende Haare (Kohl, Kürbis, Lattich) oder sogar Stacheln (Apfel, Birne). Es kommen aber auch Neubildungen vor wie beim Tabak, dessen Wildform kein Nikotin enthält.

Auch im Sexualbereich gibt es gravierende Veränderungen. So war die Ursprungsform vom Mais zwittrig. Die Trennung in männliche und weibliche Blütenstände ist das Ergebnis indianischer Züchtung. Andere ur-

II Prozesse der Evolution

sprünglich einhäusige Wildpflanzen sind zwittrig geworden (Wein, Hanf). Viele Arten, die als Wildpflanze Fremdbefruchter sind, sind zu Selbstbefruchtern geworden (z. B. Weizen, Tomate, Lein). Andere bedürfen zur Fruchtbildung überhaupt keiner Befruchtung mehr und können nur noch vegetativ vermehrt werden (Banane, einige Birnen- und Apfelsorten). Die Samenbildung schwächt sich ab, wenn sie nicht das Ziel der Züchtung ist. Viele Wildpflanzen keimen erst nach einer Kälteperiode. Auch dies kann verändert werden. Die Blühperiode ist bei solchen Arten extrem verlängert, bei denen auffällige Blüten und lang dauerndes Blühen die Zuchtziele sind (Petunie, Dahlie, Rose). Es gibt daneben auch ökologische Zuchtziele. So wurde aus dem Wasserreis der Bergreis, eine Landpflanze, gezüchtet. Die in unserem Klima störende Fotoperiodizität ist bei Tomate, Kartoffel und Sojabohne weggezüchtet.

Aber nicht alles ist erreichbar: Die Getreidearten sind Steppenpflanzen geblieben. Das war durch Züchtung nicht zu verändern, und so hat der Getreideanbau aus einem großen Teil unserer heimischen Waldlandschaft sekundär eine Steppenlandschaft gemacht.

Die Zucht der Gartenmöhre

Die Wilde Möhre ist bei uns an Wegrändern, Bahndämmen, Schuttplätzen allgemein verbreitet. Jedermann kennt ihre weißen Blütendolden mit dem dunklen (schwarzen oder roten) „Möhrchen" in der Mitte und dem vogelnestartig zusammengezogenen Fruchtstand. Die Möhre bildet im ersten Jahr eine Blattrosette, die einer Gartenmöhre sehr ähnlich sieht, und blüht im zweiten (s. Abb. II, 1-8 a). Die Wurzel der Wildmöhre ist weißlich, holzig und reicht meistens tief (bis 80 cm) in die Erde hinab (s. Abb. II, 1-8 b). Deswegen kann die Möhre auch sehr trockene Standorte erfolgreich besiedeln. Die Ähnlichkeiten mit der Gartenmöhre sind so groß, dass man in ihr leicht deren Stammform vermuten kann. Das stimmt aber nicht ganz, da die heimische Möhre einer anderen Unterart der Sammelart Daucus carota angehört als die Stammform der Gartenmöhre. Die bei uns vorkommende Unterart ist streng zweijährig (vgl. *Hegi* 1926).

Die Riesenmöhre (D. c. maximus), die wahrscheinliche Stammform, wird fast mannshoch und ist einjährig. Der Blütenstand ist schirmartig und zieht sich nach der Blüte nicht vogelnestartig zusammen. Diese Unterart besiedelt den Mittelmeerraum, eine weitere afghanische Unterart Zentralasien. Hier gibt es (nach *Körber-Grohne* 1987) Individuen mit gelben und purpurroten Wurzeln, die auch gesammelt werden. In der Türkei überschneiden sich die Verbreitungsgebiete aller Unterarten, so dass die Ursprungsformen in dieser Region gesucht werden.

Die Gartenmöhre hält in allen Merkmalen die Mitte zwischen den vorgenannten Unterarten. Beim Verwildern geht die Rübenwurzel schnell zurück; bei Gartenpflege der Wildformen bilden diese deutlich fleischigere Standortmodifikationen aus.

Nach dem Kohl (s. unten) ist die Gartenmöhre unsere zweitwichtigste Gemüsepflanze. Sie wird in den Urkunden bis ins späte Mittelalter leider häufig mit Pastinak, die ebenfalls Nutzpflanze war, verwechselt. Die Möhre wurde zur Zeitenwende vor allem als Heilpflanze verwendet. Zum Beispiel nennt *Dioskurides* die Wurzel harntreibend, empfiehlt sie als Aphrodisiakum und als Wurmmittel. Als Brei aufgelegt soll sie Geschwüre heilen. Möhrensirup wurde gegen Halsentzündung empfohlen, das Kraut gegen Geschwüre, der Sud aus abgekochten Früchten sollte Harnbeschwerden lindern und die Menstruation fördern (vgl. *Hegi* 1926). Außer als Gemüse wurden Möhren geröstet als Kaffeeersatz verwendet, ihr Saft zu Rübenwein vergoren oder zu Rübensirup eingedickt, aus den jungen Blättern wurde spinatartiges Gemüse zubereitet.

Für die Abstammung der Gartenmöhre gibt es zahlreiche geschichtliche Zeugnisse. In Ausgrabungen sind die Samen der Wildformen allerdings nicht von denen der Kulturformen zu unterscheiden. Eine erste sichere Mitteilung erlaubt 60 n. Chr. *Dioskurides* durch eine Kopie seines Kodex um 500 n. Chr. Aber selbst in der „Capitulare de villis" *Karls des Großen* muss man raten, ob Möhren oder Pastinak gemeint sind. *Albertus Magnus* beschreibt die Möhre „mit dem roten Möhrchen", schweigt sich aber leider über die Nutzung aus. Erst die Kräuterbücher um 1500 (*Matthioli, Bock, Camarius*) bilden die Möhre ab und unterscheiden die wilde von der gezüchteten. Nach *Banga* (vgl. *Körber-Grohne* 1987) wurden rote und gelbe Möhren im 10. Jahrhundert im Iran, im 11. in Syrien und im 12. Jahrhundert in Spanien angebaut, so dass damit fast ein Wanderweg angegeben ist, wenn sie dann im 15. und 16. Jh. in unserer Region auftauchen. Zu uns ist die Gar-

Klassenstufe 5/6   **1 Züchtung und Verwilderung**

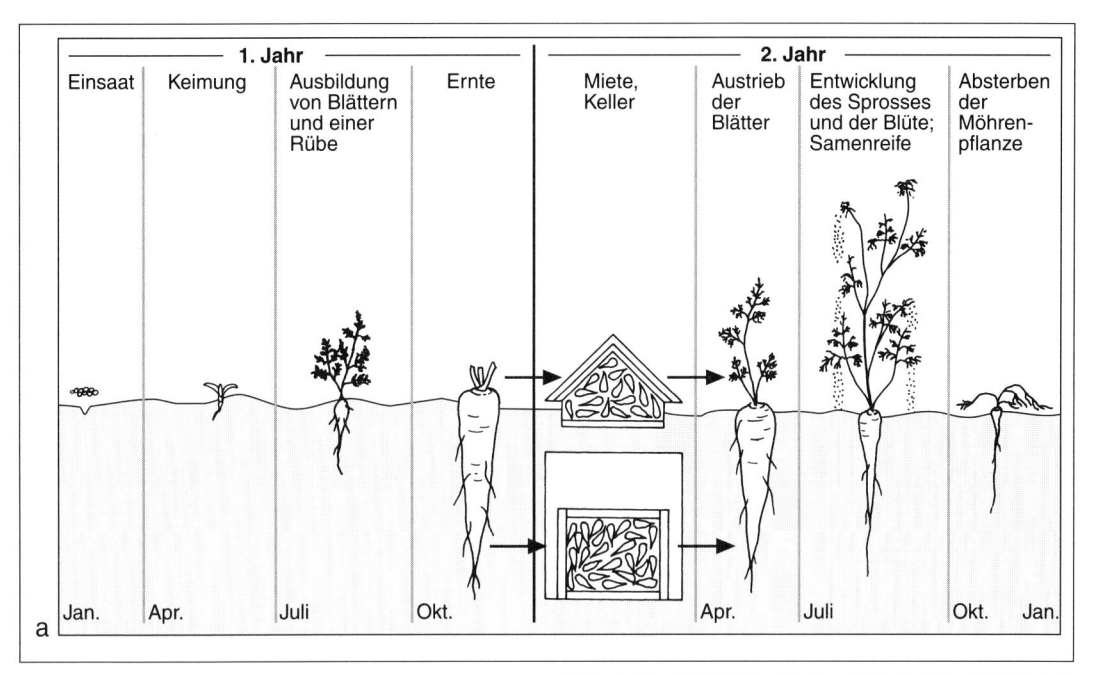

Abb. II, 1-8: Die Möhre als Wildform und Kulturpflanze.
a) Zweijährigkeit der Gartenmöhre;
b) Rübe der Wildmöhre und Rübe der Gartenmöhre
a) aus *Brauner* 1988, 25; b) nach *Schwanitz* 1967, 69)

Abb. II, 1-9: Veränderungen der Wurzelform der Möhre nach Bildern aus Kräuterbüchern verschiedener Jahre. Von links: 1543; 1554; 1597, 1640, 1680 und 1774
(aus *Schwanitz* 1967, 45)

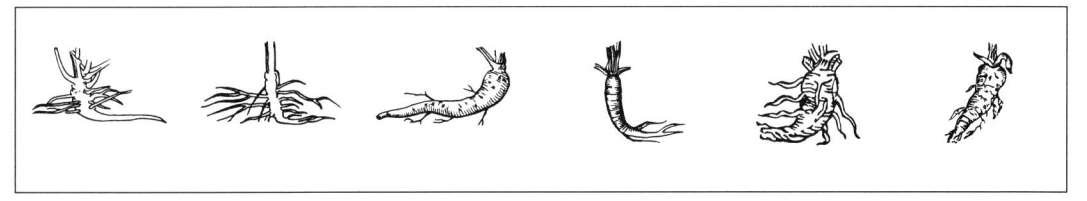

II Prozesse der Evolution

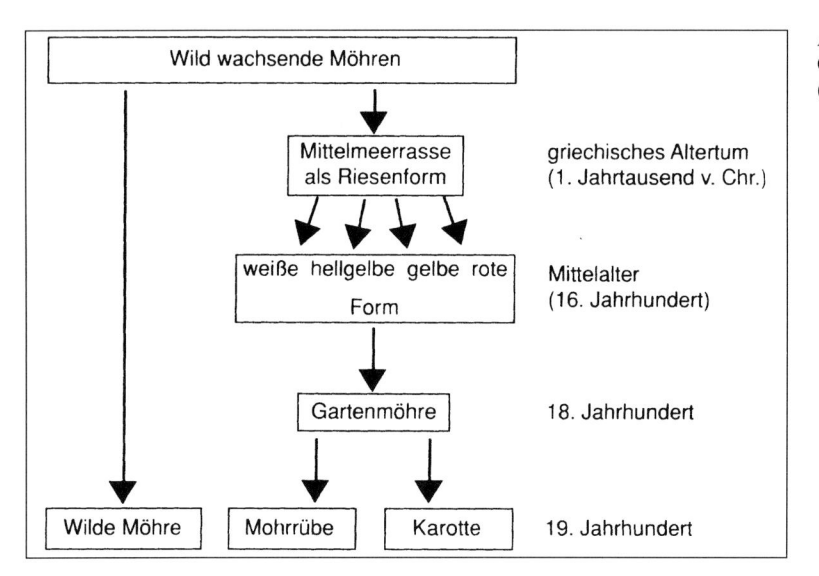

Abb. II, 1-10: Entstehung der Gartenmöhre
(aus *Brauner* 1988, 24)

```
Wild wachsende Möhren
        │
        ▼
   Mittelmeerrasse        griechisches Altertum
   als Riesenform         (1. Jahrtausend v. Chr.)
        │
   ┌────┼────┬────┐
   ▼    ▼    ▼    ▼
   weiße hellgelbe gelbe rote    Mittelalter
           Form                  (16. Jahrhundert)
        │
        ▼
    Gartenmöhre            18. Jahrhundert
        │
   ┌────┼────┐
   ▼    ▼    ▼
Wilde Möhre  Mohrrübe  Karotte   19. Jahrhundert
```

tenmöhre offenbar auf dem Handelsweg gekommen, und zwar als „gelbe Rübe". Schon 1684 nennt *Elsshols* gelbe, weiße, rote und schwarzrote Möhrenformen. Die roten und schwarzroten enthalten Anthozyan, die gelben Spuren von Karotin. Richtige Karotinmöhren erscheinen zunächst bei den niederländischen Blumenmalern und sind vermutlich in Holland entstanden (s. Abb. II. 1-9). Denn 1721 werden dort „lange orangefarbene" von „kurzen", intensiv gefärbten „Hornmöhren" (*du Vivie* in *Körber-Grohne* 1987) unterschieden. Die heutigen Karotinmöhren sind erst zwischen 1700 und 1850 entstanden. Um 1870 gibt es bei uns dann folgende Möhrensorten: lange weiße ohne Süße; blaßgelbe süße Riesenmöhren; rote mittelgroße; violette kurze; weiße Karotten; rote Karotten; rote Nussmöhren; violette Karotten. Die Gelbe Möhre, die Karotin-Möhre, ist also eine sehr junge Kulturpflanze, deren entscheidende züchterische Bearbeitung erst in den letzten hundert Jahren erfolgte und zur Zeit noch erfolgt (s. Abb. II, 1-10).

Zuchtformen des Wildkohls
Der Wildkohl (Brassica oleracea) kommt in Küstengebieten und in Schutt- und Pioniergesellschaften der mediterranen und atlantischen Region vor (s. Abb. II, 1-11). Er ist salzverträglich. Es gibt fünf Verbreitungsschwerpunkte und Unterarten. 1. einen holzigen, 5 bis 8 jährigen Wildkohl auf Felskliffen Südgriechenlands und Kretas (B. o. cretica); 2. eine sehr ähnliche Form von Korsika und Sardinien; 3. eine sehr heterogene Gruppe mit behaarten Blättern und vielen Varietäten aus Italien und Sizilien; 4. eine mehrjährige, strauchige Form mit grünen Blättern von den Mittelmeerküsten Spaniens und Frankreichs (B. o. montana) und schließlich 5. die uns eher bekannte Form der Atlantikküsten, deren Blätter von graugrüner Farbe sind (B. o. oleracea, der „Klippenkohl" von Helgoland).
Im alten Griechenland wurden 2 Kulturformen benutzt. Die Römer haben daraus viele Kohlsorten entwickelt. Dabei muss beachtet werden, dass Kohl im mediterranen Klimabereich im Winter nicht erfriert, für die Römer also keine Veranlassung bestand, Kopfkohle zu züchten. Von den Römern sind uns genaue Beschreibungen und Namen überliefert (z. B. Tritianer, Kumaner, Pompejanischer Kohl), die aber in unserem Zusammenhang nicht interessant sind. *Plinius* beschreibt neben dem Wildkohl folgende kultivierte Kohlformen (23-79 n. Chr.): Stengelkohl, primitive kohlrabiähnliche Formen, einen Sprossenkohl mit langen Seitenzweigen, grünkohlähnlichen krausblättrigen Kohl, Kohl mit noch nicht geschlossenem Blattschopf, brokkoliähnliche Formen und einen Kohl mit Rübe. In Verbindung mit der Morphologie sind die Angriffspunkte der Züchtung für den Unterricht wichtig und werden heute allgemein zur Gliederung benutzt (s. Abb. II, 1-12); vgl. *Hegi* 1958; *Schwanitz* 1967; Schulbiologiezentrum o. J.).

Klassenstufe 5/6 **1 Züchtung und Verwilderung**

Abb. II, 1-11: Verbreitungsgebiete des Wildkohls in Europa (aus *Winkel* 1988 a, 8, verändert)

Abb. II, 1-12: Stammform und Zuchtformen des Kohls. a) Brokkoli, b) Weiß- oder Rotkohl, c) Grünkohl, d) Rosenkohl, e) Blumenkohl, f) Markstammkohl, g) Wirsingkohl, h) Kohlrabi (nach *Herwerth/Venter* 1982, 19, verändert)

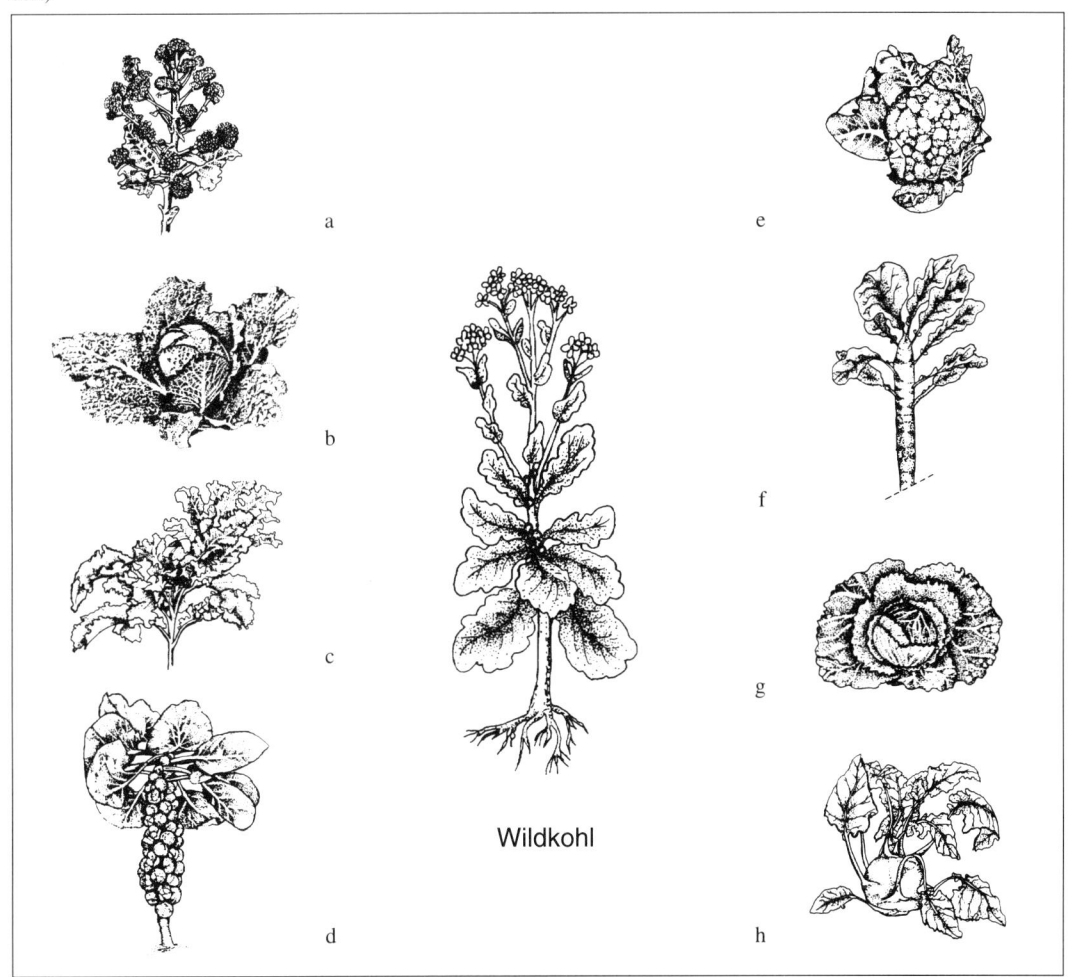

II Prozesse der Evolution

Strauchkohle haben noch große Ähnlichkeit mit den Wildformen. Sie verholzen am Grunde des Stengels und sind mehrjährig. Man rechnet in diesen Formenkreis den Rosenkohl, der als letzte Kulturform 1775 in Belgien gezüchtet wurde, weswegen er auch „Brüsseler Kohl" heißt. Zu ihm gibt es Vorläufer, so den „tausendköpfigen Kohl", bei dem viele Endknospen gebildet wurden und kopfig anschwollen. Je zwei Gene steuern beim Rosenkohl die Rosenbildung und die Ausbildung des bekannten Endschopfes. Bezüglich Fett- und Eiweißgehalt liegt Rosenkohl an der Spitze aller Kohlsorten. Die „Rosen" wachsen im zweiten Jahr zu Blütentrieben aus.

Knollenkohle sind schon *Plinius* bekannt, der den Pompejanischen Kohl beschreibt. Die wichtigste Form dieser Gruppe ist der Kohlrabi. Die Kohlrabiknolle ist eine gestauchte Sproßachse, wobei die Stauchung des unteren Teiles holziger ist als die des oberen mit dem Vegetationskegel.

Blattkohle gehören zu den ältesten Formen. Im Mittelmeerraum (und selten bei uns) wird heute noch ein wildkohlähnlicher Blattkohl oder Futterkohl angebaut, der beim Verwildern besonders große Chancen hat, weil ihn keine Sonderbildungen „behindern". Auch der Grünkohl oder Braunkohl gehört in diese Gruppe. Er hat Fiederblätter, deren Blattrand schneller wächst als die übrige Blattspreite. Durch Frost wird bei ihm ein Teil der Speicherstärke in Zucker umgewandelt. Er gehört zu den alten Zuchtformen, der zubereitet dem Kohlideal der Römer entsprach. In diese Gruppe gehört auch der Markstammkohl mit seinen ungekrausten Blättern, die sehr groß werden und nach und nach als Viehfutter geerntet werden. Im Verlaufe des Jahres erreicht er Höhen von über einem Meter. Von der Insel Jersey ist ein Kohl beschrieben worden, der Höhen von 3,5 Metern erreicht.

Zierkohle gehören eigentlich auch zu den Blattkohlen. Es gibt einen zwei Meter hohen „Palmkohl", kleine krausblättrige Formen und „Schlitzkohl". Diese Formenmerkmale sind unterschiedlich mit Farbe kombiniert. Zierkohl sieht blumenähnlich aus und hält sich lange. Deswegen wird er im Handel immer häufiger angeboten, nachdem er seit dem Barock, in dessen Gartenkultur er eine große Rolle spielte, verschwunden war. Zierkohl läßt sich auch als Gemüse kochen.

Kopfkohle entstehen dadurch, dass die Endknospe lange in der Knospenphase verbleibt und deren Blätter dennoch unentwegt weiterwachsen. Erst nach dem fünften Blatt setzt die Kopfbildung ein, wobei die vorhandenen Blätter die Ernährung der Endknospe übernehmen. Kopfkohle sind außerhalb des mediterranen Klimabereichs entstanden. Die ersten sicheren Berichte über Weiß- und Rotkohl stammen von *Hildegard von Bingen* (1098-1179), die auch schon das Herstellen von Sauerkraut empfiehlt. Weißkohl und Rotkohl unterscheiden sich nur durch das Fehlen bzw. den Besitz von Anthocyanen in den Blättern. Kopfkohle sind wie fast alle anderen Kohlsorten zweijährig. Im zweiten Jahr treibt nicht die Endknospe aus, sondern Seitentriebe. Die Endknospe ist lediglich Speicherorgan. Der Wirsingkohl ist später entstanden als Weiß- und Rotkohl. Weil bei ihm die Blattrippen langsamer wachsen als die dazwischen liegenden Felder, sind blasige Auftreibungen der Blattfläche die Folge.

Blütenstandskohle sind vielleicht die kuriosesten Zuchtformen überhaupt. Sie stammen wahrscheinlich vom Kretischen Kohl ab (vgl. *Körber-Grohne* 1987). Die Römer kannten bereits einen Spargelkohl, bei dem eine Verdickung der Blütenstiele das Zuchtziel war. Um 1500 wird zum ersten Mal der Brokkoli genannt, bei dem alle Blütenstiele verdickt, aber noch grün sind. Erst in der Folge entstand der Blumenkohl, dessen verdickte Blütenstengel blattgrünfrei sind. Der Name „Blumenkohl" ist irreführend; der Kohl müsste eigentlich „Blütenstengelkohl" heißen.

1.1.6 Verwilderung bei Pflanzen

Bei Pflanzen wird die Verwilderung irreführend auch als „Entartung" bezeichnet, womit der Verlust von Kulturpflanzenmerkmalen gemeint ist. Bei Kulturpflanzenpopulationen mit großer genetischer Breite, den sogenannten Landsorten, sind Wildpflanzenmerkmale noch stärker vorhanden als bei züchterisch sehr verengten Sorten. Selbstbefruchter verwildern schwerer als Fremdbefruchter, denn bei ihnen ist der Genpool viel ärmer. Bei Kulturpflanzen sind stets nur einige Wild-Genkomplexe durch „Domestikationskomplexe" ersetzt, wobei Wildallele nun meist lediglich rezessiv wirken. Da sie also nur im reinerbigen Zustand phänotypisch wirksam sind, werden sie von der Kulturpflanzenselektion nicht völlig erfasst. Bei Kreuzungen können in Samen daher oft Kombinationen entstehen, in denen Wildallele gehäuft auftreten. Deren Ausbildung würde sich im Falle der Verwilderung relativ rasch stabilisieren. Bei den Obstbäumen liegen die Verhältnisse noch anders. Hier erzeugt man heterozygote Kombinationen, die vegetativ erhalten werden. Da ist es kein Wunder, dass aus den Samen von Süßkirsche, Apfel oder Birne ein riesiger Formenschwarm entsteht, in dem die Wildpflanzenmerkmale durchaus überwiegen. Das gilt für alle Arten, die vegetativ vermehrt werden. Die Pflanze, die z. B. aus einem weggeworfenen Kirschstein entsteht, kann in der Regel unmittelbar am Wildstandort bestehen.

Ein gutes Beispiel für Verwilderung ist das *Gänseblümchen*. Es wird planmäßig gezüchtet, bildet Gigas-Formen, Farbschläge und wird durch Samen vermehrt. Mit wilden Gänseblümchen kreuzen sich die Zuchtformen unbegrenzt und gehen schnell in ihnen auf (s. Kasten II, 1-7). Man hat hier den Fall einer Kulturpflanze, wo Stammform und Zuchtform noch unmittelbar nebeneinander vorkommen und sich mischen.

Unsere Flora enthält einige weitere fest eingebürgerte Kulturpflanzenflüchtlinge:
– Vogelkirsche, Holzapfel und Holzbirne stammen wahrscheinlich von Kulturpflanzen ab;
– der Rainfarn ist eine verwilderte Heilpflanze (Wurmmittel) aus dem Mittelmeerraum, die durch den Menschen die Alpenbarriere überwunden hat;
– der Färberwaid ist im Weinbergklima verwildert;
– Die Waldtulpe ist aus Mönchsgärten entflohen;
– der Gute Heinrich, eine verwilderte Gemüsepflanze aus Südeuropa, ist heute so fest in unserer Flora verankert, dass er zur Leitart einer eigenen Pflanzengesellschaft erhoben worden ist;
– der Kompaßlattich wird als Same bei uns erst seit der Römerzeit gefunden und stellt wahrscheinlich die verwilderte Form einer Sorte des Kopfsalats dar, mit dem er sich fruchtbar kreuzen läßt (vgl. *Körber-Grohne* 1987).

In klimatisch begünstigten Gebieten gibt es weit mehr verwilderte Pflanzen als bei uns, z. B. Opuntien, Rizinus, Paprika, Tomate, Granatapfel.

1.2 Kriterien der Themenauswahl

Im strengen Sinne können in Klassenstufe 5/6 eher Fragestellungen zur Evolution angebahnt als Grundeinsichten vermittelt werden (vgl. *Winkel* 1995 a). Folgende Fragen sind zum Themenkreis Evolution und Züchtung und Verwilderung altersgemäß:
Wie verlief bei ausgewählten Haustier- und Kulturpflanzenarten die Geschichte ihrer Entstehung?
Welche Eigenschaften machen eine Wildpflanzen- oder Wildtierart zur Domestikation geeignet? Was verändert der züchtende Mensch an einer Kulturpflanze oder einer Haustierart und was bleibt vom Ursprungscharakter der Ausgangsarten übrig?
Welche Chancen haben einzelne, ausgewählte Kulturpflanzen- und Haustierarten, außerhalb menschlicher Obhut weiterzuexistieren?
In der Natur entwickeln sich Arten, Unterarten, Varietäten. Der Mensch züchtet: Welche Gemeinsamkeiten und Unterschiede bestehen zwischen beiden Vorgängen?
Wie bringen wir Schüler auf diese Fragen? Wahrscheinlich nicht, wenn wir vor der Formenfülle einer Familie stehen - etwa der Orchideen oder Spechte - sondern eher, wenn wir eine Hundeausstellung besuchen, eine Kaninchenbörse oder Taubenausstellung. Die geradezu abenteuerliche Formenfülle dieser Haustierrassen löst fast zwangsläufig die Frage nach der Veränderbarkeit der Lebewesen aus. Gelingt es, passende, konkrete Unterrichtsanlässe zu finden, entstehen die oben genannten Fragen wie von selber:
– Die eigene Samenernte im Schulgarten führt auf die Frage der besten „Samenträger". Das Thema „Zuchtwahl" oder „Züchtung" liegt auf der Hand.

II Prozesse der Evolution

- Manchmal entsteht bei Schülern der Wunsch, im Schulgarten Wildpflanzen zu kultivieren oder in Vivarien Wildtiere zu halten. Das führt auf die Frage der Eignung dieser Lebewesen für die Haltung in menschlicher Obhut, der Vorfrage jeder Domestikation.
- Schon das Binden eines Blumenstraußes aus Sorten der gleichen Art (Dahlien, Astern, Rosen) mit verschiedenen Farben und Formen führt zum Phänomen der Variabilität bei Kulturpflanzen.
- Viele Gartenpflanzen säen sich im Schulgarten selbst aus (z. B. Ringelblumen, Stiefmütterchen, Gänseblümchen). Dabei erreichen diese Exemplare oft nicht die Qualität der Ausgangspflanzen: Anlass, über die Ursachen zu sprechen und sogar das Phänomen der Verwilderung zu berühren.
- Beim Sammeln von Wildpflanzen für einen Rohkostsalat stößt man auf Eigenschaften wie Härte, Bitterkeit, Behaarung. Das ist ein Anlass, verschiedene Exemplare zu diesen Eigenschaften zu vergleichen und daran die Begriffe „natürliche" und „künstliche Zuchtwahl" zu erörtern.
- Ein Besuch im Botanischen Garten oder im Zoo führt bei Schülern oft auf die Frage der Vermehrung der Pflanzen und Tiere. Läßt man die Schüler als „Zuchtleiter" agieren, stellen sie selber bald fest, dass sie „Zuchtwahl" betreiben.

Für die hier vorgenommene Themenauswahl gelten folgende Gesichtspunkte: Die Themen sollen
- wichtige Einsichten vermitteln, die wesentlich zum Verständnis der Evolution beitragen;
- schülernah sein, d. h., sie sollen zur Lebenswirklichkeit der Schüler und zu ihrer biographischen Situation eine Beziehung haben;
- unterschiedlichen Unterrichtsverfahren zugänglich sein, vor allem für einen handlungsbezogenen, forschenden Unterricht geeignet sein.

Traditionelle und in den Schulbüchern meist gut vertretene Beispiele zu Haustieren sind vor allem Haushund, Hauspferd, Hausrind, Hausschwein und Haushuhn. Die Beispiele werden meist monographisch behandelt, wobei Verhaltensaspekte, Fortpflanzung und Fragen der Tierhaltung eingeschlossen werden. Beim oft bevorzugten Beispiel „Haushund" steht meist der Verhaltensaspekt im Vordergrund, da Hunde viele, wenn auch abgeänderte Teile des Wolfsverhaltens zeigen (s. Band 4, Abschnitte III, 1.3 und III, 5.4; vgl. *Dietrich/Meier* 1989). Daneben können an diesem Beispiel mit den zahlreichen Hunderassen auch die Themen Züchtung und Umzüchtung besonders gut behandelt werden (s. Abb. II, 1-1 und II, 1-13). Emotionale und ethische Aspekte werden besonders mit dem Thema „Qualzuchten" angesprochen, wobei Abstammung und Züchtung des Hundes mit dem Tierschutzgedanken verbunden werden (vgl. *Kruse* 1997).

Unter dem Aspekt „Haustierwerdung" bietet sich auch das Hausschwein an, da das Schwein unter den Haustieren das einzige Säugetier ist, bei dem die Stammform bei uns noch in freier Wildbahn vorkommt. Wildschweine sind in Wildgattern häufig zu sehen, so dass ein Vergleich von Wildform und Stammform beim Schwein besonders anschaulich durchgeführt werden kann (z. B. hinsichtlich Fell, Pigmentierung; Ohrenform, Körperform; Schädelform, Fortpflanzung, s. Abb. II, 1-14). Das Hauspferd ist ein Beispiel, das gut mit

Abb. II, 1-13: Umzüchtung einer Hunderasse. a) Bedlingtonterrier als Jagdhund um 1900, b) Bedlingtonterrier als Luxushund 1941 (aus *Herre* 1959, 828)

Klassenstufe 5/6　　　　　　　　　　　　　　　　　　　　1 Züchtung und Verwilderung

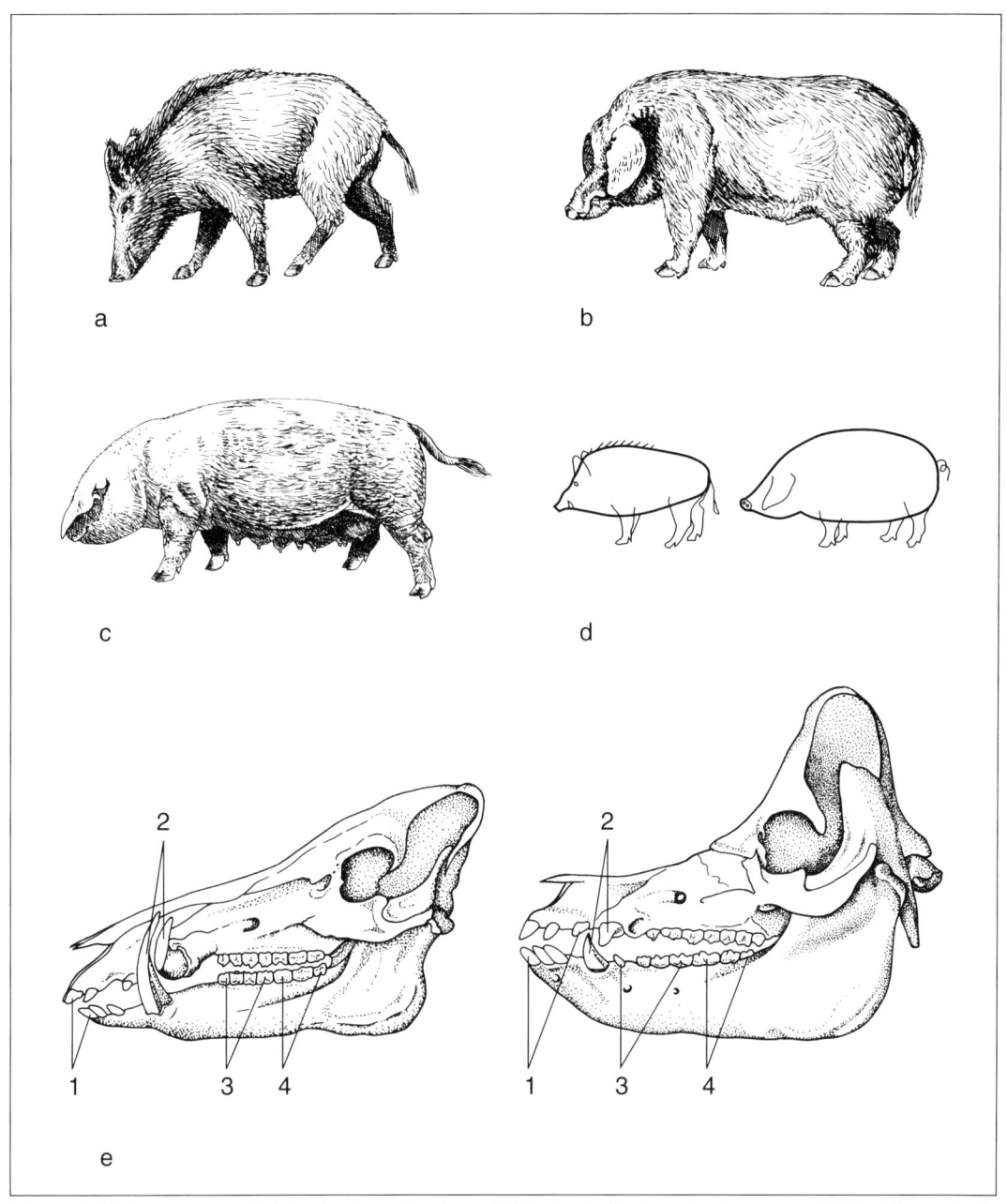

Abb. II, 1-14: Stammform und Zucht des Hausschweins. a) Wildschwein, b) Hausschweinrasse um 1780, c) Hausschwein heute; d) Tafelzeichnung zum Vergleich von Wild- und Hausschwein, e) Schädel von Wildschwein und Hausschwein: 1 Schneidezähne (3), 2 Eckzähne (1), 3 Vorbackenzähne (4), 4 Backenzähne (3) (nach *Herre* 1959, 826 f.; *Bauer* 1976; 103, verändert)

weiteren Themen der Evolution verbunden werden kann, da gezielte Veränderungen durch Züchtung noch in jüngster Zeit erfolgten (Umzüchtung von Pferderassen, s. Kasten II, 1-1; vgl. *Mischke* 1976), wesentliche Einflüsse der Pferdehaltung auf die Kulturgeschichte schon auf dieser Klassenstufe anschaulich behandelt werden können (vgl. *Claassen/Padberg* 1994) und die Stammesgeschichte der Pferde außerdem ein Paradebei-

II Prozesse der Evolution

Aus der Geschichte der Ostfriesischen Pferdezucht

Im 18. Jahrhundert nahmen der Verkehr und die schwere Landarbeit zu. Die Zucht und der Handel mit Arbeitspferden wurden daher immer lohnender. Eine hochwertige Pferderasse war mit der verbreiteten wahllosen Zuchtwahl der Bauern nicht zu erreichen. Daher verordnete der ostfriesische Landesherr 1715 Richtlinien für die Auswahl von Deckhengsten. Die Sichtung und Auswahl von Hengsten zur Zucht nennt man Körung. Die Körordnung Ostfrieslands war die erste in Deutschland. In ihr wurde vorgeschrieben, dass die zur Zucht bestimmten Hengste zu einem bestimmten Termin vorgeführt und von einem dafür bestellten Stallmeister begutachtet werden mussten. Hengste mit sichtbaren Fehlern oder Krankheiten wurden nicht zur Zucht zugelassen. Die Körordnung wurde im Laufe der Jahre verbessert; mit ihr wurden die Zuchtziele für ein einheitliches Ostfriesisches Warmblutpferd festgelegt.

Man züchtete ein schweres, kräftiges Pferd für die Landarbeit. Es wurde besonders auf einen massigen Rumpf, volle Rippe, gute Größe und Knochenstärke geachtet. Auf dem tonnigen Rumpf sollten ein kurzer Hals und ein schwerer Kopf sitzen. 1869 wurde ein Register der zur Zucht zugelassenen Pferde eingerichtet. Das Ostfriesische Stutbuch ist das älteste in Deutschland. Seitdem werden Hengste und die Stuten nur dann zur Zucht verwendet, wenn sie vorher durch Fachleute streng nach den Zuchtzielen beurteilt und ausgewählt wurden.

In neuerer Zeit werden Arbeitspferde in der Landwirtschaft und als Zugtiere kaum noch gebraucht. Das Reiten wird dagegen als Freizeitbeschäftigung immer beliebter. Daher bemühte man sich, das Ostfriesische Warmblut wendiger, eleganter und vielseitiger zu machen. Um dies zu erreichen, wurden Araberhengste zur Zucht verwendet. Araberpferde sind ausdauernd, leistungsfähig und haben eine schlanke Gestalt.

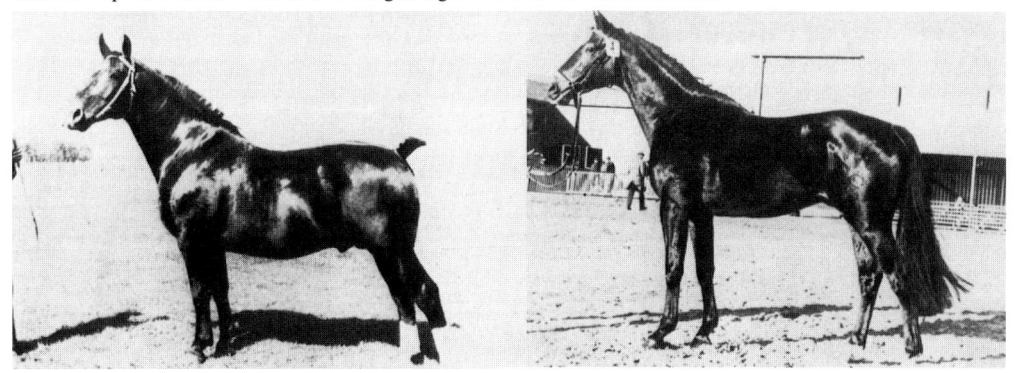

Ostfriesischer Hengst 1950   *Ostfriesischer Hengst 1972*

Aufgaben
1. Vergleicht den Körperbau der beiden Ostfriesischen Hengste.
2. Welche Maßnahmen zur Steuerung der Zuchtwahl wurden beim Ostfriesischen Pferd getroffen?
3. Welche Zuchtziele wurden früher und heute angestrebt?
4. Vergleicht die Eigenschaften der beiden abgebildeten Hengste mit den angestrebten Zuchtzielen.

Kasten II, 1–1: Die Umzüchtung des Ostfriesischen Warmblutpferdes (Vorlage für ein Arbeitsblatt; nach *Mischke* 1976 aus *Kattmann/Rüther* 1994, 209)

spiel ist, das in vielen Schulbüchern behandelt wird und auch schon für die Orientierungsstufe aufbereitet wurde (vgl. *Dylla* 1972).

Unter dem Gesichtspunkt, Züchtung und Verwilderung verbindend zu betrachten, werden hier die Hauskatze und das Hauskaninchen als Beispiele gewählt, die zudem die Behandlung aller traditionellen Aspekte erlauben und besonders für handlungsbezogenen Unterricht geeignet sind (s. Abschnitte II, 1.3 und II, 1.4). Auch bei Heimtieren sind einige Domestikations- und Zuchtprozesse gut dokumentiert, wie z. B. beim Wellensittich und bei der Labormaus. Aber diese Beispiele haben nicht die Allgemeingültigkeit wie Katze und Kaninchen.

Unter den Kulturpflanzen werden in Schulbüchern besonders die Kartoffel, der Kohl und die Getreidearten behandelt. Unter dem Aspekt der Sortenvielfalt ist der Kohl das Standardbeispiel. Für den Vergleich von Wildpflanze und Kulturpflanze ist die Möhre noch besser geeignet. Beide Beispiele bieten hervorragend Gelegenheit zu vielfältigen Schülertätigkeiten (s. Abschnitte II, 1.5 und II, 1.6). Die Entstehung der Getreidearten und -sorten ist kompliziert und sollte daher höheren Klassenstufen vorbehalten bleiben.

Weitere gute Beispiele zur Darstellung von Züchtungswegen sind Kartoffel, Tomate, Alpenveilchen, Petunie und Endivie (vgl. Schulbiologiezentrum o. J.).

Es gibt eine ganze Reihe von Arten, die als Kulturpflanzenbegleiter verwildert sind wie Vogelknöterich, Weißer Gänsefuß, Vogelmiere, Ackerspörgel, Klatschmohn. Diese sind leider unter dem Thema Verwilderung nicht altersgemäß als Unterrichtsthema aufzubereiten. Andere Pflanzen, wie der Riesenbärenklau oder das sich gerade einbürgernde Große Springkraut (Impatiens glandulifera), sind zwar der unmittelbaren Beobachtung zugänglich, aber im Blick auf die Evolution nur hinsichtlich der Verdrängungsprozesse ergiebig.

1.3 Vorschläge zur Unterrichtsgestaltung am Beispiel „Die Hauskatze: sanftes Wildtier oder wildes Haustier?"

1.3.1 Didaktische Überlegungen

Das Thema Katze ist nahezu ein Standardthema des Biologieunterrichts. Das hängt sicher mit der Alterssituation der Schüler zusammen, für die eine Katze beinahe zwanghaft den Aufforderungscharakter hat, sie anzufassen, zu streicheln oder mit ihr zu spielen. Katzen (weniger Katern), vor allem aber jungen Katzen gegenüber (Spielkatzen) haben die meisten Menschen ein positives Gefühl. Für viele Kinder ist die Katze das Wunschtier, das sie pflegen möchten. Eine menschengewohnte Katze ist ein geduldiges Tier, sucht förmlich die Nähe von Menschen und, wenn es gemütlich wird, schnurrt sie, was nur die Hauskatze kann, nicht aber die Wildkatze.

Junge Katzen sind Spielkatzen und als solche besonders für den Unterricht geeignet, weil sie das Interesse der Schüler herausfordern. Schließlich haben die Katzen nach vorn blickende Augen. Das haben auch andere Beutegreifer wie z. B. die Eulen. Dieser physiognomische Ausdruck verbindet sie mit uns. Vermutlich haben wir wegen dieses Sachverhalts zu diesen Tierarten ein besonderes Verhältnis (s. Kasten II, 1-3).

Aber all dies kann den Unterricht wohl beleben; es ist nicht der eigentliche Inhalt des Unterrichts zum Thema Haustierwerdung und Verwilderung. Den Unterricht kann man gut in eine monographische Behandlung der Katze (s. Band 2, 77 f.) einschließen. Wird im Geschichtsunterricht das Leben im alten Ägypten behandelt, so kann man das gut mit dem Thema der Haustierwerdung der Katze verbinden. Aus anschaulichen Geschichten kann dann wohl auch Geschichte im historischen Verständnis werden. Es sind eigentlich die der Katze fehlenden Eigenschaften, an denen die allgemeine Eignung von anderen Wildtieren, zu Haustieren zu werden, erörtert werden können: Die Katze wird nie in gleicher Weise Kumpan des Menschen wie z. B. der Hund. Sie ist Einzelgänger geblieben und ernährt sich nicht nur vom menschlichen Futter, sondern erjagt sich selber einen Teil ihres Lebensunterhalts. Dieser Ausnahmecharakter der Katze als „halbes Haustier" und „Haus-Wildtier" ist der Grund, ihr im Zusammenhang Domestikation/Verwilderung eine Unterrichtseinheit zu widmen. Es bedeutet, dass für den praktischen Unterricht das Verhalten der Katze wichtiger ist als ihr Bau. Die Geschichte dieses außergewöhnlichen Haustieres kann wahrscheinlich durch diese Konstellation besonders gut das schwierige Problem Domestikation/Verwilderung anbahnen und die Begriffe natürliche und künstliche Zuchtwahl geradezu herausfordern: Ein eigentlich zur Domestikation wenig geeignetes Wildtier schließt sich dem Menschen an, wird durch besondere Umstände zum echten Haustier und behält dabei stets eine gewisse Chance, in der Wildnis zu überleben.

II Prozesse der Evolution

Unterrichtsziele:

Die Schüler sollen
– mit einer Katze fachgerecht (also kätzisch) umgehen können;
– den Züchtungsweg der Katze als Geschichte erzählen können;
– die Eigenart der Katze innerhalb der anderen Haustiere beschreiben können.

1.3.2 Unterrichtsprozess

Nach aller Erfahrung gibt es in fast jeder Klasse Schüler, die zu Hause eine Katze haben. Fast alle Schüler haben schon Katzenerfahrungen oder -erlebnisse gehabt. Deshalb kündigt die Lehrperson an, dass die Schüler sich im folgenden Unterricht mit Katzen beschäftigen dürfen und sie gern wissen möchte, welche Erfahrungen die Schüler bereits mit Katzen haben. Die Schüler berichten über Erlebnisse mit oder von Katzen und teilen mit, wer zu Hause eine Katze hat. Nach Möglichkeit sollte jeder Schüler ein Erlebnis mit Katzen aufschreiben, das ihn besonders beeindruckt hat. Schon dabei kommt die ganze Spannweite des Katzenverhaltens zur Sprache: Katzen erbeuten Vögel, Mäuse; plündern Vogelnester; sie betteln vor Wohnungstüren oder auf der Straße; veranstalten „Katzenmusik" während der Paarungszeit; schmusen und schnurren; benutzen Krallen; verscharren ihren Kot auf dem Katzenklo; Jungkatzen spielen. Auch die Frage, darf man Katzen töten oder ertränken, wird meist früh aufgeworfen.

Diese meist reichen Schülerberichte sind die Grundlage für den folgenden Unterrichtsabschnitt, zu dem eine (nur eine!) Katze mitgebracht wird. Es sollte eine nicht zu alte Katze mit Auslauf nach draußen sein, keine Wohnungskatze. Erfahrungsgemäß möchte jeder Schüler dieser Katze am Unterrichtsbeginn erst einmal in die Augen gucken, sie vielleicht sogar streicheln. Da nicht alle Katzen das gern haben, muss dieses Verhalten von der Lehrperson und dem tierhaltenden Schüler intensiv beobachtet und falsches Verhalten gegebenenfalls unterbunden werden.

Die Schüler sollten im großen Halbkreis sitzen. Vorn wird nun die Katze auf dem Boden aus ihrem Korb herausgelassen. Die Katze wird ca. 5 Minuten beobachtet, dann wird berichtet, was sie getan hat. Sie wird wieder beobachtet, es wird wieder berichtet. Nun hat die Lehrperson eine ganze Reihe von kleinen Experimenten als „Anfragen an die Katze" vorbereitet. Sie
– reibt mit einem Korkstopfen auf Glas und erzeugt so ein künstliches Mäusepiepen;
– stellt eine Glasglocke in den Raum, unter der sich ein paar lebende Labormäuse befinden;
– zieht an einem Faden eine möglichst naturgetreu nachgebildete Spielzeugmaus durch den Raum und an der Katze vorbei;
– zieht ein Wollknäuel am Faden an der Katze vorbei;
– bietet der Katze einen sich bewegenden Stab an; erst allein, danach mit einem Wollknäuel;
– bietet ihr ein Katzenklo (was sie bestimmt nicht annimmt, was aber Gesprächsanlass ist);
– bietet ihr ein Näpfchen mit käuflichem Katzenfutter an (was sie wahrscheinlich annimmt, wenn sie hungrig ist); ebenso ein Schälchen mit verdünnter Milch;
– stellt in ihre Nähe zwei Höhlen zum Verstecken (die sie nicht annimmt).
– Weitere „Anfragen" können sich die Schüler selbst ausdenken.

Unter keinen Umständen darf die Klassentür geöffnet werden. Die kleinen Experimente werden beschrieben; sie haben einen offenen Ausgang. Die Ergebnisse werden an der Tafel festgehalten. Dabei sollte auch auf die Berichte der Eingangsphase zurückgegriffen werden, wie eine Katze
– vor einem Mauseloch lauert, bis die Maus hervorkommt, gefangen und gefressen (oder ins Haus getragen) wird;
– unbeholfene Jungvögel fängt und evtl. verspeist;
– Insekten jagt.

Klassenstufe 5/6   **1 Züchtung und Verwilderung**

Wider die Katze

Die Katze ist ein treuloses Tier und im Hause nur geduldet, um Tiere zu vertreiben, welche uns noch lästiger sind. Obschon Katzen in der Jugend von artiger und possierlicher Lustigkeit sind, so tritt doch schon ihre angeborene List, ihr falscher Charakter hervor, der sich mit jedem Tage immer mehr und mehr entwickelt und durch Erziehung sich nicht beseitigen lässt. Sie sind dem natürlichen Hange nach zum Diebstahl geneigt, die beste Dressur vermag nur sie zu servilen, schmeichlerischen Räubern zu bekehren; denn wie alle Sklaven verstehen sie ihre Intentionen zu verheimlichen und den Augenblick abzuwarten, sich auf ihre Beute zu stürzen, der Strafe zu entgehen und sich so lange fernzuhalten, bis die Gefahr vorüber ist.

Sie bequemen sich leicht den Gewohnheiten der Menschen an, ohne sie anzunehmen, von Anhänglichkeit haben sie bloß den Anschein, wie schon aus der kriechenden Art ihrer Bewegungen und der Doppeldeutigkeit ihrer Blicke ersichtlich ist. Die Katze sieht ihrem besten Freunde nicht ins Gesicht, selbst wenn sie durch gewisse Kundgebungen ihre Anhänglichkeit für denselben beweist, scheint sie dessen Liebkosungen, welche ihr mehr lästig als angenehm sind, nur aus Furcht oder Falschheit zu dulden.

Sehr verschieden vom treuen Hunde, dessen Gefühle sich alle seinem Herrn zuwenden, scheint die Katze nur für sich selbst zu fühlen, nur an sich selbst zu denken, nur bedingungsweise den Menschen zu lieben und in seiner Gesellschaft zu weilen, um sie in egoistischer Weise zu missbrauchen. Diese Eigenschaften sind allerdings den menschlichen verwandter als die des Hundes, der in seiner vollen Aufrichtigkeit entschieden das Gegenteil ist.

Kasten II, 1–2: *Buffons* Meinung über die Natur der Katze (aus *Sackarndt* 1930, 61)

Von der hohen Natur der Katze

Die Katze ist ein Tier hoher Natur. Schon ihr Körperbau deutet auf Vortrefflichkeit. Sie ist ein kleiner, netter Löwe, ein Tiger im verjüngten Maßstabe. Alles ist an ihr einhellig gebaut, kein Teil zu groß oder zu klein; darum fällt auch schon die kleinste Regelwidrigkeit an ihr auf. Alles ist rund, am schönsten die Kopfform, was man auch am entblößten Schädel wahrnehmen kann: Kein Tierkopf ist schöner geformt. Die Stirne hat den dichterischen Bogen, das ganze Gerippe ist schön und deutet auf eine außerordentliche Beweglichkeit und Gewandtheit zu wellenförmigen oder anmutigen Bewegungen. Ihre Biegungen geschehen nicht im Zickzack oder Spitzwinkel, und ihre Wendungen sind kaum sichtbar. Sie scheint keine Knochen zu haben und nur aus leichtem Teige gebaut zu sein. Auch ihre Sinnesfähigkeiten sind groß und passen ganz zum Körper. Wir schätzen die Katzen gewöhnlich viel zu niedrig, weil wir ihre Diebereien hassen, ihre Klauen fürchten, ihren Feind, den Hund, hochschätzen und keine Gegensätze, wenn wir sie nicht in einer Einheit auslösen, lieben können.

Kasten II 1–3: Ein Loblied auf die Katze (*Scheitlin* in *Sackarndt* 1930, 63)

Alle Beobachtungen fassen die Schüler dahin zusammen, dass die Katze noch „naturnäher" lebt als ein Hund, dass sie sich sogar Nahrung selber verschaffen kann, also ein Haustier ist, das immer noch ein bißchen wie ein Wildtier lebt.

Zur Vertiefung werden Texte bearbeitet, die das Verhältnis Katze-Mensch beschreiben (s. Kästen II, 1-2 und II, 1-3).

Hieran können sich Überlegungen zur Rassenbildung anschließen, mit denen die geringere Rassendifferenzierung der Katze gegenüber dem Hund durch die geringere Aufgabenvielfalt (Mäusevertilger, Schmusetier) erklärt wird (s. Abb. II, 1-1 und II, 1-2).

Danach gibt die Lehrperson den Schülern an der Tafel oder auf einem Zettel folgende Informationen: In Ägypten wurde schon um 2000 v. Chr. Getreide kultiviert, in Speicher gebracht, die zahlreiche Mäuse anzogen. In Ägypten lebten in der Wüste Wildkatzen, die Falbkatzen, die sich von kleinen Säugern ernährten. Man fand in Ägypten einen Katzenfriedhof, auf dem Tausende von Katzen als Mumien begraben waren.

Die Schüler sollen nun in Stillarbeit eine Geschichte schreiben, wie aus einer Wildkatze eine Hauskatze wurde. Die Schüler denken sich „ihre" Geschichte aus und lesen sie vor. Aus den Geschichten wird im Unterrichtsgespräch die Geschichte von der Katze, die mit den Menschen zusammenleben lernte und Haustier wurde.

II Prozesse der Evolution

1.4 Vorschläge zur Unterrichtsgestaltung am Beispiel „Hauskaninchen: vom Wildtier zum Haustier - vom Haustier zum Wildtier"

1.4.1 Didaktische Überlegungen

Viele Schüler haben als Spieltier ein Kaninchen. Andere kennen Plätze, wo Wildkaninchen vorkommen, und haben vielleicht sogar beobachtet, dass sie vor Autos keine Scheu haben. In der Lebenswirklichkeit der Schüler kommt das Kaninchen also gewiß vor. Der Wunsch von Kindern, ein Kaninchen zu besitzen, kann zur Motivation einer monographischen Behandlung genutzt werden (vgl. *Reese* 1977). Da Kaninchen häufig auch als „Hasen" bezeichnet werden, ist es sinnvoll, Unterschiede zwischen Hasen und Kaninchen möglichst im Vergleich anzusprechen und zu klären (s. Band 1, 68 ff.).
An keinem anderen Haustier läßt sich aber nebeneinander der Prozess von Domestikation und Verwilderung so gut erfassen wie beim Kaninchen. Im Unterricht müssen im Grunde nur der Zusammenhang zwischen den Beobachtungen hergestellt und die entsprechenden Folgerungen gezogen werden. Das setzt voraus, dass das Wildtierverhalten durch eigene Beobachtungen oder durch einen Film anschaulich wird (FWU 32 2459). Aus den Verwilderungsbeispielen sind Fälle als Unterrichtsmaterial auszuwählen (s. Kasten II, 1-4).

Unterrichtsziele:

Die Schüler sollen am Beispiel des Kaninchens
– Verhaltensunterschiede zwischen einem Wildtier und seiner Haustierform beschreiben können;
– darstellen können, welche Verhaltensänderungen beim Zähmen eines Wildtiers zu beobachten sind;
– den Vorgang des Züchtens, der Domestikation, beschreiben können;
– Prozesse der Verwilderung darstellen können;
– die Begriffe „künstliche Zuchtwahl" und „natürliche Zuchtwahl" erläutern können.

1.4.2 Unterrichtsprozess

Je nach dem vorhandenen Material ergeben sich unterschiedliche Wege für den Unterricht.
1. Weg: Der Lehrperson stehen sowohl ein gezähmtes Wildkaninchen wie ein Hauskaninchen zur Verfügung (s. Kasten II, 1-4). Diesen Weg hat der Verfasser nach einer zweimaligen Zähmung von Wildkaninchen dutzendfach gewählt. Er ist sicher nicht der Normalfall. Man holt zunächst die Kaninchen in die Klasse, wirft einen Haufen Heu auf den Boden, der nicht glatt sein darf (erzeugt Panik beim Wildkaninchen), und setzt vorsichtig das Wildkaninchen aus. Sofort stellt es horchend die Ohren auf, nimmt Duftkontakt auf und - verschwindet im Heuhaufen. Dort läßt man es, während nun das Hauskaninchen eher stumpf überall herumhoppelt. Es tappt über den Heuhaufen, man kann es füttern, natürlich auch auf den Schoß nehmen. Im Unterrichtsgespräch wird meist deutlich, dass die Schüler die Unterschiede zunächst eher erahnen, als dass sie sie verbal beschreiben können. Dann bespricht man die Vorsichtsmaßregeln, wenn man das Wildkaninchen auf den Schoß nehmen will. Man erzählt „die Geschichte" des Tieres. Fast automatisch entwickeln die Schüler dann in der Regel die Gedanken, was bei der Zuchtwahl durch den Menschen und beim Überleben in der freien Natur vor sich geht. Hier kann man den Terminus „künstliche Zuchtwahl" einführen. Fast immer wollen die Schüler auch wissen, was denn geschehe, wenn man das Wildkaninchen oder das Hauskaninchen in Freiheit setzt und ob man beide verpaaren könne.
2. Weg: In der Schule werden Stallkaninchen als Haustiere und als Spieltiere gepflegt. Das ist schon eine etwas häufiger vorkommende Situation. Eines Tages wird darüber gesprochen, ob die Käfige nicht zu klein sei-

Das Porto-Santo-Kaninchen
Im Jahre 1418 wurde auf der Insel Porto-Santo bei Madeira von Seefahrern aus Portugal ein Hauskaninchenweibchen mit seinen Jungen ausgesetzt. Die Tiere überlebten. Als *Darwin* die Insel besuchte, fand er auf der Insel eine Zwergform vor von knapp über 500g Gewicht. Die Tiere waren fast schwarz und extrem scheu und wild. Da die angestellten Kreuzungsversuche fehlschlugen, hielt *Darwin* die Kaninchen für eine neue Art und für eine glänzende Bestätigung seiner Theorie und das einzige bekannte Beispiel dafür, dass in einem überschaubaren Zeitraum eine neue Wildtierart entstanden sei. *Ernst Haeckel* gab dem Kaninchen den Namen „*Huxley*-Kaninchen". Aber beide hatten sich geirrt: Nur die Wildheit der Tiere hatte erfolgreiche Paarungen mit Hauskaninchen verhindert, die inzwischen mit gezähmten Porto-Santo-Kaninchen mehrfach durchgeführt worden sind. Das Porto-Santo-Kaninchen ist, so paradox sich das anhört, kein Wildkaninchen, sondern eine Wildform des Hauskaninchens und als solche eine eigene Rasse. Möglicherweise spielte bei der Herausbildung einer an den dunklen Lavauntergrund angepaßten leichtgewichtigen Rasse eine Rolle, dass die Tiere von nur einem einzigen Paar abstammen. Die inzwischen durchgeführte Analyse ergab für das Porto-Santo-Kaninchen bezüglich Gehirnmasse, Augengröße, Knochenbau noch Merkmale, die denen eines Hauskaninchens ähneln. Die 500 Jahre „Evolution" haben also wohl zur Entwicklung einer in der Wildnis überlebensfähigen Haustierrasse geführt, nicht aber zum Wiedererwerb der Wildtiermerkmale.

Das australische Kaninchen
Im Jahre 1859 gab ein englischer Einwanderer in einem Park der Hafenstadt Gelong in Victoria einigen Hauskaninchen die Freiheit. Schon nach 30 Jahren waren die Nachkommen dieser Tiere in diesem Teil Australiens zur Landplage geworden. Ihre Anzahl wurde auf 20 Millionen geschätzt. Weder das Vergiften noch das Einschleppen von Seuchen (Myxomatose) noch das Einführen von Raubtieren noch das Errichten eines 500 km langen Schutzzaunes konnten die Ausbreitung der Kaninchen aufhalten. Um 1930 lieferte Australien allein ein Drittel der 350 Millionen Kaninchenfelle, die weltweit vermarktet wurden. Auch heute ist noch kein Gleichgewicht eingetreten; nach wie vor ist das Kaninchen der stärkste Konkurrent des Menschen und der Schafe in Australien. Der Farbe nach ist das australische Kaninchen wildkaninchenähnlich. Das australische Kaninchen soll viel weniger graben als das hiesige und häufig oberirdische Nester bauen. Anatomisch gleicht es nicht dem Wildkaninchen, sondern zeigt deutlich Merkmale des Hauskaninchens. Es ist also nicht das „alte" Wildkaninchen entstanden, sondern lediglich eine neue wildlebende Haustierrasse. Je nach Region kann man hellere und dunklere Farbschläge unterscheiden.

Das Kerguelen-Kaninchen
Die Kerguelen sind der Antarktis vorgelagert. Selbst die Sommertemperaturen liegen nur wenige Grad C über Null. Man sollte meinen, dass Kaninchen, die ja ursprünglich aus dem warmen Mittelmeerraum stammen, nicht überleben können. 1874 setzten Walfänger und Fischer auf der kargen Insel ein paar Hauskaninchen aus, um sich ein „Frischfleischreservoir" zu schaffen. Die Kaninchen überlebten und vermehrten sich. Ihre anatomischen Merkmale liegen auch heute noch zwischen denen von Haus- und Wildkaninchen. Jedoch hat das Kerguelen-Kaninchen sein Nahrungsspektrum völlig geändert. Während der langen Winterzeit gibt es auf den Kerguelen keinen Pflanzenwuchs zum Abweiden. In dieser Zeit ernähren sich die Kaninchen von Tang, der durch die Flut angespült wird. Aus dem Bewohner offener Buschlandschaften der Mittelmeerländer wurde ein Bewohner stürmischer Küstensäume einer antarktischen Insel. Die Kerguelen-Kaninchen haben wie andere verwilderte Kaninchen wieder die Wildfarbe. Bezüglich der Kerguelen-Flora haben sie große Veränderungen hervorgerufen, indem sie zunächst den Kerguelen-Wildkohl als bevorzugte Nahrung nutzten, diesen aber nahezu ausrotteten.

Das Memmert-Kaninchen
Der Memmert-Sand ist eine kleine Insel südlich von Juist. Da die Insel nicht sturmflutfest ist, wird sie nur von einem Vogelwärter bewohnt. 1920 wurden mehrere Hauskaninchen ausgesetzt. Innerhalb von wenigen Jahren nahmen diese das Erscheinungsbild von Wildkaninchen an und wurden damit ein Fall für die Evolutionslehre. Waren sie wieder zu Wildkaninchen geworden? Der Genetiker *Hans Nachtsheim* untersuchte die Population 1949 und fand heraus, dass es sich bei den Memmertkaninchen hinsichtlich Körperbau und Verhalten nach wie vor um echte Hauskaninchen handelt. Die Memmert-Kaninchen sind also wildlebende Hauskaninchen. Auf den anderen ost- und nordfriesischen Inseln wurden dagegen zum Zwecke der Jagd Wildkaninchen ausgesetzt, auf Amrum zum Beispiel um 1230, ebenso auf Helgoland und auf weiteren Inseln. Diese Populationen sehen auf den ersten Blick nicht viel anders aus als die Memmert-Kaninchen, sind aber im Gegensatz zu diesen echte Wildkaninchen.

II Prozesse der Evolution

Scheue Hauskaninchen
In einem Gebiet um Görlitz wechselte im letzten Weltkrieg ein Ort innerhalb weniger Tage mehrfach seine Besatzer. Als ein Trupp Soldaten bei der Neubesetzung auf einen Hof kam, der von einer hohen Sandsteinmauer umgeben war, entdeckten sie an der Mauer Kaninchenställe mit weit offenen Türen. Sie trauten ihren Augen nicht. Etwa 40 Kaninchen in allen Farben und Größen flitzten nur so auseinander. Weg waren sie, wie vom Erdboden verschwunden. Daraus wurde in den nächsten Tagen ein richtiges Spiel. Kaum trat jemand ans Fenster, öffnete die Tür oder machte ein Geräusch, stoben die Tiere auseinander und verbargen sich im vorhandenen Gebüsch. Wegen herrschenden Hungers war das Kaninchenfleisch begehrt. Jedoch konnte niemand auch nur eines der Kaninchen greifen. Man musste sie wie ein Wildtier aus großer Entfernung schießen. Nur zwei Wochen Freiheit und ständige Lebensgefahr hatten ausgereicht, bei den Tieren eine völlige Verhaltensänderung herbeizuführen. Sie fraßen sogar lieber in der Abenddämmerung als am Tage.

Fast zahme Wildkaninchen
Irgend jemand in meiner Klasse hatte die Frage gestellt, ob man ein Wildkaninchen halten kann. Wir überlegten und beschlossen, den Versuch zu wagen. Unser Lehrer hatte nach langer Suche eine „Setzröhre" entdeckt, die die Weibchen vor jedem Wurf frisch graben, mit einem Nest versehen und dann die Jungen darin zur Welt bringen. Von diesem Tage an scharren sie die Röhre nach jedem Tränken zu und klopfen die Erde fest. Nun tickte für uns die Zeituhr. Am neunten Tage würden die Kaninchen die Augen öffnen, vom 12. oder 13. Tag an bestand die Chance, die Jungen großzuziehen. Man merkt diesen Zeitpunkt daran, dass das Weibchen beim Zuscharren ein kleines Luftloch lässt. Vorsichtig gruben wir. Alle sahen zu. In 80 cm Tiefe stießen wir auf das gepolsterte Nest. Wir hatten Glück: Es waren nur zwei Junge darin. Die taten wir mit dem Nestmaterial in einen Eimer, bauten daraus im vorbereiteten Käfig ein Nest und setzten die Jungen hinein. Nun merkten wir, was es heißt, Kaninchenmutter zu sein. Zwar hatten wir gelernt, dass die Mutter die Jungen nur einmal am Tage tränkt, aber wir gaben ihnen dreimal am Tag verdünnte Kuhmilch aus einer winzigen Nuckelflasche. Alle zwei Stunden ging einer von uns tagsüber an das Nest und redete mit den Tieren, nahm sie auch dabei in die Hand und deckte sie danach wieder sorgfältig zu. Schon nach ein paar Tagen hoppelten sie unbeholfen in ihrem Stall umher. Sie ließen sich ohne jede Scheu anfassen. Als wir ihr Alter auf drei Wochen schätzten, begannen sie, an Blättern und Möhren zu knabbern. Sie hatten tatsächlich keine Angst vor uns. Wenn sie aber jemand auf den Arm nahm, verkrochen sie sich gern unter die Jacke. Überhaupt hatten sie eine merkwürdige Tageseinteilung. Wenn wir in der Schule waren, saßen sie still und reglos in einer Käfigecke. Dann konnten wir sie anfassen. Unser Lehrer erzählte uns, dass sie abends in ihrem verhältnismäßig großen Käfig nur so herumflitzten. Auch wenn wir sie einmal auf den Fußboden setzten, suchten sie immer sofort ein Versteck auf, etwa einen Heuhaufen. Zumindest verschwanden sie unter einen Stuhl. Ihr Stall war immer gut aufgeräumt; sie hatten sich darin eine richtige Toilettenecke eingerichtet. Man musste an den Käfig ganz sachte herangehen, wenn man sie herausholen wollte, sonst gerieten sie in Panik. Obwohl die beiden Kaninchen noch 5 Jahre lang in der Schule gepflegt worden sind, änderte sich ihr Verhalten nicht.

Kasten II, 1–4: Informationstexte zum Unterrichtsthema „Hauskaninchen und Wildkaninchen"

en, und es wird der Gedanke geäußert, den Tieren einen größeren Käfig zu gönnen. Dieser Käfig wird nun als ein Freigehege gebaut. Es muss gegen Greifvögel gesichert sein, und die Kaninchen dürfen sich nicht unten durchwühlen können. Eine regensichere Unterkunft muss eingebaut werden. Man sollte das Freigehege etwas abseits oder isoliert anlegen, damit die Tiere Perioden haben, in denen sie völlig allein sind. Was ist zu beobachten? Die so ruhigen, stumpf erscheinenden Stalltiere werden lebhaft, schlagen Haken, flitzen umher und beginnen eine Art „Vorübung" zum Verwildern, die sich in ihrem Verhalten deutlich niederschlägt. Der Versuch ist wenig spektakulär, zeigt aber deutlich die erste Phase des Verwilderungsprozesses.

3. *Weg:* Manche Friedhöfe und Schulgelände ziehen Kaninchen förmlich zur Besiedlung an. Zu Lebensweise und Lebensraum gibt man den Schülern gezielte Beobachtungsaufträge:
– Zu welcher Tageszeit sind die Kaninchen besonders gut zu beobachten?
– Gibt es Unterschiede zwischen warmen und kalten Tagen?
– Wie und wo sind Verstecke der Kaninchen zu finden?
– Wie nahe kann man an die Kaninchen herangekommen?
– Sind Wohnröhren oder Kot- und Trommelstellen zu finden?
– Wie verhalten sich mehrere Kaninchen gegeneinander?
– Wie unterscheiden sich einzelne Kaninchen z. B. hinsichtlich der Futterauswahl und der Art des Flüchtens?

Klassenstufe 5/6 1 Züchtung und Verwilderung

Wildkaninchen

Wildkaninchen leben fast überall in Mitteleuropa. Sie haben ein graubraunes Fell. Ihre Ohren sind kürzer als die von Feldhasen. Der kurze Schwanz ist nahezu völlig weiß gefärbt. Wildkaninchen werden zwischen 35 und 45 cm lang und wiegen 1,5 bis 2 kg; die Männchen (Rammler) werden etwas größer und schwerer als die Weibchen. Kaninchen leben in Kolonien. Ihre Baue legen Kaninchen vor allem in lockeren Böden in Wiesen und Feldern und an Waldrändern an. Die meiste Zeit leben sie aber oberirdisch. Die meisten Kaninchenbaue haben mehrere Zugänge. In ihrer Nähe findet man häufig Kotpillen und Kratzspuren; so kennzeichnen Kaninchen ihre Reviere. Auch wenn ein Kaninchen sein Kinn am Boden reibt, markiert es sein Revier: mit Duftstoffen aus einer Drüse am Kinn. Kaninchen entfernen sich selten weiter als 100 bis 200 m von ihrem Bau. Beim Grasen machen sie immer wieder Männchen: Sie gucken, ob kein Feind naht. Wildkaninchen können sehr gut riechen, hören und sehen. Bei Gefahr warnen sich die Tiere einer Kolonie durch Klopfen mit einem Hinterbein. Bei der Flucht wirkt der weiße Schwanz als Alarmsignal für die anderen. Wildkaninchen sind vor allem in der Nacht und den morgendlichen und abendlichen Dämmerungsstunden aktiv. Da sie beim Grasen und Nagen von Wurzeln und Rinde viel Feuchtigkeit aufnehmen, brauchen sie nicht viel zu trinken. Oft sieht man auch Kaninchen bei der Fellpflege mit Zunge, Zähnen und den Pfoten.

Von Februar bis Oktober ist Paarungszeit. Ein Weibchen kann bei 5 bis 7 Würfen mit jeweils 3 bis 5 Jungen in einem Jahr mehr als 20 Jungtiere aufziehen, die sich bereits im Alter von 4 Monaten selbst fortpflanzen können. Das Aufzuchtnest in der Erdhöhle wird für jeden Wurf neu gegraben und von dem Weibchen mit seinen eigenen Bauchfellhaaren weich gepolstert. Die Jungen werden nach 28–31 Tagen Tragzeit blind geboren. Erst nach etwa einer Woche öffnen sie ihre Augen. Von den vielen Kaninchenjungen überleben gut drei Viertel ihr erstes Lebensjahr nicht. Viele sterben durch Kälte und Nässe. Kaninchenflöhe können eine tödliche Kaninchenseuche übertragen. Die meisten Kaninchen werden aber Opfer von Bussard, Fuchs, Hermelin und anderen Fressfeinden – kein Wunder, dass Wildkaninchen ständig unter Büschen und in ihren Bauen Deckung suchen.

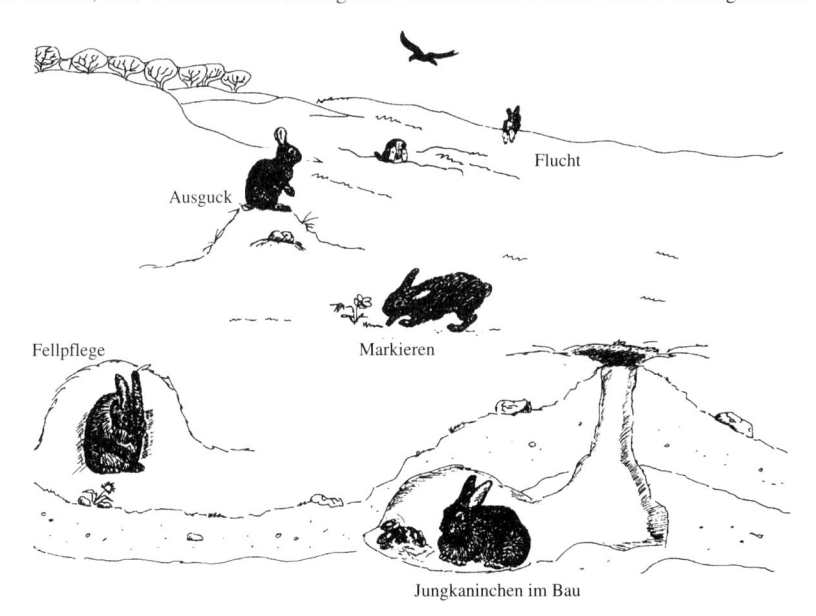

Aufgaben
1. Beschreibe die wichtigsten Merkmale eines Wildkaninchens:
   – Lebensraum und „Wohnung":   – Aktivitätszeiten:
   – Aussehen: Größe   – Nahrung:
             Gewicht   – Fluchtverhalten:
             Fellfarbe   – Sozialverhalten/Fortpflanzung:

2. Du weißt jetzt einiges über das Leben von Wildkaninchen. Weißt du damit auch über das Aussehen und die Lebensweise von Hauskaninchen Bescheid?

Kasten II, 1–5: Wildkaninchen (Arbeitsblatt, aus *Winkel* 1992, 18)

II Prozesse der Evolution

Den gezielten Beobachtungen sollten offene vorausgehen. Gelegenheitsbeobachtungen haben Vorrang vor den Arbeitsaufträgen.

Möchte man die Freilandbeobachtungen z. B. aus Zeitgründen nicht durchführen, so kann man leicht auf den FWU-Film „Das Wildkaninchen" (32 2459 ,14 min) oder den Kasten II, 1-5 zurückgreifen.

Es ist gerade für dieses Unterrichtsthema wichtig, dass ein lebendes Tier Unterrichtsgegenstand wird. Ein zahmes Hauskaninchen ist einfach zu beschaffen. Das Verhalten wird wie bei Weg 1 beobachtet. Dann läßt man die Schüler die Frage beantworten, wie sie sich ihr Kaninchen wünschen (oder wie ihr eigenes Kaninchen aussieht). Das zielt auf die Unterschiede zwischen den Kaninchenrassen und damit den Tatbestand der Zuchtwahl durch den Menschen (s. Abb. II, 1-15). Die Eigenschaften und das Verhalten der Hauskaninchen vergleicht man mit dem der Wildkaninchen im Film, Text oder mit den eigenen Freilandbeobachtungen und kommt sicher auf die andersartigen Auslesebedingungen durch die Natur.

4. Weg: Am Anfang wird der Film über die Wildkaninchen gezeigt. Danach läßt man sich von den Schülern über Erlebnisse und Erfahrungen mit Hauskaninchen berichten.

Abb. II, 1-15: Stammform und Zuchtrassen des Hauskaninchens (nach *Winkel* 1992, 19, verändert)

Im Anschluss an alle genannten Wege gibt man den Schülern die Texte zum Verwildern (s. Kasten II, 1-4) mit dem Auftrag, den jeweiligen Prozess, der in jeder Geschichte geschildert ist, in einzelne Abschnitte zu gliedern und für die Abschnitte und für jede Geschichte eine neue Überschrift zu suchen. Die einzelnen Texte können dabei auch arbeitsteilig in Gruppen bearbeitet werden. Die gefundenen Abschnitte der Texte werden das Verwildern der Haustiere bzw. das Zähmen der Wildtiere angeben.

Die eigentliche Geschichte der Haustierentstehung in den Mönchsklöstern erzählt die Lehrperson in jedem Fall selbst und wird dabei wohl den für uns heute unpassenden Sachverhalt mit den „laurices" verschweigen (s. Abschnitt II, 1.1.4 und Abb. II, 1-4).

1.5 Vorschläge zur Unterrichtsgestaltung am Beispiel „Gartenmöhre und Wildmöhre"

1.5.1 Didaktische Überlegungen

Konkrete Erfahrungen sind dieser Altersstufe angemessen. Inhaltlich stehen die Einsichten im Mittelpunkt, wie eine Wildpflanze sich unter dem züchterischen Eingriff des Menschen verändert, und die Frage, welche Chance eine Kulturpflanze unseres Florenbereichs hat, wieder zu verwildern.

Nun ist es einerseits ein Glück, dass die Wilde Möhre bei uns neben der Gartenmöhre vorkommt, aber Pech, dass andere Unterarten der Wilden Möhre die Gartenmöhre hervorgebracht haben (s. Abschnitt II, 1.1.5). Dies sollte man den Schülern offen sagen. Dann kann man die heimische Wilde Möhre als Modell für einen Vergleich mit der Gartenmöhre nutzen. Dieser Notbehelf ist dadurch gerechtfertigt, dass man leicht ausreichend anschauliches Unterrichtsmaterial beschaffen kann (vgl. *Brauner* 1988).

Es kommt also darauf an, die oft unmittelbar nebeneinander vorkommenden Bestände zu nutzen und dann Vergleichbares miteinander zu vergleichen.

Theoretisch läßt sich das Thema nicht behandeln. Die Materialbeschaffung kann man durchaus an die Schüler delegieren. So findet man wohl nach den Sommerferien, der besten Zeit für dieses Thema, ein- und zweijährige Wildmöhren, aber Gartenmöhren stets nur im ersten Kulturjahr. Daher ist es wichtig, dass der Lehrer im Frühjahr stets einige frostfrei überwinterte Möhren auspflanzt, um blühende Exemplare der Gartenmöhre zu erzeugen.

Was heißt nun bei diesem Thema „konkrete Erfahrung" und handlungsorientierter Unterricht? Es heißt: Ausgraben, Vergleichen, Untersuchen, Schmecken aller Teile, Rohkost aus allen Teilen Herstellen, alle Teile Kochen und Probieren. Dabei sollen sich die Schüler selber gleichsam als „Wildbeuter" erleben und als erste „Kultivateure" oder Gartenbauern. Das kann zu tiefen Einsichten in den Problemkreis Züchtung/Verwilderung führen. So münden die gegliederten Lektionen in projektartige „Forschungsvorhaben", die von Einzelschülern oder Gruppen übernommen werden können (s. unten).

Unterrichtsziele:

Die Schüler sollen am Beispiel der Gartenmöhre
– die Kultur- und Wildpflanze in übereinstimmenden und abweichenden Merkmalen charakterisieren können;
– die durch Züchtung bewirkten Veränderungen beschreiben können.

1.5.2 Unterrichtsprozess

Der Unterricht sollte möglichst bald nach den Sommerferien stattfinden, weil dann von Garten- und Wildmöhren die einjährigen Rosetten vorliegen und möglichst von beiden Formen auch die Blütenformen. Der Unterricht wird weitgehend in Gruppenarbeit durchgeführt.

II Prozesse der Evolution

Material für die ersten Untersuchungen: pro Arbeitsgruppe eine Gartenmöhre mit Kraut und eine einjährige Wildmöhre. Ebenso ein zweijähriges Exemplar von beiden, was bei Gartenmöhren leicht auf Schwierigkeiten stößt, wenn man nicht rechtzeitig vorgesorgt hat (s. Abschnitt II, 1.7.1).

Garten- und Wildform werden miteinander verglichen hinsichtlich Kraut (Aussehen, Geruch, Gewicht; Verhältnis Kraut Wurzel; Wurzel bzw. Rübe: Länge, mittlere Dicke, Masse, Farbe, Geruch, Aussehen). Den Geschmack der Pflanzenteile hebt man sich für einen späteren Unterrichtsabschnitt auf.

Die Gruppenergebnisse werden in einer gemeinsamen Tabelle festgehalten. Ergebnis: Die Blätter der Wildmöhre und Gartenmöhre sehen sich sehr ähnlich, sie riechen auch ähnlich. Die Wurzel ist der wichtigste Unterschied. Sie ist bei der Gartenmöhre unverzweigt, dick und fleischig, bei der Wildmöhre dünn und verzweigt (s. Abb. II, 1-8 b).

Die im Unterricht untersuchten Möhren werden nicht weggeworfen, sondern gegebenenfalls in Plastikbeuteln für die nächste Unterrichtsstunde aufbewahrt.

Für den nächsten Unterrichtsabschnitt wird ein elektrischer Kocher mit zwei Heizstellen benötigt, besser wären zwei getrennte Kocher. Die Schüler wissen, dass der Geschmack geprüft werden soll. Es werden folgende Gruppen gebildet und die folgenden Ergebnisse erreicht:

1. Rohe Möhren beider Formen werden geraspelt und probiert: Rohe Gartenmöhren schmecken geraspelt sehr gut, Wildmöhren nicht so sehr und sie bleiben hart.
2. Möhren beider Formen werden in getrennten Töpfen ca. 20 bis 30 min gekocht und im Geschmack verglichen. Gekochte Gartenmöhren werden weich, süß und sehr geschmackvoll. Wildmöhren werden ebenfalls weich und genießbar, sind aber nicht süß.
3. Junges Möhrenlaub beider Formen wird ebenfalls etwa 20 bis 30 min gekocht und als Gemüse probiert: Junges Möhrenlaub beider Formen ergibt ein essbares Gemüse.

Beide Formen haben also durchaus Ähnlichkeiten, vor allem aber in der Rübe Verschiedenheiten. Sie sind einander so ähnlich, dass die Gartenmöhre aus der Wildmöhre entstanden sein könnte.

Der Lehrer bestätigt diese Meinung, weist aber darauf hin, dass eine andere Unterart die Ausgangsform war. Nun lässt er vermuten, wie die Menschen vom Sammeln zum Züchten der Möhren gekommen seien. Die Schüler werden richtig vom Aussäen in Wohnnähe ausgehen, vom Selektieren, der künstlichen Zuchtwahl. Dann erzählt die Lehrperson die Geschichte von der Entstehung der Gartenmöhre (s. Abschnitt II, 1.1.5 und Abb. II, 1-10). Zum Schluss gibt er den Schülern zwei Aufgaben zur Auswahl:

1. Einfache Aufgabe: Erzähle die Geschichte, wie aus der Wildmöhre die Gartenmöhre entstanden ist.
2. Schwere Aufgabe: Jemand sät in ein Feld mit Gartenmöhren Wildmöhren und einen gemischten Bestand Wildmöhren/Gartenmöhren, der nicht abgeerntet wird. Denk dir aus, was im ersten und im zweiten Jahr passiert, und schreibe es auf. (Weil die Gartenmöhren im ersten Jahr geerntet werden, aber erst im zweiten Jahr blühen würden, passiert weiter gar nichts. Im gemischten Bestand kämen die Gartenmöhren z. T. im zweiten Jahr zur Blüte und würden durch Einkreuzung die Eigenschaften der Wildmöhren verändern. Erst eine neue Aussaat könnte das zeigen).

Langzeitaufgaben, die wenigstens ein Jahr in Anspruch nehmen:

1. Einjährige Gartenmöhren und Wildmöhren werden im Schulgarten abwechselnd nebeneinander stehend kultiviert, so dass sich leicht Kreuzungen ergeben. Wie sehen im nächsten Jahr die Ergebnisse aus? (Hier wird das Phänomen rezessiver Merkmale angesprochen und von den Schülern formuliert, auch wenn Vererbungslehre erst viel später Unterrichtsthema ist.)
2. Säe im Schulgarten getrennt voneinander Wild- und Gartenmöhren aus und ebenfalls an einen Naturstandort der Wilden Möhre. Ernte die Rüben im Herbst und vergleiche. (Die Schüler werden über die Parameter Wachstum und Fruchtgröße zentrale Eigenschaften beider Formen erkennen.)
3. Suche in einem Möhrenfeld eine Pflanze, die schon im ersten Jahr blüht. Gewinne ihren Samen und säe im Folgejahr aus. Beobachte! (Eine Schwierigkeit dieser Aufgabe besteht darin, dass die Speisemöhren meist schon geerntet werden, ehe die Samen reif sind. Zur Abkürzung kann der Lehrer solches Saatgut bereithalten, s. Abschnitt II, 1.7.1).

1.6 Vorschläge zur Unterrichtsgestaltung am Beispiel „Vielfalt der Kohlsorten"

1.6.1 Didaktische Überlegungen

Kohl ist unsere wichtigste Gemüsepflanze. Er besetzt mit seinen verschiedenen Formen bei uns ca. 50 % der Gemüseanbauflächen (s. Tabelle II, 1-2). Schon diese wirtschaftliche Bedeutung würde eine unterrichtliche Behandlung rechtfertigen, zumal damit gekoppelt ist, dass Kohlgerichte in der Lebenswirklichkeit der Schüler durchaus eine Rolle spielen.

Gemüseart	Verbrauch in kg	Gemüseart	Verbrauch in kg
Tomaten	13,2	Spargel	1,0
Zwiebeln	6,5	Porree	0,9
Weißkohl	4,7	*Kohlrabi*	0,8
Gurken	4,0	Sellerie	0,8
Rote Rüben	3,9	*Rosenkohl*	0,6
Kopfsalat	2,6	Spinat	0,6
Blumenkohl	2,5	*Wirsingkohl*	0,6
Bohnen	2,2	*Grünkohl*	0,3
Rotkohl	1,6	Chicorée	0,2
Erbsen	1,3	Sonstige	16,9

Tab. II, 1–2: Pro-Kopf-Verbrauch verschiedener Gemüsearten in der BRD (gesamt: 65,2 kg; aus *Winkel* 1988 a, 5)

Obgleich es nicht neu ist, sprechen in unserem Zusammenhang noch weitere Argumente für die Aufnahme dieses Themas. Die Formenvielfalt des Kohls wird von keiner anderen Pflanze übertroffen (s. Abb. II, 1-12). Seit *Darwin* (1868) ist der Kohl das Musterbeispiel für das „Variieren einer Art im Zustande der Domestikation". *Darwin* beschreibt sogar noch eine Kohlform mit Rübenwurzel, die in der Folgezeit offenbar verlorengegangen ist. Da die Verbindung zwischen Morphologie und Züchtungslehre an diesem Beispiel leicht herzustellen ist, eignet sich das Thema besonders für die Schule, obgleich der Ursprung der Kohlzüchtungen im Dunkeln liegt.

Für die Aufnahme des Kohls in den Unterrichtskanon sprechen auch seine leichte Beschaffbarkeit und die Chance, an Schuttplätzen oder anderen Plätzen einzelne blühende Kulturpflanzen oder sogar verwilderte Populationen anzutreffen. Auch die Beschaffung der Samen von Wildpflanzen aus Botanischen Gärten ist nach eigener Erfahrung leicht.

Das Kohlthema ist in vielen Curricula verankert und wird in vielen Biologiebüchern dargestellt, wobei man es jedoch meist bei einer schlicht morphologischen Betrachtungsweise belässt. Hier wird dagegen für ein stark sinnesbezogenes Vorgehen geworben. Die Leitfrage dazu heißt: Wie schmecken die verschiedenen Teile der Kohlsorten? Die Schwierigkeiten, die die Schüler haben, verschiedenen Geschmack sprachlich auszudrücken, sollten nicht davon abhalten, diesen Weg auszuprobieren Durch das Vorgehen entstehen nämlich kindgemäße „Forschungsfragen". Eine Pflanze vom Markstammkohl z. B. läßt sich untersuchen nach: Geschmack von jungen und alten Blättern, der Blattstiele, des Stengels insgesamt und seiner einzelnen Zonen (des Markes vor allem). So entsteht neben der gezeichneten Pflanze ein „Geschmacksbild", das unmittelbar die Frage nach den Zuchtzielen eröffnet.

Unterrichtsziele:

Die Schüler sollen
– in groben Zügen die Entstehung des Kulturkohls darstellen können;

II Prozesse der Evolution

– am Beispiel der Kohlsorten beschreiben können, wie weit künstliche Zuchtwahl eine Pflanze verändern kann;
– den Begriff „Auslesezucht" erläutern und sachgemäß anwenden können;
– für den Kohl neuartige Zuchtziele formulieren können;
– begründen können, welche Kohlsorte die größte Chance zum Verwildern hat.

1.6.2 Unterrichtsprozess

Der Vergleich verschiedener Kohlsorten wird als Ausgangspunkt gewählt. Um nicht nur auf Abbildungen angewiesen zu sein, sind die Monate September/Oktober die beste Zeit für den Unterricht, da dann alle Kohlsorten zur Verfügung stehen. Um etwas Spannung zu erzeugen, besorgt die Lehrperson die einzelnen Kohlsorten: Braunkohl, Markstammkohl, Rot- Weiß- und Wirsingkohl, Rosenkohl, Kohlrabi, Brokkoli, Blumenkohl, Zierkohl, evtl. Futterkohl und möglichst eine echte Wildkohlpflanze (Beschaffung s. Abschnitt II, 1.7.1). Da von jeder Sorte wohl nur je ein Exemplar zur Verfügung steht, bildet die Klasse um die ungeordneten Kohlsorten einen Sitzkreis.

Die Lehrperson stellt die Frage: Welche Kohlsorte sieht fast aus wie ein Wildkohl? Die sich hieran anschließende Diskussion ist immer spannend, denn man muss (und darf auch) darauf vertrauen, dass die Schüler nach und nach das Ursprüngliche vom Abgeleiteten unterscheiden können. Hat man Futterkohl mitgebracht, wird dieser gewählt, an dessen Stelle der Markstammkohl, manchmal der Grünkohl. Nun legt man ein weißes Blatt Papier in die Mitte mit der Aufschrift „Wildkohl, Urkohl". Es bleibt gegebenenfalls leer. Daneben kommt ein Blatt mit der Aufschrift: „Einfacher, ursprünglicher Kulturkohl". Darauf wird von den Schülern wahrscheinlich der Markstammkohl plaziert. Im fragend-entwickelnden Unterrichtsgespräch werden die folgenden Kategorien gebildet, auf ein Blatt Papier geschrieben und die entsprechenden Kohlsorten darauf gelegt: „Verdickung der Endknospe" (Kopfkohle), „Verdickung der Seitenknospen" (Rosenkohl), „Verdickung des Stammgrundes" (Kohlrabi), „Vergrößerung der Blattfläche" (Grünkohl), „Verdickung der Blütenregion" (Brokkoli, Blumenkohl), „Allgemeine Verstärkung" (noch einmal Markstammkohl) und „Einfärbungen" (Zierkohl, evtl. noch einmal Rotkohl). Das Ergebnis wird als Tabelle an der Tafel und im Heft festgehalten. Haben die Schüler diese Ordnung oder eine sehr ähnliche gefunden, lässt man sie für eine Kohlsorte ihrer Wahl persönliche, neuartige Zuchtziele formulieren, zum Beispiel

– Zierkohl: „Ich würde Formen züchten, die innen weiß, weißrot gestreift oder tiefrot sind. Einige sollten ganz krause Blätter haben, andere glatte. Aber alle sollten wie eine Blüte aussehen." „Wenn möglich, sollten sie sehr lange frisch bleiben." „Ich würde gleichzeitig Pflanzen auslesen, die man wie Grünkohl kochen und essen kann."
– Rosenkohl: „Ich würde Formen züchten, bei denen die Röschen größer und fester als heute sind." „Ich würde probieren, rotfarbenen Rosenkohl zu züchten, der eine neue Geschmacksrichtung hat." „Weil die Rosen erst ab August wachsen, würde ich versuchen, Formen zu züchten, die schon im Juni Röschen ausbilden."

Nachdem man bis hierhin die Kohlsorten ausschließlich morphologisch betrachtet hat, wird nun eine „Schmeckstunde" angefügt. Bedingung ist, dass von jeder Kohlpflanze nicht nur der Kopf, sondern die Gesamtpflanze vorhanden ist. Man bildet Partnergruppen zum Vergleich: Grünkohl mit Brokkoli, Markstammkohl mit Blumenkohl, Rosenkohl mit Weißkohl. Die verglichenen Kohle sollten möglichst unterschiedlich sein. Nun legt man eine Tabelle an mit den Kategorien: junges Blatt, altes Blatt, Blattstengel, Stamm oder Schaft, Mark des Schaftes, den eigentlich genutzten Teil, den man noch einmal in Regionen unterteilt, die natürlich bei Kohlrabi andere sind als beim Blumenkohl.

Es macht den Schülern manchmal große Mühe, ihre Geschmacksempfindungen in Sprache umzusetzen; das Probieren selbst macht ihnen großen Spaß. Der Unterricht wird daher zweckmäßigerweise durch ein Arbeitsblatt auf die Ergebnissicherung hin orientiert (s. Tab. II, 1-3). Liegen die Vergleichstabellen vor, sollen die Schüler vortragen: Ähnlichkeiten, Unterschiede und Zuchtziele, die sie selber verfolgen würden.

Wie schmecken die Teile des Kohls?		
Teile	**Grünkohl**	**Brokkoli**
Stamm insgesamt (Querschnitt)		
Mark des Stammes		
Blattflächen		
Blattrippen		
junger Endschopf		nicht vorhanden
Blütenstand (insgesamt)	nicht vorhanden	
verdickte Blütenstandsstengel	nicht vorhanden	
Knospen des Blütenstands	nicht vorhanden	

Tab. II, 1–3: Vorschlag für ein Arbeitsblatt zum Erkennen von Kohlsorten

Obgleich dieser Unterricht handlungsbezogen ist, besteht er doch aus festgelegten Unterrichtsschritten. Projektartig zu gestaltende Langzeitaufgaben, die an diesen Unterricht anschließen, können folgende Aktivitäten einschließen:
– Man besorgt sich aus Botanischen Gärten Samen vom Wildkohl, kultiviert und vergleicht die Pflanzen. Sie sind nicht einheitlich, manche blühen sogar im ersten Jahr.
– Man sucht auf Schuttplätzen nach weggeworfenen Kohlpflanzen, die Blüten bilden, oder nach verwilderten Kohlpflanzen.
– Man holt aus Brokkolifeldern oder Blumenkohlfeldern „durchgewachsene" Pflanzen, die man untersucht und beschreibt.
– Man überwintert Pflanzen verschiedener Kohlsorten und pflanzt sie im Schulgarten aus. (Sie bilden Blüten und werden im nächsten Jahr wildkohlähnlich. Der Kopf der Kopfkohle wächst allerdings nicht aus, er ist der Reservespeicher für die Kohlpflanze, eine Art „Luftzwiebel").

1.7 Medien

1.7.1 Lebende Organismen
Hauskatze und Kaninchen, siehe Kasten II, 1-6.; Möhre und Kohl, siehe Kasten II, 1-7.

Ohne eine lebende **Hauskatze** ist der Unterricht zu dem Thema kaum anschaulich zu gestalten. Es sollte ein zahmes, nicht zu altes Tier gewählt werden, das Auslauf nach draußen hat. Für kleine Experimente (s. Abschnitt I, 1.4.2) benötigt man: Eine Glasflasche mit Korkstopfen, wenn irgend möglich ein paar Labormäuse samt Glasglocke, eine Spielzeugmaus, ein Wollknäuel, ein Katzenklo, verschiedene Katzenfutter, ein oder zwei Versteckhöhlen.
Zur Veranschaulichung sollte man **Hauskaninchen** möglichst unterschiedlicher Rassen besorgen. Dabei ist darauf zu achten, dass Käfigraum und Futter zur Verfügung stehen (Heu, Möhren). Die Tiere sollten nicht zusammengesetzt werden, um aggressive Auseinandersetzung und evtl. Paarungen auszuschließen.
Ein **gezähmtes Wildkaninchen** wird nur im Ausnahmefall zur Verfügung stehen. Der Bericht in Kasten I, 1–5 zu den fast zahmen Wildkaninchen beruht auf einer tatsächlichen Erfahrung; der Einsatz für den Lehrer ist jedoch groß; auch ist in einigen Bundesländern Tierhaltung in der Klasse nicht erlaubt, so dass die Nachahmung dieser Geschichte sicher Ausnahme bleiben wird.

Kasten II, 1–6: Informationen zum Einsatz von Hauskatzen und Kaninchen im Unterricht

> **Wilde Möhren** und **Gartenmöhren** sind leicht zu beschaffen. Man gräbt Rosetten ohne Blütenstand aus. Daneben beschafft man von beiden Formen blühende Exemplare. Das kann bei Gartenmöhren schwierig werden. Frostfrei überwinterte, im Frühjahr im Schulgarten „gesteckte" Möhren treiben Blütenschäfte.
> Die Gartenmöhre gedeiht am besten in altgedüngten Sandböden, ähnlich der Wildmöhre.
> Von fruchtenden Pflanzen sollte man Früchte sammeln. Der Same behält über mehrere Jahre seine Keimfähigkeit. Lohnend sind Langzeituntersuchungen, zu denen man Gartenmöhre kontrolliert an Wildstandorten aussät und Wildmöhren in guter Gartenerde kultiviert. Gartenmöhre und Wildmöhre sind ohne Probleme miteinander kreuzbar. Das Ergebnis ist wildmöhrenähnlich. In Möhrenfeldern tauchen gelegentlich im Aussaatjahr sogenannte „Böcke" auf. Das sind Exemplare, die schon im ersten Jahr (wie die Riesenmöhre) Blüten bilden und nur holzige, meist weißliche Wurzeln ausbilden. Sie sind ein erstklassiges Anschauungs- und Forschungsmaterial, wenn man ihre Früchte sammelt.
> Für Geschmacksproben werden außer den Pflanzen 2 elektrische Kochplatten, 2 kleine Töpfe und eine Gemüseraspel benötigt.
> Die verschiedenen **Kohlsorten** lassen sich bis auf Markstammkohl und Zierkohl leicht vom Markt beschaffen. Die Wildkohlbestände auf Helgoland sind beeindruckend. Im Schulgarten lässt sich dieser Wildkohl leicht kultivieren. Samen erhält man in fast allen Botanischen Gärten, allerdings meist nur Samen des Altlantischen Wildkohls ohne Herkunftsbezeichnung. Verwilderte Kohlpflanzen findet man hin und wieder, aber unregelmäßig. Weggeworfene Kohlpflanzen können manchmal auf Schuttplätzen wurzeln.
> Aussaaten von Wildpflanzen im Garten wachsen üppig, lassen kaum mehr die Wildpflanze erkennen und blühen oft schon im ersten Kulturjahr.
> Auf den Feldern der Gemüsebauern findet man meistens sehr schnell „durchgewachsenen", blühenden Blumenkohl oder Brokkoli.
> Wenn man den oberen Teil einer Knolle des Kohlrabis abtrennt, bilden sich aus den meristematischen Zellen viele kleine Kohlrabis.
> **Langzeitversuche zum Verwildern und zur Formenvielfalt.** Kultiviert man Zuchtformen des Gänseblümchens nicht isoliert, sondern pflanzt ein paar Pflanzen in den Schulrasen, lässt sich innerhalb eines Jahres beobachten, wie die Kulturpflanze in die Wildpopulation „ausstrahlt", also Mischformen entstehen. Schon nach einem Jahr „verschwinden" die Kulturpflanzenmerkmale.
> Man erntet von Kulturpflanzen im Schulgarten Samen, sät ihn aus und vergleicht die daraus hervorgehenden Pflanzen in den Folgejahren mit der Ausgangsform. Man bemerkt meistens die Auseinanderfaltung in einen großen Formenschwarm. Geeignet: *Ringelblume, Gänseblümchen, Einjähriger Rittersporn, Tagetes*.
> Die *Buntnessel* eignet sich sowohl zur Aussaat als zur vegetativen Vermehrung. Samen erhält man im Handel und bei Botanischen Gärten. Der Formenreichtum kann auf diese Weise auf genetische und umweltbedingte Faktoren zurückgeführt werden (vgl. *Dulitz/Winkel* 1991).

Kasten II, 1–7: Informationen zum Einsatz und zu Untersuchungen von Kulturpflanzen im Unterricht

1.7.2 Filme
FWU: Die Hauskatze 32 10368; Die Wildkatze 32 02837; Eine Katze in Gefahr 42 01648; Katzen im Haus 32 03171; Das Wildkaninchen 32 2459; Entwicklung des Sozialverhaltens (Dingos) 32 03043; Das Pferd 32 10261; Ein Gestüt 42 01873; Pferderassen 42 01616; Das Hausschwein 32 02540; Das Wildschwein 32 02520;
Klett: Die Sprache des Hundes 751242; So spricht der Hund 76036; Das Huhn - Verhalten und Züchtung 75184;
Schlüter: Samen Wildtomate 142; 7 Samentüten Kulturweizen und Vorfahren 141.

1.7.3 Diapositive
FWU: Hunderassen 10 00815; Pferd und Mensch 10 03172; Von der Wildform zur Kulturform des Weizens 10 02020;
Dia-Didact (ehemals V-Dia-Verlag): Die Hauskatze 22073; Das Hauskaninchen 22088; Der Feldhase (Vergleich mit Wildkaninchen) 22089; Der Haushund 22074; Das Pferd 22076; Das Hausrind 22075; Kreuzblütler - Kulturpflanzen 23099;
Schlüter: Tomate und Kartoffel, Wildpflanzen und Kulturform 164 u.

1.7.4 Papierbilder und Poster

Bildbände über Ägypten (Abbildungen von Katzen und Tiermumien); Tafeln von Züchtervereinigungen (Haustiervariabilität von Hund, Huhn, Kaninchen, Pferd und Taube); Samenkataloge von Gärtnereien (Bilder von Kultursorten, Variationsbreite von Kulturpflanzen); Qualzuchten (vgl. Kruse 1997).

Literatur

Bauer 1976; *Brauner* 1988; *Claassen/Padberg* 1994; *Comberg* 1971; *Darwin* 1859; 1868; *Dietrich/Meier* 1989; *Duderstadt/Scholz/Winkel* 1970; *Dulitz/Gropengießer* 1992; *Dulitz/Winkel* 1991; *Dylla* 1972; *Edlin* 1969; *Eschenhagen* 1982; *Frings* 1977; *Goerttler* 1979; *Hegi* 1926; 1958; *Herwerth/Venter* 1982; *Herre* 1959; *Herre/Röhrs* 1990; *Hoffmann* 1970; 1971; *Janßen* 1983; *Kattmann* 1989; 1991; 1992 a; b; *Kattmann/Rüther* 1994; *Kattmann/Strauß* 1980; *Körber-Grohne* 1987; *Kruse* 1997; *Kuckuck/Kobabe/Wenzel* 1985; *Lehmann* 1953; 1955; *Leyhausen* 1973; *Lüthje* 1995; *Mikin* 1982; *Mischke* 1976; *Nachtsheim* 1949; *Probst, W.,* 1995; *Rauh* 1950; *Reese* 1977; *Rick* 1978; *Rudzinski* 1992; *Sackarndt* 1930; Schulbiologiezentrum o. J.; *Schwanitz* 1957; 1959; 1967; 1969; 1971; *Teichert* 1990; *Winkel* 1977; 1982; 1987; 1988 a; b; 1992; 1995 a; b; *Zeuner* 1967; *Zimen* 1979

2 Evolutionstheorien

2.1 Sachanalyse

2.1.1 Allgemeines

Die moderne, mittlerweile auf einer rund 200-jährigen Geschichte fußende Evolutionstheorie bietet Erklärungen für eine Reihe von Grundphänomenen der Organismenwelt. Als eine Synthese verschiedener Erklärungsversuche zur Stammesentwicklung gilt sie als die wichtigste Theorie der Biologie (s. Abschnitt I, 0.1; vgl. *Dobzhansky* 1973; *Eschenhagen* 1976; *Kattmann* 1992 a). Sie erklärt
– die ungeheure Vielfalt der jeweils charakteristisch gestalteten fossilen und rezenten Tier- und Pflanzenarten,
– die abgestufte Ähnlichkeit und damit Verwandtschaft der Arten,
– die trotz ihrer Mannigfaltigkeit feststellbare Einheitlichkeit der Lebewesen,
– die Angepasstheit der Organismen an ihren Lebensraum.

Grundlegend und zu ihrer Zeit revolutionierend war die Erkenntnis, dass die Organismen auf der Erde nicht konstant sind, sondern sich im Laufe der Jahrmillionen der Erdgeschichte in Wechselwirkung mit ihrer Umwelt entwickelt haben, wobei viele Arten verschwanden und neue entstanden. Da hierbei der Mensch als eine Art von vielen in die Entwicklungsgeschichte des Lebens einbezogen ist, seine bis dahin angenommene Sonderstellung damit aufgehoben scheint und ein scheinbarer Widerspruch zu religiösen Aussagen besteht, stößt die Evolutionstheorie auch heute noch vielfach auf Widerstände (s. Abschnitt I, 3.1.1).
Solange die Schöpfungserzählungen als Ausdruck religiöser Anschauung und bestimmender Welterfahrung verstanden werden, sind sie nicht unvereinbar mit phylogenetischen Anschauungen (vgl. *Stripf* 1989). Erst die Bewertung mythischer Schöpfungsberichte in Richtung einer Lehre, eines Dogmas mit Realitätscharakter stellt sie in Opposition zur wissenschaftlichen Lehrmeinung und erzeugt dadurch Kontroversen. Während die Entmythologisierung z. B. im antiken Griechenland bereits durch die Vorsokratiker des 6. und 5. vorchristlichen Jahrhunderts begann, tat sich das christliche Abendland hier schwerer. Erst mit der Entwicklung der experimentellen Wissenschaften in der Renaissancezeit hatte man über das bloße Philosophieren hinaus

II Prozesse der Evolution

Wissenschaftler	Zeitbedingte Vorstellungen	Neue Impulse
Carl v. Linne (1707–1778)	Konstanz der Arten; Fossilien als zufällige Naturgebilde.	Festlegung allgemeingültiger lateinischer Namen für Tier- und Pflanzenarten. Einführung einer binominalen Nomenklatur, Lebewesen nach Ähnlichkeitsgruppen geordnet.
Jean Baptiste de Lamarck (1744–1829)	Gebrauch bzw. Nicht-Gebrauch von Organen und Körpereinrichtungen bewirken deren Ausformung bzw. Rückbildung. Vererbung der vom Individuum erworbenen Eigenschaften.	Abgestufte Verwandtschaft, Artwandel in kleinen Schritten.
Georges Baron de Cuvier (1769–1832)	Artkonstanz; Katastrophentheorie: Wechsel der Lebewesen in versch. geologischen Epochen durch Naturkatastrophen und lokale Auslöschung bzw. Neubesiedlung.	Exakte paläontologische Beobachtungen, Bauplanuntersuchungen, Begründer der Paläontologie.
Etienne Geoffroy de Saint-Hilaire (1772–1844)	Einheitlichkeit des Bauplans; auch sprunghafte Veränderungen von Arten möglich. Direkter Einfluß der Umwelt.	Gleicher Grundbauplan verschiedener Tiergruppen als Beleg für gemeinsame Ahnen. Formenvielfalt durch mannigfaltige Umwelteinflüsse, keine Artkonstanz.
Charles Lyell (1797–1875)	Anfänglich Bezug nur auf die unbelebten Prozesse der Erdgeschichte	Alter der Erde viele hundert Millionen Jahre. Die physikalischen Gesetze, die heute gelten, haben schon immer auf den Planeten Erde eingewirkt (Aktualitätsprinzip).
Charles Robert Darwin (1809–1882)	Genetische Ursachen der Variabilität noch nicht bekannt; der Körper bildet die Keimzellen und verursacht ihre Abänderung.	Veränderlichkeit der Arten. Natürliche Auslese als Ursache. Natürliches System der Lebewesen aufgrund von phylogenetischen Verwandtschaftsbeziehungen.
Alfred Russel Wallace (1823–1913)		
Ernst Haeckel (1834–1919)	Ein Typus geht durch Mutation in einen anderen Typus über. Urzeugung.	Verbreitung der Darwinschen Lehre: Stammbäume der Pflanzen, Tiere und des Menschen.

Tab. II, 2–1: Geschichte der Abstammungslehre und Evolutionstheorie in Stichwörtern (nach *Kull* 1977; ergänzt nach *Pflumm* u.a. 1984; *Stripf* 1989; *Gamlin* 1993)

Möglichkeiten gefunden, tradierte Meinungen mit experimentell-erforschenden Methoden zu überprüfen (vgl. *Munding/Rottländer* 1987). Durch Entdeckungsreisen erweiterten sich Weltbild und Kenntnis der Erde. Neue, vorher nie gesehene Arten wurden entdeckt und beschrieben. Hierauf aufbauend konnte der schwedische Naturforscher *Carl von Linné* (1707-1778) sein Klassifikationssystem des Tier- und Pflanzenreiches entwickeln, das später Grundlage der Überlegungen für eine genealogische Verwandtschaft und damit der Deszendenztheorie werden sollte. Schon im ausgehenden 18. und dann vor allem im 19. Jahrhundert beschäftigten sich Naturwissenschaften gezielt mit der Herkunft und Abstammung der Lebewesen. Zahlreiche Theorien wurden entwickelt und Hinweise zusammengetragen. Die Beiträge einiger wichtiger Forscher werden im folgenden kurz dargestellt (s. Tabelle II, 2-1).

2.1.2 *Lamarck, Cuvier, Geoffroy* und *Lyell*

Der Franzose *Jean Baptiste de Lamarck* (1744 - 1829) wurde am Jesuitenkolleg in Amiens erzogen, war längere Zeit Soldat und widmete sich dann der Botanik. Diese Beschäftigung gipfelte in einer ersten „Flora von Frankreich" (1778), die ihm zur Anstellung am Jardin des Plantes in Paris verhalf. 1793 wurde er Professor am Musee d'Histoire Naturelle und verfasste neben botanischen Schriften ein siebenbändiges Werk über wirbellose Tiere. Die Unterscheidung von Wirbellosen und Wirbeltieren geht u. a. auf ihn zurück. Aufbauend auf seiner profunden Artenkenntnis verfasste er 1809 die „Philosophie Zoologique", in der der Abstammungsgedanke zum ersten Mal konsequent dargestellt wird. Als Belege führt er Zeugnisse aus der Tier- und Pflanzenwelt an. Sein Werk basiert auf zwei Grundgedanken:
1. Die Lebewesen zeigen, in Abstufungen, Ähnlichkeiten, die als Beleg für eine abgestufte Verwandtschaft herangezogen werden. Die Abstufungen sind Folge eines Naturgesetzes, nach dem die Lebewesen sich zu immer größerer Komplexität entwickeln. Diese Stufentheorie macht es möglich, von einfachen Lebensformen, bei *Lamarck* sind es die Infusorien, bis zu hochentwickelten Formen mit dem Menschen als Höhepunkt lückenlose Ketten zu bilden. *Lamarck* deutet die mittelalterliche Idee einer Stufenleiter der Lebewesen in eine zeitliche Reihenfolge um: Entwicklung bedeutet für ihn, dass Lebewesen in der von der Stufenleiter vorgegebenen Reihenfolge auseinander hervorgegangen sind, die Arten also im Laufe der Erdgeschichte nicht konstant waren. Er bezweifelte daher auch, dass Tierarten aussterben könnten, und schränkte so die Abstammungslehre auf die heutigen Formen ein (vgl. *Fels* 1965).
2. Die Vielfalt der Arten und die Unregelmäßigkeiten innerhalb der Stufen ergeben sich aus der Verschiedenheit der Umweltbedingungen und deren Veränderungen im Laufe der Erdgeschichte. Die dadurch ebenfalls veränderten Bedürfnisse der Lebewesen führen zu der Abänderung der Organismen. Diesen Vorgang formulierte *Lamarck* in zwei Gesetzen:
   – Der Gebrauch oder Nichtgebrauch von Organen und anderen Körpereinrichtungen bewirkt deren Ausformung oder aber Rückbildung beim Individuum.
   – Die vom Individuum erworbenen Eigenschaften werden an die Nachkommen weitergegeben.

Georges Baron de Cuvier (1769-1832) wurde 1794 auf Anregung *Lamarcks* nach Paris berufen. Aus dem damals zu Württemberg gehörenden Montbeliard bei Belfort stammend, besuchte er die Karlsschule in Stuttgart und war danach mehrere Jahre als Privatlehrer in der Normandie tätig. Er gilt als ein Begründer der Paläontologie, der Fossilienkunde. Im Gegensatz zu *Lamarck* erklärte er die Veränderungen der Lebewesen im Laufe der Erdgeschichte und ihre aktuellen Unterschiede nicht durch einen ständig ablaufenden Evolutionsprozeß, sondern durch auftretende lokale Naturkatastrophen, die alles Leben im jeweiligen Raum auslöschten. Nach jeder Naturkatastrophe wären dann nach seiner Theorie Tiere aus benachbarten Gebieten wieder eingewandert. Gestützt waren seine Überlegungen auf die Beobachtung der geologischen Schichten im Pariser Becken. Obgleich er die Fossilien richtig als Reste ausgestorbener Arten deutete, leugnete er doch einen Artwandel und hielt an der Lehre einer einmaligen Schöpfung fest (Typenlehre). Diese „Typenlehre" führte 1830 zum „Akademie-Streit" mit *Etienne Geoffroy de Saint-Hilaire* (1772-1844). Dieser war ebenfalls Pro-

II Prozesse der Evolution

fessor am Musee National d'Histoire in Paris und vertrat im Gegensatz zu *Cuvier* die Lehre von der „Einheit des Bauplans" für das gesamte Tierreich. Als Ursachen für die Formenvielfalt und die Veränderungen der Lebewesen sah er die Umwelt mit ihren vielfältigen Faktoren, wobei Veränderungen der Lebewesen nicht nur allmählich, sondern auch sprunghaft möglich sein sollten (vgl. *Munding/Rottländer* 1987).

Während die Vorstellungen vom Alter der Erde und damit von den zeitlichen Dimensionen der Entwicklung des Lebens bis dahin noch recht vage waren und meist als viel zu kurz angenommen wurden, bezifferte der englische Geologe *Charles Lyell* (1797-1875) in seinem 1829 erstmalig erschienenen Werk „Principles of Geology" das Alter der Erde auf viele hundert Millionen Jahre. Im Gegensatz zu *Cuviers* „Katastrophentheorie" vertrat *Lyell* die Meinung, dass die physikalischen Gesetze, die heute gelten, schon immer in langen Zeiträumen auf die Erde eingewirkt haben (Aktualitätsprinzip). *Charles Darwin* zog daraus später den Analogieschluss auf die Lebewesen: Heute auftretende Ursachen für Veränderungen von Tier- und Pflanzenarten dürften auch im Laufe der Erdgeschichte aufgetreten und für die Veränderungen der Lebewesen verantwortlich sein (vgl. *Stripf* 1989; *Kattmann* 1992 a).

2.1.3 *Darwin, Wallace* und *Haeckel*

Der Engländer *Charles Robert Darwin* (1809-1882) entstammte einer wohlhabenden Familie aus Shrewsbury. Verschiedene seiner Vorfahren waren bereits als Naturforscher und Ärzte in Erscheinung getreten, so schon sein Großvater *Erasmus Darwin* (1731-1802). Nach Studien der Medizin in Edinburgh und der Theologie in Cambridge erhielt *Darwin* 1831 im Alter von 22 Jahren das Angebot, als „freier Naturforscher ohne Bezahlung" an Bord des Forschungsschiffes „Beagle" (Spürhund) die Weltmeere zu bereisen. Das Hauptziel der Expedition waren Ostküste und Südspitze Südamerikas; die Reise führte dann weiter entlang der Westküste zu den Galapagos-Inseln, über den Pazifischen Ozean nach Tahiti, Neuseeland und Australien und zurück um das Kap der Guten Hoffnung herum über Bahia in Brasilien nach Europa (s. Abb. II, 2-1). Diese fast fünf-

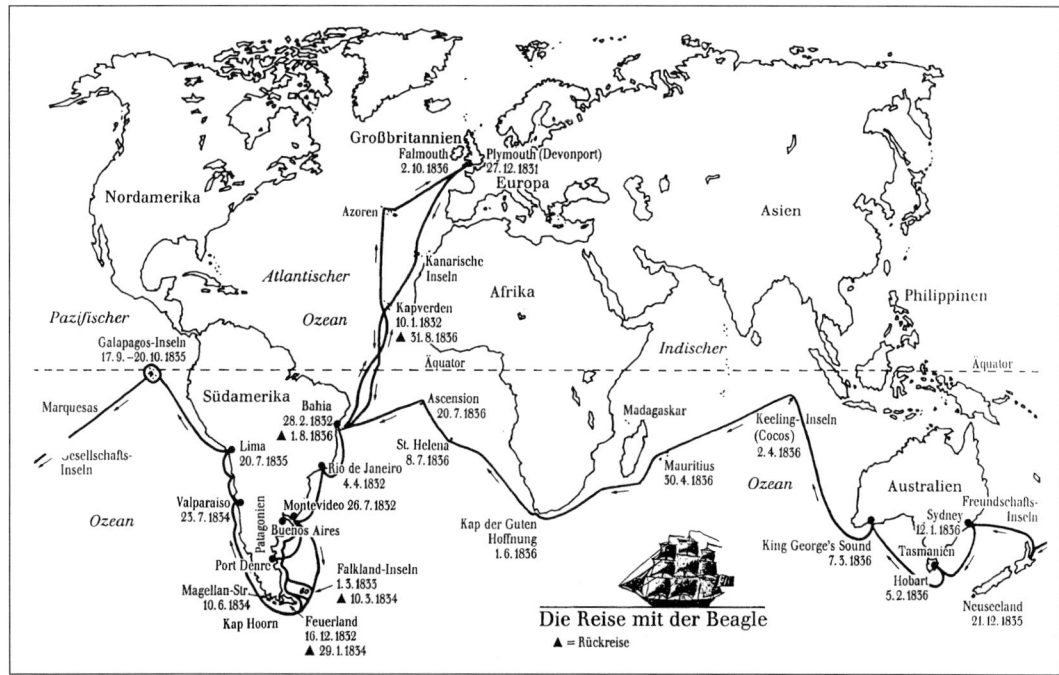

Abb. II, 2-1: *Darwins* Weltumseglung mit dem Forschungsschiff „Beagle" 1831 - 1836 (aus *Stripf* 1989, 81)

Klassenstufe 9/10 **2 Evolutionstheorien**

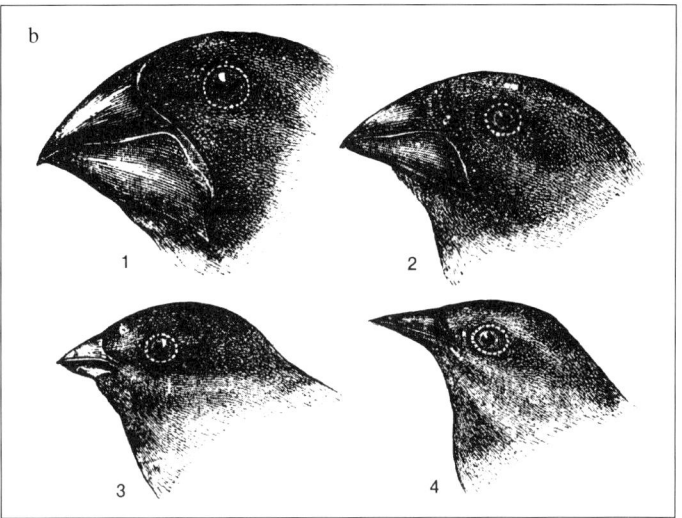

Abb. II, 2-2: Abbildung von Galapagosfinken im Zusammenhang mit den Veröffentlichungen *Darwins*. a) Kaktusfink (Illustration des Ornithologen *John Gould* in „Zoologie der Reisen der M. S. Beagle" von 1841, b) Zeichnungen *Darwins* aus der 2. Auflage seines Reistetagebuches „Charles Darwins Naturwissenschaftliche Reisen" von 1845: 1 Großer Grundfink, 2 Mittlerer Grundfink, 3 Kleiner Baumfink, 4 Sängerfink (aus *Kattmann* 1984 a, 10; *Stripf* 1989, 83; s. auch Abb. II, 3-11)

jährige Forschungsreise als Privatgelehrter brachte die wesentlichen Einsichten und Impulse für *Darwins* in der Folgezeit reifende Evolutionstheorie. Die Begegnung mit den Ureinwohnern Feuerlands, umfangreiche Fossilfunde in Patagonien sowie Beobachtungen der Tierwelt auf den Galapagos-Inseln waren wesentliche Eckpunkte der Expedition, deren Ergebnisse und Materialien *Darwin* ein Leben lang auswertete und durch weitere Beobachtungen, z. B. auch an Haustieren, ergänzte. Die berühmten Grundfinken der Galapagos-Inseln, die seinen Namen bekamen (s. Abb. II, 2-2), spielten für die Entwicklung der Theorie dagegen kaum eine Rolle. Anders lautende Darstellungen sind wissenschaftshistorische Legenden (vgl. *Kattmann* 1984 a).
1842 bis 1844 verfasste *Darwin* eine kurze Skizze seiner Evolutionstheorie, die er aber nicht veröffentlichte. In der Folgezeit arbeitete er an einem fünfbändigen Werk, das alle seine Forschungsergebnisse enthalten sollte, als ihn 1858 eine Schrift des Engländers *Alfred Russel Wallace* (1823-1913) erreichte, der bei seinen Forschungen auf Ternate im Malaiischen Archipel unter dem Titel „Über die Tendenz der Varietäten unbegrenzt vom Originaltyp abzuweichen" zu ähnlichen Schlussfolgerungen wie *Darwin* kam. Die Arbeit von *Wallace* sowie ein kurzer Aufsatz von *Darwin* wurden im Jahre 1858 in London vorgetragen, fanden aber kaum Beachtung. Daraufhin verfasste *Darwin* in wenigen Monaten seine Schrift „On the Origin of Species by Means of Natural Selection or the Preservation of Favoured Races in the Struggle for Life", die am 24. November 1859 in London erschien und schon am ersten Tag vergriffen war.
Mit der deutschen Übersetzung von *Darwins* Hauptwerk „On the Origin of Species" lernte ein junger deutscher Anatom und Naturforscher, *Ernst Haeckel* (1834 -1919), die Evolutionstheorie kennen und wurde ihr eifrigster Verfechter in Deutschland. Mit teilweise kühnen Spekulationen ging er weit über *Darwins* Überlegungen hinaus (s. Kapitel III, 0).
Der Kern der Evolutionstheorie *Darwins* ist die Abänderung der Arten durch natürliche Selektion (Selektionstheorie, s. Tabelle I, 0-1 und Abb. II, 0-1; vgl. *Munding/Rottländer* 1987; *Kattmann* 1992 a). Als Modell der natürlichen Selektion diente *Darwin* die Zuchtwahl bei Haustieren und Kulturpflanzen durch den Menschen. Seine Beobachtungen bei eigenen Kreuzungsexperimenten und die Mitteilungen von erfahrenen Züchtern überzeugten ihn davon, dass die Selektion unter den Bedingungen der freien Natur im Laufe der Erdgeschichte die hauptsächliche Ursache für die Abänderung der Arten sei (s. Abschnitt II, 1.1). Dabei setzte sich der Gedanke durch, dass die verschiedenen Haustierrassen nicht von verschiedenen, sondern jeweils von ei-

II Prozesse der Evolution

ner einzigen Stammart abstammen. Ein hervorragendes Beispiel für *Darwins* Vorgehen ist der Vergleich und das Kreuzen von Taubenrassen (s. Kasten II, 2-3 und Abb. II, 2-5).
Obgleich bis heute behauptet wird, die Evolutionstheorie könne keine überpüfbaren Prognosen machen, hat dies *Darwin* am Beispiel der madegassischen Orchidee Angraecum sesquipedale und dem Vorhersagen eines langrüsseligen Bestäubers selbst glänzend widerlegt (s. Kasten II, 2-4). Für *Darwin* lag diese Vorhersage aus zwei Gründen nahe: Zum einen denkt er stets die hier zur Lösung des Problems unbedingt nötige Variabilität mit: Innerhalb der beiden Populationen gibt es immer Abweichungen in der Spornlänge (der Orchidee) bzw. der Rüssellänge (des Bestäubers), so dass die gegenseitige Anpassung von Bestäuber und Orchidee schrittweise erfolgen kann. Zum anderen ist *Darwins* Selektionstheorie in weiten Teilen eine ökologische Theorie der Koevolution. Für *Darwin* sind die vielfältigen (und nicht immer durchschaubaren) Wechselbeziehungen zwischen den Organismen die wichtigsten Faktoren in der Evolution (vgl. *Darwin* 1859, 67; 458).

2.2 Vorschläge zur Unterrichtsgestaltung am Beispiel „*Darwin* und *Lamarck*"

2.2.1 Didaktische Überlegungen

In den letzten Jahrzehnten sind wichtige neue Vorstellungen und Erkenntnisse zur Evolution gewonnen worden, genannt seien die Endosymbiose-Theorie, die die Entwicklung der komplexen Lebensformen aus dem Zusammenschluss von verschiedenartigen Organismen erklärt, die Gaia-Vorstellungen oder die Konstruktionsmorphologie der Lebewesen, die Organismen als hydraulische Einheiten und energiewandelnde Konstrukte interpretiert (vgl. *Kattmann* 1998). Trotz dieser neuen Perspektiven - die ihren Platz im Unterricht der gymnasialen Oberstufe haben - bildet die „klassische" Selektionstheorie nach *Darwin* weiterhin die Grundlage des schulischen Unterrichts, insbesondere im Bereich der Sekundarstufe I (9./10. Klassenstufe).
Bereits bei der Ankündigung des Themas „Evolution - Stammesgeschichte" passiert es gerade im Bereich der Sekundarstufe I immer wieder, dass orthodox-religiöse Schülerinnen, Schüler und Eltern bei den Unterrichtenden vorstellig werden bis hin zum Ansinnen, Kinder für die Zeit der Unterrichtseinheit vom Unterricht befreien zu lassen. Hier sollte sich die Lehrperson Zeit auch zu persönlichen Gesprächen nehmen und die Angst vor „wissenschaftlicher Indoktrination" abbauen, indem sie den hypothetischen Charakter jeder wissenschaftlichen Theorie, auch der Evolutionstheorie, hervorhebt und die Aufmerksamkeit auf die Wissenschaftsgeschichte als historischen Prozess lenkt (s. Kapitel I, 3).
Wenn am Beginn einer Unterrichtssequenz zur Evolution die Sammlung von Schülervorstellungen steht (Kartenabfrage, s. Abschnitt I, 3.2.2), so reicht die Palette der Antworten von kreationistischen Vorstellungen, Katastrophentheorien bis hin zu lamarckistischen Gedankenansätzen.
Nicht so augenscheinlich wie religiös geprägte Ansichten, aber dafür um so verbreiteter, sind Alltagsvorstellungen zum evolutionären Geschehen, die z. T. teleologische oder lamarckistische Züge tragen: „Die Giraffe hat einen solch langen Hals bekommen, weil in der Savanne die saftigsten Blätter oben in den Bäumen wachsen". Angesichts solcher Vorstellungen ist es schwierig, einen wissenschaftlich gültigen begrifflichen Rahmen für die biologische Evolution aufzubauen (vgl. die Untersuchungen von *Wandersee/Good/Demastes* 1995; *Baalmann* 1997; *Becker* 1997). Kennzeichnend sind dabei ausgeprägte Anthropomorphismen (vgl. *Kattmann* 1992 b). Will man *Darwins* Theorie erfassen, benötigt man dagegen ein Verständnis von der zeitlichen Dimension, d. h. vom Alter der Erde und den langsamen Veränderungen, denen die Erde und das sich auf ihr entwickelnde Leben unterworfen waren und sind (s. Abschnitt I, 2.1.2.). Auch die Ursprünge des Wandels einer Art in zufälligen, ungerichteten Ereignissen und die Einwirkungen der natürlichen Selektion müssen in der immensen zeitlichen Dimension gesehen werden. Nötig ist auch das Verständnis der „Art" als Gruppe variabler und genetisch verschiedener Individuen (s. Band 1, 159 ff.).

Klassenstufe 9/10   **2 Evolutionstheorien**

Viele der genannten Schülervorstellungen stimmen mit Grundansichten aus der vordarwinschen Zeit überein, sowohl die von einer noch recht jungen Erde (fehlende zeitliche Dimension), von Katastrophen, die das Leben auslöschten, als auch die von langen Ruhephasen, teleologischem Wandel, Schöpfungsvorstellungen (Kreationismus), Arten als Individuen ohne Variation (Artkonstanz, Essentialismus; s. Abb. II, 2-3). Da sich solche Vorstellungen in historischen Texten aus der vor-darwinschen Zeit finden, sollten diese gegebenenfalls schon auf dieser Klassenstufe in Auswahl eingesetzt werden (Textsammlungen s. Abschnitt II, 2.3.5). Die Gedankenwelt der Schülerinnen und Schüler soll mit historischen Vorstellungen vor allem deshalb verbunden werden, um so ihre Vorstellungen mit denen der „Darwinschen Revolution" zu kontrastieren. Bei wissenschaftshistorischem Vorgehen sollte für die Schüler deutlich werden, dass Ideen und Theorien immer im geschichtlichen Umfeld zu sehen sind, niemals sprunghaft von selbst entstehen, sondern sich im Kontext zu anderen, später oftmals falsifizierten Hypothesen entwickeln. Die genannten Aspekte sind jedoch sehr anspruchsvoll und nur in wenigen Lerngruppen der Sekundarstufe I erfolgreich zu behandeln.

In Klassenstufe 9/10 ist zwar ein thematisches Eingehen auf die theoretisch-hypothetischen Aspekte der Evolutionslehre möglich, doch sollte im Gegensatz zur Sekundarstufe II der Schwerpunkt nicht auf wissenschaftstheoretischen, sondern auf konkreten wissenschaftsgeschichtlichen Aspekten liegen. Die Gestalt des Naturforschers *Darwin* sollte daher im Unterricht plastisch-bildhaft vorgestellt werden. In Anlehnung an den Band von *Linda Gamlin* (1993) können geistes- und naturwissenschaftliche Forschungsmethoden im historischen Rahmen dargestellt werden, wie z. B. Reiseroute und Ausstattung des Forschungsschiffes Beagle (s. Abb. II, 2-1; vgl. *Allan* 1977; *Jahn* 1990). Die bei weitem beste Biographie über *Darwin* ist die von *Adrian Desmond* und *James Moore* (1994), in der auch die Notizen der zahlreichen „notebooks" *Darwins* ausgewertet sind. Diese Biographie wird nachdrücklich zur Vorbereitung des Unterrichts empfohlen. Der unterrichtliche Einsatz von entsprechenden Filmen (s. Abschnitt II, 2.3.2) ist leider dadurch eingeschränkt, dass sie entweder zu komplex oder - wie der FWU-Film - historisch nicht korrekt sind. Zur thematischen Beschränkung des Unterrichts erscheint es sinnvoll und angemessen, vor allem die Vorstellungen von *Lamarck* der Theorie *Darwins* gegenüberzustellen und darüber hinaus einige anschauliche Beispiele aus dem Wirken *Darwins* auszuwählen.

Abb. II, 2-3: Schematischer Überblick über die verschiedenen Lehren zur Entstehung, zum Aussterben und Fortbestehen von Arten im Laufe der Erdgeschichte (nach *Pflumm/Wilhelm* 1984, 11, verändert)

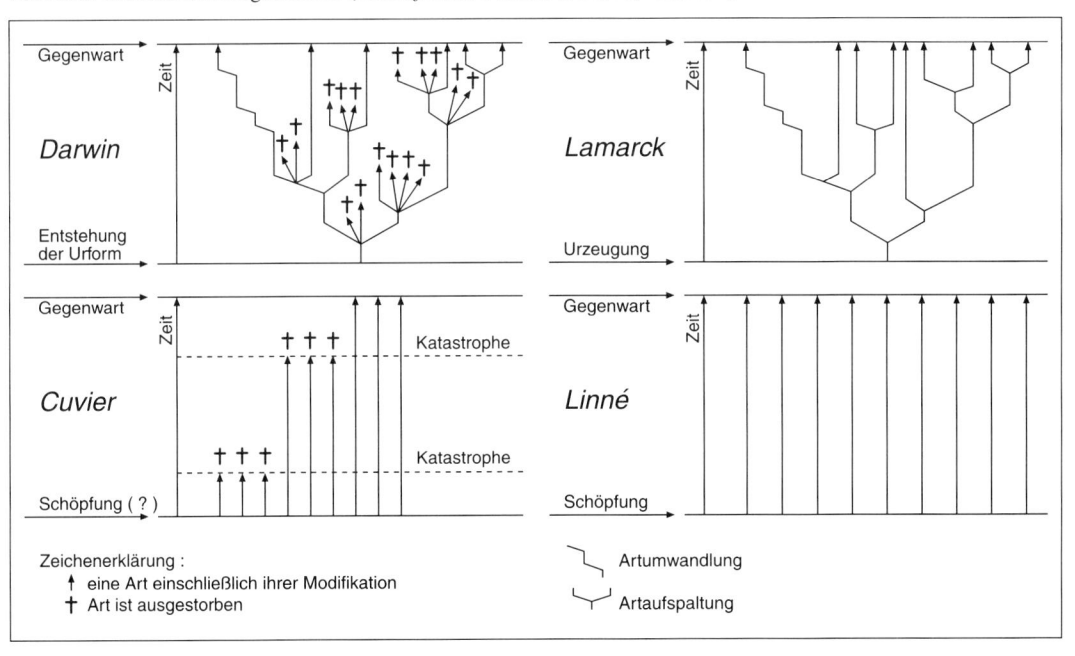

II Prozesse der Evolution

Jean Baptiste de Lamarck: **Belege für die Gesetze des Artenwandels**

Der durch die angenommenen Gewohnheiten konstant gewordene Nichtgebrauch eines Organs macht dasselbe stufenweise schwächer und lässt es schließlich vollständig verschwinden.

Der häufige, durch die Gewohnheiten konstant gewordene Gebrauch eines Organs vermehrt dessen Fähigkeiten, entwickelt es und lässt es Dimensionen und eine Tatkräftigkeit erlangen, welche es bei den Tieren, die es weniger üben, nicht hat. Wir haben soeben gesehen, dass der Nichtgebrauch eines Organs, welches wohl vorhanden sein müsste, dasselbe abändert, verkümmert und schließlich verschwinden lässt.

Ich will jetzt nachweisen, dass der beständige Gebrauch eines Organs und die Anstrengungen, um aus demselben in den Verhältnissen, welche es erfordern, einen großen Vorteil zu ziehen, dieses Organ stärken, ausdehnen und vergrößern oder neue Organe schaffen, welche notwendig gewordene Funktionen ausüben können.

Beispiel: Entwicklung der Giraffe
Was die Gewohnheiten betrifft, so ist es interessant, die Wirkungen derselben an der besonderen Gestalt und am Wuchse der Giraffe zu beobachten. Es ist bekannt, dass dieses Tier in Gegenden lebt, wo der beinahe immer trockene und kräuterlose Boden es zwingt, das Laub der Bäume abzufressen und sich beständig anzustrengen, dasselbe zu erreichen. Infolge dieser seit langer Zeit angenommenen Gewohnheit sind bei den Individuen ihrer Rasse die Vorderbeine länger als die Hinterbeine geworden, und ihr Hals hat sich dermaßen verlängert, dass die Giraffe, wenn sie ihren Kopf aufrichtet, ohne sich auf ihre Hinterbeine zu stellen, eine Höhe von 6 Metern erreicht.

Kasten II, 2–1: Die Evolution der Giraffe nach *Lamarck* (aus *Pflumm* u.a. 1984, 44 f.)

Der Vergleich „*Darwin-Lamarck*" wird in den Evolutionskapiteln der meisten Biologielehrbücher für die Sekundarstufe I am Beispiel der Evolution der Giraffe behandelt, die sowohl in *Lamarcks* wie *Darwins* Werk erläutert wird. Die diesbezüglichen Abbildungen vieler Lehrbüchern sind allerdings wenig geeignet, da sie die beiden Anschauungen miteinander vermischen. Geeignete Abbildungen müssen die direkte Umwandlung bei *Lamarck* und den Weg über die Population bei *Darwin* veranschaulichen und so die beiden Anschauungen kontrastierend gegenüberstellen (s. Kasten II, 2-1 und II, 2-2 sowie Abb. II, 2-4).

Charles Darwin: **Über die Entstehung der Giraffe**

Die Giraffe ist durch ihre hohe Gestalt, ihren langen Hals, ihre langen Vorderbeine, sowie durch die Form von Kopf und Zunge prachtvoll zum Abweiden hochwachsender Baumzweige geeignet. Sie kann ihre Nahrung aus einer Höhe herabholen, die die anderen, dieselbe Gegend bewohnenden Huftiere nicht erreichen, und das muss für sie in Zeiten der Hungersnot vorteilhaft sein.

Der Mensch hat einige seiner Haustiere verändert (ohne notwendig besondere Einzelheiten zu beachten), indem er entweder die schnellsten (wie Rennpferd, Windhund) einfach behielt und zur Zucht benutzte oder indem er die siegreichsten (z.B. den Kampfhahn) züchtete. So werden auch im Naturzustand, als die Giraffe entstanden war, diejenigen Individuen, die die am höchsten wachsenden Zweige abweiden und in Zeiten der Dürre auch nur einen oder zwei Zoll höher reichen konnten als die anderen, häufig erhalten geblieben sein, denn sie werden auf der Nahrungssuche das ganze Gebiet durchstreift haben. Dass die Individuen einer Art oft ein wenig in der relativen Länge all ihrer Teile differieren, kann man aus zahlreichen naturgeschichtlichen Werken ersehen, die sorgfältig die Maße angeben. Diese geringen Unterschiede, Folgen der Gesetze des Wachstums und der Variation, sind für die meisten Arten ohne jeden Wert. Anders wird es während ihrer Entstehung bei der Giraffe (wegen ihrer wahrscheinlichen Lebensgewohnheiten) gewesen sein, denn diejenigen Tiere, bei denen einzelne Körperteile ihre gewöhnliche Länge etwas überschritten, werden im allgemeinen länger am Leben geblieben sein. Sie werden sich gekreuzt und Nachkommen hinterlassen haben, die entweder dieselben körperlichen Eigentümlichkeiten oder doch die Neigung erbten, in derselben Weise zu variieren, während in dieser Beziehung weniger begünstigte Individuen am ehesten ausstarben.

Wir sehen hier, dass es nicht nötig ist, einzelne Paare abzusondern, wie es der Mensch tut, wenn er eine Rasse methodisch verbessert; die natürliche Zuchtwahl erhält ohnehin alle überlegenen Einzelwesen und sondert sie gleichzeitig ab; sie erlaubt ihnen, sich frei zu kreuzen, und merzt alle weniger tüchtigen Individuen aus. Hält dieser Prozess (der genau dem entspricht, was ich beim Menschen unbewusste Zuchtwahl nannte, und der sich zweifellos auch bedeutsam mit der vererbten Wirkung des vermehrten Gebrauchs der Teile vereint) lange an, so erscheint es mir fast als sicher, dass ein gewöhnliches Hufsäugetier zu einer Giraffe umgestaltet werden könnte.

Kasten II, 2–2: Die Evolution der Giraffe, nach *Darwin* 1859 (aus *Pflumm* u.a. 1984, 59 f.)

Klassenstufe 9/10   **2 Evolutionstheorien**

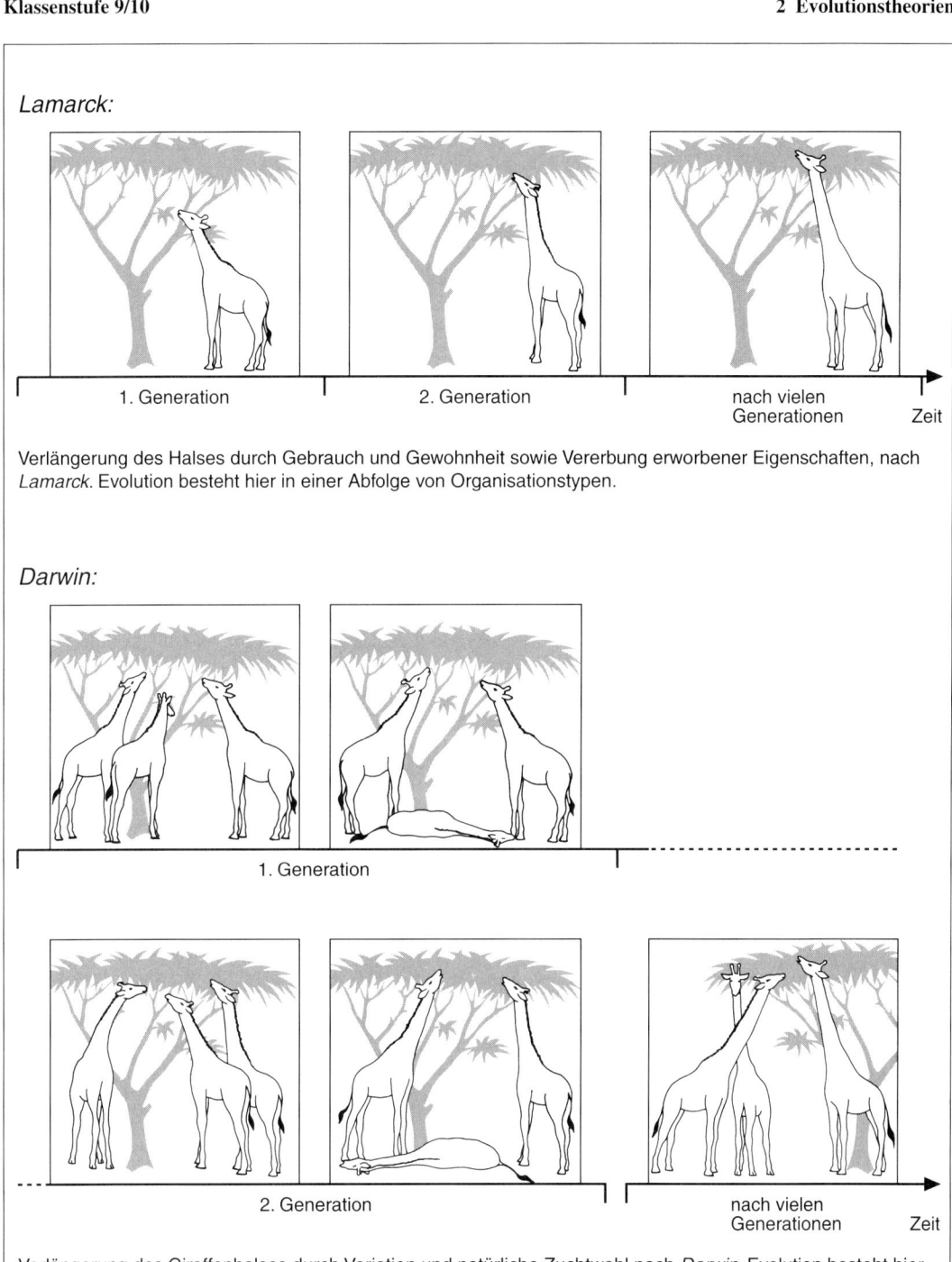

Lamarck:

| 1. Generation | 2. Generation | nach vielen Generationen | Zeit |

Verlängerung des Halses durch Gebrauch und Gewohnheit sowie Vererbung erworbener Eigenschaften, nach *Lamarck*. Evolution besteht hier in einer Abfolge von Organisationstypen.

Darwin:

1. Generation

2. Generation   nach vielen Generationen   Zeit

Verlängerung des Giraffenhalses durch Variation und natürliche Zuchtwahl nach *Darwin*. Evolution besteht hier in der Änderung der genetischen Zusammensetzung von Populationen.

Abb. II, 2-4: Wie die Giraffe entstehen konnte - *Lamarcks* und *Darwins* Theorien im Vergleich (nach *Kattmann* 1984 b, 40; *Kattmann/Rüther* 1991, 164)

II Prozesse der Evolution

Darwins Methode, das Vorgehen und die Ergebnisse der Züchter als Modell für die Vorgänge der Selektion und des Artenwandels in der Natur anzusehen (s. Abb. II, 0-1), kann im Unterricht gut am Beispiel der Tauben erarbeitet werden. Meist wird bei dem Thema „Haustierwerdung" im Unterricht unausgesprochen vorausgesetzt, dass die Zuchtrassen jeweils von nur einer Wildart abstammen. Für die Entwicklung des Evolutionsgedankens ist aber gerade die Frage der Abstammung von einer oder mehreren Arten entscheidend und sollte daher hier in den Vordergrund gerückt werden (s. Kasten II, 2-3).

Um den wissenschaftlichen Charakter der Evolutionstheorie herauszustellen und gleichzeitig den wissenschaftshistorischen Zugang weiter zu verfolgen, bietet sich *Darwins* Vorhersage des unbekannten Bestäubers an, zumal sich daran eine weitere wissenschaftshistorische Kontroverse zwischen zwei berühmten Biologen anschließt (s. Kasten II, 2-4). Mit diesem Beispiel wird das Gelernte auf einen unbekannten Fall angewendet und zugleich erweitert, indem die gegenseitige Anpassung zweier Organismen an einem einfachen Beispiel erkannt wird (Koevolution). Wichtige Voraussetzungen zum Verstehen des Beispiels sind durch das Behandeln blütenökologischer Themen in den Klassenstufe 5/6 oder 7/8 meist geschaffen worden (s. Band 1, 99 ff.; Band 8, 22 ff.).

Unterrichtsziele:

Die Schüler sollen
– eigene Vorstellungen des evolutionären Geschehens mit wissenschaftlichen vergleichen können;
– *Darwin* und *Lamarck* als wichtige historische Forscherpersönlichkeiten nennen sowie die wesentlichen Grundzüge ihrer Theorien aufzeigen und gegenüberstellen können;
– die wesentlichen Grundaussagen der Darwinschen Evolutionstheorie formulieren und mit Argumenten belegen können;
– als Ursachen für die biologische Evolution insbesondere Mutation und Selektion nennen können (s. Kapitel II, 1);
– die Phänomene Mannigfaltigkeit, Einheitlichkeit, abgestufte Ähnlichkeit, Variabilität und Angepasstheit der Organismen mit Hilfe der Selektionstheorie im Grundsatz erklären können;
– die „Art" als wichtige taxonomische Einheit und Fortpflanzungsgemeinschaft definieren können.

2.2.2 Unterrichtsprozeß

Zu Beginn des Unterrichts stellt die Lehrperson die Persönlichkeit *Darwins* in einem Lehrervortrag vor, in dem vor allem die Forschungsreise mit der Beagle (s. Abb. II, 2-1), die Vorstellung von der Artenkonstanz und erste Zweifel an der Unveränderbarkeit der Arten geschildert werden. Am Schluss wird das folgende Zitat mit dem Arbeitsprojektor projiziert, das aus einem Brief stammt, den *Darwin* 1844 an seinen Freund *Hooker* schrieb:

„Zuletzt sind Funken der Erleuchtung gekommen, und ich bin (ganz im Gegensatz zu meiner ursprünglichen Meinung) beinahe überzeugt davon, dass die Arten nicht (mir ist als würde ich einen Mord bekennen) unveränderlich sind. Der Himmel bewahre mich vor *Lamarcks* Unsinn einer 'Tendenz zum Fortschritt' 'von Anpassungen durch die stumpfsinnigen Triebe von Tieren' usw.! Aber die Schlussfolgerungen, zu denen ich geführt wurde, sind nicht weit entfernt von seinen; obgleich die Mittel der Veränderung gänzlich andere sind."

Mit dem Zitat werden unmittelbar mehrere zentrale Fragen aufgeworfen, die den weiteren Unterricht bestimmen:
1. Warum vergleicht *Darwin* das Aussprechen seiner Gedanken mit dem Eingeständnis eines Mordes?
2. Welche Anschauungen hatte *Lamarck*? Warum distanziert sich *Darwin* von diesen Vorstellungen?
3. Wie unterscheiden sich die Annahmen *Darwins* von den „Mitteln der Veränderung" von denen *Lamarcks*?

Mit der ersten Frage werden noch einmal die Konstanzlehre und die mit ihr seinerzeit verbundenen Glaubensvorstellungen angesprochen und so weit behandelt, wie es die Fragen und Einstellungen der Schüler erfordern (s. Kapitel I, 3).

> **Charles *Darwin*: Über die Rassen der Haustauben, ihre Unterschiede und ihren Ursprung**
>
> Zur Erforschung des vorstehend behandelten Gegenstandes hielt ich es für das beste, eine bestimmte Gruppe zu studieren, und wählte dazu die Haustauben. Ich hielt alle Rassen, die ich kaufen oder mir sonstwie verschaffen konnte, und habe auch zahlreiche Bälge aus den verschiedensten Weltgegenden erhalten...
> So könnte man eine Menge Tauben auswählen, die ein Ornithologe sicher als wohlumschriebene Arten gelten ließe, wenn es wilde Vögel wären. Mehr noch: Ich glaube nicht einmal, dass der Ornithologe in diesem Falle die englische Brieftaube, den kurzstirnigen Tümmler, die Runttaube, Kropf- und Pfautaube derselben Gattung zuzählen würde, zumal jede dieser Rassen mehrere erbliche Unterrassen umfasste, die er Arten nennen würde. Wie groß aber auch die Unterschiede zwischen den Taubenrassen sein mögen, so bin ich doch völlig überzeugt, dass sie sämtlich von der Felsentaube (*Columba liva*) abstammen.
> ...Wären die verschiedenen Rassen nicht Varietäten und stammten sie nicht von der Felsentaube ab, so müssten sie wenigstens von sieben bis acht Stammformen herrühren. Die angenommenen wilden Stammarten müssten sämtlich Tauben gewesen sein, die nicht freiwillig auf Bäumen brüten, ja die sich nicht einmal freiwillig darauf setzten. Aber außer der *C. livia* und ihren geographischen Unterarten sind nur zwei oder drei Felsentaubenarten bekannt, und diese haben keine einzige der charakteristischen Eigenschaften unserer Haustauben. Es müssten also die angeblichen Stammarten im wilden Zustand ausgestorben sein. Aber Vögel, die auf Felsen brüten und gute Flieger sind, lassen sich nicht leicht ausrotten...
> Einige Tatsachen bezüglich der Färbung des Gefieders verdienen Beachtung. Die Felsentaube ist schieferblau mit weißen Weichen. Der Schwanz hat eine schwarze Schlussbinde, deren äußere Federn weiß gerändert sind. Die Flügel tragen zwei schwarze Binden. Diese verschiedenen Kennzeichen finden sich bei keiner zweiten Art der ganzen Familie vereinigt. Nun kommen aber auch in jeder Hausrasse, selbst bei gut durchgezüchteten Vögeln, zuweilen all jene Kennzeichen entwickelt zusammen vor. Mehr noch: ...ich kreuze einige weiße Pfautauben mit einigen reinschwarzen Berbertauben...und die Blendlinge waren schwarz, braun und gefleckt. Ich kreuze auch eine Berbertaube mit einer Blesstaube, einer weißen Art mit rotem Schwanz und rotem Fleck auf der Stirn, und die Blendlinge waren dunkel und gefleckt. Als ich ferner einen der Nachkömmlinge der Berber- und Pfautauben mit einem Nachkömmling der Berber- und Blesstaube kreuzte, kam ein Vogel von schöner blauer Farbe zustande, mit weißen Weichen, doppelter schwarzer Flügelbinde und schwarzer Schlussbinde mit weißen Rändern der Steuerfedern, alles wie bei der wilden Felsentaube.
> Ich habe den wahrscheinlichen Ursprung der Haustauben ziemlich ausführlich erörtert, weil ich damals, als ich zuerst mit der Beobachtung und Züchtung der Tauben anfing und bereits wusste, wie rein sich die Taubenrassen erhalten, ebenso schwer an einen gemeinsamen Taubenstammvater glauben konnte wie ein Naturforscher an die gemeinsame Abstammung aller Finken oder einer anderen Vogelgruppe im Naturzustande.
> Ein Umstand verblüffte mich: dass nämlich fast alle Züchter von Haustieren und Kulturpflanzen, mit denen ich sprach, fest überzeugt waren, dass die verschiedenen Rassen von ebensovielen ursprünglich verschiedenen Arten abstammen. Obgleich sie wissen, dass jede Rasse etwas variiert (denn sie gewinnen ja ihre Preise durch Herauszüchtung solcher geringen Unterschiede), so lassen sie doch die allgemeinen Beweise außer acht und rechnen nicht den ganzen Betrag zusammen, der sich durch die Anhäufung kleiner Unterschiede im Verlauf der Generationen ergibt.

Kasten II, 2–3: *Darwins* Untersuchungen zu den Rassen der Haustaube (s. Abb. II, 2–5; *Darwin* 1859, aus *Pflumm* u.a. 1984, 54 f.)

Der mit den Fragen 2 und 3 geforderte Vergleich der Anschauungen von *Lamarck* und *Darwin* wird am Beispiel der Giraffe durchgeführt. Bei arbeitsgleichem Unterricht wird zunächst die Theorie *Lamarcks* (Kasten II, 2-1) und danach der entsprechende Text von *Darwin* erörtert (Kasten II, 2-2). Beide Texte können jedoch auch arbeitsteilig in zwei Gruppen bearbeitet werden. Jede Gruppe hat dann die Aufgabe, die in ihrem Text enthaltenen Anschauungen den übrigen Mitschülern möglichst anschaulich vorzutragen. Dazu können die Schüler auch jeweils Poster mit entsprechenden Skizzen der Evolution zeichnen. Der nachfolgende Vergleich sollte die beiden Anschauungen möglichst kontrastierend gegenüberstellen, so dass Population und Selektion (*Darwin*) bzw. Typenwandel (*Lamarck*) deutlich werden (Abb. II, 2-4). Die von den Schülern angefertigten Poster können gegebenenfalls auf diesem Hintergrund noch einmal betrachtet und evtl. korrigiert bzw. besonders gute Ergebnisse herausgestellt werden.

Darwins Arbeitsweise und Fragestellung lassen sich dann von den Schülern differenziert anhand seiner Untersuchungen zur Abstammung und Züchtung der Haustaubenrassen ermitteln, wie sie in Kasten II, 2-3 und Abbildung II, 2-5 dargestellt sind.

II Prozesse der Evolution

Abb. II, 2-5: Von *Darwin* untersuchte Taubenformen (aus: *Darwin*: Das Variieren der Thiere und Pflanzen im Zustande der Domestication. I. Band, Stuttgart 1873; nach *Kattmann/Rüther* 1991, 163)

Der vorhergesagte Schwärmer

Auf Madagaskar wächst eine Orchidee mit einem etwa 30 cm langen Sporn: *Angraecum sesquipedale* (links). Als *Charles Darwin* diese Orchidee um 1860 vorgelegt wurde, vermutete er aufgrund seiner Selektionstheorie sogleich, dass es auf Madagaskar ein blütenbesuchendes Insekt mit einem ebenso langen Rüssel geben müsse.

a) *Charles Darwin* schrieb 1862 in seinem Orchideenbuch:
„Aus dem ... von mir gegebenen Beweismaterial können wir schließen, dass es für die meisten Pflanzen viel vorteilhafter ist, einige wenige durch Kreuzbefruchtung erhaltene Samenkörner zu ergeben, ... als viele selbst befruchtete Samenkörner zu produzieren. ... Wir wissen, dass gewisse Orchideen bestimmter Insekten zu ihrer Befruchtung bedürfen, wie es in dem ... Beispiele von *Vanilla* und *Sarcochilus* der Fall ist. In Madagaskar muss *Angraecum sesquipedale* von irgendeinem riesenhaften Nachtschmetterling abhängen ...
Bei meiner Untersuchung der Orchideen hat mich kaum irgendeine Tatsache so sehr überrascht als die endlosen Verschiedenheiten der Struktur,– die verschwenderische Fülle von Hilfsmitteln,– um denselben Zweck zu erreichen, nämlich die Bestäubung einer Blüte durch Pollen einer anderen Pflanze. Diese Tatsache ist in großem Maße nach dem Grundsatz der natürlichen Zuchtwahl verständlich ... dass die Einrichtungen und wundervollen Anpassungen ... dadurch erlangt sind, dass jeder Teil gelegentlich in einem unbedeutenden Grade, aber auf viele Weisen variiert, wobei diejenigen Abänderungen erhalten wurden, welche für den Organismus unter den komplizierten und immer abändernden Lebensbedingungen wohltätig sind."

b) Ein berühmter Botaniker seiner Zeit, der Münchner Professor *Carl Wilhelm von Naegeli,* hat *Darwin* allerdings widersprochen: „Die Selektion kann die Verlängerung der Kronenröhre einer Blume nicht bewirkt haben, weil der Rüssel des Insekts sich ja gleichzeitig hätte verlängern müssen. Wenn sich die Kronröhre allein verlängert und nicht zugleich auch der Rüssel des Schmetterlings, so wird die Blume nicht mehr bestäubt; und wenn die Verlängerung des Rüssels derjenigen der Kronröhre vorausgeht, so hat sie keinen Wert für den Schmetterling und kann also auch nicht Gegenstand eines Züchtungsprozesses werden."
Tatsächlich wurde 1903 auf Madagaskar ein Schwärmer entdeckt, der einen etwa 30 cm langen Rüssel besitzt (rechts). Als Erinnerung an die Vorhersage *Darwins* erhielt der Schwärmer den Namen *Xanthopan morgani praedicta* (lat. praedicta = vorhergesagt).

Aufgaben
1. Stelle die Annahmen *Darwins* zusammen, die ihn vermutlich zu seiner Aussage veranlassten.
2. Versuche, den Einwand *Naegelis* mit Hilfe der Selektionstheorie zu widerlegen.

c) *August Weismann* antwortete schon 1902 in seinen berühmten Vorträgen über Deszendenztheorie auf die Kritik *Nägelis* an *Darwin*:
„Der Einwurf übersieht, dass es von einer Blumenart und einem Schmetterling nicht nur ein Individuum gibt, sondern Tausende oder Millionen, und dass diese untereinander nicht absolut gleich, sondern ungleich sind ... Es wird also auch in unserem Falle unter den Individuen der betreffenden Pflanzenart Blumen mit längerer und solche mit kürzerer Kronenröhre, unter den Schmetterlingen solche mit längerem und solche mit kürzerem Rüssel geben. Wenn unter den Blumen die längeren sicherer kreuzbefruchtet werden als die kürzeren, weil schädliche Besucher fernbleiben, so werden die längeren mehr und bessere Samen hervorbringen und ihre Eigenschaften auf mehr Nachkommen vererben, und wenn unter den Schmetterlingen die langrüsseligsten im Vorteil waren, weil für sie der Honig in den längeren Kronröhren gewissermaßen aufgehoben blieb, sie sich also besser ernährten als die mit kürzeren Rüsseln, so muss von Generation zu Generation die Zahl der langrüsseligsten Individuen zugenommen haben. So wird sich die Länge der Krone und die des Rüssels so lange gesteigert haben, als noch ein Vorteil für die Blume darin lag, und beide Parteien mussten sich notwendig in gleichem Schritt verändern, da jede Verlängerung der Krone von einer Bevorzugung der längsten Rüsselvarianten begleitet war."

Kasten II, 2–4: Der vorhergesagte Schwärmer, ein schwerwiegender Einwand und seine Widerlegung. a) *Darwins* Prognose, b) der Einwand *Nägelis* (Arbeitsblatt), c) das Gegenargument von *Weismann* (aus *Kattmann* 1984 b, 37)

II Prozesse der Evolution

Die Annahmen der Selektionstheorie werden zur Ergebnissicherung in kurzen Sätzen zusammengefasst, wie sie der Tabelle I, 0-1 zu entnehmen sind.
Als Transfer und zur Vertiefung wird von der Lehrkraft nun der Fall des vorhergesagten Schwärmers anhand eines Transparents geschildert (s. Kasten II, 2-4 a). Im Unterrichtsgespräch werden die Annahmen, die *Darwin* wahrscheinlich der Prognose zugrundegelegt hat, erörtert und an der Tafel festgehalten:
– Der Sporn stellt eine Angepasstheit dar,
– diese muss sich durch einen Selektionsvorteil herausgebildet haben,
– einen Vorteil kann die Pflanze jedoch nur haben, wenn es einen entsprechenden langrüsseligen Bestäuber auf Madagaskar gibt.

Dann erhalten die Schüler den Text von *Naegeli* (s. Kasten II, 2-4 b) und versuchen den Einwand im Unterrichtsgespräch zu widerlegen. Alternativ kann dem Unterrichtsgespräch eine arbeitsgleiche Gruppenarbeit vorangehen. An geeigneter Stelle des Unterrichtsgesprächs wird von der Lehrperson der Text von *Weismann* (s. Kasten II, 2-4 c) eingeführt und so das Problem durch Betrachten der Variabilität in den beiden Populationen gelöst. Die entsprechenden Sätze werden den Annahmen von *Darwin* hinzugefügt:
– In beiden Populationen gab (und gibt) es individuelle Unterschiede in den Längen von Spornen bzw. Rüsseln;
– durch die natürliche Selektion wurden (und werden) jeweils die längsten Rüssel bzw. Sporne bevorzugt, da sie sicherer zum Erfolg führen (Nahrung, bzw. Bestäubung);
– in der Wechselwirkung zwischen den beiden Partnern konnten sich die langrüsseligen Bestäuber und die langspornigen Blüten schrittweise herausbilden.

Mit einer Wiederholung der Beziehungen zwischen Blüten und Insekten (s. Band 8, 22 ff.) schließt die Unterrichtseinheit anschaulich ab.

2.3 Medien

2.3.1 Modelle
HMS. Beagle, Modellbausatz im Maßstab 1:96, Fa. Revell, Best.-Nr. 05458 (erhältlich über den Modellbau- und Spielwarenhandel).

2.3.2 Filme
FWU: Auf den Spuren *Darwins* 32 00593; *Darwins* Evolutionstheorie 42 80699;
Spektrum-Videothek: *Darwin* und die Theorie der Evolution 42 46553.

2.3.3 Diapositive
Mauer bzw. Schuchardt: Entstehung und Evolution der Lebewesen III. Grundlagen, Mechanismen und Wege der Evolution des Pflanzen- und Tierreiches (u.a. Katastrophentheorie von *Cuvier*, *Lamarckismus*, *Darwinismus*); Evolution exemplarisch: Galapagos - Evolutionsmodell).

2.3.4 Arbeitstransparente
Hagemann: Evolutionstheorien – *Darwin* und *Lamarck* 17 2042; *Darwins* Weltreise und die Darwinfinken 172015; Stammbaum der Pflanzen 172006; Stammbaum der Tiere 172003;
Klett: Evolution 02766.

2.3.5 Texte
Altner (1981); *Schmitt/Rottländer/Reinhard* (1986); *Darwin* (1859); *Ridley* (1996); *Fels* (1965); *Stripf* (1989);
Friedrich-Verlag: Historische Texte zur Begründung von Systematik und Evolutionstheorie 32633;
Klett-Lesehefte: *Charles Darwin*, Notizbuch über die Entstehung der Arten.

Literatur

Allan 1977; *Altner* 1981; *Baalmann* 1997; *Becker* 1997; *Bowler* 1984; *Darwin* 1859; *Desmond/Moore* 1994; DIFF 1978; *Dobzhansky* 1973; *Eibl-Eibesfeldt* 1970; *Eschenhagen* 1976; *Fels* 1965; *Gamlin* 1993; *Jahn* 1990; *Kattmann* 1984 a; b; 1992 a; 1998; *Kattmann/Rüther* 1991; *Knodel/Bayrhuber* 1983; *Kull* 1977; *Munding/Rottländer* 1987; *Pflumm/Wilhelm* 1984; *Pflumm* u. a. 1984; *Ridley* 1996; *Stripf* 1984; 1989; *Schmitt/Rottländer/Reinhard* 1986; *Wandersee/Good/Demastes* 1995; *Wuketits* 1982; *Zauner* 1968

3 Variabilität, Selektion und Artbildung

3.1 Sachanalyse

3.1.1 Vielfalt in Populationen

Voraussetzung aller evolutionären Veränderung ist die genetische Vielfalt innerhalb von Populationen und Arten (vgl. *Mayr* 1967; 1979; *Ayala* 1979; *Kattmann/Wahlert/Weninger* 1981; *Senglaub* 1982). Die Individuen einer Population sind in der Regel nicht völlig genetisch gleich. Die Erscheinung, dass innerhalb ein und derselben Population mehrere Genotypen vorkommen, nennt man Polymorphie (Polymorphismus). Die im folgenden behandelten Beispiele mit auffälligen Unterschieden (Bänderschnecken, Zweipunkt-Marienkäfer) sind hinsichtlich der genetischen Vielfalt keine Ausnahmefälle. Auch die zunächst uniform erscheinenden Populationen der meisten anderen Tierarten sind polymorph. Die genetischen Unterschiede zwischen den Individuen lassen sich jedoch hier nicht so sehr morphologisch, sondern vielmehr molekulargenetisch, zytologisch und physiologisch nachweisen (s. Abb. II, 3-1 a). In Experimenten mit der Taufliege konnte gezeigt werden, dass vielfältige Populationen sich unter einschränkenden Bedingungen stärker vermehren als eine genetisch reine Linie (s. Abb. II, 3-1 b). Dass Pflanzen und Tiere im Naturzustand und nicht nur bei Domestikation variieren, war eine entscheidende Erkenntnis *Darwins*, die ihn befähigte, die Selektionstheorie zu entwickeln und dabei das Modell der Züchtung auf die Naturprozesse anzuwenden (s. Kapitel II, 1 und II, 2). Der Terminus „Variabilität" ist nicht eindeutig, da er sowohl einen Zustand wie auch die Veränderlichkeit bezeichnen kann. Man sollte daher zweckmäßigerweise zwischen genetischer Vielfalt und genetischer Veränderlichkeit von Populationen unterscheiden (vgl. *Kattmann* 1981 a).

Die genetische Vielfalt betrifft die Häufigkeitsverteilung von genetisch bedingten Merkmalen in einer Population. Wird nur ein einziges, kontinuierlich variierendes Merkmal erfasst, so entspricht die Ausprägungshäufigkeit meist einer Gaußschen Normalverteilungskurve. Für das Verständnis der Evolutionsprozesse ist besonders das Wechselspiel zwischen genetischer Vielfalt und Selektion wichtig. Genetische Vielfalt ist nämlich nicht nur Voraussetzung, sondern stets auch Ergebnis der Evolution. Sie resultiert aus dem Zusammenwirken von Mutation, genetischer Rekombination (bei Meiose und Befruchtung) und Selektion (s. Abb. II, 3-2).

Als Fitness (Tauglichkeit) wird der relative Fortpflanzungserfolg bezeichnet. Der Fortpflanzungserfolg ist abhängig von den Umweltbedingungen und den Eigenschaften des Individuums. Der relative Erfolg ergibt sich im Vergleich mit dem der Artgenossen. Die Selektion betrifft den Phänotyp. Durch Mutation und Rekombination werden die Auswahlmöglichkeiten für die Selektion bereitgestellt, indem mit neuen Genotypen in der Regel auch die Vielfalt der Phänotypen vermehrt wird. Die Selektion arbeitet nicht zielgerichtet, sondern sie ist auf die zufällig in einer Population vorhandenen Phänotypen angewiesen. Phänotypen, die nicht vorhanden sind, können selbstverständlich auch nicht ausgelesen werden. Die Selektion erfolgt also immer nur auf der Grundlage gegenwärtiger Phänotypen sowie der auf sie wirkenden Umweltbedingungen und niemals im

II Prozesse der Evolution

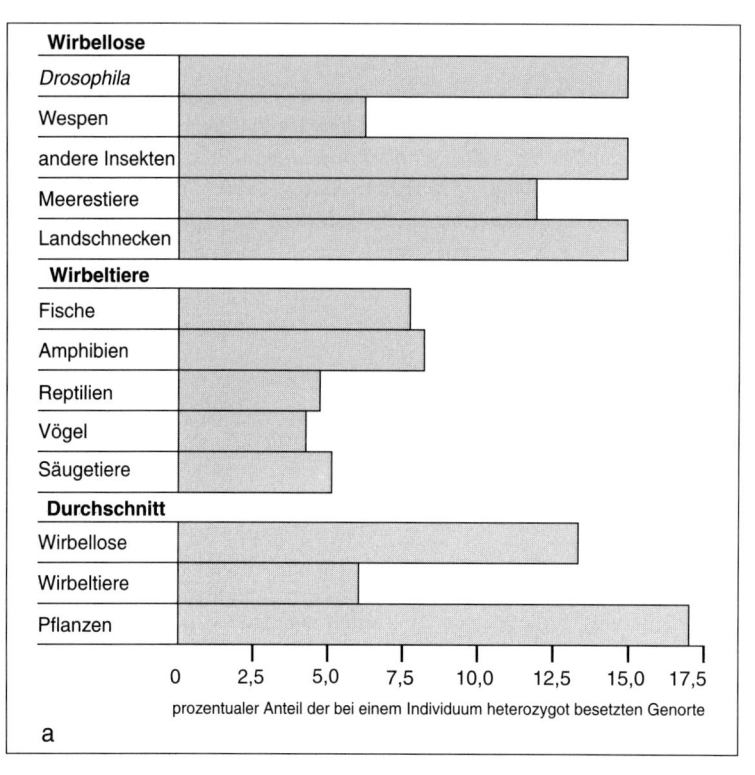

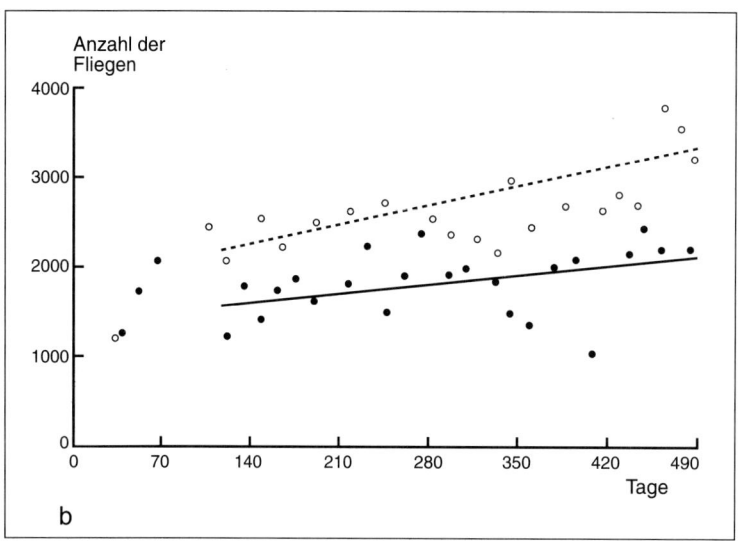

Abb. II, 3-1: Genetische Vielfalt in Populationen. a) durchschnittliche Anteile von Genorten mit verschiedenen Allelen bei Individuen verschiedener Organismengruppen. Es sind nur diejenigen Allelunterschiede erfasst, die sich durch Gelelektrophorese der codierten Proteine ermitteln lassen, b) Einfluss der genetischen Vielfalt auf die Evolution. In einem Laborexperiment mit der Taufliege Drosophila wurden zwei Populationen 25 Generationen lang bei begrenztem Nahrungs- und Raumangebot gehalten. Eine Population (ausgefüllte Kreise) stammt aus einer einzigen genetisch reinen Linie, die andere (unausgefüllte Kreise) aus der Kreuzung zweier verschiedener reiner Linien. Beide Populationen überlebten und vermehrten sich unter den beschränkenden Bedingungen, aber die genetisch vielfältigere Population wuchs schneller (nach *Ayala* 1979, 14 und 12)

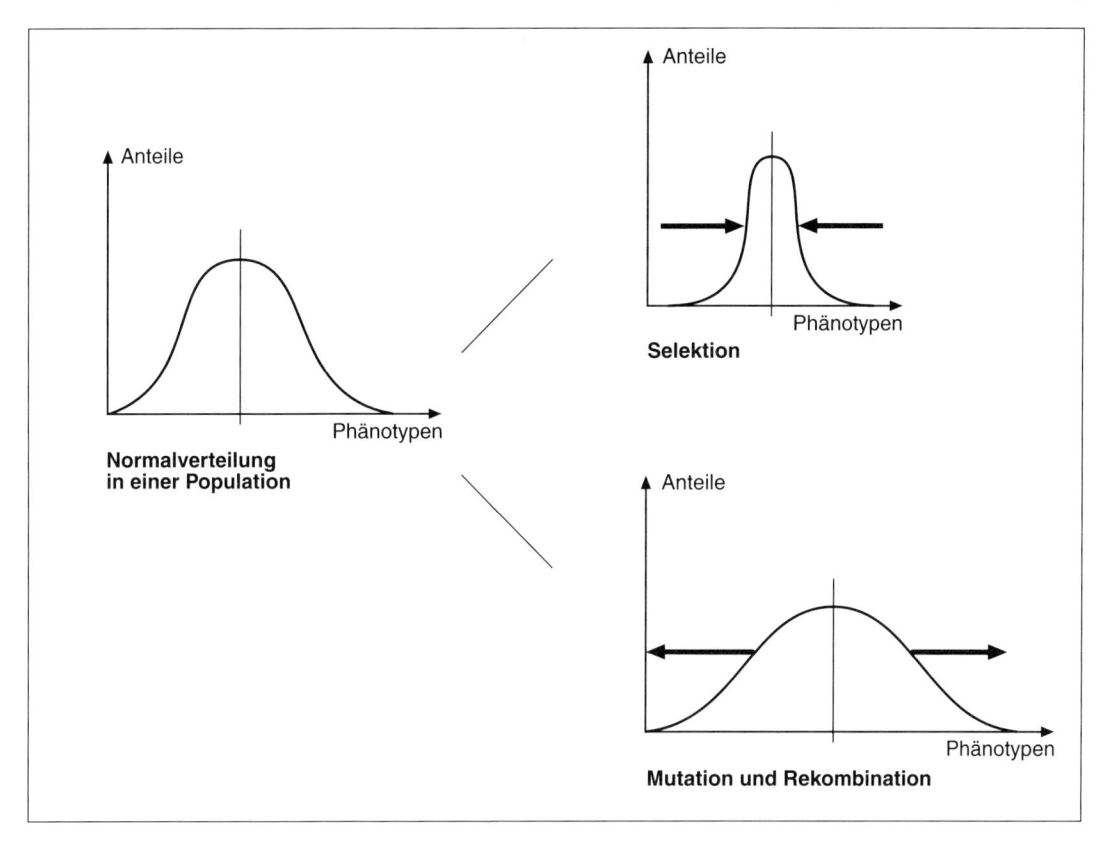

Abb. II, 3-2: Wirkungen von Selektion sowie Mutation und Rekombination auf die Normalverteilung von Phänotypen innerhalb einer Population. Die natürliche Selektion wirkt im typischen Fall so, daß die Individuen mit extremen Merkmalsausprägungen aus der Population entfernt werden. Das bedeutet, dass diejenigen Individuen, die in der Nähe des Mittelwertes liegen, häufiger zur Fortpflanzung gelangen als andere. Mutation und Rekombination erhöhen dagegen die genetische und damit verbunden die phänotypische Vielfalt (nach *Kattmann* 1981 a, 81)

Hinblick auf zukünftige Umweltänderungen und möglicherweise dann erforderliche Eigenschaften. Natürliche Selektion ist für die Zukunft blind.
Anhand der Wirkungen unterscheidet man drei Formen natürlicher Selektion (s. Abb. II, 3-3):
– Stabilisierende (bewahrende) Selektion hebt die Wirkungen von Mutation, Rekombination, Allelfluss und Alleldrift auf und stellt daher in jeder Generation die Allelfrequenzen der betreffenden Populationen wieder her. Sie bewirkt also, dass Populationen und Arten über einen längeren Zeitraum unverändert bleiben.
– Transformierende (verändernde, verschiebende) Selektion verringert oder erhöht die Frequenzen je nach Selektionswert der entsprechenden Merkmale. Sie fördert diejenigen Phänotypen, die günstige Merkmalskombinate besitzen, und bewirkt so, dass sich die genetische Zusammensetzung der Populationen in der Generationenfolge ändert.
– Disruptive (aufspaltende) Selektion kann vor allem in stark polymorphen Populationen bei stark einschränkenden Umweltbedingungen (hohen Selektionsdrucken) wirken. Durch sie werden mehrere Phänotypen dergestalt gefördert, dass eine Population in mehrere aufgeteilt werden kann (s. Abschnitt II, 3.1.3).

Im Gegensatz zu einer verbreiteten Annahme wirkt Selektion keineswegs nur in Richtung einer Vereinheitlichung der Populationen, so dass jeweils nur ein am „besten" angepasster Typ übrig bleiben müsste. Vielmehr kann Selektion dazu beitragen, dass genetische Vielfalt in einer Population erhalten bleibt. Eine wichtige Ur-

II Prozesse der Evolution

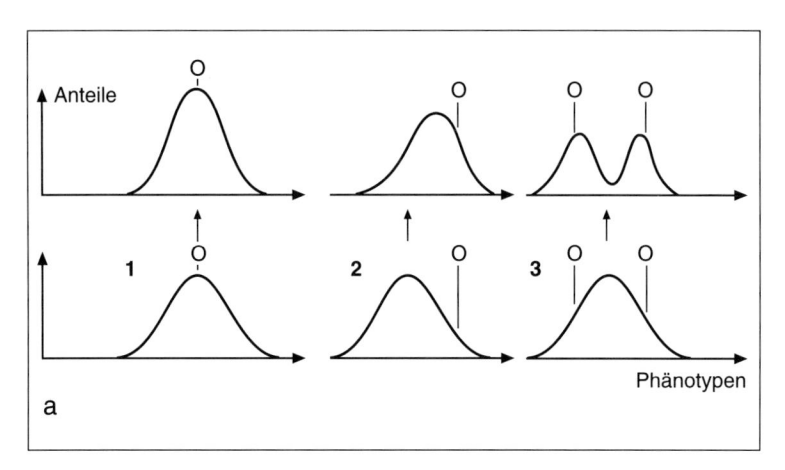

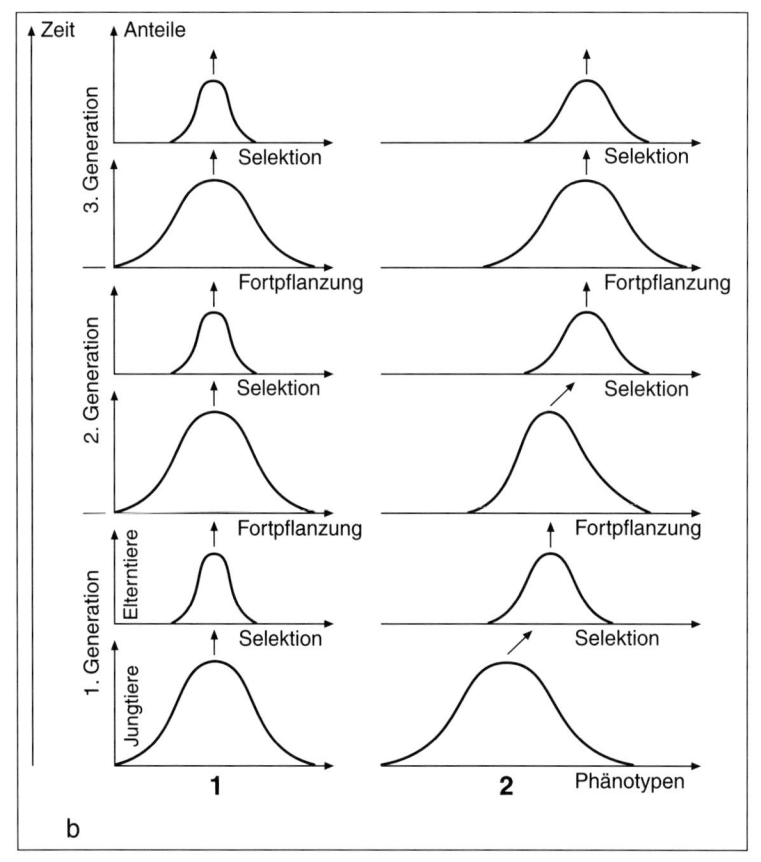

Abb. II, 3-3: Formen und Wirkungen der Selektion. a) Selektionstypen. O kennzeichnet die von der Selektion begünstigten Phänotypen: 1 stabilisierende (bewahrende) Selektion, 2 transformierende (verändernde, verschiebende) Selektion, 3 disruptive (aufspaltende) Selektion, b) Wirkungen der Selektion auf die Vielfalt innerhalb von Populationen: 1 stabilisierende Selektion: die Verteilung bleibt über die Generationen trotz Mutation und Rekombination bei der Fortpflanzung gleich, 2 transformierende Selektion: die Verteilung wird zu einem neuen Mittelwert hin verschoben
(nach *Weninger/Kattmann* 1981, 34; *Kattmann* 1981 a, 102)

sache hierfür ist der Umstand, dass die Selektionswirkung (der Selektionsdruck) auf bestimmte Phänotypen von deren Häufigkeit abhängen kann. So wirkt die Selektion durch Freßfeinde häufig nur auf häufig vorkommende Phänotypen, da die Räuber sich auf deren Merkmale zum Erkennen der Beute einstellen. Seltene Phänotypen werden dadurch verschont und bleiben auf diese Weise erhalten (frequenzabhängige Selektion). Grundsätzlich ist zu bedenken, dass die Beziehungen zwischen den Phänotypen (an denen die Selektion ansetzt) und den Genotypen (deren Gene vererbt werden) nicht eindeutig ist. Individuen mit demselben Phänotyp können unterschiedliche Genotypen haben (dieser Fall tritt bereits im einfachen dominant-rezessiven Erbgang auf). Da die Fitness eines Individuums immer ein Resultat aus vielen Merkmalen ist, können mehrere verschiedene Phänotypen dieselbe Fitness haben und so ihre unterschiedlichen Gene gleich häufig an die nächste Generation weitergeben. Dieses vielschichtige Verhältnis zwischen Genotypen und Phänotypen trägt ebenso dazu bei, dass die Vielfalt in Populationen erhalten bleibt (vgl. *Kattmann* 1981 a, 82 f.; 1991, 7 f.).

Genetische Vielfalt kann z. B. erhalten bleiben, wenn bestimmte Umweltfaktoren zu verschiedenen Zeiten unterschiedlich einwirken. Beim Zweipunkt-Marienkäfer Adalia bipunctata überwiegen zu verschiedenen Jahreszeiten zwei unterschiedliche Phänotypen: eine rote Form mit schwarzen Punkten und eine schwarze Form mit roten Marken (s. Kasten II, 3-2). Die Flügeldeckenfärbung ist genetisch bedingt. Vor der Überwinterung im Oktober ist der schwarze Phänotyp in der Überzahl; im April, nach der Überwinterung, dagegen der rote. Da während der Überwinterung keine Fortpflanzung stattfindet, liegt der Grund in einer höheren Sterberate der schwarzen Käfer. Im Sommer wird dagegen das Übergewicht der schwarzen Käfer durch den größeren Fortpflanzungserfolg der schwarzen Phänotypen wieder hergestellt. Im Sommer ist also die Fitness der schwarzen Käfer größer, im Winter die der roten. Die Färbungen sind offensichtlich mit physiologischen Unterschieden verbunden, so dass die schwarze Form besser an hohe, die rote besser an tiefe Temperaturen angepasst ist. Bezogen auf das ganze Jahr haben beide Phänotypen jedoch dieselbe Fitness und ihr Phänotyp damit denselben Selektionswert. Zwischen beiden Phänotypen besteht also ein Gleichgewicht, das durch die Selektion aufrecht erhalten wird. Man spricht von einer balancierten Polymorphie. Beide Phänotypen zusammen bewirken ein gleichmäßig großes Populationswachstum im Wechsel der Jahreszeiten.

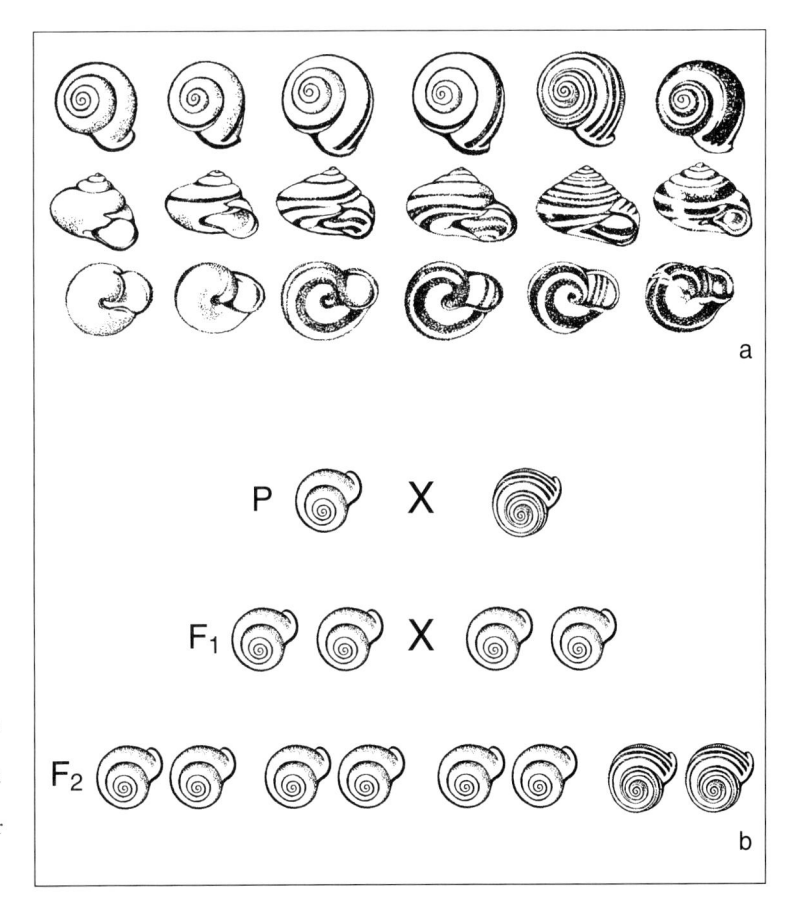

Abb. II, 3-4: Gehäuse der Hainbänderschnecke. a) verschiedene Bänderungstypen, von links: ungebändert bis fünffach gebändert sowie verschmolzene Bänder, b) dominant-rezessiver Erbgang der Bänderung
(nach *Kattmann* 1981 a, 78)

II Prozesse der Evolution

Polymorphie bleibt in einer Population auch erhalten, wenn unterschiedliche Faktoren nicht nacheinander, sondern gleichzeitig auf eine Population einwirken. Dieser Fall trifft offensichtlich auf die Polymorphie zu, die in den meisten Populationen der Bänderschnecken (Cepaea nemoralis und C. hortensis) anzutreffen ist (s. Kasten II, 3-1). Die in Färbung und Bänderung verschiedenen Gehäusetypen der Bänderschnecken werden mindestens durch vier Genorte mit mehreren Allelen bestimmt. Die Färbung bestimmt ein Gen, das in mindestens fünf Allelen auftritt. Da die Allele abgestuft zusammenwirken, ergeben sich verschiedene Farben der Schalen von braun über rosa bis gelb. Ein zweites Gen entscheidet mit zwei Allelen darüber, ob die Schale gebändert ist oder nicht: Das Merkmal „ungebändert" ist dominant über „gebändert" (s. Abb. II, 3-4 b). Weitere Gene legen die Anzahl der Bänder fest und bestimmen, ob einige Bänder miteinander verschmelzen (s. Abbildungen in Band 1, 112).

Die Häufigkeitsverteilung der Gehäusetypen in einer Population ist nicht zufällig, da Färbung und Bänderung der Schalen je nach Biotopbedingungen einen unterschiedlichen Selektionswert haben. Der deutliche Zusammenhang zwischen Biotop und Schalentyp belegt, dass Schalenfärbung und Schalenbänderung einen unterschiedlichen Selektionswert in unterschiedlichen Umwelten besitzen. Die Selektion wirkt hier offensichtlich nicht so, dass in den Populationen nur ein Schalentyp übrig bleibt; in jeder Population besteht vielmehr ein ausbalanciertes Verhältnis der Schalentypen. In Hecken und Kräuterbeständen herrschen gelbe, gebänderte Schnecken vor, in Wäldern überwiegen braune und ungebänderte oder nur einfach gebänderte Gehäuse (s. Kasten II, 3-1). Die verschiedenen Phänotypen zeigen außer in der Färbung und Bänderung auch physiologische Unterschiede, z. B. in der Resistenz gegenüber hohen Temperaturen und Trockenheit. Die Vielfalt innerhalb der Population ergibt sich daraus, dass durch die Vielzahl der Phänotypen ein größerer Bereich optimalen Wachstums und ein insgesamt größerer Toleranzbereich abgedeckt wird, die so die gesamte Schwankungsbreite der ökologischen Faktoren umfassen, die kleinräumig innerhalb eines Biotops einwirken. Vor allem aber ergeben sich durch Färbung und Muster Unterschiede der Phänotypen im Schutz gegen Fressfeinde. So werden z. B. auf einer Wiese gelb gebänderte Schneckengehäuse von Singdrosseln nicht so schnell entdeckt werden wie braune ungebänderte Gehäuse. Einfach gebänderte Gehäuse werden in dieser Hinsicht als „effektiv ungebänderte Gehäuse" bezeichnet, da sie für Fressfeinde (von oben gesehen) ungebändert erscheinen.

3.1.2 Evolutionäre Veränderungen von Populationen

Die Veränderung durch Selektion ist bei Bänderschnecken nachweisbar. Die Verbuschung einer Düne und die damit verbundene Ansiedlung von schneckenfressenden Singdrosseln hat die Zusammensetzung der Bänderschneckenpopulationen im Laufe mehrerer Jahre deutlich verändert (s. Kasten II, 3-1).
Ein einfaches und weithin bekanntes Beispiel des Zusammenwirkens von Mutation und Selektion bei der Veränderung einer Art ist der Industriemelanismus beim Birkenspanner. Melanistische Formen kommen auch bei anderen Schmetterlingsarten vor, die Zusammenhänge sind jedoch beim Birkenspanner besonders gut untersucht (vgl. *Kettlewell* 1961; *Kurtze* 1983). Danach hat die dunkle Form des Birkenspanners seit Beginn der Industrialisierung besonders in Industriegebieten und industrienahen Bereichen gegenüber der hellen Form ihren Anteil in den Populationen stark erhöht (s. Abb. II, 3-5 a; b).Dass industrielle Einflüsse die zugrundeliegende Mutation nicht ausgelöst haben, ergibt sich eindeutig daraus, dass die ersten dunklen Mutanten nicht in Industriegebieten, sondern in unbelasteter Umgebung gefunden wurden: 1848 in einem Waldgebiet in England, 1867 in den Niederlanden und 1937 in Hannover (vgl. *Kurtze* 1983). Die Zunahme der dunklen Form wird allgemein damit erklärt, dass die dunklen Falter auf flechtenfreier oder rußgeschwärzter Rinde gegen futtersuchende Vögel besser geschützt sind als die hellen Falter, die an flechtenbewachsene helle Rinde angepasst sind. Dazu machte *Kettlewell* (1961) Freilandexperimente, die diese Annahmen bestätigten (s. Kasten II, 3-3; Abb. II, 3-5 c). Gegen diese Deutung und die Versuche wird eingewendet, dass die Falter sich normalerweise nur selten an Baumstämme setzen und die Vögel nur bei großer Häufigkeit der Falter diese gezielt suchen, so dass die Beobachtungen *Kettlewells* ein Kunstprodukt sein könnten. Das beobachtete Ver-

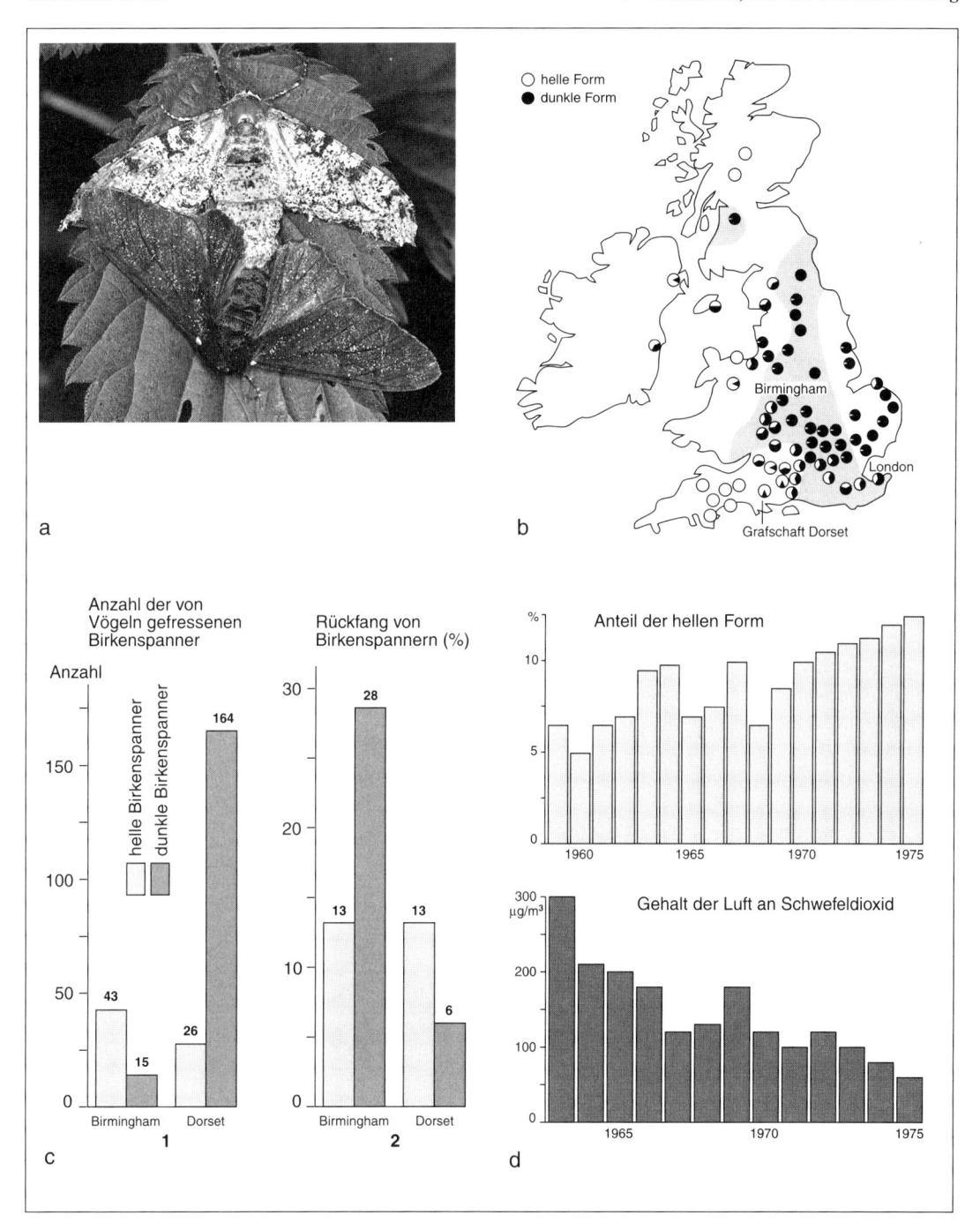

Klassenstufe 9/10   3 Variabilität, Selektion und Artbildung

Abb. II, 3-5: Industriemelanismus beim Birkenspanner. a) Weiße und schwarze Form in Paarung, b) Anteile der weißen und schwarzen Form in Birkenspannerpopulationen Großbritanniens (Mittelwerte um 1960), graue Flächen markieren Industriegebiete, c) Ergebnisse von Freilandversuchen (s. Kasten II, 3-3 a): 1 Fraß durch Singvögel, 2 Rückfangergebnisse, d) Wiederzunahme der hellen Form des Birkenspanners in Korrelation zur Abnahme des Schwefeldioxidgehalts der Luft in Caldy bei Liverpool (b); c) nach *Kettlewell* 1961 aus *Kattmann/Rüther* 1994, 186; 210; d) nach *Sauer/Müller* 1987, 37, verändert; Foto: *Kattmann*)

II Prozesse der Evolution

halten der Vögel könnte ja dadurch bedingt sein, dass in den Versuchen die Häufigkeit der Schmetterlinge künstlich erhöht wurde. Dennoch hat die Annahme der transformierenden Selektion durch den Faktor Vogelfraß weiterhin die meisten Argumente für sich, zumal die Raupen der dunklen Mutante denen der hellen physiologisch unterlegen sind, so dass in jedem Fall ein Selektionsfaktor angenommen werden muss, der in Industriegebieten zugunsten der dunklen Form wirkt. Schließlich ist bemerkenswert, dass in Industriegebieten, in denen die Luftverschmutzung durch Umweltschutzmaßnahmen zurückgegangen ist, die helle Form des Birkenspanners wieder zugenommen hat (s. Abb. II, 3-5 d).

Ein den Menschen betreffendes Beispiel für populationsgenetische Veränderungen durch Selektion ist das Auftreten des Sichelzellen-Merkmals und der Sichelzellenanämie in Malariagebieten (vgl. *Kattmann* 1981 a; 1991; s. Band 6).

3.1.3 Artbildung

Arten sind die Grundeinheiten der Evolution (vgl. *Mayr* 1967; *Kattmann* 1981 a). Die biologische Art wird durch generative Beziehungen bzw. Isolation als Fortpflanzungsgemeinschaft definiert: Arten sind Gruppen von natürlichen Populationen, die von anderen Gruppen deutlich isoliert sind und unter sich eine Fortpflanzungsgemeinschaft bilden. Die Kreuzbarkeit von Individuen, die oft als Artkriterium genannt wird, ist danach nur eine notwendige, nicht aber hinreichende Bedingungen für die Diagnose einer Art. Das entscheidende Artkriterium ist die generative Isolation von Populationen (s. Band 1, 159 f.).

Dieser Aspekt kommt schön in dem Merkspruch zum Ausdruck: „Was sich schart und paart, ist 'ne Art". Lassen sich zwei Individuen nicht fruchtbar kreuzen (wie z. B. Pferd und Esel), so gehören sie unzweifelhaft zu zwei verschiedenen Arten. Haben sie im Experiment oder bei Käfighaltung fruchtbare Nachkommen, so können sie dennoch verschiedenen Arten angehören. So lassen sich Tiger und Löwe im Zoo fruchtbar kreuzen („Liger"). Sie gehören dessen ungeachtet zwei verschiedenen Arten an, da sie sich in Indien, wo sie gemeinsam vorkommen, nicht paaren. Ihre Populationen sind also generativ getrennt.

Gelegentliche fruchtbare Einkreuzungen, die z. B. durch versprengte Tiere zustandekommen, gelten nicht als Beleg der Artgleichheit. Hierzu muss vielmehr regelmäßiger Allelfluss zwischen den Populationen nachgewiesen werden.

Der Besitz gemeinsamer Merkmale ist Folge der Stammesgeschichte einer Art und damit nur Hilfskriterium zur Artbestimmung. Die innerhalb einer Population auftretenden Unterschiede zwischen den Individuen dürfen daher nicht mit dem Beginn einer Artbildung verwechselt werden. Durch Veränderungen innerhalb der Fortpflanzungsgemeinschaft entstehen keine neuen Arten, es handelt sich allenfalls um Artumwandlungen.

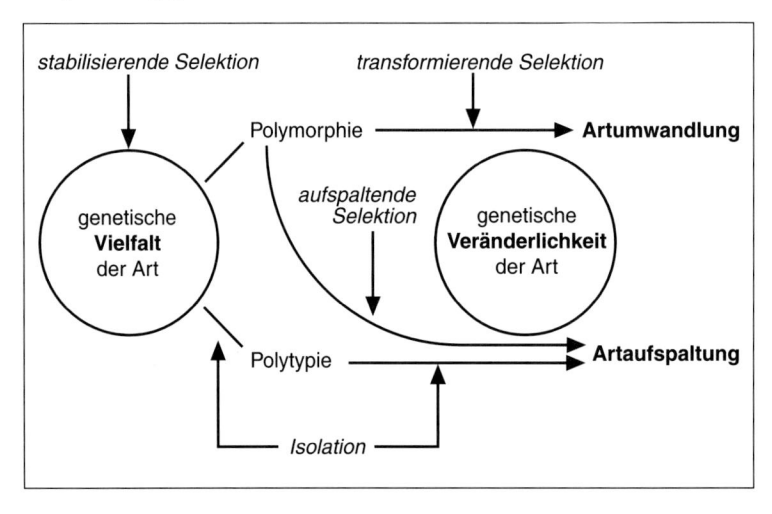

Abb. II, 3-6: Beziehungen zwischen den evolutionsbiologischen Grundbegriffen zur genetischen Vielfalt und Artbildung (nach *Kattmann* 1981 a, 115, verändert)

Als Artumwandlungen bezeichnet man die evolutionären Änderungen (von Allelfrequenzen, Merkmalsfrequenzen, ökologischen Beziehungen), die innerhalb der Art auftreten. Die Art verändert sich also und kann sich im Laufe der Stammesgeschichte stark wandeln. Es bleibt dennoch dieselbe biologische Art.

Neue Arten entstehen dagegen durch Trennung der Fortpflanzungsgemeinschaft in zwei Teile, man spricht bei der Artbildung daher von Artaufspaltung (s. Abb. II, 3-6). Zu den Faktoren Mutation, Rekombination und Selektion muss also bei der Artbildung oder Artaufspaltung notwendig der Evolutionsfaktor Isolation hinzutreten.

Mit dem Evolutionsfaktor Isolation ist immer die fortpflanzungsmäßige (generative) Trennung der Populationen gemeint. Bei der Isolation unterscheidet man zweckmäßigerweise zwischen dem Isoliert-Werden und dem Isoliert-Sein von Populationen (vgl. *Weninger/Kattmann* 1981, 122 f.). Die Artbildung betrifft das Isoliert-Werden, während das Nebeneinander, die Koexistenz der Arten, das Isoliert-Sein voraussetzt.

Die Artbildung erfolgt meist mit Hilfe des Isoliert-Werdens durch geographische Barrieren (Separation). Diese Form nennt man allopatrische Artbildung. Die geographische Isolation erfolgt klimatisch bedingt durch das Entstehen unbesiedelbarer Gebiete (Gletscher und Eiswüsten in Eiszeiten; Wüsten in Warmzeiten) oder durch geologische Ereignisse (Bildung von Inseln, Gebirgen, Meeresarmen).

Die Trennung der Populationen kann jedoch auch durch aufspaltende Selektion erfolgen, durch die Isolationsmechanismen allmählich herausgebildet werden (sympatrische Artbildung).

Während die allopatrische Artbildung als Regelfall gilt, war die sympatrische lange Zeit umstritten, da man annahm, dass ohne geographische Trennung die Teilpopulationen sich zwangsläufig immer wieder vermischen müssten. Inzwischen gilt jedoch auch die sympatrische Artbildung als belegt (vgl. *Weninger/Kattmann* 1981; *Zwölfer/Bush* 1984).

Eine biologische Art kann über ihr gesamtes Verbreitungsgebiet so variieren, dass sich die Vertreter von Populationen aus verschiedenen geographischen Gebieten anhand von Merkmalen deutlich unterscheiden lassen. Die Erscheinung, dass Populationen sich deutlich genetisch unterscheiden, heißt Polytypie (Polytypismus). Genetisch (und morphologisch) unterschiedliche Populationen ein und derselben Art heißen Unterarten. Der noch in Band 1 verwendete Terminus „geographische Rasse" wird heute besser vermieden (s. Kapitel II, 4). Er ist (außerhalb traditionell eingestellter Bereiche der Anthropologie) nicht mehr üblich.

Die Populationen der Unterarten sind im Gegensatz zu Arten nur teilweise voneinander isoliert, an den Grenzen ihrer Verbreitungsgebiete mischen sie sich mit benachbarten Unterarten (z. B. die Raben- und Nebelkrähe als Unterarten der Aaskrähe, s. Band 1, 167 f.). Arten sind daher gegen andere Populationen genetisch abgeschlossene Systeme, Unterarten dagegen - innerhalb der Art - genetisch offene Systeme. Ob Unterarten unterschieden werden, ist stets eine Frage der Zweckmäßigkeit und hängt oft davon ab, welche Merkmale man betrachtet und welche Merkmalsunterschiede man als wesentlich ansieht (vgl. *Senglaub* 1982, 163 ff.).

Eine teilweise Isolation von Populationen kann schon dadurch entstehen, dass sich Populationen einer Art auf ein sehr großes Verbreitungsgebiet ausdehnen, so dass der Allelfluss zwar nicht unterbrochen ist, aber doch mit der Entfernung abnimmt. Die Abänderung der Merkmale kann dabei mehr oder weniger kontinuierlich erfolgen (Klin).

Die Bildung von Unterarten ist häufig die Vorstufe der Artbildung, wobei die genetischen Unterschiede zunächst gering sind, aber durch unterschiedliche Wirkung der Evolutionsfaktoren verstärkt werden können. Ein Beispiel für die beginnende Artaufspaltung sind die rund um den Nordpol verbreiteten Unterarten von Möwen. Während zwischen den benachbarten Populationen Allelfluss stattfindet, vermischen sich die Populationen am Ende dieser circumpolaren „Ringspange" nicht: Die westeuropäischen Populationen von Silbermöwe und der Heringsmöwe verhalten sich wie zwei Arten. Sie sind nur noch durch den circumpolaren Allelfluss verbunden und bezogen darauf (immer noch) als Unterarten zu betrachten (s. Abb. II, 3-7).

Die sich in Raum und Zeit vollziehende Artaufspaltung kann an einem Schema, das *Theodosius Dobzhansky* (1958) entworfen hat, erläutert werden (s. Abb. II, 3-8). Durch die Artaufspaltung wird also die Anzahl der Arten vermehrt: Die alte Art (s. Abb. II, 3-8: Ebene A) hört auf zu bestehen, zwei neue Arten (Ebene C) sind entstanden.

II Prozesse der Evolution

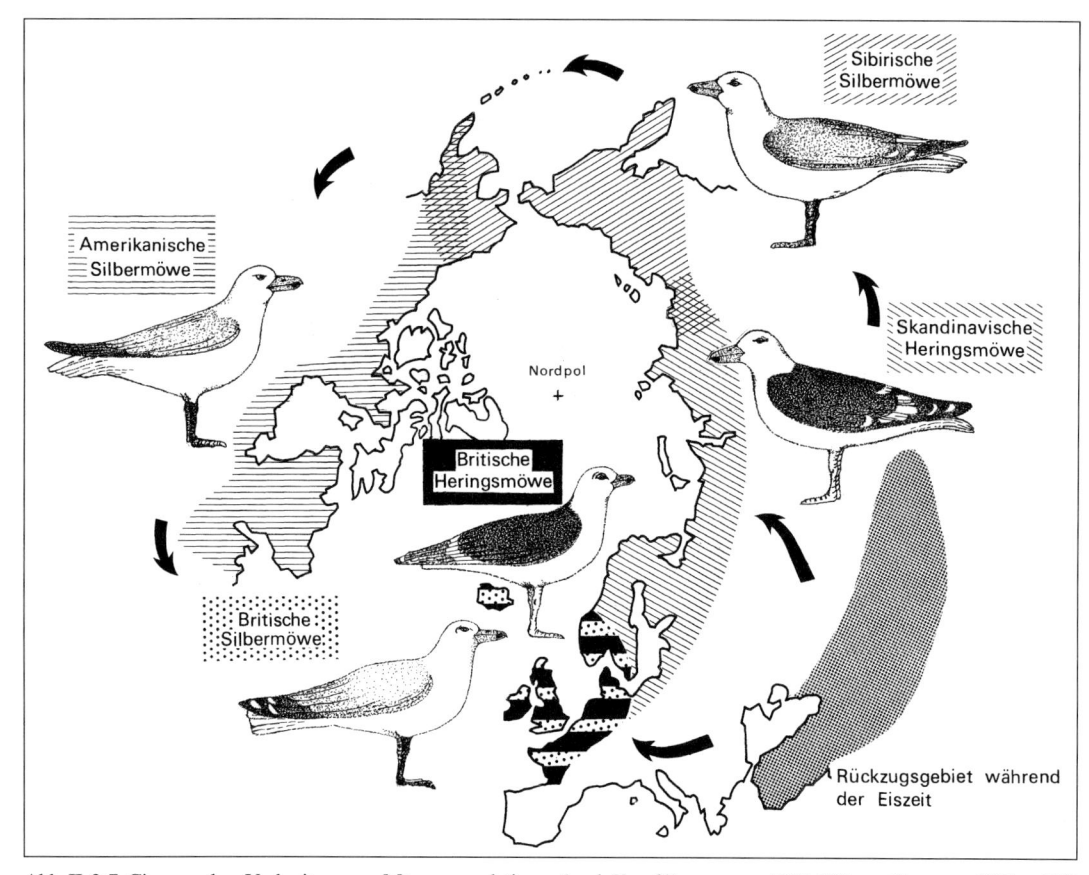

Abb. II, 3-7: Circumpolare Verbreitung von Möwenpopulationen (nach *Vogel/Angermann* 1984, 504, aus *Kattmann* 1981 a, 109)

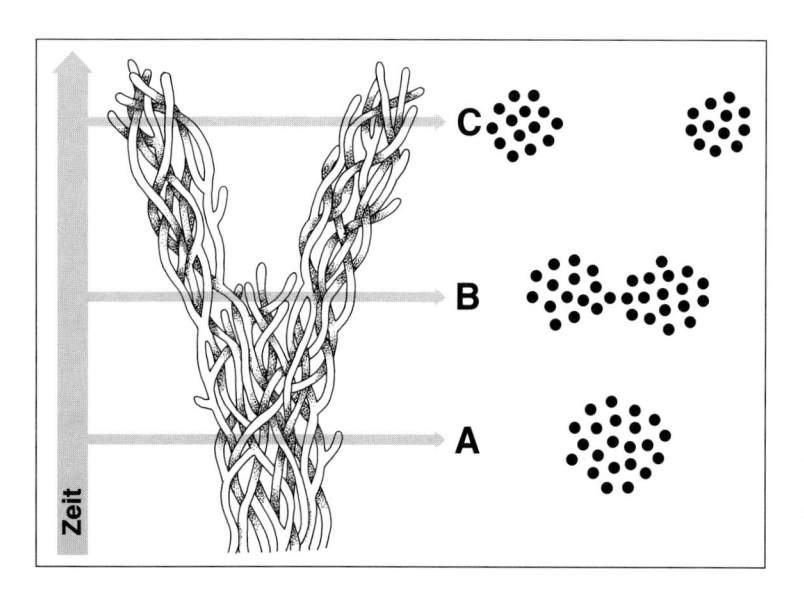

Abb. II, 3-8: Schematische Darstellung der Aufspaltung einer Art (Zeitebene A) in Unterarten (Zeitebene B) und Arten (Zeitebene C). Jeder Strang der Zeichnung entspricht einer Teilpopulation, die sich aufspalten und vereinigen oder aussterben kann (verzweigende, verschmelzende und blind endende Stränge). Die Querschnitte stellen entsprechend die Populationen auf den drei Zeitebenen dar (nach *Dobzhansky* 1958, aus *Kattmann* 1981 a, 110)

Um die Rolle zeitweilig vorhandener geographischen Barrieren und anschließender Ausbreitung aufzuzeigen, eignen sich besonders gut Unterarten und Geschwisterarten einheimischer Singvögel (vgl. *Dylla/Kattmann* 1979). Dazu hat *Klaus Dylla* ein Schema entwickelt, das hier abgeändert verwendet wird. Entsprechend dem Schema gibt es drei Fälle:
– Nach Aufhebung oder Überwindung der Barriere vermischen sich die Populationen (Kreuzungen, Allelfluss), wo sich ihre Verbreitungsgebiete berühren (Unterarten, z. B. Rabenkrähe/Nebelkrähe; Schwanzmeisen, s. Abb. II, 3-9 a) .
– Nach Aufhebung oder Überwindung der Barriere überlappen sich die Verbreitungsgebiete, Allelfluss findet nicht statt, d. h. die Populationen bleiben generativ getrennt (Arten). Die aus einer solchen Spaltung hervorgegangenen Populationen bezeichnet man als Geschwisterarten. Sie ähneln sich meist noch weitgehend (z. B. Sumpf- und Weidenmeise; Garten- und Waldbaumläufer; Sommer- und Wintergoldhähnchen; Fitis und Zilpzalp; Nachtigall und Sprosser, s. Abb. II, 3-9 b).
– Nach Aufhebung oder Überwindung der Barriere bleiben die Verbreitungsgebiete (zur Brutzeit) getrennt. Eine Entscheidung zwischen Unterart oder Art ist nicht sicher möglich. Bei deutlichen morphologischen Unterschieden klassifiziert man die Populationen aus praktischen Gründen als Arten (z. B. Star und Einfarbstar, s. Abb. II, 3-9 c).

Durch das geographische Isoliertsein bilden sich auf Inseln besonders leicht neue mehr oder weniger abgeänderte Formen aus, die man als Arten oder als Unterarten klassifiziert (z. B. Teydefink und Unterarten des Buchfinks auf den Kanarischen Inseln, Kanariengirlitz; vgl. *Heinzel/Fitter/Parslow* 1972). Die nur auf den Galapagos-Inseln und der benachbarten Cocosinsel beheimatete Vogelgruppe der Grundfinken (Darwinfinken) ist im Hinblick auf ihre Ökologie und Evolution besonders gut untersucht (vgl. *Lack* 1983; *Grant* 1986). *Charles Darwin* hatte die Bedeutung der Grundfinken bei seinem Aufenthalt auf den Galapagos-Inseln nicht erkannt. Erst als ihm der Ornithologe *John Gould* nach seiner Rückkehr nach England mitteilte, dass die Vögel der ihm überlassenen Bälge eng miteinander verwandt seien und auch die von *Darwin* als Zaunkönig und Stärling angesehenen Vögel (s. Abb. II, 2-2) dazugehörten, machte sich *Darwin* Gedanken zur Evolution der Grundfinken. In seinem Hauptwerk über die Entstehung der Arten spielen die Grundfinken gar keine Rolle. Die Meinung, die Darwinfinken hätten entscheidende Bedeutung für die Entwicklung der Evolutionstheorie gehabt, ist also eine wissenschaftshistorische Legende (vgl. *Sulloway* 1982; *Kattmann* 1984 a, 10 f.). Erst in der zweiten Auflage seiner Reiseschilderung fügte *Darwin* dann 1845 seine berühmte Äußerung ein: „Wenn man diese Abstufung und Verschiedenartigkeit der Structur in einer kleinen, nahe untereinander verwandten Gruppe von Vögeln sieht, so kann man sich wirklich vorstellen, dass infolge einer ursprünglichen Armuth an Vögeln auf diesem Archipel die eine Species hergenommen und zu verschiedenen Zwecken modifiziert worden sei" (*Darwin* 1875). *Darwins* Grundgedanke einer Erstbesiedelung durch ein einzelnes Finkenpaar ist auch heute noch gültig. Die Evolution der verschiedenen Formen und Lebensweisen ist jedoch nicht als ein einfacher Anpassungsprozess zu beschreiben. Bei Inselgruppen wirkt einerseits das selten zu überwindende Isoliertsein gegenüber dem Festland, andererseits die überwindbare Distanz zwischen den Inseln. Der Prozess ist daher viel komplexer als bei einer isolierten Insel. Er umfasst die folgenden Schritte (s. Abb. II, 3-10):
– Erstbesiedelung durch mindestens ein Finkenpaar vom Festland her. Die südamerikanische Stammgruppe ist nicht genau bekannt. In Frage kommen Gimpelfink (Melospiza), Kubafink (Tiaris) oder Jacarini (Volatinia) (vgl. *Leisler* 1995).
– Ausbreitung einiger Finken auf Nachbarinseln und Evolution unter verschiedenen Selektionsbedingungen.
– Rücksiedlung von Finken auf die Ursprungsinsel. Kreuzen sich die Rückkehrer nicht mit Finken der ansässigen Inselpopulation, so werden die genetischen und ökologischen Unterschiede zwischen den beiden Populationen (Arten) durch Konkurrenz verstärkt.
– Unter den günstigen Bedingungen des Archipels haben sich diese Vorgänge mehrfach wiederholt.

Neuere Untersuchungen zeigen, dass auch ein begrenzter Allelfluss (Hybridisieren) die Artbildung und Differenzierung der Populationen wesentlich beeinflusst haben kann (vgl. *Grant/Grant* 1995). In jedem Fall wirken Erstbesiedelung und Isolation der Populationen auf den Inseln mit unterschiedlichen Selektionsbedingungen sowie Wiederausbreitung zusammen (vgl. *Kattmann* 1984 b; *Kufner* 1985; *Leisler* 1995). Während

II Prozesse der Evolution

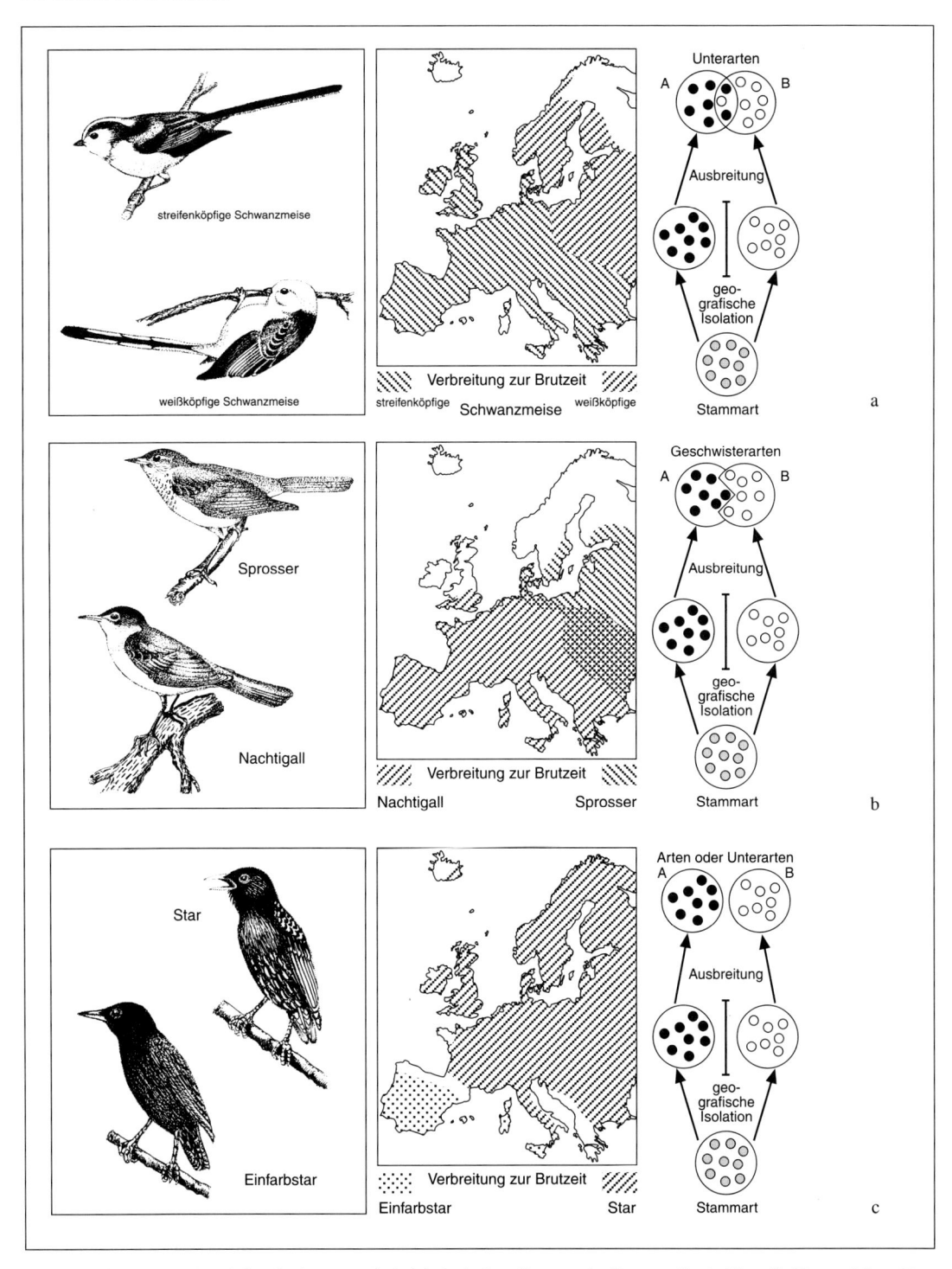

Abb. II, 3-9: Unterarten und Geschwisterarten bei einheimischen Singvögeln. Dargestellt sind jeweils Kennzeichen, Verbreitungsgebiete zur Brutzeit und ein Schema der Populationsspaltung. a) Unterarten der Schwanzmeise, b) Geschwisterarten Nachtigall und Sprosser, c) Star und Einfarbstar (nach *Dylla/Kattmann* 1979; *Rudzinski* 1992, 31, verändert)

Klassenstufe 9/10 3 Variabilität, Selektion und Artbildung

Abb. II, 3-10: Artumwandlung und Artaufspaltung. a) Artumwandlung auf einer streng isolierten Insel (z. B. Cocosinsel). Die Besiedelung der Insel führt zu einer endemischen Art (1), die sich im Laufe der Zeit umwandelt (1' bis 1'''), aber wegen fehlender geographischer Barrieren nicht aufspaltet. b) Artaufspaltung auf einer Inselgruppe (z. B. Galapagos-Archipel). Die Besiedelung der Inseln durch eine einheitliche Stammart kann durch das Isoliertwerden auf die einzelnen Inseln zu zunächst schwachen Populationsdifferenzierungen führen. Sofern sich die Populationen bei anschließender Ausbreitung nicht (oder nur unerheblich) kreuzen, entstehen die Arten b bis f, die in Koexistenz und Konkurrenz auf den Inseln verschiedene ökologische Nischen ausbilden (nach *Mayr* 1967, 339; aus *Kattmann* 1984 b, 36)

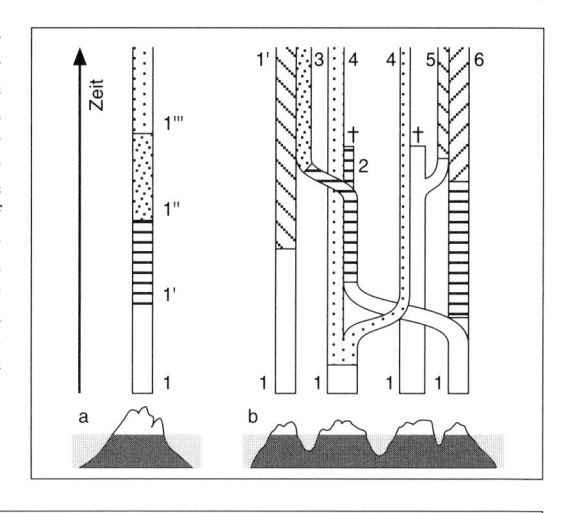

Abb. II, 3-11: Die Grundfinken der Galapagos-Inseln und der Cocosinsel. Dargestellt sind Männchen und Weibchen sowie die Hauptnahrung. Gattung Grundfink (Geospiza): a) Großer Grundfink (G. magnirostris), b) Mittlerer Grundfink (G. fortis), c) Kleiner Grundfink (G. fuliginosa), d) Spitzschnabel-Grundfink (G. difficilis), e) Kaktusfink (G. scandens), f) Großer Kaktusfink (G. conirostris); Gattung Baumfink (Camarhynchus): g) Vegetarischer Baumfink (C. crassirostris), h) Großer Baumfink (C. psittacula), i) Mitteler Baumfink (C. pauper), j) Kleiner Baumfink (C. parvulus), k) Spechtfink (C. pallidus), l) Mangrovenfink (C. heliobates); m) Sängerfink (Certhida olivacea); n) Kokosfink (Pinaroloxias inornata) (aus *Lack* 1983, 19; Nahrung nach *Lorenz* 1964, 11)

II Prozesse der Evolution

Abb. II, 3-12: Werkzeuggebrauch beim Spechtfink. Ein Dorn dient zum Aufspießen und Herausziehen von holzlebenden Insektenlarven.

auf der isolierten Kokosinsel so nur eine Art entstehen konnte, entstanden auf der Inselgruppe des Archipels 13 Grundfinkenarten mit einem breiten Spektrum unterschiedlicher Ernährungsweisen vom Insekten fressenden Sängerfink und Gemischtfressern bis zu Sämereien unterschiedlicher Größe und Härte fressenden Formen (s. Abb. II, 3-11 und II, 3-12). Die Rolle der geographischen Isolation kann an der Anzahl der Arten auf verschiedenen Inseln und dem Anteil der jeweils nur auf einer Insel vorkommenden Arten abgelesen werden (s. Abb. II, 3-13).

Den geschilderten Prozess kann man an einem Ausschnitt, nämlich den Populationen des Großen und des Mittleren Baumfinken (Gattung Camarrhynchus) rekonstruieren (s. Kasten II, 3-7). Wegen seines kleinen finkenähnlichen Schnabels erscheint der Mittlere Baumfink (C. pauper) als die ursprüngliche Form. Sie hat sich auf der Insel Charles entwickelt. Von ihr stammen offensichtlich die Populationen des Großen Baumfinken ab. Zuerst wurden von Charles aus die westlichen Inseln besiedelt; die dort lebende Form - affinis - ist dem

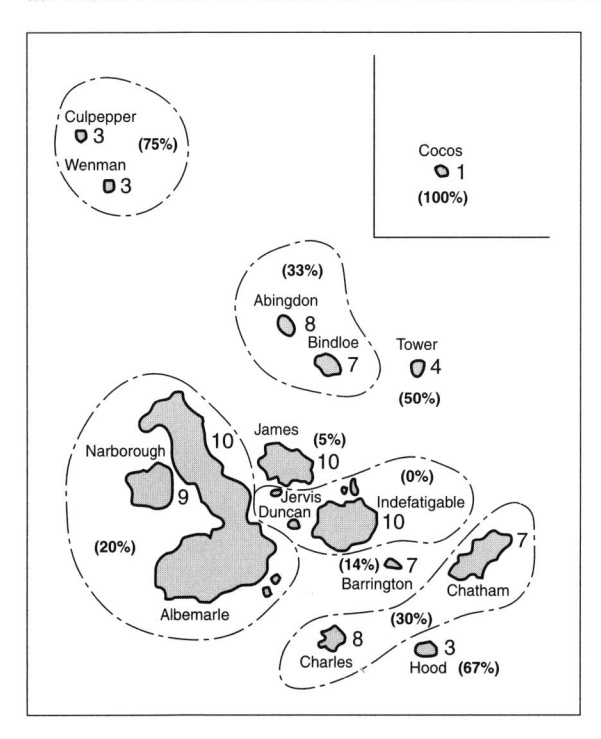

Abb. II, 3-13: Anzahl der Arten von Darwinfinken auf den einzelnen Inseln. In Klammern der Anteil endemischer Populationen, also von Arten und Unterarten, die nur auf dieser Insel vorkommen
(nach *Lack* 1983, 21)

Mittleren Baumfinken am ähnlichsten. Von Angehörigen der affinis-Population des Großen Baumfinken sind die nördlichen und die zentralen Inseln des Archipels besiedelt worden. Aus diesen Vögeln haben sich die Formen habelis und psittacula entwickelt. Die auf den zentralen Inseln lebende Form psittacula besiedelte von dort die Insel Charles. Diese Vögel sind also gleichsam Rückkehrer und trafen auf Charles mit ihrer Stammart zusammen. Dies war ein entscheidendes Ereignis, denn nun kam es darauf an, ob psittacula und pauper sich kreuzen, zwischen den Populationen also Allelfluss stattfindet. Das geschah offensichtlich nicht (oder nicht in großem Ausmaß). Bis zu ihrer Ausrottung haben beide Populationen auf Charles wie zwei Arten konkurrierend nebeneinander gelebt. Wäre dies nicht so gewesen, dann hätte man auch den Mittleren Baumfinken wohl nur für eine Unterart des Großen Baumfinken gehalten. Aufgrund ihres gemeinsamen Vorkommens auf Charles werden Mittlerer und Großer Baumfink jedoch zwei verschiedenen Arten - C. pauper und C. psittacula - zugeordnet, wobei C. psittacula in drei Unterarten gegliedert ist: C. ps. psittacula (zentrale Inseln und Charles), C. ps. affinis (westliche Inseln) und C. ps. habelis (nördliche Inseln).

Diese Klassifikation würde dann strittig, wenn z. B. für die Populationen von C. pauper und C ps. affinis Allelfluss nachgewiesen würde, wie er zwischen Unterarten angenommen wird. In diesem Fall könnten alle vier Formen, trotz des Zusammenlebens von C. pauper und C. ps. psittacula auf Charles, als Unterarten ein und derselben Art angesehen werden (vgl. die Verhältnisse bei Herings- und Silbermöwe, s. Abb. II, 3-7).

Ein Modellfall für sympatrische Artbildung sind wahrscheinlich die Buntbarsche in den Seen des ostafrikanischen Grabenbruchs, obgleich auch versucht wird, die in den Seen parallel entstandene Vielfalt der Lebensweisen und Formen dadurch zu erklären, dass wiederholt die Populationen in verschiedenen Becken der Seen bei niedrigem Wasserstand geographisch getrennt wurden (vgl. *Weninger/Kattmann* 1981, 140 ff.; *Rudzinski* 1992; 31 ff.; *Glaubrecht* 1994).

3.2 Kriterien der Themenauswahl

Für das Verständnis der Evolution spielen die Ursachen und Prozesse (die Dynamik der Evolution) die entscheidende Rolle (s. Abschnitt I, 0.1.3). Die Unterrichtseinheiten dieses Kapitels bauen auf den Unterrichtseinheiten zur Züchtung und zur Evolutionstheorie *Darwins* auf (s. Kapitel II, 1 und II, 2). Insofern ist die Themenauswahl hier auf natürliche Populationen und natürliche Selektion beschränkt. Die Auswahl der Phänomene ist dabei durch die Unterscheidung von genetischer Vielfalt (in Populationen) und genetischer Veränderlichkeit (Artumwandlung und Artaufspaltung) bestimmt (s. Abb. II, 3-6).

Die Variabilität innerhalb der Populationen ist den Schülern meist kaum bewusst. Besonders angelsächsische Untersuchungen belegen, dass ein Verständnis der Evolutionsprozesse vor allem deshalb nicht erreicht wird, weil die Schüler sich Arten als Einzelorganismen vorstellen und evolutionäre Änderungen als Änderung des Typus (vgl. Angaben bei *Kattmann* 1992 b; *Wandersee/Good/Demastes* 1995; *Baalmann* 1997). Das Wissen um die genetische Verschiedenheit innerhalb von Populationen und Arten ist darüber hinaus eine Voraussetzung für die sachgemäße Behandlung des Themas der Populationsdifferenzierung beim Menschen (Rassenproblematik, s. Kapitel II, 4).

Bei den evolutionären Veränderungen ist klar zwischen Artumwandlung und Artaufspaltung zu unterscheiden. Zum Verständnis der Artumwandlung tragen wesentlich die genetischen Veränderungen in Populationen bei, die auf Selektionsfaktoren zurückgeführt werden können.

Die Artaufspaltung ist der Proceß, durch den neue Arten entstehen. Sie ist mithin der Schlüssel zum Verständnis der Artenvielfalt und der Entstehung von Biodiversität überhaupt.

Gegen die so gesetzten Schwerpunkte kann es zwei Einwände geben. Zum einen kann argumentiert werden, dass die Prozesse zu schwer zu verstehen seien und daher in der Sekundarstufe I der Hauptanteil des Unterrichts dem Ablauf der Evolution anhand von fossilen Zeugnissen und Belegen aus der vergleichenden Biologie gewidmet sein müsse. Würde man dem folgen, so bestünde aber die Gefahr, dass Evolution ohne Geschichte und Dynamik als Typenfolge missverstanden wird (s. Abschnitte I, 0.1.3 und III, 0.2.1).

II Prozesse der Evolution

Zum anderen könnte eingewendet werden, dass hier bei der Dynamik der Evolution der Schwerpunkt zu sehr auf populationsgenetische Prozesse gelegt werde, synökologische Aspekte demgegenüber zurückgestellt seien (s. Abb. II, 0-2). Dies erscheint jedoch gerechtfertigt, da das Denken in Populationen grundlegend ist und gegenüber dem vorherrschenden typologischen Denken gesondert geübt werden muss (vgl. *Mayr* 1979; *Kattmann* 1981 a, 77). Die komplexeren synökologischen Aspekte werden in diesem Band im Zusammenhang mit der Erdgeschichte und der Evolutionstheorie *Darwins* angesprochen (s. Kapitel I, 0; I, 1 und II, 2). Wenn dem Konzept eines naturgeschichtlichen Unterrichts gefolgt wird und demzufolge evolutionsbiologische Aspekte in allen Klassenstufen angesprochen werden (vgl. *Kattmann* 1992 b; 1995 a; 1996), dann sollten synökologische Themen in der Sekundarstufe I vor allem auch bei Zwei-Partner-Systemen berücksichtigt werden (Symbiose und Parasitismus z. B. Blüten und Insekten, s. Band 8, 22 ff.; *Kattmann* 1981 b; *Kalusche* 1989).

3.3 Vorschläge zur Unterrichtsgestaltung am Beispiel „Mutation und Selektion"

3.3.1 Didaktische Überlegungen

Als Voraussetzung für die Wirkung der Selektion ist den Schülern die genetische Vielfalt in Populationen bewusst zu machen. Es ist deshalb besonders wichtig, anschauliche Beispiele heranzuziehen. Dafür kommen in der heimischen Tierwelt vor allem die Bänderschnecken und der Zweipunkt-Marienkäfer in Frage (vgl. *Rudzinski* 1992). Sowohl Gehäuseschnecken wie Marienkäfer sind im Gegensatz zu vielen anderen Wirbellosen keine Ekeltiere. Sie erregen vielmehr früh das kindliche Interesse (Marienkäfer-Sammeln, Gehäuse-Sammeln, Schneckenrennen). Für Untersuchungen sind auch ältere Schüler leicht zu motivieren. Da auch bei weniger auffällig variierenden Populationen die genetische Polymorphie groß ist, ist es sachlich und didaktisch gerechtfertigt, die anschaulich sichtbar polymorphen Arten und Populationen als Musterbeispiele für die genetische Zusammensetzung von Populationen auszuwählen. Als Ergänzung können Bilder von weiteren Beispielen polymorpher Populationen herangezogen werden (z. B. asiatische Marienkäfer, vgl. Farbtafel bei *Ayala* 1979, 8). Die Bänderschnecken sind aus den folgenden Gründen besonders geeignet:
– Die unterschiedlichen Merkmale der Gehäuse (Färbung, Bänderung, Anzahl der Bänder) sind anschaulich und leicht zu erfassen.
– Die Genetik der Schalenfärbung und -bänderung ist aufgeklärt und erlaubt eine Verknüpfung mit der klassischen Genetik, so dass sich den Schülern die genetische Bedingtheit der Merkmale gut einprägen kann.
– Die Verteilung der Gehäusetypen in verschiedenen Biotopen verweist bereits auf die Rolle der natürlichen Selektion. Die Veränderungen in Populationen leiten zu evolutionären Veränderungen in Populationen über (s. Kasten II, 3-1).
– Die Schnecken sind im Sommer fast überall häufig und leicht zu beobachten sowie kurzfristig in der Schule zu halten (s. Band 1, 126). Es können auch leere Gehäuse sowie Schalenreste von Schneckenschmieden gesammelt werden. Außerdem sind Beobachtungen und Untersuchungen im Freiland möglich (vgl. *Duhr* 1979).

Voraussetzung für die genetische Vielfalt ist die Kenntnis von genetischen Veränderungen (Mutationen und Mutanten). Auf der Grundlage der genetischen Vielfalt werden genetische Veränderungen in Populationen behandelt, die durch natürliche Selektion verursacht werden. Das für den Unterricht in der Sekundarstufe I geeignetste Beispiel ist der Industriemelanismus des Birkenspanners, da es anschauliche Merkmale betrifft und gut dokumentierte Populationsveränderungen sowie die Auswertung von Freilandexperimenten umfasst. Eine Ergänzung hierzu sind Simulationsspiele und Computersimulationen zur Selektion (vgl. *Schilke* 1976; *Eschenhagen/Kattmann/Rodi* 1996, 363). Diese sollten jedoch als Modelle nur dann eingesetzt werden, wenn den Schülern wenigstens ein Beispiel aus der Natur bekannt ist, mit dem sie die simulierten Prozesse verbinden können (s. Kasten II, 3-4).

Klassenstufe 9/10   3 Variabilität, Selektion und Artbildung

Unterrichtsziele:

Die Schüler sollen
– Mutation als genetische Veränderung von Organismen definieren können;
– einige Beispiele von Mutanten bei Pflanzen und Tieren nennen können;
– genetische Vielfalt in Populationen anhand von anschaulichen Beispielen (Bänderschnecken, Zweipunkt) beschreiben können;
– genetische Veränderungen innerhalb von Populationen als Verschiebung der Anteile von Mutanten beschreiben können;
– das Prinzip der natürlichen Selektion als Wechselwirkung zwischen Organismen und Umweltfaktoren (Selektionsfaktoren) erklären können.

3.3.2 Unterrichtsprozeß

Zu Beginn des Unterrichts wird den Schülern die genetische Vielfalt innerhalb von Populationen anschaulich vor Augen gestellt. Dazu können Bilder von Mutanten dienen (Diapositive, Arbeitstransparente s. Abschnitt II, 3.5; s. außerdem Band 6, Abschnitt II, 3.3).
Eindrucksvoller ist es, entweder eine Schneckenexkursion durchzuführen oder gesammelte Bänderschnecken bzw. wenigstens die entsprechenden Schneckengehäuse zu untersuchen. Die Schüler, die überzeugt sind, dass sie verschiedene Schneckenarten vor sich haben, werden durch die Bestimmung mit einem einfachen Schlüssel belehrt, dass es sich um Schnecken(schalen) ein und derselben Art handelt (s. Band 1, 124).
Falls klassische Genetik bereits unterrichtet worden ist, wird anhand der Bänderung der dominant/rezessive Erbgang wiederholt (s. Abb. II, 3-4 b). Die Lehrperson erläutert danach die genetische Grundlage der anderen Schalenmerkmale (s. Abschnitt II, 3.1.1). Ist klassische Genetik nicht unterrichtet worden, muss man überlegen, ob genügend Zeit zur Verfügung steht, diese anhand des Bänderschnecken-Beispiels einzuführen und danach eng verzahnt mit der Evolution fortzuführen. Andernfalls muss man sich auf den Hinweis beschränken, dass die Merkmale bei den Nachkommen wieder auftreten, also „erblich" sind.
Falls die Schüler nicht selbst auf das Problem kommen, wirft die Lehrkraft die Frage auf, welche biologische Bedeutung die Vielfalt der Gehäuse haben könnte. Dazu wird ein Arbeitsblatt ausgeteilt, die Aufgaben werden in Partnerarbeit gelöst (s. Kasten II, 3-1). Anhand der Häufigkeitsverteilung der Gehäusetypen wird abgeleitet, dass die Umweltbedingungen die Häufigkeit beeinflussen. Die Verschiebung der Gehäusetypen wird mit Fraß durch Singdrosseln erklärt. Es wird hier nur herausgestellt, dass die vielfältigen Umweltbedingungen die Vielfalt der Gehäuse mitbedingen. Man könnte schon an dieser Stelle in vorläufiger Weise den Begriff Selektion einführen, indem man den Selektionsfaktor Fraß durch Singdrosseln und die Bänderung aufeinander bezieht. Hier wird jedoch vorgeschlagen, diesen Begriff ausführlich am einleuchtenden Beispiel der Birkenspanner zu erarbeiten und erst danach auf die bereits behandelten Beispiele anzuwenden.
Um die Bedeutung der Vielfalt zu vertiefen, wird als ein weiteres anschauliches Beispiel die Dimorphie des Zweipunkts ebenfalls in Partnerarbeit anhand eines Arbeitsblattes behandelt (s. Kasten II, 3-2). Es wird betont, dass im Unterschied zu den Bänderschnecken die verschiedenen Umweltbedingungen hier zeitlich nacheinander wirken. Die unterschiedliche Überlebensrate von roten und schwarzen Zweipunkt-Marienkäfern bei verschiedenen Temperaturen erklärt die Unterschiede im jahreszeitlichen Auftreten. Die beiden Arbeitsblätter zu Bänderschnecken und Zweipunkt können auch parallel in gemischt-arbeitsteiliger Gruppenarbeit behandelt werden.
Der folgende Unterrichtsschritt zu Selektion und Populationsumwandlung wird durch einen Lehrervortrag eingeleitet, indem das erstmalige Auftreten von dunklen Formen des Birkenspanners sowie über den dominant/rezessiven Erbgang von dunkler und heller Mutante berichtet wird (s. Abschnitt II, 3.1.2). Anhand der Abbildungen II, 3-5 a und b wird das vermehrte Auftreten der dunklen Mutante in Industriegebieten erörtert. Abb. II, 3-5 b wird dabei als Folie demonstriert, so dass im Unterrichtsgespräch bei den folgenden Fragen auf sie Bezug genommen werden kann:

II Prozesse der Evolution

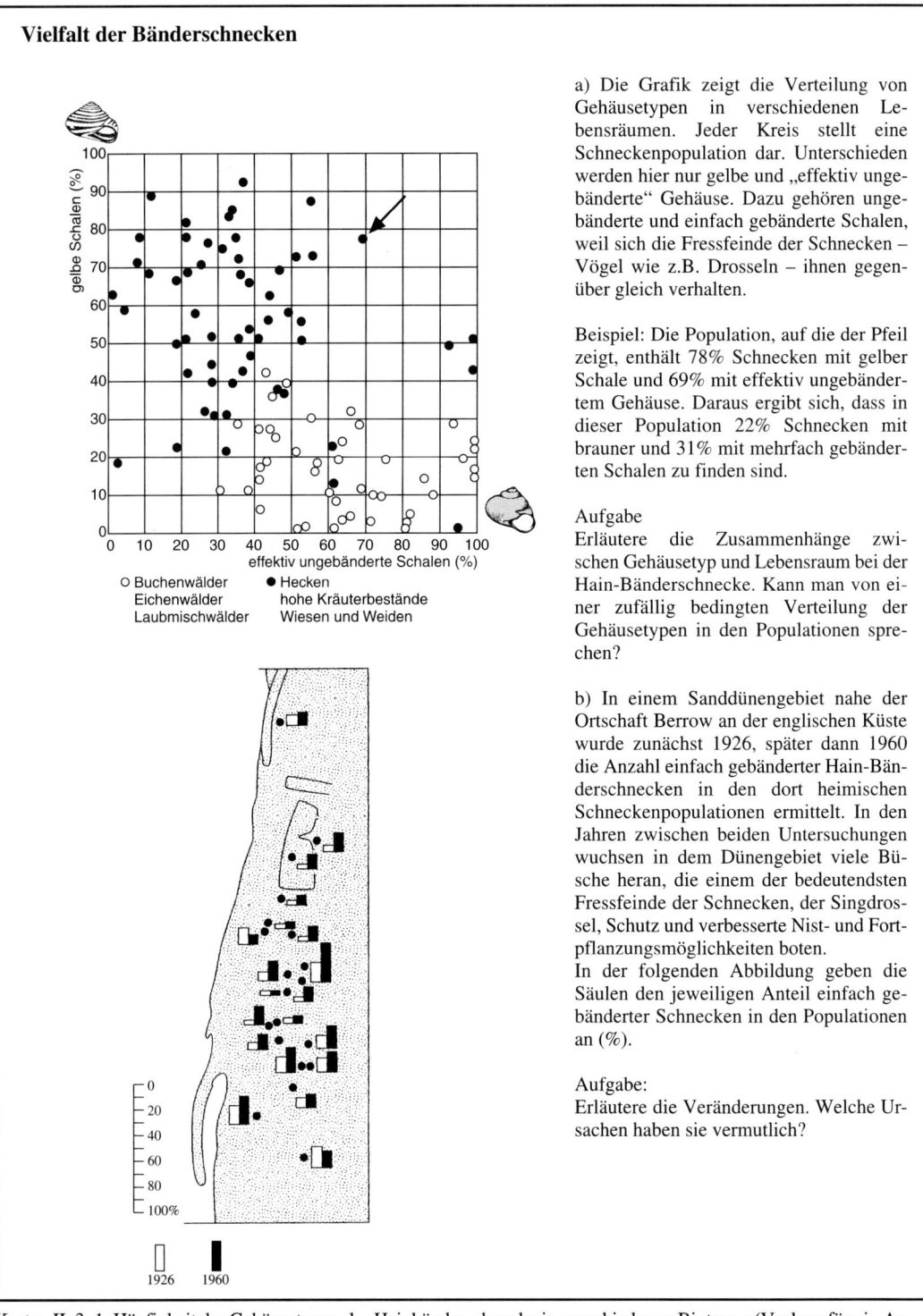

Vielfalt der Bänderschnecken

○ Buchenwälder   ● Hecken
Eichenwälder   hohe Kräuterbestände
Laubmischwälder   Wiesen und Weiden

□ 1926   ■ 1960

a) Die Grafik zeigt die Verteilung von Gehäusetypen in verschiedenen Lebensräumen. Jeder Kreis stellt eine Schneckenpopulation dar. Unterschieden werden hier nur gelbe und „effektiv ungebänderte" Gehäuse. Dazu gehören ungebänderte und einfach gebänderte Schalen, weil sich die Fressfeinde der Schnecken – Vögel wie z.B. Drosseln – ihnen gegenüber gleich verhalten.

Beispiel: Die Population, auf die der Pfeil zeigt, enthält 78% Schnecken mit gelber Schale und 69% mit effektiv ungebändertem Gehäuse. Daraus ergibt sich, dass in dieser Population 22% Schnecken mit brauner und 31% mit mehrfach gebänderten Schalen zu finden sind.

Aufgabe
Erläutere die Zusammenhänge zwischen Gehäusetyp und Lebensraum bei der Hain-Bänderschnecke. Kann man von einer zufällig bedingten Verteilung der Gehäusetypen in den Populationen sprechen?

b) In einem Sanddünengebiet nahe der Ortschaft Berrow an der englischen Küste wurde zunächst 1926, später dann 1960 die Anzahl einfach gebänderter Hain-Bänderschnecken in den dort heimischen Schneckenpopulationen ermittelt. In den Jahren zwischen beiden Untersuchungen wuchsen in dem Dünengebiet viele Büsche heran, die einem der bedeutendsten Fressfeinde der Schnecken, der Singdrossel, Schutz und verbesserte Nist- und Fortpflanzungsmöglichkeiten boten.
In der folgenden Abbildung geben die Säulen den jeweiligen Anteil einfach gebänderter Schnecken in den Populationen an (%).

Aufgabe:
Erläutere die Veränderungen. Welche Ursachen haben sie vermutlich?

Kasten II, 3–1: Häufigkeit der Gehäusetypen der Hainbänderschnecke in verschiedenen Biotopen (Vorlage für ein Arbeitsblatt, nach *Rudzinski* 1992, 24, verändert)

Zwei Formen beim Zweipunkt

Beim Zweipunkt-Marienkäfer (*Adalia bipunctata*) gibt es neben der typischen Form, die auf den roten Flügeldecken je 1 schwarzen Punkt trägt, schwarze Formen (Morphen) mit 2, 4 oder 6 roten Flecken. Insgesamt sind etwa 150 verschiedene Farb- bzw. Fleckungsformen bekannt. Die roten und die schwarzen Formen gehören zu einer Art; sie paaren sich untereinander und haben gemeinsame Nachkommen.
Die Wachstumsrate einer Population errechnet sich aus der Geburtenrate, vermindert um die Sterberate.

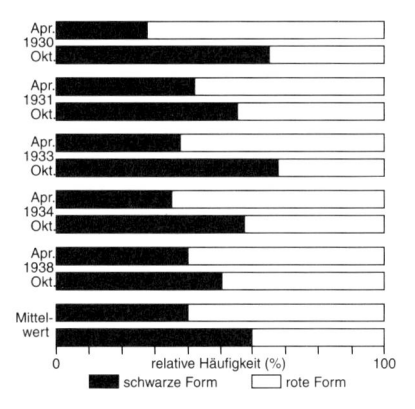

Relative Häufigkeit des Vorkommens der roten bzw. schwarzen Form des Marienkäfers

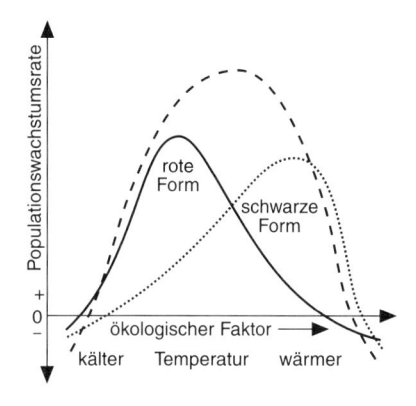

Abhängigkeit des Fortpflanzungserfolges und der Überlebensfähigkeit von der Temperatur beim Zweipunkt-Marienkäfer

Aufgaben
1. Werte das Säulen-Schaubild aus und erkläre das unterschiedliche Vorkommen der Formen des Zweipunkt-Marienkäfers in den Monaten April und Oktober. Berücksichtige bei deinen Überlegungen insbesondere die im Kurvendiagramm dargestellten Zusammenhänge.
2. Ermittle aus dem Kurvendiagramm die Rate des gesamten Populationswachstums und zeichne eine entsprechende Kurve ein.

Population mit nur einer Form (monomorphe Population)

Population mit verschiedenen Formen (polymorphe Population)

In jedem Lebensraum verändern sich kurz- oder langfristig die Umweltbedingungen wie z.B. Temperatur, Luftfeuchtigkeit, Nahrungs- und Nistplatzangebot und Feinddruck. Lebewesen können nur dann überleben, wenn sie mit veränderten Umweltbedingungen fertig werden und sich ihnen anpassen können.
Der Schwankungsbereich eines ökologischen Faktors, in dem eine Population langfristig überleben kann, in der also noch ausreichend Nachkommen produziert werden (positive Populationswachstumsrate), bildet den sogenannten Toleranzbereich (Überlebensbereich).
Die wellenförmige Kurve in den beiden Diagrammen stellt die jahreszeitlichen Schwankungen eines ökologischen Faktors dar (z.B. die Umgebungstemperatur im Winter und im Sommer).
Die schraffierte Fläche zeigt den ökologischen Toleranzbereich einer Art an. Der grau unterlegte Bereich gibt den Bereich an, in dem eine Population optimal wachsen kann. Gerät der ökologische Faktor außerhalb des Toleranzbereiches, führt dies langfristig zum Aussterben der Population.

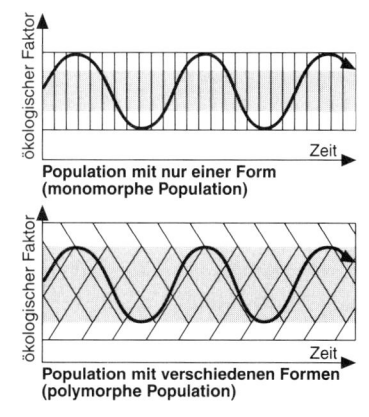

Aufgabe
Erläutere anhand der beiden Diagramme die Folgen von Umweltveränderungen bei einer monomorphen und einer polymorphen Population.

Kasten II, 3–2: Jahreszeitlicher Zyklus von roten und schwarzen Formen des Zweipunkt-Marienkäfers (Vorlage für ein Arbeitsblatt, nach *Rudzinski* 1992, 25)

II Prozesse der Evolution

> **Selektion beim Birkenspanner**
>
> Der britische Entomologe (Insektenforscher) *Kettlewell* untersuchte den Birkenspanner *Biston betularius* hinsichtlich der Verteilung dunkler (*Biston betularius f. carbonaria*) und heller Formen in England. Er machte dabei folgende Versuche und erhielt dabei als Resultat:
> „Von 621 in Birmingham gefangenen, freilebenden Spannern waren 1953 90% dunkel (*f. carbonaria*) und nur 10% waren hell. Dieses Ergebnis entsprach auch etwa dem in anderen Industriegebieten.
> Wir markierten daraufhin Schmetterlinge und setzten sie aus. Jeder Birkenspanner wurde mit einem kleinen Kunststoff-Punkt an den Flügeln versehen.
> Im unverschmutzten Wald, in dem viele Baumstämme mit hellen Flechten bedeckt waren, entließen wir 984 Schmetterlinge. 488 Falter waren dunkel, 496 waren hell. Nach einer Weile fanden wir dort 34 dunkle und 62 helle Birkenspanner wieder. Anschließend wiederholten wir das Experiment in den verschmutzten und von Flechten freien Wäldern um Birmingham. 857 Spanner wurden ausgesetzt, 656 waren dunkel, 201 waren hell. Das Ergebnis war: wir fanden 213 dunkle und 34 helle wieder.
> Zunächst vermuteten wir, dass Vögel die Schmetterlinge von den Bäumen ablasen ... Es gab aber keine Berichte darüber, inwiefern Vögel die Schmetterlinge in so großer Zahl dezimieren könnten ...
> Bald wurde der Grund offensichtlich, weshalb Vögel so selten beim Fangen der Schmetterlinge entdeckt wurden. Sie lernen erst nach einigen Tagen, die Schmetterlinge zu sehen und zu fangen. Dann konnte man beobachten, dass die Vögel die Schmetterlinge nach dem Entdecken sehr schnell fangen und sofort wegtragen, so dass man den Vorgang kaum wahrnehmen kann. *Niko Tinbergen* von der Universität Oxford filmte eine Reihe von Experimenten. Die Filme zeigen, dass Singdrosseln, Rotkehlchen, Blaumeisen und Gartenrotschwänzchen sehr selektiv die Schmetterlinge fingen. (...)
> Ein Gartenrotschwanz fraß im flechtenarmen Biotop von Birmingham 43 Birkenspanner der hellen und 15 der dunklen Form. In Dorset fraßen die Vögel dagegen 26 helle und 164 dunkle Birkenspanner.
>
> Aufgaben
> 1. Stelle die Anzahlen der von Vögeln gefressenen Birkenspanner in einem Diagramm dar. Überlege, welche Diagrammform du am besten wählst.
> 2. Rechne die angegebenen Zahlen in Prozentwerte der Rückfänge um und stelle das Ergebnis in Form eines Diagramms dar.
> 3. Was hat *Kettlewell* mit den Versuchen nachgewiesen?
> 4. Einige Biologen äußern Einwände gegen die Experimente. Welche?

Kasten II, 3–3: Freilandexperimente zur Selektion beim Birkenspanner. (Vorlage für ein Arbeitsblatt, nach *Kurtze* 1983, 49, verändert)

– Wie ist das vermehrte Auftreten der dunklen Mutante in Industriegebieten zu erklären?
– Wie erklärt sich das gehäufte Vorkommen im Osten Englands?
– Wie könnte man die Hypothesen überprüfen?

Aufgrund der bereits vorgestellten Beispiele von Bänderschnecken und Zweipunkt werden die Schüler Umweltbedingungen als Ursache vermuten und auf Schutzfärbungen hinweisen. Zum letzteren Aspekt werden Präparate oder Fotos der Falter auf dunklem und hellem Untergrund gezeigt (s. Präparatekasten, Abschnitt II, 3.5.2; vgl. Schulbücher, z. B. *Kattmann/Rüther* 1991, 165; *Bayrhuber/Kull* 1989, 430).
Die Frage, ob die Färbung tatsächlich Schutz bietet, leitet zu den Versuchen von *Kettlewell* über, die mit Hilfe eines Arbeitsblattes ausgewertet werden (s. Kasten II, 3-3). Die auf Folien erstellten Diagramme werden mit dem Arbeitsprojektor projiziert und hinsichtlich der Aussagekraft der Experimente diskutiert (beste Diagrammwahl: Säulen, s. Abb. II, 3-5 c).
Als Ergebnis wird herausgestellt, dass die Wechselwirkungen zwischen Umwelt und Organismus die Veränderungen in der Population bewirkt haben. Dabei werden unterschiedliche Angepasstheit der Organismen (Schutzfärbung) und Feinddruck durch Vogelfraß unterschieden. Beide Faktoren zusammen bewirken eine unterschiedliche Überlebenswahrscheinlichkeit und damit unterschiedlichen Fortpflanzungserfolg der beiden Mutanten. Für diesen Prozess wird der Name (natürliche) Selektion eingeführt. Hat man eine der Unterrichtseinheiten des Kapitels II, 1 durchgeführt, so wird die Analogie zur Züchtung (künstliche Zuchtwahl) gezogen.

Selektionsspiel

Im Spiel lässt sich das Zusammenwirken von Mutation und Selektion nachvollziehen. Dabei gehen wir von dem Phänomen der Tarnung aus. Beutetiere, die ihren Fressfeinden aufgrund der eigenen Tarnung entkommen, können sich fortpflanzen. Je mehr Beutetiere entkommen, um so mehr Nachkommen werden sie haben. Die getarnte Mutante wird also in einer Population zunehmen, während die weniger gut getarnte abnimmt.

Vorbereitung
– Besorge dir zwei helle Tapetenreste (am besten Rauhfaser) von 1 m Länge, schwarze Tinte und einen Borstenpinsel. Betupfe beide Tapetenreste mit schwarzer Farbe. Der eine soll einen höheren Schwarzanteil (Baumrinde nach der Industrialisierung), der zweite einen höheren Weißanteil (Baumrinde nach Einführung von Luftreinhaltemaßnahmen) haben.
– Stanze mit dem Locher aus Fotokarton 100 schwarze und 100 weiße Plättchen aus („dunkle und helle Birkenspanner").
Breite eine der „Umweltunterlagen" auf dem Tisch aus. Darauf werden probeweise schwarze und weiße Spielplättchen gleichmäßig verteilt. Falls diese sich zu deutlich abheben, muß die Raumbeleuchtung gedämpft werden. Zu helle und zu dunkle Lichtverhältnisse verfälschen gleichermaßen das Ergebnis.

Durchführung
Da durch die zunehmende Industrialisierung in Mittelengland die Baumrinde dunkler wurde und sich dadurch die Birkenspanner-Population nach „dunkel" verschob, beginnt das Auslesespiel mit der dunklen Umweltunterlage:
– Eine Spielgruppe besteht aus einem Spielleiter und 3–5 Spielern („Beutegreifern"). Das Spiel sollte drei Auslesedurchgänge auf der dunklen und drei auf der hellen Umweltunterlage umfassen.
– Der Spielleiter verstreut 50 weiße und 50 schwarze Plättchen möglichst gleichmäßig auf der dunklen Unterlage, wobei die „Beutegreifer" nicht zuschauen dürfen.
– Auf Anweisungen des Spielleiters sammelt jeder „Beutegreifer" schnellstmöglich Plättchen einzeln auf (die Anzahl ist abhängig von der Anzahl der Mitspieler – siehe Tabelle unten) und legt sie in ein Schälchen. Beim Einsammeln dürfen sich die Spieler nicht nach vorne beugen und nicht mit der Hand über die Unterlage streichen.
– Die übriggebliebenen Plättchen haben „überlebt" und können sich „fortpflanzen". Sie werden von der Unterlage abgeschüttelt, nach Farbe sortiert und ausgezählt. Der Spielleiter notiert die Anzahlen im Protokollbogen.
– Nun wird die nächste Generation wieder auf 100 Plättchen errechnet. Die Vermehrungsrate ist abhängig von der Anzahl der Mitspieler (siehe Tabelle). Das Rechenbeispiel soll die Ergänzung erleichtern. Der Spielleiter verstreut die 100 Plättchen erneut auf der Unterlage.
– Die F3-Generation, die nach Auslesevorgängen erreicht ist, nimmt man als Startpopulation für die Fortsetzung des Spiels auf der hellen Umweltunterlage.
– Um die Entwicklung der beiden Populationen zu verdeutlichen, kann man ihre Individuenanzahlen in den einzelnen Generationen in ein Diagramm eintragen.

Bei 3 „Beutegreifern":
Jeder Spieler nimmt 25 Plättchen. Pro „überlebendes" Plättchen 4 Nachkommen gleicher Farbe.
Bei 4 „Beutegreifern":
Jeder Spieler nimmt 20 Plättchen. Pro „überlebendes" Plättchen 5 Nachkommen gleicher Farbe.
Bei 5 „Beutegreifern:
Jeder Spieler nimmt 15 Plättchen. Pro „überlebendes" Plättchen 4 Nachkommen gleicher Farbe.

Rechenbeispiel:
Bei 3 Beutegreifern bleiben 25 Plättchen übrig. Der Vermehrungsfaktor ist 4. In unserem Fall seien es 16 schwarze und 9 weiße Plättchen, das ergibt 16 x 4 = 64 schwarze und 9 x 4 = 36 weiße Nachkommen.

Protokollbogen:		
Mutante	**dunkel**	**hell**
Untergrund:	**dunkel**	
Startpopulation	50	50
nach Auslese		
Vermehrung		
F1-Generation		
nach Auslese		
Vermehrung		
F2-Generation		
nach Auslese		
Vermehrung		
F3-Generation		
Untergrund:	**hell**	
Startpopulation		
= F3-Generation		
.	.	.
.	.	.
.	.	.

Kasten II, 3–4: Selektionsspiel (nach *Beck* u.a. 1995, 161, verändert)

II Prozesse der Evolution

Zur Festigung wird ein Simulationsspiel zu den Selektionsprozessen durchgeführt (s. Kasten II, 3-4).

Da der Artbegriff der Schüler häufig typologisch an Merkmalen orientiert ist, äußern diese zuweilen spontan, dass durch die schwarze Mutante und deren Vermehrung eine neue Art entstanden sei. Es ist daher wichtig herauszustellen, dass hier nicht von einer neuen Art zu sprechen ist, sondern sich nur die genetische Zusammensetzung durch Mutation und Selektion geändert hat.

Die Begriffe Mutation und Selektion werden abschließend auf die Beispiele der Bänderschnecken und des Zweipunkts angewendet. Es wird erkannt, dass Mutationen Voraussetzung für die genetische Vielfalt der Populationen sind und die Selektion hier ebenfalls die genetische Zusammensetzung der Populationen in unterschiedlichen Biotopen bzw. zu unterschiedlichen Jahreszeiten verändert.

3.4 Vorschläge zur Unterrichtsgestaltung am Beispiel „Entwicklung der Artenvielfalt"

3.4.1 Didaktische Überlegungen

Die Entstehung neuer Arten ist von den Schülern nur zu verstehen, wenn sie gelernt haben, dass Arten aus variablen Populationen bestehen, die durch Mutation und Selektion verändert werden können (s. Abschnitt II, 3.3). Bei der Behandlung der Artbildung muss der entscheidende Faktor der Isolation entsprechend anschaulich vor Augen geführt werden (s. Abb. II, 3-6). Als Voraussetzung dafür sollte bekannt sein, dass Arten in Unterarten gegliedert sein können. Neben einfachen und komplexeren Beispielen aus der einheimischen Vogelwelt stehen in dem hier gewählten Vorgehen ein Phantasiemodell der Evolution und das Beispiel der Grundfinken der Galapagosinseln im Vordergrund.

Die Konstruktion von Phantasieorganismen ist in der Evolutionsbiologie eine vielfach angewendete Methode, um die unter natürlichen Verhältnissen erworbenen und komplizierten Beziehungen auf ein leicht durchschaubares Modell zu reduzieren. Zu solchen Modellen gehören die evolutive Formenvielfalt der Rhinogradentier (*Stümpke* 1975) ebenso wie die zahlreichen Formen und Stammbäume mit Hilfe von Computern programmierter Organismen. Mit den „Schrägen Hangnagern" liegt ein anschauliches Modell vor, mit dem sich die wesentlichen Prozesse der geographischen Artbildung in vergnüglicher Weise erschließen lassen (vgl. *Kattmann* 1992 c). Unterrichtserfahrungen mit diesem Beispiel zeigen, dass die Evolution der Hangnager den Schülern hilft, die Prozesse der Artbildung zu durchschauen, dass sie das Modell anschließend zutreffend und leicht auf evolutionsbiologische Fälle anwenden können.

Die Grundfinken der Galapagos-Inseln sind - wenn auch nicht in der *Darwin* zugeschriebenen Form - ein klassisches Beispiel der Evolutionsbiologie, das auch in vielen Schulbüchern der Sekundarstufe I verwendet wird. Es sei darauf hingewiesen, dass das in den meisten Schulbüchern verwendete Schema der Evolution der Grundfinken durch Anpassung an verschiedene Lebensbedingungen und Ernährungsweisen (adaptive Radiation) eine Aufspaltung ohne Isolation suggeriert, die dem hier wahrscheinlichen Artbildungsprozess nicht entspricht (s. Abschnitt II, 3.1.3). Die Abbildung kann die falsche Vorstellung hervorrufen, als seien die Artaufspaltungen allein durch ökologische Einnischung erfolgt. Im Modell der Hangnager werden die Faktoren: Isolation (Isoliertwerden durch geographische Schranken), Ausbreitung und Arttrennung (Isoliertsein durch generative Schranken) durch das Verhalten der Tiere und die Verhältnisse auf einem Archipel simuliert. Das Modell ist daher besonders gut auf den Fall der Galapagos-Grundfinken anzuwenden, wodurch auch die komplexeren Artbildungsprozesse auf Galapagos (mehr Inseln, mehrfaches Wiederholen der Teilprozesse) leicht durchschaut werden können. Im Sinne der nötigen didaktischen Vereinfachung wird nur ein Ausschnitt der Artbildungsprozesse bei den Grundfinken behandelt.

Alternativ zu dem vorgeschlagenen Unterrichtsverlauf könnte man das Hangnagerbeispiel auch ganz an den Anfang des Unterrichts setzen, das Schema der Artaufspaltung (Abb. II, 3-9) an ihm erarbeiten und dann auf alle folgenden realen Fälle anwenden. Der hier vorgeschlagene Verlauf hat den Vorteil, dass die Fallbeispie-

le in der Reihenfolge ihrer Komplexität behandelt werden. Das Modell wird hier an der Gelenkstelle zwischen einfachen und komplexeren Fällen eingeführt.
Auf die Ausweitung des Modells auf Fälle der sympatrischen Artbildung wurde hier verzichtet. Sie wird aber für die Sekundarstufe II empfohlen (vgl. *Kattmann* 1992 c).

Unterrichtsziele:

Die Schüler sollen
– Unterarten als Populationen von Lebewesen definieren können, die sich in Merkmalen unterscheiden, unterschiedliche Verbreitungsgebiete haben und sich in deren Überschneidungsbereichen miteinander kreuzen (Allelfluss);
– Arten als Gruppen von Lebewesen definieren können, die unter sich eine Fortpflanzungsgemeinschaft bilden, aber gegen andere isoliert sind, sich also unter natürlichen Verhältnissen nicht mit anderen Populationen kreuzen (Fortpflanzungsbarrieren);
– bei der Isolation von Populationen zwischen dem Isoliert-Werden (durch geographische Schranken) und dem Isoliert-Sein (durch Fortpflanzungsbarrieren) unterscheiden können;
– den Prozess der Artaufspaltung als Abfolge von (geographischem) Isoliertwerden, geographischer Ausbreitung und anschließendem (generativem) Isoliertsein von Populationen beschreiben können;
– die Bildung von Unterarten als Abfolge von (geographischem) Isoliertwerden, geographischer Ausbreitung und anschließender teilweiser Vereinigung (Allelfluss in Mischgebieten) beschreiben können;
– Beispiele für Unterarten und Geschwisterarten nennen können;
– zwischen Artumwandlung und Artaufspaltung unterscheiden können.

3.4.2 Unterrichtsprozess

Als Einstieg in die Unterrichtseinheit wird die Frage gestellt, ob Rabenkrähe und Nebelkrähe Mitglieder einer Art sind oder zwei verschiedenen Arten angehören. Falls den Schülern der Fall nicht bekannt ist, wird das Beispiel unterrichtet, wie es in Band 1 (167 f.) vorgeschlagen wird (der Terminus „Rasse" wird dabei besser vermieden, s. Abschnitt II, 4.1). Als Ergebnis werden Art und Unterart definiert (s. Unterrichtsziele). Wichtig ist zu betonen, dass sich diese Begriffe auf natürliche Gruppen von Lebewesen (Populationen) beziehen und nicht auf die Kreuzbarkeit von Individuen, die im Gatter oder im Käfig ohne artgleichen Partner gehalten werden. Der einfache Fall der Krähen kann dann auf andere Fälle einheimischer Singvögel (vgl. *Dylla/Kattmann* 1979, s. Abschnitt II, 3.1.3, Abb. II, 3-9) und komplexere Fälle (z. B. Möwen, s. Abb. II, 3-7) übertragen werden. Dabei werden die Begriffe Artaufspaltung, Geschwisterart, geographische Isolation (Isoliertwerden) und Fortpflanzungsisolation (Isoliertsein) eingeführt.
Nun berichtet die Lehrperson anhand von Kasten II, 3-5 über Entdeckung und Lebensweise der Hangnager (die Abbildungen werden als Folien demonstriert). Die Schüler erkennen natürlich bald, dass es sich um ein fiktives Beispiel handelt. Gegebenenfalls weist die Lehrperson darauf hin, dass der simulierte Fall für tatsächliche Evolutionsvorgänge Modell stehen soll. Im anschließenden Unterrichtsgespräch werden Evolution und mögliche Abstammung u. a. anhand der folgenden Fragen erörtert:
– Warum sind die beiden Formen der Hangnager von *Dill* nicht als zwei verschiedene Arten klassifiziert worden? (Die Tiere paaren sich miteinander, sie sind nur Varianten innerhalb einer einzigen polymorphen Population.)
– Welche für die Hangnager günstige Eigenschaft zeigt schon die Stammart? (Manchmal tritt die ungewöhnliche Kopulationsstellung auf.)
– Welche Rolle spielen die Greifvögel in der Evolution der Hangnager? (Sie bewirken die Selektion auf die unterschiedliche Beinlänge und die Aufrechterhaltung der Angepasstheit durch Herausfangen der Tiere mit gleich langen Beinen.)

II Prozesse der Evolution

Montag, 19. Januar 1990. Aus Wissenschaft und Forschung Nr. 12, Seite 1

Wissenschaftler macht sensationelle Entdeckung

Morphotypen des Schrägen Hangnagers: rechtsläufiger und linksläufiger Typ

Auf seiner letzten Expedition zur Erforschung der Tier- und Pflanzenwelt auf den Inseln vor der Westküste Südamerikas machte der kanadische Biologe Prof. Dr. *M. Dill* von der Simon Frazer Universität in Burnaby (Kanada) eine Aufsehen erregende Entdeckung. Auf der sehr unzugänglichen und felszerklüfteten Vulkaninsel Columbana fand er eine bis heute unbekannte Säugetierart aus der Ordnung der Nagetiere (Rodentia). Aufgrund ihrer außergewöhnlichen körperlichen Merkmale erhielt die neue Art den wissenschaftlichen Namen Schräger Hangnager (*Ascentus lateralis*).

Die neue Art ist gekennzeichnet durch eine einseitige Verkürzung der Vorder- und Hinterbeine (s. Abb.). *Dill* vermutet hierin eine spezielle Angepasstheit der Tiere an die Fortbewegungsmöglichkeiten in dem zerklüfteten Gelände der Insel. Neben behendem Laufen längs zum Hang können sich die Tiere langsam seitwärts bewegen, indem sie sich mit den Beinen den Hang hochstemmen. Bei beiden Bewegungsweisen ist das kurze Beinpaar stets dem Hang zugewandt. In einer anderen Stellung würden die Tiere das Gleichgewicht verlieren und abstürzen.

Überraschend war die Beobachtung *Dills,* dass unter den Schrägen Hangnagern zwei unterschiedliche morphologische Formen auftreten: Eine hat die kurzen Beine auf der rechten Körperseite und kann auf diese Weise nur im Uhrzeigersinn um die Berge herumlaufen (rechtsläufige Form, engl.: clockwise runner). Die andere Form, die kurze linke Beine hat, kann nur entgegen dem Uhrzeigersinn laufen (linksläufige Form, engl.: anticlockwise runner). Selten werden auch Tiere mit gleich langen Beinen geboren, doch werden diese wegen ihrer unbeholfenen Fortbewegung an den Hängen eine leichte Beute für Greifvögel. *Dill* stellte fest, dass die rechtsläufigen Tiere sich häufig mit den linksläufigen Tieren fortpflanzen. Allerdings ist dies für die Tiere ein komplizierter Vorgang: Nachdem sie sich aus verschiedenen Richtungen rückwärts einander genähert haben, müssen sie sich gegenseitig abstützen, um zur erfolgreichen Kopulation zu gelangen. Daneben kopulieren rechtsläufige bzw. linksläufige Tiere jeweils untereinander, indem das Männchen von hinten aufreitet. Das Aufreiten von hinten gelingt vor allem kräftigeren Männchen, die die langsameren Weibchen schnell einholen und so überrumpeln können. Obwohl diese bei Nagetieren normale Stellung wesentlich einfacher ist, wird sie doch viel weniger häufig ausgeführt als die komplizierte rückwärtige Kopulation, vor der sich die Partner ausgiebig gegenseitig beschnuppern. Die letztere wird offensichtlich von den Weibchen bevorzugt. Darüber, wann und wie die neue Art entstanden ist, herrscht noch ziemliche Unklarheit. Einige Evolutionsbiologen vermuten jedoch, dass der Schräge Hangnager vom Südamerikanischen Großnager (*Ascentus macros*) abstammt, der auf irgendeine Art zufällig vom südamerikanischen Festland auf die Insel gelangt ist. Interessant ist, dass beim Südamerikanischen Großnager gelegentlich, wenn auch sehr selten, Kopulationsstellungen auftreten, die der rückwärtigen Kopulation des Schrägen Hangnagers ähneln.

Kasten II, 3–5: Entdeckung des Schrägen Hangnagers. Phantasiemodell zur Evolution (nach *Kattmann* 1992 c, 32)

Neue Arten von Hangnagern entdeckt

Auf drei Inseln, die der Hauptinsel Columbana benachbart sind (s. Karte), fanden Anfang des Jahres Mitarbeiter der Frazer Universität aus der Arbeitsgruppe um Professor *Dill* zwei weitere Formen der Hangnager. Als erste Art war der Schräge Hangnager (*Ascentus lateralis*) Anfang vorigen Jahres von *Dill* selbst auf Columbana entdeckt worden. Auf der neuen Expedition seiner Mitarbeiter wurden erstmalig die bisher unerforschten und wegen reißender Meeresströmungen unzugänglichen kleineren Inseln untersucht.

Montag, 23. April 1991. Aus Wissenschaft und Forschung Nr. 13, Seite 3

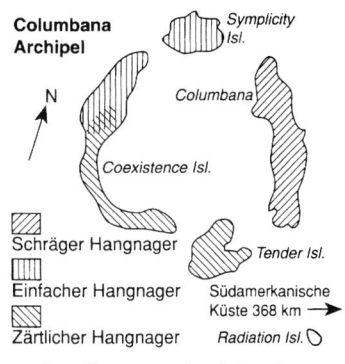

Columbana Archipel — Symplicity Isl. — Columbana — Coexistence Isl. — Schräger Hangnager — Einfacher Hangnager — Zärtlicher Hangnager — Tender Isl. — Südamerkanische Küste 368 km → — Radiation Isl.

Auf Simplicity Island entdeckten die Wissenschaftler ausschließlich rechtsläufige Hangnager. Die Populationen dieser Insel weisen also nicht die für den Schrägen Hangnager typische Bewegungsdimorphie auf. Die Tiere paaren sich ausnahmslos in der für Nagetiere typischen Aufreitstellung. Die Mitarbeiter *Dills* halten die Hangnager von Simplicity für eine neue Art und nennen sie wegen der beiden genannten Merkmale den Einfachen Hangnager (*Ascentus simplex*). Der Einfache Hangnager zeigt gut ausgeprägte Unterschiede zwischen den Geschlechtern (Geschlechtsdimorphie). Die Männchen sind erheblich größer und schneller als die Weibchen. Die beobachteten Paarungen dauerten jeweils nur wenige Sekunden.

Auf Tender Island glaubten die Forscher, den Schrägen Hangnager gefunden zu haben. Die Hangnager von Tender stimmen in Bau und Bewegungsdimorphie völlig mit dem Schrägen Hangnager von Columbana überein. Doch scheint das Paarungsverhalten abzuweichen. Der Kopulation geht ein langwieriges Vorspiel voraus. Begegnen sich zwei unverpaarte Tiere, so beschnuppern sie sich zunächst vorsichtig. Darauf folgt eine entscheidende Phase: das „gegenseitige Weggucken". Die beiden Tiere schauen sich dabei kurz an und drehen dann schnell den Kopf weg. Dies wiederholt sich mehrmals, bis sich das Männchen vorsichtig dem wegschauenden Weibchen nähert und diesem die Kehle mit den Nagezähnen krault. Danach folgt ein intensives gegenseitiges Belecken der Schnauzen. Das Weibchen kann den Paarungsversuch beenden, indem es das Männchen direkt anstarrt. Wird das Vorspiel nicht vom Weibchen abgebrochen, gleiten die Partner schließlich dicht aneinander vorbei, und es folgt die rückwärtige Begattung, die mehrere Minuten bis zu einer halben Stunde dauern kann.

Unter mehreren hundert Paarungen beobachteten die Wissenschaftler keinen einzigen Fall von Aufreit-Kopulationen. Es scheinen sich also ausschließlich linksläufige und rechtsläufige Tiere miteinander zu paaren. Dennoch sind die beiden Formen weiterhin genetisch miteinander verbunden, da in jedem Wurf sowohl rechtsläufige wie linksläufige Männchen und Weibchen auftreten.

Die Entdecker halten auch die Hangnager auf Tender für eine neue Art, der sie den Namen Zärtlicher Hangnager (*Ascentus eroticus*) gaben. Für Professor *Dill* sind die Hangnager-Populationen auf Simplicity und Tender lediglich lokale Unterarten des Schrägen Hangnagers und keine getrennten Arten.

Den Beweis dafür, dass es sich doch um zwei neue Arten handelt, könnte die Entdeckung bringen, dass sowohl der Einfache Hangnager wie der Zärtliche Hangnager auf der dritten untersuchten Insel gemeinsam vorkommen. Auf Coexistence Island besiedelt der Einfache Hangnager vor allem die nördlichen Teile, der Zärtliche Hangnager die südlichen. Es gibt aber einen großen Bereich auf der Mitte der Insel, in dem beide Formen vorkommen, ohne sich zu vermischen. Die Männchen des Einfachen Hangnagers versuchen zwar gelegentlich mit rechtsläufigen Weibchen des Zärtlichen Hangnagers zu kopulieren, diese zeigen hier aber ein ausgesprochenes Abwehrverhalten gegen Aufreit-Kopulationen, indem sie ihren Schwanz herunterklappen und damit jede Annäherung verhindern. Im gemeinsamen Verbreitungsgebiet besiedeln die Einfachen Hangnager die höheren Lagen, während die Zärtlichen Hangnager sich vorwiegend in tieferliegenden Schluchten aufhalten.

Zur Kopulation müssen sich die rechtsläufigen und die linksläufigen Tiere einander rückwärts aus entgegengesetzten Richtungen nähern.

Kasten II, 3–6: Artbildung bei den Hangnagern (nach *Kattmann* 1992 c, 33)

II Prozesse der Evolution

Am Beispiel wird so das Phänomen genetischer Vielfalt in Populationen wiederholt (s. Abschnitt II, 3.3) und die Angepasstheit der Lebewesen als Resultat von Selektionsprozessen gedeutet.

An Lehrervortrag und Unterrichtsgespräch schließt sich eine arbeitsgleiche Gruppenarbeit mit einem Arbeitsblatt zu den neu entdeckten Hangnagerarten an (s. Kasten II, 3-6). An diesem Beispiel wird der Prozess der Bildung von Unterarten und der Artaufspaltung erschlossen. Dazu werden im Arbeitsblatt die folgenden Aufgaben gestellt:

– Welche Evolutionsfaktoren spielten bei der Evolution der Hangnagerarten eine Rolle? (Isoliertwerden: Meer als Barriere zwischen Inseln; Selektion, evtl. Alleldrift, Ausbreitung auf Nachbarinseln, Isoliertsein: Fortpflanzungsschranken durch Verhalten).
– In welcher Reihenfolge haben die Hangnager die Inseln des Archipels vermutlich besiedelt? (Ausbreitung von Columbana auf die beiden Nachbarinseln Tender und Simplicity, von dort jeweils auf Coexistence).
– Warum unterscheiden sich die beiden Formen gerade im Überschneidungsgebiet in ihren Umweltbeziehungen? (Die Konkurrenz zwischen den Arten wird gemildert. Die beiden Formen können so nebeneinander besser überleben).
– Handelt es sich beim Einfachen Hangnager und Zärtlichen Hangnager um verschiedene Arten oder nur um Unterarten des Schrägen Hangnagers? (Zusammenleben auf Coexistence mit Fortpflanzungsschranke spricht für die Klassifikation als zwei Arten. Ebenso die ökologische Differenzierung im Überschneidungsgebiet. Ganz sicher wäre die Spaltung in zwei Arten, wenn Populationen nach Columbana zurückwanderten und sich dann mit dem Schrägen Hangnager nicht kreuzten).
– Wie können die Merkmale (Läufigkeit, Paarungsverhalten) des Einfachen Hangnagers entstanden sein? (Zufällig dadurch, dass nur Tiere mit Allelen, die Rechtsläufigkeit bestimmen, auf die Insel gerieten: Alleldrift; größerer Kopulationserfolg der starken Männchen: Selektion).
– Wie könnte das Balzverhalten des Zärtlichen Hangnagers entstanden sein? (Selektion der zärtlichen Männchen durch Partnerwahl der Weibchen).

Die Diskussion der Evolution der Hangnager macht den Schülern Spaß. Nach Behandlung der Arbeitsaufgaben sollte man in jedem Fall eine kurze Modellbetrachtung anstellen. Dabei werden die Eigenschaften des simulierten Beispiels reflektiert (einfache Verhältnisse, wenige Arten, abgegrenztes Gebiet, keine Abweichungen von der Theorie). Es wird herausgestellt, dass die Artbildung in der Natur komplexer verlaufen und daher weniger leicht durchschaubar sein kann als bei den Hangnagern. Das Modell verlangt dann geradezu danach, auf reale Fälle angewendet zu werden.

Die Lehrperson zeigt dann den Ausschnitt zu den Grundfinken aus dem Film „Auf *Darwins* Spuren" (FWU, s. Abschnitt II, 3.5.4). Bei dieser Gelegenheit sollte nicht versäumt werden, die Kommentaraussagen historisch richtigzustellen (s. Abschnitt II, 3.1.3, vgl. *Kattmann* 1984 a). Der Filmausschnitt wird durch weitere Angaben zu den Grundfinken ergänzt (s. Abb. II, 3-11 und 12). Die Schüler werden nun aufgefordert, die Evolution der Grundfinken nach dem Modell der Hangnager zu erklären. Zuerst wird die Annahme *Darwins* wiederholt, dass alle Grundfinken von einem einzigen auf den Archipel verschlagenen Finkenpaar abstammen.

Diese Annahmen werden nun anhand eines Ausschnitts der Artbildung überprüft (s. Kasten II, 3-7). In der Auswertung werden die Prozesse für die Arten verallgemeinert. Für die gesamte Evolution werden folgende Prozesse postuliert: Besiedelung von Nachbarinseln, Selektion, Ausbreitung, gemeinsame Besiedelung von Inseln und Rückbesiedelung von Inseln, unterschiedliche Umweltbeziehungen (Konkurrenzvermeidung) beim Zusammentreffen.

Mit diesen Annahmen wird im Unterrichtsgespräch die Verteilung der Arten und Unterarten auf dem Archipel erklärt (s. Abb. II, 3-13). Dabei wird auch erörtert, warum auf der entfernten Cocosinsel nur eine Art entstanden ist und somit das Isoliertwerden (auf den einzelnen Inseln) und die Ausbreitung (auf Nachbarinseln) in ihrer Bedeutung für Bildung der Artenvielfalt noch einmal betont.

Abschließend überträgt man die Verhältnisse von Inselgruppen auf andere Beispiele, indem man die Rolle der geographischen Barrieren, der Ausbreitung und der Umweltbeziehungen z. B. auf die Bedingungen bei der Bildung von Geschwisterarten unserer Singvögel anwendet (Isoliertwerden während der Eiszeit, Ausbreitung bei deren Ende, ökologische Differenzierung beim Zusammentreffen, s. Abschnitt II, 3.1.3; vgl. *Dylla/Kattmann* 1979).

Klassenstufe 9/10   3 Variabilität, Selektion und Artbildung

Artbildung bei den Darwinfinken

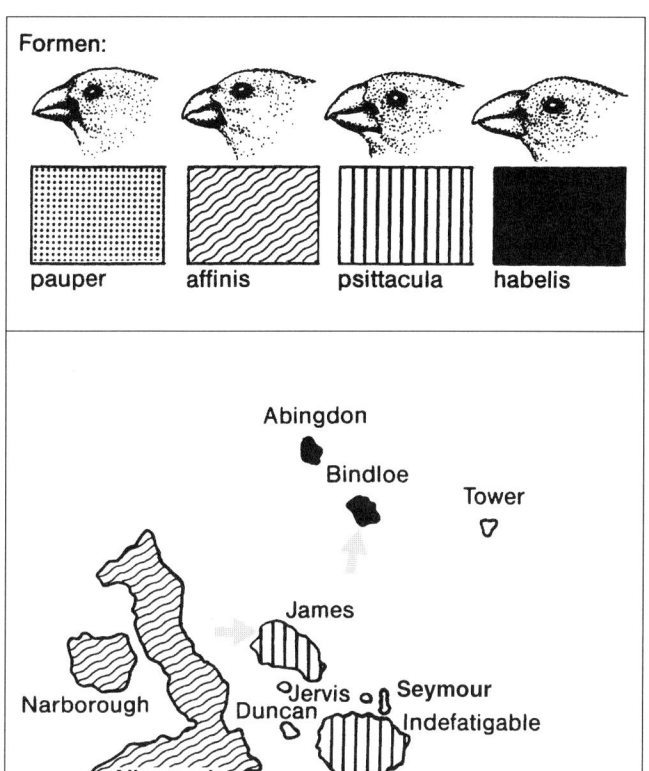

Formen: pauper, affinis, psittacula, habelis

Verbreitung von vier nah verwandten Populationen der Gattung *Camarhynchus*. Die sympatrisch auftretenden Formen kreuzen sich nicht.

Versuche anhand der Verbreitung und der Schnabelmerkmale der 4 Formen den möglichen Artbildungsprozess zu rekonstruieren:
1. Bestimme die Population, die der Stammform vermutlich am nächsten steht (Begründung?)!
2. Trage mit Pfeilen die mögliche Ausbreitung der Populationen ein!
3. An welchen Tatsachen ist erkennbar, dass eine Artaufspaltung eingetreten ist?
4. Versuche, die vier Formen nach der zoologischen Nomenklatur in Arten und Unterarten zu klassifizieren!

Inseln: Abingdon, Bindloe, Tower, James, Jervis, Duncan, Seymour, Indefatigable, Narborough, Albermarle, Barrington, Chatham, Charles, Hood

Kasten II, 3–7. Artbildung bei den Grundfinken (Vorlage für ein Arbeitsblatt; nach *Lack* 1983; aus *Kattmann* 1984 b, 38)

131

II Prozesse der Evolution

3.5 Medien

3.5.1 Lebende Organismen
Bänderschnecken mit verschiedenen Gehäusen. Zur Haltung der Schnecken im Klassenzimmer s. Band 1, 126 ff.

3.5.2 Präparate
Gehäuse von Bänderschnecken, evtl. zerbrochene Reste von Schneckenschmieden. Stopfpräparate von Raben- und Nebelkrähe, ebenso von den Unterarten der Schwanzmeise; von Fitis und Zilp-Zalp, Nachtigall und Sprosser, Gartenbaumläufer und Waldbaumläufer, Weidenmeise und Sumpfmeise; Grünspecht und Grauspecht, Wintergoldhähnchen und Sommergoldhähnchen;
PHYWE bzw. Schlüter: Objektkasten Industriemelanismus 72114.00 bzw. 1215.

3.5.3 Modelle, Simulationsspiele
Klett: MAM Lernset 6, Selektion - Mutation 79417;
PHYWE bzw. Schlüter: Evolutionsspiel 65569.00 bzw. 105 b;
s. Kasten II, 3-4; vgl. außerdem *Schilke* (1976) und *Högermann* (1984).

3.5.4 Filme
FWU: Auf den Spuren *Darwins* 32 00593; Tarnung - um zu überleben 32 03511.

3.5.5 Diapositive
FWU: Mutationen bei Tier und Mensch 10 00749; Tarnen und Warnen im Tierreich 10 02267;
Dia-Didact (ehemals V-Dia): Tarnung, Warnung, Mimikry 22070; Mutationen im Pflanzenreich 25011;
PHYWE: Variabilität II. Die Mutationen 82360.02; Entstehung und Evolution der Lebewesen III, Grundlagen, Mechanismen und Wege der Evolution 82396.00.

3.5.6 Arbeitstransparente
Klett: Folienbuch Evolution 02766.

3.5.7 Arbeitsbätter und Arbeitsmaterialien
Friedrich-Verlag: CD-ROM Evolution 92637.

Literatur

Ayala 1979; *Baalmann* 1997; *Bayrhuber/Kull* 1989; *Beck* u. a. 1995; *Darwin* 1875; *Dobzhansky* 1958; *Duhr* 1979; *Dylla/Kattmann* 1979; *Eschenhagen/Kattmann/Rodi* 1996; *Glaubrecht* 1994; *Grant* 1986; *Grant/Grant* 1995; *Heinzel/Fitter/Parslow* 1972; *Högermann* 1984; *Kalusche* 1989; *Kattmann* 1981 a; b; 1984 a; b; 1991; 1992 a; b; c; 1995 a; 1996; *Kattmann/Rüther* 1991; 1994; *Kattmann/Wahlert/Weninger* 1981; *Kettlewell* 1961; *Kufner* 1985; *Kurtze* 1983; *Lack* 1983; *Leisler* 1995; *Lorenz* 1964; *Mayr* 1967; 1979; *Rudzinski* 1992; *Sauer/Müller* 1987; *Schilke* 1976; *Senglaub* 1982; *Stümpke* 1975; *Sulloway* 1982; *Vogel/Angermann* 1984; *Wandersee/Good/Demastes* 1995; *Weninger/Kattmann* 1981; *Zwölfer/Bush* 1984

4 Populationsdifferenzierung beim Menschen

4.1 Sachanalyse

4.1.1 Zum Rassenkonzept beim Menschen

In der Wissenschaft wird der Terminus „Rasse" außerhalb der Anthropologie heute kaum noch verwendet, es sei denn für die Zuchtformen der Haustiere. Bei natürlichen Populationen spricht man von Unterarten (s. Abschnitt II, 3.1). Bezogen auf den Menschen ist „Rasse" für viele Biologen und Nichtbiologen ein Reizwort. Ein Streit darüber, ob menschliche Rassen existieren oder nicht, ist jedoch müßig. Die Frage muss vielmehr lauten, ob die mit dem Wort „Rasse" verbundenen biologischen Kategorien geeignet sind, die augenfällige Vielfalt der Menschen angemessen zu erfassen. Vor allem durch Ergebnisse der Molekularbiologie sind Rassenkonzepte beim Menschen zunehmend fragwürdig geworden. Die genetische Vielfalt der Menschen begründet keine sinnvolle Klassifikation in Rassen (vgl. *Kattmann* 1995 b; c; UNESCO-Workshop 1996). Auch die diesbezügliche Darstellung in Band 1 ist daher revisionsbedürftig (s. Didaktische Überlegungen, Abschnitt II, 4.2.1).

4.1.2 Unterschiede zwischen Populationen

Die Unterschiede zwischen Menschen in Hautfarbe, Haarfarbe, Haarformen, Gesichtsformen und Körpergröße sind augenfällig, und im Alltag werden diese äußerlich sichtbaren Kennzeichen meist mit der Zuordnung von Menschen zu verschiedenen Rassen verbunden.
Bei den ursprünglichen anthropologischen Rassendefinitionen wurden Individuen einer Art nach typischen Merkmalen einer Rasse zugeordnet. Die zugehörigen Rassenbegriffe sind daher typologisch. Man glaubte entweder, einen Typus an repräsentativen Individuen zu erkennen (individualtypologische Anschauung), oder man versuchte, anhand der als wesentlich angesehenen Merkmale einen generalisierten Typus zu konstruieren, dem die Individuen zwar nie vollkommen entsprechen, jedoch mehr oder weniger gut zugeordnet werden können (idealtypologisches Vorgehen). Beide Anschauungen sind wissenschaftlich seit langem überholt und von einem populationsgenetischen Rassenbegriff abgelöst worden. Damit ging einher, dass beim Menschen zunehmend nur noch drei geographische Großrassen unterschieden wurden (Europide, Mongolide, Negride) und weitere Unterteilungen seitdem bereits als willkürlich galten (vgl. *Kattmann* 1977; s. Band 1, 169 ff.).
Natürliche Populationen von Tieren werden entsprechend nicht als ein Kollektiv aus Einzelorganismen mit gemeinsamen Merkmalen verstanden, sondern als Fortpflanzungsgemeinschaften. Mit der populationsbiologischen Betrachtung werden daher die genetischen Unterschiede der Individuen innerhalb ein und derselben Population in den Vordergrund gerückt (vgl. *Mayr* 1979, 37). Damit sind die natürlichen Populationen strikt von den Haustierrassen unterschieden, die streng auf bestimmte Merkmalskombinate hin gezüchtet worden sind und damit (hinsichtlich der Zuchtmerkmale) weitgehend genetisch homogen sind.
Alle natürlichen Populationen sich sexuell (biparental) fortpflanzender Organismen sind dagegen in sich genetisch heterogen. Sogenannte Rassenunterschiede beziehen sich stets auf Populationsdurchschnitte, die auf die ihnen zugerechneten Individuen nicht ausnahmslos zutreffen. Rassen wurden daher populationsgenetisch als (geographische) Populationen definiert, die sich in der Häufigkeitsverteilung ihrer Allele (sowie der entsprechenden Merkmale) voneinander unterscheiden. Häufigkeitsverteilungen können selbstverständlich nicht am Einzelmenschen, sondern nur an Populationen beschrieben werden. Mit der Feststellung sogenannter populationstypischer Merkmale kann jedoch auch innerhalb des populationsbiologischen Rassenbegriffs eine Rückwendung zur Typologie erfolgen. Bei diesem Vorgehen werden nämlich in typologischer Manier die häufig auftretenden Merkmale für wesentlicher gehalten als die seltenen. Wenn jedoch eine Rasse durch die

II Prozesse der Evolution

Häufigkeitsverteilung der Allele charakterisiert ist, dann sind die seltenen Merkmale für die Beschreibung der Population eigentlich genauso wichtig zu nehmen wie die häufigen. Bei populationsgenetischer Definition ist also die Bezeichnung „Rasse" auf die Einzelperson streng genommen gar nicht anwendbar, und diese kann dann auch keine „Rassemerkmale" oder „rassetypischen" Eigenschaften haben.

Das populationsgenetische Konzept der (geographischen) Rasse beruhte auf der Annahme, dass die Populationen in ihrer Geschichte mehr oder weniger genetisch isoliert waren und während dieser Zeit in den verschiedenen „Züchtungsräumen" die populationstypischen Allel- und Merkmalskombinate durch Selektion erworben haben (s. Abb. II, 4-1 a). Anhand häufiger Merkmalskombinate soll daher die stammesgeschichtliche Verwandtschaft der Populationen erkannt werden (vgl. *Vogel* 1974, 179). Populationstypische Merkmale können jedoch auf unterschiedliche Weise entstehen:
– durch Alleldrift (zufällige Änderungen der Allelfrequenzen),
– durch Neumutationen, die zufällig jeweils nur in einer Population auftreten,
– durch Allelfluss zwischen einzelnen Populationen,
– durch Selektionsfaktoren, die in den getrennten Populationen unterschiedlich wirksam sind.

Sollen die Häufigkeitsverteilungen der Merkmale und Merkmalskombinate über Verwandtschaft Auskunft geben, so müssen sie auf der Isolation zwischen den betrachteten Populationen beruhen. Dafür sind die durch Selektion herausgebildeten Merkmale nicht gut geeignet, da sie bei ähnlichen Umweltbedingungen leicht parallel herausgebildet werden und damit Verwandtschaft vortäuschen oder auch verschleiern können. Zu diesen Merkmalen gehören aber gerade die auffälligen, meist als „rassetypisch" angesehenen Kennzeichen wie

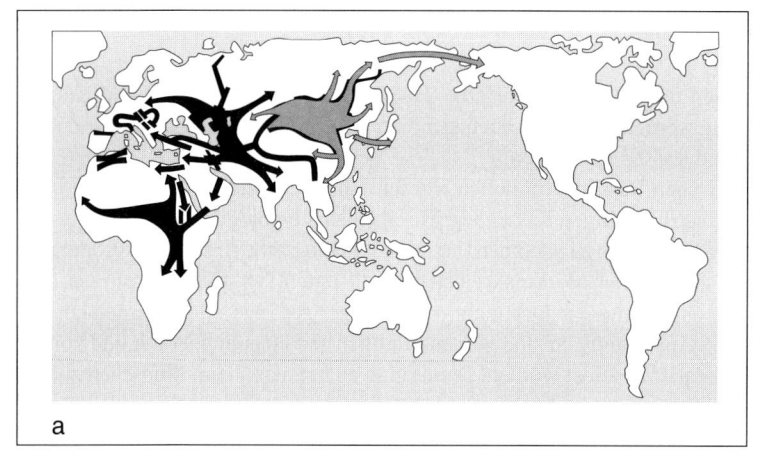

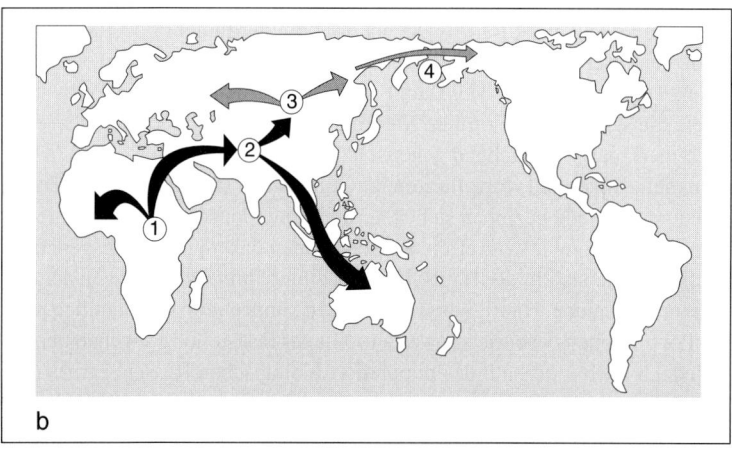

Abb. II, 4-1: Alte und neue Vorstellungen zur Populationsdifferenzierung beim Menschen.
a) „Rassenbildung" durch Isolation und Selektion in Züchtungsräumen. Entstehung der Großrassen Europide (Europa/Asien), Mongolide (Asien/Nordamerika) und Negride (Afrika),
b) Populationsdifferenzierung durch Wanderschübe (Auswanderung des Modernen Jetztmenschen aus Afrika) und Alleldrift. 1 Einwanderung nach Asien vor etwa 100 000 Jahren, 2 Besiedelung von Zentral- und Südasien und Australien vor etwa 50 000 Jahren, 3 Einwanderung nach Europa vor 35 000 bis 40 000 Jahren, 4 Einwanderung nach Amerika vor 15 000 bis 30 000 Jahren. Die Zeitangaben sind aus den molekulargenetischen Unterschieden erschlossen (molekulare Uhr) und stehen mit den ältesten Fossilfunden des modernen Menschen (Homo sapiens sapiens) in den jeweiligen Erdteilen im Einklang. Ältere Hominidenfunde in Asien und Europa werden als Homo erectus oder archaische sapiens-Formen klassifiziert (s. dazu Abschnitt IV, 2.1; a) nach *Steitz* 1974; b) nach *Cavalli-Sforza* 1992, aus *Kattmann* 1995 b, 45)

Hautfarbe, Haarform, Augenform, Nasenhöhe und Nasenbreite, die mit klimatischen Umweltfaktoren korrelieren und wahrscheinlich durch diese selektiert wurden. Einige weitere morphologische Merkmale, wie Schädellänge und -breite (Schädelindex) sowie graziler Knochenbau, sind in ungeklärter Weise umweltlabil.
Mehr Aufschluss über die populationsgeschichtlichen Beziehungen können Änderungen der Allelfrequenz bei mehr oder weniger selektionsneutralen Merkmalen geben, wie sie vor allem mit molekulargenetischen Untersuchungen erfasst werden können. In diesem Fall wird vorausgesetzt, dass die genetischen Unterschiede zwischen den menschlichen Populationen allein durch Zufallswirkung (Alleldrift und Neumutationen) entstehen und daher die Änderungen pro Zeiteinheit etwa gleich groß sind (molekulare Uhr). Mehrere Studien legen nahe, dass die Differenzierung bei molekularen Merkmalen weniger von der Selektion beeinflusst wird als bei morphologischen. Aus der Häufigkeitsverteilung der molekulargenetischen Merkmale werden Distanzen errechnet, die daher annähernd der Dauer der Trennung der Populationen entsprechen. Dabei wird davon ausgegangen, dass die Zufallswirkung tatsächlich der ausschlaggebende Faktor der Populationsdifferenzierung war. Die Rolle anderer Faktoren, z. B. Allelfluss zwischen den Populationen und populationsspezifische Selektion, kann mit Plausibilitätsgründen abgeschätzt werden. Auf dieser Grundlage beruhen die Untersuchungen zur Populationsdifferenzierung und Populationsgeschichte von *Luigi Luca Cavalli-Sforza* (1992). Folgende Ergebnisse sind herauszustellen (vgl. *Kattmann* 1995 b; c):
– Die genetischen Unterschiede zwischen den geographischen Gruppen („Rassen") sind so gering, dass eine lange genetische Isolation ausgeschlossen werden kann. Die genetischen Abstände deuten auf eine ge-

Abb. II, 4-2: Dendrogramm menschlicher Populationen. Die Verzweigungen zeigen die molekulargenetische Ähnlichkeit aufgrund der Häufigkeitsverteilung von 120 Allelen in den Bevölkerungen an. Die Kästchen geben die jeweils in den Populationen vorherrschende Hauttönung an (s. Kasten II, 4-2 b) (nach *Cavalli-Sforza* 1992, aus *Kattmann* 1995 c, 2)

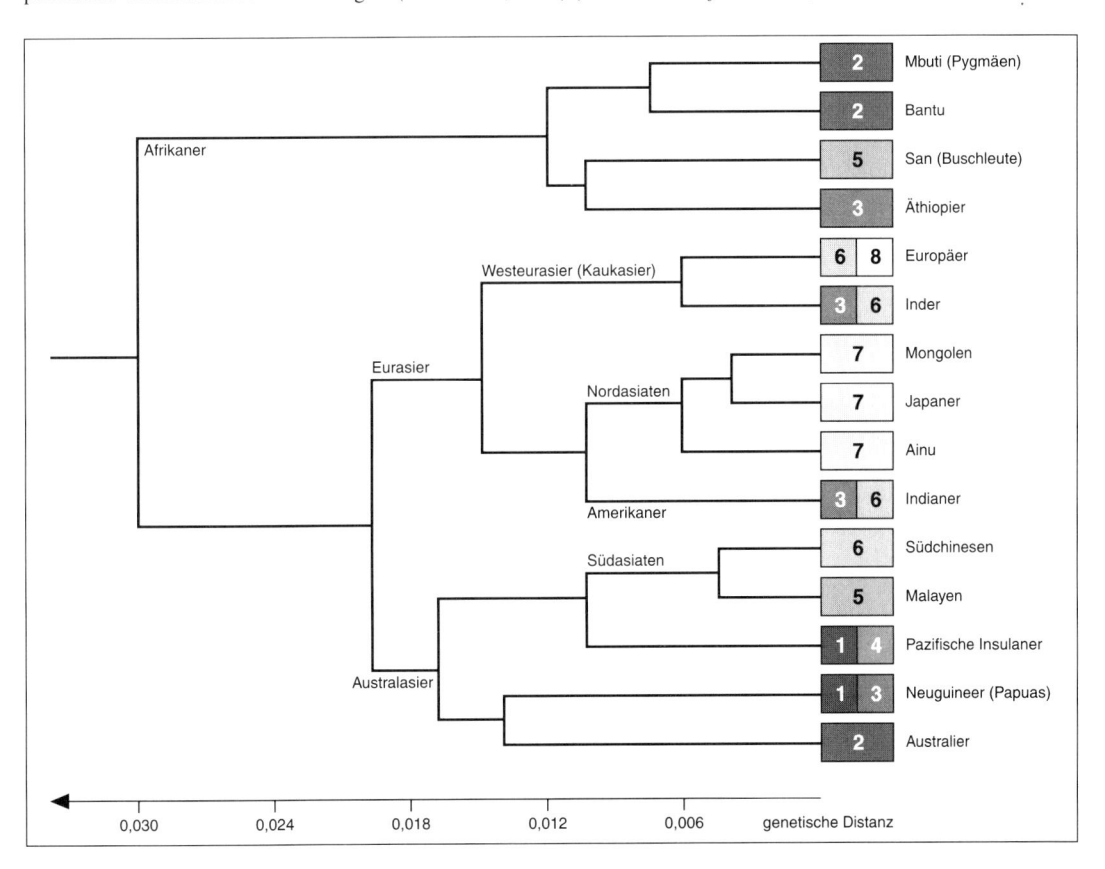

II Prozesse der Evolution

meinsame Herkunft aller heute lebenden menschlichen Populationen aus einer afrikanischen Urpopulation hin (Afrika-Hypothese, s. Abb. II, 4-1 b).
- Die Populationsdifferenzierungen fanden vor allem durch Wanderungen statt; der ausschlaggebende Faktor ist dabei die Alleldrift (z. B. genetische Abweichung der Gründerpopulationen). Bei benachbarten Populationen wird außerdem Allelfluss angenommen. Die in Abbildung II, 4-1 b angegebenen Zeiten ergeben sich aus den genetischen Distanzen, wenn die molekulargenetische Uhr mit plausiblen Annahmen entsprechend geeicht wird. Die Daten geben nicht die Bildung von Isolaten oder Rassen an, sondern spiegeln die ungefähren Termine von Wanderungsschüben wider.
- Das nach der statistischen Analyse wahrscheinlichste Dendrogramm ist mit bisherigen anthropologischen Vorschlägen zur Rassengliederung schlecht vereinbar. Selbst die übliche Einteilung in drei geographische „Großrassen" wird nicht bestätigt. So gehören zum Beispiel die bisher als Großrasse klassifizierten „Mongoliden" zu zwei getrennten Zweigen, so dass die Nordasiaten näher mit den Europäern, die Südasiaten näher mit den pazifischen Völkern verwandt erscheinen (s. Abb. II, 4-2).
- Die ins Auge fallenden und von Anthropologen beschriebenen „Rassen"-Merkmale und -Typen sind für Verwandtschaftsbeziehungen und Populationsgeschichte offenbar von geringem Wert. Dies gilt für die Aufteilung der bisher als Mongolide klassifizierten Populationen ebenso wie für eklatante Einzelfälle (Nähe der San zu den übrigen Afrikanern, der Ainu zu den Japanern). Die genetische Verwandtschaft korreliert stärker mit der geographischen Nähe als mit der typologischen Klassifizierung. Man kann von einer molekularbiologischen Auflösung der Rassen sprechen.

4.1.3 Pigmentierung der Haut

Die unsichere qualitative Bestimmung der Hautfarbe nach Farbtafeln ist heute durch exakte spektroskopische Messungen ersetzt worden. Die so ermittelten durchschnittlichen Pigmentierungsgrade zeigen eine hohe Korrelation (+ 0.82) zur geographischen Breite (vgl. *Robins* 1991, 189).
„Hautfarben" werden nicht durch viele verschiedene Pigmente bewirkt. Das maßgebliche in der Haut gebildete Pigment ist vielmehr das Eumelanin. Hautfarben sind also eigentlich nur verschiedene Tönungen, die durch die Verteilung von mehr oder weniger Eumelanin in den Hautzellen bewirkt werden. Dasselbe gilt für die Augenfarbe (Farbe der Regenbogenhaut). Die Iris blauer Augen enthält wenig, die brauner Augen viel Eumelanin. Die Menge des Pigments macht hier den einzigen Unterschied aus. Die Farben (von blau über grün bis braun) kommen durch Zusammenwirken des Pigments und der Struktur der Iris (blaues Streulicht) zustande. Die Haarfarbe wird überwiegend ebenfalls durch Einlagerung von Eumelanin bestimmt; vor allem in roten Haaren kommt jedoch ein zweites Pigment vor, das Phaeomelanin, das in den Haarbalgzellen gebildet wird.
Die Tönung der Haut zeigt eine geographische Variabilität mit kontinuierlichen Übergängen zwischen den geographischen Regionen. Man bezeichnet derartige Merkmalsübergänge als Klin (cline) und spricht von einer klinalen Verteilung (s. Abbildung II, 4-2; vgl. *Lewontin* 1986; *Vogel/Motulsky* 1986). Die geographische Verteilung der Hauttönungen ist durch Selektion bedingt. Selektion wirkt wahrscheinlich überwiegend durch die UV-Einstrahlung: Bei hoher Intensität des UV-Lichts wird eine dunkle Hautfarbe begünstigt. Abweichungen können durch Wanderungen der Menschen erklärt werden, für helle Haut kann ein unbekannter Selektionsvorteil in nördlichen Breiten vermutet werden. Die Selektionsfaktoren für die Depigmentierung der Haut sind allerdings nicht geklärt. Die Vitamin-D-Hypothese, nach der eine starke Pigmentierung bei geringer UV-Einstrahlung die Synthese des Vitamins D in der Haut so behindert, dass in höheren Breiten ein Selektionsnachteil entsteht, ließ sich durch physiologische Untersuchungen nicht bestätigen (vgl. *Robins* 1991, 202 ff.). Das Merkmal „Hautfarbe" ist also nicht populations-, sondern umweltbezogen. Daher findet man z. B. dunkelhäutige Menschen in verschiedenen geographischen Regionen (Afrika, Indien, Australien, Ozeanien, Südamerika), obwohl diese nicht näher miteinander verwandt sind (s. Kasten II, 4-2). Die Pigmentierung der Haut sagt damit nichts über die genetische Verwandtschaft von Populationen aus, sondern lediglich etwas über die klimatischen Bedingungen, unter denen die Menschen längere Zeit gelebt haben. Die durch Se-

lektion bedingten genetischen Veränderungen betreffen lediglich ein paar an der Pigmentierung beteiligte Gene. „Hautfarben" eignen sich daher selbst im Urteil typologisch arbeitender Anthropologen nicht zur Klassifizierung von „Rassen".

Die Hauttönung ist sicher das auffälligste Unterscheidungsmerkmal zwischen den Menschen. Die Unterschiede gehen aber kaum über den sichtbaren Bereich hinaus. Der Reflexionsgrad der Haut ist nämlich von der Wellenlänge der einfallenden Strahlung abhängig. Er wird daher mit Farbfiltern gemessen. (Die Angaben in Kasten II, 4-2 beziehen sich auf Messungen mit dem Filter 9, das hauptsächlich Licht der Wellenlänge 685 nm durchlässt). Nur im sichtbaren Bereich unterscheiden sich die Reflexionseigenschaften der Haut verschiedener Menschen deutlich. Im Infrarot-Bereich reflektieren helle und dunkle Haut so viel Licht, dass beide als „weiß" gesehen würden, wenn die Strahlung des Wellenlängenbereichs um 1200 nm für Menschen sichtbar wäre. Strahlung über 8000 nm Wellenlänge wird von der menschlichen Haut unabhängig von der Pigmentierung vollständig absorbiert, so dass alle Menschen in diesem Bereich ausnahmslos „Schwarze" sind. Trotz (oder wegen) ihrer nur oberflächlichen Ausprägung werden mit den Hautfarben häufig weitgehende Urteile über den Charakter und die Fähigkeiten der Menschen verbunden. Wissenschaftlich gibt es dafür keine Anhaltspunkte (vgl. UNESCO-Workshop 1996). Geprägt wurden die Vorstellungen zu den Hautfarben durch die Eroberungen des „weißen Mannes" im Zeitalter des Imperialismus. Der Umstand, dass die Hautfarbe der Unterworfenen in vielen Fällen dunkler war als die der erobernden Europäer, führte zu der Anschauung, die „Weißen" seien als „Herren der Menschheit" geboren (vgl. *Kattmann* 1973, 113 ff.). „Weiße" Haut galt seitdem als Zeichen von Kühnheit, Klugheit und Überlegenheit; „schwarze" steht als Symbol von Kraft, Leidenschaft und sexueller Triebhaftigkeit sowie intellektueller, charakterlicher und sozialer Rückständigkeit und Minderwertigkeit. Für die nichteuropäischen Völker wurden - ohne Rücksicht auf die tatsächliche Vielfalt - die Hautfarben „gelb", „rot" und „schwarz" konstruiert (vgl. *Robins* 1991, 166 ff.; *Demel* 1992; *Hund* 1993). „Weißheit" wurde auch gegen den Augenschein auf alle Europäer ausgedehnt und für diese reserviert, alle anderen Völker wurden demgegenüber als „Farbige" diskriminiert. Aus dem sozial hergestellten und ausgedeuteten Hautfarbengegensatz resultierten die nun überwundenen Systeme der Rassentrennung in den USA und Südafrika und die bis heute überdauernde soziale Ungleichheit sowie - in Lateinamerika - eine die sozialen Chancen bestimmende Stufenleiter der Hautfarben und Haarformen.

Am Beispiel der „Hautfarbe" wird besonders deutlich, dass mit der Einordnung von Menschen in eine „Rasse" zugleich eine entsprechende Zuschreibung psychischer Merkmale vorgenommen wird. Durch die postulierte Koppelung körperlicher und seelischer Eigenschaften bekommt das Rassenkonzept für viele seiner Vertreter erst sein Gewicht und die (gewünschte) soziale Bedeutung. Es kann vermutet werden, dass das zähe Festhalten an mehr oder weniger typologischen Rassenkonzepten in dieser Anschauung begründet ist (vgl. *Seidler* 1992). Dabei ist zu betonen, dass wir über die humangenetischen Grundlagen wenig und über die Häufigkeitsverteilungen psychischer Merkmale in den Populationen so gut wie nichts wissen. Eine Ausnahme bildet allenfalls die Testintelligenz. Die Intelligenztests wurden jedoch in Hinblick auf das kulturelle Umfeld der „weißen" Bevölkerung konstruiert und meist im Interesse sozialer Diskriminierung und Siebung durchgeführt (vgl. *Gould* 1983). Der Vergleich der Testergebnisse von Bevölkerungsgruppen verschiedener Kulturen oder Subkulturen gilt als nicht valide und daher als wissenschaftlich nicht vertretbar. Die zwischen Bevölkerungsgruppen erhobenen statistischen Unterschiede in der Testintelligenz schwinden bei genauer Berücksichtigung sozialer und umweltlicher Faktoren bis in die Nähe der Fehlergrenzen der Tests (vgl. *Vogel/Motulsky* 1996).

4.1.4 Genetische Vielfalt innerhalb von Populationen

Um Einteilungen und Charakterisierungen der Menschen in Rassen zu beurteilen, sind die Untersuchungen aufschlussreich, mit denen der Anteil der genetischen Unterschiede in den geographischen Populationen im Vergleich zu der zwischen Populationen erfasst wurde. Ein wichtiges Ergebnis besteht darin, dass etwa 75 % aller menschlichen Gene nur in einer Version auftreten, also bei allen Menschen identisch sind. Die fest-

II Prozesse der Evolution

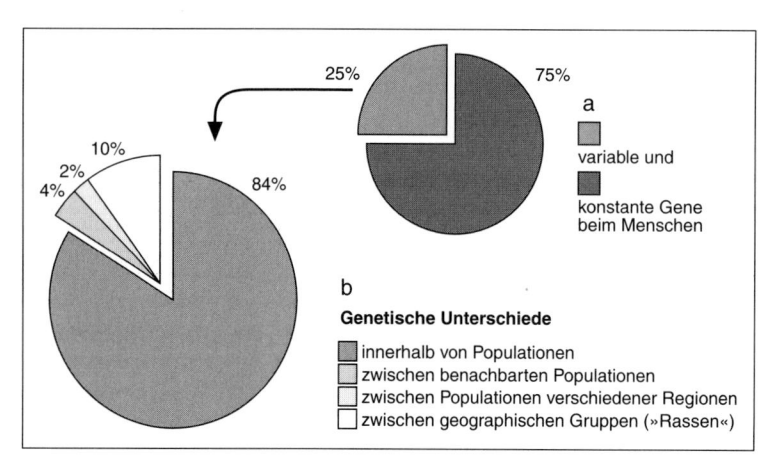

Abb. II, 4-3: Anteile der genetischen Vielfalt in und zwischen menschlichen Populationen. a) Anteile der konstanten und variablen Gene, b) Anteile der genetischen Unterschiede bei den variablen Genen (nach *Latter* 1980, aus *Kattmann* 1995 b, 47)

a) variable und konstante Gene beim Menschen

b) Genetische Unterschiede
- innerhalb von Populationen
- zwischen benachbarten Populationen
- zwischen Populationen verschiedener Regionen
- zwischen geographischen Gruppen (»Rassen«)

stellbaren genetischen Unterschiede werden also nur von dem verbleibenden Viertel der menschlichen Gene bestimmt, von denen es mehrere Allele gibt. In mehreren Untersuchungen wurde die Häufigkeitsverteilung von monogen bedingten Merkmalen (Blutgruppen, Enzyme, Strukturproteine, DNA-Sequenzen) in und zwischen Populationen erfasst. Nach den Daten sind 84 % bis 89 % der Unterschiede innerhalb der Populationen zu finden und entsprechend nur 11 % bis 16 % zwischen den Populationen (s. Abb. II, 4-3; vgl. *Lewontin* 1972; *Latter* 1980; *Kattmann* 1995 b; c).

Anschaulich ist die Angabe der genetischen Distanz der Genotypen zweier Individuen (vgl. *Latter* 1980). Dabei wird der Anteil der Allele bestimmt, in denen sich die beiden Individuen unterscheiden. Die durchschnittliche genetische Distanz ergibt sich, wenn die Paare mehrfach nach dem Zufallsprinzip ausgewählt werden. Auf diese Weise können dann auch die Distanzen zwischen Menschen aus verschiedenen Populationen (benachbarte Völker, regionale Gruppen, geographische Gruppen) verglichen werden. Zu beachten ist dabei, dass die Angaben sich nicht auf das gesamte Genom, sondern nur auf die Allele der erfassten variablen Gene beziehen. Aus den genetischen Distanzen ergibt sich folgendes:

Deutscher — 0,27 — Französin

0,26

Deutsche — 0,29 — Afrikaner

Abb. II, 4-4: Durchschnittliche genetische Verschiedenheit (genetische Distanzen) zwischen vier Partnern verschiedener geographischer Herkunft (Daten nach *Latter* 1980; aus *Kattmann* 1995 c, 3)

– Individuelle Unterschiede, wie sie innerhalb der Populationen (Völker, Stämme) auftreten, machen den Hauptanteil der genetischen Verschiedenheit aus.
– Unterschiede zwischen Menschen benachbarter Populationen und geographischer Großgruppen („Rassen") erhöhen die genetische Vielfalt nur geringfügig.
– Der Anteil der Unterschiede zwischen den geographischen Großgruppen übersteigt die Unterschiede zwischen den Populationen der gleichen Region nur wenig.

Die genetische Vielfalt in den Populationen und die geringen Unterschiede in den genetischen Distanzen werfen auch ein neues Licht auf die sogenannte Rassenmischung (vgl. *Kattmann* 1982, 35 f.). Wenn zwei Menschen verschiedener geographischer Herkunft miteinander Kinder haben, so mischen sich nicht zwei „Rassen". Die Eltern sind - wie alle Eltern - lediglich zwei genetisch verschiedene Menschen. Der einzige Unterschied zu Eltern aus derselben geographischen Region besteht darin, dass ein geringer Anteil der genetischen Verschiedenheit auf der Herkunft aus geographisch unterschiedlichen Bevölkerungen beruht (s. Abb. II, 4-4).

4.1.5 Jenseits von Rasse

Die Rasseneinteilung nach anschaulichen Merkmalen und typologisches Denken konnten trotz des populationsgenetischen Rassenbegriffs u. a. in Lexika, Lehrbüchern und Richtlinien überleben, indem alte Rassentypologien beibehalten und als populationstypische Merkmalskombinate ausgelegt werden. So führt das Herder Lexikon Biologie die Rassentypologie von *Egon von Eickstedt* (1934) als anscheinend heute noch gültige Rasseneinteilung an. Die Verteilung der molekulargenetischen Merkmale wird dann so gedeutet, dass sie die traditionelle Rassentypologie nachträglich rechtfertigen, und die statistische Signifikanz der (geringen) Unterschiede wird dann als nochmalige Bestätigung der Einteilung in Rassen angesehen (s. Kasten II, 4-3; vgl. *Knußmann* 1996, 430). Viele populations- und molekulargenetisch arbeitende Biologen betrachten jedoch alle Rassenkonzepte als überholt oder für ihre Arbeit irrelevant.

Der Streit ist in unterschiedlichen Bewertungen und Ansichten begründet. „Rassen" sind nicht als solche existent, sie werden durch die angewendete Sichtweise konstituiert. Im Gegensatz zur biologischen Art sind Unterarten oder Rassen keine biotisch vorgegebenen Einheiten, sondern bestenfalls wissenschaftliche Konstrukte. Während ein geschlechtlich differenzierter Organismus zwingend einer biologischen Art (definiert als Fortpflanzungsgemeinschaft) angehört, verpflichtet keine biologische Einsicht dazu, die genetische Vielfalt innerhalb der Arten durchgehend und gleichermaßen in die Kategorien von Rassen oder Unterarten einzuteilen. Durch die Klassifikation in Unterarten oder Rassen werden Arten in einander ausschließende Einheiten aufgeteilt. Die bei vielen Merkmalen feststellbaren Übergänge, der aktuelle und historische Allelfluss zwischen den Populationen sowie die Dynamik der Populationsgeschichte geraten dabei leicht aus dem Blick. Das Konzept der „Rasse" oder „Unterart" ist der geographischen Verteilung der genetischen Verschiedenheit beim Menschen (wie auch in vielen Fällen bei Tieren) offensichtlich nicht gewachsen. Die Einteilung und Benennung von Unterarten und Rassen täuscht eine Exaktheit nur vor, die der tatsächlich gegebenen genetischen Vielfalt nicht entspricht (vgl. *Senglaub* 1982, 164 f.; *Gould* 1984, 195 ff.). Anthropologen konnten sich bis heute nicht auf ein annähernd einheitliches System der sogenannten Rassen des Menschen einigen. Die menschliche Vielfalt in ein angemessenes Rassensystem fassen zu wollen, ist offenbar vergeblich: Eine Gruppe von Fachleuten kam daher zu dem Schluss, „dass es keinen wissenschaftlich zuverlässigen Weg gibt, die menschliche Vielfalt mit den starren Begriffen ‚rassischer' Kategorien oder dem traditionellen ‚Rassen'konzept zu charakterisieren. Es gibt keinen wissenschaftlichen Grund, den Begriff ‚Rasse' weiterhin zu verwenden" (UNESCO-Workshop 1996).

Mit Rassekonzepten wird ein kleiner Teil der genetischen Unterschiede überbewertet - aus dem einzigen Grunde, weil er ins Auge fällt. Angesichts der Ergebnisse molekularbiologischer Untersuchungen kann man die Unterscheidung von Menschenrassen als willkürliche Typenbildung ansehen, die auf einer Überbewertung optischer Eindrücke beruht. Niemand wird die offensichtliche genetische Vielfalt der Menschen ernst-

II Prozesse der Evolution

haft bestreiten wollen. Aber nicht die Einteilung in Rassen, sondern die geographische Variation ist unabweisbar vorhanden. Die systematisch schwer fassbare genetische Verschiedenheit der Menschen legt nahe, die Bemühungen um Klassifikationen unserer Spezies beiseite zu legen und das Konzept der Rasse durch die Beschreibung und Analyse der Vielfalt der Menschen selbst zu ersetzen (vgl. *Lewontin* 1986; *Cavalli-Sforza/Cavalli-Sforza* 1994).

4.1.6 Rassismus ohne Rassen

Der Abschied vom anthropologischen Rassebegriff ist Teil eines wissenschaftsethisch notwendigen Konzeptwandels (vgl. *Kattmann* 1992 d, 134 f.). Wer weiterhin naturwissenschaftlich von Rassen des Menschen sprechen will, muss erklären, in welchem Sinne dies sachgemäß und im Lichte der geschichtlichen Wirkungen des Konzeptes gerechtfertigt sein könnte. Hinter dieser Forderung lauert kein Denkverbot, sondern das Gebot, Denkgewohnheiten in Frage zu stellen und Konzepte auch hinsichtlich ihrer ethischen Implikationen zu reflektieren. Wissenschaftler sind nicht nur verantwortlich für das Handeln, sondern auch für das Denken, das sie nahelegen (vgl. *Frey* 1992).
„Rassismus ist der Glaube, dass menschliche Populationen sich in genetisch bedingten Merkmalen von sozialem Wert unterscheiden, so dass bestimmte Gruppen gegenüber anderen höherwertig oder minderwertig sind. Es gibt keinen überzeugenden wissenschaftlichen Beleg, mit dem dieser Glaube gestützt werden könnte" (UNESCO-Workshop 1996).
Die traditionellen Rasseneinteilungen waren selbst von gesellschaftlichen Einflüssen und Voreingenommenheit nicht frei (vgl. *Robins* 1991, 171 f.; *Demel* 1992; *Hund* 1993). Vorurteile und soziale Diskriminierung haben sich indes nie mit anthropologischen Rasseneinteilungen gedeckt, auf die sie sich bezogen und mit denen sie teilweise gerechtfertigt wurden. Weder die „Weißen" und „Schwarzen" in den USA oder Südafrika noch die „Juden" und „Arier" der Nationalsozialisten sind oder waren je „Rassen" im Sinne einer - wie auch immer - biologisch bestimmten Rassentypologie. Die Bevölkerungsgruppen der Hutu und Tutsi in Rwanda sind ursprünglich soziale Gruppen, die erst später - und mit Unterstützung von kolonialen Anthropologen - rassisch umdefiniert wurden (vgl. *Schürings* 1992). „Rassen" wurden und werden konstruiert, um den Zusammenhalt der eigenen Gruppe mit der damit postulierten gemeinsamen Abstammung und nahen Verwandtschaft zu sichern. Rassismus ist also auf den biologischen Nachweis oder die biotische Existenz von Rassen nicht angewiesen; Rassisten schaffen sich vielmehr die für ihre gesellschaftlichen und politischen Interessen benötigten Rassen selbst. „Rasse" ist in diesem Zusammenhang als sozialpsychologisch bestimmte Kategorie aufzufassen. Äußere Kennzeichen wie Hautfarbe, Haarform, Gesichtsmerkmale, aber auch Essgewohnheiten, religiöse Gebräuche und Sprache dienen als Erkennungsmarken, mit denen die Menschen der (rassisch) diskriminierten Gruppen ausgesondert werden. An ihnen macht sich die Ablehnung fest und kann sich so selbst verstärken. Für die rassische Aussonderung sind aber nicht die Eigenschaften der betroffenen Menschengruppe maßgebend. Die der Fremdgruppe zugeschriebenen Merkmale werden durch die Selbsteinschätzung bestimmt, die die diskriminierende Gruppe von sich hat. Das Eigenbild bestimmt das Fremdbild: Unsicherheiten werden durch Abgrenzung kompensiert; für das Selbstwertgefühl bedrohlich empfundene (negative) Eigenschaften werden auf die Fremdgruppe projiziert und sind so als Form oder Teil von Gruppenaggression zu deuten (s. Band 4, 297 ff.). Wo immer Konflikte zwischen Bevölkerungsgruppen aufbrechen, sind nicht Haut- oder Haarfarben die Ursachen, sondern tradierte Vorurteile, soziale Ungerechtigkeit und politische Interessen.
Rassismus verschwindet daher nicht automatisch mit den diskriminierten Gruppen. Wie anders ist es zu erklären, dass z. B. der Antisemitismus in Europa überdauert, obwohl Juden nach Massenmord und Vertreibung hier eine verschwindend geringe Minderheit sind? Man kann in einem mehrfachen Sinne von „Rassismus ohne Rasse" sprechen (vgl. *Coudenhove-Kalergi* 1992, 300).

4.2 Vorschläge zur Unterrichtsgestaltung am Beispiel „Hautfarben und Rassismus"

4.2.1 Didaktische Überlegungen

Kaum ein Fachwort der Biologie ist in der Geschichte der Menschheit so weitgehend mit ideologischen, politischen, ja verbrecherischen Inhalten verbunden wie der Terminus „Rasse". Daraus folgt nicht, dass das Wort in jedem Fall zu vermeiden sei. Über Rassen zu sprechen, ist allemal besser, als über Rassismus zu schweigen. Rassismus ist (auch und gerade) in Deutschland weiterhin ein ernstes Problem für das friedliche Zusammenleben der Menschen. Wissenschaft und Politik sind daher im Rassenbegriff eng verknüpft. Dessen wissenschaftliche Bedeutung hat sich im Laufe von Jahrzehnten gewandelt und ist heute wissenschaftlich fragwürdiger denn je (s. Abschnitt II, 4.1.2). Wer die populations- und molekulargenetischen Forschungen und Diskussionen um den Rassenbegriff der letzten Jahrzehnte verfolgt hat, wird daher kaum umhinkommen, seine diesbezüglichen Überzeugungen zu ändern. In diesem Licht ist selbst vom populationsgenetischen Rassenkonzept beim Menschen Abschied zu nehmen, und damit sind bisherige Unterrichtsvorschläge (s. Band 1, 169 ff.) zu revidieren. Das Ziel des vorliegenden Unterrichtsvorschlages besteht darin, die Schülerinnen und Schüler an der Erkenntnis der tatsächlichen Vielfalt der Menschen teilhaben zu lassen.

Das Thema stößt auf mehrere Schwierigkeiten:
– Der Wandel der wissenschaftlichen Anschauungen widerspricht gewohnten Vorstellungen.
– Mit Rassenvorstellungen sind daher traditionell Vorurteile verbunden. Typologische Rassenkonzepte, Stereotype und darauf aufbauende Vorurteile hängen eng zusammen. Die älteren biologischen Rassenkonzepte stützen implizit die vorherrschenden gesellschaftlichen Vorurteile.
– Das geforderte Umlernen muss gegen gewohnte Sichtweisen und damit - gerade beim Merkmal Hautfarbe - weitgehend gegen einen suggestiv wirkenden Augenschein erfolgen.

Auch bei Lehrpersonen und Schülern muss daher bei diesem Thema mit fest verankerten und tief sitzenden Vorurteilen gerechnet werden. Es ist deshalb für die Lehrenden wichtig, sich diese Einstellungen gegebenenfalls auch selbst einzugestehen und im Unterricht zu erörtern. Die biologischen Konzepte zur genetischen Verschiedenheit der Menschen - seien sie typologisch, populationsbiologisch oder molekulargenetisch - legen jeweils spezifische Aussagen zu Ursachen des Rassismus sowie zu möglichen Maßnahmen zur Bekämpfung rassistischer Anschauungen und Praktiken nahe. Stellt man die drei Konzepte nebeneinander, so werden der Wandel in der Betrachtungsweise und Kritikpunkte deutlich, die als Orientierung für die Erörterung im Unterricht dienen können.

Den Themen „Rassen" und „genetische Verschiedenheit" wird oft mit dem Missverständnis begegnet, als setze soziale Gleichheit eine möglichst weitgehende genetische Übereinstimmung oder gar Identität voraus. Die ethisch und sozial geforderte Gleichbehandlung aller Menschen hat aber keineswegs deren genetische Gleichheit zur Voraussetzung. Der Genetiker *Theodosius Dobzhansky* (1966, 4 f.) argumentiert gerade umgekehrt: „Ich gebe auch zu bedenken, dass die Idee der Gleichheit aller Menschen ja eben deshalb so wichtig und bedeutsam ist, weil sich alle Menschen voneinander unterscheiden. Wäre einer wie der andere, so wäre diese Idee überflüssig und sinnlos. ... Die Lehre von der Gleichberechtigung aller Menschen bedeutet, genau besehen, die Anerkennung der Tatsache ihrer Verschiedenheit."

Das soziale Gebot der Gleichstellung ist also unabhängig von den genetischen Unterschieden zwischen den Menschen zu befolgen. Die im Unterricht zu vollziehende Relativierung der Rassenkonzepte bedeutet demzufolge nicht, die genetische Verschiedenheit der Menschen zu leugnen, sondern den falschen Schlussfolgerungen von sozialer Ungleichheit entgegenzuwirken, denen immer dann Vorschub geleistet wird, wenn Menschen in die Schubladen typologischer Klassifikationen sortiert werden. Soziale und biologische Konzepte wie soziale Gleichheit und genetische Vielfalt sind nicht einfach gegeneinander zu setzen, sondern im Unterricht sorgfältig aufeinander zu beziehen, so dass bedeutungsvolle Korrespondenzen ermittelt werden (vgl. *Richter/Kattmann* 1996).

II Prozesse der Evolution

Der hier vorgeschlagene Weg, die Thematik auf die „Hautfarben" zu konzentrieren, hat den Vorteil, dass damit unmittelbar biologische Sachverhalte angesprochen werden und so biologische und soziale Aspekte sofort eng verknüpft werden. Umgangssprachlich wird die Kennzeichnung der Hautfarbe in vielen Fällen mit „Rasse" gleichgesetzt. Im Englischen steht „colour" gleichbedeutend mit „Rasse". „Farbiger" ist im Deutschen eine Umschreibung für „Fremdrassig". Es ist daher nicht verwunderlich, dass auch Schüler sich beim Einteilen von Menschen häufig nach diesem Kriterium orientieren. Das Thema „Hautfarben" erlaubt außerdem, im Unterricht evolutionsbiologische (Selektion der Stärke der Hauttönung) mit genetischen (Polygenie) und physiologischen (Produktion des Pigments durch Melanozyten) zu verbinden.

Der Einstieg in das Thema sollte möglichst offen erfolgen, so dass vorhandene Einstellungen und Vorurteile angesprochen und so schon vor dem Erörtern der genetischen Vielfalt geklärt werden können. Eine solche Klärung auch der Emotionen ist wichtig, um die biologischen Sachverhalte vorbehaltlos behandeln zu können. Der nachfolgende Unterricht ist hier so angelegt, dass die genetische Vielfalt der Menschen durch das Bild einer „vielfarbigen" Menschheit deutlich vor Augen geführt wird. Mit der Relativierung jeder nur möglichen Rassenklassifikation soll eben dem Schubladendenken vorgebeugt und ein Beitrag geleistet werden zum Abbau von - andernfalls wissenschaftlich geförderten - Vorurteilen und Diskriminierungen.

Das Thema „Rassismus" umfasst natürlich mehr, als in der hier vorgeschlagenen Ausrichtung auf die Hautfarbe behandelt wird. Besonders die Rassenideologie und der darauf aufbauende Rassenmord der Nationalsozialisten sollte wegen der Beteiligung der Rassenbiologen und wegen der Geschichte des Biologieunterrichts als weiteres Thema erwogen werden (vgl. *Eschenhagen/Kattmann/Rodi* 1996, 22-28). Hierzu liegen auch geeignete Unterrichtsmaterialien vor (vgl. *Kattmann/Seidler* 1989). Angebracht ist hier eine enge Abstimmung mit dem Geschichts- und Sozialkundeunterricht oder noch besser ein fächerübergreifendes Vorgehen oder ein fachunabhängiges Unterrichtsvorhaben.

Unterrichtsziele:

Die Schüler sollen:
– Merkmale angeben können, in denen sich Menschen verschiedener geographischer Herkunft unterscheiden können;
– die biologische Bedeutung der Pigmentierung der Haut erläutern können (Schutz gegen UV-Licht);
– die Verteilung der „Hautfarben" auf der Erde beschreiben können (kontinuierliche Übergänge; Abhängigkeit von der geographischen Breite);
– die unterschiedliche Pigmentierung in der Haut in verschiedenen geographischen Breiten als Ergebnis der Selektion (UV-Einstrahlung) erklären können;
– begründen können, warum „Hautfarbe" nicht als Merkmal zur biologischen Klassifikation von Menschen („Rassenmerkmal") verwendet werden kann (Parallelentwicklung in verschiedenen Erdteilen);
– erläutern können, inwiefern mit „Hautfarben" Werturteile über Menschen und Menschengruppen verbunden sind;
– begründen können, warum die Einteilung der Menschheit in „Rassen" biologisch unzutreffend ist (geringe genetische Unterschiede; Übergänge, Häufigkeitsverteilung der Merkmale, Vielfalt innerhalb der Populationen);
– Texte zu „Rassen" in Lexika und Schulbüchern kritisch analysieren können;
– Ursachen für die gesellschaftliche Diskriminierung von Menschen anderer geographischer und kultureller Herkunft nennen können;
– Beispiele von „Rassen"diskriminierung und „Rassen"problemen kritisch beurteilen können.

4.2.2 Unterrichtsprozess

Vor Beginn des Unterrichts werden die Schüler aufgefordert, Bilder zu sammeln, die Menschen verschiedener geographischer Herkunft („Rassen") betreffen. Die Bilder sollen möglichst vielfältig sein und sowohl Kennzeichen (Hautfarbe, Haare, Augen, Nase) wie auch verschiedene Tätigkeiten der Menschen zeigen.

4 Populationsdifferenzierung

Fahr mit mir den Fluss hinunter
(Knut Kiesewetter)

Fahr mit mir den Fluss hinunter
in ein unbekanntes Land,
denn dort wirst du Leute sehen,
die bis heute unbekannt.
Sie sind nett und freundlich, doch sie sehen anders aus
als die Leute, die Du kennst bei Dir zu Haus.

Sie sind grün!
Und wenn wir vorübergehen,
dann tu bitte so, als hättest Du
die Farbe nicht gesehn.
Sie sind grün!
Und sie glauben fest daran,
dass die Farbe der Haut nichts über uns sagen kann.

Ja es gab mal eine Zeit,
es ist wohl hundert Jahre her,
da gefiel wohl diesen Leuten ihre Farbe gar nicht mehr.
Sie beschlossen sich zu färben,
um mal besser auszusehn,
denn die grüne Haut sei wirklich nicht sehr schön.

Sie sind grün!
Doch sie malten sich rot an,
denn sie wußten nicht,
ein roter Mann ist bald ein toter Mann.
Sie sind grün!
Und wurden sehr bald klug,
denn zum Sterben ist Rot nun wirklich nicht schön genug.

Nun versuchten sie's mit Gelb,
doch das hielt auch nur ein paar Jahr,
denn mit Fingern zeigte man auf sie
und sprach von gelber Gefahr.
Sie berieten sich,
und kurz darauf da fragten Frau und Mann,
ja warum man nicht mal Schwarz versuchen kann.

Sie sind grün!
Doch als sie sich schwarz gefärbt,
hatten sie das Joch der Sklaverei
schon lange mit geerbt.
Sie sind grün!
Und man hat sie bald belehrt,
alle Freiheit der Welt ist Schwarzen nun mal verwehrt.

Kurz bevor sie resignierten,
waren sie zum Schluss bereit,
ihre Haut zu bleichen,
denn das war die letzte Möglichkeit,
doch es änderte sich nichts,
war man als Weißer noch so lieb,
man war and'rer Völker Ausbeuter und Dieb.

Sie sind grün!
Doch jetzt finden sie das schön,
und tragen es mit Stolz,
es ist gleich jedem anzusehen.
Sie sind grün!
Und sie haben rausgekriegt,
es ist wirklich nicht schön, wenn man sich nur selbst belügt.

Kasten II, 4–1: Lied: „Sie sind grün" (CD Liederbuch Edition *Knut Kiesewetter*, Karussell)

Die Bilder werden in Gruppenarbeit geordnet. Die Arbeitsgruppen legen dabei die Kriterien jeweils selbst fest und berichten anschließend darüber, wonach sie die Bilder geordnet haben. Geeignet für diesen Einstieg sind auch die Bilder der Randleiste des Beihefters „Menschen" (*Kattmann* 1995 c). Diese Bilder werden ausgeschnitten, so dass sie in den Arbeitsgruppen nach deren Vorstellungen angeordnet werden können. In diesem Fall stehen als Ordnungskriterien Haut- und Gesichtsmerkmale sowie Vermutungen über die Herkunft im Vordergrund.

Im Unterrichtsgespräch werden die Gesichtspunkte des Ordnens (z. B. Herkunft, Aussehen, Tätigkeiten, Fremdartigkeit) besprochen. Auf wertende (Vor-) Urteile wird besonders geachtet. Meist werden sie von den Schülern gegenseitig geklärt und korrigiert, so dass die Lehrperson nur selten selbst die Erkenntnis beitragen muss, dass pauschale Werturteile über Gruppen unangemessen sind, da es in jeder Gruppe „solche und solche Menschen gibt".

Unter den Ordnungskriterien, die sich auf das Aussehen beziehen, wird von den Schülern stets die Hautfarbe genannt. In diesem Zusammenhang verwenden sie häufig die Termini „Farbige", „Weiße" sowie „Rasse" oder „Menschenrasse". Zur weiteren Behandlung dieses Aspektes motiviert das Lied „Sie sind grün" (s. Kasten II, 4-1). Es verdeutlicht, dass die Hautfarbe als „Signal" wirkt, und lenkt den Blick auf soziale und geschichtliche Aspekte. Für die Beleuchtung der sozialen und psychologischen Aspekte eignen sich besonders Werbeanzeigen, in denen mit Menschen verschiedener Hautfarben und Herkunft wie Waren präsentiert werden, sowie entsprechende Texte (vgl. *Kattmann* 1973, Farbtafeln 10-15; 1977, 13; 1995 b, 49; 1995 c, 1). Die ausgewählten Materialien werden mit Hilfe der folgenden Fragen ausgewertet:

– Welche Vorstellungen werden in den Materialien mit der Hautfarbe verbunden?

II Prozesse der Evolution

– Inwiefern werden mit der Feststellung der Hautfarbe zugleich Werturteile über Menschen und Menschengruppen gefällt?
– Welche Gründe gibt es für eine solche Beurteilung der Menschen nach der Hautfarbe?

Im Unterrichtsgespräch werden die Assoziationen und Urteile, die mit der Hautfarbe verbunden werden, an der Tafel oder auf einer Arbeitsfolie zusammengestellt: sexuelle Attraktion, Kraft, Selbstwertgefühle, Überlegenheit, Minderwertigkeit, Fremdheit und Exotik; Signale für oder gegen das Zusammenleben der Menschen. Im folgenden wird der Frage nachgegangen, ob die Hautfarbe überhaupt ein Merkmal ist, nach dem Menschen sinnvoll in Gruppen eingeteilt werden können. Die Lehrperson lenkt dabei die Aufmerksamkeit auf die biologischen Ursachen der Hautpigmentierung. Die folgenden Fragen können das fragend-entwickelnde Unterrichtsgespräch bestimmen: „Wie kommt die Hautfarbe zustande?" „Worin unterscheiden sich verschiedene Hautfarben?" „Welche biologische Bedeutung haben Hautfarben?"

Da die Schüler nur ungenaue Vorstellungen über die physiologischen Ursachen haben, empfiehlt es sich, den Aufbau der menschlichen Oberhaut und die Pigmentbildung in der Haut anhand einer Abbildung zu besprechen (s. Band 6, Kapitel V, 4). Bei genügend Zeit oder bei Kombinierung der Evolution mit der Genetik (s. Abschnitt II, 3.1) werden sowohl die Bräunung der Haut durch UV-Einstrahlung (Modifikation) wie auch die genetischen Grundlagen der Hautpigmentierung besprochen (Polygenie, s. Band 6; vgl. *Kaminski/Kattmann* 1995). In jedem Fall wird herausgestellt, dass die verschiedenen Hautfarben fast nur von einem Pigment (Eumelanin) bewirkt werden und lediglich die Menge und Verteilung des Pigments verschieden ist. Entsprechend wird verdeutlicht, dass eigentlich nicht von Haut"farben", sondern nur von hellerer und dunklerer Haut bzw. Hauttönung oder Pigmentierung zu sprechen ist. Der noch anschaulichere Fall der Augenfarben kann hier herangezogen werden, um die Einsicht in den Sachverhalt zu vertiefen (s. Abschnitt II, 4.1.3).

Die Lehrperson berichtet, dass in der Wissenschaft vielfach versucht worden ist, Menschen nach der „Hautfarbe" einzuteilen. Als Beispiel nennt er eine Rasseneinteilung, nach der Afrikaner („Neger", „Negride") und Australier („Australide", „Australneger") zwei Zweige der „Schwarzen Rasse" sind (s. Kasten II, 4-3). Aufgrund dieses Hinweises wird der Frage nachgegangen, wie sich Menschen verschiedener geographischer Herkunft in der Pigmentierung der Haut unterscheiden:

– Wie unterschiedlich sind die Tönungen der Haut innerhalb von Populationen und zwischen Populationen?
– Wo gibt es auf der Erde Menschen mit heller und wo mit dunkler Haut?
– Welche Ursachen gibt es für die Verteilung der Hauttönungen?

Zur Beantwortung dieser Fragen werden Materialien ausgeteilt (s. Kasten II, 4-2). Als Ergebnis wird festgehalten, dass die Pigmentierung der Haut

– sowohl innerhalb der Gruppen von Mensch zu Mensch verschieden ist und eine individuelle Zuordnung von Personen daher im Einzelfall nicht möglich ist (s. Kasten II, 4-2 a);
– geographisch vom Äquator zu den nördlichen Breiten hin kontinuierlich abnimmt und es daher keine scharfen Grenzen zwischen den Bevölkerungen gibt (s. Kasten II, 4-2 b).

Aufgrund der alltäglichen Erfahrung der Sonnenbräunung vermuten die Schüler, dass die Sonneneinstrahlung die Ursache der geographischen Verteilung sein könnte. Diese Vermutung wird durch den Vergleich der geographischen Verteilung der Hautpigmentierung und der UV-Einstrahlung bestätigt (Kasten II, 4-2 b). Die Verteilung unterschiedlicher Hauttönungen wird im Unterrichtsgespräch mit Hilfe der Selektionstheorie erklärt. Dabei sind Vorstellungen von zielgerichteter Anpassung zu vermeiden. Vielmehr ist ungerichtete Variation der Pigmentierung durch Mutation und der Überlebensvorteil von Menschen mit dunkler Haut in tropischen Gebieten hervorzuheben.

Dass der biologische Vorteil des Sonnenschutzes heute aufgrund von technischen Hilfsmitteln kaum noch eine Rolle spielt, kann allein schon dadurch gezeigt werden, dass hellhäutige Europäer in allen Teilen der Erde leben. Man kann hier auf Sonnenschutzmittel, Bräunungsmittel und auch auf Bleichmittel eingehen (vgl. *Gropengießer* 1990; *Etschenberg* 1994).

Im Unterrichtsgespräch wird erörtert, ob die Tönung der Haut etwas über die genetische Verwandtschaft der Menschengruppen aussagen kann. Aufgrund der vorher erarbeiteten Sachverhalte können die Schüler folgern, dass sich die starke Pigmentierung der Haut in Gebieten mit hoher UV-Einstrahlung parallel herausgebildet

Klassenstufe 9/10   **4 Populationsdifferenzierung**

a **Tönung der Haut in vier Populationen**

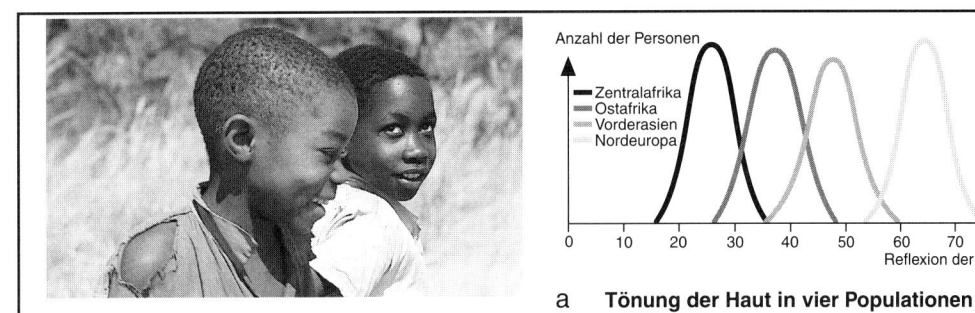

Kinder aus Zentralafrika — Tönung der Haut in vier Populationen

Reflexionsgrade:
1 unter 25%: dunkel
2 dunkelbraun
3 mittelbraun
4 hellbraun
5 ocker
6 stark getönt
7 leicht getönt
8 über 60%: hell

Intensität der UV-Einstrahlung im Jahresmittel

b **Verteilung der Hauttönungen auf der Erde**

Verteilung der Hauttönungen auf der Erde

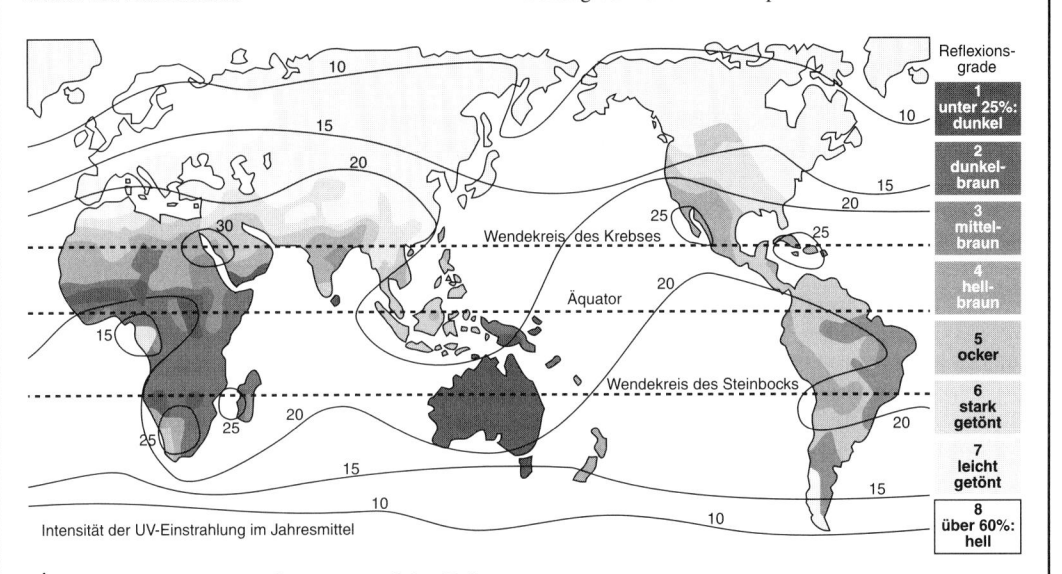

Aufgaben

1. Versuche, die vier Populationen (Abb. a) anhand der Hautfarbenverteilung zu charakterisieren.
2. Bei sechs Personen wurden die in der Tabelle angegebenen Werte der Reflexion der Haut gemessen. Versuche, die Personen den sogenannten Großrassen (Europide, Negride) und den vier Populationen zuzuordnen und fülle die Tabelle entsprechend aus.
3. Welcher Zusammenhang ist zwischen UV-Einstrahlung und der Verteilung der Hauttönung (Abb. b) auf der Erde erkennbar? Welche Ursachen wirken wahrscheinlich als Selektionsfaktoren bei der Hautpigmentierung?
4. Was sagt die „Hautfarbe" über die genetische Verwandtschaft aus?

Personen	Reflexion der Haut (%)	Population	geographische Großgruppe („Rasse")
A	18	Zentralafrika	Negride
B	28	?	Negride
C	38	?	?
D	48	?	?
E	58	?	Europide
F	68	Vorderasien	Europide

Kasten II, 4–2: „Hautfarben" und Selektion der Pigmentierung beim Menschen (Vorlage für ein Arbeitsblatt, nach *Kattmann* 1995 c, 2; Foto: *Kattmann*)

II Prozesse der Evolution

„**Rassen der Menschheit**
I Europider (weißer) Hauptstamm (weit über die Erde verbreitet).
Nördl. hellfarbige Gruppe: **Nordische R.** und **Fälische R.**; **Osteuropide** (ostbaltische) **R.** mit vorstehenden Backenknochen ...
Mittlere Kurzkopfgruppe: **Alpine, Dinarische, Armenide.**
Südl. dunkelfarbige Langkopfgruppe: **Mediterranide;** klein und zierlich: **Orientalide ..., Indide:** schlank, klein, dunkles, welliges Haar.
Randgruppe: **Ainu.** ...

II Negrider (schwarzer) Hauptstamm. Urspr. im trop. Afrika beheimatet, später nach Amerika verbreitet. Merkmale: kurzer Rumpf. langgliedrig, dunkle Hautfarbe, breite Nase. Wulstlippen. Kraushaar.
Europ. Kontaktzone: **Äthiopide.**
Graslandgürtel: **Sudanide** (Sudanneger), **Nilotide, Bantuide** (Bantuneger).
Von diesen eigtl. Negern unterscheiden sich die folgenden Prrimitivformen:
Khoisanide: Buschmänner, Hottentotten.
Pygmide: Zwergformen im trop. Afrika, **Melaneside,** im Melanes. Archipel.

III Mongolider (gelber) Hauptstamm. Vom asiat. Lebensraum verbreitet zum Malaiischen Archipel und nach Amerika. Merkmale: langer Rumpf, kurzgliedrig, gelbl. Hautfarbe, schwarzes, straffes Haar, Mongolenfalte (über dem Augenlid), Mongolenfleck (in der Kreuzbeingegend).
Sinide R., ... Tungide, ... Palämongolide, ... Sibiride, ... Indianide, ... Eskimide."
(Der Brockhaus, 5. Aufl. 1993)

Menschenrassen
„Einteilung nach *v. Eickstedt* [1934]

Europide
Blondrassengürtel Nordide ... Osteuropide
Braunrassengürtel Mediterranide ... Indide... Pazifide ...
Bergrassengürtel Alpinide ... Lappide ... Dinaride... Armenide
Alteuropide Weddide... Ainuide
..."

„Folge der historischen und geographischen Differenzierung (Isolation) ist die Herausbildung von Rassenketten. Ein markantes Beispiel für Rassenketten ist die armenid–dinaride Rassenkette, die sich geographisch von Zentralasiatischen Regionen bis nach Schottland und Irland verfolgen läßt. Ihren Populationen verdankt die Menschheit die wiederholte Ausbildung von Hochkulturen, etwa die der Hethiter, vielleicht auch der Sumerer. Temperament, Kreativität und Eigensinn der Kelten und ihrer heutigen Enkel, der Gallier, Schwaben und mancher Bayern, sind wohl dinarides Erbe."
(Lexikon der Biologie, Herder 1985, S. 408 und 402 f.)

Rassenunterschiede
„Ohne Zweifel gibt es auch Rassenunterschiede im psychischen Bereich. Hier exakte Angaben vorzulegen und den einzelnen Rassen eine oder nur mehrere nur ihnen zukommende Eigenschaften zuzuschreiben ist jedoch sehr schwer, wenn nicht unmöglich.... Nach wie vor wird auch heute noch aus praktischen Gründen die Hautfarbe zur Einteilung der heutigen Menschheit in die drei Rassenkreise der europiden (weißen oder leukodermen), negriden (oder melanodermen) und mongoloiden (gelben oder xanthodermen) Formengruppe verwendet.... Innerhalb der drei großen Rassenkreise gibt es zum Teil sehr unterschiedliche Bevölkerungsgruppen, die man heute meist als Unterrassen bezeichnet. Vielfältige Vermischungen haben ... dazu geführt, daß heute kaum noch reinrassige Individuen dieser Unterrassen vorkommen und jeweils nur noch von vorwiegend nordiden, siniden, nilotiden oder entsprechenden Individuen gesprochen werden kann."
(*Hans Stengel*: Rassen, Rassengenese und Rassenmischung beim Menschen. In: Naturwissenschaftliche Rundschau 6/1986)

Kasten II, 4–3: Texte zum Thema „Rassen" in Lexika und wissenschaftlichen Zeitschriften

hat und daher also dunkelhäutige Australier und Afrikaner nicht näher miteinander verwandt sind als mit hellhäutigen Europäern.

Die Lehrperson hält nun einen Vortrag, in dem von den genetischen Untersuchungen zu DNA und Proteinen berichtet wird, die belegen, dass die Vielfalt des Menschen aufgrund der Variabilität innerhalb der Populationen und der geringen durchschnittlichen Unterschiede zwischen den Gruppen nicht in ein Rassenschema zu pressen ist. Wenn den Schülern das Dendrogramm (s. Abb. II, 4-2) gezeigt wird, sollte mit Hinweis auf die vorher genannte Vielfalt und geringen statistischen Unterschiede betont werden, dass die genannten Bevölkerungsgruppen nicht als „Rassen" zu betrachten sind. Es ist besonders herauszustellen, dass die molekulargenetischen Untersuchungen nicht einmal die Unterscheidung von „Großrassen" rechtfertigen (s. Abschnitt II, 4.1.2).

Es bietet sich hier an, die Schüler zu Text- und Medienkritik anzuleiten, indem wissenschaftliche und populärwissenschaftliche Texte auf der Grundlage des erarbeiteten Wissens analysiert und kritisiert werden, wobei besonders auf „Farbe" als „Rassekriterium" und die verwendete Sprache geachtet wird. Zu kritisierende Texte finden sich in Lehrbüchern der Anthropologie (vgl. *Knußmann* 1996), in fast jedem Konversationslexikon und vielen Schulbüchern (s. Kasten II, 4-3). Die Schüler erfahren dabei, dass viele Darstellungen in Schulbüchern, Lexika und (populär)wissenschaftlichen Beiträgen längst überholte typologische Rassenkonzepte enthalten. Auch das „Kleeblatt der Großrassen" (s. Band 1, 164; vgl. *Kattmann* 1977, Beihefter) kann hier demonstrativ revidiert werden, indem die Bilder ausgeschnitten und nicht nach „Großrassen", sondern nach geographischer Herkunft geordnet werden, so dass die geographische Vielfalt veranschaulicht wird.

Im letzten Unterrichtsabschnitt wird die Rolle untersucht, die die „Hautfarbe" für rassistische Vorurteile und Diskriminierung spielt.. Dazu werden Texte zu „Menschenrassen" in Gruppen- oder Partnerarbeit analysiert. Um das Urteilsvermögen der Schüler zu schärfen, eignen sich besonders Pressemeldungen zu „Rassenkonflikten", bei denen die „Hautfarbe" eine Rolle spielt (s. Kästen II, 4-4 bis II, 4-7 und Band 6, Kapitel V). Der Schwarz-Weiß-Gegensatz wird auf der Grundlage der erarbeiteten Kenntnisse als biologisch unsinnig erkannt. Als Ergebnis wird festgehalten, dass es in der Öffentlichkeit Meinungen und Vorurteile zu „Menschenrassen" gibt, die biologisch völlig unbegründet sind. Wenn möglich sollte der Biologieunterricht hier mit dem sozialkundlichen Unterricht abgestimmt werden, in dem besonders die Menschenrechte (s. Kasten II, 4-8) sowie die historischen und sozialen Ursachen von Konflikten vertiefend zu behandeln sind.

Kasten II, 4-4

Schwarz-weiße Ehen rotes Tuch für Rassisten 24.01.92

USA: In Großstädten mehr Toleranz
Von Helmut Räther
New York. Nur auf den ersten Blick scheint die Statistik, nach der es jetzt in den USA dreimal so viele schwarz-weiße Ehen gibt wie vor 20 Jahren, ein Beweis für die zunehmende Überwindung der Rassenschranken zu sein. Denn immer noch haben sich nur in vier unter tausend Ehen ein weißer und ein schwarzer Partner zusammengefunden, und die meisten sind in aller Regel nur in den eigenen vier Wänden glücklich. Viele bleiben praktisch ihr Leben lang in den Großstädten, in denen die Nachbarn toleranter sind als auf dem flachen Lande.
„In Dörfern halten wir nicht einmal für kurze Zeit mit dem Auto an", sagt eine weiße Sozialarbeiterin, die mit einem schwarzen Schauspieler verheiratet ist. Ein anderes Ehepaar wurde auf den Landstraßen der Südstaaten mehrfach von Polizisten gestoppt, die überzeugt waren, dass der Mann die Frau entführt haben müsse.
Viele verschweigen ihren auf dem Lande oder in der Kleinstadt lebenden Eltern, dass sie geheiratet haben. Jeder fünfte weiße Amerikaner ist nach Umfrageergebnissen immer noch überzeugt, dass solche Ehen gesetzlich verboten werden sollten. 1972 hatten noch doppelt so viele diese Meinung vertreten.
Ein solches Verbot ist nach einem Urteil des höchsten Gerichts von 1967 jedoch unzulässig. Anlass des Urteilsspruchs war die Klage des weißen *Richard Loving*, der 1958 in Washington die schwarze *Mildred Jeter* geheiratet hatte. Als das Paar anschließend in den an Washington grenzenden Bundesstaat Virginia reiste, wurde es prompt festgenommen, weil dort ein mit fünf Jahren Gefängnis bewehrtes Verbot von Mischehen galt. Nur gegen die Auflage, 25 Jahre lang nicht in seinen Heimatstaat zurückzukehren, wurde das Ehepaar auf freien Fuß gesetzt. Die 16 Staaten, die vom höchsten Gericht zur Aufhebung ihrer Mischehenverbote gezwungen wurden, ließen sich damit teilweise noch jahrelang Zeit. NWZ

II Prozesse der Evolution

Die Hautfarbe der Amerikaner ändert sich

05.10.84

Washington. Sich Amerikaner als weiß vorzustellen, ist nicht mehr lange erlaubt. Professor *Lawrence Fuchs* von der Brandeis University sagt für die nahe Zukunft eine Farbveränderung voraus. Der führende Experte für ethnische und Immigrationsfragen spricht von „browning of America", dem „Braunerwerden" der US- Bürger.

Nur fünf oder sechs Generationen würde es in Anspruch nehmen, bis die Fragen nach der Hautfarbe gar nicht mehr bei Bevölkerungszählungen beantwortet zu werden brauchten. Und vorher werde sich schon manches angeglichen haben. *Fuchs'* Theorie: Dunkelhäutige und weiße Amerikaner werden sich mehr und mehr mischen; Asiaten und Lateinamerikaner, Angehörige von Spitzengruppen der Immigration, kommen mit Farbtupfern hinzu.

Laura Chin, Leiterin einer Organisation von Amerikanern chinesischer Abstammung, wehrt sich gegen die weitverbreitete Ansicht, es gelangten neuerdings zu viele Asiaten in die USA. „Sie sollten sich daran erinnern, dass Asiaten lange von der Immigration ausgeschlossen waren. Eine rassistische Entscheidung. Die restriktive Politik wurde erst vor zwei Jahrzehnten aufgegeben."

Seitdem strömen die Menschen gelber Hautfarbe, die beim jüngsten Zensus nicht mehr als 1,5 Prozent der Gesamtbevölkerung ausmachten, ins Land der unerschöpflichen Möglichkeiten. „Sie haben gegenüber den Hispanics – 6,8 Prozent – und den Schwarzen – mehr als zehn Prozent – einiges aufzuholen", sagt Frau *Chin.*

„Europa zählt nicht mehr so sehr wie im vergangenen Jahrhundert", lautet die Auskunft.

Allein im vergangenen Jahr ließen sich 282 724 Asiaten legal in den Vereinigten Staaten nieder. Mehr als 1,2 Millionen Asiaten haben die Einreise beantragt und Aussicht auf eine Genehmigung zum ständigen Aufenthalt in den USA.

Die Bevölkerungszunahme des vergangenen Jahres ging zu einem Viertel auf die Einwanderung zurück. Den Rest besorgten neuerdings wieder die überraschend stark ansteigenden Geburtenziffern. Asiaten bekommen die meisten Kinder. Auch dies trägt nach Ansicht von Professor *Fuchs* dazu bei, die „Farbmischung" zu beschleunigen. Der Fachmann prophezeit, es werde nicht lange dauern, bis eine Mehrheit der Bürger im Lande „nicht mehr weiß" sei.

In den Staaten wird diesen Fragen im Augenblick große Aufmerksamkeit gewidmet, weil im Kongress eine neue Gesetzgebung für die Immigration ansteht. Welche Konsequenzen sie am Ende haben wird, weiß noch niemand. Von 1924 bis 1965 gab es Quoten der USA für einzelne Nationen und Regionen. Sie waren so angelegt, dass „ethnische und rassische Zusammensetzung" des amerikanischen Volkes, wie sie in den 20er Jahren bestand, erhalten bleiben sollte. 1965 wurde das Konzept vom Kongress geändert, was zu einer Erhöhung der Einwanderung aus Asien und zu einem Rückgang der Immigration aus Europa führte.

Professor *Fuchs* ist in seinen Veröffentlichungen zu dieser Verlagerung nach der Untersuchung der Ergebnisse aus der letzten Bevölkerungzählung nicht kritisch. Er merkt an: „Der Trend alarmiert mich nicht, denn ich denke, die neuen Einwanderer und ihre Kinder werden sich amerikanischen Idealen und Wertvorstellungen genau so verpflichtet fühlen wie frühere Generationen von Immigranten." (*Emil Bölte*; GA Bonn)

Kasten II, 4–5

Los Angeles steht am Rande des Bürgerkrieges

2.5.92

Flammen und rohe Gewalt nach Polizisten-Urteil
Von Helmut Räther

dpa Los Angeles. „Ich hoffe, dass dies der Beginn einer Rassenrevolution ist", sagte der 22jährige schwarze Demonstrant *Sherman Asher* in der Nacht zum Donnerstag, als große Teile von Los Angeles in Flammen standen und in den Straßen rohe Gewalt herrschte. Es war die Formulierung, die aus wütender, aggressiver Verzweiflung kam. Wie bei vielen anderen hatte der Freispruch von vier weißen Polizisten, die einen wehrlos am Boden liegenden Schwarzen mit Fußtritten und Knüppeln zusammengeschlagen hatten, bei ihm alle Hoffnungen auf ein friedliches Zusammenleben zerstört.

Fernsehbilder zeigten regelrechte Bürgerkriegsszenen – genug, um Millionen weißer Amerikaner zu überzeugen, dass die eigentliche Gefahr für das Land nach wie vor von der schwarzen Unterschicht ausgeht.

Das Opfer *Rodney King*, ein Mann mit Vorstrafen, am 3. März 1991 aber einfach wegen Geschwindigkeitsüberschreitung gestoppt, wurde mit Gummiknüppeln gnadenlos zusammengeschlagen – acht andere Polizisten standen um die prügelnden Kollegen herum und schritten nicht ein. Ein Videofilmer hatte die Szene aufgenommen. Eine nur aus Weißen zusammengesetzte Jury sprach die Schläger am Mittwoch frei.

Der weiße Polizeichef *Darly Gates*, dessen Rücktritt immer wieder gefordert wurde, weil er für die Rassenspannungen in der Stadt zum großen Teil verantwortlich gemacht wird, kommandiert und kommentiert immer noch. Erst im Juli soll er abgelöst werden.

„Mein Gott, das ist ja wie bei *Rodney King*. Sie schlagen ihn, schlagen und schlagen." Der 30jährige *T.J. Murphy* verfolgte im Fernsehen die Liveübertragung, wie Schwarze den weißen Truckfahrer *Reginald Oliver Denny* in einer benachbarten Straße aus dem Laster zogen. Schläge prasselten auf seinen Kopf, er fiel aufs Pflaster, wurde getreten, wieder geschlagen, getreten. Ein Täter winkte in die zuschauende Menge. Derweil schlug ein anderer *Denny* einen Feuerlöscher über den schon blutenden Schädel. Dann filzte einer die Taschen des Fahrers und rannte mit der Brieftasche davon.

Murphy, ein schwarzer Flugingenieur, rannte mit einem Freund zum Ort des Überfalls. Keine Polizei weit und breit. Mit Hilfe eines weiteren Schwarzen und einer Afroamerikanerin hievten sie *Denny* in den Truck und brachten ihn ins Krankenhaus. „Keine Minute zu spät", sagte der Arzt, der *Denny* retten konnte. „Das war die inoffizielle Antwort Schwarz auf Weiß auf die offiziellen Weiß-auf-Schwarz-Schläge" auf den damals gequälten *Rodney King*, notierten Reporter der „Los Angeles Times".

NWZ

Kasten II, 4–6

II Prozesse der Evolution

Ausschreitungen gegen Frauen und Kinder in Eberswalde (Brandenburg)

02.08.91

Zweimal innerhalb weniger Wochen wurde Karin M. Opfer eines Überfalls durch rechte Schläger. Die Eindringlinge schlugen auf die Frau ein, brachen ihr das Nasenbein, traten ihr in den Bauch, in den Rücken und in die Nieren. Eine Stunde lang. Verzweifelt setzte sich die Mutter zur Wehr, versuchte ihren Säugling vor den Gewalttätern zu schützen. Vergeblich. Einer riss die Tochter an sich und brüllte: „Da ist ja der Negerbastard." Rüde warf er das Kind in das Bettchen zurück. Daraufhin durchsuchten die Neonazis die Wohnung und stahlen Karin M., die von 700 Mark im Monat leben muss, die letzten 200 Mark, indem sie schrien: „Wenn du Negerschlampe leben willst, musst du bezahlen. Falls du zur Polizei gehst, passiert dir und dem Kind dasselbe wie Amadeu." Der Afrikaner Amadeu war vor wenigen Tagen von rechtsradikalen Schlägern ermordet worden.

Anzeige hat Karin M. beim zweiten Mal nicht erstattet. Aus Angst vor weiteren Übergriffen und aus Resignation. Von der örtlichen Polizei erwartet sie keine Hilfe mehr. Im Gegenteil. Als sie den ersten Überfall zu Protokoll gab, habe ihr ein Beamter geantwortet: „Was schaffen Sie sich auch so ein Baby an." „Solche Babys", das sind in Eberswalde-Finow die Kinder ortsansässiger Frauen und angolanischer und mosambikanischer Vertragsarbeiter, die ab 1986 als billige Arbeitskräfte für das „Walzwerk" und das „Fleischverarbeitende Kombinat" angeworben wurden.

Pastor Martin Appel, der viele der Jungnazis aus Zeiten der evangelischen Jugendgruppe kennt: „Genauso schlimm wie der Mord ist die stillschweigende Zustimmung vieler Erwachsener zu den ausländerfeindlichen und rassistischen Parolen, die ihre Kinder jede Nacht in unserer Stadt rufen."

Parolen, die an Frauen wie Gaby, Roswitha und Renate (alle Namen geändert), die seit Monaten wie Gefangene in ihren Wohnungen leben, gerichtet sind. „Mit unseren Kindern können wir nicht spazierengehen, da wir jederzeit mit Übergriffen rechnen müssen." Es ist ihnen unmöglich, mit den wenigen schwarzen Freunden, die heute noch in Eberswalde leben, auszugehen. Immer wieder tauchen nachts Kleingruppen von Neonazis in der Nähe des Hauses auf, brüllen „Heil Hitler" und „Stellt die Negerhuren an die Wand".

Gaby: „Ich hoffe, sie erfahren nicht, in welchen Häusern wir genau wohnen." Eine verzweifelte Hoffnung. Denn vor wenigen Wochen hing bereits ein Zettel an ihrer Wohnungstür. „Du bist die Nächste, du alte Negerschlampe, und dein Gör auch." Als Gaby die anonyme Bedrohung anzeigte und um Schutz für sich und ihr Kind bat, sagte der Beamte lakonisch: „Wer garantiert mir denn, daß Sie den Zettel nicht selbst geschrieben haben?" Damit war der Fall der für ihn erledigt. „Für die handelt es sich bei uns doch nur um Freundinnen von Schwarzen", stellt Gaby resigniert fest.

Mitte Juli wurde Gaby am hellichten Tag von vier Neonazis angegriffen. Erst als ein paar Passanten eingriffen, ließen sie von ihr ab. „Dich holen wir ein anderes Mal", schrien die Schläger ihr hinterher. Nervlich am Ende, flüchtete Gaby für zwei Wochen nach Westdeutschland, um sich zu erholen. Sobald sie eine Wohnung gefunden haben, möchten Gaby und einige ihrer Freundinnen wegziehen. „Das ist kein Leben mehr, ständig diese Angst. Ich liege oft wach im Bett, höre in die Stille und frage mich, wann sie nun kommen und die Wohnung aufbrechen." Hilfe haben die etwa zwanzig Frauen Eberswaldes mit farbigen Kindern von niemandem zu erwarten.

(Aus: *Deutsches Allgemeines Sonntagsblatt, Nr. 31*)

Kasten II, 4–7

> **Allgemeine Erklärung der Menschenrechte der UN**
>
> Art. 1. Alle Menschen sind frei und gleich an Würde und Rechten geboren. Sie sind mit Vernunft und Gewissen begabt und sollen einander im Geiste der Brüderlichkeit begegnen.
>
> Art. 2. Jeder Mensch hat Anspruch auf die in dieser Erklärung verkündeten Rechte und Freiheiten, ohne irgendeine Unterscheidung, wie etwa nach Rasse, Farbe, Geschlecht, Sprache, Religion, politischer oder sonstiger Herkunft, nach Eigentum, Geburt oder sonstigen Umständen.
>
> Art. 3. Jeder Mensch hat das Recht auf Leben, Freiheit und Sicherheit der Person.
>
> Art. 13. Jeder Mensch hat das Recht auf Freizügigkeit und freie Wahl seines Wohnsitzes innerhalb eines Staates. Jeder Mensch hat das Recht, jedes Land, einschließlich seines eigenen, zu verlassen sowie in sein Land zurückzukehren.
>
> Art. 14. Jeder Mensch hat das Recht, in anderen Ländern vor Verfolgung Asyl zu suchen und zu genießen. Dieses Recht kann jedoch im Falle einer Verfolgung wegen nicht politischer Verbrechen oder wegen Handlungen, die gegen die Ziele und Grundsätze der Vereinten Nationen verstoßen, nicht in Anspruch genommen werden.
>
> Art. 15. Jeder Mensch hat Anspruch auf eine Staatsangehörigkeit. Niemandem darf seine Staatsangehörigkeit willkürlich entzogen noch ihm das Recht versagt werden, seine Staatsangehörigkeit zu wechseln.
>
> Art. 16. Heiratsfähige Männer und Frauen haben ohne Beschränkung durch Rasse, Staatsbürgerschaft oder Religion das Recht, eine Ehe zu schließen und eine Familie zu gründen.

Kasten II, 4–8: Auszug aus der Erklärung der Menschenrechte der Vereinten Nationen von 1948

4.3 Medien

4.3.1 Bilder und Texte
Diareihen und Bildbände s. Band 1, 174; Materialien zur Vielfalt der Menschen bei *Lewontin* (1986); Werbeanzeigen zur Verwendung von „Rassemerkmalen" („Farbe") als Signale in Zeitschriften, ebenso Texte zu Rassekonflikten (vgl. auch *Kattmann* 1973); Artikel „Rassen" bzw. „Menschenrassen" aus Konversationslexika;
Friedrich Verlag: Menschen, Materialien zur genetischen Vielfalt 92614; Gemeinsame Zeichen, Verständigung zwischen Menschen 32624; Rassenkunde in der NS-Ideologie 32667.

4.3.2 Auditive Medien
Karussell: CD Liederbuch Edition *Knut Kiesewetter* (Lied: Fahr mit mir den Fluss hinunter).

Literatur

Cavalli-Sforza 1992; *Cavalli-Sforza/Cavalli-Sforza* 1994; *Coudenhove-Kalergi* 1992; *Demel* 1992; *Dobzhansky* 1966; *von Eickstedt* 1934; *Eschenhagen/Kattmann/Rodi* 1996; *Etschenberg* 1994; *Frey* 1992; *Gould* 1983; 1984; *Gropengießer* 1990; *Hund* 1993; *Kaminski/Kattmann* 1995; *Kattmann* 1973; 1977; 1982; 1992 d; 1995 b; c; *Kattmann/Seidler* 1989; *Knußmann* 1996; *Latter* 1980; *Lewontin* 1972; 1986; *Mayr* 1979; *Richter/Kattmann* 1996; *Robins* 1991; *Schürings* 1992; *Seidler* 1992; *Senglaub* 1982; *Steitz* 1974; UNESCO-Workshop 1996; *Vogel, C.*, 1974; *Vogel/Motulsky* 1996

III Belege für die Stammesgeschichte

0 Basisinformationen

0.1 Zum Thema

Mit dem Thema „Belege" ist die Frage nach dem Verlauf der Evolution gestellt: Fossilien und Vergleiche zwischen lebenden Organismen sollen die stammesgeschichtliche Verwandtschaft der Lebewesen aufdecken helfen. Mit diesen Daten rekonstruierte Stammbäume sind Hypothesen zum wahrscheinlichen Verlauf der Stammesgeschichte einer Organismengruppe. Sie betreffen also die Kinematik und bedienen sich dabei der Ergebnisse der Evolution (Statik), nämlich der Fossilien und der rezenten Lebewesen (s. Tabelle I, 0-1). Bei der Betrachtung fossilen Fundmaterials kam *Charles Darwin* zu dem Schluss, dass alle fossilen Formen in ein „einziges großes natürliches System" passen (vgl. *Stripf* 1989, 78 ff.; s. Abschnitt III, 3.1.1). Die Abweichung einer fossilen Form von einer rezenten sei um so gravierender, je größer der Altersabstand zwischen den beiden ist. *Charles Darwin* fiel auf, dass Fossilien aufeinanderliegender Formationen immer eine engere Verwandtschaft bezeugten als solche weit auseinanderliegender Schichten. Bei der Auswertung seines Fossilmaterials von den verschiedenen Kontinenten wurde ihm außerdem deutlich, dass zwischen den ausgestorbenen und rezenten Formen eines jeden Kontinents eine spezifische Beziehung besteht. Dementsprechend ergeben sich die Übereinstimmungen zwischen den Lebewesen aus ihrer Stammesgeschichte. Das Ursa-

Abb. III, 0-1: Abstrakter Stammbaum mit dem *Darwin* die Entstehung neuer Arten und das Aussterben von Arten erläutert (aus *Darwin* 1859, 160 f.)

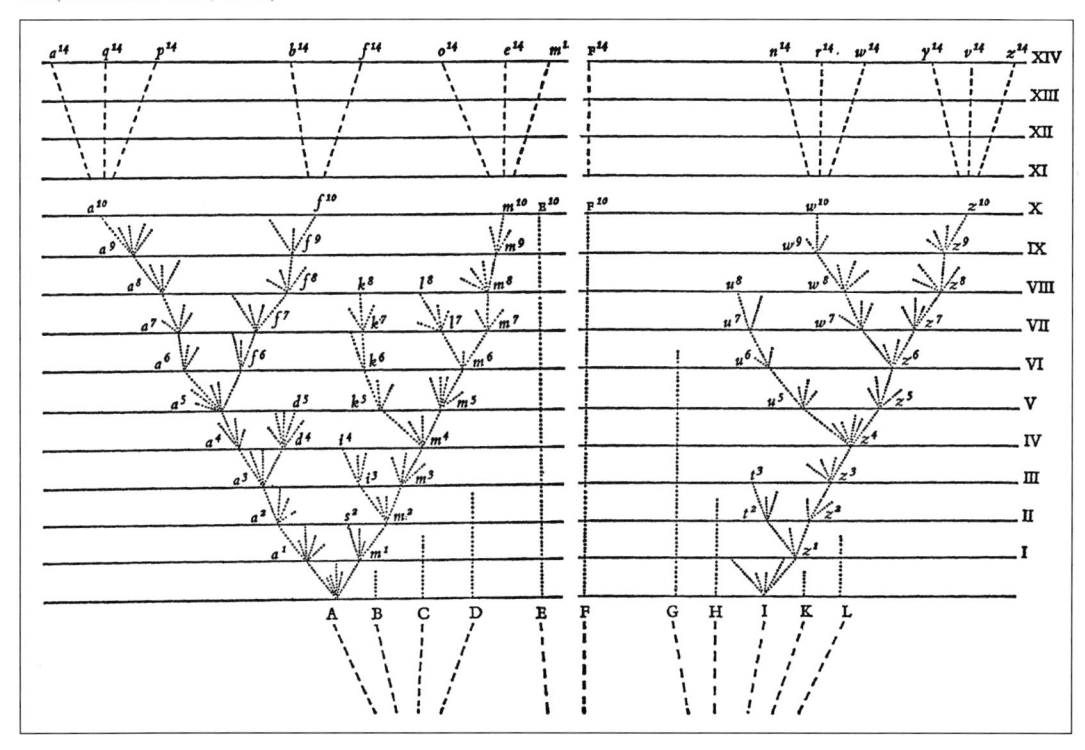

Basisinformationen

Abb. III, 0-2: Hypothetischer Stammbaum der Tiere (aus *Haeckel* 1903, Tafel XX)

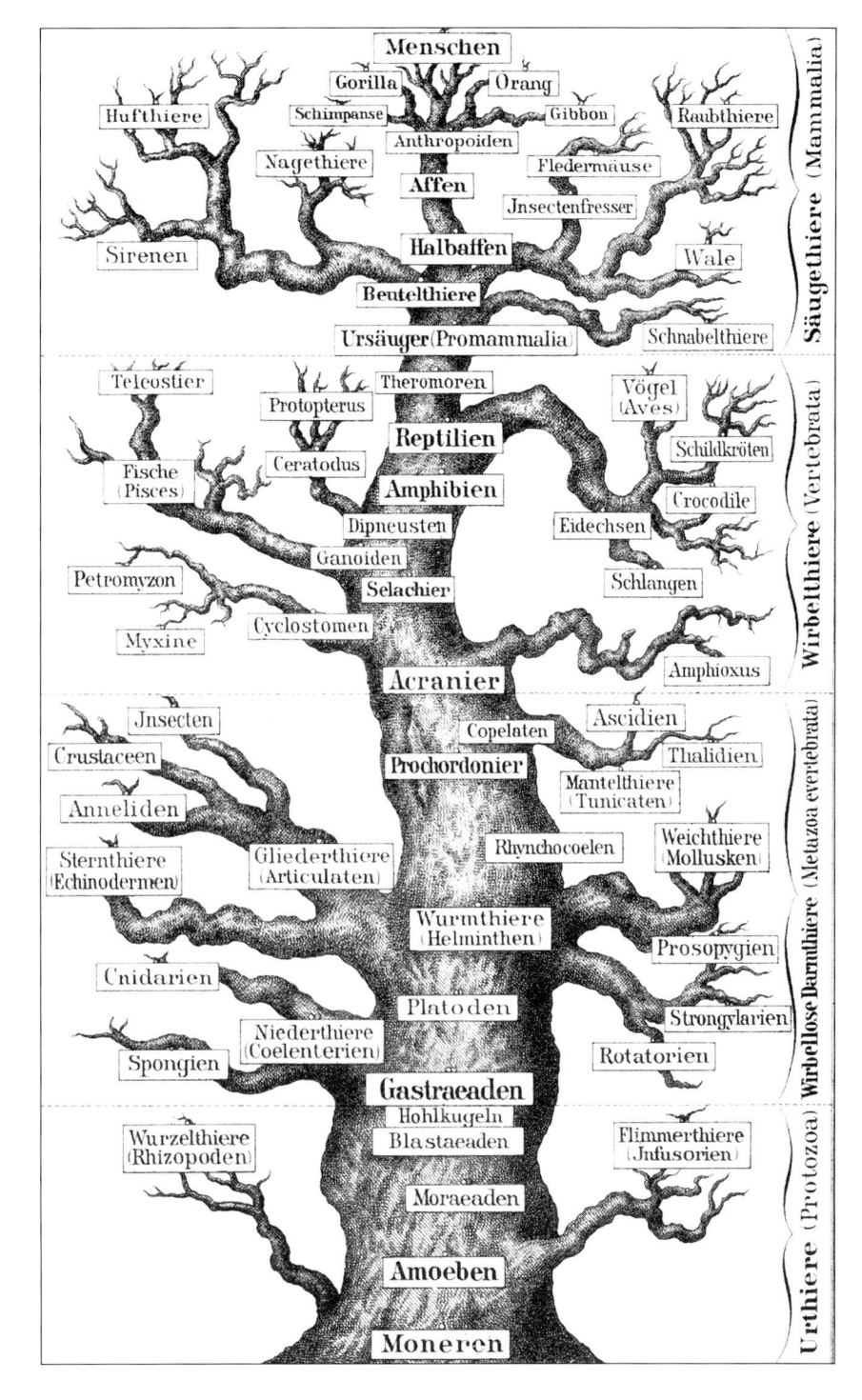

III Belege für die Stammesgeschichte

chenverhältnis ist für die Grundlegung einer evolutionären Systematik im Auge zu behalten: Lebewesen gehören nicht deshalb in eine Gruppe, weil sie in Merkmalen übereinstimmen (wie es in einer typologischen Systematik angenommen wird), sondern Lebewesen stimmen in bestimmten Merkmalen überein, weil sie zu einer stammesgeschichtlichen Gruppe gehören (phylogenetische Systematik, s. Kap. I, 1.1). Dass wir die Zugehörigkeit zu einer Gruppe anhand von Merkmalen bestimmen können, rechtfertigt nicht, das Ursachenverhältnis umzukehren (typologische Inversion, vgl. *Kattmann* 1995 a, 34). Gemäß seiner Theorie war *Darwin* völlig überzeugt davon, dass die Beziehungen verschiedener Arten von Lebewesen zutreffend nur genealogisch, also prinzipiell in Form von Stammbäumen darzustellen sind. Doch findet man in den Schriften keinen einzigen konkreten Stammbaum. Er hielt solche Stammbäume angesichts des geringen Wissens für zu spekulativ und als Grundlage für seine Theorie außerdem nicht für ausschlaggebend (s. Abschnitt I, 0.1.3 und Tabelle I, 0-1). *Darwin* begnügte sich daher damit, seine Überlegungen zu Stammbäumen theoretisch darzulegen. Entsprechend findet man bei *Darwin* nur ein von konkreten Arten abstrahierendes Stammbaumschema (s. Abb. III, 0-1).

Im Gegensatz zu *Darwin* stellt *Ernst Haeckel* Stammbäume geradezu als Kern seiner Anschauungen von Evolution dar. Seine Schriften sind voll von hochgradig spekulativen Stammbäumen (s. Abb. III, 0-2; vgl. *Stripf* 1989, 93 ff.). Die Beobachtungen und Daten, die zu den Stammbäumen führen, scheinen bei *Haeckel* direkt die Wahrheit der Abstammungslehre zu beweisen. Stammbäume erscheinen als der sichtbare Nachweis der Evolution. Entsprechend stehen Vergleichende Anatomie, Morphologie und Ontogenese im Vordergrund seiner Arbeit. *Darwin* hält eine solche Begründung der Evolutionstheorie für defizitär (s. Abschnitt I, 0.1.3). Der Auffassung von *Haeckel* entspricht aber bis heute die Gepflogenheit, Fossilien und Daten vergleichender Betrachtung als Belege für die Evolution anzuführen. Derartige Schlussfolgerungen sind zwangsläufig logisch zirkulär, da in ihnen der Evolutionsgedanke bereits vorausgesetzt wird. Stammbäume und die ihnen zugrundeliegenden Daten belegen nicht die Evolution (an sich), sondern sie sind Belege für den Verlauf der Evolution (s. Abschnitt I, 0.1.1). Dabei ist zu betonen, dass Stammbäume sich nicht zwingend aus den Daten der Fossilien und den vergleichenden Betrachtungen ergeben. Diese lassen vielmehr stets mehrere Deutungen und meist die Konstruktion mehrerer verschiedener Stammbäume zu. Für welche Stammbaumversion man sich entscheidet, hängt von theoretischen Vorannahmen ab, die den Daten selbst nicht zu entnehmen sind (s. auch Abschnitt IV, 0.1.2).

0.2 Zur Behandlung im Unterricht

0.2.1 Der unterrichtliche Stellenwert der Belege

Entgegen dem Aufbau der meisten Lehrbücher, die mit den „Belegen" beginnen, wird in diesem Handbuch vorgeschlagen, die Dynamik der Evolution zuerst zu behandeln. Dies hat den Vorteil, dass die Überlegungen zu Verwandtschaft und Stammesgeschichte bereits auf evolutionsbiologische Ursachen bezogen werden können. Gegen den Vorrang, den die Selektionstheorie *Darwins* eigentlich haben sollte (s. Abschnitt I, 0.1.3), hat sich in den meisten deutschen Lehrbüchern weitgehend die Sichtweise *Haeckels* durchgesetzt. Mit Fossilienreihen, vergleichender Morphologie und Anatomie sowie mit Stammbaumdarstellungen wird versucht, Evolution einsehbar zu machen oder gar zu „beweisen". Aus Ähnlichkeiten wird Abstammung gefolgert, aufgrund von Verwandtschaftsbeziehungen werden entsprechende Stammbäume abgebildet. Wenn man jedoch evolutionsbiologisch zutreffende Anschauungen und Konzepte vermitteln will, erscheint das vordergründige Abbilden und Aufstellen von Stammbäumen geradezu schädlich. Der stammesgeschichtliche Ablauf erscheint im Stammbaum nicht mehr als hypothetische Rekonstruktion des stammesgeschichtlichen Ablaufs, sondern als zu lernende Tatsache, mit der die Evolution selbst belegt werden soll. Man täuscht die Lernenden so über die eigentlichen Annahmen hinweg, denn bei einer solchen Rekonstruktion wird Evolution immer schon als gegeben vorausgesetzt. Ohne die Annahme der Evolution ergäbe sich aus Übereinstimmungen immer nur

Ähnlichkeit und nichts anderes. Und Fossilien zeigen zwar ein regelhaftes Auftreten in geologischen Schichten; aber ohne Zusatzannahmen keine Genealogie, sondern nur eine zeitliche Abfolge (vgl. *Kattmann* 1992 a; b).

In dem bloßen Aufstellen von Stammbäumen erstarrt Evolution zu einer Abfolge von Typen. Typologisches Denken herrscht vor. Es muss dann nicht wundern, dass Evolution nach wie vor als Abfolge von Formen auf einer Stufenleiter verstanden wird. Mit einem solchen Vorgehen steht man daher dem Stufendenken *Lamarcks* näher als dem Populationsdenken *Darwins* (s. Abschnitte I, 0.1.3 und II, 2.2.1).

Entsprechend der hier gewählten evolutionsbiologischen Einordnung der Verwandtschafts- und Stammbaumproblematik wird der Erscheinung der Homologie nicht der überragende Stellenwert für den Unterricht eingeräumt, den *Pia Becker* und *Karl-Heinz Berck* (1992) ihm für den Unterricht in der Sekundarstufe I geben. Vielmehr werden im Unterricht Homologien im Gegenüber zu Analogien erkannt und beide mit Hilfe historischer und selektionstheoretischer Überlegungen beurteilt (s. Abb. II, 0-1 und Abschnitt II, 3.4). Auch das Klassifizieren der Lebewesen wird bei diesem Vorgehen nicht als „Beleg" für Evolution betrachtet, sondern umgekehrt der Evolutionsgedanke zum Klassifizieren der Lebewesen genutzt und so die biologische Systematik von reiner Typologie auf eine evolutionsbiologisch angemessene Grundlage umgestellt (s. Kapitel I, 1 und III, 3). In diesen Zusammenhang können auch mehrere Unterrichtsvorschläge des Bandes „Lebensformen und Verwandtschaft" gestellt werden (z. B. zur Verwandtschaft der Rosengewächse, s. Band 2, 243 ff.).

0.2.2 Stammbaumschemata und Dendrogramme

Stammbaumdiagramme (Phylogramme) enthalten stets eine Zeitachse, die stets von unten nach oben laufen sollte. Die Linien in einem Stammbaum sollten jeweils eine (genetisch isolierte) Stammeslinie symbolisieren. Die Verzweigungen sind grundsätzlich dichotom. Im Gegensatz zu Stammbaumschemata haben Dendrogramme keine Zeitachse. Im Zusammenhang mit der Klassifikation von Organismengruppen geben sie lediglich Ähnlichkeiten an und sind meist nach statistischen Programmen erstellte Computergrafiken. Da sich aus Ähnlichkeiten nicht unmittelbar stammesgeschichtliche Verwandtschaft ableiten läßt, sind solche Dendrogramme nur mit theoretischen Zusatzannahmen und Hinzufügen einer Zeitachse als Stammbäume zu deuten (vgl. *Eschenhagen/Kattmann/Rodi* 1996, 271). Die Darstellungen in Schulbüchern können unter diesen Gesichtspunkten (auch von den Schülern) kritisch analysiert werden.

Literatur

Becker/Berck 1992; *Darwin* 1859; *Eschenhagen/Kattmann/Rodi* 1996; *Haeckel* 1874; *Kattmann* 1992 a; b; 1995 a; *Stripf* 1989

III Belege für die Stammesgeschichte

1 Lebewesen der Vergangenheit: Die Saurier

1.1 Sachanalyse

1.1.1 Allgemeines

Als die ersten großen Saurierknochen - vermutlich bereits in der Antike - gefunden wurden, konnten sich die Menschen kaum vorstellen, dass es Tiere dieser Ausmaße wirklich auf der Erde gegeben haben sollte. Es entstanden zahlreiche Mythen, Märchen und Sagen über Drachen, Monster und Seeungeheuer, die z. T. Eingang in die Mythologie der Völker gefunden haben. „Drachenknochen" wurden in China bereits vor über 2000 Jahren gesammelt, da man ihnen heilende Wirkungen zusprach, ein Aberglaube, der sich bis heute erhalten hat. Kaum eine Tiergruppe hat solchen Niederschlag in bildlichen Darstellungen, Phantasiezeichnungen und Karikaturen gefunden wie die Dinosaurier, was sicher einen Großteil ihrer Popularität ausmacht, denn Saurierfossilien an sich haben die wenigsten Menschen je in den Händen gehalten. In unserem Sprachgebrauch werden Saurier assoziiert mit altmodisch, erfolglos, träge, dumm, gefräßig und ausgestorben. Dass sie rund 150 Millionen Jahre, vom Perm bis zum Ende der Kreide, die Erde bevölkerten - die 75-fache Spanne der Zeit, die es den Menschen überhaupt als Art gibt - wird hierbei vergessen. Auch wird oft übersehen, dass sie zu ihrer Zeit eine überaus erfolgreiche und mannigfaltige Tiergruppe waren, angepasst an die verschiedensten Lebensräume. Die heutigen Vögel werden stammesgeschichtlich aus ihnen hergeleitet.
Als der Name „Dinosaurier" („Schreckensechsen") 1841 auf einer wissenschaftlichen Tagung in England von *Richard Owen* (1804-1892) geprägt wurde, waren noch keine vollständigen fossilen Saurierskelette untersucht und wissenschaftlich rekonstruiert worden, so dass man nur sehr wenig tatsächliches Wissen über diese Tiere hatte. Die erste wissenschaftliche Darstellung über Dinosaurierfunde, die übrigens 1818 auch von *Georges Cuvier* (1769-1832; s. Abschnitt II, 2.1.2) begutachtet wurden, lieferte der britische Geologe *William Buckland* (1784-1856). Kannte man Dinosaurierfaunen bis in die 60-er Jahre unseres Jahrhunderts konzentriert nur aus dem Oberen Jura und der Oberen Kreide sowie auch aus der Oberen Trias, wurden seitdem zahlreiche weitere Fundplätze erschlossen. Gerade in den letzten 25 Jahren hat die Erforschung der Saurier rapide Kenntniszuwächse in anatomischer und biologischer Hinsicht erbracht. Etwa 40 % aller bekannten Gattungen wurden erst nach 1969 beschrieben (vgl. *Haubold* 1990).

1.1.2 Systematische Stellung und Stammesgeschichte

Im Oberkarbon eroberten die Reptilien als erste Wirbeltiere das Festland. Diese Stammreptilien (Cotylosaurier) stammten von lungenatmenden Amphibien ab, aus ihnen entwickelten sich alle späteren Reptiliengruppen sowie die säugerähnlichen Reptilien, also Pelycosaurier und Therapsiden, aus denen die späteren Säugetiere hervorgingen (s. Abschnitt III, 2.1 und Abb. III, 1-1). Im Laufe der Trias spalteten sich die Archosaurier von den übrigen Reptiliengruppen ab und entwickelten eine große Formen- und Artenvielfalt. Neben den noch heute lebenden Gruppen der Krokodile und Vögel gehören zu den Archosauriern die Flugsaurier sowie Vogelbecken- und Echsenbecken-Dinosaurier, die beim Übergang von der Kreidezeit zum Tertiär aussterben (s. Abb. III, 1-2). Neben kleineren Arten zählen zu diesen Gruppen die größten Tierformen, die je das Festland bevölkerten, wie Flugsaurier der Gattung Pteranodon mit Flügelspannweiten von über 10 m, Brontosaurus und Diplodocus mit bis zu 27 m Körperlänge oder die fleischfressenden Dinosaurier wie Tyrannosaurus mit 5 bis 6 m Körperhöhe.
Die systematische Untergliederung der Dinosaurier in Vogelbecken- und Echsenbecken-Gruppe geht von der Lage und Form der drei breiten Beckenknochen, insbesondere des Schambeins, aus (s. Abb. III, 1-3). Aus der letztgenannten Gruppe gingen Archaeopteryx und die heutigen Vögel hervor (s. Kapitel III, 2). Die Gruppe

Klassenstufe 5/6 1 Saurier

Abb. III, 1-1: Vereinfachter Stammbaum der Wirbeltiere. E Eozän, H Holozän, M Miozän, O Oligozän, Pa Paläozän, Ple Pleistozän, Pli Pliozän (nach *Weber* 1991, 4, verändert)

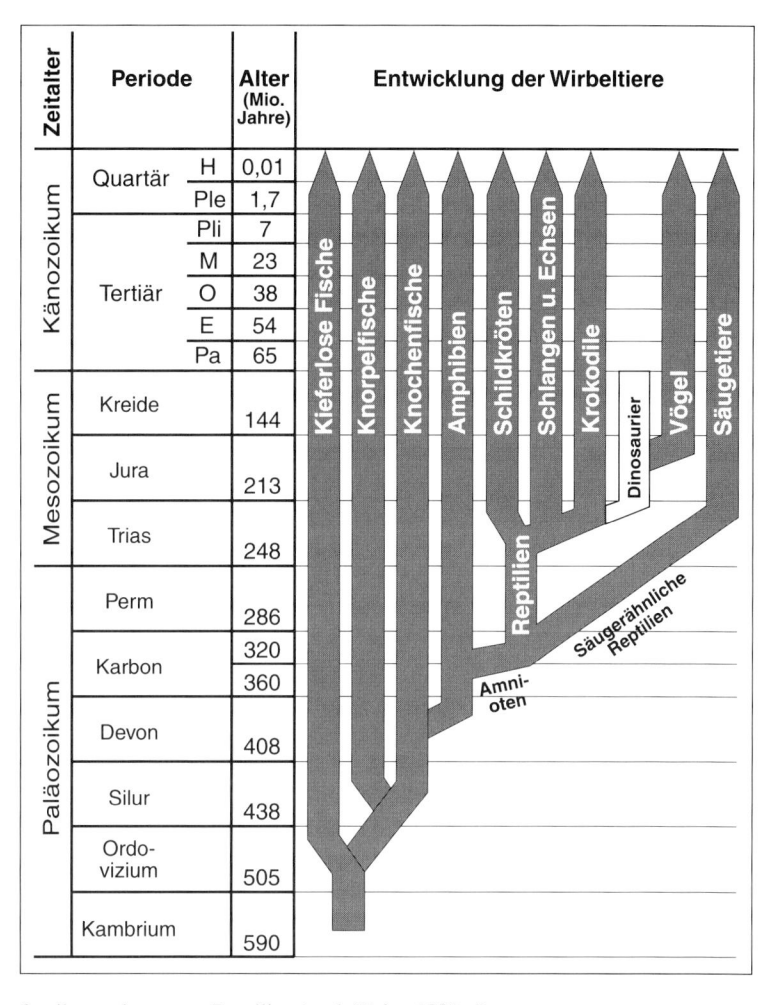

Zeitalter	Periode		Alter (Mio. Jahre)	Entwicklung der Wirbeltiere
Känozoikum	Quartär	H	0,01	
		Ple	1,7	
	Tertiär	Pli	7	
		M	23	
		O	38	
		E	54	
		Pa	65	
Mesozoikum	Kreide		144	
	Jura		213	
	Trias		248	
Paläozoikum	Perm		286	
	Karbon		320	
			360	
	Devon		408	
	Silur		438	
	Ordovizium		505	
	Kambrium		590	

Gruppen im Stammbaum: Kieferlose Fische, Knorpelfische, Knochenfische, Amphibien, Schildkröten, Schlangen u. Echsen, Krokodile, Dinosaurier, Vögel, Säugetiere; Reptilien; Säugerähnliche Reptilien; Amnioten

Abb. III, 1-2: Die Hauptgruppen der fossilen und rezenten Reptilien (nach *Weber* 1991, 4)

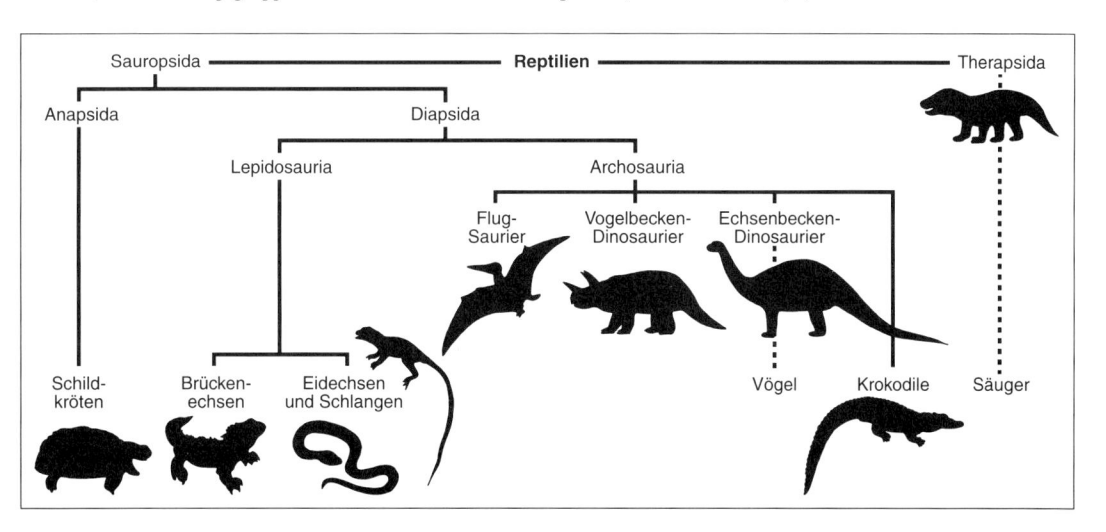

Sauropsida — **Reptilien** — Therapsida

- Anapsida
  - Schildkröten
- Diapsida
  - Lepidosauria
    - Brückenechsen
    - Eidechsen und Schlangen
  - Archosauria
    - Flug-Saurier
    - Vogelbecken-Dinosaurier
    - Echsenbecken-Dinosaurier
      - Vögel
    - Krokodile
- Säuger

III Belege für die Stammesgeschichte

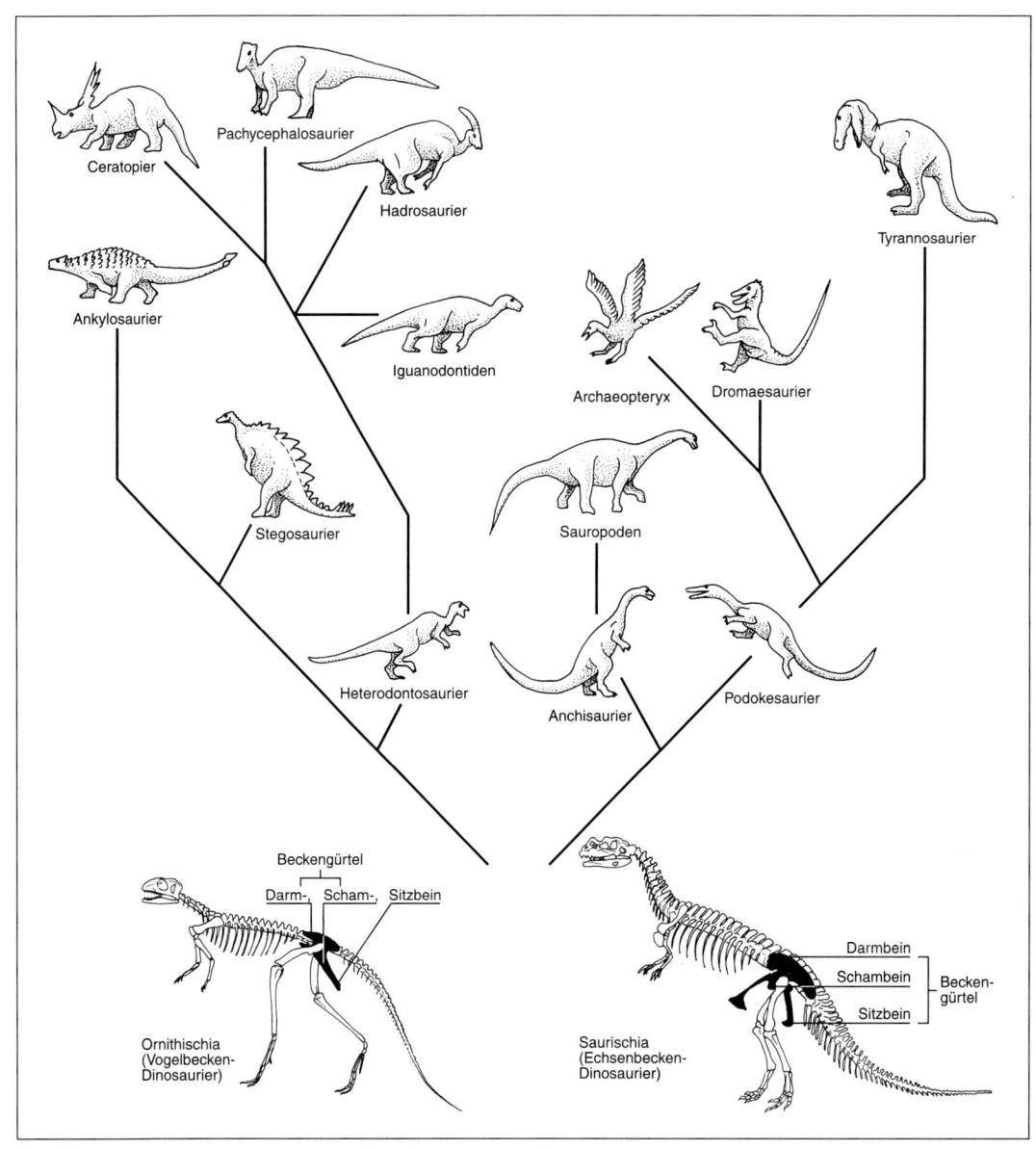

Abb. III, 1-3: Untergliederung der Dinosaurier in Vogelbecken- und Echsenbecken-Dinosaurier. Aus letzteren gingen die Vögel stammesgeschichtlich hervor (s. Kapitel III, 2; nach *Weber* 1991; *Stanley* 1994, verändert)

der Vogelbecken-Dinosaurier unterschied sich außer durch die andersartig gebauten Beckenknochen durch einen kleinen Hornschnabel auf der Spitze des Unterkiefers von den Saurischia. Bis auf eine bisher bekannte Ausnahme waren alle Ornithischia Pflanzenfresser (vgl. *Haubold* 1990).

Klassenstufe 5/6 1 **Saurier**

1.1.3 Körperbau und Lebensweise

Mittlerweile sind rund 450 Dinosaurierarten wissenschaftlich beschrieben worden, angefangen bei knapp hundegroßen, wendigen Fleischfressern bis zu den bekannten Großformen (s. Abb. III, 1-4). Auch zur Lebensweise und Physiologie wurde gerade in den letzten Jahren eine Reihe neuer Erkenntnisse gewonnen, wobei sich natürlich alle Aussagen auf Indizien gründen. Den großen Formen vergleichbare Organismen existieren nicht mehr. So kommt den nächsten Verwandten der Dinosaurier, Krokodilen und Vögeln, eine besondere Rolle zu. Auch die Rekonstruktion des Habitus der meisten Arten beruht auf Indizien, da in der Regel lediglich die Knochen erhalten sind; Komplett-Erhaltungen, z. B. durch Mumifizierung unter Flugsand, sind sehr selten. Nach dem Freipräparieren der Knochen aus dem umgebenden Sediment, Ordnen und Zusammenbau des Skeletts wird anhand der Muskel- und Knorpelansätze an den Knochen die Muskulatur rekonstruiert. Anschließend wird die Haut, deren Struktur in Einzelfällen in Abdrücken fossil erhalten ist, ergänzt, wobei die Farben in der Regel der Phantasie des Malers oder Modellbauers entspringen (vgl. *Norman/Milner* 1994). Sogenannte Spurenfossilien wie Verletzungen an Knochen, versteinerte Kotballen, Eier, Gelege oder fossil erhaltene Fußspurenabdrücke runden das Bild ab. Gerade letztere belegen auch, dass die Dinosaurier nicht, wie früher angenommen, plump und träge waren, sondern sich durchaus behende, z.T. sogar in Rudeln und Herden, fortbewegten, jagten oder auch Schutz fanden. Fußspuren belegen auch, dass manche Dinosaurierarten ihre Jungen führten. Funde von Nestern deuten aufgrund ihrer Anordnung auf Brutpflege hin, ähnlich wie bei den heutigen Vögeln und Krokodilen.
In einigen Fällen lassen sich anhand fossiler Fundreihen Veränderungen der Körperproportionen im Laufe der Individualentwicklung verfolgen, wobei von einem relativ schnellen Körperwachstum im Laufe der Jugendentwicklung ausgegangen wird. Hier stellt sich bei den großen Formen gerade der Pflanzenfresser die Frage nach der Nahrungsversorgung: Wie kauten die relativ kleinen Kiefer die zur Ernährung des Tieres nötigen riesigen Nahrungsmengen? Man vermutet heute, dass Maul und Kiefer nur zum Sammeln und Herun-

Abb. III, 1-4: Dinosaurierformen von der Trias bis zur Kreide im gleichen Maßstab dargestellt. 1 Procompsognathus, 2 Heterodontosaurus, 3 Coelophysis, 4 Plateosaurus, 5 Allosaurus, 6 Megalosaurus, 7 Stegosaurus, 8 Camptosaurus, 9 Ornitholestes, 10 Compsognathus, 11 Diplodocus, 12 Brachiosaurus, 13 Apatosaurus (Brontosaurus), 14 Hypsilophodon, 15 Velociraptor, 16 Deinonychus, 17 Fabrosaurus, 18 Tyrannosaurus, 19 Protoceratops, 20 Iguanodon, 21 Edmontosaurus, 22 Triceratops, 23 Struthiomimus, 24 Corythosaurus, 25 Ankylosaurus, 26 Tarbosaurus (nach *Ostrum* in *Haubold* 1990, 14 f.)

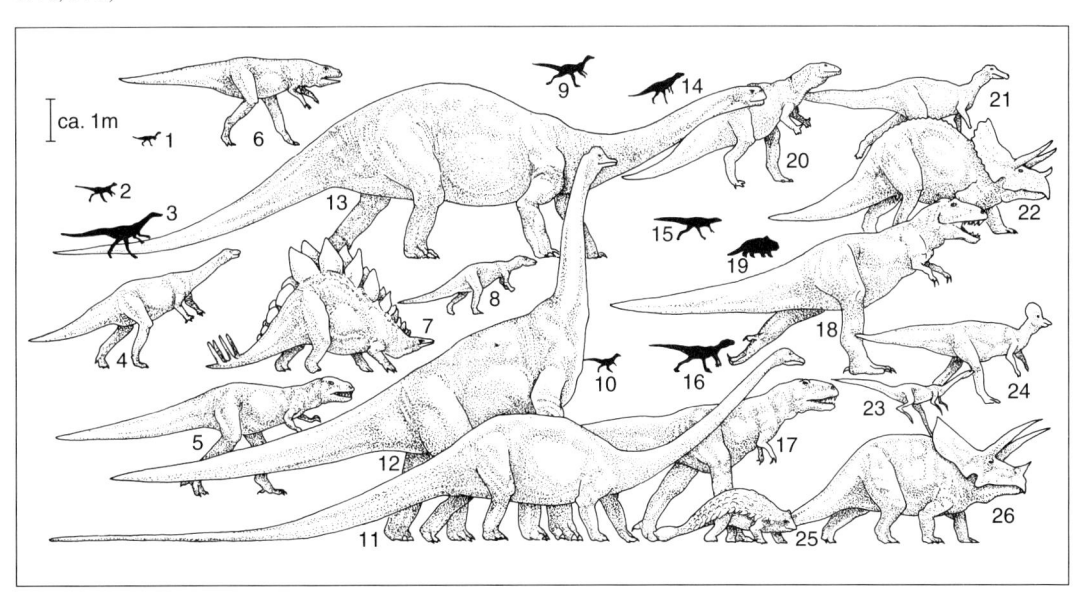

III Belege für die Stammesgeschichte

terschlucken der Nahrung dienten, die dann im Verdauungstrakt durch sogenannte Magensteine zerkleinert wurde wie bei einigen heute noch lebenden verwandten Gruppen (vgl. *Stanley* 1994). Bei den fleischfressenden Formen dienten neben den scharfen Zähnen vielfach auch bekrallte Vorderextremitäten zum Fang, Töten und Zerkleinern der Beute. In Verbindung mit der Anatomie der Beine kann hier auf bipede Fortbewegung geschlossen werden. Der lange Schwanz stützte das Tier dabei ab. Für viele pflanzenfressende Arten war der Schwanz außerdem eine Verteidigungswaffe, die in vielen Fällen, wie bei Stegosaurus, außerdem mit Schwanzdornen, oder wie bei Ancylosaurus mit „Knochenkeulen", Knochenschwellungen, besetzt war (vgl. *Haubold/Kuhn* 1981; *Haubold* 1990; *Norman/ Milner* 1994).

Eine Kernfrage bei der Rekonstruktion der Lebensweise der Dinosaurier ist die nach ihrem Stoffwechsel. Da man sie zu den Reptilien stellte, ging man lange Zeit davon aus, dass die Dinosaurier genauso wie die rezenten Reptilien wechselwarm (poikilotherm oder ektotherm) waren. Dies wird neuerdings angezweifelt, vor allem aufgrund von Spuren und deren Anordnung, die ein behendes Laufen nahelegen, was einen entsprechenden Stoffwechsel erfordert. Auch der geringe Prozentsatz an Beutegreifern in vielen Dinosauriergemeinschaften, ähnlich wie dies in Säugetiervergesellschaftungen, aber anders als in heutigen Reptilienfaunen auftritt, spricht dafür, dass diese Saurier gleichwarm waren (homoiotherm oder endotherm; vgl. *Stanley* 1994). Man geht davon aus, dass die meisten Kriterien für Ekto- und Endothermie größenabhängig sind und sich die Stoffwechselraten bei steigender Größe der Tiere annähern, unabhängig vom gegebenen physiologischen Regulationsprinzip. Die große Körpermasse mit ihrer vergleichsweise geringen Oberfläche wirkt als Wärmespeicher (vgl. *Hotton* in *Haubold* 1990). Bei einem 30 t schweren Brontosaurus vergehen rechnerisch bei 20 °C Umgebungstemperatur mehr als 80 Stunden, bevor die Körpertemperatur um 1° fällt (vgl. *Vogel* 1984). Andererseits würde ein Dinosaurier von der Größe eines Elefanten und der Stoffwechselrate einer Eidechse an seiner Körperoberfläche sieden, da die Körperwärme nicht schnell genug abgeführt werden könnte. Auch Hilfsmittel zur Thermoregulation traten auf. So dienten z. B. bei Stegosauriern die bis zu 1 m hohen Knochenplatten, die in zwei Reihen auf dem Rücken entlangliefen, wahrscheinlich diesem Zweck. Ihr Inneres weist große, ehedem vermutlich stark durchblutete Kanäle auf. Bei kleineren Arten werden auch Möglichkeiten von Wanderungen zum Überdauern ungünstiger Perioden diskutiert. Gegenwärtig ordnen die Wissenschaftler die Dinosaurier überwiegend zwischen Ektothermen und Endothermen ein (vgl. *Haubold* 1990). Bei kleinen Formen wird auch eine Befiederung als Schutz vor Auskühlung angenommen.

Eine letzte interessante Frage zur Anatomie ist die nach der Gehirnentwicklung. Allgemein werden hier bei den Sauriern Schwerfälligkeit und Dummheit assoziiert und diese als Gründe für ihr Aussterben genannt. Ausgüsse fossiler Schädelkapseln zeigen, dass die meisten Dinosaurier relativ betrachtet - bezogen auf ihre Größe - kaum kleinere Gehirne hatten als rezente Reptilien. Manche Saurier verfügten wohl sogar über ein Gehirnvolumen, das an das der Vögel und Säuger heranreicht. Die Gehirngröße ist dabei von der Lebensweise als träger Pflanzenfresser bzw. wendiger Räuber abhängig (vgl. *Dopichay/Teutloff* 1991). Bei sehr großen Körpern ist außerdem eine direkte Korrelation zur Gehirngröße unsicher; auch bei den Säugetieren bilden Riesenformen einen Sonderfall und haben gemessen an der Körpergröße vergleichsweise kleine Gehirne (vgl. *Haubold* 1990).

1.1.4 Saurierfaunen und ihr Aussterben

Die Entwicklung zu den Dinosauriern begann im Perm vor rund 250 Mill. Jahren. Im Erdmittelalter (Mesozoikum; s. Zeitleiste Kasten I, 2-1) erreichten sie ihre Blüte, um dann vor rund 65 Mill. Jahren, am Ende der Kreidezeit, plötzlich zu verschwinden. Das Klima des Erdmittelalters war generell vermutlich sehr viel wärmer und feuchter als heute. Es gab keine polaren Eiskappen, jahreszeitliche Klimaschwankungen waren gering. In der Trias vor 245 bis 205 Millionen Jahren wurde die im Perm für kurze Zeit bestehende zusammenhängende Landmasse, der Superkontinent Pangäa, durch den Meeresgürtel der Thetys endgültig getrennt (vgl. *Probst* 1986, 102). Im Jura zerbrachen diese Teile weiter in die Kontinente Gondwana (das heutige Südamerika, Afrika, Indien, Australien und die Antarktis) sowie Laurasia (das heutige Nordamerika, Europa und Asi-

en, s. Abb. I, 2-1). Weltweit stieg der Meeresspiegel an. Das feuchte Klima begünstigte einen üppigen Pflanzenwuchs, so dass sich die Dinosaurier beträchtlich ausbreiten konnten und gerade auch Großformen eine Lebensgrundlage hatten. Die kontinuierlich erfolgte Faunenentwicklung kann bis heute nur lückenhaft rekonstruiert werden. Dies nimmt aufgrund der langen Dauer des Auftretens und der vergleichsweise hohen Evolutionsgeschwindigkeit der Tiere nicht Wunder. Die geologische Lebensdauer der Gattungen betrug maximal etwa 10 Millionen Jahre und lag vielfach noch darunter, so dass die Faunenzusammensetzung mehrfach zwischen Trias und Kreide wechselte. Einzelne konkrete Lebensgemeinschaften sind vor allem von Fundplätzen aus Nordamerika und China bekannt und gut dokumentiert (vgl. z. B. *Haubold* 1990; *Paturi* 1991).
Die Ursachen für das Aussterben der Dinosaurier, die von den Vögeln einmal abgesehen keine rezenten Nachfahren hinterließen, haben zu vielfältigen Spekulationen geführt. Eine Zeitlang vermutete man, dass die Dinosaurier aufgrund ihres Riesenwuchses und damit verbundener physiologischer Probleme ausgestorben seien. Diese Hypothese wurde mittlerweile verworfen, da auch kleine und mittlere Arten zur gleichen Zeit verschwanden. Auch Störungen des Hormonhaushaltes und damit der Fertilität bzw. der Struktur der Eischalen werden heute als Grund für ein Massensterben ausgeschlossen. Andere Hypothesen betreffen die Beziehungen der Saurier zu ihrer Umwelt (vgl. *Weber* 1991):
– Die Dinosaurier wurden von den Säugetieren verdrängt.
– Eine tödliche Epidemie oder eine Nickelvergiftung durch extraterrestrisches Material führte zu ihrem Aussterben.
– Durch Veränderungen der Nahrungspflanzen, insbesondere durch Alkaloide, wurden die Pflanzenfresser allmählich vergiftet, wodurch den Fleischfressern die Nahrung entzogen wurde.
– Eine globale Klimaveränderung, der sich die Saurier nicht mehr anpassen konnten, hat zu ihrem Verschwinden geführt.

Auch diese, nur auf die Saurier bezogenen Erklärungsversuche bleiben unbefriedigend, insbesondere dann, wenn man den Blick auf andere Tiergruppen, wie die Ammoniten, wirft, die ebenfalls gegen Ende der Kreidezeit ausstarben (s. Kapitel I, 2). Heute geht man allgemein davon aus, dass für das Massensterben beim Übergang von der Kreide zum Tertiär eine globale Katastrophe verantwortlich war. Hierzu werden vor allem zwei Hypothesen diskutiert (vgl. *Schmidt* 1986; *Weber* 1991):
1. Die Asteroid-Hypothese besagt, dass ein riesiger Asteroid oder Komet mit der Erde kollidiert ist (vgl. *Alvarez/Asaro* 1990).
2. Die Vulkanismus-Hypothese zufolge wurden durch intensive Vulkantätigkeit gegen Ende der Kreidezeit riesige Mengen Asche, Kohlenstoffdioxid, Schwefelwasserstoff und Schwefeldioxid in die Atmosphäre geschleudert (vgl. *Courtillot* 1990).
In beiden Fällen wäre durch dichte Staub- und Aschewolken die Sonne verdunkelt worden, was zu einem Temperaturrückgang und Störungen der Pflanzenproduktion geführt hätte. Nach Absetzen des Staubes und der Asche hätten das Kohlenstoffdioxid und andere Treibhausgase zu einer starken Erwärmung der Erde geführt. Beide Hypothesen lassen sich mit geologischen Befunden erhöhter Asche- und Iridiumkonzentrationen in den betreffenden Schichten vereinbaren. Eine Entscheidung für die eine oder andere Vermutung muss aber bisher offen bleiben, so dass die Katastrophe, die zum Verschwinden der Saurier und vieler anderer damaliger Formen führte, nach wie vor nicht aufgeklärt ist. Abschließend bleibt festzustellen, dass durch das Verschwinden vieler Tierarten am Ende der Kreidezeit den überlebenden Arten neue Möglichkeiten der Evolution gegeben wurden.

III Belege für die Stammesgeschichte

1.2 Vorschläge zur Unterrichtsgestaltung am Beispiel „Vielfalt der Dinosaurier"

1.2.1 Didaktische Überlegungen

Fossile Saurier, insbesondere die riesigen Dinosaurier, sind gerade für jüngere Schüler ein stark motivierendes Thema. Häufig gibt es in jüngeren Klassen regelrechte „Saurierexperten", die eine Menge Vorwissen mitbringen. Auch wenn das Thema „Saurier" in den meisten Richtlinien und Lehrplänen für allgemeinbildende Schulen bisher noch keine oder nur geringe Berücksichtigung findet, lohnt sich eine unterrichtliche Behandlung aus verschiedenen Gründen.

Ausgehend von der Motivation der Schüler, die häufig bereits schon von sich aus Bücher, Modelle und Videofilme zum Thema mitbringen, kommt es darauf an, die Dinosaurier in größere Zusammenhänge einzuordnen und es den Schülern zu ermöglichen, diese bizarren Wesen in ihr bisheriges biologisches Wissen und Denken zu integrieren (vgl. *König* 1982). Deshalb ist es sinnvoll, vorher einen Überblick über die Klassen der rezenten Wirbeltiere mit ihren Merkmalen zu geben, um dann im Transfer eine Einordnung der Dinosaurier vornehmen zu können und erste Stammbaumbetrachtungen anzustellen (vgl. *Weber* 1991; *Kattmann* 1996). Im Rahmen dieser propädeutischen Bearbeitung stammesgeschichtlicher Themen sollten auch Aspekte der Erdgeschichte, evtl. in Verbindung mit dem Fach Geographie, aufgegriffen werden (s. Abschnitt I, 2.2). Nach dem Prinzip des exemplarischen Lernens können am Beispiel der Dinosaurier Einsichten über die Entwicklung der Lebewesen im Laufe der Erdgeschichte, ihr erstes Auftreten, Vorkommen und Aussterben im Zusammenhang mit der umgebenden natürlichen Umwelt gewonnen werden. Fragen nach Bau-Funktions-Verschränkungen und Anpassungen an die Umwelt ergeben sich hier zwangsläufig. Um nicht nur bei spektakulären morphologischen Merkmalen wie den Schwanzdornen bei Stegosaurus oder der bipeden Fortbewegungsweise bei Tyrannosaurus stehen zu bleiben, sollte immer wieder der Bogen zu den rezenten Wirbeltierklassen geschlagen werden.

Als Informationsquellen zum Thema Dinosaurier bieten sich mittlerweile zahlreiche recht brauchbare Jugendbücher an, anhand derer die Schüler selbständig einzelne Aspekte wie Ernährung, Fortpflanzung, Anfertigung von Rekonstruktionen oder auch Monographien einzelner typischer Arten behandeln können (vgl. z. B. *Geis* 1980; *Lambert* 1980; *Cox* 1992; *Lindsay* 1992; *Norman/Milner* 1994). Dies kann im Rahmen von Freiarbeit in Form kurzer Referate, als Wandzeitung oder Ausstellung geschehen.

Möglichkeiten zur Realbegegnung durch biologische Versuche und eigene praktische Erkundungen sind beim Thema „Dinosaurier" äußerst begrenzt. Von daher ist es wichtig, die Schülerinnen und Schüler durch Auswahl geeigneter Medien, Arbeits- und Sozialformen selbst aktiv werden zu lassen. Dies beginnt bereits damit, dass die Schüler aufgefordert werden, alles, was ihnen zum Thema „Dinosaurier" in die Hände fällt, mit in den Unterricht zu bringen. Die Materialien von Sachbüchern über Modelle, Bastelbögen, Videofilme bis hin zu Comics und Saurierdarstellungen in der Werbung sollten im Laufe der Behandlung des Themas bewusst in der gesamten Bandbreite ausgeschöpft und kritisch bewertet werden. Zur weiteren Motivation der Schüler hat sich auch der Einsatz von Briefmarken mit Sauriermotiven bewährt, die im Briefmarkenhandel oder in entsprechenden Abteilungen der Kaufhäuser als Themensammlung erhältlich sind (s. Abb. III, 1-5).

Außerdem sollte, wenn möglich, ein Museumsbesuch eingeplant werden, der allerdings intensiver Vorbereitung von Seiten des Unterrichtenden bedarf. Es ist nicht damit getan, mit den Schülern staunend vor imposanten Saurierskeletten zu stehen. Vielmehr sollten bereits vorher feste Stationen während des Museumsrundganges eingeplant werden, an denen die Schüler möglichst eigenständig Arbeitsaufträge und -fragen bearbeiten, die vorher im Gesprächskreis vorbereitet und anschließend, am besten noch vor Ort, ausgewertet werden. Viele Ausstellungen bieten mittlerweile auch museumspädagogische Begleitung an und stellen gesonderte Räume auch für die praktische Arbeit mit Klassen zur Verfügung. Neben traditionellen Unterrichtsverfahren im Rahmen des normalen Fachunterrichts bietet sich gerade das Thema „Dinosaurier" für projektorientierten Unterricht bzw. auch ganze Projektwochen an. Je nach Intention ist hier besonders mit den Fächern Erdkunde, Kunst und Arbeitslehre-Polytechnik eine Zusammenarbeit anzustreben. Im Freigelände

Klassenstufe 5/6 **1 Saurier**

Abb. III, 1-5: Briefmarken mit Sauriermotiven. a) Dicraesaurus, b) Iguanodon, c) Stegosaurus, d) Triceratops, e) Pteranodon, f) Brontosaurus

der Schule bzw. in der Sprunggrube des Sportplatzes können praktische Rekonstruktionsversuche im Zusammenhang mit Saurierspuren und ihrer Deutung vorgenommen werden (vgl. *Stenzel* 1978; *König* 1982; *Manke-Kramer* 1985; *Dombrowski* 1994).
Wird der Unterricht anfangs vom Schülerinteresse und -vorwissen angetrieben, stellt sich meist recht bald heraus, dass bei vielem, was die Schüler an vermeintlichen Kenntnissen mitbringen, Dichtung und Wahrheit eng verzahnt sind. Ein Blick in entsprechende Comics und Filme wie Fred Feuerstein, Hägar oder Jurassic Park, um nur einige markante Beispiele zu nennen, eröffnet abenteuerliche Perspektiven: Höhlenmenschen friedlich vereint neben Sauriern, daneben ein Mammut der Eiszeit oder blutrünstige Monsterszenen neben „lieben", sprich friedlichen pflanzenfressenden Riesen. Hier sollte bewusst kritische Distanz erzeugt werden und es sollten schwer vermittelbare Dimensionen, wie der Zeitaspekt, durch Übertragung in die Vorstellungswelt der Schüler greifbarer gemacht werden (z. B. Erstellung einer Zeitleiste, s. Abschnitt I, 2.2).

Unterrichtsziele:

Die Schüler sollen
– die Dinosaurier begründet in den Stammbaum der Wirbeltiere einordnen können;
– darlegen können, dass die Vögel stammesgeschichtlich aus den Dinosauriern hervorgegangen sind und als einzige direkte Nachfahren überlebt haben;
– Bau-Funktions-Verschränkungen am Beispiel der Saurier aufzeigen und im Hinblick auf deren Angepasstheit an den Lebensraum deuten können;
– einige Vertreter der Dinosaurier nennen können;
– die Dinosaurier erdgeschichtlich einordnen und sachlich falsche Darstellungen kritisch beurteilen können;
– Hypothesen für das Aussterben der Dinosaurier nennen und erläutern können.

III Belege für die Stammesgeschichte

1.2.2 Unterrichtsprozess

Zuerst wird ein Blick auf die imposante Formenfülle geworfen. Als Informationsquellen benutzen die Schüler altersgemäße Sachbücher, die sie selbst mitbringen bzw. aus der Schülerbibliothek ausleihen. Zur Veranschaulichung eignet sich auch die Abbildung III, I-4. Anschließend wählen die Schüler einzelne Dinosaurierarten aus, über die sie sich näher informieren. In Freiarbeit, einzeln oder in Kleingruppen werden Referate oder Poster entwickelt, die die folgenden Fragen behandeln: Wovon ernährte sich die Dinosaurier-Art? Wie bewegte sie sich? Wie verteidigten sie sich gegen Feinde? Wie vermehrte sie sich? Monographische Darstellungen in Form von Kurzreferaten durch die Schüler schließen sich an. Widersprüchliche und veraltete Informationen zu Dinosauriern (Dummheit, Trägheit u. ä.) werden korrigiert. Die Poster oder andere erstellte Materialien werden zu einer Wandzeitung zusammengefügt. Um die Wandzeitungen besser lesbar zu machen, werden die für die Einzelarbeit gestellten Fragen als Überschriften zur optischen und inhaltlichen Gliederung gewählt. Eventuell kann auch ein „Ausstellungsführer" in Form eines kopierten Heftchens von den Schülern erstellt werden (Verfassen von Sachtexten im Fach Deutsch!).

Aufgrund ihrer imposanten Größe und auffälligen, stark differenzierten Körpermerkmale bieten sich Saurier im weiteren Unterrichtsverlauf hervorragend für hypothetische Betrachtungen der Bau-Funktions-Verschränkungen an, sei es im Hinblick auf Abwehrwaffen, Ernährung, Knochenpanzer oder Fortbewegung. Ein Blick auf die Zusammenhänge von Bau und Funktion bei rezenten Arten hilft in vielen Fällen bei der Interpretation fossiler Formen, wie z. B. ein Vergleich rezenter Vogelschnäbel mit den Flugsaurierschädeln der Abbildung III, 1-6.

Abb. III, 1-6: Schädel von Pterosauriern. a) Pteradaustro, an dessen nach oben gebogenem Unterkiefer viele lange, dünne, fast haarfeine Zähne wie ein Filter fungierten, mit denen dieser Saurier entweder aus dem Wasser oder aber der Luft Kleintiere fing. b) Anurognathus aus dem Oberjura von Solnhofen. Denkbar ist, daß sich das Tier mit seinen stiftähnlichen Zähnen von Insekten, etwa fliegenden Käfern, ernährte. c) Dorygnathus hatte einen langgezogenen Kiefer, dessen vorderste Zähne bestens zum Zuschnappen geeignet waren und auf Fischfang schließen lassen. d) Pteranodon, mit langen, zahnlosen Kiefern. Die Art ernährte sich vermutlich von Meeresfischen. Der lange Schädelfortsatz hatte möglicherweise aero- oder hydrodynamische Wirkung (nach *Simpson* 1984, 196 f.)

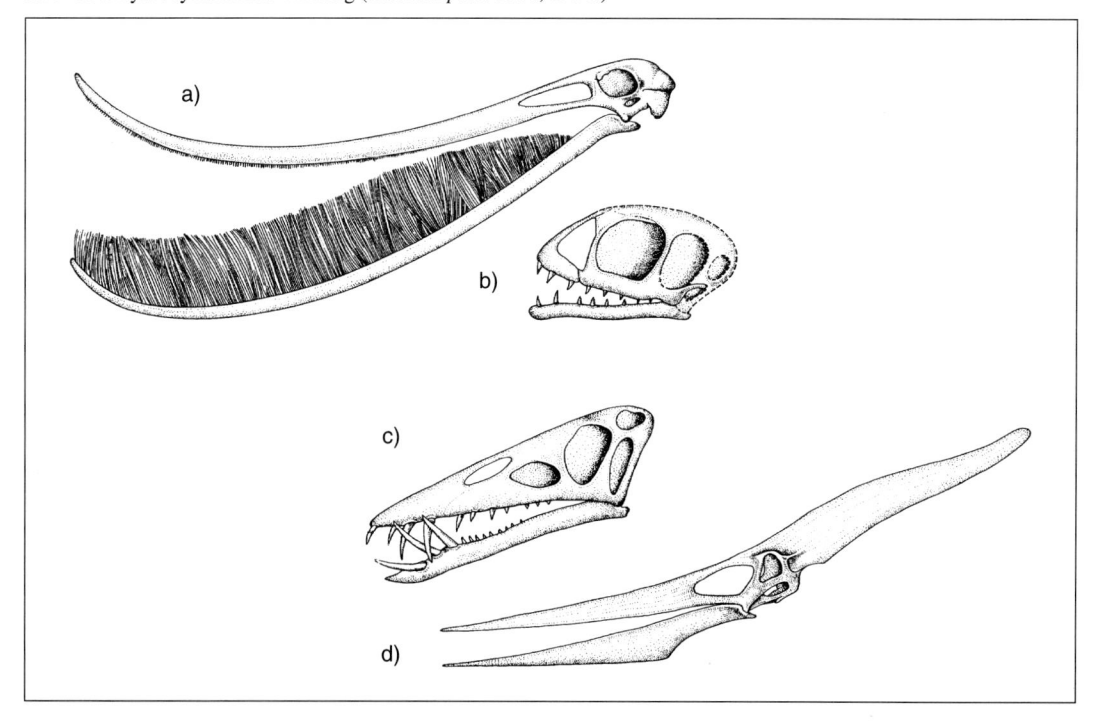

Die kolossale Größe zahlreicher Dinosaurierarten regt zu weiteren Aktivitäten an. So kann auf dem Schulgelände ein „Schattenriß" abgesteckt oder mit dem Kreidewagen vom Sportplatz aufgezeichnet werden. Mit Fäden und langen Stangen läßt sich auch ein Seitenumriss rekonstruieren (vgl. *Fritsch* 1991). Kleinere Saurierformen können zur Gestaltung der Wände von Klassenraum und Schulflur dienen. Hierzu werden die Umrisse auf Folie kopiert, mit Hilfe des Overheadprojektors in Originalgröße projiziert und direkt an der Wand nachgezeichnet. Plastische Modelle in (angenäherter) Originalgröße lassen sich im Rahmen einer Projektwoche eindrucksvoll aus Pappmaché modellieren. Über ein mit Drahtgeflecht bespanntes Grundgerüst werden tapetenkleister-getränkte Zeitungsbahnen modelliert, die nach dem Trocknen und Aushärten mit Dispersionsfarben koloriert werden (vgl. *Dombrowski* 1994).

Schließlich werden die Saurier stammesgeschichtlich eingeordnet. Dazu sollten die rezenten Klassen der Wirbeltiere samt ihren Merkmalen geläufig sein. Um eine erdgeschichtliche Zuordnung vornehmen zu können, empfiehlt sich die Anlage einer vereinfachten Zeitleiste, wie in Abschnitt I, 2.2 vorgeschlagen, bei der in diesem Falle allerdings der Schwerpunkt auf die Darstellung des Erdmittelalters gelegt wird. Wenn möglich in Zusammenarbeit mit dem Fach Erdkunde (dort ist in vielen Lehrplänen für die Klassenstufe 5/6 eine Unterrichtseinheit zum Thema „Aufbau der Erde und Vulkanismus" vorgesehen) können sich Betrachtungen zur Plattentektonik und Kontinentalverschiebung anschließen.

Falls ein Museum mit Saurierskeletten und Rekonstrukten von Sauriern in der Nähe liegt, sollte an dieser Stelle ein Besuch des Museums erfolgen.

Anhand der von den Schülern mitgebrachten oder in der Klassen- oder Schulbibliothek vorhandenen Saurierliteratur (vgl. z. B. *Lindsay* 1992; *Norman/Milner* 1994) erarbeitet eine Schülergruppe zu Hause oder im Rahmen der Freiarbeit ein Referat zur Umwelt der Saurier, das vor der ganzen Klasse gehalten wird. Viele Pflanzenarten, die einst den Dinosauriern als Nahrung dienten, gibt es auch heute noch, wie Ginkgo, Schachtelhalme, Farne, Palmfarne und verschiedene Nadelbäume. Durch Mitbringen entsprechenden Pflanzenmaterials durch den Unterrichtenden besteht hier die Möglichkeit, gleichzeitig die Kenntnisse der Schüler über rezente Arten zu erweitern. In Form eines Dioramas, auf einem Tisch oder in einem Sandkasten im Klassenraum, lassen sich kreide- und jurazeitliche Landschaften mit diesen Pflanzen- und Sauriermodellen nachempfindend gestalten. Sauriermodelle aus Kunststoff werden von größeren Naturkundemuseen sowie im Spielzeughandel angeboten, ebenso Plastikbausätze und Ausschneidebögen (s. Abschnitt III, 1.3.1). In Zusammenarbeit mit den Fächern Kunst und Arbeitslehre ist auch eine eigene Gestaltung von Modellen aus Knetmasse oder Ton möglich (vgl. *Fritsch* 1991).

Den Abschluss der Beschäftigung mit den Sauriern bildet die Auseinandersetzung mit den verschiedenen Hypothesen zu ihrem Aussterben am Ende der Kreidezeit, die die Lehrperson vorträgt. Eine Präsentation der Ergebnisse als Ausstellung im Rahmen der Schulgemeinde oder am „Tag der offenen Tür" kann die Beschäftigung mit dieser Tiergruppe und der Rekonstruktion ihrer Stammesgeschichte abrunden.

1.3 Medien
(s. auch Abschnitt I, 2.3).

1.3.1 Rekonstrukte und Modelle
Plastikmodelle in größeren Naturkundemuseen (Hrsg. British Museum Natural History, London) und im Spielwarenhandel erhältlich (Hrsg. z. B. The Carnegie Safari Ltd., Miami/Florida); Plastikmodellbausätze (Fa. Revell) sowie Ausschneidebögen (Hrsg. z. B. Kulturamt der Stadt Kassel, Naturkundemuseum).
Schlüter: Saurier und Tiere der Eiszeit, 10 Nachbildungen 166 r.

1.3.2 Filme
FWU: Die Saurier 32 02655;
Du Mont-Videodokumente: Untergang der Dinosaurier (Reihe: Der wunderbare Planet, Teil 7; (Ausleihe Bildstellen);

III Belege für die Stammesgeschichte

Imbild-Verlag: Reise in die Urwelt (Ausleihe Bildstellen);
Jünger: Die Welt der Dinosaurier, eine historische Dokumentation 13 938; Jurazeit - Dinos, Dinosaurier der Urzeit 13 564; Phantastische Dinosaurier, eine Entdeckungsreise in die Urzeit 13 568.

1.3.3 Diapositive
FWU: Evolution der Reptilien 10 02629; Evolution der Säugetiere 10 02630;
PHYWE: Entstehung und Evolution der Lebewesen II 82395.00 Nr. 31 (Vogelbecken- und Echsenbeckendinosaurier).

1.3.4 Arbeitstransparente
Hagemann: Ausgestorbene Tiere und Pflanzen 172005; Stammbaum der Wirbeltiere 172004;
PHYWE: Fossilien 23085.01 (u. a. Saurier).

1.3.5 Wandbilder und Poster
Friedrich Verlag: Dinosaurier 32610;
PHYWE: Entwicklung des Lebens 78190.01.

1.3.6 Stempel
Tiere aus der Urzeit (Marburger Kinderstempel).

Literatur

Alvarez/Asaro 1990; *Courtillot* 1990; *Cox* 1992; *Dombrowski* 1994; *Dopichay/Teutloff* 1991; *Fritsch* 1991; *Geis* 1980; *Haubold/Kuhn* 1981; *Haubold* 1990; *Kattmann* 1996; *König* 1982; *Lambert* 1980; *Lindsay* 1992; *Manke-Kramer* 1985; *Norman/Milner* 1994; *Paturi* 1991; *Probst, E.*, 1986; *Schmidt, H.*, 1986; *Simpson* 1984; *Stanley* 1994; *Stenzel* 1978; *Vogel, K.*, 1984; *Weber* 1991

2 Brückentiere - connecting links

2.1 Sachanalyse

2.1.1 Allgemeines

Konnte der Paläontologe *Georges Cuvier* (1769-1832) noch argumentieren, dass es eine Veränderung der Arten im Laufe der Erdgeschichte nicht gegeben habe - sonst müssten sich Zwischenformen finden lassen - prägte *Charles Darwin* 1859 theoretisch den Begriff „missing link" für Formen, die Merkmale jeweils zweier unterschiedlicher verwandtschaftlicher Gruppen in sich vereinen müssten und somit Indizien für die Existenz gemeinsamer Ahnenformen wären (s. Kapitel III, 3). Tatsächlich wurde einige Jahre später, 1861, in einem Steinbruch des Oberjura bei Langenaltheim nahe Solnhofen in Bayern das Skelett eines befiederten Wirbeltieres mit Reptilmerkmalen gefunden, von seinem Erstbeschreiber *H. von Meyer* als Archaeopteryx lithographica bezeichnet. Aus dem „missing link", dem fehlenden Bindeglied, war ein „connecting link" zwischen den Wirbeltierklassen der Reptilien und Vögel geworden. Derartige Brückentiere, von anderen Autoren auch als Mosaiktypen bezeichnet, sind mittlerweile für eine Reihe weiterer Entwicklungslinien gefunden worden. Allen diesen Formen ist gemeinsam, dass sie durch ein Mosaik von Eigenschaften verschiedener Organisationstypen - z. B. unterschiedlicher Klassen des Systems der Lebewesen - zwischen diesen stehen und damit die Evolution, die Abänderung von Bauplänen, vor Augen führen (Typogenese, vgl. *Czihak/Langer/Ziegler*

Klassenstufe 7/8 2 Brückentiere

Abb. III, 2-1: Skelett und Habitusrekonstruktion von Ichthyostega, dem ältesten bekannten Landwirbeltier, das Merkmale der Fische und Amphibien miteinander vereint. Es lebte vor etwa 370 Millionen Jahren im Oberdevon, Originallänge ca. 1 m (nach *Jarvik* in *Thenius* 1981, 83)

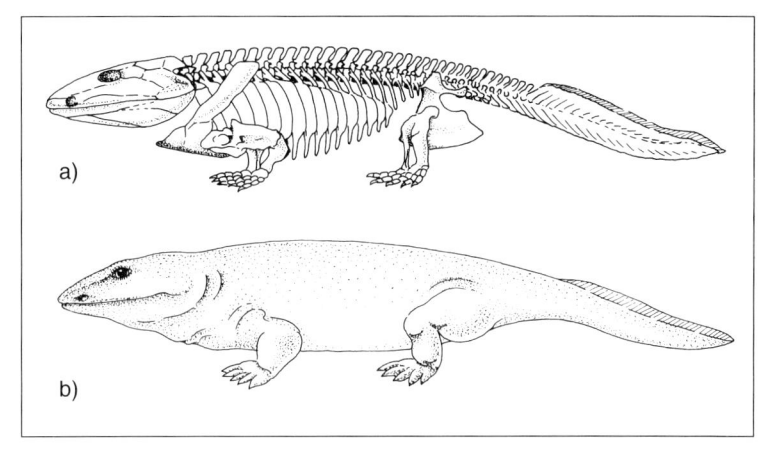

a)

b)

1993). Sie demonstrieren damit, wie neue Formen offensichtlich durch schrittweise Abänderung zunächst einzelner Eigenschaften im Laufe der Jahrmillionen entstanden sind.
Die neben Archaeopteryx bekanntesten Beispiele seien im folgenden genannt:
Ichthyostega (s. Abb. III, 2-1), ein Bindeglied zwischen Fischen und Amphibien, wurde erstmalig 1932 aus dem Ober-Devon von Grönland beschrieben. Wie bereits der Name Ichthyostega (Fischdach) sagt, ist der Schädel dieser Form fischähnlich und läßt sich von den Schädeln der devonischen Quastenflosser (Crossopterygii, s. Abb. I, 2-8) nicht unterscheiden. Auch Schwanzflosse, Seitenlinienorgan, Reste des Kiemendeckels sowie Aufbau der Zähne ähneln den Fischen. Die vier paarig angelegten Beine mit fünf Zehen, die von einem Schulter- bzw. mit der Wirbelsäule verbundenen Beckengürtel gestützt werden, deuten dagegen in Richtung Amphibien, auch wenn die Art nach neueren Erkenntnissen heute als ein ausgestorbener Seitenzweig der Entwicklung gesehen wird.
Die Therapsiden oder „mammal like reptiles" (s. Abb. III, 2-2) des Perm und Trias wiederum verbinden von ihrem Bauplan her Reptilien und Säugetiere. Wichtigste Merkmale der heute lebenden Säugetiere sind Viviparie, Haarkleid, Warmblütigkeit, sekundäres Kiefergelenk und drei Gehörknöchelchen in Form von Hammer, Amboß und Steigbügel. Reptilien hingegen weisen ein primäres Kiefergelenk und nur ein Gehörknöchelchen im Mittelohr auf. Bereits Mitte des letzten Jahrhunderts wies *C. Reichert* anhand embryologischer Untersuchungen die Homologie zwischen den Knochen des primären Kiefergelenkes bei Reptilien und den beiden zusätzlichen Gehörknöchelchen der Säuger nach. Die fossilen Funde von Therapsiden bestätigen diesen Befund und den damit verbundenen Funktionswechsel. Auch die Differenzierung der Zähne (Hetero-

Abb. III, 2-2: Skelettrekonstruktion eines Therapsiden oder „mammal like reptile". a) Rekonstrukt des Skeletts, 1 Kanäle im Oberkiefer für Blutgefäße und Nerven weisen auf mögliche Spürhaare hin, wodurch indirekt auf ein Haarkleid als Wärmeisolierung und Warmblütigkeit (Homoiothermie) geschlossen werden kann. b) Die Abbildung des Schädels zeigt, dass bei den Doppelgelenkern (Probainognathus) neben dem primären bereits das sekundäre Kiefergelenk ausgebildet war. A Articulare, Q Quadratum, SQ Squamosum, D Dentale (aus *Thenius* 1981, 75; 77)

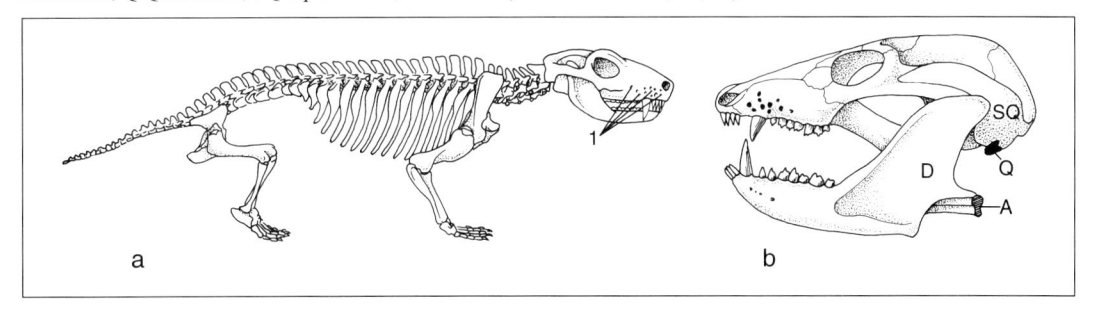

a

b

167

III Belege für die Stammesgeschichte

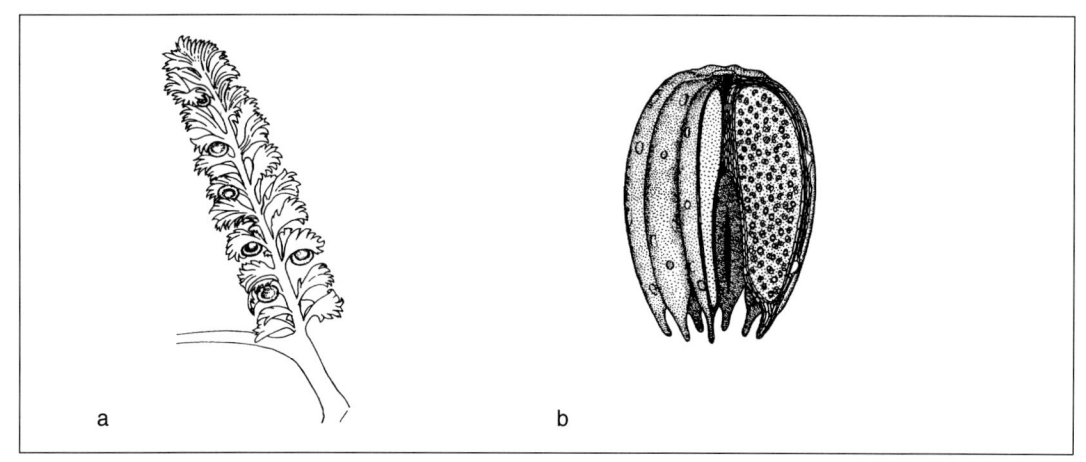

Abb III, 2-3: a) Fieder eines Samenfarnes (Pteridospermae); b) Rekonstruktion einer männlichen Pteridospermen-„Frucht" (aus *Haubold* 1983, 117)

dontie), die im Gegensatz zu den Reptilien nur einmal gewechselt wurden, weisen in Richtung Säugetiere. Andere Säugetiermerkmale wie Behaarung, Warmblütigkeit und Säugen der Jungtiere lassen sich nur indirekt aus den paläontologischen Untersuchungen ableiten; der sonstige Skelettbau stimmt bei den Therapsiden mit Reptilien überein.

Ebenso wie im Tierreich wies man auch bei den Pflanzen connecting links paläontologisch nach. Am bekanntesten sind die vor allem aus dem Karbon und Perm stammenden Samenfarne (Pteridospermae; s. Abb. III, 2-3), die ein Bindeglied zwischen Farnpflanzen (Pteridophyten) und Nacktsamern (Gymnospermen) darstellen. Ihr Stamm weist bereits ein sekundäres Dickenwachstum auf, es sind Präpollen bzw. Pollen nachgewiesen, und es werden Samen gebildet, d.h. dass Befruchtung und Embryonalentwicklung auf dem Sporophyten erfolgten und sich das Sporangium erst dann von der Mutterpflanze ablöste.

2.1.2 Archaeopteryx - Beispiel für ein Brückentier

Archaeopteryx, zu deutsch „alte Feder", ist das zuerst paläontologisch nachgewiesene und am besten dokumentierte Brückentier. Alle bisher bekannten acht Funde stammen aus dem lithographischen Schiefer der Solnhofener Plattenkalke der Jura-Zeit im Fränkischen Jura Bayerns, aus dem Raum Langenaltheimer Haardt, Solnhofen, Eichstätt und Riedenburg (s. Abb. III, 2-4, S. 170). Der Artname A. lithographica rührt von der Verwendung der Plattenkalke als Druckplatten her. Die für die einzelnen Funde bekannten Namen wie „Londoner" oder „Berliner Exemplar" beziehen sich auf die Aufbewahrungsorte. Das kreationistische Argument, es handele sich bei den Archaeopteryx-Fossilien um Fälschungen, ist durch minutiöse Untersuchungen am Londoner Exemplar widerlegt worden (vgl. *Gould* 1987).

Der erste als solcher erkannte Rest eines „Urvogels" kam als Abdruck einer Feder 1860 im Gemeindesteinbruch von Solnhofen zu Tage und wurde bereits ein Jahr später beschrieben. Noch bestehende Zweifel an der tatsächlichen Existenz eines „Jura-Vogels" kamen 1861 durch den Fund eines fast kompletten Skelettes mit Federn in einem Steinbruch des Langenaltheimer Haardt weiter ins Wanken. Der Fund wurde für eine zur damaligen Zeit horrende Summe an das „British Museum of Natural History" in London verkauft, wo er noch heute als „Londoner Exemplar" archiviert ist. Der damals auch benutzte Name Griphosaurus (Rätselsaurier, vgl. *Stephan* 1979) verweist auf die früh erkannte Bedeutung des Fossils vor dem Hintergrund der gerade von *Darwin* 1859 veröffentlichten Evolutionstheorie. Weitere Funde folgten 1876 („Berliner Exemplar"), 1951, 1956 und 1992. Zwei weitere Fundstücke, eines von 1855 und eines unbekannten Datums schlummerten über Jahrzehnte in Sammlungen und wurden erst spät (1970 und 1988) als Archaeopteryx erkannt (zur Entdeckungs- und Fundgeschichte vgl. *Stephan* 1979; *Hecht/Ostrom/Viohl/Wellnhofer* 1984; *Stripf* 1986; *Scharf/Tischlinger* 1994).

Von seiner Merkmalskombination her vermittelt Archaeopteryx zwischen Reptilien und Vögeln. Es überwiegen die reptilienartigen Merkmale. Verschiedene Kennzeichen heutiger Vögel, wie Gabelbein oder Hohlknochen treten auch bei einigen Sauriergruppen auf, so dass die systematische Stellung von Archaeopteryx lange umstritten war. Denkt man sich die Funde ohne Gefieder, bleibt nichts andres übrig als ein kleiner Saurier aus der Gruppe der Coelurosaurier (s. Abb. III, 2-5, S. 172). Dies erklärt auch die lange Zeit falsche Zuordnung der beiden Archaeopteryxfunde von 1855 und unbekannten Datums zu den Flugsauriern (Haarlemer und Solnhofener Exemplar). Mehrheitlich wird Archaeopteryx heute als ein befiederter Vertreter der Coelurosaurier, also als Dinosaurier, gesehen (vgl. *Feduccia* 1984; *Weber/Kattmann* 1991). Das Vogelmerkmal „Federn" ist als das wichtigste mit dem Fliegen verbundene Merkmal am weitesten in Richtung Vögel evoluiert. Die Federn entsprechen in ihrem Bau und ihrer Anordnung völlig denen der modernen Vögel. Da Archaeopteryx asymmetrisch gebaute Schwungfedern aufwies, deren überlappende Anordnung im Flügel den aerodynamischen Bedingungen beim Auf- und Abwärtsschlagen des Flügels beim Fliegen entsprechen, geht man heute davon aus, dass Archaeopteryx flugfähig war (vgl. *Wellnhofer* 1989; *Weber/Kattmann* 1991). Bei flugunfähigen Vögeln, wie Emu und Strauß, sind die Federn symmetrisch gebaut und die Hakenstrahlen zuweilen verkümmert. Mittlerweile wurden in China und vor allem in Spanien Funde fossiler Vögel gemacht - nach ihrem Fundort als Las Hoyas-Vögel bezeichnet - die von ihren Merkmalen her eine Entwicklungsstufe zwischen Archaeopteryx und den modernen Vögeln zeigen. Sie hatten ein verbreitertes knöchernes Brustbein, fest mit diesem verwachsene Rabenbeine, die Schwanzwirbel sind reduziert und zum Pygostyl verwachsen, das Becken hingegen setzt sich reptilartig aus Einzelknochen zusammen. Schädel wurden bisher nicht bekannt. Wiederum erscheinen die Merkmale weiter evoluiert, die am engsten mit dem Fliegen verbunden sind. Da die Fundstücke aus der Kreidezeit stammen und somit nur etwa 20 bis 30 Millionen Jahre jünger sind als Archaeopteryx, liegt der Schluss nahe, dass neben Archaeopteryx bereits weiter entwickelte Vögel gelebt haben könnten. Archaeopteryx wäre dann nicht Vorfahre in der Hauptstammeslinie, sondern würde zu einem urtümlichen Seitenzweig der Vögel gehören (vgl. *Gutmann/Peters* 1976; *Weber/Kattmann* 1991). Der vereinfachte Stammbaum der Wirbeltiere (s. Abb. III, 1-1) zeigt, dass die heutigen Vögel nur einen Seitenzweig der Dinosaurier bilden (s. Kapitel III, 1).

2.2 Vorschläge zur Unterrichtsgestaltung am Beispiel „Archaeopteryx"

2.2.1 Didaktische Überlegungen

In der Klassenstufe 5/6 stehen die Wirbeltiere auf weiten Strecken im Mittelpunkt des Biologieunterrichts, z. T. in Form von Monographien, aber auch bei der Erarbeitung der „Kennzeichen des Lebendigen", bei Unterrichtseinheiten zu diesen einzelnen Kennzeichen, wie Bewegung, Fortpflanzung, Verhalten, oder auch bei humanbiologischen Fragestellungen. Die Schüler sollten daher in der Klassenstufe 7/8 mit wesentlichen morphologischen und anatomischen Merkmalen der Wirbeltierklassen vertraut sein und auch das Klassifizieren nach Merkmalen gelernt haben (s. Band 2, 108 f.).
Bei Unterrichtseinheiten zum Thema „Evolution - Lebewesen haben sich entwickelt" in Klassenstufe 7/8 werden in der Regel phänomenologische Beobachtungen an Fossilfunden (s. Kapitel III, 1) oder landschaftlich-erdgeschichtlichen Gegebenheiten möglichst des Heimatraums (s. Abschnitt I, 2.2) durchgeführt. Diese werden unweigerlich zur zumindest propädeutischen Vermittlung von Evolutionstheorien (*Darwin*) oder zu Stammbaumbetrachtungen führen. Hier ist Archaeopteryx nach wie vor das für Schüler am einfachsten fassbare Beispiel eines Brücken- oder Mosaiktieres. Die genaue systematische Einordnung von Archaeopteryx ist dafür nicht wichtig. Unter dem Aspekt, dass der „Juravogel" ein blinder Ast in der Stammbaumentwicklung sein könnte, sollte der Begriff „Brückentier" durchaus kritisch bewertet werden, zumal Vögel systema-

III Belege für die Stammesgeschichte

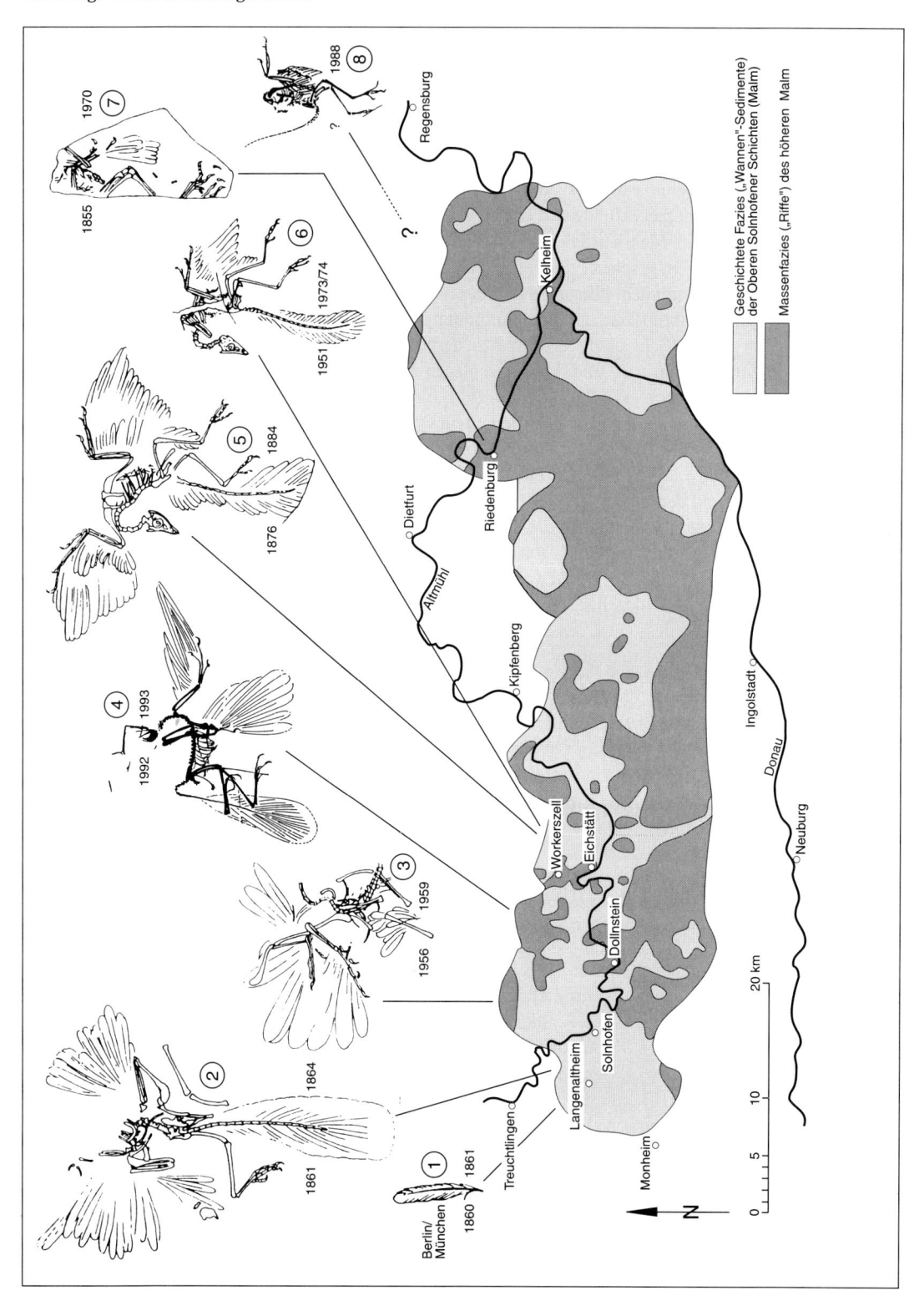

170

Abb. III, 2-4: Die bis heute bekannten Funde von Archaeopteryx aus dem Südlichen Fränkischen Jura. Die erste Jahreszahl gibt jeweils das Fundjahr, die zweite das Jahr der Erstbeschreibung als Archaeopteryx an. 1 Einzelfeder (Museum für Naturkunde, Berlin/Bayerische Staatssammlung, München), ca. 6 cm langer Abdruck, Zugehörigkeit zu Archaeopteryx nicht sicher, aber der asymmetrischen Bau der Feder gilt als Nachweis eines Vogels aus vortertiärer Zeit; 2 Londoner Exemplar (British Museum of Natural History, London), erster als Archaeopteryx beschriebener Skelettfund, ca. 150 Millionen Jahre alt, etwa taubengroß, vom Schädel sind nur Teile des Kiefers erhalten; 3 Maxberger Exemplar (Privatbesitz), unvollständiges Skelett, Schädel und Schwanz fehlen, Federabdrücke unscharf, Fußskelett zeigt beginnende Verwachsung der Mittelfußknochen; 4 Aktien-Vereins Exemplar (Jura Museum Eichstätt), fast vollständig erhaltenes Skelett, Schädel teilweise zerfallen, Zähne zeigen Merkmale der theropden Dinosaurier, erstmals knöchernes Brustbein bei Archaeopteryx erhalten (ohne Kamm), Größe zwischen Eichstätter und Berliner Exemplar; 5 Berliner Exemplar (Naturkundemuseum, Berlin), am besten erhaltenes Archaeopteryx-Fossil, sogar feinste Federstrukturen sind im feinkörnigen Gestein abgedruckt, kleiner und graziler als das Londoner Exemplar; 6 Eichstätter Exemplar (Jura Museum, Eichstätt), gut erhaltenes Skelett, wurde zunächst als kleiner Laufsaurier (Hohlknochensaurier Compsognathus (s. Abb. III, 1-4: 9) beschrieben, weil das Gabelbein fehlt und die Federabdrücke übersehen worden waren. Sie sind so undeutlich, daß sie nur im Schräglicht sichtbar werden. *F. X. Mayr* vom Eichstätter Museum erkannte das Fossil als Archaeopteryx, *P. Wellnhofer* erklärt das Fehlen des Gabelbeins damit, daß es sich um ein Jungtier handelte, bei dem dieser Knochen noch verknorpelt war und daher nicht fossilisiert wurde; 7 Haarlemer Exemplar (Teyler Museum, Haarlem), das Fragment wurde zunächst als Teil eines Flugsauriers beschrieben, da die schwachen Federabdrücke nicht erkannt wurden, *J. H. Ostrom* erkannte es als Archaeopteryx, die Merkmale des Laufs beeinflussten die Rekonstruktion von Archaeopteryx als Laufsaurier (s. Abb. III, 2-6 a); 8 Solnhofener Exemplar (Bürgermeister Müller Museum, Solnhofen), *G. Viohl* erkannte das in einer Privatsammlung aufbewahrte Skelett als das eines Archaeopteryx, der Fundort ist unbekannt, er liegt wahrscheinlich in der Nähe von Eichstätt, die Federabdrücke sind unauffällig, der Schädel fehlt, die nach rückwärtsgerichtete Zehe ist gekrümmt, so daß der Fuß greiffähig gewesen sein könnte, das Fossil ist erheblich größer als die anderen als Archaeopteryx beschriebenen Exemplare, er war etwa so groß wie ein Haushuhn. Nach allometrischen Messungen gehören die Skelette mit Ausnahme von Nr. 4 dennoch zu einer einzigen Art (A. litographica). Die Individuen wurden danach lediglich in verschiedenen Lebensaltern fossilisiert. Das Aktien-Vereins Exemplar gehört dagegen wahrscheinlich zu einem ausgewachsenen Inidividuum (knöchernes Brustbein). Es wurde daher als eigene Art (A. bavarica) beschrieben (nach *Wellnhofer*, 1974; *Stephan* 1979; *Weber/Kattmann* 1991; *Scharf/Tischlinger* 1994, verändert).

tisch selbst als ein Zweig der Dinosaurier angesehen werden können. Eine zu starke Wichtung von Begriffsdefinitionen - Brückentier, missing link, connecting link, Mosaiktier - sollte auf dieser Altersstufe unterbleiben. Wesentlich ist die Erkenntnis, dass eine schrittweise Evolution stattgefunden hat und diese Entwicklung über Jahrmillionen in vielen Zwischenschritten fließend erfolgte. Archaeopteryx ist dann eine von vielen Zwischen- oder Mosaikformen zwischen Dinosauriern und heutigen Vögeln, die als Fossil überliefert wurde. Die in manchen Unterrichtsmaterialien dem Schüler suggerierte direkte Zwischenstellung von Archaeopteryx zwischen heutigen Formen, z. B. Huhn und Zauneidechse, führt zu falschen Vorstellungen über die evolutionären Zusammenhänge und bedarf daher bei aller didaktischen Reduktion intensiver Klärung. Der Vergleich sollte daher nicht mit lebenden Reptilien, sondern besser mit den ähnlichsten Dinosauriern erfolgen (s. Abb. III, 2-5). Da die Beschäftigung mit Archaeopteryx sehr leicht dazu verführt, auf einer eher theoretischen Ebene stehen zu bleiben, sollte gerade hier, bei allen Schwierigkeiten, verstärkt auch nach praktischen Arbeitsformen gesucht werden, die den Schülern handwerklich-erlebnisbetonte Zugänge eröffnen, wie z. B das Herstellen von Flügelabdrücken.

Unterrichtsziele:

Die Schüler sollen
– darlegen können, dass im Laufe der Erdgeschichte eine schrittweise Evolution in Anpassung an den Lebensraum stattgefunden hat;
– erklären können, dass diese Evolution über Jahrmillionen in vielen Zwischenschritten erfolgt ist;
– die stammesgeschichtliche Verwandtschaft heute getrennter Gruppen des Stammbaumes durch Zwischenformen (missing links, connecting links, Brücken- oder Mosaiktieren) definieren können;
– einige Brückentiere nennen können;
– die Stellung von Archaeopteryx zwischen Sauriern und Vögeln anhand des Merkmalmosaiks erläutern können;

III Belege für die Stammesgeschichte

Zwergdinosaurier Compsognathus — **Archaeopteryx** — **Huhn**

„Urvogel" Archaeopteryx

Sauriermerkmale

① gleichartige Kegelzähne

③ kleine, einfache Gehirnkapsel

⑤ Wirbelsäule mit freien, nicht ineinandergreifenden Wirbeln

⑧ Rippen ohne Versteifungsfortsätze

⑨ Bauchrippen vorhanden

⑩ lange Schwanzwirbelsäule

⑮ Beckenknochen nur durch Bindegewebe miteinander verbunden

⑰ freie Mittelhandknochen und Finger mit Krallen

⑱ Schien- und Wadenbein nicht miteinander verwachsen

Vogelmerkmale

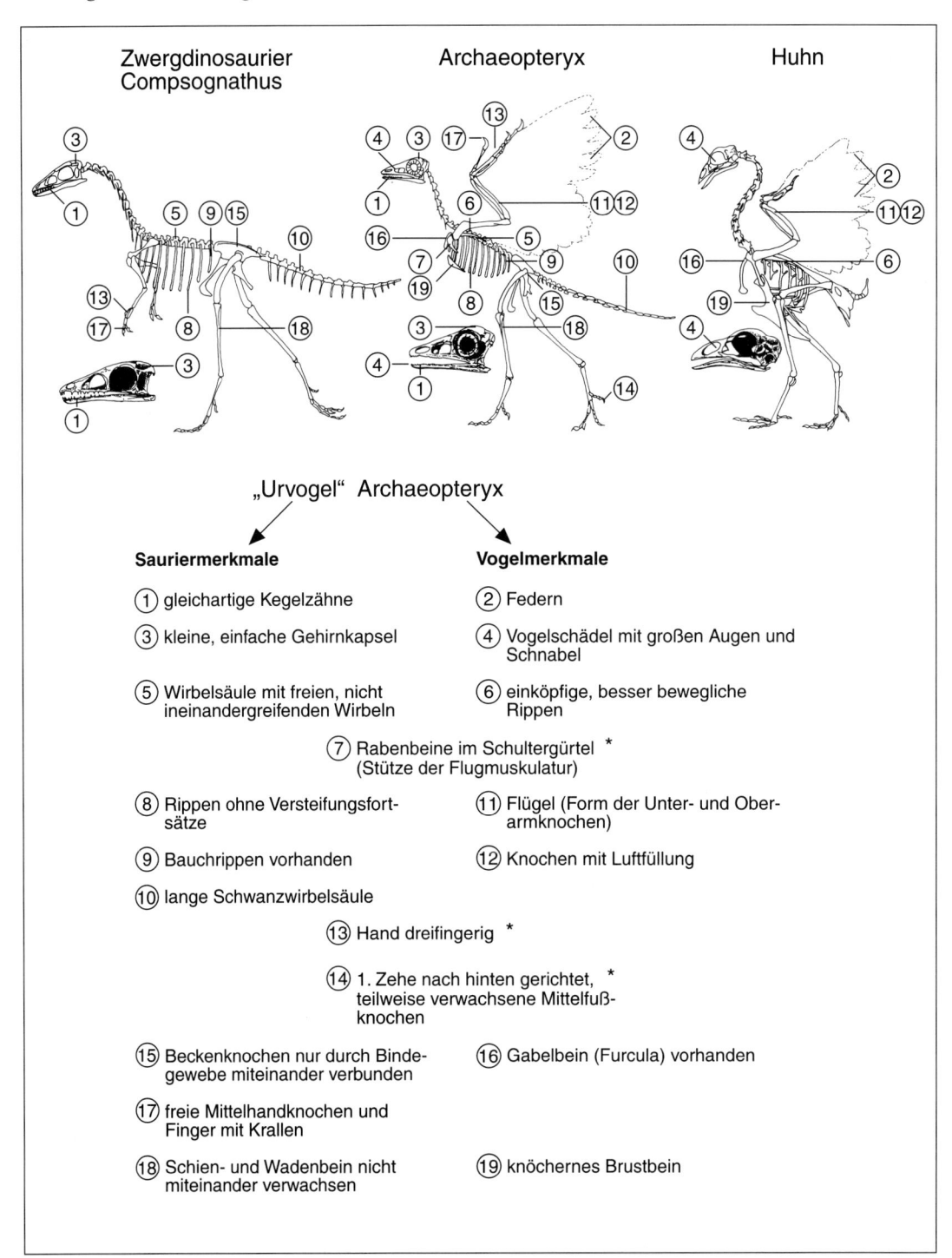

② Federn

④ Vogelschädel mit großen Augen und Schnabel

⑥ einköpfige, besser bewegliche Rippen

⑦ Rabenbeine im Schultergürtel *
(Stütze der Flugmuskulatur)

⑪ Flügel (Form der Unter- und Oberarmknochen)

⑫ Knochen mit Luftfüllung

⑬ Hand dreifingerig *

⑭ 1. Zehe nach hinten gerichtet, *
teilweise verwachsene Mittelfußknochen

⑯ Gabelbein (Furcula) vorhanden

⑲ knöchernes Brustbein

Abb. III, 2-5: Vergleich der Skelette von Zwergdinosaurier, Archaeopteryx und Huhn und Zusammenstellung der Saurier- und Vogelmerkmale; *: Merkmale, die auch bei einigen Dinosauriern (Hohlknochensauriern) gefunden werden (nach *Stephan* 1979; *Hoff/Miram* 1987; *Wellnhofer* 1989; *Weber/Kattmann* 1991, verändert).

– Archaeopteryx gegenüber anderen fliegenden Formen (Pterodactylus o. ä.) abgrenzen können;
– ein hypothetisches Lebensbild von Archaeopteryx zeichnen können;
– einfache praktisch-handwerkliche Arbeitsweisen der Paläontologen (Präparieren und Erstellen von Fossilabgüssen) durchführen können.

2.2.2 Unterrichtsprozess

Im vorangegangenen Unterricht sind die Schüler durch eigene Fossilfunde oder landschaftlich-erdgeschichtliche Beobachtungen im eigenen Heimatraum auf Veränderungen der Umwelt und der Fauna und Flora im Laufe der Jahrmillionen aufmerksam geworden (s. Abschnitt I, 2.2). Dabei wurden folgende Kenntnisse erworben: Wo sich heute ausgedehnte Mittelgebirge erstrecken, befanden sich in früheren Erdzeitaltern Meere oder Kohlewälder. Vulkane prägten die Landschaft. Entsprechend lebten andere Lebewesen, die heute zu einem großen Teil ausgestorben sind. Eine andere Umwelt mit anderen Arten hat heute ihren Platz eingenommen. Welche schrittweisen Entwicklungen hierbei im Laufe der Geschichte des Lebens stattgefunden haben, läßt sich im Rahmen des Unterrichts an diesem Punkt vorerst nur vermuten (s. Kapitel I, 2 „Erdgeschichte" und Kapitel I, 3 „Evolutionstheorien").

Zum Einstieg in das Thema bietet sich eine ausführliche Darstellung der Entdeckungsgeschichte des „Juravogels" an (vgl. *Stripf* 1986). Es schließt sich für die Schüler die Frage an, was das Sensationelle an den Archaeopteryx-Funden ist. Hierzu werden die Merkmale des Archaeopteryx sowohl denen der Saurier als auch der Vögel gegenübergestellt. Hilfreich ist der Einsatz von Photos oder Zeichnungen der Funde, vor allem des Berliner Exemplars von 1876, oder noch besser eines Abgusses bzw. Prägebildes (s. Abschnitt III, 2.3.1). Zur weiteren Veranschaulichung dienen rezente Vogelskelette aus der Biologiesammlung. Eine Gegenüberstellung mit Abbildungen oder Modellen von Flugsauriern (Pterodactylus u. ä., vgl. *Simon* 1986 oder Abbildungen z. B. aus *Langston* 1981) kann die Betrachtung von Gemeinsamkeiten und Unterschieden vertiefen und zur Frage führen, warum z. B. der Fund von Pterodactylus nicht den wissenschaftlichen Rang der Entdeckung von Archaeopteryx hat.

Sind reliefartige Nachbildungen von Archaeopteryx verfügbar, wird als praktisch-handwerkliches Element die Anfertigung von Abgüssen als eine wichtige Arbeitstechnik der Paläontologie erprobt (s. Kasten III, 2- 1; vgl. *Bauch* 1986; *Nottbohm* 1995). Auch Aspekte der Fossilisation lassen sich praktisch nachvollziehen, indem rezente Vogelfedern in Gips eingebettet werden, wobei die Schüler oft zu begeisterten „Fossil-Fälschern" werden - ein Gesichtspunkt, der übrigens auch in der Archaeopteryx-Forschung immer wieder eine Rolle spielte (vgl. *Scharf* 1986; *Gould* 1987, s. Abschnitt I, 3.1.1). Anatomisch-morphologische Vergleiche zu rezenten Vögeln lassen sich praktisch ziehen, indem die Schüler Hühnerflügel untersuchen und die Knochen präparieren. Hierbei wird gleichzeitig eine weitere praktische Fertigkeit erprobt.

Anhand des gesammelten Wissens über Archaeopteryx sollen die Schüler im weiteren Verlauf des Unterrichts versuchen, ein Lebensbild von Archaeopteryx zu entwerfen. Dies kann konkret zeichnerisch erfolgen. Um die Schüler nicht zu einseitig auf den Aspekt „Fliegen" festzulegen, sollten durchaus auch auf den ersten Blick abwegig erscheinende Rekonstruktionen gefördert werden, die deutlich machen, dass eine Rekonstruktion immer nur eine Überlegung wiedergeben kann, „wie es hätte sein können" (s. Abb. III, 2-6). Je nach verfügbarer Unterrichtszeit bietet sich eine vertiefende Betrachtung des Stammbaumes der Vögel, der Evolution und Mechanik des Fliegens oder der Bau-Funktions-Verschränkungen des Vogelkörpers an (Schnabel-, Fuß- und Federtypen, s. Band 3, Kapitel IV, 1; vgl. *Rüppell* 1980; *Simon* 1986).

Den Abschluss des Themas „Archaeopteryx" sollte ein Brückenschlag zu den anderen Wirbeltiergruppen bilden, bei dem die Allgemeingültigkeit des an Archaeopteryx als Mosaikform Erarbeiteten auf andere Linien des Stammbaumes übertragen wird und weitere Formen wie Ichthyostega oder die säugerähnlichen Reptilien vorgestellt werden, um die Kenntnis der Merkmale einzelner verwandter Gruppen des Stammbaumes zu vertiefen.

III Belege für die Stammesgeschichte

Anfertigung von Fossilabgüssen

Zum Anfertigen von Abgüssen eignen sich alle Fossilien mit Halbrelief, wie Muscheln, Trilobiten, Pflanzenteile, Fische und viele andere Wirbeltierfossilien auf Plattenkalken, Tonschiefer und ähnlichem Ursprungsgestein. Auch reliefartige Reproduktionen sind – je nach Material – geeignet.

Einfache Abgussformen, z.B. von Muscheln und Ceratiten, lassen sich mittels Knete vom Original abformen und die Form anschließend mit Gips ausgießen. Die Herstellung präziser und mehrfach zu benutzender Gussformen ist aufwendiger und soll im folgenden genauer beschrieben werden:

(1) Das für die Anfertigung von Reproduktionen ausgewählte Objekt wird mit der „Schauseite" nach oben auf ein kunststoffbeschichtetes Pressholzbrett gelegt und mit einem weichen Pinsel mit stark verdünntem Lack (Zaponlack, Trennlack, klarer Schnellack) flächendeckend eingestrichen. Zur Materialprüfung empfiehlt es sich, an einer verdeckten Stelle des Objektes vorab eine Anstrichprobe vorzunehmen, um Veränderungen der Oberfläche und des Materials auszuschließen. Nach *Bauch* (1986) kann auf porösen Oberflächen auch stark verdünnter Tapetenkleister als Trennschicht benutzt werden, der den Vorteil hat, dass er nach Erstellen der Gussform mittels eines feuchten, weichen Schwammes wieder vom Original entfernt werden kann.

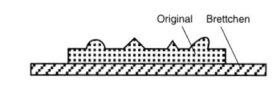

(2) Ist die Oberfläche der Originalvorlage flächendeckend mit einer Trennschicht isoliert, wird um das Original ein Rahmen aus beschichteten Pressholzbrettchen, Plastilin oder Töpferton gebaut. Der Rahmen sollte die höchste Stelle des Originalobjektes um etwa 8–10 mm überragen, am Rand sollten zwischen Rahmen und Objekt etwa 5 mm Zwischenraum eingehalten werden. Wurde ein Holzrahmen verwendet, wird dieser auf der Unterlage aufgeklebt, so dass später die Gießmasse nicht unter dem Rahmen hindurchfließen kann.

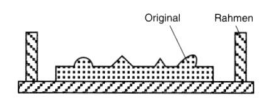

(3) Die anschließende **Erstellung der Gussform aus Silikonkautschuk erfolgt durch den Unterrichtenden**. In einem Plastikbecher wird der Silikonkautschuk, der in getrennten Komponenten – Silikon und Härter – in Bau- und Bastelmärkten erhältlich ist, angerührt. **Die Herstellungsanleitung und Gefahrenhinweise sind strengstens einzuhalten (Schutzbrille, Schutzkleidung, Belüftung etc.).** Von Änderungen des Mischungsverhältnisses Silikon: Härter (meist 100:2) wird dringend abgeraten, da dann unter Umständen die Gießmasse nicht aushärtet. Beim Mischen der Komponenten sollten möglichst wenige Luftblasen eingerührt werden. Sind trotzdem Blasen in der Gießmasse, lässt man diese kurz stehen, damit die Luftblasen zur Oberfläche entweichen.

Die fertige Gießmasse wird nun auf das Original aufgebracht und – wenn nötig – mit Pinsel oder Flächenspachtel gleichmäßig verteilt, bis die Oberfläche des Objektes gut bedeckt ist. Auch hier auf Luftblasen achten (evtl. das Brettchen mit dem Objekt leicht hin- und herrütteln). Aushärtungszeit ca. 24 Stunden.

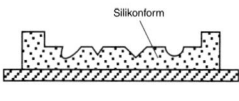

(4) Ist die Silikonform ausgehärtet, wird sie vom Original abgenommen. Original und Gussform werden gereinigt. Nun können die Schüler Gipsabgüsse herstellen.

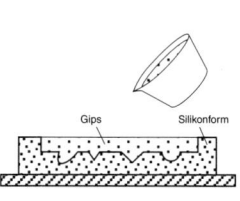

(5) Hierzu wird Modellgips im Gummibecher (Gipsbecher) mit dem Spachtel angerührt und in die Form gegeben, wobei Blasenbildung zu vermeiden ist.

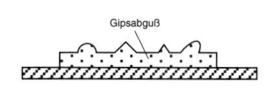

(6) Nach Aushärten des Gipses entfernt man die Form vorsichtig und koloriert den Abguss nach dem Original. Als Farben eignen sich Wasserfarben, aber auch Abtön- und Plakafarbe, die entsprechend zu mischen sind. Für Knochennachbildungen eignet sich auch Möbellasur (Eiche mittel). Mit etwas Übung kann die Grundfarbe des Gesteins bereits durch Farbzugabe beim Gipsansetzen eingemischt werden.

Kasten III, 2–1: Herstellung von Fossilabgüssen (nach *Bauch* 1986; *Nottbohm* 1995, verändert; Abbildungen aus *Bauch* 1986, 32).

Abb. III, 2-6: Archaeopteryx - verschiedene Rekonstruktionsversuche: a) als Insektenfänger, b) als Eidechsenjäger, c) als Kletterflieger, d) als Läufer, e) frei fliegend, f) in greifvogelähnlichem Anflug (a) nach *Bakker* aus *Weber/Kattmann* 1991, 4; b) bis d) und f) nach *Reichel* aus *Stephan* 1979, 147 ff.; e) aus *Swinton* 1965, 18 f.)

III Belege für die Stammesgeschichte

2.3 Medien

2.3.1 Präparate, Abgüsse und Rekonstrukte
PHYWE: Abguss Archaeopteryx, Berliner Exemplar 65682.00;
Schlüter: Präparate-Set: Wirbeltiere im Flug (Flugechse, Vogel, Fledermaus) Arbeitsset: Fliegen-Flügel-Feder; Nachbildungen: Archaeopteryx 166 e; Quastenflosser 166 o; Ichthystega 166 k; Brückenechse 166 h;
Mauer bzw. Müller: Abgüsse oder Prägepappen von Archaeopteryx, Pterodactylus und anderen Flugsauriern;
Franz Weigert (Neuburg/Donau): auf Solnhofener Schieferplatten aufmontierte Prägepappen u. a.von Archaeopteryx, Pterodactylus;
Rekonstruktionen von Flugsauriern, z. T. zum Selberbauen, aus dem Spielzeughandel (z. B. Revell, Carnegie Safari);
Rezentes Material: Hühnerflügel (für wenig Geld in Tiefkühlabteilungen des Lebensmittelhandels zu bekommen); Skelettpräparate Huhn, Taube (Lehrmittelhandel); Federn.

2.3.2 Filme
FWU: Flug in der Natur 42 00466.

2.3.3 Diapositive
FWU: Evolution der Fische und Amphibien 10 02628; Evolution der Reptilien 10 02629; Evolution der Säugetiere 10 02630; Solnhofener Plattenkalk - 1. Versteinerungen 10 02739; Solnhofener Plattenkalk - 2. Abbau und Bearbeitung 10 02740;
Mauer bzw. Schuchardt: Entstehung und Evolution der Lebewesen II - Biologische Evolution der Prokaryonten bis zum Pflanzen- und Tierreich; Entstehung und Evolution der Lebewesen III - Grundlegende Mechanismen und Wege der Evolution des Pflanzen- und Tierreiches.
PHYWE: Entstehung und Evolution der Lebewesen II 82395.00.

2.3.4 Arbeitstransparente
Hagemann: Fossilien: 20 Transparente, u. a. Archaeopteryx, Flug- und Fischsaurier 17 20 31; Evolution I: 18 Transparente, u. a. Stammbaum der Wirbeltiere und Archaeopteryx 17 20 28; Der Archaeopteryx: 3 Transparente 17 20 02; Stammbaum der Tiere: 4 Folien 17 20 03;
Jünger bzw. Müller: Entstehung und Evolution der Lebewesen II: Transparente-Atlas, 24 Transparente, u. a. Vogelbeckensaurier, Verwandtschaftsverhältnis bei Sauriern, Lebensbild Jura 8229; Entstehung und Evolution der Lebewesen III: 30 Transparente, u. a. Ichthyostega, Archaeopteryx 8230;
PHYWE: Fossilien, u.a. Dinosaurier, Archaeopteryx, Flugsaurier, Fischsaurier 23085.01;
Aulis: Berliner Exemplar PdN-B 4/35; Aktien-Vereins Exemplar PdN-B 7/43.

2.3.5 Wandtafeln
Mauer: Bauplan Vögel 665 126.07; Wandbild Saurier: Flug-, Paddel- und Fischsaurier 665 118.22;
Betzold: Vergleichende Anatomie der Wirbeltiere 2539.

Literatur

Bauch 1986; *Czihak/Langer/Ziegler* 1993; *Feduccia* 1984; *Gould* 1987; *Gutmann/Peters* 1976; *Haubold* 1983; *Hecht/Ostrom/Viohl/Wellnhofer* 1984; *Hoff/Miram* 1987; *Kämpfe* 1985; *Kuhn* 1971; *Langston* 1981; *Nottbohm* 1995; *Rüppell* 1980; *Scharf* 1986; 1989; *Scharf/Tischlinger* 1994; Senckenbergische Naturforschende Gesellschaft 1976; *Simon* 1986; *Stephan* 1979; *Stripf* 1986; *Swinton* 1965; *Thenius* 1981; *Weber/Kattmann* 1991; *Wellnhofer* 1974; 1989

3 Verwandtschaft

3.1 Sachanalyse

3.1.1 Vergleich - Merkmal - Ähnlichkeit

Allen Bemühungen um Ordnung und Systematisierung liegt in der Biologie der Vergleich rezenter oder fossiler Organismen zugrunde. Vergleichsaspekte sind dabei morphologisch-anatomische, physiologisch-biochemische, molekulare oder ethologische Eigenschaften, deren Betrachtung Unterschiede und Gemeinsamkeiten aufzeigt (vgl. *Wuketits* 1977).
Schon *Carl von Linné* (1707-1778) hatte 1735 in seinem Werk "Systema naturae" Ähnlichkeiten und Übereinstimmungen in Morphologie und Anatomie benutzt, um eine Systematik der Natur zu begründen, die für ihn zu diesem Zeitpunkt noch die gottgewollte und durch Schöpfung verwirklichte Ordnung darstellte. Angesichts des geistig-wissenschaftlichen Zeithintergrundes, zu dem die Lehre von der Artkonstanz gehörte, wurde die Ähnlichkeit lediglich als Mittel zur Aufstellung eines typologisch-künstlichen Systems angesehen (vgl. *Spieth* 1987).
Die späteren Evolutionisten, insbesondere nach dem Erscheinen von *Darwins* „Entstehung der Arten" (1859), deuten Übereinstimmungen jedoch als Zeichen gemeinsamer Abstammung, so dass die Klassifikation nach Stämmen, Klassen, Ordnungen, Familien, Gattungen und Arten jetzt Verwandtschaftsbeziehungen rezenter Organismen widerspiegeln sollte. Darüber hinaus sind dann die historischen phylogenetischen Entwicklungen erschließbar, was einprägsam in Stammbäumen dargestellt wird. *Darwin* umreißt diese neue Sicht mit den Worten: „Die Naturforscher suchen die Arten, Gattungen und Familien nach einem sogenannten natürlichen System zu ordnen. Aber was ist ein 'natürliches' System? ... Ich glaube, dass [unsere Klassifikation mehr als die bloße Ähnlichkeit ausdrücken soll], dass die gemeinsame Abstammung (die einzige bekannte Ursache großer Ähnlichkeit zwischen Lebewesen) das Band bildet, das zwar unter verschiedenen Modifikationsstufen verborgen ist, durch unsere Einteilung aber teilweise enthüllt wird" (*Darwin* 1963, 578 f.).

3.1.2 Homologie und Analogie

Die Merkmale des Phänotyps sind als Komplex von Form und Funktion der selektierenden Wirkung der Umwelt ausgesetzt. Hierdurch unterliegen sie dem evolutiven Wandel, dessen Richtung die Selektion vorgibt, dessen Grenzen aber durch die bereits durchlaufene Evolution und die dadurch vorhandene Organisation (mit sogenannten Prädispositionen und Präadaptationen bzw. Beschränkungen) gegeben sind. Nach der Synthetischen Evolutionstheorie ist das Ergebnis des Evolutionsvorgangs eine relative Angepasstheit der Organismen an ihre Umwelt und ökologische Einnischungen, die sich nicht nur auf die abiotische, sondern auch auf die biotische - bei sozialen Tierarten ebenfalls die soziale - Umwelt beziehen (vgl. *Henke/Rothe* 1994).
Dieser Evolutionsprozess kann nun dazu führen, dass eine Ausgangsart durch die Anpassung von Teilpopulationen an unterschiedliche Lebensräume aufgespalten wird. Die in diesem Prozess einer divergenten Stammesentwicklung neu auftretenden Merkmale führen zu einer abnehmenden Ähnlichkeit der Arten untereinander. Diese beschränkt sich auf die bereits bei der gemeinsamen Stammart vorhandenen basalen, meist im inneren Bau liegenden Ähnlichkeiten, die aber durch neu erworbene Merkmale mehr oder weniger stark überlagert werden. Solche Ähnlichkeiten, die letztendlich auf einen gemeinsamen Vorfahren zurückgehen, können als Beleg für "gemeinsame Abstammung" im Sinne *Darwins* gelten. Ähnlichkeiten dieser Art nennt man Homologien (vgl. *Wuketits* 1977; *Spieth* 1987). Als Schulbeispiel hierfür kann der Bau der Wirbeltierextremitäten gelten (s. Band 2, 121 und Abb. III, 3-1).

III Belege für die Stammesgeschichte

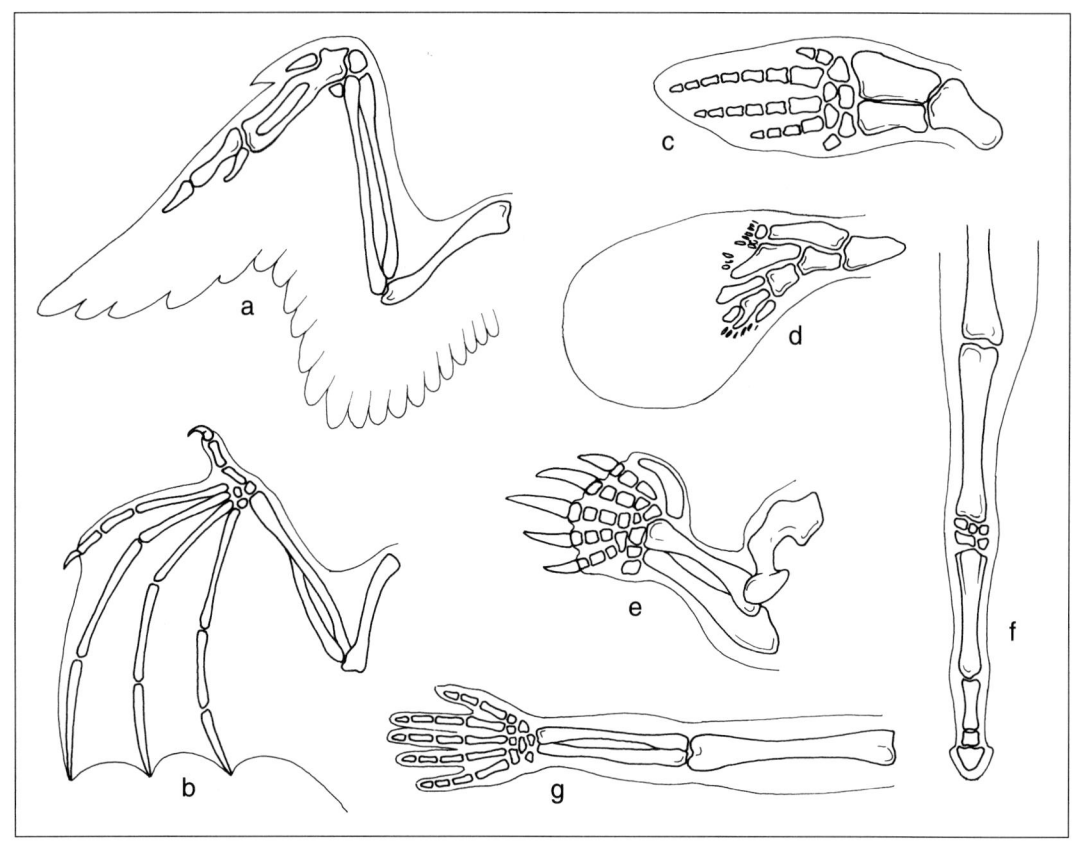

Abb. III, 3-1: Vergleich der Vorderextremitäten von Wirbeltieren. a) Taube, b) Fledermaus, c) Delphin, d) fossiler Quastenflosser, e) Maulwurf, f) Pferd, g) Mensch (nach *Diehl* 1980)

Eine ökologische Einnischung bei gleichen oder ähnlichen Umweltbedingungen und Lebensweisen kann aber auch bei mehreren nicht enger verwandten Ausgangsarten zu gleichgerichteten Anpassungen führen. Diese zeigen sich dann in äußeren Form- und Funktionsähnlichkeiten. Das bekannteste Beispiel für solche Konvergenz ist die stromlinienangepasste Körperform im Wasser lebender Hochleistungsschwimmer (s. Band 2, 68), die in verschiedenen Klassen der Wirbeltiere unabhängig voneinander evolutiv entstanden ist. Solche Ähnlichkeiten nennt man Analogien.

Eine gleichgerichtete ökologische Spezialisierung kann allerdings nur bei räumlicher Trennung ablaufen, weil andernfalls die ähnlichen Organismen miteinander konkurrieren würden, so dass sie sich divergent entwickeln oder einander verdrängen würden (Konkurrenzausschluss). Bei räumlicher Trennung auf verschiedenen Kontinenten haben sich auffallende Ähnlichkeiten bei nicht direkt verwandten Organismengruppen herausgebildet, die man als Lebensformtypen bezeichnet (z. B. die Maulwurfsgestalt, s. Band 2, 68; vgl. *Wuketits* 1977; *Janßen* 1985; *Kieffer* 1988; *Seger* 1990; *Witte* 1990; 1991).

3.1.3 Homologiekriterien

Die Unterscheidung von Homologien und Analogien ist meist nicht so offensichtlich wie in den bisher angesprochenen Beispielen. Man bedient sich zur Identifizierung von Homologien deshalb sogenannter Homologiekriterien, die Anfang der 50er Jahre von *Adolf Remane* aufgestellt wurden.

Kriterium der Lage. Nach diesem Kriterium sind Strukturen homolog, wenn sie die gleiche Lage in einem vergleichbaren Gefügesystem (Bauplan) einnehmen, z. B. die Extremitäten der Wirbeltiere. Auch die Elemente der Extremitäten können durch die Rückführung auf einen gemeinsamen Bauplan homologisiert werden (zur Frage "Was ist ein Bauplan?" s. Band 2, Abschnitt II, 7.3).
Allerdings zeigt sich hier bei genauer Betrachtung, dass teilweise Zusatzannahmen wie die Reduktion einzelner Bestandteile gemacht werden müssen. So ist die homologe Ähnlichkeit der Knochen des menschlichen Arms und der Vorderextremität eines Pferdes nicht ohne weiteres zwingend; ähnlich ist es mit dem Vogelflügel. In diesen Fällen hilft das folgende Homologiekriterium.
Kriterium der Verknüpfung durch Zwischenformen (Stetigkeitskriterium). Unähnliche oder unterschiedlich gelegene Strukturen können als homolog angesehen werden, wenn sie sich durch Zwischenformen, also durch eine kontinuierliche Entwicklungsreihe verbinden lassen. Hierbei kann es sich um embryonale, fossile oder sogar rezente Zwischenformen handeln (s. Abb. III, 3-2 und III, 3-3). Bei fossilen und rezenten Reihen muss dabei keine direkte Abstammung gegeben sein, die modellhafte Verdeutlichung eines möglichen Evolutionsprozesses wird als ausreichend angesehen (vgl. *Spieth* 1987). Durch das Stetigkeitskriterium bekommen rudimentäre Organe wie die Griffelbeine der Pferde, die Reste des Beckengürtels bei Walen oder die Extremitätenrudimente bei Blindschleichen für die Stammbaumforschung eine besondere Bedeutung.
Durch die Homologisierung von Embryonalstadien gelingt es auch, die verwandtschaftlichen Beziehungen bei Organismen aufzudecken, die als erwachsene Tiere stark verändert sind (s. Kasten III, 3-4; vgl. *Kull* 1977; *Flor* 1980).
Kriterium der spezifischen Qualität. Dieses Kriterium erlaubt es, auch Merkmale zu homologisieren, die eine unterschiedliche Lage im Organismus einnehmen, und zwar dann, wenn sie in vielen Einzelheiten ihres Aufbaus übereinstimmen. Es ist besonders aussagekräftig, wenn es sich um sehr komplizierte Strukturen han-

Abb. III, 3-2: Embryonalentwicklung der Vogelhand (aus *Diehl* 1980, 45)

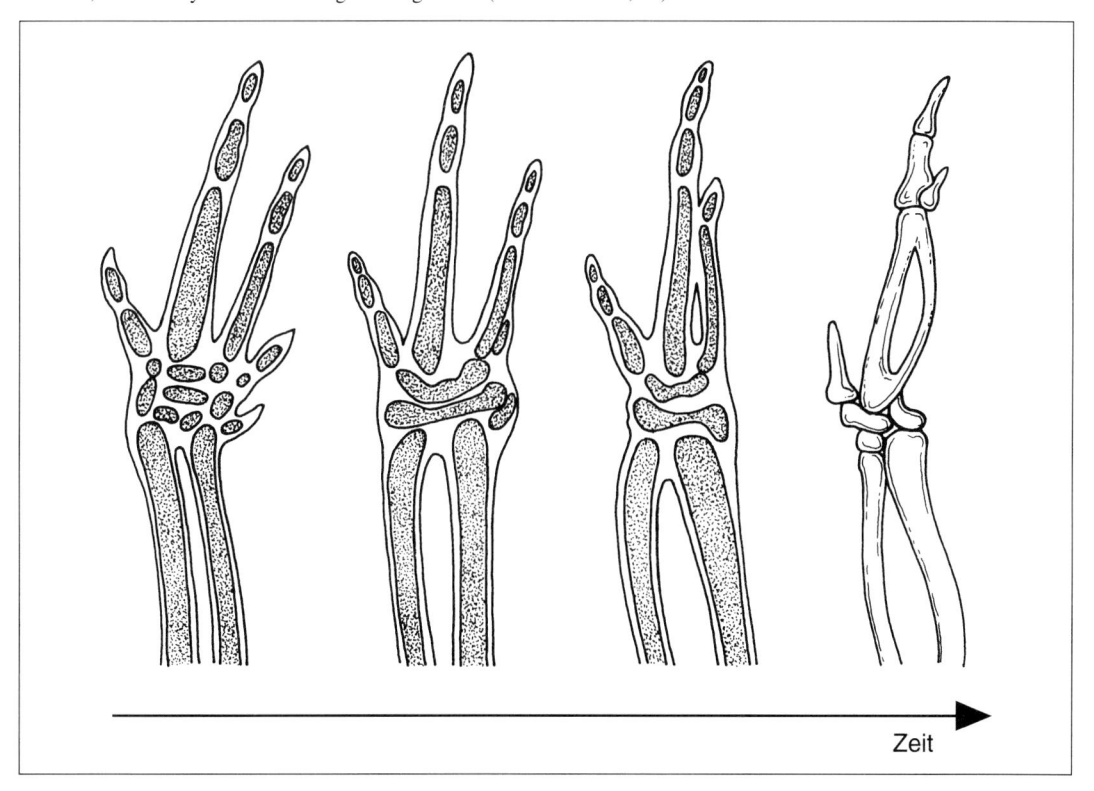

III Belege für die Stammesgeschichte

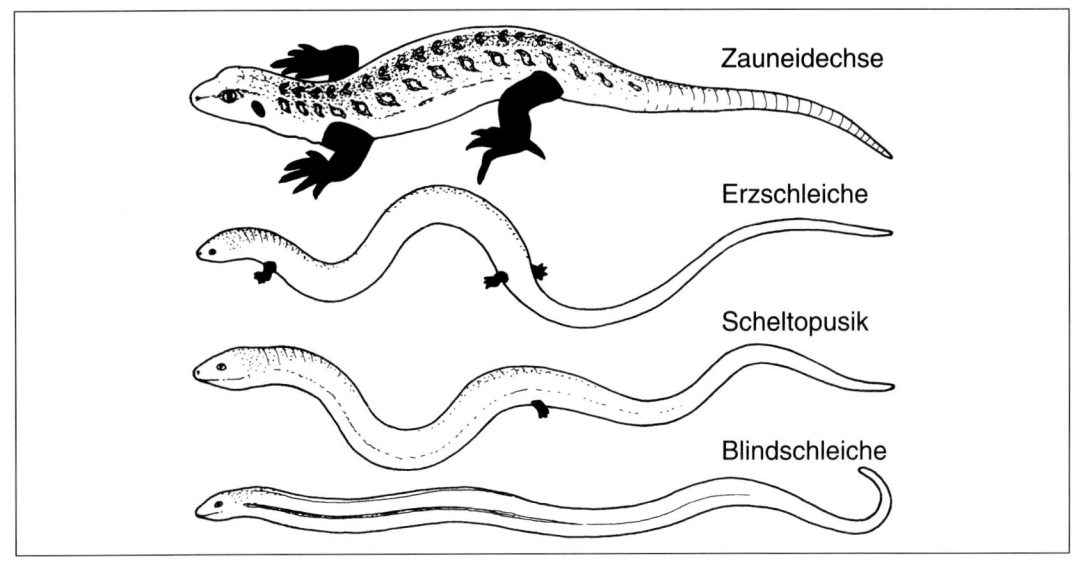

Abb. III, 3-3: Regressionsreihe bei Reptilien (aus *Hoff/Miram* 1987, 62). Angenommen wird, dass ursprüngliche Wirbeltiere vier Gliedmaßen besitzen. Aus dem reinen Vergleich ist die Annahme der Reduktion (Leserichtung) nicht ableitbar

delt. Das bekannteste Beispiel ist die Homologisierung der Hautschuppen bei Haien mit den Zähnen der übrigen Wirbeltiere.

Für die Homologieforschung ist das Kriterium der Lage das bedeutendste; demgegenüber treten die Kriterien der Stetigkeit und der spezifischen Qualität zurück. Die Bauplangleichheit kann als das zentrale Vergleichskriterium zum Nachweis homologer Strukturen angesehen werden (s. Band 2, Kapitel II, 0; vgl. *Riedl* 1975; *Kull* 1977; *Wuketits* 1977; *Flor* 1980; *Spieth* 1987; *Henke/Rothe* 1994). Wurde für ein bestimmtes Organ Homologie festgestellt, sind nach der Korrelationsregel von *Georges Cuvier* auch die (meisten) anderen Organe als homolog zu betrachten. Deshalb kann durch die Häufung eine zusätzliche Sicherheit erlangt werden.

3.1.4 Weitere Methoden der Verwandtschaftsbestimmung

Neben den morphologisch-anatomischen Merkmalen nutzt die Homologieforschung auch Erkenntnisse anderer biologischer Disziplinen zur Klärung phylogenetischer Zusammenhänge (vgl. *Kull* 1977; *Spieth* 1987; *Rothe* 1990).

Die Homologisierung von Verhaltensweisen erfolgt prinzipiell in gleicher Weise wie bei morphologisch-anatomischen Merkmalen, ist aber vergleichsweise unsicherer. Hierbei tritt an die Stelle eines räumlichen Bauplans der Bestandteile das zeitliche Abfolgeschema der einzelnen Verhaltenselemente. Auch bei Verhaltensweisen ist eine Verbindung über rezente Zwischenformen möglich, beispielsweise bei der Rückführung der Balz der Fasanenvögel auf das Futterlocken (Ritualisierung, s. Band 4, 214).

Verwandtschaft läßt sich auch mit dem Präzipitintest feststellen, einer immunologischen Methode, mit der die Reaktion menschlichen Anti-Serums auf fremdes Serumprotein verschiedener Organismen erfasst wird. Man stellt dabei zunächst ein Anti-Serum her, das Anti-Körper gegen die Proteine im Blutserum des Menschen enthält. Man erhält es, indem einem Versuchstier, meist einem Kaninchen, menschliches Serumprotein gespritzt wird. Durch die Immunreaktion auf das fremde Protein entstehen Antikörper gegen menschliches Protein im Blut des Versuchstiers. Werden anschließend menschliche Blutproteine mit den Antikörpern zusammengebracht, läuft eine Präzipitationsreaktion ab, die Proteine verklumpen und fallen aus. Das Ausmaß dieser Ausfällung wird in didaktischer Vereinfachung gleich 100 % Ausfällung gesetzt (s. Abb. III, 3-4). Fügt man das

Abb. III, 3-4: Ergebnisse eines Präzipitintests mit Anti-Human-Serum (aus *Bayrhuber/Kull* 1989, 450)

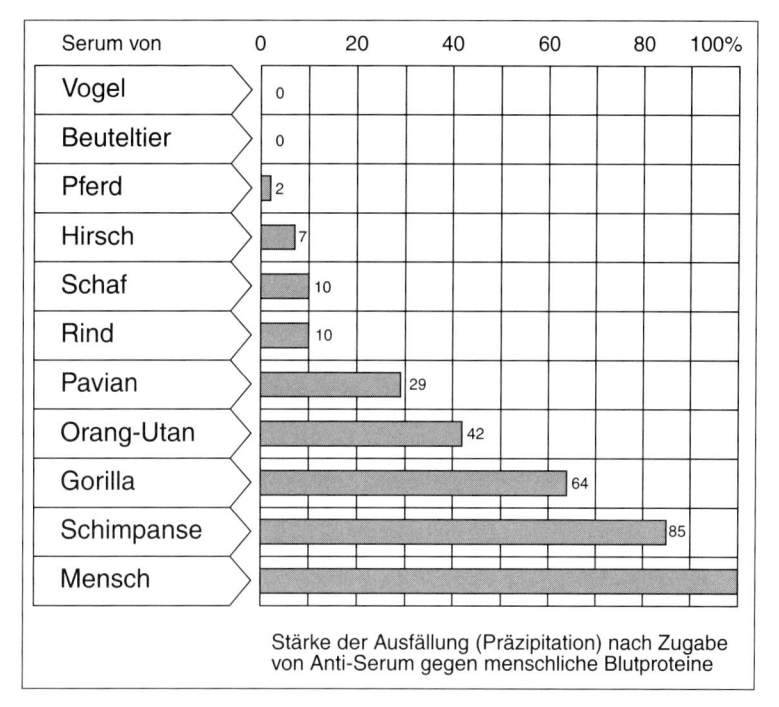

Serum von	%
Vogel	0
Beuteltier	0
Pferd	2
Hirsch	7
Schaf	10
Rind	10
Pavian	29
Orang-Utan	42
Gorilla	64
Schimpanse	85
Mensch	100

Stärke der Ausfällung (Präzipitation) nach Zugabe von Anti-Serum gegen menschliche Blutproteine

Anti-Serum gegen menschliches Blutprotein nun den Serumproteinen anderer Tiere zu, stellt man unterschiedlich starke Proteinausfällungen fest. Deren Ausmaß hängt von der Ähnlichkeit der Blutproteine der getesteten Organismen ab, die wiederum genetisch bestimmt ist, weshalb die Ausfällungsreaktion als relatives Maß für die Verwandtschaft angesehen werden kann (vgl. *Rothe* 1990).

Mit dem Fortschritt der molekularen Genetik wurde zunehmend auch der direkte Vergleich der Nukleinsäuren zur Verwandtschaftsfeststellung herangezogen. Die beiden wesentlichen Methoden sind DNA-Hybridisierung und DNA-Sequenzierung.

Die Methode der DNA-Hybridisierung basiert darauf, dass der zerkleinerte DNA-Doppelstrang mit der Erbinformation einer Art durch Erhitzen in einzelsträngige Stücke zerlegt und mit der ebenso behandelten DNA einer anderen Art zusammengegeben wird. Anhand der Bindungsstärke zwischen den sich beim Abkühlen bildenden Hybrid-Doppelsträngen, die von der Ähnlichkeit der Basenabfolgen abhängt, bestimmt man die Nähe der stammesgeschichtlichen Verwandtschaft (zur Methode vgl. *Sibley/Ahlquist* 1986; *Greber/Greber* 1994). Die Ergebnisse der DNA-Hybridisierung zeigen u. a. eine enge Verwandtschaft zwischen den afrikanischen Menschenaffen und dem Menschen. Schimpanse und Mensch sind danach enger verwandt als Schimpanse und Gorilla (s. Abb. III, 3-5; vgl. *Greber/Greber* 1994; *Kattmann* 1994 a). Weitere bemerkenswerte Befunde sind die Verwandtschaftsbeziehungen zwischen Kondor (Neuweltgeiern) und Störchen, Tukanen und Neuwelt-Bartvögeln sowie Panda und Großbären (vgl. *Sibley/Ahlquist* 1986; *Kattmann* 1992 a; *Förster/Kattmann* 1997).

Durch DNA-Sequenzierung können im Vergleich verschiedener Arten genetische Unterschiede direkt erfasst werden. Die zwischen zwei Arten paarweise festgestellten Basenunterschiede homologer DNA-Abschnitte sind ebenfalls als Maß der Verwandtschaft anzusehen. Ihre Anzahl bildet die Grundlage für die Rekonstruktion von Stammbäumen. Durch die Weiterentwicklung der molekularen Verfahrensweisen wie der Polymerasekettenreaktion (PCR) ist es heute möglich, auch größere DNA-Abschnitte zu analysieren (vgl. *Miyamoto* u. a. 1988; *Koop* u. a. 1986; *Greber/Greber* 1994). Während zuvor nur einzelne Individuen miteinander verglichen wurden, ist in jüngster Zeit auch die intraspezifische Variation der DNA in die Untersuchungen einbezogen wor-

III Belege für die Stammesgeschichte

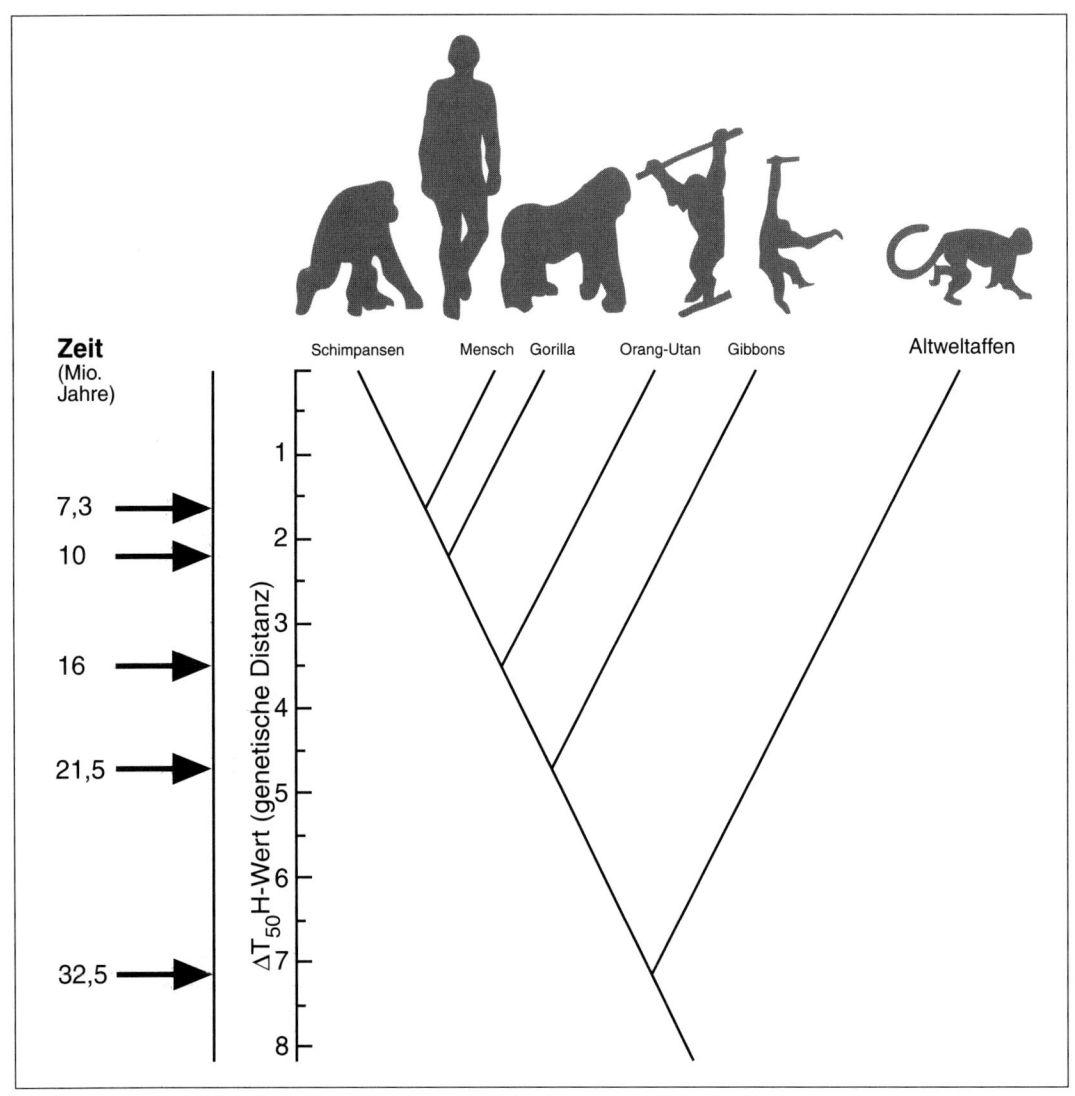

Abb. III, 3-5: Stammbaum der Schmalnasenaffen nach Daten der DNA-Hybridisierung mit zeitlicher Einordnung der Aufspaltungen (nach *Futuyma* 1990, 581 und *Kattmann* 1994 a, 7, verändert)

den. Auch diese Analysen konnten die früheren Ergebnisse bestätigen, nach denen Mensch und Schimpanse am engsten miteinander verwandt sind (vgl. *Ruvolo* u. a. 1994, s. Abb. III, 3-10).

3.1.5 Abgeleitete und ursprüngliche Merkmale

Zwar belegen Homologien Verwandtschaft zwischen den verglichenen Gruppen, doch ist über den Grad derselben, also die Abstammung (Phylogenese) damit noch nichts ausgesagt. Deshalb unterscheidet man zwischen ursprünglichen (plesiomorphen) Merkmalen, die bereits bei einer gemeinsamen Ursprungsart vorhanden waren, und abgeleiteten (apomorphen) Merkmalen, die eine evolutive Neuerwerbung darstellen. Jede Formengruppe hat gleichzeitig ursprüngliche und abgeleitete Merkmale (Mosaikevolution). Im Vergleich zwei-

Abb. III, 3-6: Differenzierung der Merkmalsähnlichkeit nach ihrer Bedeutung als Beleg für die stammesgeschichtliche Verwandtschaft
(aus *Lewin* 1992, 37)

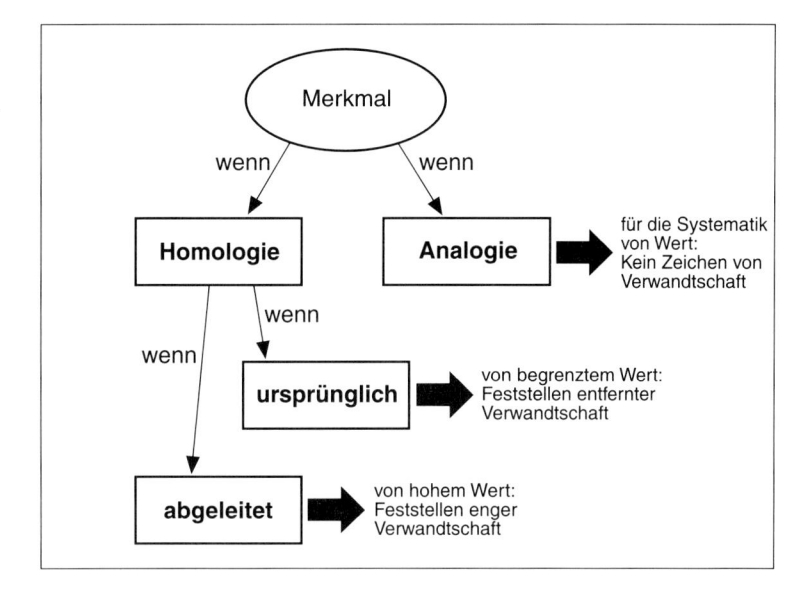

er systematischer Gruppen spricht man von Synapomorphie bzw. Symplesiomorphie, wenn beide das betrachtete Merkmal besitzen. Nur gemeinsame abgeleitete (synapomorphe) Merkmale zeigen eine nähere Verwandtschaft und damit die Zusammengehörigkeit in einer systematischen Gruppe (s. Abb. III, 3-6). Zum Beispiel grenzt das Merkmal „Fingernägel" die Primaten gegen die anderen Säugergruppen ab; es hilft aber nicht, die Verwandtschaft innerhalb der Primaten zu klären (vgl. *Lewin* 1992). Innerhalb der Primaten sind Fingernägel eine ursprüngliche Ähnlichkeit, da der angenommene gemeinsame Vorfahr sie bereits besessen hat. Der Merkmalsstatus als ursprünglich oder abgeleitet erweist sich also als relativ und ist abhängig davon, ob man näher oder entfernter miteinander verwandte Gruppen vergleicht (s. Abb. III, 3-7).

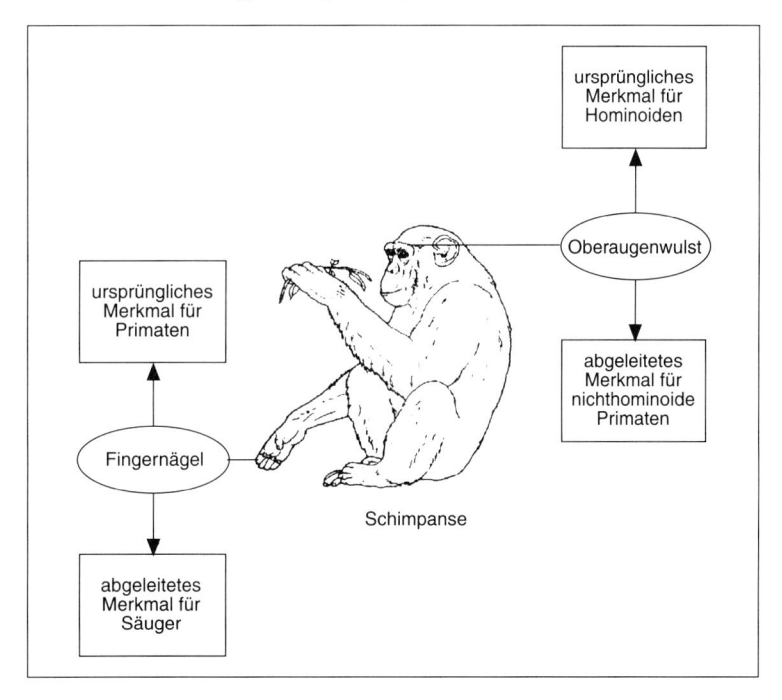

Abb. III, 3-7: Relativer Status von abgeleiteten und ursprünglichen Merkmalen (aus *Lewin* 1992, 38)

III Belege für die Stammesgeschichte

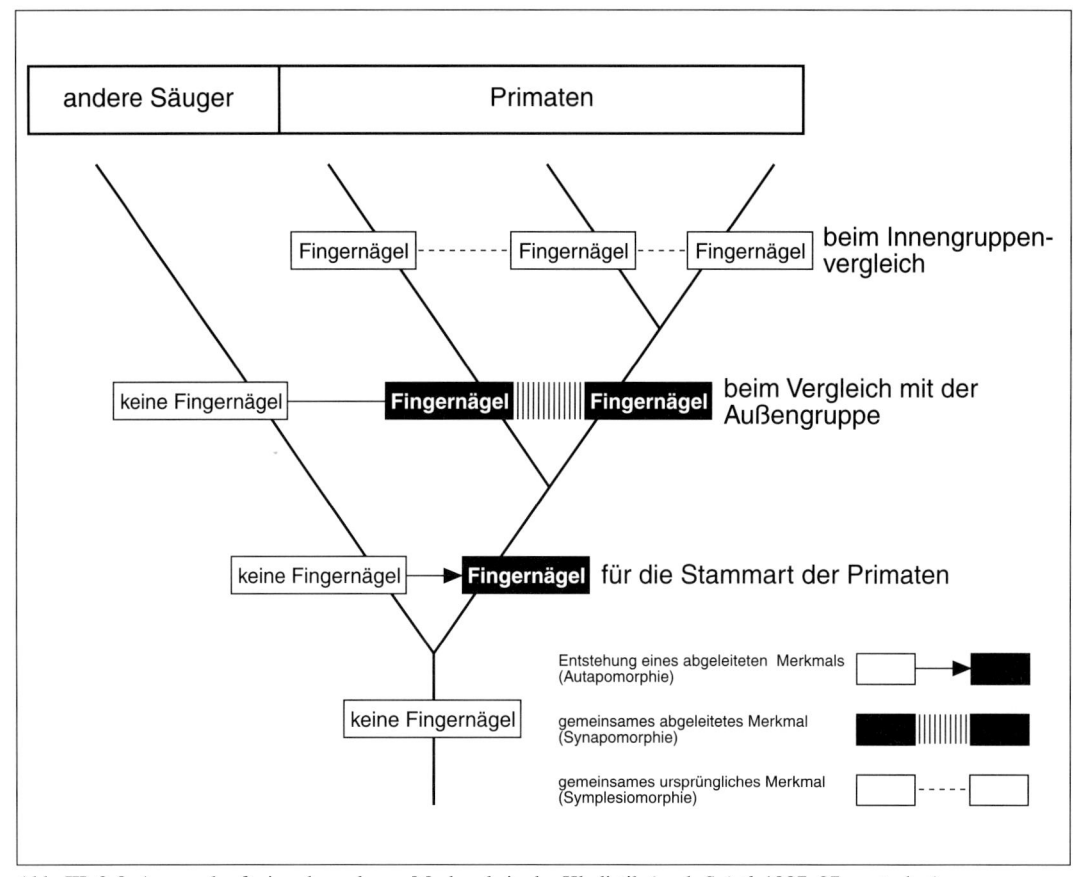

Abb. III, 3-8: Aussagekraft eines homologen Merkmals in der Kladistik (nach *Spieth* 1987, 97, verändert)

Da abgeleitete Merkmale von besonderem Wert für die Abstammungsforschung sind, versucht man diese durch einen Außengruppenvergleich zu identifizieren (s. Abb. III, 3-8). Nur wenn ein Merkmal nicht in einer Außengruppe vorkommt, handelt es sich um ein abgeleitetes Merkmal. Wenn man annimmt, dass das am häufigsten innerhalb eines Taxons auftretende Merkmal auch der gemeinsame Vorfahre besaß, so ermöglicht es dieses Verfahren außerdem, durch die Festlegung von plesiomorpher bzw. apomorpher Merkmalsausprägung Annahmen über die Richtung des evolutiven Wandels (über evolutive Trends) zu machen (vgl. *Spieth* 1987; *Aiello/Dean* 1990; *Futuyma* 1990; *Lewin* 1992; *Henke/Rothe* 1994).

3.1.6 Methoden der Klassifikation

In der traditionellen Taxonomie wird versucht, die phylogenetischen Beziehungen zwischen verschiedenen Taxa durch die Analyse der evolutiven Veränderung homologer Merkmale zu klären. Berücksichtigt werden dafür einerseits Artaufspaltungen (an Verzweigungspunkten) und andererseits Artumwandlungsprozesse, durch die sich Entwicklungslinien voneinander entfernen. Fossile Arten werden entsprechend einbezogen. Das Ziel dieser Klassifikation ist, neben der Abstammung auch die evolutive Divergenz zwischen den Arten aufzuzeigen, d.h. das unterschiedliche Ausmaß funktionaler Angepasstheiten in der Taxonomie aufzuzeigen. In der Klassifikation berücksichtigt man, dass Merkmale im Rahmen einer Mosaikevolution unterschiedlich schnell evolvieren, z. B. bei den Vögeln solche Merkmale, die mit dem Fliegen zusammenhängen.

Die abgegrenzten systematischen Taxa (Grade) stellen deshalb Gruppen mit gleicher „Organisationshöhe" dar, geben aber nicht immer die tatsächliche Verwandtschaft wieder, weil auch ursprüngliche Merkmale für die Klassifikation herangezogen werden (z. B. bei Reptilien: wechselwarm, eierlegend, keine Federn, keine Haare). Die phylogenetische Systematik oder Kladistik benutzt dagegen für die Analyse ausschließlich synapomorphe Merkmale. Aufgrund der gemeinsamen abgeleiteten Merkmale erfasst sie die Verwandtschaftsbeziehung zwischen jeweils zwei Schwestergruppen. Der evolutive Abstand (die Divergenz) wird nur als Aufspaltung eines Ausgangstaxons in zwei Schwestergruppen erfasst. Konsequent erscheint die Stammesentwicklung als Abfolge von Artaufspaltungen in jeweils zwei weiterführende Stammeslinien. Dieses Aufspaltungsmuster wird in einem Kladogramm dargestellt. Es zeigt die reinen Verwandtschaftsbeziehungen (rezenter) systematischer Gruppen, ohne sonstige Ähnlichkeiten oder Unähnlichkeiten zwischen Taxa zu berücksichtigen. Auch eine zeitliche Einordnung der Verzweigungen ist mit der Klassifikation noch nicht gegeben, so dass ein Kladogramm nicht mit einem Stammbaum gleichgesetzt werden darf (s. Abschnitt III, 0.2.2).

Eine Klade ist damit eine systematische Gruppe, die von einem gemeinsamen Vorfahren abstammt (monophyletische Gruppe, s. Bd. 2, Kapitel II, 0; vgl. *Spieth* 1987; *Aiello/Dean* 1990; *Futuyma* 1990; *Lewin* 1992; *Henke/Rothe* 1994).

In der neueren Literatur setzt sich zunehmend die phylogenetische Systematik durch, obwohl mit der konsequenten Anwendung der Kladistik einschneidende systematische Veränderungen verbunden sind. Es fallen bestimmte, bisher fest eingeführte Taxa als eigenständige Gruppen weg. Es ist zum Beispiel bekannt, dass die Vögel viele abgeleitete Übereinstimmungen (Synapomorphien) mit den Krokodilen besitzen. Um die dadurch belegte Abstammung von einem gemeinsamen Vorfahren darzustellen, müssten beide Gruppen in eine Klade gestellt werden. Dass die Vögel gegenüber den recht ursprünglich gebliebenen Krokodilen einer starken evolutiven Veränderung unterworfen waren, die sich in vielen Autapomorphien ausdrückt, bleibt dann unbeachtet. Bei traditioneller Klassifizierung werden die Vögel dagegen aufgrund dieser starken Divergenz - wie bisher geläufig - in ein eigenes Taxon den Reptilien gegenübergestellt. Die Nähe zu den Krokodilen wird dabei nicht deutlich (vgl. *Spieth* 1987; *Futuyma* 1990; *Lethmate* 1990; *Weber* 1991; *Kattmann* 1996).

Auch für die Stellung des Menschen im taxonomischen System ergeben sich bei strenger kladistischer Betonung der Verwandtschaftsbeziehungen bedeutende Konsequenzen. Während man bisher den Menschen (Hominiden) alle Menschenaffen als Pongiden gegenüberstellt, gehört der Mensch nach einer kladistisch basierten Taxonomie mit den afrikanischen Menschenaffen in die gleiche Familie, Schimpanse und Mensch in dieselbe Unterfamilie oder sogar Gattung (s. Abb. III, 3-10; vgl. *Aiello/Dean* 1990; *Lethmate* 1990; *Lewin* 1992; *Greber/Greber* 1994; *Kattmann* 1994 a).

3.2 Kriterien der Themenauswahl

Die Rekonstruktion des Verlaufs der stammesgeschichtlichen Entwicklung ist ein grundlegendes Problem der Evolutionsbiologie (s. Abschnitt I, 0.1.1). Die Beschäftigung mit Methoden, die dies ermöglichen, ist also unverzichtbare Voraussetzung für weitergehende Fragestellungen. Hieraus begründet sich die fachwissenschaftliche Relevanz der Beschäftigung mit der Thematik Homologie - Analogie, die es angemessen erscheinen lässt, bereits die Schüler der Sekundarstufe I an diese Thematik heranzuführen (vgl. *Becker/Berck* 1992). Durch die Behandlung der Bedeutung von Homologie und Analogie im Rahmen der Evolutionstheorie ist es möglich, die Schüler mit der grundlegenden Beweisführung für die phylogenetische Verwandtschaft bekannt zu machen. Dadurch sollen sie auch befähigt werden, an der öffentlichen Diskussion um die Evolutionstheorie teilzunehmen, die beispielsweise von kreationistischer Seite geführt wird. Auch für die Gesellschaft ist es wesentlich, wenn ein rationaler Dialog zu einer weltanschaulich umstrittenen Frage ermöglicht wird (s. Kapitel I, 3). Mit dem Thema Homologie - Analogie wird historisch gesehen an den Anfängen der Entstehung des Evolutionsgedankens angesetzt. Die Schüler vollziehen also den Gang der Wissenschaft historisch (teilweise) nach, was angesichts der Altersstufe lernpsychologisch sinnvoll ist, weil in der Wissenschaftsentwicklung meist die Komplexität zunimmt.

III Belege für die Stammesgeschichte

Neben den hier gewählten Beispielen ist die Behandlung der Konvergenz und von Entwicklungsreihen bei stammsukkulenten Pflanzen lohnend, da das Anschauungsmaterial leicht zu beschaffen ist (s. Band 2, 51 ff.; *Seidel* 1992). Zur Erarbeitung des Begriffes der stammesgeschichtlichen Verwandtschaft eignet sich auch der Vergleich mehrerer Arten der Rosengewächse (s. Band 2, 243 ff.; vgl. *Probst* 1993).

Die Einordnung des Menschen in ein Ordnungssystem steht von Anbeginn solcher Bestrebungen an in engem Verhältnis zur Bewertung der Menschenaffen. Zusätzlich zu dieser wissenschaftshistorischen Relevanz der Thematik "Verwandtschaft des Menschen" erhält die Beschäftigung mit der Stellung der Hominoiden zueinander heute fachwissenschaftlich eine besondere Legitimität, weil die Menschenaffen (insbesondere Schimpansen) bei Fragen zur menschlichen Evolution als Vergleichsmodelle herangezogen werden. Durch den Vergleich mit den Menschenaffen als nächsten Verwandten im Tierreich versucht man, die menschliche Eigenart deutlicher herauszuarbeiten. Um solche Ansätze kompetent beurteilen zu können, sollten sich die Schüler mit dem Stammbaum der Hominoiden beschäftigen.

Die Kenntnis der Stellung des Menschen im System höherer Primaten nach biologischen Kriterien kann für die Schüler wichtig für den Aufbau eines naturwissenschaftlich fundierten Menschen- und Selbstbildes sein.

3.3 Vorschläge zur Unterrichtsgestaltung am Beispiel „Homologie und Analogie - Konvergenz und Divergenz"

3.3.1 Didaktische Überlegungen

Der Unterricht ist zweiteilig angelegt, wobei zunächst die Erarbeitung der Thematik erfolgt, die anschließend an verschiedenen Beispielfällen eingeübt wird. Während die Vorstellung der Problematik notwendigerweise an einfachen Beispielen erfolgen muss, wird in der zweiten Phase ein Eindruck von der Palette der Anwendungsfälle gegeben. Von vornherein wird das Begriffspaar Homologie-Analogie verwendet, so dass sich beide Begriffe gegenseitig stützen können. Dabei sollte beachtet werden, dass auch das Feststellen der Analogie - keine Begründung näherer Verwandtschaft - für die Verwandtschaftsforschung eine Bedeutung hat.

Die Auswahl der Themen bzw. Unterrichtsgegenstände zur selbständigen Bearbeitung berücksichtigt die Vorkenntnisse der Schüler, die im Laufe der Sekundarstufe I meist neben den Säugetieren auch die Fische und deren Fortbewegungsweise im Unterricht behandelt haben (s. Band 2, Kap. I, 4; vgl. *Heiszler* 1992). Auch die Vielfalt der Pflanzen und Niederen Tiere gehören in den meisten Bundesländern zum Themenkanon der Orientierungsstufe und der Sekundarstufe I (s. Band 1). So besitzen die Schüler meist die nötigen Voraussetzungen, um die Fallbeispiele zur Bestimmung von Homologie und Analogie bearbeiten zu können (s. Kästen III, 3-1 bis III, 3-4).

Alternativen zu den hier vorgeschlagenen Unterrichtsgegenständen bieten u. a. die Behandlung von Kakteen (vgl. *Teichert* 1990; *Kehren* 1996), die mikroskopische Auswertung von Blattmetamorphosen (vgl. *Högermann* 1993) und der Vergleich der Lebensform grabender Tiere (z. B. Maulwurf, s. Band 2, 75 ff.; vgl. *Kieffer* 1988; *Witte* 1990; 1991). Weitere Anwendungsbeispiele zu Homologie und Analogie lassen sich im Zusammenhang mit der Stellenäquivalenz finden (vgl. *Janßen* 1985). Hier können zur Klärung von Verwandtschaftsbeziehungen außer den Homologiekriterien auch fossile Nachweise im Zusammenhang mit der Kontinentaldrift, Parasiten, Verhaltensweisen und der Präzipitintest herangezogen werden (vgl. *Kirsch* 1986).

Im hier vorgeschlagenen Unterricht wird der gleiche Bauplan bei verschiedenen Wirbeltierextremitäten anfangs in traditionell bewährter Weise durch farbige Kennzeichnung verdeutlicht. Die Markierung durch die Schüler bringt dabei den Vorteil gegenüber den üblichen fertigen Abbildungen, dass so schon von Anfang an erfahren wird, dass die Anwendung der Homologiekriterien nicht so eindeutig ist, wie vorgegebene Darstellungen nahelegen. Diese Schwierigkeiten weisen darauf hin, dass im Rahmen der Homologieforschung die jeweilige Argumentation und die Akzeptanz ihrer Voraussetzungen eine wesentliche Rolle spielt. Es ist deshalb wichtig, dass sich die Schüler auch selbständig in Kleingruppen mit der Thematik auseinandersetzen, um eine eigene Argumentation zu erproben. Dabei können sie sich in der Auseinandersetzung mit anderen

den Wert der Homologie - Analogie - Unterscheidung als Beleg für die stammesgeschichtliche Rekonstruktion erarbeiten und müssen nicht nur Lerninhalte hinnehmen.
Allerdings dürfen die Schüler die Belege nur als Argumente in einem theoretischen Rahmen sehen und nicht als "objektive" Beweise missverstehen. Im Unterricht sollte generell darauf geachtet werden, dass keine Missdeutungen auftreten, wie etwa eine Abstammung von rezenten Formen.
Damit die Schüler beispielsweise die Fischform der verschiedenen Hochleistungsschwimmer kennenlernen, ist auch zum Thema Homologie-Analogie eine Zooexkursion angebracht, desgleichen eine botanische Exkursion zum Thema Metamorphosen. Allerdings ist damit ein hoher Zeitaufwand verbunden, dem nicht unbedingt ein gleicher Lernzuwachs zum Thema gegenüber steht. Eine botanische Exkursion ist noch dazu stark von der Jahreszeit abhängig, was eine starke Einschränkung der Unterrichtsplanung mit sich brächte. Ob trotzdem zur Veranschaulichung und Auflockerung ein Unterrichtsgang durchgeführt werden sollte, hängt von der jeweiligen Lerngruppe ab.

Unterrichtsziele:

Die Schüler sollen
– jeweils ein Beispiel für Homologie und Analogie nennen können;
– Homologie und Analogie erklären können;
– die Homologiekriterien der Lage und der Stetigkeit beschreiben können;
– den unterschiedlichen Wert von Homologie und Analogie für die stammesgeschichtliche Rekonstruktion und als Beleg für Evolution angeben und begründen können;
– selbständig die wesentlichen Gesichtspunkte zur Unterscheidung von Homologie und Analogie an Beispielfällen anwenden können.

3.3.2 Unterrichtsprozess

Den Schülern wird das Bild eines Wales gezeigt (Dia/Folie). Sie äußern sich spontan über diese Tiere und tauschen das vorhandene Wissen aus. Obwohl oft in Klasse 5/6 bereits Wale behandelt wurden (s. Abschnitt, I, 1.2; Band 2, 68 f.; 117 f.), wird erfahrungsgemäß auch das Wort "Walfisch" als Name benutzt, das allerdings bei einigen Schülern Widerspruch auslöst. Sollte sich diese Situation nicht von selbst ergeben, weist die Lehrperson von sich aus auf die unterschiedlichen Bezeichnungen hin und regt so die Diskussion über die systematische Einordnung der Wale an. Aspekte des Unterrichtsgesprächs können sein: Was könnte dazu geführt haben, dass Wale als "Walfische" bezeichnet werden? Nach welchen Gesichtspunkten ordnet man eigentlich Organismen? Gibt es verschiedene Arten von Ähnlichkeiten?
Zur Beantwortung dieser Frage wird eine Abbildung (Folie) zu schnellschwimmenden Tieren gezeigt (s. Band 2, 68; Kasten III, 3-1 ohne Eintragungen). Die Schüler ergründen im Unterrichtsgespräch, worin die Ähnlichkeit besteht und welche Ursache dafür in Frage kommt. Die Lehrperson macht besonders auf den Pinguin aufmerksam, der die "Fischform" durch entsprechendes Verhalten erreicht.
Die Ergebnisse werden entweder sofort auf einer Folie festgehalten oder später bei der Ergebnisfixierung wieder aufgegriffen (s. Abb. III, 3-9).
Zur Behandlung eines weiteren Beispiels erhalten die Schüler Abbildung III, 3-1 als Arbeitsblatt mit der Aufgabe, die Ähnlichkeiten der abgebildeten Wirbeltiervorderextremitäten durch verschiedene Farben zu verdeutlichen. Ohne weitere Anweisung zeigt sich hierbei, ob die Schüler das Problem erfassen, also die Skelettbestandteile mit verschiedenen Farben ausmalen. Die Lehrperson kann deshalb - je nach Lerngruppe - die Schüler zunächst beginnen lassen und anschließend bei einem Rundgang gegebenenfalls korrigieren.
Die bei der Kolorierung aufgetretenen Problemfälle werden zunächst ausgelassen und anschließend diskutiert, wenn einige Schüler ihre Lösungen auf einer Folie präsentieren. Durch die gleiche Farbe bei Bestandteilen mit gleicher Lage im Skelett erkennen die Schüler, dass die Extremitäten auf einen gemeinsamen Bau-

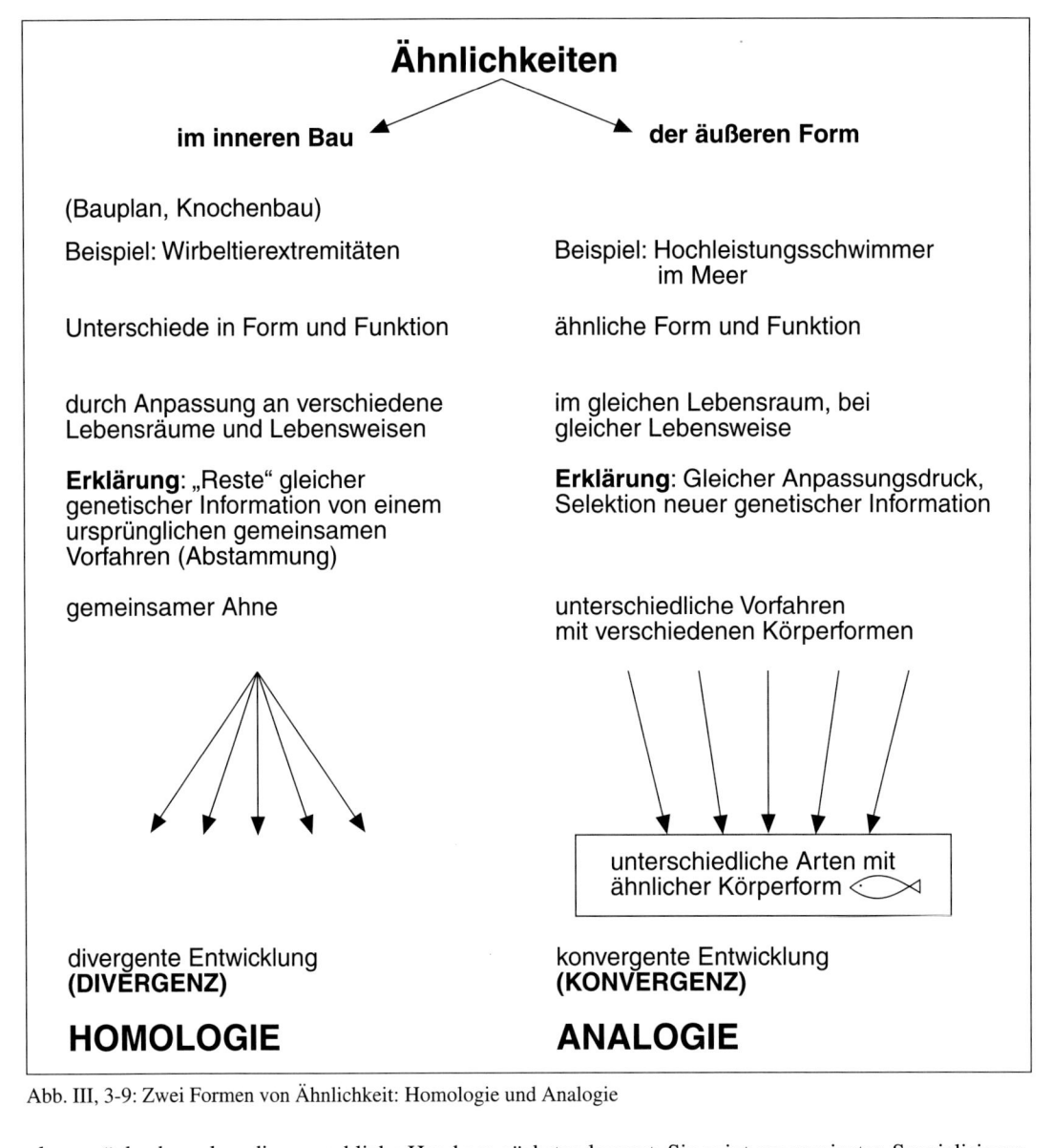

III Belege für die Stammesgeschichte

Ähnlichkeiten

im inneren Bau — **der äußeren Form**

(Bauplan, Knochenbau)

Beispiel: Wirbeltierextremitäten

Unterschiede in Form und Funktion

durch Anpassung an verschiedene Lebensräume und Lebensweisen

Erklärung: „Reste" gleicher genetischer Information von einem ursprünglichen gemeinsamen Vorfahren (Abstammung)

gemeinsamer Ahne

divergente Entwicklung
(DIVERGENZ)

HOMOLOGIE

Beispiel: Hochleistungsschwimmer im Meer

ähnliche Form und Funktion

im gleichen Lebensraum, bei gleicher Lebensweise

Erklärung: Gleicher Anpassungsdruck, Selektion neuer genetischer Information

unterschiedliche Vorfahren mit verschiedenen Körperformen

unterschiedliche Arten mit ähnlicher Körperform

konvergente Entwicklung
(KONVERGENZ)

ANALOGIE

Abb. III, 3-9: Zwei Formen von Ähnlichkeit: Homologie und Analogie

plan zurückgehen, dem die menschliche Hand am nächsten kommt. Sie zeigt am wenigsten Spezialisierungen. Diese sind der Grund für die deutlichen Unterschiede der Extremitäten, weshalb bei einigen Beispielen (z. B. dem Vogelflügel oder der Vorderhand des Pferdes) Probleme auftreten. Im Unterrichtsgespräch werden die Rückbildungen und die Verschmelzungen von Skelettelementen als zusätzliche Annahmen herausgestellt.

Die Lehrperson stellt daraufhin die Frage, wie man diese Deutungen belegen könnte. Die Schüler äußern ihre Vermutungen und fordern meist auch Beispielfälle, die solche Reduktionen schrittweise zeigen. Anschließend erarbeiten die Schüler mit Hilfe der Lehrperson, wo man solche Beispiele finden könnte. Hierbei wird eine Schulbuchabbildung zur Evolution der Pferdevorderhand (als Folie) eingesetzt, die eine fossile Regressionsreihe zeigt. Weiterhin lernen die Schüler mit Abbildung III, 3-2 die embryonale Entwicklung des Vogelflügels kennen, wodurch die Rückführung auf eine fünfstrahlige Extremität gerechtfertigt wird. Abschließend diskutieren sie mit Abbildung III, 3-3 eine Reihe rezenter Rückbildungen, die auch zeigt, dass die Blindschleiche eine Echse und keine Schlange ist. Dabei wird darauf eingegangen, warum die Entwicklung nicht andersherum, also als Beleg für die Ausbildung von Extremitäten angesehen wird. Es wird also das Problem der Leserichtung angesprochen und die Zusatzannahme deutlich, dass die Landwirbeltiere ursprünglich vier Extremitäten besitzen. Wollte man eine Sonderentwicklung von beinlosen Eidechsen zu den beintragenden annehmen, so hätten die Zwischenstadien jeweils neue Baupläne und gehörten damit zu neuen systematischen Ordnungen. Bei der Besprechung der Beispiele wird die Aussagekraft durch den schrittweisen Nachweis der Bauplangleichheit begründet.

Zur Sicherung der Arbeitsergebnisse wird Abbildung III, 3-9 (Folie) entwickelt. Die Schüler sammeln die bisherigen Erkenntnisse, die die Lehrperson fixiert. Dabei werden die Erklärungen für die sehr unterschiedlichen Ähnlichkeiten erarbeitet. Die nötigen Fachbegriffe führt die Lehrperson ein (s. Abb. III, 3-9). In dieser Erarbeitungsphase wird der Zusammenhang zwischen systematischer Ordnung, Ähnlichkeit und Verwandtschaft einerseits sowie zwischen Homologie und Analogie andererseits noch einmal ausdrücklich hergestellt und damit an den Beginn der Unterrichtseinheit angeknüpft. Es wird herausgestellt, dass nur die homologen Ähnlichkeiten als Beleg für stammesgeschichtliche Verwandtschaft gelten können. Dann erklärt die Lehrperson, dass die Schüler im vorhergehenden Unterricht zwei wissenschaftliche Kriterien zur Feststellung von Homologien erarbeitet haben, nämlich die der Lage und der Stetigkeit. Deren Definitionen werden den Schülern gegeben.

In der nun anschließenden Unterrichtsphase werden die erworbenen Kenntnisse auf verschiedene Beispielfälle mit unterschiedlichem Schwierigkeitsgrad angewendet und gefestigt. Die Schüler erhalten dazu die Materialien der Kästen III, 3-1 bis III, 3-4 als Arbeitsblätter. Das Material der Kästen III, 3-1 und III, 3-2 dient der Anwendung des Lagekriteriums zur Unterscheidung von Homologie und Analogie. Um Verwechslungen der Schwanzflossen beim Wal mit Hinterextremitäten in der selbständigen Gruppenarbeit zu vermeiden, sollte die Lehrperson auf Beckenrudimente bei Walen hinweisen. Auch die genaue Analyse der Verhältnisse am Sproßknoten müsste sichergestellt werden. In Kasten III, 3-3 werden zur Fallanalyse als weitere Gesichtspunkte neben der Morphologie (auf die das Lagekriterium angewandt werden kann) auch die Verwandtschaft (Stammbaum) und die Umweltbedingungen herangezogen. Mit dem Vergleich von Larvenformen (s. Kasten III, 3-4) lernen die Schüler eine weitere Möglichkeit der systematischen Einordnung kennen.

Die Bearbeitung erfolgt dann arbeitsteilig in Gruppen; die Ergebnisse werden anschließend im Plenum vorgestellt, erörtert und gegebenenfalls ergänzt. Sie werden insgesamt noch einmal anhand von Abbildung III, 3-9 (Folie) zusammengefasst und verallgemeinert.

3.4 Vorschläge zur Unterrichtsgestaltung am Beispiel „Verwandtschaft des Menschen"

3.4.1 Didaktische Überlegungen

Durch die Ankündigung einer Zooexkursion werden die Schüler am Anfang der Unterrichtseinheit für die Beschäftigung mit der anschließenden Stammbaumproblematik motiviert. Die selbst festgestellten Ähnlichkeiten bilden die Ausgangsbasis für die theoretische Differenzierung. Anschauung, Eigenaktivität und punktuell notwendige Lehreraktivität bilden innerhalb der Unterrichtseinheit eine sachlich und im Hinblick auf die Schüler notwendige Einheit zur Behandlung dieser Thematik.

Die Schüler zeigen erfahrungsgemäß ein großes Interesse für die Menschenaffen, ähnlich dem für Urmenschen. Auch die Menschenaffen sind Gegenstand zahlreicher Jugendbuchveröffentlichungen, woher die Schüler vielfältige Kenntnisse besitzen. Viele haben diese Tiere bereits im Zoo kennen gelernt. Ebenfalls bringt das Fernsehen gelegentlich Sendungen zur Verhaltensbiologie der Menschenaffen. Dazu kommt, dass manchmal auch familiäre Abstammungsverhältnisse in Form von Familienstammbäumen oder Ahnentafeln den Schülern bekannt sind. Diese vielfältigen Quellen speisen den Verständnishintergrund, auf den sich der

III Belege für die Stammesgeschichte

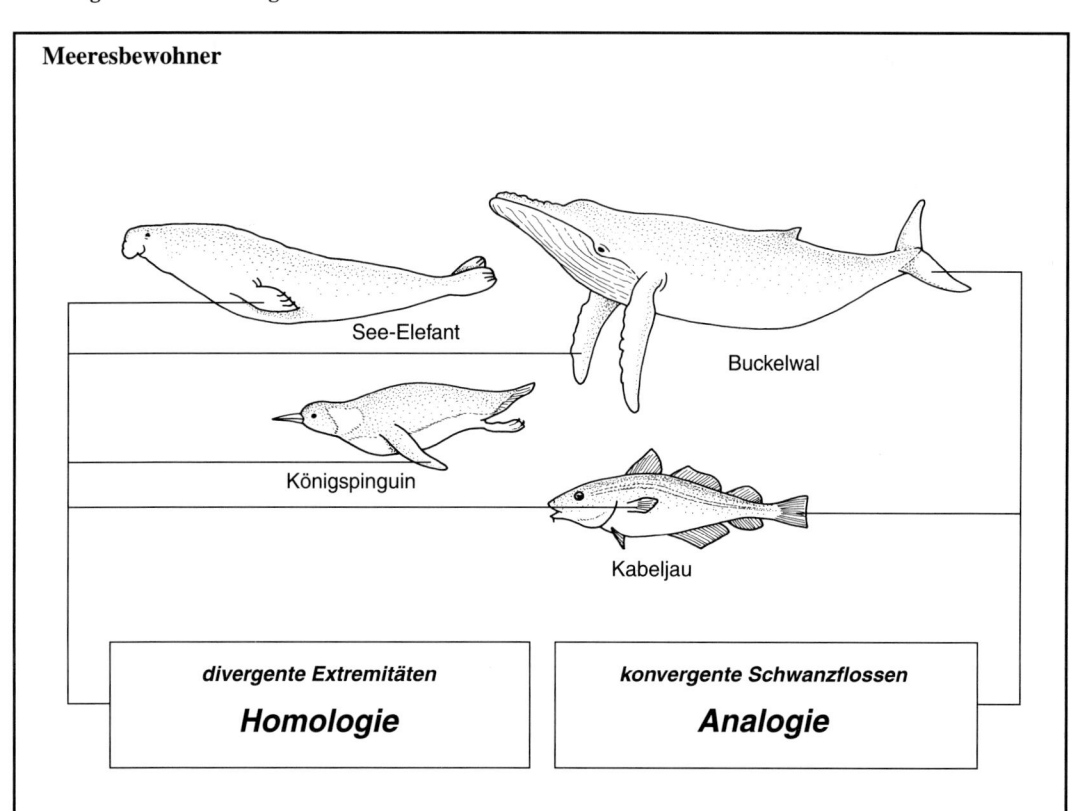

Meeresbewohner

See-Elefant

Buckelwal

Königspinguin

Kabeljau

divergente Extremitäten	*konvergente Schwanzflossen*
Homologie	**Analogie**

Aufgaben
1. Erkläre, warum man in der Evolutionstheorie zwischen analogen und homologen Merkmalen unterscheiden muss.
2. Trage in die Kästen ein, welche Organe homolog, welche analog sind.
3. Nach welchem Kriterium hast du unterschieden? Wie bist du dabei vorgegangen? Wo gab es Schwierigkeiten?
4. Trage ein, welche Merkmale konvergent und welche divergent ausgebildet sind.

Lösungshinweise
1. Homologien beruhen auf gemeinsamer Abstammung und lassen Rückschlüsse auf den Ablauf der Stammesentwicklung zu.
2. Siehe Abbildung, kursiv eingesetzte Lösungen.
3. Anzuwenden ist das Lagekriterium, nach dem die Vorderextremitäten die gleiche Lage im Wirbeltierbauplan haben. Schwierigkeiten kann der Vergleich der Flossen bereiten. Hier muss auf Kenntnisse über den Bau von Fischflosse und Walflosse als neue Angepasstheit an das Wasserleben zurückgegriffen werden. (Eventuell kann man an dieser Stelle das dritte Homologiekriterium der spezifischen Qualität einführen.) Die Hinterextremitäten sind bei Walen reduziert. Die Walflosse hat also nicht die gleiche Lage im Bauplan wie die Hinterextremitäten beispielsweise des Pinguins.

Kasten III, 3–1: Homologe und analoge Organe bei Tieren (nach Transparencies To Educate, Band VI, verändert; s. Abschnitt III, 3.5.4).

Klassenstufe 9/10   **3 Verwandtschaft**

Metamorphosen

Bei Pflanzen gibt es eine Reihe von Umwandlungen der drei Grundorgane Wurzel, Spross und Blatt. Diese bezeichnet man als Metamorphosen.
Dabei kann zwischen den umgewandelten Organen Homologie oder Analogie bestehen.

Aufgaben
1. Orientiere dich an dem Schema einer Blütenpflanze (a) über die Lage von Wurzel, Spross und Blatt an einer Blattansatzstelle (Knoten).
2. Trage in die vorgesehenen Kästen der Abbildung b) ein, ob zwischen den jeweils verbundenen Organen Homologie oder Analogie besteht.
3. Trage außerdem ein, welche Merkmale konvergent und welche divergent ausgebildet sind.

Lösungshinweise
1.   In der Blattachsel wächst ein neuer Spross, unterhalb des Blattes bildet sich eine Wurzel.
2. und 3.   Siehe Abbildung, kursiv: eingesetzte Lösungen.

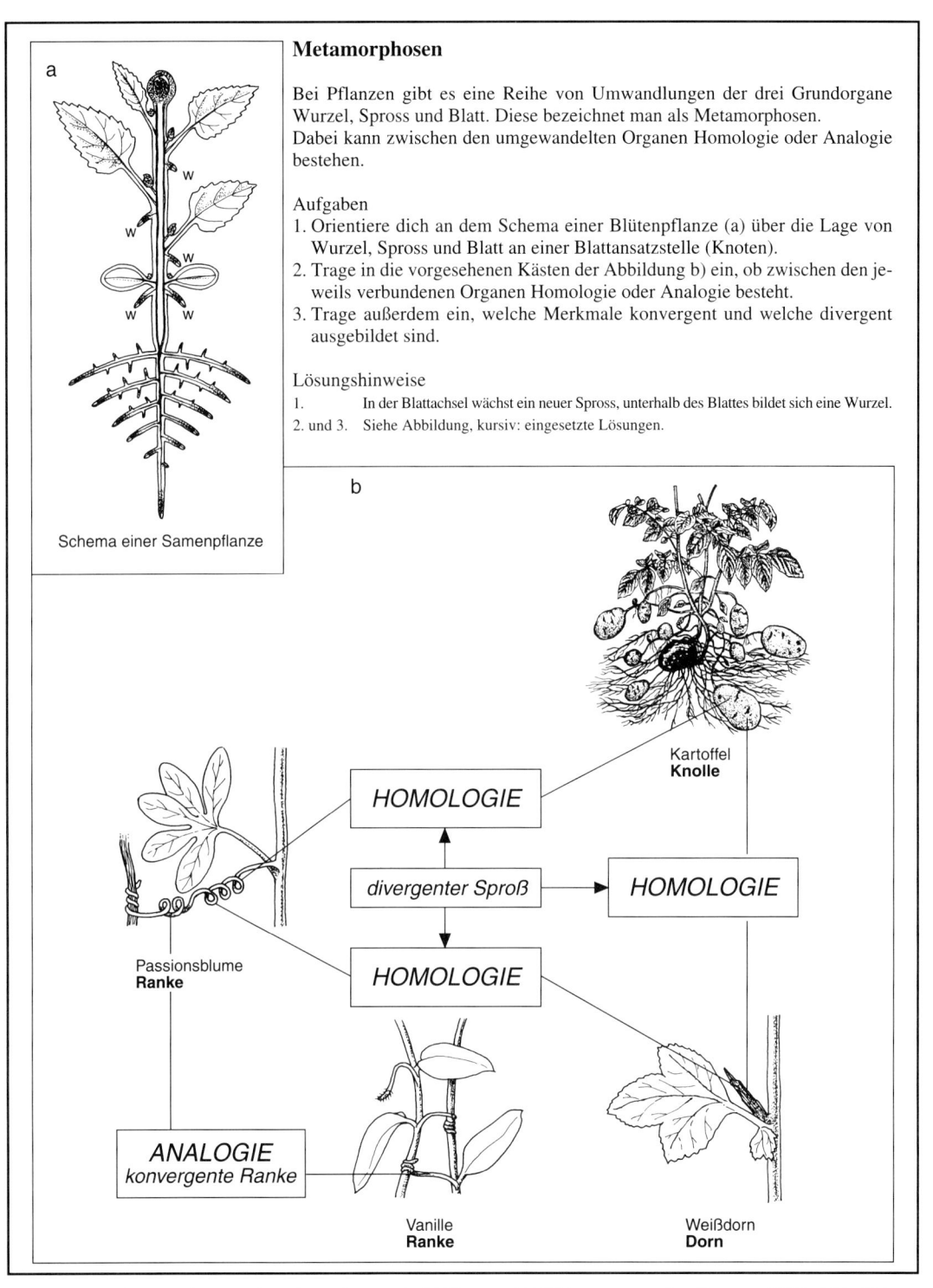

Schema einer Samenpflanze

Kasten III, 3–2: Homologe und analoge Organe bei Pflanzen (Abbildungen aus *Denffer* u.a. 1978, 134, 139; *Vogel/Angermann* 1982, 96, 98)

III Belege für die Stammesgeschichte

Hitzköpfe

Fische haben es besonders schwer. Sie sind in ihrem Lebensraum nicht nur dem starken Wärmeverlust über die Oberfläche des Körpers ausgesetzt, ihr Blut kommt in den Kiemen auch noch direkt in Kontakt mit dem Wasser. Unter diesen Bedingungen ist es nicht verwunderlich, dass – bis auf einige Dutzend – alle rund 30.000 Knochenfischarten wechselwarm sind. Eine immer gleiche Körpertemperatur aufrecht zu erhalten, ist eben sehr energieaufwendig.

Um so mehr überrascht es, dass gleich drei Gruppen der Makrelenartigen mehr oder weniger warmblütig sind. Allen drei Gruppen ist darüberhinaus gemeinsam, dass sie im Laufe der Evolution ihren Aktionsraum in kälteres Wasser ausgedehnt haben – in die Tiefe oder in kältere Breitengrade. Das warme ZNS (Zentral-Nerven-System) erlaubt diesen aktiven und über den Sehsinn orientierten Räubern also den Beutefang bei sehr unterschiedlichen Temperaturen. Beispielsweise hält der Schwertfisch seine Gehirntemperatur konstant, während sich beim Tauchen die umgebende Wassertemperatur um mehr als 19° C verändert. So erlaubt ein warmes Hirn den Schwertfischen, der abtauchenden Beute, u.a. den Tintenfischen, sowohl an der Oberfläche als auch in der Tiefe nachzustellen.

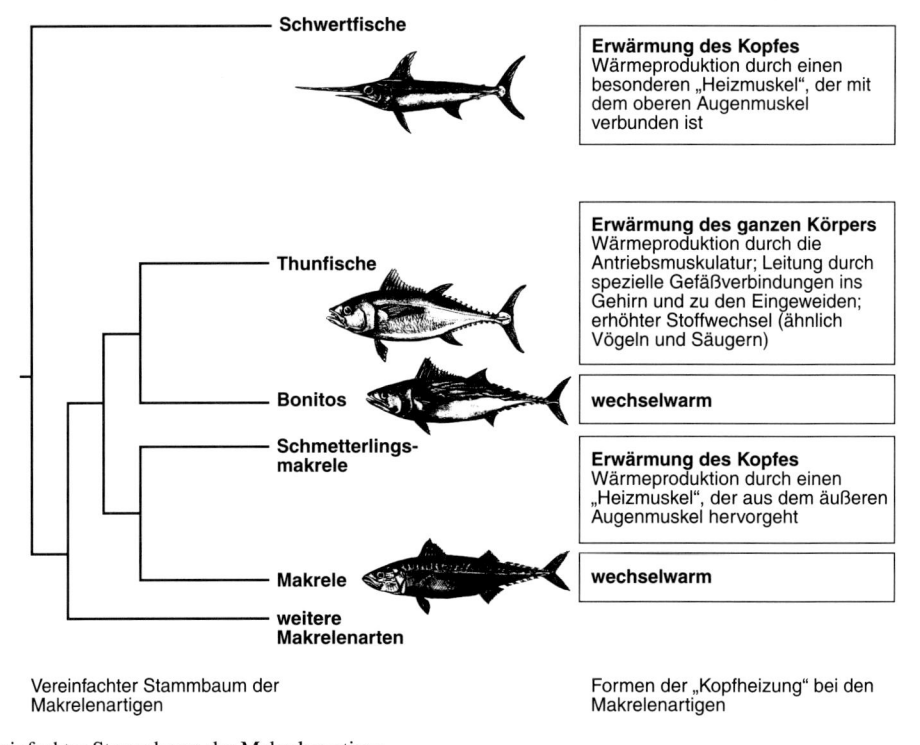

Vereinfachter Stammbaum der Makrelenartigen

Aufgabe
Finde in Text und Abbildung drei Gründe um zu entscheiden, ob es sich bei der Wärmung des Kopfes der verschiedenen Makrelenartigen um ein homologes oder ein analoges Merkmal handelt.

Lösungshinweise
Es handelt sich um analoge Formen der Wärmeregulation, die durch Konvergenz entstanden sind. Dafür spricht, dass einmal der ganze Körper erwärmt wird, aber auch, dass bei den Fällen des Warmhaltens des Kopfes jeweils ein anders gelagerter Muskel umgebildet ist. Der Text weist schließlich auf eine gleichgerichtete Anpassung hin.

Kasten III, 3–3: Formen von Homoiothermie bei Makrelen (nach *Block* u.a. 1993)

Klassenstufe 9/10   **3 Verwandtschaft**

Entfernte Verwandte?

Aufgaben
1. Vergleiche Larvenform und erwachsene Tiere miteinander.
2. Erkläre am Beispiel der Entenmuschel, warum der Vergleich von Larvenstadien ein wichtiges Mittel zur Aufklärung von Verwandtschaftsverhältnissen und zum Ordnen von Organismen ist.

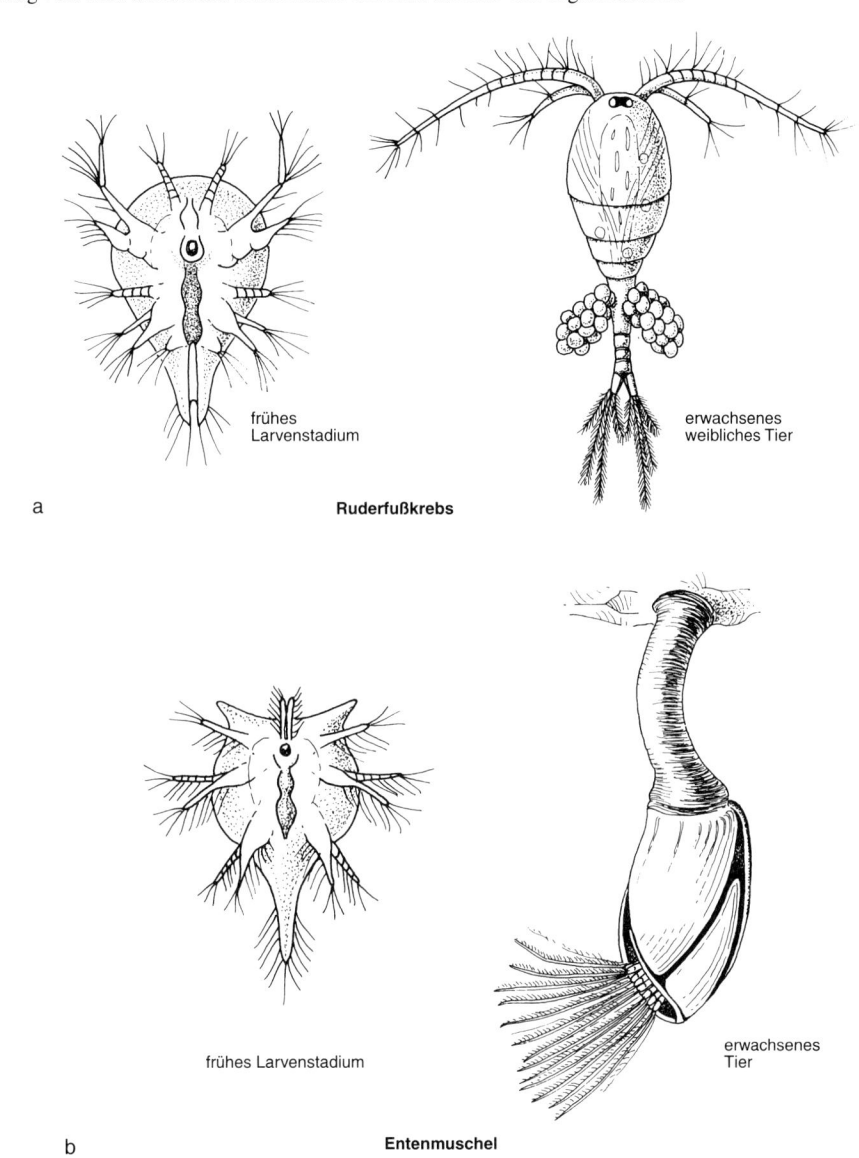

a   frühes Larvenstadium   erwachsenes weibliches Tier

Ruderfußkrebs

b   frühes Larvenstadium   erwachsenes Tier

Entenmuschel

Lösungshinweise
1. Die Larvenstadien zeigen eine deutliche Ähnlichkeit im Bau, während die Adultstadien völlig verschieden sind.
2. Über die Ähnlichkeit der Larven kann die „Entenmuschel" als Krebs eingeordnet werden.

Kasten III, 3–4: Vergleich von Larven- und Adultstadien bei Krebsen (Abbildungen aus *Flohr* 1980, 36–37)

III Belege für die Stammesgeschichte

Unterricht beziehen kann, der aber auch von den Schülern eingebracht werden sollte, um Motivation und Lernerfolg zu sichern.

Der Vergleich von Menschenaffe und Mensch ist ein häufiges Thema in der Zoopädagogik und bei selbstorganisierten Zooexkursionen mit Schülern (vgl. *Pies-Schulz-Hofen* 1992). Doch ist der Lernort Zoo durchaus nicht für alle didaktischen Ziele geeignet (zur Durchführung des Unterrichts im Zoo vgl. *Beyer* 1992).

Die molekulargenetischen Aspekte können nur in leistungsfähigen und mit entsprechenden Vorkenntnissen versehenen Klassen behandelt werden. Die Verwandtschaftsverhältnisse der Menschenaffen lassen sich aber auch ohne diese eindrucksvollen Daten anhand der Diagramme erarbeiten.

Unterrichtsziele:

Die Schüler sollen
– Körperbau und Verhalten der Menschenaffen beschreiben können;
– einige Merkmale, die Tieraffen und Menschenaffen voneinander abgrenzen, nennen können;
– abgeleitete und ursprüngliche Merkmale bestimmen können;
– den Unterschied zwischen typologischer Klassifikation in traditionellen Stammbäumen und reiner Verwandtschaftsdarstellung (Schwestergruppendiagramm, Kladogramm) erläutern können;
– die Verwandtschaftsverhältnisse der Hominoiden in groben Zügen beschreiben können.

3.4.2 Unterrichtsprozess

Als Einstieg in die Unterrichtseinheit stellt die Lehrperson die Frage: Wer sind die nächsten Verwandten des Menschen im Tierreich?

Die Schüler tragen hierzu die vorhandenen Vorstellungen zusammen. Es zeigt sich meist, dass ihnen durchaus klar ist, dass es nach der Evolutionsvorstellung auch im gesamten Tierreich abgestufte Ähnlichkeiten gibt und dass die Menschenaffen - wie der Name sagt - dem Menschen verwandtschaftlich am nächsten stehen, insbesondere die Schimpansen.

Bevor nun die Verwandtschaftsbeziehungen im Stammbaum des Menschen näher betrachtet werden, sollten die Schüler die Biologie der Menschenaffen kennenlernen. Sie bekommen deshalb die Aufgabe, zur Vorbereitung einer Zooexkursion Informationen über die Menschenaffen zusammenzutragen: Wie unterscheiden sich Menschenaffen von "Tieraffen"? Welche besonderen äußeren Merkmale zeigen die verschiedenen Menschaffenarten? Wie groß und wie schwer sind Weibchen und Männchen? Wo kommen Menschenaffen heute noch vor? In welchen Lebensräumen sind Menschenaffen verbreitet? Wie leben Menschenaffen in ihrer Umwelt? Welche Nahrung wird gegessen? Wie bewegen sie sich fort? Wie sehen Hände und Füße aus? Wie ist das Sozialverhalten? Gibt es größere Gruppen? Wie groß sind diese? Wie groß ist ein Territorium/Streifgebiet?

Zur Beantwortung dieser Fragen und zum Sammeln weiterer, den Schülern außerdem wichtiger Informationen bilden sie für jede Menschenaffen-Art eine Arbeitsgruppe. Als Material werden den Schülern die Kästen III, 3-5 bis III, 3-8 zur Verfügung gestellt. Darüber hinaus erhalten sie die Hausaufgabe, in Bibliotheken nach weiterer Literatur zu suchen. Die Lehrperson gibt hierzu Hinweise auf geeignete Bücher wie *Grzimeks* Tierleben oder Enzyklopädie Säugetiere, Lexika u. ä. (vgl. *Lethmate* 1987 a; 1991; 1994; *Ghiglieri* 1985). Die Schüler tragen die Informationen über "ihren" Menschenaffen im Unterricht in den Gruppen zusammen und bereiten einen Kurzvortrag vor, der beim Zoobesuch gehalten wird. Als Anschauungsmaterial sollten auch Schädelabgüsse oder -präparate zur Verfügung stehen (s. Abschnitt III, 3.5.1; vgl. *Quasigroch* 1979).

Im Zoo beginnt der Rundgang zunächst im Tieraffenhaus, das die meisten Zoos heute separat zu einem Menschenaffenhaus eingerichtet haben. Hier besprechen und verdeutlichen sich die Schüler die Merkmale, durch die beide Gruppen unterschieden werden können: Tieraffen besitzen einen Schwanz; ihr Brustkorb ist länger als breit; die Extremitäten setzen seitlich an (vergleichbar Hund und Katze); sie sind echte Vierbeiner mit körperunterstützenden Extremitäten.

Klassenstufe 9/10   **3 Verwandtschaft**

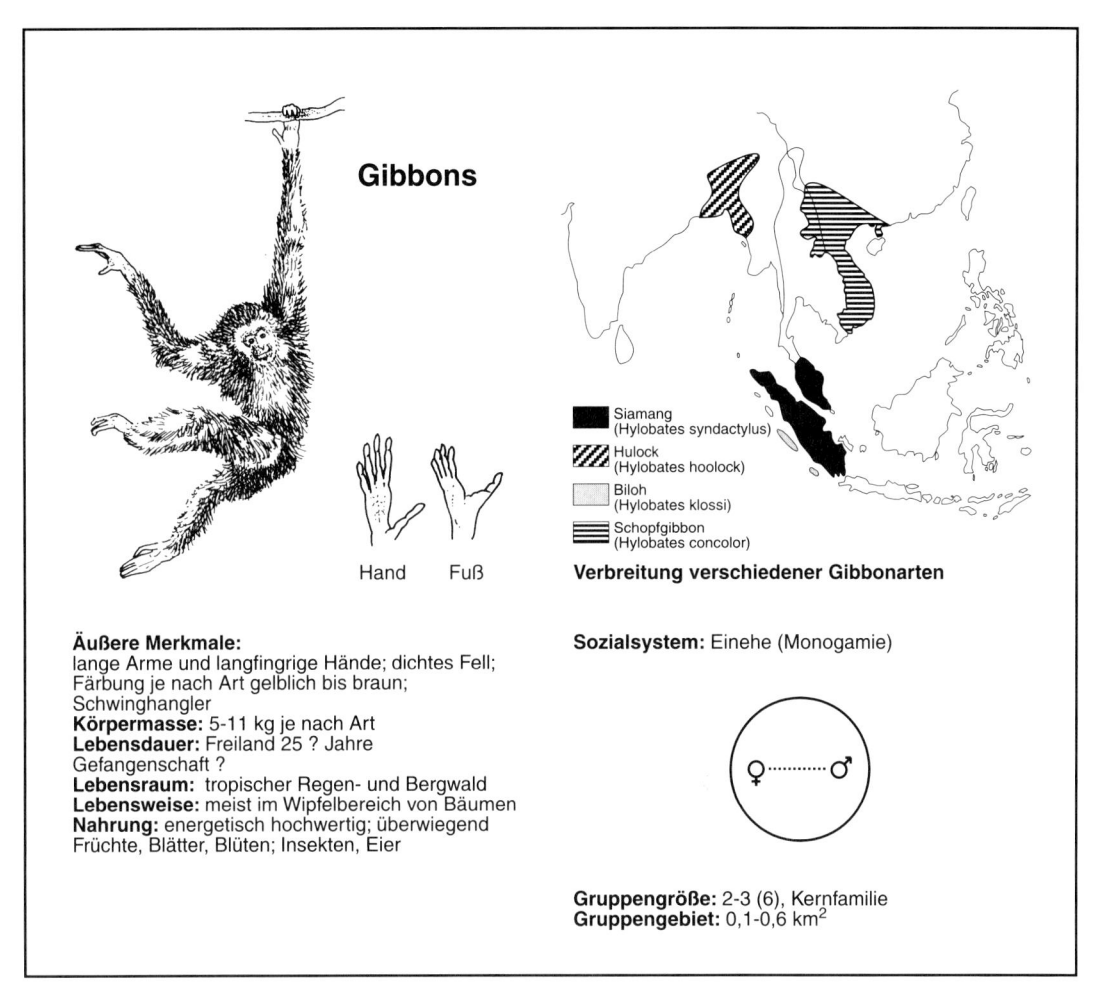

Gibbons

Hand   **Fuß**

Siamang (Hylobates syndactylus)
Hulock (Hylobates hoolock)
Biloh (Hylobates klossi)
Schopfgibbon (Hylobates concolor)

Verbreitung verschiedener Gibbonarten

Äußere Merkmale:
lange Arme und langfingrige Hände; dichtes Fell; Färbung je nach Art gelblich bis braun; Schwinghangler
Körpermasse: 5-11 kg je nach Art
Lebensdauer: Freiland 25 ? Jahre Gefangenschaft ?
Lebensraum: tropischer Regen- und Bergwald
Lebensweise: meist im Wipfelbereich von Bäumen
Nahrung: energetisch hochwertig; überwiegend Früchte, Blätter, Blüten; Insekten, Eier

Sozialsystem: Einehe (Monogamie)

Gruppengröße: 2-3 (6), Kernfamilie
Gruppengebiet: 0,1-0,6 km^2

Kasten III, 3–5: Steckbrief Gibbons (nach *Preuschoft* 1988, 348, *Döhl* 1989; *Lethmate* 1989 a; b; *Klemmstein* 1994 b, 39)

Anschließend erhalten die Schüler den Auftrag, sich innerhalb eines angemessenen zeitlichen Rahmens zunächst mit allen Menschenaffen zu beschäftigen. Bei dieser ersten Erkundung sollten wahrnehmbare Merkmale wie Aussehen und Verhalten der verschiedenen Arten im Zentrum stehen. Darüber hinaus erhalten die Schüler den Auftrag, die Haltungsbedingungen im Zoo genau zu dokumentieren: Wieviele Weibchen und Männchen werden zusammen gehalten? Sind die Käfige ausreichend groß? Wie sind die Käfige gestaltet? Gibt es Hochsitze, Klettergelegenheiten, Gegenstände für Beschäftigung? Welche Nahrung bekommen die verschiedenen Arten? Zu einer festgelegten Zeit treffen sich die Gruppen vor den Käfigen der Menschenaffen, auf die sie sich vorbereitet haben, und beschäftigen sich mit diesen intensiv. Anschließend finden sich alle Schüler nacheinander vor allen Käfigen ein und die Schülerexperten halten ihre Vorträge. In den anschließenden Diskussionen sollten auch die Haltungsbedingungen kritisch reflektiert und auf Artgerechtigkeit überprüft werden.

Die Durchführung des Unterrichtsgesprächs direkt vor den Käfigen der Tiere ist allerdings problematisch, weil einerseits die Tiere gestresst werden können, andererseits die Schüler durch Aktionen der Tiere abgelenkt. Deshalb wird von machen Autoren grundsätzlich die Zooschule als Unterrichtsort vorgeschlagen (vgl. *Hassfurther/Rautenberg* 1985). Dies wird im Einzelfall abzuwägen sein. Oft bieten sich in neueren Men-

III Belege für die Stammesgeschichte

Orang-Utan

Hand **Fuß** **Verbreitung**

■ Orang-Utan (Pongo pygmaeus)

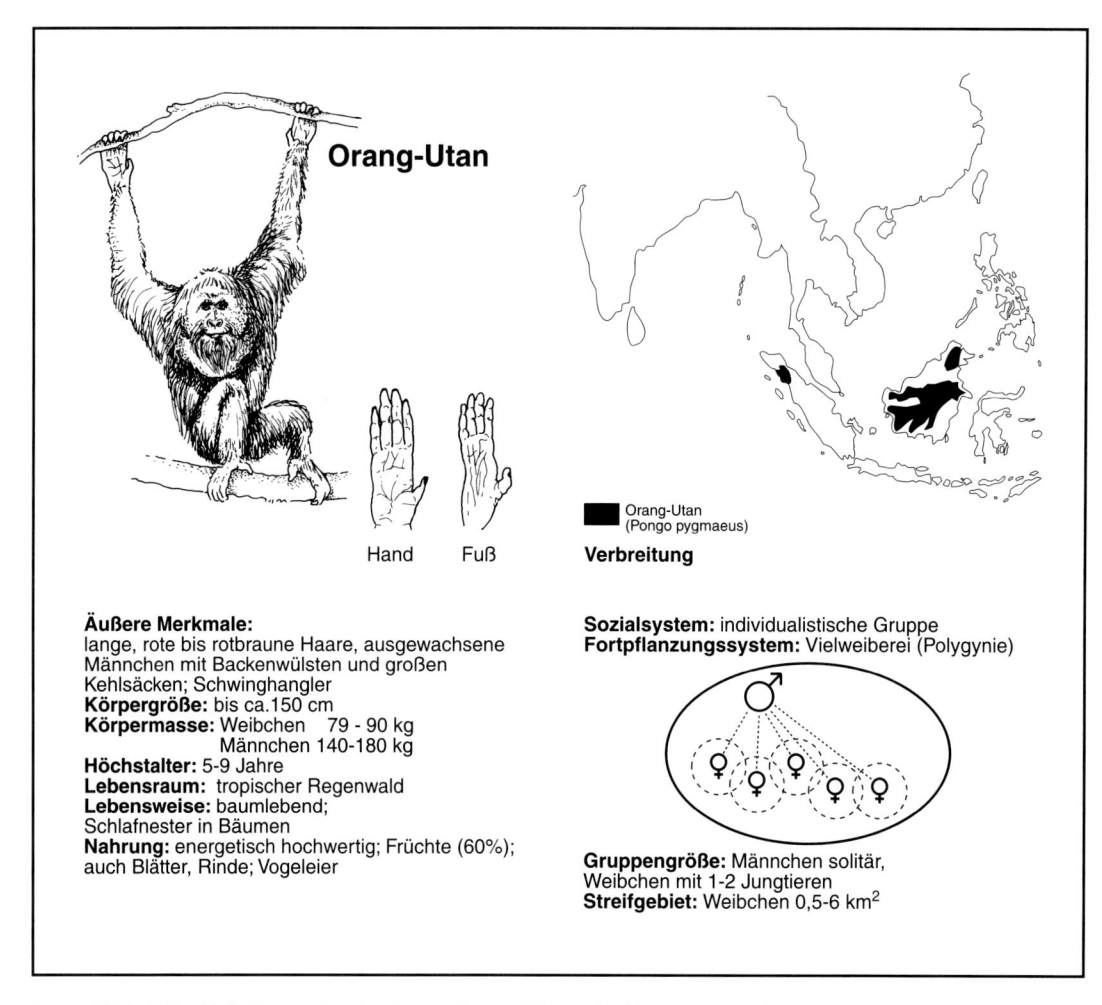

Äußere Merkmale:
lange, rote bis rotbraune Haare, ausgewachsene Männchen mit Backenwülsten und großen Kehlsäcken; Schwinghangler
Körpergröße: bis ca. 150 cm
Körpermasse: Weibchen 79 - 90 kg
Männchen 140-180 kg
Höchstalter: 5-9 Jahre
Lebensraum: tropischer Regenwald
Lebensweise: baumlebend; Schlafnester in Bäumen
Nahrung: energetisch hochwertig; Früchte (60%); auch Blätter, Rinde, Vogeleier

Sozialsystem: individualistische Gruppe
Fortpflanzungssystem: Vielweiberei (Polygynie)

Gruppengröße: Männchen solitär, Weibchen mit 1-2 Jungtieren
Streifgebiet: Weibchen 0,5-6 km^2

Kasten III, 3–6: Steckbrief Orang Utan (nach *MacKinnon* 1988, *Döhl* 1989; *Lethmate* 1989 a; b; 405; *Klemmstein* 1994 b, 39)

schenaffenhäusern Bereiche in gewissem Abstand an, wodurch die direkte Anschauung erhalten bliebe (zu Zooexkursionen zum Thema Menschenaffen vgl. *Heilen* 1987; *Klaus/Schiedges* 1989; *Leder/Kämper* 1992). Im anschließenden Unterricht wird nochmals auf den Zoobesuch eingegangen, um eventuell zwischenzeitlich aufgetretene Fragen zu klären. Dann lenkt die Lehrperson die Aufmerksamkeit auf die Frage der stammesgeschichtlichen Verwandtschaft zurück. Die Schüler erhalten die Aufgabe, die von ihnen vermuteten verwandtschaftlichen Beziehungen zwischen den Menschenaffenarten untereinander und zum Menschen in einem Stammbaum darzustellen. Die Erarbeitung erfolgt am besten in arbeitsgleicher Gruppenarbeit, wodurch ein Wettbewerb um den „besten" Stammbaum angeregt wird. Die Stammbäume werden danach im Plenumsgespräch verglichen. Zu erwartende gravierende Fehler wie das Einsetzen von Menschenaffen als Vorfahren des Menschen werden sofort korrigiert (s. die Problematik von missing link und gemeinsamem Vorfahren in Abschnitt IV, 2.1). Nach der ersten intuitiven Auswertung wird die Aussage der Stammbäume genauer reflektiert: Die Y-Achse gibt die Zeit der evolutiven Entwicklung an, die Abstände auf der X-Achse zeigen das Ausmaß der divergenten Anpassung der Arten im Stammbaum an, die beispielsweise in der Morphologie erkennbar ist. Es wird herausgestellt, dass es nicht nur einen möglichen Stammbaum gibt, sondern

Klassenstufe 9/10 3 Verwandtschaft

Schimpansen

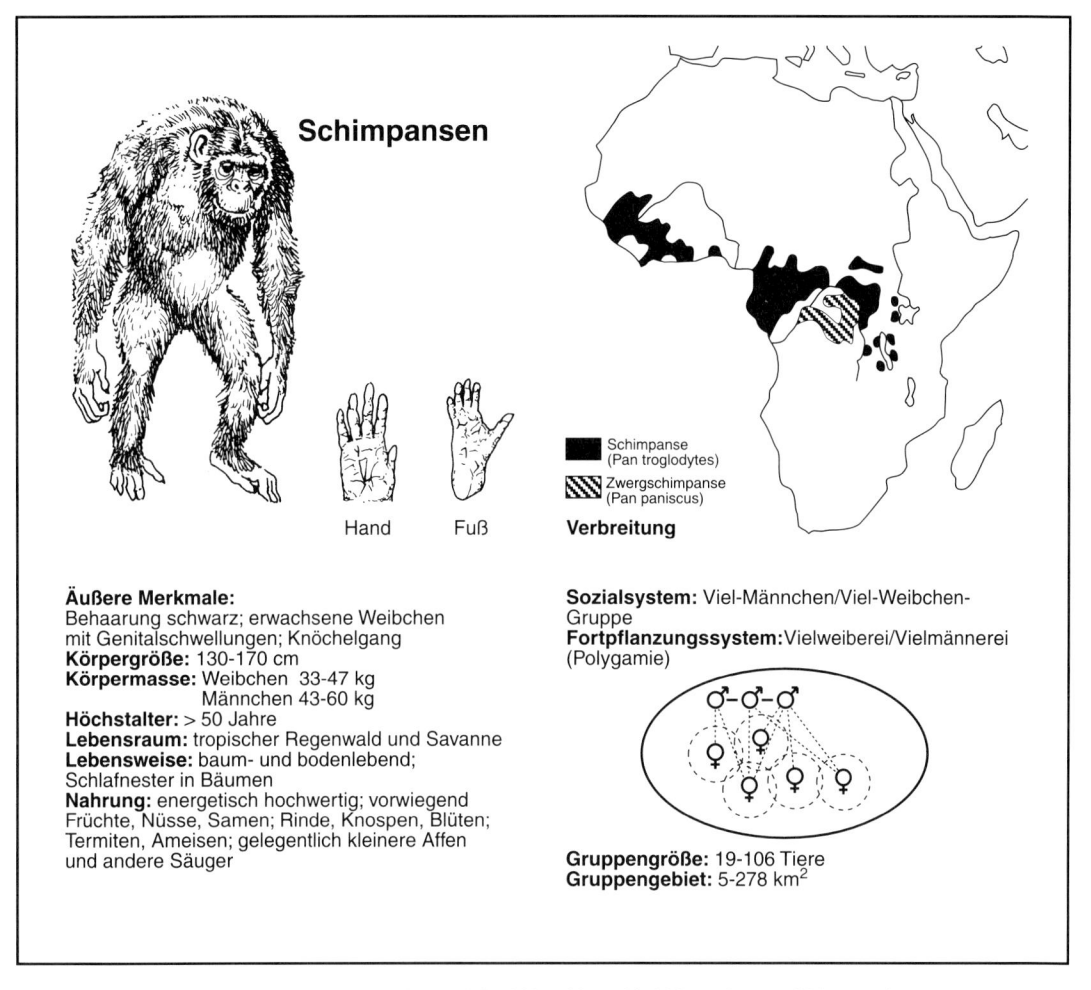

Hand   Fuß   Verbreitung

■ Schimpanse (Pan troglodytes)
▨ Zwergschimpanse (Pan paniscus)

Äußere Merkmale:
Behaarung schwarz; erwachsene Weibchen mit Genitalschwellungen; Knöchelgang
Körpergröße: 130-170 cm
Körpermasse: Weibchen 33-47 kg
Männchen 43-60 kg
Höchstalter: > 50 Jahre
Lebensraum: tropischer Regenwald und Savanne
Lebensweise: baum- und bodenlebend; Schlafnester in Bäumen
Nahrung: energetisch hochwertig; vorwiegend Früchte, Nüsse, Samen; Rinde, Knospen, Blüten; Termiten, Ameisen; gelegentlich kleinere Affen und andere Säuger

Sozialsystem: Viel-Männchen/Viel-Weibchen-Gruppe
Fortpflanzungssystem: Vielweiberei/Vielmännerei (Polygamie)

Gruppengröße: 19-106 Tiere
Gruppengebiet: 5-278 km^2

Kasten III, 3–7: Steckbrief Schimpansen (nach *Goodall* 1988, 466; *Döhl* 1989; *Lethmate* 1989a; b; *Klemmstein* 1994 b, 39)

auch in der Wissenschaft mehrere diskutiert werden. Deshalb bleiben verschiedene Lösungen der Schüler nebeneinander stehen.

Nun wird die Tabelle III, 3-1 (S. 199) im Unterrichtsgespräch an der Tafel erstellt. Anschließend werden die aufgelisteten Merkmale als ursprünglich und abgeleitet bewertet. Die abgeleiteten, nur beim Menschen auftretenden Merkmale werden als Zeichen einer Neuanpassung gedeutet, die verbunden ist mit dem Aufrechtgang und der Erschließung eines neuen Lebensraums. Die Menschenaffen behielten in ihrem alten Lebensraum viele der ursprünglichen Merkmale bei. Die Schüler erhalten nun zwei Verwandtschaftsdiagramme (Abb. III, 3-10 a und b) mit der Aufgabe zu beurteilen, inwiefern die beiden Diagramme mit den Angaben in der Tabelle übereinstimmen. Es wird zunächst festgestellt, dass die Zweiteilung der Tabelle und die Merkmalsunterschiede übereinstimmen und den großen Abstand zwischen Mensch und Menschenaffen in Abbildung III, 10 a rechtfertigen können.

Nun lenkt die Lehrperson die Aufmerksamkeit darauf, dass bei den Menschenaffen nur ursprüngliche Merkmale aufgelistet sind, und stellt auch das unterschiedliche Gewicht von Merkmalen für die Abgrenzung systematischer Einheiten heraus. So weist sie auf den Aufrechtgang hin, der ein abgeleitetes Merkmal ist, das den Menschen als eigenständiges Taxon von den Menschenaffen abgrenzt, während z. B. die Fingernägel ein ur-

III Belege für die Stammesgeschichte

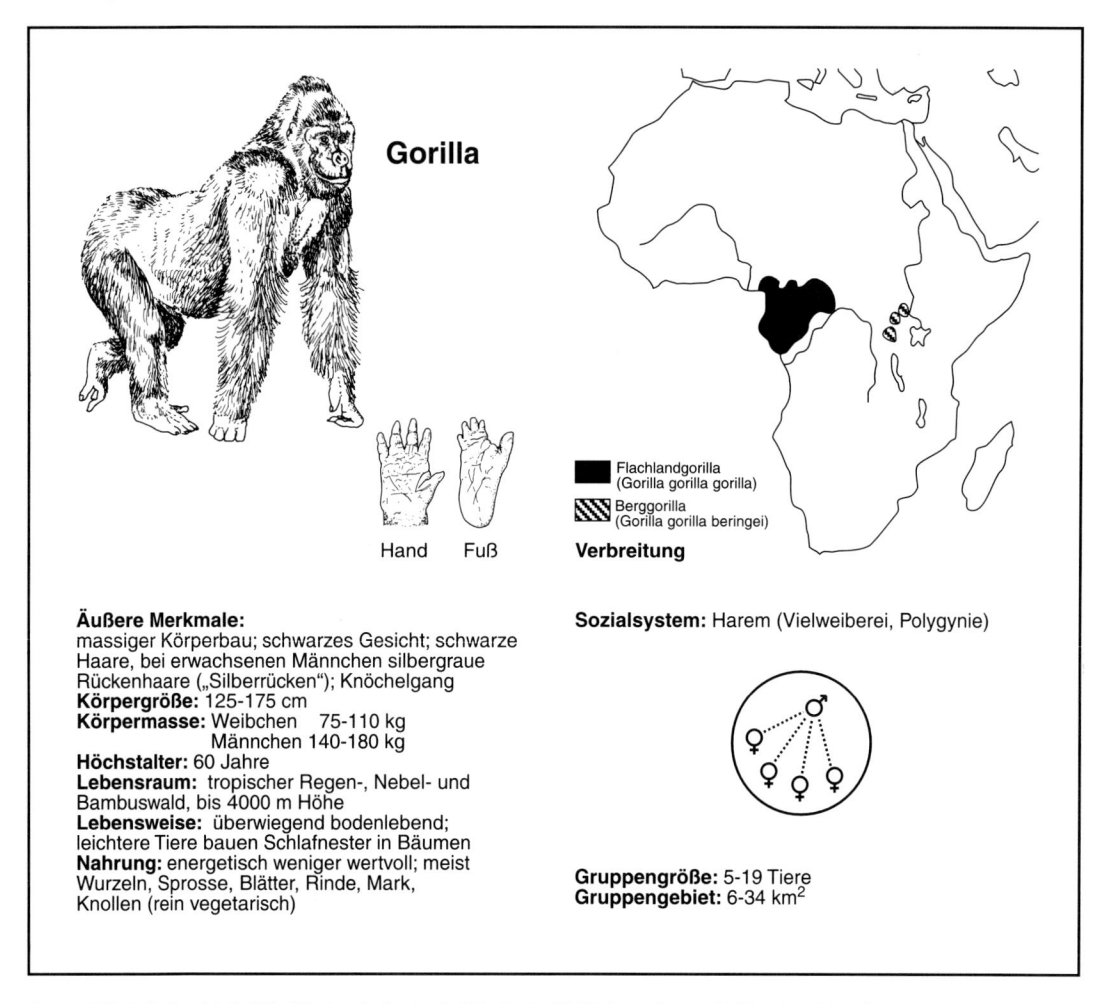

Gorilla

Hand   Fuß

■ Flachlandgorilla (Gorilla gorilla gorilla)
▨ Berggorilla (Gorilla gorilla beringei)

Verbreitung

Äußere Merkmale:
massiger Körperbau; schwarzes Gesicht; schwarze Haare, bei erwachsenen Männchen silbergraue Rückenhaare („Silberrücken"); Knöchelgang
Körpergröße: 125-175 cm
Körpermasse: Weibchen 75-110 kg
Männchen 140-180 kg
Höchstalter: 60 Jahre
Lebensraum: tropischer Regen-, Nebel- und Bambuswald, bis 4000 m Höhe
Lebensweise: überwiegend bodenlebend; leichtere Tiere bauen Schlafnester in Bäumen
Nahrung: energetisch weniger wertvoll; meist Wurzeln, Sprosse, Blätter, Rinde, Mark, Knollen (rein vegetarisch)

Sozialsystem: Harem (Vielweiberei, Polygynie)

Gruppengröße: 5-19 Tiere
Gruppengebiet: 6-34 km^2

Kasten III, 3–8: Steckbrief Gorilla (nach *Grzimek* 1988 b, *Döhl* 1989; *Lethmate* 1989 a; b; 429; *Klemmstein* 1994 b, 39)

sprüngliches Merkmal der Primaten sind, das nicht zur systematischen Aufgliederung der Hominoiden benutzt werden kann. Um klar zu machen, dass die Einstufung als ursprünglich oder abgeleitet von der Nähe der Verwandtschaft abhängt, benutzt die Lehrperson die Abbildung III, 3-7 als Folie (vgl. auch *Katz* 1982). Nachdem erkannt ist, dass ursprüngliche Merkmale nichts über die nähere Verwandtschaft aussagen können, wird festgestellt, dass die Tabelle keine Hinweise zur Verwandtschaft der Menschenaffen untereinander gibt. Damit ist auch nicht geklärt, welche Menschenaffen näher mit dem Menschen verwandt sind als andere.
Unter diesem Gesichtspunkt beschäftigen sich die Schüler mit Abb. III, 3-10 b. Sie stellen im Unterrichtsgespräch die Unterschiede in der Anordnung der Arten im Vergleich zum vorher betrachteten Schema heraus. Anschließend äußern sie Vermutungen, wodurch man die deutlich engere Stellung der afrikanischen Menschenaffen und des Menschen begründen könnte und ob ein solcher Stammbaum wahrscheinlich ist. Dazu erläutert die Lehrperson, dass Abbildung III, 3-10 nach einem Verfahren konstruiert wurde, das nur abgeleitete Merkmale zulässt, die beide jeweils verglichenen Schwestergruppen besitzen, z. B. die Anzahl und Lage der Stirnhöhlen, die der Mensch mit den afrikanischen Menschenaffen, nicht aber mit dem Orang-Utan teilt. Man sollte diese Erkenntnis dadurch verstärken, indem man das Verwandtschaftsverhältnis von den Menschenaffen her formulieren läßt: Schimpanse und Gorilla sind mit dem Menschen näher verwandt als mit dem

Merkmale	Orang/Schimpanse/Gorilla	Mensch
Körperhaltung	vorgebeugt	aufrecht
Wirbelsäule	einfach gekrümmt	S-förmig gekrümmt
Fortbewegung	meist vierfüßig	zweifüßig
Becken	schaufelförmig	schüsselförmig
Gesichtsschädel	lang vorgezogen (Schnauze) ohne Kinn	kurz, senkrecht unter Hirnschädel, mit Kinn
Hinterhauptsloch	weit hinten am Hirnschädel	weit vorne, in der Mitte der Schädelbasis
Zahnbogen	U-förmig, Kiefer lang	parabolisch, Kiefer kurz
„Affenlücke" (Diastema)	Lücken im Ober- und Unterkiefer, in die die großen Eckzähne hineinragen	keine Lücken, geschlossene Zahnreihen im Ober- und Unterkiefer
Gehirnmasse Durchschnitt Schwankungsbreite	400 bis 500g 300 bis 720g	1450g 900 bis 2200g
Chromosomenanzahl	2n = 48	2n = 46

Tab. III, 3–1: Merkmalsvergleich von Menschenaffen und Mensch (aus *Kattmann* 1994 a, 6)

Abb. III, 3-10: Diagramme zu den Verwandtschaftsbeziehungen zwischen den Hominoiden. a) Verwandtschaft und evolutionärer Abstand b) Kladogramm (b aus *Döhl* 1989, 5)

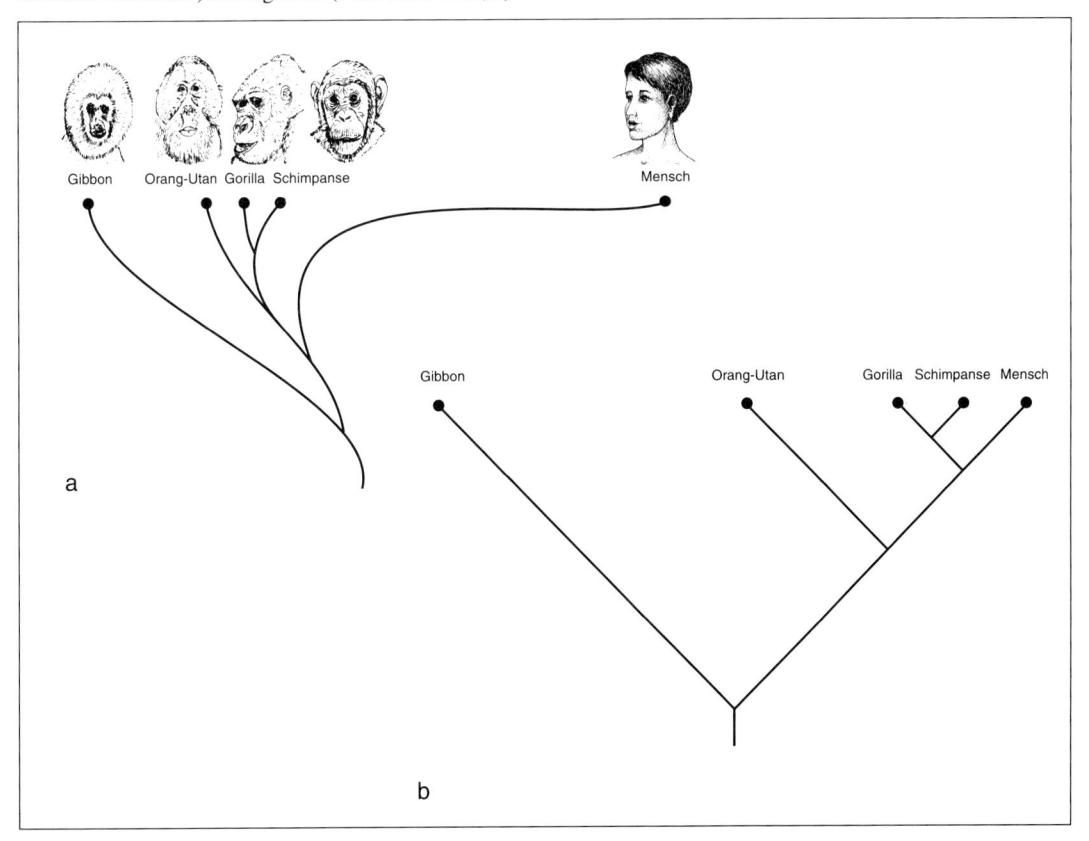

III Belege für die Stammesgeschichte

Orang-Utan. In derartigen Schwestergruppendiagrammen (Kladogrammen) wird also der stammesgeschichtliche (verwandtschaftliche) Zusammenhang betont. Die zuvor für die Begründung des großen Abstands des Menschen herangezogenen Merkmale bleiben in solchen Kladogrammen unberücksichtigt. An Abbildung III, 3-8 zeigt die Lehrperson in diesem Zusammenhang, dass eine andere Gewichtung der bisher betrachteten Merkmale bei der Stammbaumaufstellung zur Verkürzung der Distanz zwischen afrikanischen Menschenaffen und Mensch führt.

Wenn die Schüler bereits über Informationen zur genetischen Verwandtschaft von Menschenaffen und Mensch aus populärwissenschaftlicher Lektüre verfügen, so kann der Unterricht hier um weitere Aspekte ergänzt werden. Die Lehrperson weist dann darauf hin, dass auch Untersuchungen der Gene oder der Blutmerkmale eine nahe Verwandtschaft des Menschen zu den afrikanischen Menschenaffen stützen, beispielsweise der Präzipitintest (s. Abb. III, 3-4; vgl. *Gönner* 1985). Als Beispiel für die Ergebnisse molekulargenetischer Untersuchungen kann die Lehrperson mit Abbildung III, 3-5 einen entsprechenden Stammbaum projizieren, der nach der Methode der DNA-Hybridisierung gewonnen wurde.

Zur Anwendung und Festigung der Ergebnisse erhalten die Schüler nun die Aufgabe, nach beiden Verwandtschaftsdiagrammen jeweils die systematischen Gruppen (Klassifikation) der Menschenaffen und des Menschen aufzustellen. Dabei wird deutlich, dass der Mensch traditionell den Menschenaffen gegenüber gestellt wird, während er nach den Erkenntnissen der phylogenetischen Systematik in dieselbe Gruppe wie die afrikanischen Menschenaffen gehört (s. Abb. III, 3-10).

Die Überlegungen können dann durch Stammbaumrekonstruktionen fortgeführt werden, bei denen man heute von einer stammesgeschichtlich späten Trennung von Schimpanse und Mensch vor rund 7 Millionen Jahren ausgeht (s. Kapitel IV, 3).

3.5 Medien

3.5.1 Präparate und Abgüsse

Eydam: Schädelnachbildungen von Menschenaffen: Schimpanse, weiblich 865065; Orang-Utan, männlich 865066; Gorilla, männlich 865067;

Hedinger: Schädelnachbildungen von Menschenaffen: Orang-Utan MZ 414, männlich C 300; weiblich C 301; Gorilla MZ 415, männlich C 304; weiblich C 305; Schimpanse MZ 417, männlich C 302; weiblich C 303; Gibbon, männlich C 306; weiblich C 307; Flügel: Vogel und Fledermaus MZ 325; Wal, Tümmler, Armskelett MZ 326; div. Säugerfußskelette (u. a. Hund, Pferd, Schwein) MZ 329; 331; 330; Maulwurf, Vorderbein MZ 338;

Leybold: Phylogenetische Entwicklungsreihe des Pferdefußes C 229;

Müller: Menschenaffenschädel: Schimpanse, jugendlich 4313; männlich 4314; weiblich VP 760; Gorilla, männlich 4306; VP 762, jugendlich 4307; weiblich 4312; Orang-Utan, männlich 4309; VP 761, weiblich 4310; jugendlich 4311; Gibbon, männlich 4319;

PHYWE: Menschenaffenschädel: Gorilla, männlich 71520.00; Orang-Utan, männlich 71521.00; Schimpanse, männlich 71522.00;

Schuchardt: Schädelnachbildungen von Menschenaffen: Schimpanse 220125, weiblich VP 760; Gorilla gorilla 220123, Gorilla, männlich VP 762; jugendlich 220124; Orang-Utan 220446, männlich VP 761;

Späth: Schädelnachbildungen von Menschenaffen: Gorilla, männlich C 304; Orang-Utan, männlich C 300; Gibbon, männlich C 306; Schimpanse, männlich C 302;

zur Präparation von Tierschädeln s. *Quasigroch* (1979).

3.5.2 Filme

Eydam: Anpassung und Fortbewegung bei Tieren 860763.

3.5.3 Diapositive

FWU: Fische - Körperform und Fortbewegung 10 02870; Konvergenz bei Pflanzen - Stammsukkulenten 10 02404;
Späth: Evolution exemplarisch: Abstammung Teil I: Körperbau (u. a. Bauplan Wirbeltierextremitäten, Bauplan Insektenmundwerkzeuge, Rudimente, Beinskelette Pferd) 880.

3.5.4 Arbeitstransparente und Arbeitsblätter

AV-Medien: Transparente Serumreaktion T 5035; Die Evolution des Pferdes T 50020; Analogie und Konvergenz T 5038; Homologe Organe T 5034;
Friedrich-Verlag: CD-ROM Evolution 92637;
Hagemann: Evolution I;
Hedinger: Folienbuch Evolution (Homologie bei Pflanze und Tier, Konvergenzen; Verwandtschaft des Menschen u. a.) K 02766; Transparentemappe Evolution 2 (u. a. Homologe Organe, Serumreaktion, Analogie/Konvergenz) ST 5030;
Klett: Folienbuch Evolution 02766;
Leybold: Transparentemappe Evolution I (u. a. Wirbeltierextremitäten, Konvergenz) 662630; Evolution II (u. a. Stammbaum der Pferde, Stammbaum von Menschenaffen und Mensch; Schimpanse-Mensch-Vergleich) 662631;
Müller: Transparente Stammbaum der Pferde, natürliche Ahnenreihe der Pferde 172011; 172012; Vordergliedmaßen der Säugetiere 172016; Körperformen wasserlebender Wirbeltiere 172021; rudimentäre Organe 172025; Homologie/Analogie, Pflanzen 172026;
Schuchardt: Tansparentenmappe Evolution I (u. a. Homologie, Analogie, Konvergenz bei Pflanzen) 172028; Evolution II (u. a. Stammbäume der Pferde, der Menschen und Menschenaffen, Mensch im Vergleich) 172030; Transparenteatlas: Entstehung und Evolution der Lebewesen, Teil III (u. a. Pferdeentwicklung) 8230;
Transparencies To Educate (Hengelo): Band VI, Evolution, Verhalten, Ökologie (u. a. Homologie).

3.5.5 Wandtafeln und Poster

Eydam: Gorilla 751801;
Friedrich-Verlag: Stammbaum und Verwandtschaft des Menschen 92609.

Literatur

Aiello/Dean 1990; *Bayrhuber/Kull* 1989; *Becker/Berck* 1992; *Beyer* 1992; *Block* u. a. 1993; *Darwin* 1963; *von Denffer* u. a. 1978; *Diehl* 1980; *Döhl* 1989; *Fischer* 1994; *Flor* 1980; *Förster/Kattmann* 1997; *Futuyma* 1990; *Ghiglieri* 1985; *Gönner* 1985; *Goodall* 1988; *Greber/Greber* 1994; *Grzimek* 1988; *Hassfurther/Rautenberg* 1985; *Heilen* 1987; *Heiszler* 1992; *Henke/Rothe* 1994; *Hoff/Miram* 1987; *Högermann* 1993; *Janßen* 1985; *Kattmann* 1992 a; 1994 a; 1996; *Katz* 1982; *Kehren* 1996; *Kieffer* 1988; *Kirsch* 1986; *Klaus/Schiedges* 1989; *Klemmstein* 1994 b; 1996; *Koop* u. a. 1986; *Kull* 1977; *Leder/Kämper* 1992; *Lethmate* 1987 a; 1989 a; b; 1990; 1991; 1994; *Lewin* 1992; *MacKinnon* 1988; *Miyamoto* u. a. 1988; *Pies-Schulz-Hofen* 1992; *Preuschoft* 1988; *Probst, W.*, 1993; *Quasigroch* 1979; *Riedl* 1975; *Rothe* 1990; *Ruvolo* u. a. 1994; *Seger* 1990; *Seidel* 1992; *Sibley/Ahlquist* 1986; *Spieth* 1987; *Teichert* 1990; *Vogel/Angermann* 1982; *Weber* 1991; *Witte* 1990, 1991; *Wuketits* 1977

IV Evolution des Menschen

0 Basisformationen

0.1 Zum Thema

0.1.1 Affennatur und „Sonderstellung"

„Nosce te ipsum!" Das „Erkenne dich selbst!" setzte *Carl von Linné* 1734 als Aufforderung hinter den hoffnungsvollen Namen Homo sapiens, mit dem er die biologische Art Mensch charakterisierte und im System der Natur an die Seite der Menschenaffen stellte. Diese Aussage ist in ihrer Tragweite nur zu verstehen, wenn man die Anschauungen der Zeit einbezieht. Zu *Linnés* Zeiten verstand man das Ordnen der natürlichen Dinge so, dass mit ihm die Gedanken Gottes bei der Schöpfung nachvollzogen und die Urbeziehungen entdeckt werden, die der Schöpfer selbst gestiftet hat. Deshalb erscheint es als eine schwerwiegende Zumutung für die Selbsterkenntnis der Zeitgenossen, dass *Linné* den Menschen und die Affen in ein und derselben Ordnung vereinte: Der Mensch und die Affen sind ihrem Wesen nach verwandt.
Die Wesensverwandtschaft mit den Menschenaffen war innerhalb der geglaubten Schöpfungsordnung für die Menschen leichter zu ertragen als im Rahmen der nachfolgenden Evolutionsvorstellungen. In Darstellungen aus dem 18. Jahrhundert sind die Menschenaffen ganz ohne Vorbehalt mit menschlichen Attributen versehen. Ein Beispiel dafür ist die Abbildung aus der deutschen Ausgabe von *Linnés* „System der Natur": Der männliche Orang hält den den Menschen kennzeichnenden Wanderstab, die Orang-Frau zeigt mit einem Feigenblatt die menschliche Schamgeste. Erst mit dem Streit um die Abstammungslehre seit 1859 wurde die Verwandtschaft zu den Menschenaffen als peinlich empfunden und folglich eine Kluft zum Menschen hergestellt, die in übermäßig aggressiven Darstellungen der Menschenaffen zum Ausdruck kommt (vgl. *Portmann* 1965; *Kattmann* 1994 a).
Es läßt sich zeigen, wie der skizzierte Wandel des Bildes von den Menschenaffen mit den Veränderungen des Welt- und Menschenbildes durch die Darwinsche Revolution zusammenhängt (s. Abb. IV, 0-1):
In der jüdisch-christlich-moslemischen Schöpfungslehre ist die Erde Mittelpunkt des Kosmos (geozentrisches Weltbild). Der Mensch ist das Geschöpf, das mit der Gestaltung und Bewahrung der Erde beauftragt ist. Durch die Kopernikanische Revolution wurde das geozentrische Weltbild abgelöst: Die Planeten kreisen um die Sonne (heliozentrisches Weltbild). Zusammen mit der Erde verlor auch der Mensch seine Vorrangstellung im Kosmos. Dieser Verlust der kosmischen und irdischen Mitte wurde jedoch dadurch kompensiert, dass in der Folgezeit die Anlage der Natur für den Menschen und auf den Menschen hin verstärkt herausgestellt wurde. Diese Entwicklung, die sich erst im 18. Jahrhundert voll durchsetzte, war die notwendige Reaktion auf das sich sonst einstellende sinnlose Verlorensein des Menschen im Kosmos. Die im Mittelalter entwickelte Vorstellung von der Stufenleiter des Seienden lieferte jetzt die leitende Idee, mit der der Mensch als Krone und Ziel der Schöpfung angesehen wird: Die Harmonie der Bewegung der Himmelskörper setzt sich fort in der auf den Menschen ausgerichteten Harmonie der Natur, der Angepasstheit der Lebewesen, die in der Existenz und im Handeln des Menschen ihr Ziel findet. Die systematische Nähe zu den Menschenaffen konnte in diesem Welt- und Menschenbild keine Angst machen. Der Mensch ließ sich vielmehr konfliktlos als Natur- und Kulturwesen zugleich verstehen, was mit der Einordnung ins System der Tiere und der Aufforderung zur Selbsterkenntnis bei *Linné* sehr schön zum Ausdruck kommt.
Mit der Darwinschen Revolution wurde der Mensch dagegen zum Produkt ungerichteter Evolutionsprozesse. Teleologische Annahmen haben innerhalb der Selektionstheorie *Darwins* keinen Platz. Daher scheint diese Form der Evolutionslehre die Grundlagen der menschlichen Existenz in Frage zu stellen: Hat der Lauf der Natur keine vorgesehene Richtung, dann droht das menschliche Leben seinen Eigenwert zu verlieren. Die

Abb. IV, 0-1: Wandel des Welt- und Menschenbildes im europäischen Kulturkreis (aus *Kattmann* 1994 a, 5)

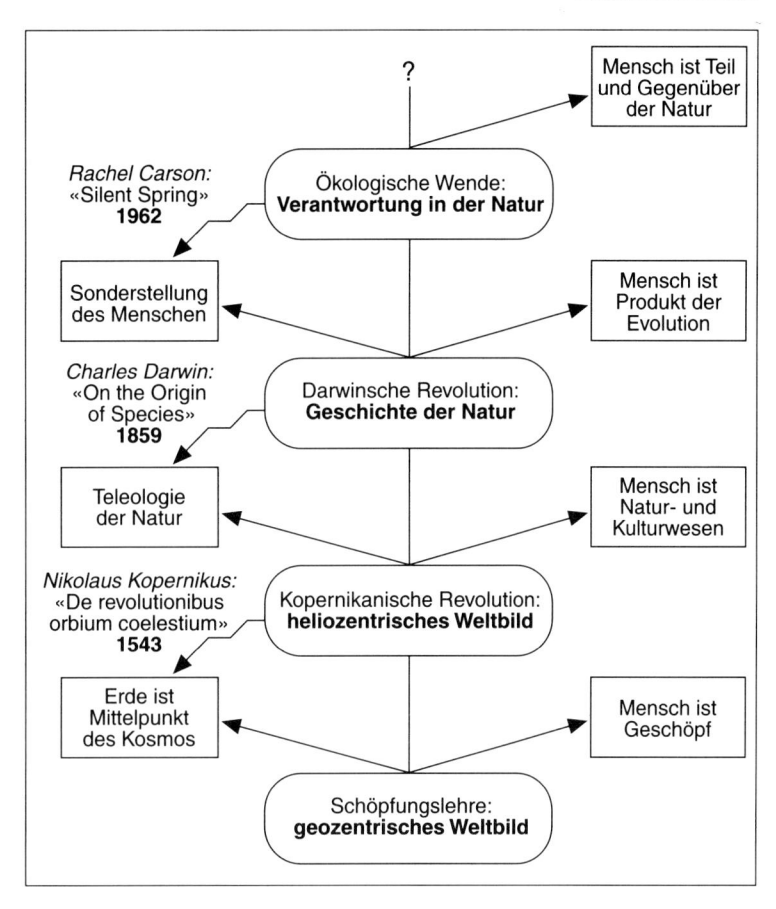

```
                              ?
                              │
                              ▼
                                              ┌─────────────────┐
                                         ───▶ │ Mensch ist Teil │
                                              │ und Gegenüber   │
                                              │    der Natur    │
                                              └─────────────────┘
  Rachel Carson:          ╭──────────────────╮
   «Silent Spring»   ───▶ │ Ökologische Wende:│
       1962               │Verantwortung in   │
                          │    der Natur      │
                          ╰──────────────────╯
                              │
  ┌──────────────┐             ▼                ┌──────────────┐
  │Sonderstellung│◀────────                ───▶ │  Mensch ist  │
  │ des Menschen │                              │ Produkt der  │
  └──────────────┘                              │   Evolution  │
  Charles Darwin:         ╭──────────────────╮
  «On the Origin    ───▶  │Darwinsche Revol.:│
   of Species»            │Geschichte der    │
      1859                │      Natur       │
                          ╰──────────────────╯
                              │
  ┌──────────────┐             ▼                ┌──────────────┐
  │  Teleologie  │◀────────                ───▶ │  Mensch ist  │
  │   der Natur  │                              │  Natur- und  │
  └──────────────┘                              │  Kulturwesen │
                                                └──────────────┘
  Nikolaus Kopernikus:    ╭──────────────────╮
  «De revolutionibus ───▶ │Kopernikanische   │
   orbium coelestium»     │   Revolution:    │
       1543               │heliozentrisches  │
                          │    Weltbild      │
                          ╰──────────────────╯
                              │
  ┌──────────────┐             ▼                ┌──────────────┐
  │   Erde ist   │◀────────                ───▶ │  Mensch ist  │
  │  Mittelpunkt │                              │   Geschöpf   │
  │  des Kosmos  │                              └──────────────┘
  └──────────────┘
                          ╭──────────────────╮
                          │ Schöpfungslehre: │
                          │ geozentrisches   │
                          │    Weltbild      │
                          ╰──────────────────╯
```

Nähe zu den Menschenaffen verstärkt diese Gefahr. Wo der Weg nicht vorgezeichnet ist, muss der Mensch ausgezeichnet werden. Dem wurde mit dem Postulat der Sonderstellung nachgekommen. Mit der Anschauung von der Sonderstellung ist die Beherrschung der Natur mit Hilfe von Wissenschaft und Technik verknüpft. Diese Vorstellung erweist sich heute auch aus ökologischen Gründen als gefährliche Illusion. Daher wurde bereits mehrfach vorgeschlagen, die Anschauung von der Sonderstellung durch den evolutionsbiologischen Begriff der Eigenart zu ersetzen (*Kattmann* 1974, s. Band 4, 289 ff.; zum Mensch-Tiere-Vergleich 292 f.). Die Sonderstellung des Menschen wurde ursprünglich innerhalb griechischer Philosophie und (daran anknüpfender) christlicher Theologie formuliert. Ihre biologisch begründete Version jedoch ist ein Reflex der Einordnung des Menschen in die von nun an ganz ohne Vorsehung und Plan gedachte Natur. Die nachdarwinsche Behauptung der Sonderstellung ist ein Kind der Affenverwandtschaft des Menschen.

0.1.2 Stammbäume

Die Stammesentwicklung ist ein einmaliges historisches Ereignis, das nicht wiederholbar und dessen weiterer Verlauf nicht vorhersagbar ist.

Alle Bemühungen, den Verlauf zu rekonstruieren, greifen im wesentlichen zurück auf morphologische, anatomische und biochemische Merkmale fossiler Funde und rezenter Formen. Die Auswahl und Gewichtung dieser Merkmale ist stark subjektiv und fußt in der traditionellen Systematik auf keiner strengen theoretischen Grundlage. Die Kladistik macht zwar strengere Vorschriften, trotzdem muss jeder Stammbaum, ob nach tra-

IV Evolution des Menschen

ditioneller oder kladistischer Methode erarbeitet - lediglich als eine Hypothese betrachtet werden, die der intersubjektiven Überprüfbarkeit unterliegt (s. Abschnitt III, 3.1.6).
Die Darstellung phylogenetischer Beziehungen zwischen Organismen kann auf drei verschiedenen Ebenen geschehen, die in der Kladistik aufeinander aufbauen (vgl. *Lethmate* 1990; *Henke/Rothe* 1994):
– Die Darstellung der reinen Abstammungsbeziehungen bietet das Kladogramm (s. Abschnitt III, 3.1.5).
– Die Konstruktion eines Stammbaums stellt die Formen in einen zeitlichen Zusammenhang, wobei auch alle weiteren verfügbaren Informationen genutzt werden, so z. B. Datierungen fossiler Funde, ökologische Ereignisse, Existenzzeit, geographische Verbreitung. Die größte Wahrscheinlichkeit hat die Stammbaumhypothese, die die meisten Fakten widerspruchsfrei vereinigt.
– Anschaulicher, aber auch spekulativer ist der Entwurf eines Szenarios, mit dem man versucht, ein Lebensbild fossiler Taxa zu umreißen (s. Abschnitt IV, 2.4).

In den letzten 20 Jahren sind in Ostafrika viele neue Fossilfunde von Hominiden gemacht worden. Noch bevor ein Fossil wissenschaftlich bearbeitet war, entbrannte unter den Anthropologen meist ein Streit um dessen Stellung im menschlichen Stammbaum, wobei persönliche Eitelkeiten keine geringe Rolle spielten (vgl. *Reader* 1982). Zu den zahlreichen Kontroversen um die Deutung der Fossilien kamen Ergebnisse, die mit neu entwickelten Datierungsmethoden gemacht wurden und durch die lange bekannte Fossilien z. T. völlig neu eingeordnet werden mussten. Als Resultat erscheint die Herkunft des Menschen vielen als unsichere Geschichte, über die selbst die Experten uneins sind. Tatsächlich sind aber die Grundfragen der Stammesgeschichte des Menschen heute geklärt und unstrittig. Die Annahme eines menschlichen Eigenweges von halbaffenähnlichen Vorfahren (Tarsoidentheorie) ist ebenso widerlegt wie eine frühe Abspaltung der Menschenaffen (s. Abschnitt IV, 3.1). Die Streitpunkte beziehen sich daher nur noch auf die Stammeslinien innerhalb der Hominiden, genauer: um das Verhältnis von Australopithecus und Homo bzw. der Arten in beiden Gattungen (vgl *Leaky/Lewin* 1992; *Johanson/Edgar/Brill* 1996).
Die hier auftretenden Probleme trafen viele Anthropologen allerdings unerwartet. Aus der mit der Sonderstellung festgestellten Einzigartigkeit des Menschen in der Natur wurde nämlich abgeleitet, dass es nur eine einzige hominide Stammeslinie geben könne. Aufgrund der Überlegenheit, der vermuteten Aggressivität oder der ökologischen Vielseitigkeit hielt man es für ausgeschlossen, dass im selben geographischen Raum und zur selben Zeit mehr als eine einzige Hominidenart gelebt haben könnte.
Die größer werdende Anzahl von Funden fossiler Hominiden an verschiedenen Fundstätten Afrikas (s. Abb. IV, 0-2) machte diese Ansicht zunehmend fragwürdig. Schließlich musste sie an den Ufern des Turkanasees begraben werden, als man dort in denselben geologischen Schichten sehr unterschiedliche Hominidenschädel fand, die schließlich verschiedenen Arten zugeordnet werden mussten (s. Abb. IV, 3-5). Viele Anthropologen halten es daher für berechtigt, das Fossil 1470 mit einigen anderen u. a. in Uhara (Malawi) gefundenen Fossilien in eine neue Art zu stellen (Homo rudolfensis). Trifft diese Deutung zu, dann hätten Artaufspaltungen selbst innerhalb der Gattung Homo stattgefunden (vgl. *Wood* 1992; *Bromage/Schrenk/Zonneveld* 1995).
Dieselbe Unsicherheit, ob man die Überreste nur einer oder mehrerer Arten vor sich hat, besteht bei den 2,9 bis 3,8 Millionen Jahre alten Fossilien aus der Hadarsenke und Laetoli, die man gegenwärtig als Australopithecus afarensis zusammenfasst.
Neben persönlichen Antipathien liegen den Auseinandersetzung um phylogenetische Einordnungen und Stammbäume unterschiedliche Vorstellungen der Evolution zugrunde.
Als *Donald Johanson* und *Timothy White* (1979) die Art Australopithecus afarensis schufen, lag ihnen u. a. daran, ein möglichst einfaches Schema der menschlichen Stammesgeschichte zu erhalten (s. Abb. IV, 0-3 a). Indem sie die neue Art an die Wurzel des menschlichen Stammbaums stellten, erhöhten sie zugleich die Bedeutung ihrer eigenen Funde. Von Südafrika aus wurde die Art afarensis als Unterart des zuerst in Südafrika gefundenen Australopithecus africanus herabgestuft und ein ebenso einfaches Abstammungsschema konstruiert (*Tobias* 1981; s. Abb. IV, 0-3 b). Beiden Auffassungen ist gemeinsam, dass versucht wird, mit möglichst wenigen Arten und wenigen Aufspaltungen auszukommen.
Im Grundsatz entsprechen einfache Stammbäume der gradualistischen Auffassung, dass ein großer Teil der Evolution durch Artumwandlungen erfolgt. Die Formen einer Stammeslinie stellen dann nur verschiedene

Basisinformationen

Abb. IV, 0-2: Fossilfunde von Hominiden in Afrika.
a) Fundorte, b) Skelettfunde und fossile Hinweise auf menschliche Eigenschaften (nach *Klein* 1989 und *Lewin* 1992, aus *Kattmann* 1994 a, 11, verändert)

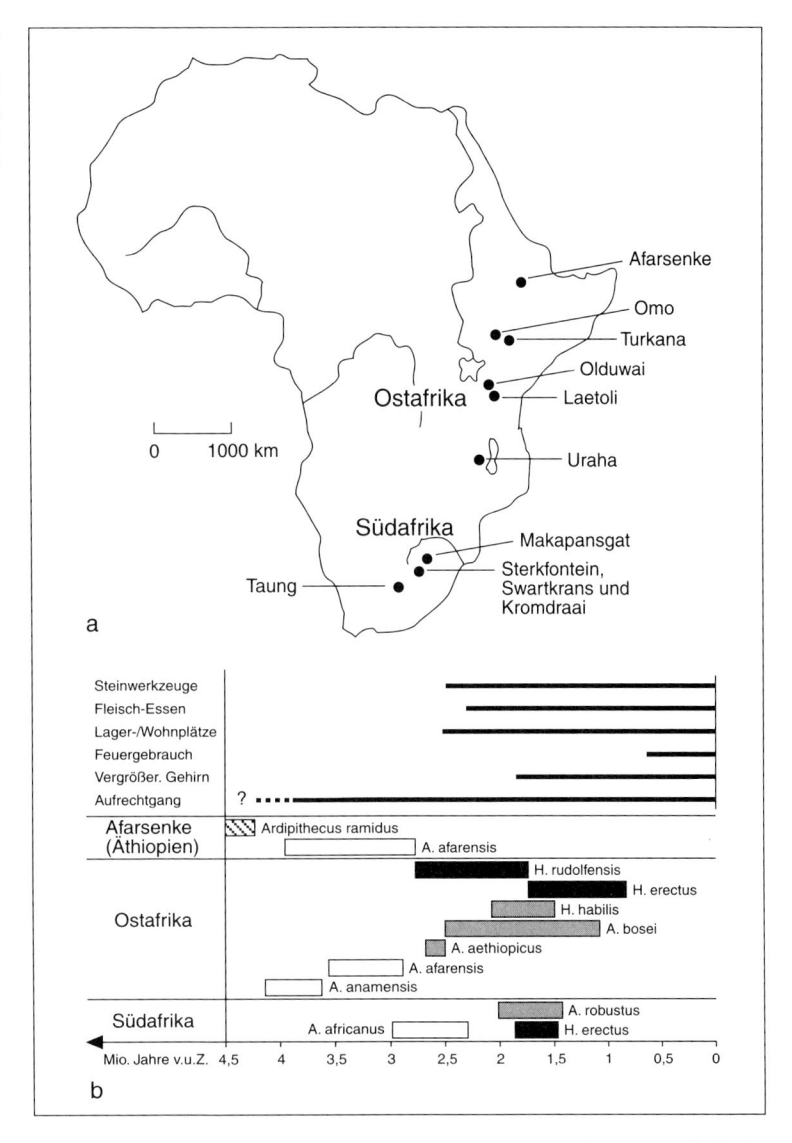

Stadien (Chronospezies) einer sich wandelnden Artpopulation dar. Demgegenüber geht die punktualistische Anschauung davon aus, dass die Evolution hauptsächlich in kleinen abgespalteten Populationen stattfindet, in denen schnelle Änderungen möglich sind. Dementsprechend wird angenommen, dass Artaufspaltungen häufig stattgefunden haben. Verschiedene Formen werden als Zweige der Stammesgeschichte gedeutet: Der Stammbaum wird zum Busch (vgl. *Leakey/Lewin* 1993, 111 ff.).

Einen Beleg für die letztere Auffassung gab der Fund einer neuen robusten Australopithecus-Form: der „Black Skull" vom Westufer des Turkanasees (KNM-WT 17000). Dieser Schädel ist deshalb so bemerkenswert, weil er hyperrobust ist und dennoch Merkmale aufweist, die sogar ursprünglicher erscheinen als bei Australopithecus afarensis. Bis dahin nahm man allgemein an, dass die robusten Formen des Australopithecus sich aus grazilen entwickelt hätten (s. Abb. IV, 0-3 a und b). Als Konsequenz aus dem neuen Fund revidierte z. B. *Johanson* seinen Stammbaum und nimmt nun eine frühe Aufspaltung innerhalb der Australopithecinen an, wobei A. boisei eine eigene Linie bildet, an deren Wurzel *Johanson* das Fossil WT 17000 einordnet (s. Abb. IV, 0-3 c). Es gibt aber mindestens eine weitere Möglichkeit, bei der der «Schwarze Schädel» (zusammen mit

IV Evolution des Menschen

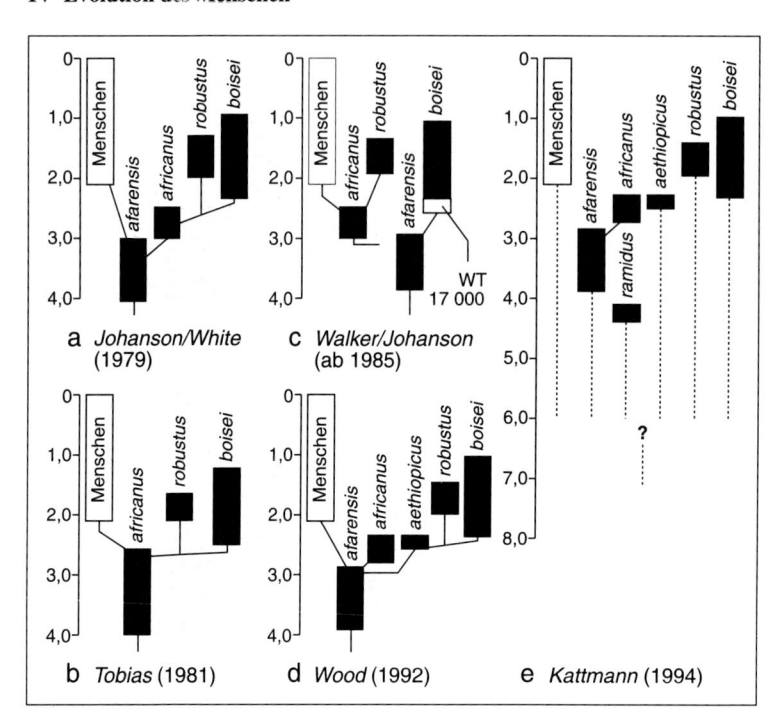

Abb. IV, 0-3: Verschiedene Hypothesen zur Stammesgeschichte des Menschen (aus *Kattmann* 1994 a, 12)

a *Johanson/White* (1979)
b *Tobias* (1981)
c *Walker/Johanson* (ab 1985)
d *Wood* (1992)
e *Kattmann* (1994)

einem schon lange bekannten Kieferfragment) als Beleg für eine neue Art (Australopithecus aethiopicus) gewertet wird (Abb. IV, 0-3 d): In diesem Fall wird zusätzlich angenommen, dass Australopithecus africanus einen eigenen Zweig bildet und daher kein Vorfahr von Homo ist. Stammbäume sind immer nur Hypothesen. Alle diese Stammbäume können begründet aufgestellt werden, da die Merkmale der Fossilien mehrere Deutungen zulassen.

Die Formen der Hominiden sind ein Beispiel für Mosaikevolution. WT 17000 ist mit dem Kombinat aus abgeleiteten (robusten) und ursprünglichen Merkmalen kein Einzelfall. Auch Australopithecus africanus erscheint als ein Mosaik, und zwar aus ursprünglichen Merkmalen und solchen, die in Richtung Homo bzw. Australopithecus robustus weisen (vgl. *Lewin* 1992, 106).

Die Entwürfe der Abbildung IV, 0-3 a bis d stimmen darin überein, dass in ihnen versucht wird, die Stammeslinien allein aus den Eigenschaften der gegenwärtig bekannten Fossilien zu rekonstruieren. Der Mosaikcharakter weist jedoch darauf hin, dass uns möglicherweise wesentliche ältere Fossilien fehlen, die ein anderes Bild ergeben könnten. Im späten Miozän und frühen Pliozän, d. h. zwischen etwa 12 bis 4 Millionen Jahren sind Fossilien sowohl von Hominiden wie von den übrigen Menschenaffen äußerst spärlich. Diese Fossilienlücke könnte nicht nur die primäre Evolution, sondern auch eine frühe Radiation der Hominiden in zahlreiche verschiedene Linien verheimlichen (s. Abb. IV, 0-3 e). Eine frühe Radiation der Hominiden, die im übrigen mit einer ersten Radiation von Hornträgern parallel verliefe (s. Abschnitt IV, 3.1.1), würde die Annahme zweier Hominidenarten in Hadar stützen, die bisher Australopithecus afarensis zugerechnet werden. Als Hinweise auf eine solche Radiation können auch die neuesten Fossilfunde von Hominoiden gedeutet werden (Australopithecus anamensis: ca. 4 Millionen Jahre, *Leakey* u. a. 1995; Ardipithecus ramidus: ca. 4,4 Millionen Jahre; *White/Suwa/Asfaw* 1994).

0.2 Zur Behandlung im Unterricht

Die Lehrmeinungen zur Evolution des Menschen, die Auseinandersetzungen und der beobachtbare Wandel der Auffassungen sind gut geeignet, im Unterricht die Entstehung, Voraussetzungen und Tragweite wissenschaftlicher Aussagen zu untersuchen. Interpretationen der menschlichen Stammesgeschichte sind von persönlichen Interessen der Forscher, Vorstellungen über Evolutionsprozesse sowie den Eigenschaften abhängig, die bei unseren vermeintlichen oder wahrscheinlichen Vorfahren als spezifisch menschlich angenommen werden. Streit ist in der Wissenschaft nichts Ungewöhnliches, sondern das Normale. Kontroversen sollen daher Wissenschaft im Unterricht nicht als fragwürdig erscheinen lassen, sondern Anlass sein, die Wissensbehauptungen zu hinterfragen. Eine Form, den Schülerinnen und Schülern die Bedeutung wissenschaftlicher Aussagen nahezubringen, sind Forschungsdiskussionen, die anhand der Analyse, Interpretation und Bewertung historischer Texte geführt werden. Die Bearbeitung von Originalberichten ist besonders eine hervorragende Methode, den Gang der Forschung und die Voraussetzung der jeweiligen wissenschaftlich begründeten Aussagen zu ermitteln (vgl. *Kattmann/Pinn* 1984). Indem aktuelle oder historische Kontroversen nachvollzogen werden, erfahren die Schülerinnen und Schüler, dass die unterschiedlichen Auffassungen nicht zufällig sind, sondern von (oft nicht explizierten oder sofort erkennbaren) Vorannahmen beeinflusst werden. Besonders erhellend ist es, in den Texten zur Stammesgeschichte oder zu einzelnen Fossilien zwischen Beobachtungen und Deutungen zu unterscheiden. Entsprechende Aufgaben können auch jüngere Schülerinnen und Schüler zu einer kritischen Einstellung gegenüber wenig begründeten Wissensbehauptungen führen (vgl. *Wraage* 1979).

Die Beschreibung von Fossilien ist eine Hauptbeschäftigung bei der Erforschung der Stammesgeschichte des Menschen. Diese kann jedoch nicht an Fossilien abgelesen oder allein aus ihnen rekonstruiert werden. Dazu bedarf es vielmehr leitender Hypothesen oder Theorien, d. h. Grundvorstellungen über mögliche Abläufe der Evolution. Im Biologieunterricht sollte es daher nicht oder nicht vordergründig um die Aneinanderreihung und Klassifizierung fossiler Einzelfunde gehen, sondern um die mit ihnen verbundenen Deutungen, z. B. die Annahme einer oder mehrerer Stammeslinien innerhalb der Gattung Homo. Eine vergleichende Knochenkunde ist nicht angebracht.

Einige Fossilien sind besonders geeignet, die Erforschung der Stammesgeschichte exemplarisch zu behandeln (s. Abschnitte IV, 2.3 und IV, 2.4).

Beim Aufstellen von Stammbäumen sollte ausdrücklich auf die jeweils vorausgesetzten Evolutionsprozesse (z. B. Selektionsfaktoren, synökologische Beziehungen) Bezug genommen werden, und es sollten stets mehrere Möglichkeiten mit den Gründen diskutiert werden, die für den einen oder den anderen Verlauf der Stammesgeschichte sprechen. Solche evolutionsbiologischen Überlegungen sind nur möglich, wenn das Thema der Evolution des Menschen (auch in der Sekundarstufe I) nicht abgelöst behandelt, sondern in das Gesamtthema „Evolution" integriert wird. In diesem Handbuch sind daher einige Abschnitte zur Evolution des Menschen in andere Hauptkapitel integriert: Populationsdifferenzierung (s. Kapitel II, 3), Verwandtschaft (Kapitel III, 3) sowie kreationistische Deutungen der Schöpfung des Menschen (Kapitel I, 3).

Die Evolution des Menschen wird häufig mannzentriert dargestellt, indem fast nur Männer abgebildet werden. Die Kulturentwicklung orientiert sich zuweilen allein an Jagd und Waffentechnik. Solche Darstellungen, die sich auch in Schulbüchern finden, sind geeignet, die „heimliche Ethik" (Kampf als Vater der Kultur, Männer als Träger der Evolution) durch die Schüler aufdecken und kritisieren zu lassen (vgl. *Dulitz/Kattmann* 1990; *Kattmann* 1994 b).

Literatur

Bromage u. a. 1995; *Dulitz/Kattmann* 1990; *Henke/Rothe* 1994; *Johanson/Edgar/Brill* 1996; *Johanson/White* 1979; *Kattmann* 1974; 1994 a; b; *Kattmann/Pinn* 1984; *Klein* 1989; *Leakey* u. a. 1995; *Leakey/Lewin* 1993; *Lethmate* 1990; *Lewin* 1992; *Portmann* 1965; *Reader* 1982; *Schrenk* 1997; *Tattersall* 1997; *Tobias* 1981; *White/Suwa/Asfaw* 1994; 1995; *Wraage* 1979; *Wood* 1992

IV Evolution des Menschen

1 Eigenart des Menschen

1.1 Sachanalyse

1.1.1 Elemente der Eigenart

Bereits *Linné* (1707-1778) hatte 1735 in seiner „Systema naturae" den Menschen mit den Menschenaffen als Gruppe der Primaten zusammengefasst. Im Anschluss daran wurde im Laufe des 19. Jahrhunderts durch systematische Forschungen der Vergleichenden Anatomie und Morphologie immer deutlicher, dass sich der Mensch in das natürliche System der Wirbeltiere einfügen lässt.
Evolutionsforscher wollen aber auch die Besonderheiten erklären, die den Menschen von anderen Gruppen - insbesondere den Menschenaffen als seinen nächsten Verwandten - unterscheiden. Diese Merkmale kennzeichnen die Eigenart des Menschen (vgl. *Kattmann* 1974; s. Kapitel IV, 0 und Band 4, 289 ff.).
Nach Auffassung der meisten Wissenschaftler gehören zur Eigenart des Menschen vor allem drei Elemente:
– der Aufrechtgang,
– das große Gehirn und
– die menschliche (Greif-)Hand mit ihren besonderen Fähigkeiten.

Der Aufrechtgang ist - ausgewiesen durch die etwa 3,5 Millionen Jahre alten Fußspuren von Laetoli - die älteste hominide Angepasstheit (vgl. *Leakey/Hay* 1979; *Hay/Leakey* 1982; s. Kasten IV, 1-3).
Die Zunahme des Gehirngewichts setzt in der Stammesgeschichte des Menschen dagegen nach den fossilen Belegen erst vor etwa 2 Millionen Jahren in der Homo-Linie ein (s. Abb. IV, 0-2 und IV, 4-3).
Für ungefähr den gleichen Zeitraum ist am fossilen Material eine Veränderung des Daumens belegt, durch die die menschliche Hand die Fähigkeit zu einem kraftvollen Präzisionsgriff bekommt (vgl. *Susman* 1994).

1.1.2 Formen der Bipedie

In der Stammesgeschichte der Wirbeltiere ist die Bipedie als kurzzeitiger oder regelmäßiger Aufrechtgang auf den hinteren Extremitäten zu verschiedenen Zeiten mehrfach konvergent entstanden, so bei Reptilien (Dinosaurier), Vögeln und Säugetieren (vgl. *Kattmann* 1974; *Starck* 1979; *Henke/Rothe* 1994).
Das Grundproblem der bipeden Aufrechthaltung, ob vorübergehend oder habituell, ist eine Verlagerung des Körperschwerpunkts auf eine Schwerpunktlinie, die innerhalb der Unterstützungsfläche der Hinterextremitäten auf den Boden auftrifft.
Die fakultativ bipede Position wird bei Vierbeinern (Quadrupeden) entweder durch eine kurzfristige Beschleunigung des Körpers zum Aufrichten erreicht (beispielsweise beim Pferd) oder durch eine Schwerpunktverlagerung nach rückwärts, wenn durch lange Vorderextremitäten schon eine Annäherung an die senkrechte Körperhaltung gegeben ist (z. B. Menschenaffen, vgl. *Rothe* 1990; *Henke/Rothe* 1994).
Für Quadrupede ist die zweibeinige Aufrechthaltung energetisch ungünstig, weil Hüft- und Kniegelenke nicht vollständig gestreckt werden können. Um bei gebeugten Gelenken das Gleichgewicht zu behalten, ist viel Muskelarbeit nötig (vgl. *Rothe* 1990). Der Vergleich zwischen Pferd und Giraffengazelle zeigt, dass Tiere, die regelmäßig eine bipede Haltung einnehmen (wie die Giraffengazelle zur Nahrungsaufnahme), dieses energetische Problem durch besser gestreckte Gelenke lösen (s. Abb. IV, 1-1).
Aus anatomischen Gründen ist die kletternde Lebensweise bei Säugetieren eine besonders günstige Voraussetzung für die Aufrichtung des Körpers. Dies gilt für nahezu alle Fortbewegungsarten auf Bäumen, u. a. das Springklettern bei Halbaffen und Koboldmakis, das Hangeln bei Gibbons und Orang sowie das Stemmgreifklettern bei Schimpansen (vgl. *Starck* 1979).

Klassenstufe 5/6   **1 Eigenart des Menschen**

Abb. IV, 1-1: Aufrechte Haltung
bei vierbeinigen Säugetieren
a) Pferd, b) Giraffengazelle
(aus *Henke/Rothe* 1994, 194)

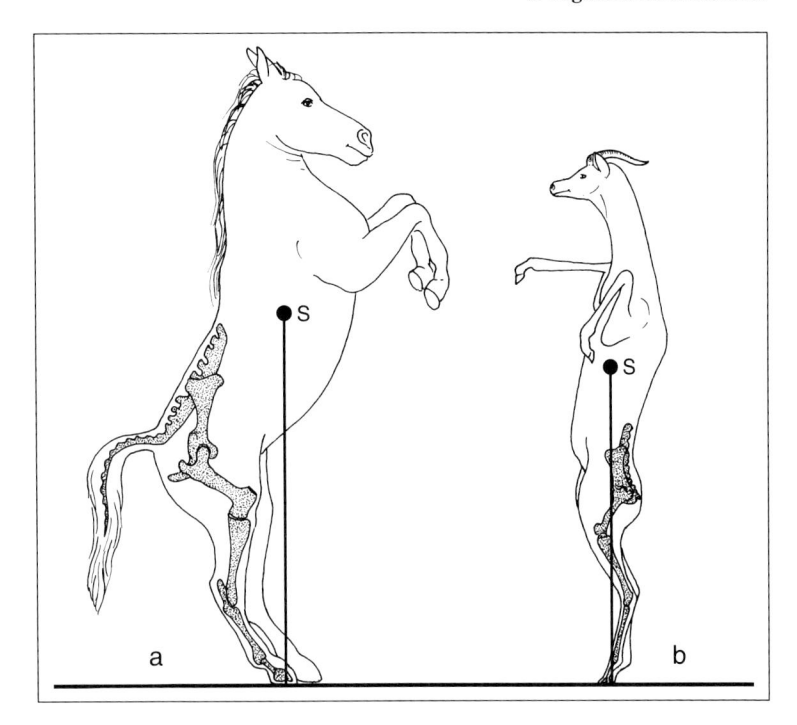

Dementsprechend kommt bipede Fortbewegung bei Primaten recht häufig vor (s. Abb. IV, 1-2), allerdings in verschiedenen Formen:
– zweibeiniges Laufen (über kurze Strecken), wobei das Körpergewicht neben den Bewegungen der Gliedmaßen mit für den Vortrieb sorgt (viele Neu- und Altweltaffen, große und kleine Menschenaffen, Mensch);
– zweibeiniges Gehen, bei dem durch die geringe Geschwindigkeit deutliche Gleichgewichtsprobleme entstehen, so dass oft nur wenige Schritte aufrecht gegangen werden (Schimpanse, Gorilla; Mensch);
– zweibeiniges Stehen in stabiler Gleichgewichtslage mit durchgedrückten Knien, wobei das gesamte Körpergewicht auf den Hinterextremitäten liegt. Hierzu ist unter den Primaten nur der Mensch fähig (vgl. *Starck* 1979; *Rothe* 1990).

Abb. IV, 1-2: Anteil des Aufrechtgangs bei ausgewählten Primaten-Arten. Primaten verfügen meist über mehrere Bewegungsformen wie Hangeln, Klettern, vierfüßiges Laufen, zweifüßiges Gehen. Der Mensch ist demgegenüber in seiner Fortbewegung hoch spezialisiert (aus *Henke/Rothe* 1994, 219, verändert)

IV Evolution des Menschen

1.1.3 Funktionsmorphologie des Aufrechtgangs

Der dauerhafte Aufrechtgang ist beim Menschen mit einem spezifischen Bau von Teilen des Skeletts verbunden.

Wirbelsäule. Der erwachsene Mensch besitzt eine doppelt-S-förmig verlaufende Wirbelsäule, die sich in der frühen Kindheit mit dem Stehen und Laufenlernen herausbildet. Sie zeigt je eine Krümmung zur Bauchseite hin (Lordose) im Hals- und Lendenbereich und eine Krümmung nach dorsal (Kyphose) im Brust- und Beckenbereich (s. Abb. IV, 1-3). Die Krümmung der Wirbelsäule gibt dem aufgerichteten Körper, bei dem das Gewicht des Körpers auf das Becken und die Beine drückt, vertikale Stabilität. Ohne die Krümmungen im Brustbereich und im Becken läge das meiste Gewicht vor der Wirbelsäule, der Körper würde leicht nach vorne kippen (vgl. *Rogers* 1989). Die innerhalb der Primaten einmalige Wirbelsäulenform führt dazu, dass der Körperschwerpunkt nach rückwärts über die Standfläche der Füße verlagert wird, und stellt damit eine Angepasstheit an den aufrechten Gang dar (vgl. *Rothe* 1990; *Henke/Rothe* 1994). Die Doppel-S-Form hat entgegen üblicher Lehrbuchdarstellung kaum etwas mit Stoßdämpfung oder Elastizität zu tun.

Becken. Auch die besondere Form des menschlichen Beckens läßt sich als Angepasstheit an den Aufrechtgang erklären. Das Becken besteht auf beiden Körperseiten jeweils aus Darmbein (Ilium), Sitzbein (Ischium) und Schambein (Pubis), die miteinander zum Hüftknochen verschmolzen sind. Es ist im Vergleich zum Schimpansen niedrig und breit, durch verbreiterte Darmbeinschaufeln zur Aufnahme des Gewichts der Eingeweide schüsselförmig gestaltet. Im Stand liegt es auf der Schwerpunktlinie des Körpers.
Die Verkürzung des Beckens nähert das Sakralgelenk dem Hüftgelenk an. Dies erleichtert die Gewichtsübertragung vom Becken auf die Hinterextremitäten und führt zu einer besseren Stabilität bei aufrechter Haltung (s. Abb. IV, 1-4).

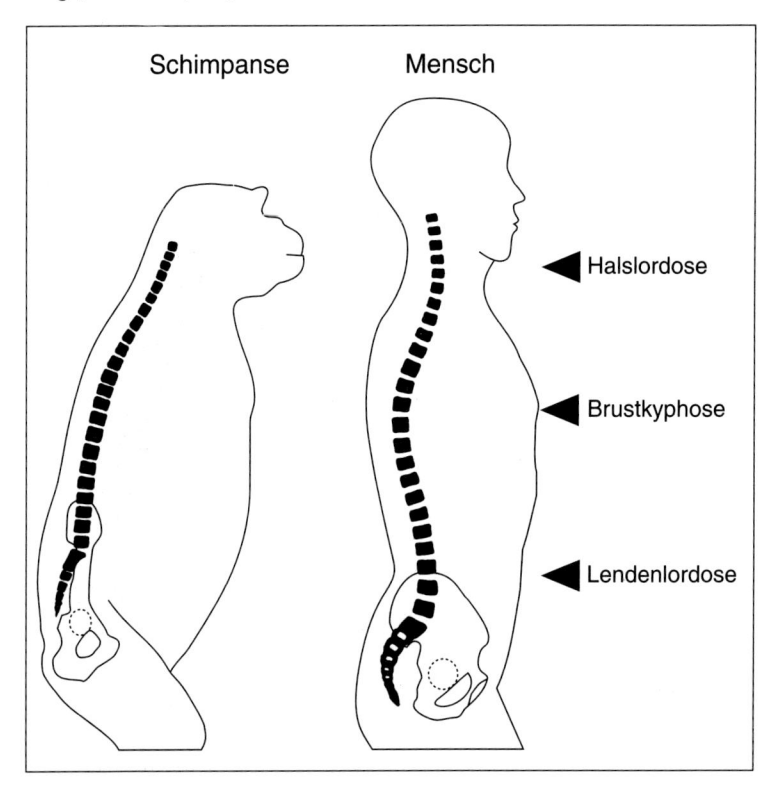

Abb. IV, 1-3: Form der Wirbelsäule bei Schimpanse und Mensch (aus *Henke/Rothe* 1994, 161)

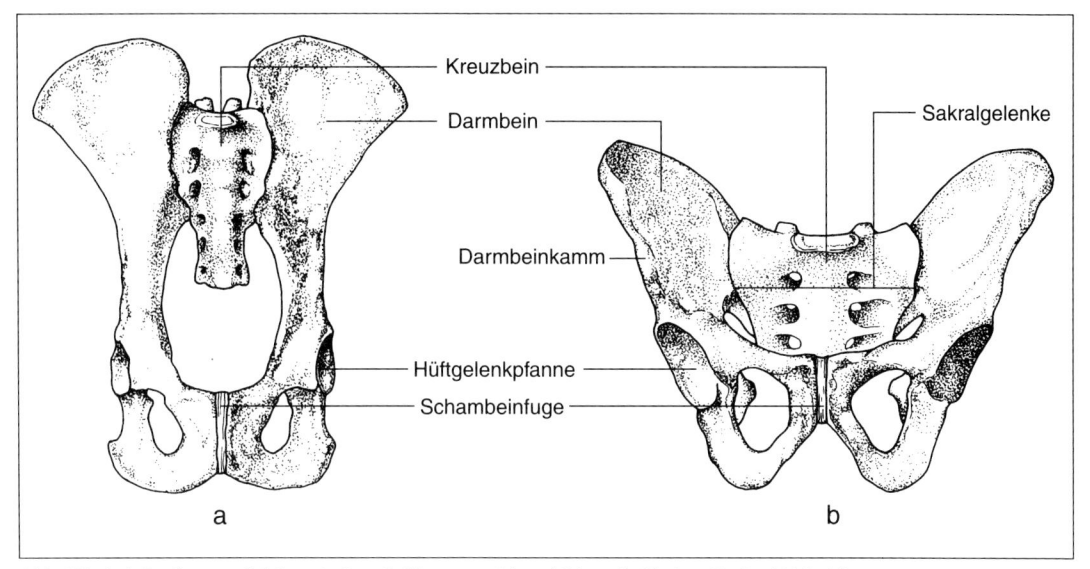

Abb. IV, 1-4: Beckenvergleich zwischen Schimpanse (a) und Mensch (b) (aus *Rothe* 1990, 61)

Die besondere Form der Beckenknochen vergrößert die Ansatzstellen der Muskulatur und verbessert die Hebelverhältnisse der Hüft- und Oberschenkelmuskeln. Teilweise erhalten diese neue Aufgaben, wodurch insgesamt die Effizienz der bipeden Fortbewegung gesteigert oder die Stabilität der Wirbelsäule in dieser Position erhöht wird (vgl. *Rogers* 1989; *Rothe* 1990; *Henke/Rothe* 1994).

Lenden- und Kreuzbereich. Die Wirbelsäulenkrümmung in der Lendenregion (Lendenlordose) führt zu einer Rückwärtsverlagerung des Körperschwerpunkts und damit zu einer erhöhten Standsicherheit. Der Lendenbereich der Wirbelsäule besteht beim Menschen aus 5 Wirbeln, die - verglichen mit anderen Regionen der Wirbelsäule - aufgrund der von oben nach unten zunehmenden Druckbelastung im Stand größer sind als andere Wirbel.

Über das Kreuzbein (Os sacrum) erfolgt die Verbindung der Wirbelsäule zum Becken und somit die Gewichtsübertragung auf die Beine. Das Kreuzbein ist beim Menschen vergleichsweise groß und breit. Die Verbreiterung trägt dazu bei, Sakralgelenk und Hüftgelenk zur verbesserten Gewichtsübertragung auf die Beine anzunähern. Das Kreuzbein ist gegenüber der Lendenregion nach hinten (dorsal) abgeknickt. Dies verbessert die Wirkung der Muskeln, die hier und am Darmbein ansetzen und die Wirbelsäule in aufrechter Position halten (s. Abb. IV, 1-4; vgl. *Rothe* 1990; *Henke/Rothe* 1994).

Extremitätenproportionen. Gibbons und Orang-Utan sind durch eine Verlängerung der Arme an das Schwinghangeln (Brachiation) angepasst, während bei den stemmgreifkletternden afrikanischen Menschenaffen die Hinterextremitäten verkürzt sind. Dies dient zur Erhöhung des Anpressdrucks beim vertikalen Klettern (vgl. *Preuschoft/Witte* 1993). Am Boden bewegen sich die afrikanischen Menschenaffen mit dem Knöchelgang fort, während die ost-asiatischen Menschenaffen - wenn auch selten - am Boden aufrecht gehen und mit den Armen ausbalancieren.

Im Unterschied zu den Menschenaffen besitzt der Mensch lange Hinterextremitäten, wodurch die Schrittlänge vergrößert und somit die Geschwindigkeit des aufrechten Gehens erhöht wird. Die Vorwärtsbeschleunigung des Beins beim Gehen erzeugt auch beim Menschen eine tendenzielle Drehung des Oberkörpers, was das Vorschwingen des Beins stören würde. Neben verbreiterten Schultern und einem flachen Brustkorb trägt auch das zu den Beinen phasenversetzte Schwingen der Arme zur Ruhigstellung des Oberkörpers im aufrechten Gang bei. Hierbei ist die relativ große Armlänge von Bedeutung (vgl. *Preuschoft/Witte* 1993).

IV Evolution des Menschen

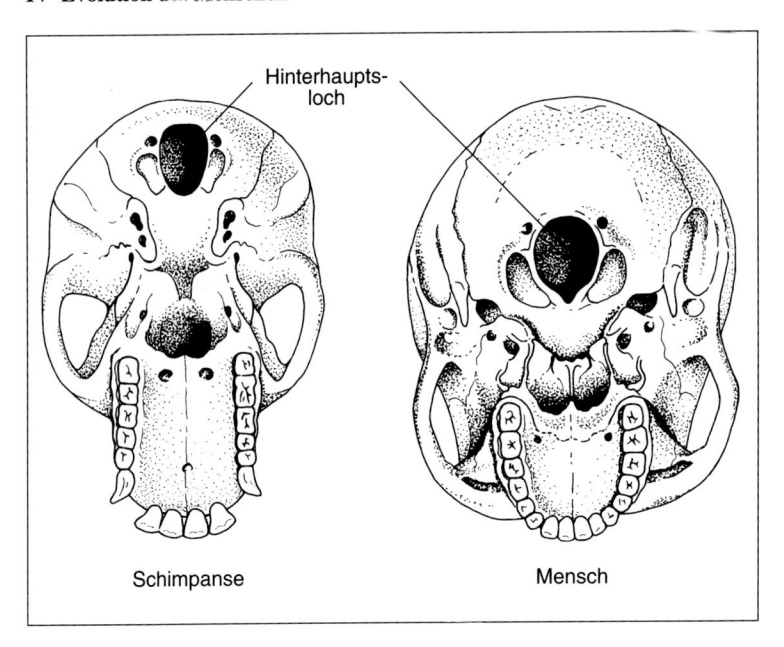

Abb. IV, 1-5: Vergleich der Schädelbasis von Schimpanse und Mensch (aus *Hoff/Miram* 1987, 117)

Schädel. Das wesentliche Merkmal des menschlichen Schädels, das direkt mit dem Aufrechtgang in Verbindung steht, ist die Lage des Hinterhauptslochs (Foramen magnum). Es liegt beim Menschen ungefähr im Mittelpunkt der Schädelbasis. Hier liegt der Schädel auf dem obersten Halswirbel (Atlas) in der Schwerpunktlinie des Körpers (s. Abb. IV, 1-5). Da die Stelle des Schädels, mit der dieser auf der Wirbelsäule aufsitzt, etwas hinter dem Schädelschwerpunkt liegt, ist zur aufrechten Haltung des Kopfes die Kontraktion der Nackenmuskulatur nötig. Im Schlaf läßt sie nach, so dass der Kopf beim Schlafen im Sitzen nach vorn kippt.

Fuß. Der Mensch besitzt als Angepasstheit an den aufrechten Gang einen ausgeprägten Standfuß. Der Zehenbereich ist beim menschlichen Fuß charakteristisch kurz, hierdurch und durch die stark ausgeprägte Großzehe wird das Abrollen und das Abstoßen des Fußes ermöglicht. Die Großzehe kann nicht sehr weit abgespreizt werden, so dass die bei Primaten als ursprünglich angesehene Greiffähigkeit nicht mehr vorhanden ist.

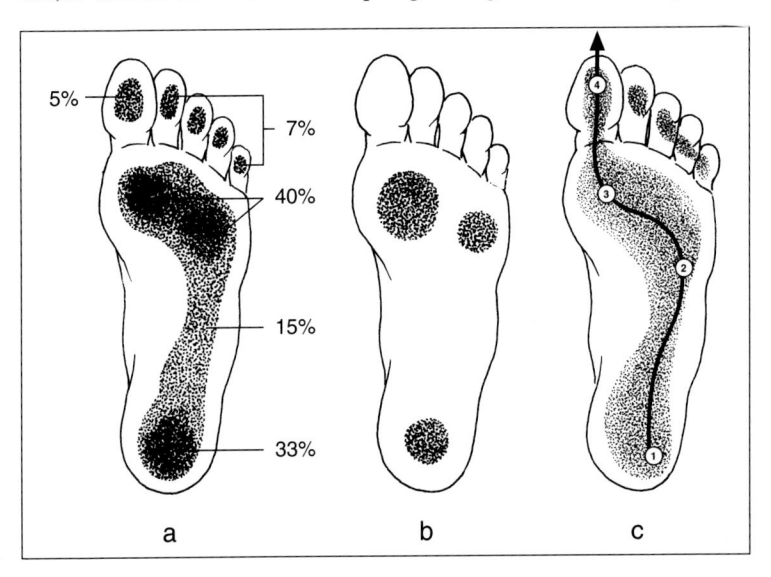

Abb. IV, 1-6: a) Menschliche Trittspur mit Angabe der Belastung verschiedener Stellen, b) Fußsohle mit den drei Hauptbelastungspunkten; c) Abfolge der Gewichtsverlagerung während des Gehens (a); b) aus *Arendt* 1989, 12; c) aus *Rothe* 1990, 67)

Abb. IV, 1-7: Darstellung der Gewölbestruktur des menschlichen Fußes. a) Seitenansicht, b) Quergewölbe, c) Längsgewölbe (aus *Rothe* 1990, 67)

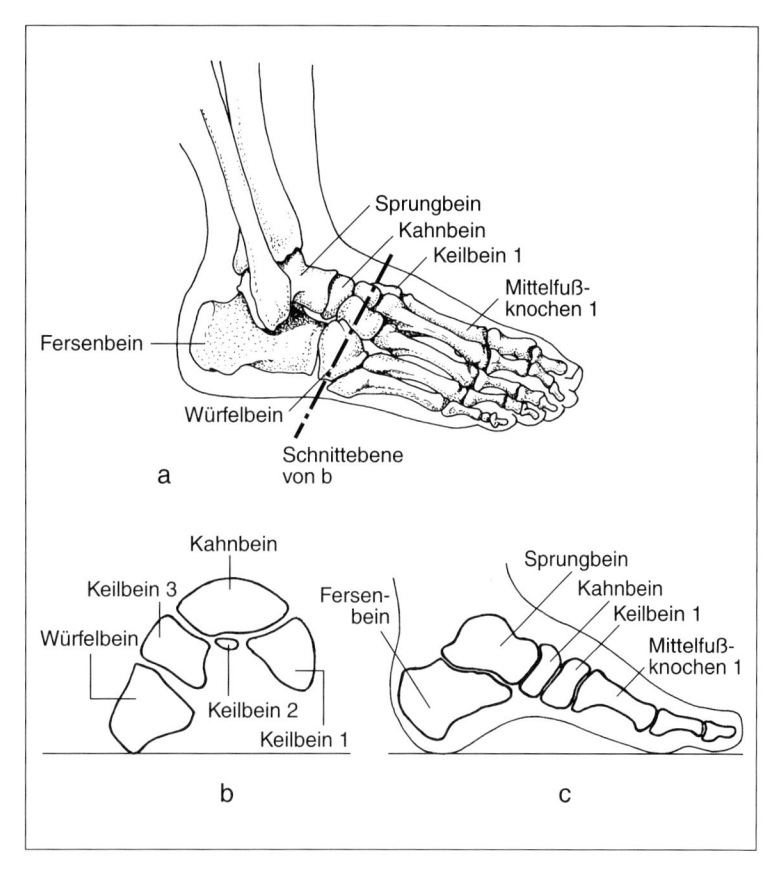

Der menschliche Fuß besitzt ein Fußgewölbe, das das Körpergewicht abfedert, im Stand stabil hält sowie die beim Gehen auftretenden Kräfte auf drei Hauptbelastungspunkte der ganzen Fußsohle verteilt (s. Abb. IV, 1-6). Das Gewölbe besteht aus einem stammesgeschichtlich alten Quergewölbe und einem nur beim Menschen vorhandenen Längsgewölbe (s. Abb. IV, 1-7; vgl. *Starck* 1979; *Rothe* 1990; *Gropengießer* 1993; *Henke/Rothe* 1994).

Zur Reduktion der Masse beim Abheben und Schwingen des Fußes ist die Muskulatur reduziert und außerdem durch stabilere Bänder ersetzt (vgl. *Preuschoft/Witte* 1993). Die seitliche Schwerpunktauslenkung während des Gehens wird durch die sogenannte „physiologische X-Bein-Stellung" des Menschen gering gehalten. Die Füße befinden sich dadurch in der Mitte, dicht an der Schwerpunktlinie des Körpers. Dies ist möglich, weil der menschliche Oberschenkel mit dem Unterschenkel einen Winkel bildet (Valguswinkel, vgl. *Lewin* 1992; *Henke/Rothe* 1994).

1.1.4 Zur Evolution der Bipedie

Die Frage nach der evolutiven Entstehung des Aufrechtgangs wird unter zwei Gesichtspunkten diskutiert. Einmal geht es um die Frage nach den Fortbewegungsweisen, die Ausgangsform oder Zwischenschritte in der Evolution der menschlichen Bipedie gewesen sein könnten. Zum anderen gilt das Interesse den (ökologischen) Selektionsbedingungen, deren Auslesedruck den Aufrechtgang hervorgebracht hat.

Die Überlegungen zur Ableitung der Bipedie orientieren sich notwendiger Weise an Bewegungsweisen wie (Stemmgreif-)Klettern, Hangeln (Brachiation), zweibeinigem oder vierbeinigem Laufen, die man bei rezen-

IV Evolution des Menschen

ten Menschenaffen vorfindet. Schimpansen stehen dabei aufgrund ihrer relativen verwandtschaftlichen Nähe zum Menschen und ihres vielfältigen Bewegungsrepertoires im Mittelpunkt des Interesses.

Obwohl die Diskussion kontrovers geführt wird, besteht über einen Punkt weitgehende Übereinstimmung: Die wahrscheinlichste Ausgangsform für die Evolution der menschlichen Bipedie ist eine an das Baumleben angepasste, überwiegend kletternde Fortbewegungweise, die meist vierbeinig, aber auch gelegentlich zweibeinig erfolgte und sich verstärkt auf die Hinterbeine stützte (vgl. *Preuschoft/Witte* 1993; *Henke/Rothe* 1994; *Moyà-Solà/Köhler* 1996).

Diese Vorstellung ist an ein Schimpansen-Modell angelehnt. Allerdings haben vergleichende Studien nachgewiesen, dass der Aufrechtgang des Schimpansen (oder eines Gibbon) nicht als Ausgangs- oder Zwischenstadium angesehen werden kann, denn das Bewegungsmuster, d. h. das Muster der Abweichungen der Gelenkewinkel von der neutralen Standposition, zeigt bei der Schimpansen-Bipedie keine Übereinstimmung mit dem menschlichen Aufrechtgang. Die beiden Formen sind nach dieser Analyse nicht homolog.

Dagegen besteht zwischen dem Bewegungsmuster der unteren Extremitäten beim vertikalen (Stemmgreif-)Klettern des Schimpansen und dem Bewegungsmuster der Extremitäten beim zweibeinigen Gehen des Menschen eine überraschende Ähnlichkeit. Außerdem vollzieht das Becken des Schimpansen eine Einwärtsdrehung wie beim menschlichen Aufrechtgang nicht beim zweibeinigen Gehen, sondern beim vertikalen Klettern. Außerdem ist bekannt, dass dieselben Armmuskeln, die beim Schwinghangeln benutzt werden, auch wichtig für das vertikale Klettern sind, was auch durch die Analyse der Bewegungsmuster der Arme belegt wurde (vgl. *Prost* 1980). Lange Arme, wie bei den Schimpansen, sind beim vertikalen Klettern kräftesparend, wenn das Körpergewicht an den Armen hängt (vgl. *Preuschoft/Witte* 1993).

Darauf basiert die Auffassung, dass vertikale Kletterer einige morphologische Merkmale mit Schwinghanglern teilen, ohne dass dies auf Vorfahren mit einem brachiatorischen Bewegungsmuster zurückgeführt werden müsste. Insgesamt stellen die Angepasstheiten an das Klettern nach dieser Auffassung gleichzeitig die Rahmenbedingungen (Präadaptationen) für die Bipedie dar, ohne dass der baumlebende Vorläufer je einen bipeden Schritt auf dem Boden ausgeführt haben muss (vgl. *Prost* 1980; s. Abb. IV, 1-8).

Der Übergang zur Bipedie könnte danach durch eine allmähliche Vergrößerung der nach oben armgestützten bipeden Fortbewegungsanteile zu Lasten der echten Vierbeinigkeit erfolgt sein. Einzubeziehen ist hier eine Prädisposition zur aufrechten Oberkörperhaltung beim Sitzen (vgl. *Lewin* 1992), die ihre Funktion im Zusammenhang des Sozialverhaltens sowie der Nahrungsbeschaffung gehabt haben dürfte (vgl. *Lethmate* 1989 a, „Unterastesser"). Die Auffassung, dass der Aufrechtgang bereits zu einem frühen Zeitpunkt bei baumlebenden Vorfahren der heutigen Hominoiden aufgetreten ist, wird durch einen neueren Fund von Dryopithecus

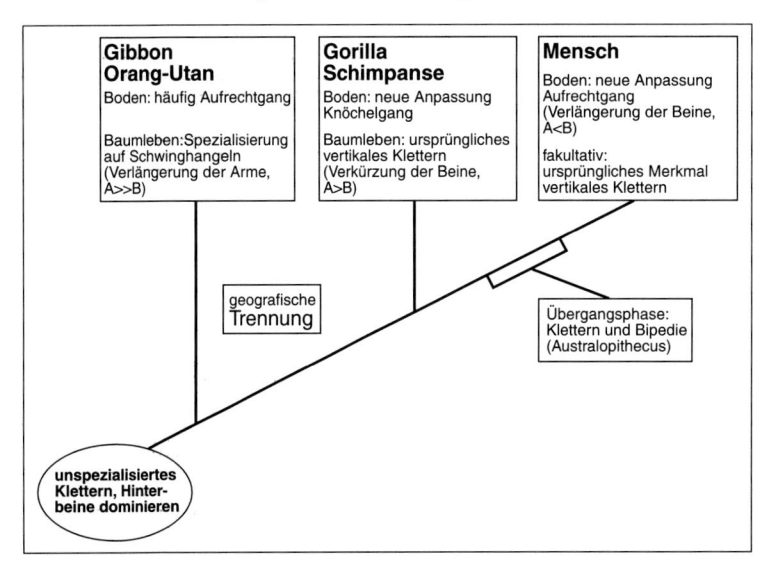

Abb. IV, 1-8: Hypothesen zur Entstehung des Aufrechtgangs bei Primaten (nach *Preuschoft/Witte* 1993; *Moyà-Solà/Köhler* 1996)

bestätigt, der eine aufrechte Haltung und Fortbewegung in Kombination mit Merkmalen der Angepasstheit an eine hangelnde Fortbewegung für die Zeit vor rund 9,5 Millionen Jahren belegt (vgl. *Moyà-Solà/Köhler* 1996). Andere Autoren gehen dagegen davon aus, dass auch die Verlängerung der Arme bei den afrikanischen Menschenaffen als Angepasstheit an das Schwinghangeln zu erklären ist. Sie gehen weiterhin von einem Schimpansen-Modell aus, nach dem die Evolution der Bipedie bei bodenlebenden Menschenaffen durch Aufrichtung mit Hilfe der langen Vorderextremitäten erfolgt ist (vgl. *Franzen* 1993; *Henke/Rothe* 1994, 222). Für diese „Knöchelgänger"-Hypothese gibt es allerdings im Handskelett keine morphologischen Hinweise (vgl. *Henke/Rothe* 1994).

Aus heutiger Sicht stellt sich der Übergang von der Quadrupedie zur Bipedie in der Stammesgeschichte der Hominoiden nicht als ein einschneidendes Ereignis dar (vgl. *Lewin* 1992). Dies wird auch durch energetische Studien gestützt, die für Schimpansen bei quadrupeder und bipeder Lokomotion den gleichen Energieaufwand belegen; es galt also keinen „energetischen Rubikon" zu überschreiten, um zum Aufrechtgang zu gelangen (vgl. *Rodman/McHenry* 1980; *Lewin* 1992; *Kattmann* 1994 a).

Weitere energetische Vergleiche haben gezeigt, dass der menschliche Aufrechtgang bei Schrittgeschwindigkeit energetisch viel günstiger ist als der Knöchelgang der rezenten Menschenaffen (s. Kasten IV, 1-4). Bei Höchstgeschwindigkeit ist die Bipedie des Menschen dem Vierfüßergang der Menschenaffen allerdings deutlich unterlegen. Beide Bewegungsformen verweisen damit auf unterschiedliche Selektionsrichtungen, was ebenfalls gegen eine Ableitung der Bipedie über ein Knöchelgängerstadium spricht.

Welche Selektionsbedingungen zur evolutiven Entstehung des aufrechten Gangs geführt haben, ist noch umstritten. In den 60er und 70er Jahren wurde der Aufrechtgang häufig in einem direkten Zusammenhang mit der Freistellung der Hände zum Gebrauch von Werkzeugen gesehen. Heute hat die Forschung die große manuelle Geschicklichkeit der nichthumanen Primaten völlig erkannt, die insbesondere bei Schimpansen bis zur Werkzeugherstellung reicht (vgl. *Prost* 1980; *Lethmate* 1990; *McGrew* 1992). Es erscheint daher wahrscheinlich, dass auch die gemeinsamen Vorfahren von Mensch und heutigen Menschenaffen z. B. bei der Nahrungsaufnahme und Nahrungszubereitung geschickt manipulieren konnten, was als wichtige Voraussetzung (Präadaptation) für ein späteres Werkzeugverhalten zu werten wäre (vgl. *Prost* 1980). Eine Ursache-Wirkungs-Beziehung zwischen Aufrechtgang und Werkzeuggebrauch ist schon durch den großen zeitlichen Abstand ihres Auftretens in der Stammesgeschichte ausgeschlossen.

In komplexen Modellen zur Menschwerdung, die sich stark an Sammlerinnen-und-Jäger-Kulturen orientieren, wird das Sozialverhalten stärker einbezogen und sich verstärkende Rückkopplungen zwischen dem Aufrechtgang, freien Händen, gemeinschaftlichem Jagen und Sammeln sowie Nahrungs- und Arbeitsteilung in der sozialen Gruppe angenommen (s. Kapitel IV, 4). Auch von diesen Vorstellungen ist die Forschung inzwischen weitgehend abgerückt.

Dagegen treten wieder ältere Theorien in das Zentrum der Aufmerksamkeit, die z. B. in einer aufgerichteten Körperhaltung einen Selektionsvorteil sehen, weil damit eine bessere Übersicht in offenem Gelände verbunden ist (vgl. *Erben* 1988). Als weitere Vorteile der aufrechten Körperhaltung in einer trocken-heißen Umgebung werden außerdem angeführt:
– eine verringerte Sonneneinstrahlung aufgrund einer kleineren exponierten Oberfläche,
– ein daraus resultierender geringerer Wasserbedarf und
– eine im Stand auftretende, kühlende Luftströmung (vgl. *Wood* 1993; *Kattmann* 1994 a).

Allerdings ist damit noch keine Antwort auf die Frage nach dem Ursprung des Aufrechtgangs am Boden gegeben. Hierzu wurde ein Modell entwickelt (vgl. *Rodman/McHenry* 1980), das heute weitestgehend akzeptiert wird (vgl. *Lewin* 1992; *Leakey/Lewin* 1993). Das Szenario stützt sich auf energetische und ökologisch-klimatische Selektionsfaktoren, die zur Durchsetzung des Aufrechtgangs am Boden in der Hominidenlinie geführt haben könnten.

Am Ende des Miozän führte eine globale Abkühlung im ostafrikanischen Lebensraum der Früh-Hominiden zu einem trockeneren Klima. Die großen Urwaldgebiete schrumpften und hinterließen ein Wald- und Savannen-Mosaik, in dem sich kleine, unzusammenhängende Futterplätze mit saisonal wechselndem Nahrungsangebot befanden (vgl. *Vrba* 1985; *Johanson/Shreeve* 1989; *Lewin* 1992; *Leakey/Lewin* 1993).

IV Evolution des Menschen

Allein aufgrund der immer weiter verstreuten Verteilung der Nahrungsquellen, unter Beibehaltung einer früchteessenden Nahrungsstrategie, ergab sich für die gleiche Nahrungsmenge die Notwendigkeit einer immer weiteren Wanderung auf dem Boden von einem Nahrungsort zum anderen. Hieraus resultierte ein Selektionsdruck, der in Richtung auf eine zunehmende Effektivität der Fortbewegung am Boden wirkte (s. Kasten IV, 1-4). Durch den energetischen Vergleich wird deutlich, „dass die Bipedie die energetische Effizienz der Wanderungen von Hominiden erhöhte und dass diese Erhöhung ein wichtiger Faktor bei der Entstehung des Aufrechtgangs war" (*Rodman/McHenry* 1980; vgl. *Klemmstein* 1994 a).

Die Bipedie bot auch die Möglichkeit, die Effektivität der Fortbewegung durch die Umbildung allein der Hinterextremitäten (weiter) zu steigern und dabei die Kletterfähigkeit für die Nahrungssuche in Bäumen beizubehalten (vgl. *Rodman/McHenry* 1980), wie es nach Ansicht der meisten Forscher bei Australopithecus afarensis verwirklicht ist (Mosaikevolution).

Aus funktionsmorphologischer und aus stammesgeschichtlicher Sicht besteht also kein Gegensatz zwischen bipedem Gehen und Klettern: Beide können auf ein gemeinsames Bewegungsmuster zurückgeführt und deshalb selbstverständlich nebeneinander ausgeführt werden. Dies entspricht nach neueren Erkenntnissen durchaus evolutionstheoretischen Erwartungen: „Neue Eigenschaften werden nämlich häufig dadurch erworben, dass die betreffenden Organe für mehrere Funktionen geeignet sind. Bei Mehrfachfunktionen kann durch Selektion eine der Funktionen begünstigt werden, und die andere kann weniger Bedeutung bekommen oder ganz fortfallen" (*Kattmann* 1994 a, 8).

1.2 Vorschläge zur Unterrichtsgestaltung am Beispiel „Der Aufrechtgang und seine Konsequenzen"

1.2.1 Didaktische Überlegungen

Die Wahl des Aufrechtgangs als Unterrichtsgegenstand, um die Eigenart des Menschen exemplarisch aufzuzeigen, wird durch die zentrale wissenschaftliche Bedeutung legitimiert, die diesem Merkmal nach wie vor zukommt (s. auch Kapitel IV, 4). Die Angepasstheit an den Aufrechtgang zeigt sich am menschlichen Körper in einer Vielzahl von Merkmalen, so dass der Bau-Funktions-Zusammenhang in vielfältiger Weise aufgezeigt werden kann, was einem wesentlichen evolutionsbiologischen Erkenntnisinteresse entspricht. An der Thematik des Aufrechtgangs können die Schüler schon auf der Klassenstufe 5/6 funktionsmorphologische Aspekte erkennen und im Rahmen eines naturgeschichtlich orientierten Unterrichts evolutionsbiologisch reflektieren. Deshalb wurde die exemplarische Behandlung eines der Merkmale der menschlichen Eigenart gewählt. In entsprechender Weise kann auch der Bau-Funktions-Zusammenhang bei der Greifhand behandelt werden (vgl. *Weber* 1994).

Auf höheren Klassenstufen der Sekundarstufe I können übergreifende evolutive Zusammenhänge stärker betont werden, so dass sich eher eine Zusammenschau mehrerer Merkmale anbietet. Eine weitere Möglichkeit besteht darin, eine Vormenschenform unter dem Aspekt des Aufrechtgangs zu behandeln, z. B. Australopithecus afarensis: „Lucy" (vgl. *Fischer* 1994; *Klemmstein* 1994 a).

Ähnlich wie zu anderen Aspekten der Evolution des Menschen haben die Schüler auch zum Aufrechtgang meist vielfältige Vorkenntnisse aus populärwissenschaftlicher Jugendliteratur, Fernsehsendungen oder auch Zoobesuchen. Hierauf sollte im Unterricht eingegangen werden, einmal, um die vorhandene Motivation der Schüler aufzugreifen, zum anderen, um eventuell veraltete Vorstellungen zu korrigieren.

Zur Besprechung des Aufrechtgangs im Unterricht wird notwendigerweise auf die Menschenaffen als Vergleichsmodelle zurückgegriffen. Der kontrastierende Vergleich mit den Menschenaffen ist für die Schüler anschaulich und motivierend. Dabei darf für die Erklärung der Evolution des Aufrechtgangs aber nicht vergessen werden, dass es sich bei den Menschenaffen nicht um historische „Zwischenstadien" der Evolution handelt, sondern um rezente Tiere, an denen lediglich Modellvorstellungen zur Evolution entwickelt werden können.

Klassenstufe 5/6   **1 Eigenart des Menschen**

Die Thematik erfordert anspruchsvolle theoretische Erörterungen. Gerade deshalb sollte in dieser Klassenstufe auch Raum für praktische Betätigungen der Schüler gegeben werden. Dem wird durch Beobachtungen im Zoo, kleine Selbstversuche der Schüler und selbstgebaute Modelle Rechnung getragen. Daneben steht der Einsatz von Arbeitsblättern mit anschaulichen Materialien, die den Schülern eigene Lösungsansätze sowie Selbstüberprüfung und Korrektur ermöglichen.

Unterrichtsziele:

Die Schüler sollen
– den Zusammenhang von Extremitätenproportionen und Bewegungsweise bei Menschenaffen und Mensch beschreiben können;
– die wesentlichen mit dem Aufrechtgang des Menschen verbundenen morphologischen Merkmale angeben können;
– an der Form der Wirbelsäule und dem menschlichen Standfuß den Zusammenhang zwischen Aufrechtgang und Morphologie aufzeigen können;
– die Hypothese, nach der der Aufrechtgang als Folge ökologischer Veränderung zur dominanten Fortbewegungsweise wurde, nennen können.

1.2.2 Unterrichtsprozess

Anlässlich eines Zoobesuchs erhalten die Schüler als Einstieg in die Unterrichtseinheit die Gelegenheit, sich mit den Menschenaffen vertraut zu machen. Für die Durchführung der Beobachtungsaufgaben bieten sich zwei Möglichkeiten an.
– Die Schüler bekommen als Aufgabe, die Menschenaffen zu beobachten und alles, was ihnen wichtig erscheint, zu protokollieren. Erfahrungsgemäß nehmen die Schüler dieser Klassenstufe die für den anschließenden Unterricht wichtigen Aspekte wahr, wenn diese auch nicht immer schriftlich festgehalten werden. Eine ungelenkte Beobachtung erhält die spontane Freude am Schauen und wirkt motivierend.
– In den meisten Lerngruppen ist es nötig, bestimmte Beobachtungsvorgaben zu machen, um die Schüleraktivität zu systematisieren. In diesem Fall sollten mit den Schülern vor dem Zoobesuch Aspekte zusammengestellt werden, die dem im folgenden geplanten Unterrichtsthema Rechnung tragen. Es wird daher die Aufgabe gestellt, besonders auf den Körperbau (Länge von Armen und Beinen), verschiedene Bewegungsweisen, Nutzung und Aussehen von Händen und Füßen zu achten. Von den Händen und Füßen werden möglichst genaue Skizzen angefertigt, die später im Unterricht ausgewertet werden.

In beiden Fällen wird das bei den Schülern meist vorhandene Vorwissen über Menschenaffen aktiviert. Falls ein Zoobesuch nicht zu verwirklichen ist, werden geeigneten Filme gezeigt (s. Abschnitt IV, 1.3.2).

Die anschließende Auswertung der Schülerbeobachtungen wird durch die Lehrperson nach Aspekten systematisiert und wenn nötig ergänzt, so dass eine Tabelle zur Biologie der Menschenaffen entsteht, die alle Schüler in ihre Hefte übernehmen (s. Abschnitt III, 3.3.4).

Die Beobachtungen aus dem Zoo werden dabei auch im Hinblick auf die natürlichen Lebensbedingungen diskutiert (vgl. auch *Hassfurther/Rautenberg* 1985; *Heilen* 1987).

Nun leitet die Lehrperson auf die verschiedenen Fortbewegungsweisen bei Menschenaffen und Mensch über. Im Unterrichtsgespräch werden die beobachteten unterschiedlichen Größenverhältnisse der Gliedmaßen zusammengestellt und auf die jeweiligen Fortbewegungsweisen bezogen. Zur Festigung und Ergebnissicherung erhalten die Schüler ein Arbeitsblatt (s Kasten IV, 1-1). Die Arbeitsaufträge werden zunächst in Kleingruppen ausgeführt und danach im Plenum vorgetragen und verglichen. Der funktionale Zusammenhang zwischen Gliedmaßenproportion und Fortbewegungsweise (s. Kasten IV, 1-1, Aufgabe 3) wird mit den Schülern ausführlich diskutiert und -wenn nötig- durch die Lehrperson zusätzlich erläutert (vgl. *Klaus/Schiedges* 1989; *Leder/Kämper* 1992).

IV Evolution des Menschen

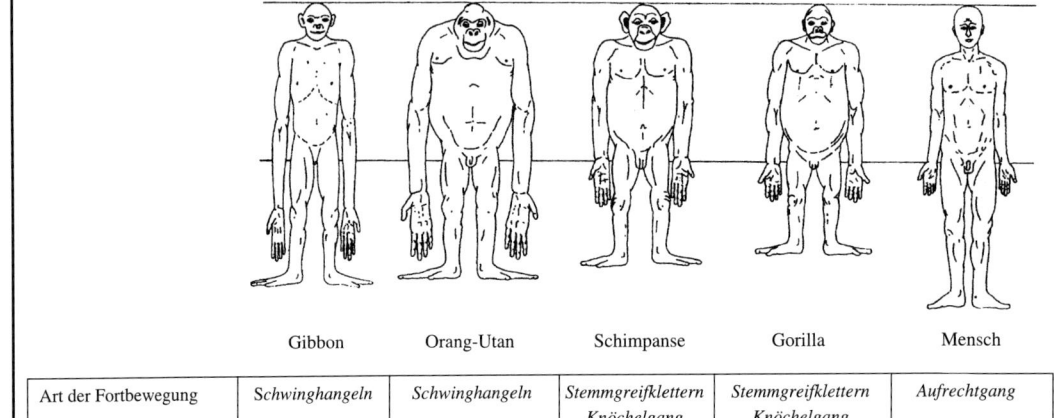

Art der Fortbewegung	Gibbon	Orang-Utan	Schimpanse	Gorilla	Mensch
	Schwinghangeln	Schwinghangeln	Stemmgreifklettern Knöchelgang	Stemmgreifklettern Knöchelgang	Aufrechtgang
Verhältnis von Armen zu Beinen (Arme:Beine x 100) Arme > Beine	132 Arme>>Beine	144 Arme>>Beine	110 Arme>Beine	131 Arme>>Beine	71 Arme<Beine

Aufgaben
1. Trage in die Tabelle für die dargestellten Menschenaffen und den Menschen die hauptsächlichen Fortbewegungsarten ein.
2. Miss mit einem Lineal die Länge von Armen und Beinen. Berechne dann das Verhältnis von Armen zu Beinen (Arme:Beine x 100). Trage auch diese Werte und das Verhältnis von Armen und Beinen (z.B. Arme>Beine: Arme länger als Beine) in die Tabelle ein.
3. Erkläre den Zusammenhang, der zwischen den Arm- und Beinlängen und der Fortbewegungsweise einer Art besteht.

Kasten IV, 1–1: Die Beziehung zwischen Fortbewegungsweise und Gliedmaßenproportionen (aus *Hoff/Miram* 1979, 102)

Nun wird der Mensch einbezogen und sein Aufrechtgang mit dem der Menschenaffen verglichen. Dazu tragen die Schüler zunächst ihre Zoobeobachtungen zum aufrechten Gehen bei den Menschenaffen zusammen: Welche Menschenaffen gingen am Boden zweibeinig aufrecht? (häufig Gibbons, seltener Schimpansen bzw. Bonobos) Was war dabei zu beobachten? (Körperhaltung, Beinstellung, Bewegungsabläufe).
Den Schülern sollte deutlich werden, wodurch die unsichere Haltung der Menschenaffen (O-Bein-Stellung, angewinkelte Knie, Form der Wirbelsäule) und der sichere Aufrechtgang des Menschen bedingt sind (X-Bein-Stellung, durchgedrückte Knie, Doppel-S-Form der Wirbelsäule, stabile Schwerpunktlage, Unterstützungsfläche der Füße). Dazu werden kleine „Selbstversuche" der Schüler durchgeführt: Die Schüler nehmen die Körperhaltung der Schimpansen mit gebeugten Knien und vornüber geneigtem Oberkörper ein, um die Schwerpunktlage zu simulieren und den nötigen Kraftaufwand für die aufrechte Fortbewegung als „Schimpanse" selbst zu spüren. Ein leichter Stoß vom Partner belegt die labile Gleichgewichtslage in dieser Haltung. Bei genügend Zeit kann ein entsprechendes Funktionsmodell gebaut werden (vgl. *Schneider* 1979).
Die festgestellten Angepasstheiten des Menschen an den aufrechten Gang werden anschließend in ein Arbeitsblatt eingetragen und ergänzt (s. Kasten IV, 1-2). Zur Veranschaulichung werden zusätzlich die Abbildungen IV, 1-3 bis IV, 1-5 herangezogen.
Im folgenden Unterrichtsabschnitt wird das Erarbeitete durch den Transfer auf ein weiteres Beispiel gefestigt. Die Schüler vergleichen dazu den menschlichen Standfuß mit den Füßen der Menschenaffen auf der Grundlage der Beobachtungen im Zoo und der angefertigten Skizzen. Ergänzend erhalten sie Materialien der Kästen III, 3-5 bis III, 3-8. Die in Gruppenarbeit ermittelten Ergebnisse werden zusammengetragen und ins Heft übernommen (z. B. Großzehe: nach vorn gerichtet, nicht den anderen Zehen gegenüberzustellen, stark aus-

Klassenstufe 5/6   **1 Eigenart des Menschen**

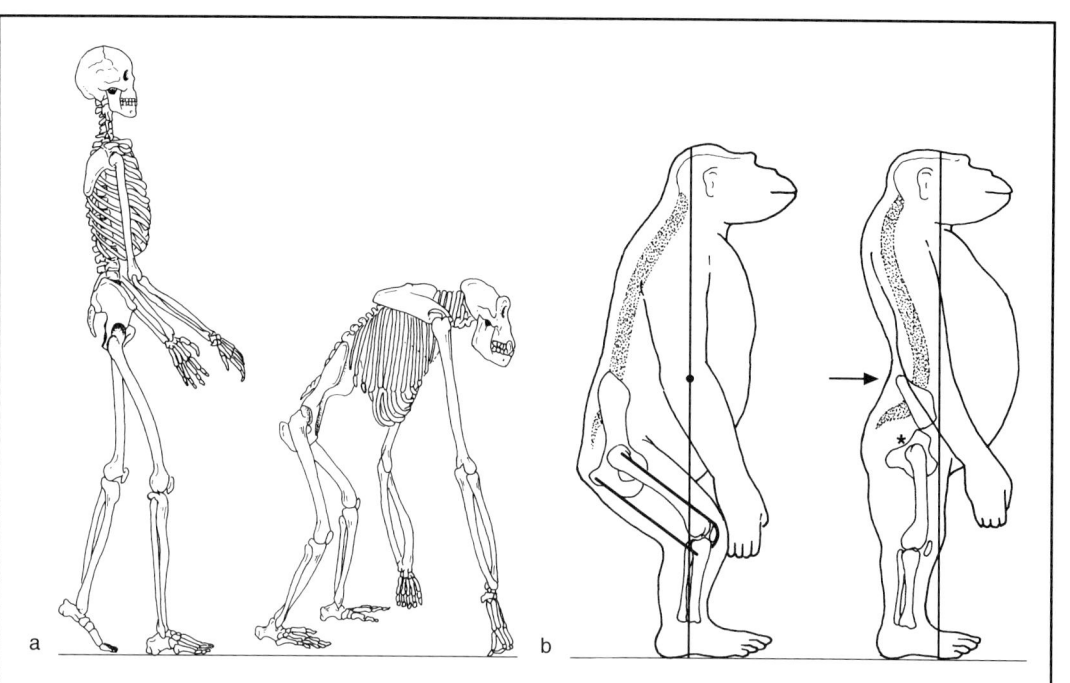

Wesentliche Veränderungen, die bei Schimpansen für einen perfekten Aufrechtgang nötig wären.

Aufgabe:
Welche Merkmale des Skeletts zeigen, dass der Mensch an den Aufrechtgang angepasst ist? Vergleiche Schimpanse und Mensch und notiere die Angepasstheiten des Menschen an den aufrechten Gang.

- *senkrechte Kopfhaltung*
- *doppelt-S-förmige Wirbelsäule*
- *kurzes Becken*
- *verlängerte (Hinter)Beine*
- *durchgedrückte Knie*
- *Standfuß*

Kasten IV, 1–2: Angepasstheit an den Aufrechtgang (a) nach *Lewin* 1992, 78, verändert; b) *Aiello/Dean* 1990, 247)

geprägt, die anderen Zehen überragend; verkürzter Zehenbereich). Anschließend zeichnen die Schüler eine Umrissskizze des menschlichen Fußes in ihre Hefte.

Danach werden die Schüler aufgefordert, einige Schritte zu gehen und die Gewichtsverlagerung über den Fuß beim Abrollen an sich zu beobachten. Die Schüler können auch in einer flachen Kiste mit nassem Sand leicht Fußabdrücke herstellen, die dann das Abrollmuster als Vertiefung zeigen. Die Wahrnehmungen werden zusammengetragen und der Ablauf der Gewichtsverlagerung in die Heftskizze des menschlichen Fußes eingetragen. Die Bedeutung der Verkürzung des Zehenbereichs für das Abrollen des Fußes kann spektakulär verdeutlicht werden, indem man einen Schüler in Schwimmflossen gehen läßt. In diesem Unterrichtsabschnitt werden die Abbildungen IV, 1-6 und IV, 1-7 zur Vertiefung eingesetzt.

Mit der Anwendung des Gelernten auf die fossilen Spuren von Laetoli erhält der Unterricht eine neue, motivierende Wendung (s. Kasten IV, 1-3). Nachdem die Schüler den Text in einer Stillphase gelesen haben, werden zunächst gemeinsam offen gebliebene Fragen geklärt. Danach sollen sie ohne weitere Erläuterungen Ähnlichkeiten, aber auch Unterschiede zu dem Abdruck eines menschlichen Standfußes feststellen. Die Ergebnisse des Unterrichtsgesprächs werden an der Tafel oder auf Folie notiert (ähnliches Abrollmuster, Vor-

IV Evolution des Menschen

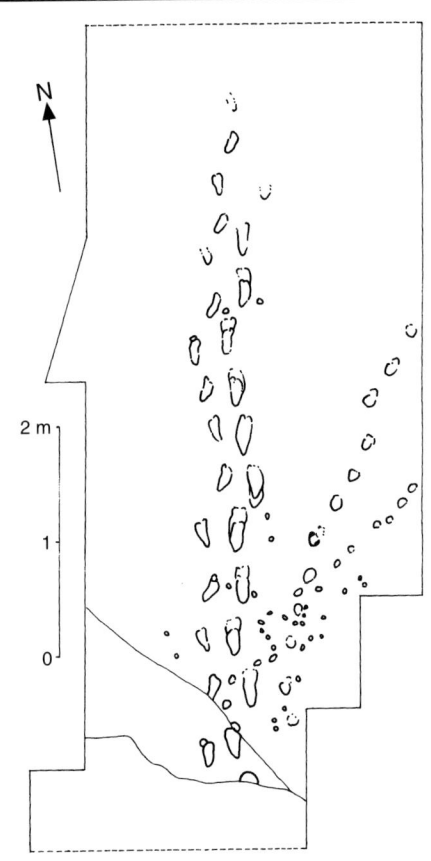

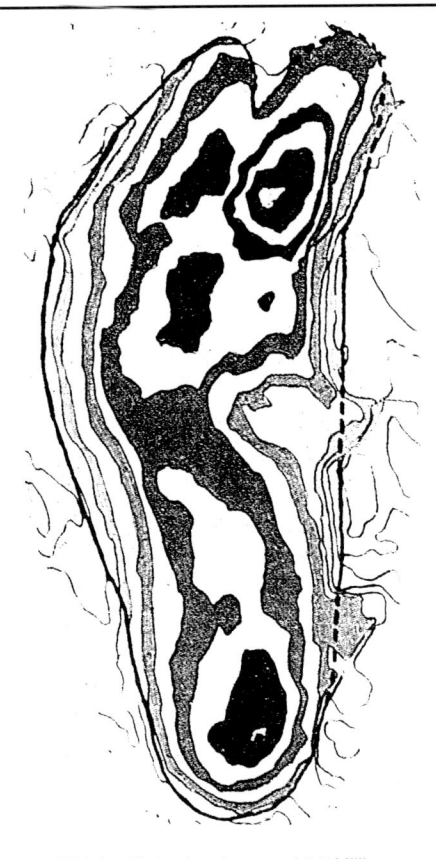

a Zeichnung der Fundstelle mit menschenähnlichen Spuren

b Bild des Abdrucks eines rund 3,5 Millionen Jahre alten Fußabdrucks aus Laetoli/Tansania mit Drucklinien

Fußabdrück in der Vulkanasche

„Die Laetoli-Fußabdrücke sind vermutlich die kostbarste Entdeckung, die in unserer Wissenschaft je gemacht wurde und je gemacht werden wird." So schätzt ein Wissenschaftler die Bedeutung der vormenschlichen Fußspuren von Laetoli/Tansania in Afrika ein. Doch dieses Naturdenkmal der Menschheit ist von Zerstörung bedroht. Unter Plastikplanen, Sand und Lavabrocken als Schutz gegen Erosion konnten Akaziensamen besonders gut keimen. So säumen heute 52 kleine Bäume die Fußspuren. Ihre Wurzeln haben die Fußabdrücke teilweise schon durchwachsen.
Diese Fußspuren wurden 1978 entdeckt. Auf einer Strecke von 25 Metern laufen zwei Spuren im Abstand von etwa 25 cm nebeneinander her. Die eine Spur besteht aus 22 kleineren Abdrücken, die zweite aus 12 größeren Fußspuren. Die Doppelspur verläuft in nördlicher Richtung. Östlich davon liegt der heute erloschene Vulkan Sadiman, der die Asche ausgestoßen hat, in der die Spuren erhalten geblieben sind, und aus der Regenwasser chemische Verbindungen herauslöste, die wie eine dünne Zementschicht die Oberfläche überzogen. Die Wärme der Sonne härtete die Spuren aus. Später überlagerte Asche aus weiteren Vulkanausbrüchen die Abdrücke und schützte sie vor Erosion.
Die Fußabdrücke entstanden in einem offenen Grasland mit verstreuten Akazien und Büschen, wie es das südliche Serengeti-Gebiet, in dem Laetoli liegt, heute noch ist. Es war die Jahreszeit des Übergangs von der Trockenzeit zur Regenzeit, denn man fand auch versteinerte Abdrücke von Regentropfen.
Es gingen damals insgesamt drei Vormenschen durch die Savanne, zwei davon gemeinsam, der dritte überprägte wahrscheinlich später die Spur der großen Abdrücke.
Man glaubt, daß die größeren Abdrücke von einem etwa 1,40 m großen Männchen, die kleineren von einem etwa 1,20 m großen Weibchen stammen.

Kasten IV, 1–3: Die Fußspuren von Laetoli/Tansania (Text nach *Klemmstein* 1994 a; (a) aus *Facchini* 1991, 64; b) aus *Aiello* 1982, 32)

Klassenstufe 5/6   **1 Eigenart des Menschen**

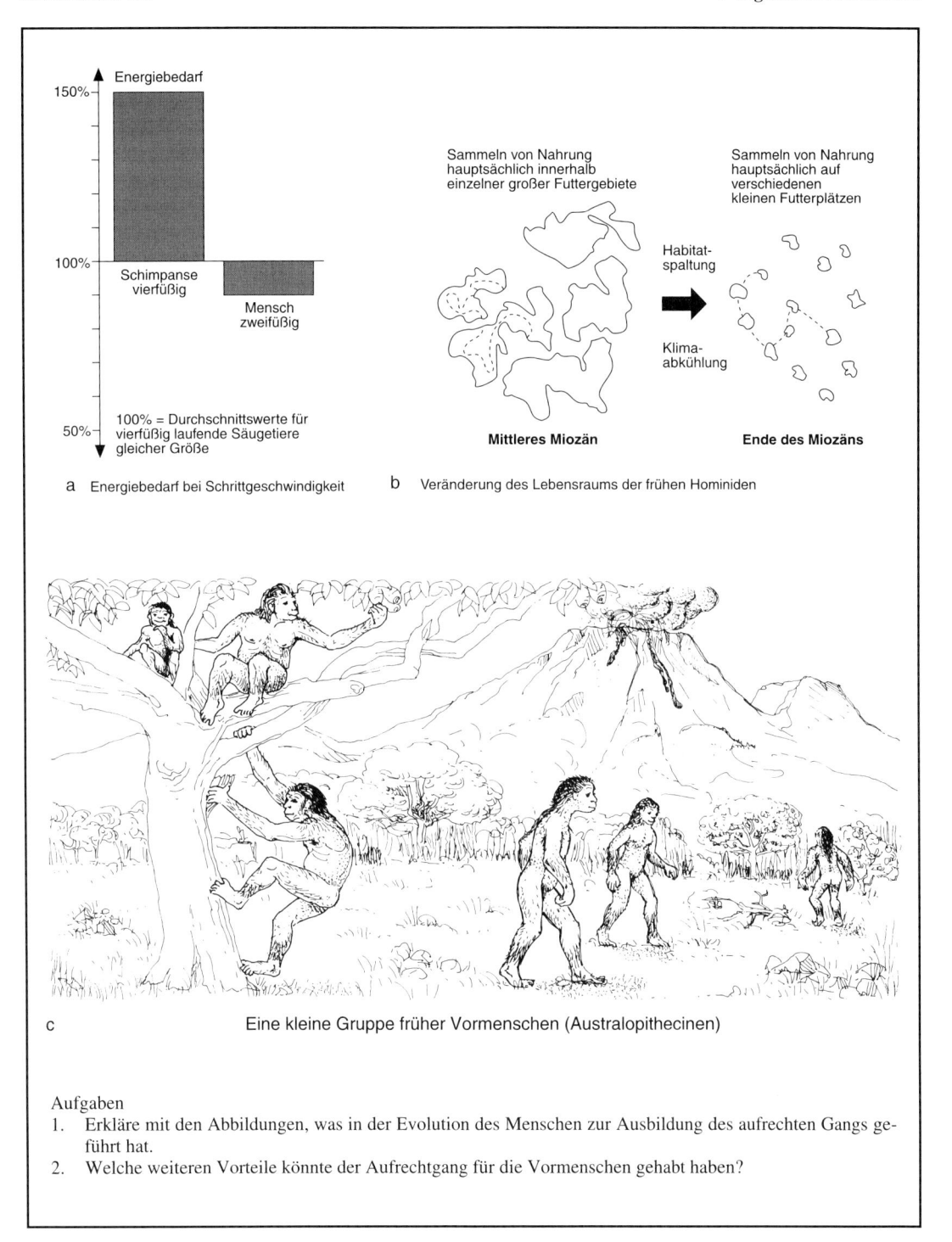

a   Energiebedarf bei Schrittgeschwindigkeit

b   Veränderung des Lebensraums der frühen Hominiden

c   Eine kleine Gruppe früher Vormenschen (Australopithecinen)

Aufgaben
1. Erkläre mit den Abbildungen, was in der Evolution des Menschen zur Ausbildung des aufrechten Gangs geführt hat.
2. Welche weiteren Vorteile könnte der Aufrechtgang für die Vormenschen gehabt haben?

Kasten IV, 1–4: Evolution der Dominanz des Aufrechtgangs in der Hominidenlinie (a) aus *Klemmstein* 1994 a, 37; b) aus *Lewin* 1992, 81; c) aus *Fleagle* 1988, 420, verändert)

IV Evolution des Menschen

wärtsausrichtung der großen Zehe; Lücke zwischen großem und kleinen Zehen, stärkere Einwärtsorientierung der großen Zehe, u. ä.). Das Ergebnis wird kurz als Merksatz zusammengefasst: Der Fußabdruck zeigt eine deutliche Ähnlichkeit mit menschlichen Spuren. Er belegt den aufrechten Gang für die Vorfahren des Menschen vor etwa 3,5 Millionen Jahren: Die Bipedie ist das älteste hominide („menschliche") Merkmal. Aus der Analyse des fossilen Fußabdrucks und dem vorangegangenen Vergleich mit den Menschenaffen ergibt sich unmittelbar die Frage, wie der Aufrechtgang entstanden ist. Einige Schüler besitzen hierzu bereits Vorkenntnisse. Diese werden gesammelt und im Hinblick auf den Zusammenhang des Aufrechtgangs mit anderen menschlichen Eigenschaften (Werkzeugverhalten, Gehirnzunahme, Jagen/Sammeln usw.) kritisch diskutiert. Anhand der Materialien und Aufgaben von Kasten IV, 1-4 wird die heute meistakzeptierte Vorstellung der Entstehung des Aufrechtgangs als Angepasstheit an klimatische Veränderungen in Gruppenarbeit behandelt. Die Ergebnisse werden im Plenum zusammengefasst und erörtert.

1.3 Medien

1.3.1 Präparate, Abgüsse und Rekonstrukte
Menschliches Skelett: Späth A 11; PHYWE 6501.01; Leybold 662501; Schuchardt A 10-A 13; A 15, 220407; Hedinger QS 10/6; 10/9; Müller 4010;
Wirbelsäule (mit Becken): Späth 58, 59 QS; PHYWE 65153.00; Leybold 662478; Eydam 924042; Schuchardt A 58; A 56; VB 84; 83; 220406; Hedinger QS 21; Müller 4063-4068;
Lendenwirbelsäule: Späth 11.0130; Eydam 924040; Schuchardt A 74; Hedinger QS 66; Müller 4115;
Beckenskelett: Schuchardt A 60 (männlich), A 61; 62 (weiblich);
Fuß: PHYWE 66385.00; Leybold 662477; Schuchardt M 30; Hedinger SL 3415 (Funktionsmodell: Gewölbestabilität).

1.3.2 Filme
FWU: Das Bewegungssystem des Menschen 32 03076; Der Ursprung des Menschen 42 01839;
Klett: Verhaltensstudien am Schimpansen 998802;
Institut für Weltkunde (WBF): Kein Tier ist dem Menschen ähnlicher... Einblicke in das Sozialverhalten einer Schimpansengruppe (Bildstellen).

1.3.3 Diapositive
FWU: Verhaltensbiologie von Menschenaffen: Verhaltenskatalog 1 und 2 10 03017; 10 03018;
Dia-Didact (ehemals V-Dia): Lernversuche mit Orang Utans D 25015.

1.3.4 Arbeitstransparente und Arbeitsmaterialien
Friedrich Verlag: CD-ROM Evolution 92637; Materialien „Sprache, Bewusstsein, Empathie" 92621;
Hagemann: Schimpanse und Mensch im Vergleich 172007; Körperbau Schimpanse - Mensch 172035; Homologe Verhaltensweisen bei Schimpanse und Mensch 172025;
Leybold bzw. Schuchardt: Evolution II: 662631; 172030 (u. a. Aufrechtgang, Menschenaffen-Mensch-Vergleich).

1.3.5 Wandtafeln
Menschliches Skelett: Späth 15.0012, 15.0212; PHYWE 78100.01; Klett TA 3, mit Bandapparat, Vorderseite 15.0019; Rückseite 15.0519; Müller LM Q110; Schuchardt Q 110;
Wirbelsäule: Späth 15.0018; 15.0218; Müller LM Q 150. 090907; Schuchardt Q 150;
Hintere Extremität: Späth 15.0017; 15.0217; Müller 090508;
Hüfte und Knie: Müller LM Q 184;
Fuß und Fußgelenke: Müller LM Q 187; Schuchardt Q 187.

Literatur

Aiello 1982; *Aiello/Dean* 1990; *Arendt* 1989; *Erben* 1988; *Facchini* 1991; *Falk* 1994; *Fischer* 1994; *Fleagle* 1988; *Franzen* 1993; *Gropengießer* 1993; *Hassfurther/Rautenberg* 1985; *Hay/Leakey* 1982; *Heilen* 1987; *Henke/Rothe* 1994; *Hoff/Miram* 1979; 1987; *Johanson/Shreeve* 1990; *Kattmann* 1974; 1994 a; *Klaus/Schiedges* 1989; *Klemmstein* 1994 a; *Leakey* u. a. 1995; *Leakey/Hay* 1979; *Leakey/Lewin* 1993; *Leder/Kämper* 1992; *Lethmate* 1989 a; b; 1990; 1992; *Lewin* 1992; *Martin* 1995; *McGrew* 1992; *Moyà-Solà/Köhler* 1996; *Preuschoft/Witte* 1993; *Prost* 1980; *Rodman/McHenry* 1980; *Rogers* 1989; *Rothe* 1990; *Schneider* 1979; *Starck* 1979; *Susman* 1994; *Vrba* 1985; *Weber* 1994; *White/Suwa/Asfaw* 1994; *Wood* 1993

2 Menschen der Vergangenheit

2.1 Sachanalyse

2.1.1 Neandertaler

Der Fund aus dem Neandertal. 1856 wurde der Wuppertaler Realschullehrer *Johann Carl Fuhlrott* (1803-1877), ein regional bekannter Naturforscher, zu einem Knochenfund in das Neandertal zwischen Erkrath und Mettmann (bei Düsseldorf) gerufen. Arbeiter hatten hier in einer Höhle 15 m oberhalb des Düsseltals beim Kalkabbau Knochen gefunden und den Steinbruchbesitzer verständigt. Dieser wiederum benachrichtigte *Fuhlrott*, der erkannte, dass es sich um menschliche Knochen handelte (s. Abb. IV, 2-1). Allerdings unterschied sich das gefundene Schädeldach durch seine flache Form deutlich vom dem heutiger Menschen. Deshalb berichtete *Fuhlrott* 1857 vor der Generalversammlung des „Naturhistorischen Vereins der Preußischen Rheinlande und Westphalens", dass die Knochen von „einem urtypischen Individuum unseres Geschlechts...aus der vorhistorischen Zeit" stammten (zitiert nach *Bosinski* 1993, 26).
Diese Einordnung des Neandertalers als ursprünglicher Mensch wurde in der Folgezeit von der wissenschaftlichen Welt nicht geteilt. Vielmehr stellte man gewagte Hypothesen auf. Aufgrund der gebogenen Oberschenkelknochen wurde gefolgert, es könnte sich um einen russischen Kosaken aus dem Napoleonischen Heer handeln. Oder man erklärte die starken Überaugenwülste durch dauerhaftes Stirnrunzeln, verursacht durch eine schmerzhafte Krankheit (vgl. *Kattmann/Pinn* 1984; *Trinkaus/Shipman* 1993). Nur in England beurteilte man den Fund realistischer als alte Vorfahrenform des rezenten Menschen und gab ihm den Namen Homo neanderthalensis. Allerdings wurden auch diese Stimmen durch das Urteil der allseits anerkannten Autorität, des Berliner Arztes und Pathologen *Rudolf Virchow*, mundtot gemacht, nach dessen Urteil die Knochen von einem rachitischen Zeitgenossen stammen sollten. Für längere Zeit war damit das Schlusswort in der Diskussion um den Fund aus dem Neandertal gesprochen (vgl. *Constable* 1977).

Weitere Neandertaler. Erst neun Jahre nach *Fuhlrotts* Tod, im Jahre 1886, trug ein weiterer Fund aus einer Höhle bei Spy in Belgien dazu bei, dass der Bonner Anatom *Hermann Schaaffhausen*, den schon *Fuhlrott* konsultiert hatte, die Vorstellung vom Neandertaler als einem urtümlichen Menschen in Deutschland durchsetzen konnte (vgl. *Bosinski* 1993).
Obwohl die Begleitfunde aus Spy - Steinwerkzeuge und ausgestorbene Tiere - das hohe Alter des Fundes belegten, tat *Virchow* auch diese Fossilien als krankhaft ab. Die breite wissenschaftliche Öffentlichkeit begann aber, das Bild vom kleinen, untersetzten Neandertaler mit seinem langen, flachen Schädel, den großen Überaugenwülsten und dem kräftigen Unterkiefer mit fliehendem Kinn zu akzeptieren (vgl. *Constable* 1977; *Trinkaus/Shipman* 1993; *Henke/Rothe* 1994). Das bedeutete allerdings nicht, dass der Neandertaler auch als Vorfahr des Menschen anerkannt wurde.

IV Evolution des Menschen

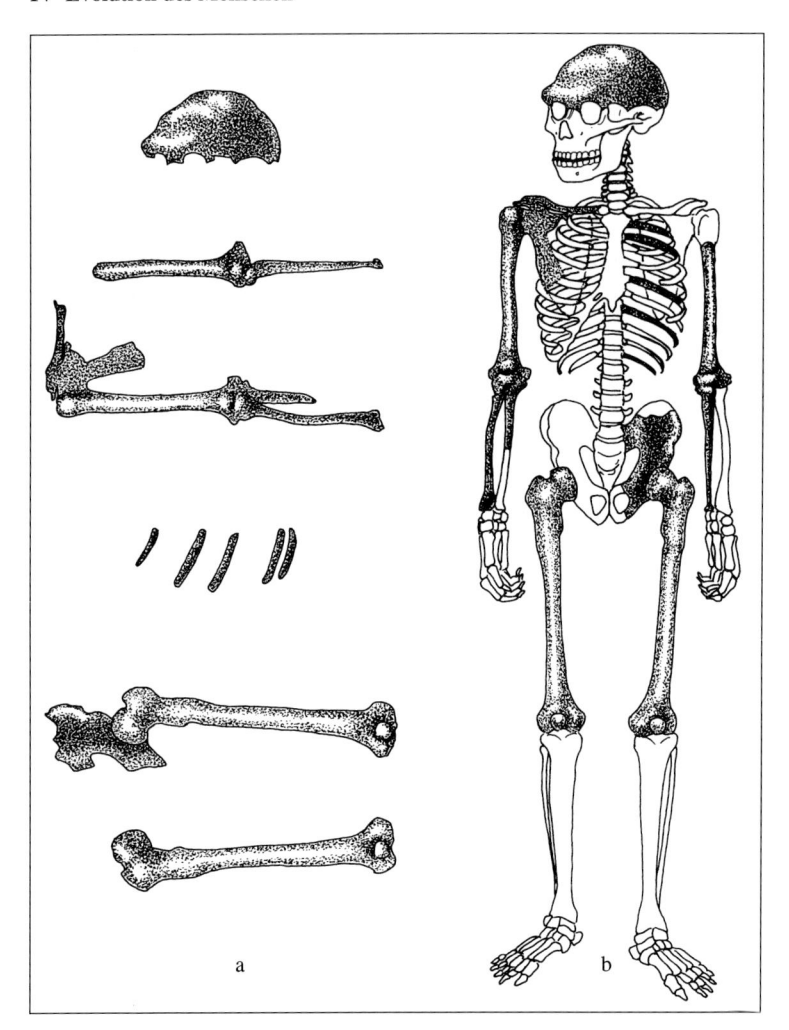

Abb. IV, 2-1: a Die Fundstücke aus dem Neandertal bei Düsseldorf, b rekonstruiertes Skelett (a) aus *Schudnagis* 1994, 19; b) aus *Schmid* 1989, 88)

Noch kurz vor dem Ersten Weltkrieg, als der französische Paläoanthropologe *Marcellin Boule* (1861-1942) eine einflussreiche Monographie über den „Alten von La Chapelle-aux-Saints" veröffentlichte, betonte er darin die tierische Natur des Neandertalers und schloss ihn aus der direkten menschlichen Ahnenreihe aus. *Boule* prägte damit für Jahrzehnte das Bild des Neandertalers in der (wissenschaftlichen) Öffentlichkeit als tierähnliches Wesen, obwohl Grabbeigaben aus der Höhle von La Chapelle wie aus vielen anderen bedeutenden Fundstellen in der Dordogne im Südwesten Frankreichs, die seit 1908 entdeckt worden waren, belegten, dass die gefundenen Toten bestattet worden waren.

Durch offensichtliche Fehler bei der Rekonstruktion, die vielleicht unbewusst durch Zeitgeist und wissenschaftliches Konkurrenzdenken beeinflusst waren, entstand das Bild vom primitiven Neandertaler mit einer viel zu geraden, eher äffisch geformten Wirbelsäule. Dies ließ auf eine gebeugte Haltung und einen schleppenden Gang schließen. Der Kopf war dadurch nach vorne geneigt, wirkte stark verlängert, und das vorspringende Gesicht sowie die Überaugenwülste wurden überbetont. Außerdem waren in *Boules* Rekonstruktion des Neandertalers die Knie ständig gebeugt. Er ging danach nicht vollständig aufrecht und hatte zudem eine abgespreizte großen Zehe, was eine primitive Kletterfähigkeit andeutete. Insgesamt entstand das Bild eines urtümlichen Höhlenwesens, das unmöglich als Vorfahr des Menschen angesehen werden konnte (s. Abb. IV, 2-6 a; vgl. *Trinkaus/Shipman* 1993).

Die Neubewertung des Neandertalers. Obwohl der amerikanische Anthropologe *Carleton Coon* bereits 1939 eine Zeichnung des Neandertalers mit Hut und Krawatte veröffentlichte (s. Abb. IV, 2-6 b), um den geringen Unterschied zum heutigen Menschen zu verdeutlichen, erfolgte der Umschwung in der Bewertung des Neandertalers erst in den 50er Jahren.

1957 veröffentlichten die Anatomen und Pathologen *William Straus jr.* und *A. J. E. Cave* eine Untersuchung über den Alten von La Chapelle-aux-Saints, die das von *Boule* geprägte Bild des Neandertalers revidierte. Bei einem Besuch im Musée de l'Homme in Paris hatten sie die Fundstücke studiert und festgestellt, dass das Skelett sehr fragmentarisch erhalten war und dass deshalb von *Boule* ein überaus großes Maß an Restauration vorgenommen worden war. Außerdem war die Wirbelsäule durch eine Knochen- und Gelenkentzündung stark deformiert. Der Alte von La Chapelle hatte aufgrund einer starken Arthritis nicht mehr aufrecht gehen und stehen können: *Boule* hatte die Eigenschaften eines krankhaft veränderten Individuums als typisch für den Prototyp „Neandertaler" ausgegeben. Die Untersuchungen von *Straus* und *Cave* ergaben, dass die Körperhaltung des Neandertalers „sich nicht wesentlich von der des heutigen Menschen unterschieden" hat (*Trinkaus/Shipman* 1993, 390). Zusammen mit ihren Befunden zum Becken, zum Fuß, zur Halswirbelsäule fassten sie dies in der populären Formulierung ihres Untersuchungsergebnisses zusammen: „Wenn es möglich wäre, dass (der Neandertaler) wieder auferstände und in einer New Yorker Untergrundbahn führe, würde er - vorausgesetzt, man hätte ihn gebadet, rasiert und in moderne Kleidung gesteckt - vermutlich kaum mehr Aufsehen erregen als manch anderer Mitbürger" (*Constable* 1977, 41 f.).

Die Neubewertung des Neandertalers wurde von Öffentlichkeit und Wissenschaft positiv aufgenommen und in der Folgezeit durch die Arbeiten weiterer Forscher gestützt. Die abstehende große Zehe erwies sich dabei als eine Fehlrekonstruktion, und da der Neandertaler ein voll entwickeltes Fußgewölbe und kurze Zehen hatte, gab es „nicht den geringsten Anhaltspunkt für einen abweichenden Gang des Neandertalers." „Das Gespenst des mit gebeugten Knien daherschlurfenden Neandertalers hatte sich ... in nichts aufgelöst" (*Trinkaus/Shipman* 1993, 475).

Das Besondere der Neandertaler. Damit wird aber nicht bestritten, dass die hier immer gemeinten klassischen oder späten Neandertaler spezifische Merkmale aufweisen, die sie vom modernen Homo sapiens unterscheiden. Obwohl die Neandertaler als eine relativ homogene Gruppe angesehen werden, findet man zwischen der europäischen und der vorderasiatischen Population deutliche Unterschiede (vgl. *Henke/Rothe* 1994). Die gängigen Merkmalsbeschreibungen orientieren sich aufgrund der Fund- und Forschungslage weitgehend an den europäischen Formen. Die wesentlichen Kennzeichen des Neandertalerschädels sind in Abbildung IV, 2-2 zusammengestellt.

Das gesamte Skelett zeigt durch große Muskelansatzstellen, dass die Neandertaler bei einer Körpergröße von 155 bis 165 cm sehr muskulös und kraftvoll waren. Der Brustkorb war tonnenförmig, weniger abgeflacht als beim modernen Menschen und hatte sehr kräftige Rippen.

Das massiv gebaute Schienbein (Tibia) der Neandertaler war für starke Beanspruchung ausgelegt. Es hielt im Vergleich zu dem moderner Menschen die doppelte Biege- und Drehbelastung aus. Außerdem konnten die Neandertaler im Kniebereich starke Kräfte entfalten. Desweiteren lassen die sehr kompakt-robuste Fußmorphologie, die vergrößerten Fußgelenke und die verstärkte große Zehe eine starke Belastung der unteren Extremitäten vermuten.

Die oberen Extremitäten belegen durch die stärkere Krümmung von Elle (Ulna) und Speiche (Radius) und den so entstandenen größeren Zwischenraum eine kraftvolle Drehung des Unterarms (und damit der Hand) beim Greifen.

Die Interpretation der Hand wird kontrovers diskutiert. Während manche Forscher annehmen, dass die Neandertaler nicht zu präzisen und schnellen Bewegungen der Finger und zur vollständigen Opposition des Daumens in der Lage waren, vertreten andere eine gegenteilige Position. Sie gehen davon aus, dass ein kräftiger und präziser Griff möglich war, wobei auch mit den Fingerkuppen beachtliche Kräfte ausgeübt wurden (vgl. *Henke/Rothe* 1994).

IV Evolution des Menschen

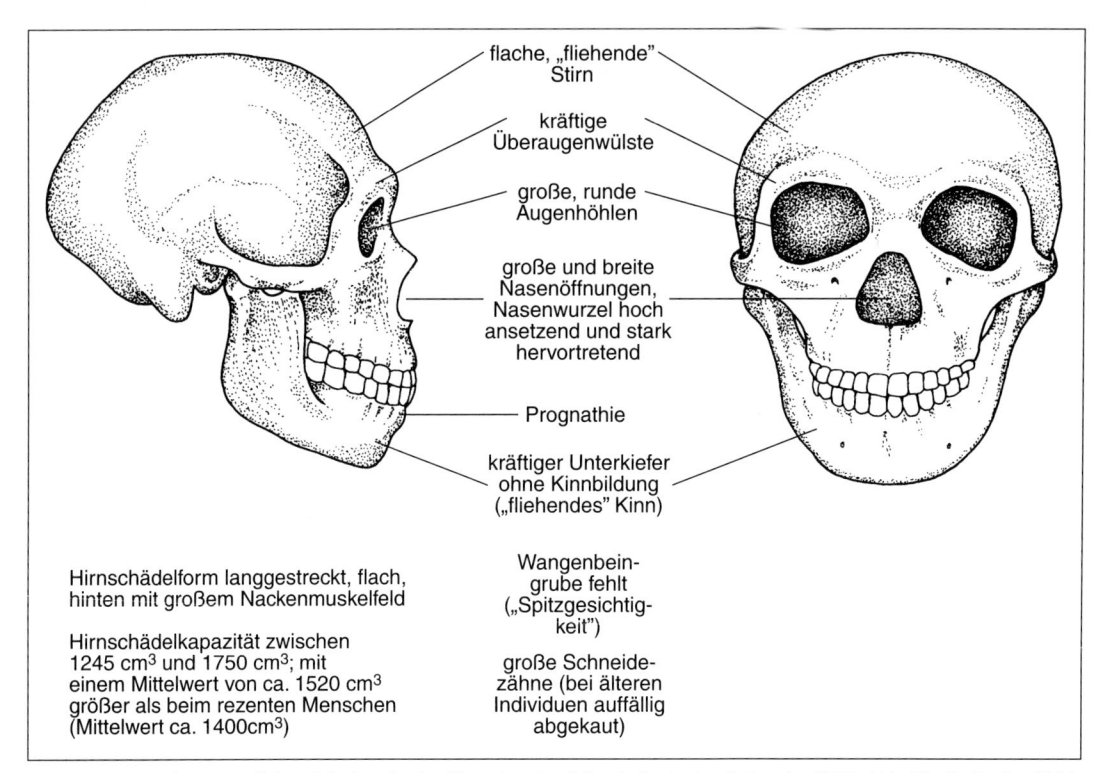

Merkmale der Neandertaler-Morphologie:
- flache, „fliehende" Stirn
- kräftige Überaugenwülste
- große, runde Augenhöhlen
- große und breite Nasenöffnungen, Nasenwurzel hoch ansetzend und stark hervortretend
- Prognathie
- kräftiger Unterkiefer ohne Kinnbildung („fliehendes" Kinn)

- Hirnschädelform langgestreckt, flach, hinten mit großem Nackenmuskelfeld
- Hirnschädelkapazität zwischen 1245 cm^3 und 1750 cm^3; mit einem Mittelwert von ca. 1520 cm^3 größer als beim rezenten Menschen (Mittelwert ca. 1400 cm^3)
- Wangenbeingrube fehlt („Spitzgesichtigkeit")
- große Schneidezähne (bei älteren Individuen auffällig abgekaut)

Abb. IV, 2-2: Die wesentlichen Merkmale der Neandertaler-Morphologie (nach *Lewin* 1992, 118; *Henke/Rothe* 1994, 485-489)

Die morphologischen Besonderheiten des Gesichts hat man zunächst als Angepasstheit an Kälte erklärt. Der größere Nasenraum sollte zum Vorwärmen der eingeatmeten Luft und damit dem Schutz des empfindlichen Gehirns dienen. Die große und hochansetzende Nase könnte wie das gesamte vorstehende Gesicht aber auch entstanden sein, weil sich der Kaubereich durch den Einsatz der Frontzähne - außer zum Kauen und Beißen - als „dritte" Hand auch zum Festhalten und Bearbeiten von Gegenständen vorgewölbt hat. Diese „Zähne-als-Werkzeug"-Hypothese („teeth-as-tools"-Hypothese) führt die Neandertaler-Morphologie im Gesicht also auf eine Verhaltensänderung zurück. Für diese Annahme spricht die Vergrößerung der Schneidezähne (Incisivi), was bei einer stärkeren mechanischen Belastung zu erwarten ist. Ebenso zeigt die Stärke und Eigenart der Abnutzung der Zähne im vorderen Bereich „den Einsatz der Zähne als eine Art Schraubstock oder Zange" (*Henke/Rothe* 1994, 490). Analoge Muster kennt man von den Inuit (Eskimos), die ihr Gebiß ähnlich einsetzen. Häufig an den Fossilien festgestellte Schäden im Kiefergelenk weisen in dieselbe Richtung.

Bei der morphologischen Betrachtung der Neandertaler sollte man berücksichtigen, dass es in den Populationen eine beachtliche Variationsbreite gab und dass die typischen Neandertalermerkmale bei Frauen (Sexualdimorphie) und Kindern deutlich geringer ausfielen (vgl. *Bosinski* 1993). Allerdings hat eine aktuelle computergestützte Analyse den deutlichen Unterschied zu Homo sapiens sapiens bezüglich Gehirngröße und Robustheit der Schädelknochen schon bei Kindern nachgewiesen (vgl. *Zollikofer* u. a. 1995).

Die starken Knochen, die verstärkte Muskulatur sowie insbesondere die Körperproportionen mit relativ kurzen unteren Extremitätenteilen (Unterarme, Unterschenkel), ebenfalls der stämmige Rumpf deuten für eine Reihe von Forschern darauf hin, dass die klassische Neandertaler-Morphologie eine Angepasstheit an Kälte darstellt (morphologisch-biologische statt kulturell-technologische Anpassung; vgl. *Bräuer* 1992; *Trinkaus/Shipman* 1993).

Entsprechend der Allenschen Regel sind in kälteren Gebieten bei homoiothermen Säugetieren kleinere Extremitäten bzw. Körperanhänge zu erwarten, weil durch die kleinere Oberfläche die Wärmeabgabe verringert wird, was Energieersparnis bedeutet (vgl. *Henke/Rothe* 1994). Allerdings lag der Körpertyp zum großen Teil bereits bei den Vorfahren der Neandertaler vor, die nicht als kälteadaptiert angesehen werden können. Auch die Verbreitung in klimatisch sehr verschiedenen Lebensräumen und über einen langen Zeitraum - durchaus nicht nur in eiszeitlichen Kaltphasen - spricht gegen eine Angepasstheit an ein kaltes Klima (vgl. *Bosinski* 1993).

Existenzzeit und Lebensraum. Die Existenzzeit des Neandertalers wird ziemlich übereinstimmend mit etwa 130.000-100.000 bis etwa 40.000-35.000 Jahre vor heute angegeben, wobei teilweise die älteren Formen als Prä-Neandertaler abgetrennt werden (vgl. *Fagan* 1991). Die wesentlichen datierbaren Fossilfunde des klassischen Neandertalers liegen in Europa bei einem Alter zwischen 60.000 und 35.000 Jahren vor heute, also in einer Zeit, als sich die letzte Eiszeit ausprägte.

In der Existenzzeit des Neandertalers wechselten Warm- und Kaltzeiten miteinander ab. Erst später, im Maximum der Vereisung, war das nördliche Europa von Eismassen der arktischen und alpinen Gletscher bedeckt, die weite Teile Mitteleuropas in lebensfeindliche Kältewüsten verwandelten (s. Kasten IV, 2-1). Das durch die Eismassen veränderte Klima des Hochglazials war sehr trocken, nicht in erster Linie eisig-kalt. Es wehten überaus starke Winde, die von den Bergen herab Sand und Staub in großen Mengen in die Ebenen nördlich der Hochgebirge trugen, wo sich die feinen Bestandteile als Löss in meterdicken Schichten ablagerten (in der Oberrheinebene ca. 60 m, in China bis zu 500 m dick; vgl. *Rutte* 1992).

Insgesamt waren die Umwelten des Neandertalers sehr unterschiedlich und deutlich gemäßigter als im späteren Hochglazial. „Es wäre also ganz falsch, sich die Neandertaler in extremen Klimabereichen, etwa Kältewüsten mit Dauerfrostböden, vorzustellen" *(Bosinski* 1993, 31).

Auf dem Höhepunkt des Glazials (Würm II, 55.000 bis 40.000 Jahre vor heute) entstand dann die Lössteppe, eine offene Grasvegetation der kalt-trockenen Phasen mit trocken-warmen Sommern und schneearmen kalten Wintern (vgl. *Bosinski* 1993; *Henke/Rothe* 1994). Die Lössteppe war reich an saisonal wandernden Großtieren. Zu den bereits vorhandenen Formen kamen beispielsweise die Saigaantilope, das Wollnashorn und der Höhlenbär, dessen Überreste in manchen Höhlen massenhaft gefunden wurden. „Obwohl diese Fauna einen kaltzeitlichen Charakter zeigt, war die Landschaft nicht von karger Tundra bedeckt, wie sie jetzt in den arktischen Zonen anzutreffen ist, vielmehr waren die Lebensbedingungen recht günstig. Einen gewissen Eindruck vermittelt der Riesenhirsch. Er war auf besonders reiche Nahrung angewiesen, da er während der wenigen Wochen, in denen er sein extrem großes Geweih bildet, mit der Nahrung bis zu 40 kg Mineralsalze aufnehmen musste. Das konnte aber nur in einer Tundra erfolgen, die eine äußerst üppige Krautvegetation bietet" (*von Koenigswald*, aus *Schmid* 1989, 177; s. Abb. IV, 2-3).

Zu der zeitlichen Sukzession der Ökosysteme, die in Mitteleuropa zu unterschiedlichen Lebensbedingungen führte, kamen gleichzeitige regionale Unterschiede im euro-asiatischen Verbreitungsgebiet der Neandertalerpopulationen. Die Auswirkungen der Eiszeit waren im Mittelmeerraum deutlich gemäßigt. Hier lebten die Neandertaler dauerhaft in angenehmem Klima, umgeben von immergrüner Vegetation (vgl. *Bosinski* 1993). Auch in Palästina dürften die Neandertaler Waldelefanten, Hirsche und Nashörner gejagt und außerdem pflanzliche Nahrung gesammelt haben (vgl. *Schmid* 1989).

Sammlerinnen und Jäger. Die Mehrheit der Forscher geht davon aus, dass die Neandertaler aktive Jäger waren. Allerdings werden im Hinblick auf die Methode zwei Phasen unterschieden. Zunächst beschränkte sich die Jagd auf Einzeltiere, verletzte, geschwächte Tiere, Einzelgänger oder tragende Weibchen (vgl. *Fagan* 1991), die überrascht und mit Holzlanzen aus kürzester Entfernung niedergestochen wurden. Es gibt keine Hinweise auf andere Waffen, und man nimmt an, dass den Neandertalern Distanzwaffen fehlten (s. Kasten IV, 2-2).

Möglicherweise besteht ein enger Zusammenhang zwischen dieser Jagdmethode, die Ausdauer und Stärke erforderte, und der massiv-kräftigen Morphologie der männlichen Neandertaler. Auch die häufigen Verlet-

IV Evolution des Menschen

Abb. IV, 2-3: Großsäuger aus dem älteren Teil der letzten Eiszeit (Höhlenfunde der Schwäbischen Alb); 1 Höhlenhyäne, 2 Höhlenbär, 3 Löwe, 4 Moschusochse, 5 Rentier, 6 Riesenhirsch, 7 Rothirsch, 8 Auerochse, 9 Steppenbison, 10 Steinbock, 11 Pferd, 12 Wollnashorn, 13 Mammut (aus *Schmid* 1989, 176)

zungen, die an Neandertaler-Skeletten festzustellen sind, könnten hierin ihre Ursache haben (vgl. *Fagan* 1991).

Einige Autoren verbinden mit dieser Phase eher „individueller" Versorgung kleinerer Gruppen ein Werkzeugverhalten, bei dem größere Abschlagwerkzeuge auf den Beutezügen mitgeführt und nachgearbeitet, aber keine neuen hergestellt wurden (vgl. *Dennell* 1995).

Während die meisten Forscher annehmen, dass die Neandertaler ihre Beute aktiv erlegt haben, vertritt eine Minderheit die These, sie wären - zumindest in dieser ersten Phase bis ca. 55.000 Jahre vor heute - Aasfresser gewesen, die sich in der Konkurrenz mit nichthumanen Beutegreifern (besonders Hyäne und Wolf) auf die Nutzung der energiereichen Kopfteile spezialisiert hatten (vgl. *Bosinski* 1993; *Dennell* 1995).

In der zweiten Phase, nach 55.000 Jahren vor heute, treten dann Schlachtplätze auf, die belegen, dass jetzt starke erwachsene Tiere gejagt wurden, was als eine Eigenart des Menschen gelten kann (vgl. *Bosinski* 1993, 34; *Dennell* 1995). Von diesen wurde das Fleisch verschiedener Körperteile verwertet, wofür die unterschiedlichen Steinwerkzeuge sprechen. Die Werkzeuge wurden jetzt nach der Kernabschlagtechnik (s. Kasten IV, 2-3) an Ort und Stelle hergestellt und verwendet.

Allerdings war diese Veränderung nicht verbunden mit dem Auftreten neuer Beutetierarten oder anderer Herstellungsmethoden für Steinwerkzeuge (vgl. *Dennell* 1995). Die Änderung des Jagdverhaltens der Neandertaler könnte ihre Ursache in den klimatischen Veränderungen der verstärkt einsetzenden Eiszeit gehabt haben. Eine endgültige Interpretation der Befunde steht allerdings noch aus.

Die Auswertung der Knochenfunde an verschiedenen Siedlungsplätzen hat gezeigt, dass viele Tierarten zur Beute der Neandertaler gehörten. Allerdings gibt es meist Häufungen einer Beutetierart, die in einem bestimmten Gebiet dominierte. In Norddeutschland (Salzgitter-Lebenstedt) war dies das Rentier, desgleichen im Périgord in Frankreich. In Mitteldeutschland waren es Wildpferde, im Nahen Osten Damhirsche, auf der Halbinsel Krim Saiga-Antilopen, Wisente an der Wolga und Mammuts am Dnjestr (vgl. *Fagan* 1991; *Bosinski* 1993).

Allgemein geht man davon aus, dass die Neandertaler - zumindest in der Spätphase - die Fallenstellerei nutzten und Treibjagden veranstalteten. An Flüssen und Seen dürften auch Fische, Vögel und anderes Kleingetier zu ihrer Beute gehört haben.

Die Neandertaler werden damit als Jäger-und-Sammlerinnen-Kultur aufgefasst, obwohl für den Sammlerinnen-Anteil keine fossilen Belege bekannt sind. In Analogie zu rezenten Völkern ähnlicher Wirtschaftsweise (s. Band 4, 299 ff.; 314 ff.) vermutet man, dass Frauen und Kinder Beeren, Früchte, Wurzeln gesammelt haben, auch Vogeleier sind an manchen Siedlungsplätzen nachgewiesen (vgl. *Bosinski* 1993). Entgegen der oft geringen Bedeutung der Jagd für die Ernährung bei rezenten Sammlerinnen-und-Jäger-Kulturen warmer Klimate schreibt man der Großwildjagd der eiszeitlichen Neandertaler die zentrale Rolle für das Überleben in diesem Lebensraum zu.

Behausungen. Die ersten und die bedeutendsten Neandertalerfunde wurden seit dem vorigen Jahrhundert in Höhlen gemacht. So entstand das Bild des Neandertalers als Höhlenbewohner, der in lebensbedrohlicher Konkurrenz mit dem Höhlenbären lebte, dessen Knochen ebenfalls massenhaft in den Höhlen gefunden wurden. Heute geht man davon aus, dass die Knochenansammlungen von Höhlenbären auf natürlichen Ursachen beruhen: Die Bären suchten für die Wintermonate die Höhlen als Plätze für die Winterruhe auf. Diese Phase ist besonders für geschwächte Tiere kritisch, die Sterblichkeit hoch. So erklärt man sich die Knochenfunde als Ansammlungen, die im Laufe der Jahrtausende entstanden sind (vgl. *von Koenigswald*, in *Schmid* 1989).

Die Neandertaler haben, so vermutet man, in höhlenreichen Gebieten in Kaltzeiten den Eingangsbereich bärenfreier Höhlen bewohnt. Als zusätzlichen Schutz dürften sie hier Zelte oder Hütten eingebaut, oder den ganzen Eingangsbreich schützend verkleidet haben. Ähnlich hatten sie sich unter natürlichen, dachartigen Felsvorsprüngen, sogenannten Abris, eingerichtet. Auch an diesen Stellen fand man zahlreiche Neandertaler-Fossilien.

Heute wird nicht mehr an der Vorstellung des Neandertalers als eiszeitlichem „Höhlenmenschen" festgehalten. Man geht allgemein davon aus, dass Freilandbehausungen bei weitem häufiger waren. Meist beschränken sich die Funde, die als solche interpretiert werden, aber auf „rundliche Konzentrationen von Steinartefakten und Tierknochen" (*Bosinski* 1993, 34). Diese Plätze, beispielsweise im Gebiet der Eifel und des westlichen Niederrheins, zeigen oft mehrere Fundanhäufungen, was als eine mehrfache Besiedlung im Zusammenhang mit wiederholten Jagdzügen gedeutet wird. Das bekannteste Beispiel einer solchen Freilandbehausung stammt aus Molodova am Dnjestr/Ukraine (s. Kasten IV, 2-4). Die Fundstelle besteht aus einer rundlich-ovalen Anordnung großer Mammutknochen (Schädel, Stoßzähne, Becken, Beinknochen) von etwa einem Meter Stärke, die einen Innenraum von ca. 8 x 5 m umgibt. Vermutlich waren die Knochen die Befestigung einer Konstruktion aus Holz und Fellen, die das kuppelartige Dach einer großen Hütte bildete. Das Innere zeigt eine Anzahl von leichten, dunkel gefärbten Vertiefungen ohne weitere Befestigungen, die man aufgrund von Holzkohleresten und verbrannten Knochen als Feuerstellen deutet. Der „Eingang" dieser Freilandbehausung war wie bei den anderen Funden aus dem deutschen Niederrheingebiet nach Osten gerichtet (vgl. *Schmid* 1989).

Die Analyse der Anordnung der Hinterlassenschaften lässt verschiedene Tätigkeitsbereiche vermuten. So konzentrierte sich die Werkzeugherstellung wohl auf den (nordöstlichen) Vorplatz, obwohl auch im Inne-

IV Evolution des Menschen

ren zahlreiche Abschläge zu finden waren. Die Bereiche nordwestlich und südöstlich der Hütte deuten durch die Häufung von Tierknochen auf Zerlegeplätze hin. Dass eine Einteilung in Tätigkeitsbereiche typisch war, belegt ein weiterer Fund aus dem Rheinland, wo auf dem Vorplatz sogar zwischen den Orten der Zerlegung von Feuersteinknollen und der Retuschierung der Werkzeuge unterschieden werden konnte (vgl. *Schmid* 1989).

Aus der Herkunft der Steingeräte ließen sich Aufschlüsse über den Aktionsradius der Neandertalerpopulationen gewinnen. So fand man in Kratermulden von Vulkanen in der Osteifel Feuerstein aus dem rund 100 km entfernten Maasgebiet. Innerhalb eines solch großen Gebietes haben die eiszeitlichen Gruppen also wahrscheinlich saisonale Wanderungen durchgeführt, die sich an den wandernden Beutetierherden orientierten, und dabei bestimmte Siedlungsplätze immer wieder für kurze Zeit besucht (vgl. *Bosinski* 1993; *Henke/Rothe* 1994). Andere Autoren sehen in den regelmäßigen Wanderungen der Beutetiere wie dem Ren auf immer gleichen Routen die Voraussetzung für die dauerhaftere Besiedlung der Flussauen im westlichen Frankreich. Das Auftreten der Herden zu festen Zeiten wäre damit die Voraussetzung für eine gewisse Sesshaftigkeit (vgl. *Fagan* 1991), was die häufiger beobachtete Trennung von Wohn- und Schlachtplätzen erklären würde.

Moustérien. Das Mittelpaläolithikum (mittlere Altsteinzeit) wird noch heute weitgehend mit der Werkzeugkultur des Moustérien gleichgesetzt, benannt nach dem ersten Fundort solcher Steingeräte beim Ort Moustier in Südfrankreich.

Diese Kultur lässt sich nach einhelliger Meinung problemlos aus der früheren Kulturstufe des Acheuléen (das dem Homo erectus und in Europa dem Ante-Neandertaler zugeordnet wird) ableiten. Im Mittelpaläolithikum sind die Steingeräte durch Retuschierung verfeinert und vielgestaltiger. Das zentrale Merkmal ist die hoch entwickelte Abschlagtechnik, die Levalloistechnik der Herstellung (wie alle diese archäologischen Kulturstufen nach dem französischen Erstfundort benannt).

Das Rohmaterial für die Werkzeugherstellung bildete ein gut spaltbares Gestein. Im nördlichen Mitteleuropa war der hier verbreitet zu findende Feuerstein das häufigste Ausgangsmaterial. Begrenzter, in Süd-Ost-Europa, auch der Obsidian, ein vulkanisches Glas. Je nach den geologischen Verhältnissen wurde auch Quarzit oder anderes weniger gut geeignetes Gestein verwendet.

In der Nähe guter Rohmaterialvorkommen findet man Ansammlungen großer Mengen von Abfällen der Steinwerkzeugherstellung, die man als Steinschlagwerkstätten bezeichnet (vgl. *Schmid* 1989). Die Herstellung und Bearbeitung der Steingeräte erfolgte mit Hilfe eines Schlagsteins aus weniger leicht spaltbarem Material. Die früher vermutete „weiche" Perkussion mit Knochen oder Holz scheint nach neueren Untersuchungen der Moustérienkultur-Gerätschaften aus dem Nahen Osten nicht mehr haltbar zu sein (vgl. *Fagan* 1991).

Zwei Techniken werden bei der Werkzeugherstellung unterschieden:

1. Die Abschlagtechnik (Levalloistechnik): Hierbei wurde das Ausgangsmaterial, z.B. eine Feuersteinknolle, zunächst vorbereitet, um daraus anschließend lange, dünne Abschläge zu gewinnen. Dabei wurde zuerst die Unterseite durch Abschläge rundherum konisch zulaufend präpariert, anschließend die aufgewölbte Oberseite abgeschlagen und so als „Abbaufläche" vorbereitet. Der gewünschte Abschlag („Zielabschlag") wurde anschließend von der breiteren Oberseite durch einen seitlichen Schlag mit dem Schlagstein abgetrennt.

Die Besonderheiten der Abschlagtechnik bestehen in einer größeren Ökonomie bei der Verwendung des Materials, weil von einem Kern mehrere Abschläge gewonnen werden können, in der Vorplanung der Form des Werkzeugs und in der Möglichkeit, auf diese Weise Geräte mit einer großen Schneidekante zu bekommen (vgl. *Tattersall* 1995). Häufig wurden die so gewonnenen Abschläge ohne weitere Bearbeitung zum Schneiden benutzt. Zu anderen Zwecken wurden die Kanten durch kleinere Abschläge von der Unterseite her weiter zugerichtet („retuschiert"). Durch die Retuschierung war auch eine vielfältige Formgebung möglich. Die häufigsten Werkzeugformen waren Schaber und Spitzen. Unter einem Schaber versteht man einen Abschlag mit einer leicht gebogenen, retuschierten Kante. Auch Doppelschaber mit zwei bearbeiteten Kanten sind gefunden worden. Spitzen besitzen ebenfalls zwei retuschierte Kanten, die - wie der Name sagt - spitz zusammenlaufen (s. Kasten IV, 2-3).

Aufschluss über die Verwendung der Geräte gaben mikroskopische Untersuchungen der Gebrauchsspuren im Vergleich mit experimentell erzeugten Gebrauchsmustern („experimentelle Archäologie"). Man fand heraus, dass die Werkzeuge meist zum Schneiden und Bearbeiten von härterem Material wie Holz oder Knochen benutzt wurden, also hauptsächlich in den Zusammenhang der Jagd (mit hölzernen Lanzen evtl. mit Steinspitzen) und die Verwertung der Tierkörper eingeordnet werden können.

2. Die Kerntechnik: Die Abschlagtechnik zielt auf die Abschläge als Werkzeug, und der Kern bleibt schließlich als Abfall übrig. Bei der Kerntechnik wird dagegen der Kern als Werkzeug durch beidseitige Abschläge von außen herausgearbeitet.

Das bedeutendste Kerngerät ist der Faustkeil, ein recht großes Werkzeug mit sorgfältig bearbeiteter Spitze und einem weniger stark behauenen, dickeren unteren Ende. Faustkeile gab es offenbar in vielen Variationen. Ist die Arbeitsseite länglicher gehalten und als Schneidekante zugerichtet, fasst man sie als Messerformen auf.

In der Spätzeit traten auch längliche dünne Kerngeräte auf, die eine ovale Gestalt haben und an beiden Enden spitz zulaufen. Sie werden als Blattspitzen bezeichnet. Ihre Verwendung ist noch unklar (vgl. *Schmid* 1989; s. Kasten IV, 2-3).

Trotz vieler regionaler Unterschiede wird das Moustérien als europäisch-westasiatische Ausprägung einer im wesentlichen einheitlichen, überall in Afrika, Europa und Asien verbreiteten mittelpaläolithischen Steinwerkzeugkultur angesehen, die in Afrika dem archaischen früh-modernen Homo sapiens zugeordnet wird, in Europa dem Neandertaler.

Die lange Zeit vertretene Auffassung, Moustérien-Werkzeuge seien ausschließlich von Neandertalern hergestellt worden, läßt sich heute allerdings nicht mehr aufrecht erhalten. Nahöstliche Funde belegen, dass Neandertaler und früher moderner Homo sapiens dort (zeitgleich) Moustérien-Geräte benutzten (vgl. *Fagan* 1991; *Bar-Yosef/Vandermeersch* 1993). Schließlich zeigt der Fund von St. Césaire (rund 36.000 Jahre vor heute) für viele Forscher, dass die Neandertaler am Ende ihrer Existenzzeit jungpaläolithisches Werkzeug des Câtelperronien besaßen. Man geht heute davon aus, dass „eine enge Korrelation zwischen Menschenform und Kulturstufe fehlt" *(Henke/Rothe* 1994, 523; vgl. *Kattmann* 1985; *Mercier* u. a. 1991; *Stringer/Grün* 1991). Wahrscheinlich wurden Geräte und Herstellungsformen zwischen den Populationen kulturell tradiert.

Insgesamt sollte man die Bedeutung der Steingeräte für die Neandertaler nicht überbewerten (vgl. *Bosinski* 1993). Sie dienten meist als Werkzeuge zur Herstellung von Gegenständen aus anderem Material, die sich oft nicht wie diese bis in unsere Zeit erhalten haben. Die Forschung geht davon aus, dass seit rund 1,5 Millionen Jahren von frühen Menschenformen Holzgeräte wie Schüsseln benutzt wurden. Vom Neandertaler sind flache Holzteller für Nahrung und Schaufeln für Brennmaterial am Feuer aus Nordspanien (49.000 bis 45.000 Jahre vor heute) bekannt und belegen eine hohe Technik der Holzbearbeitung (vgl. *Henke/Rothe* 1994).

Bestattungen. Viele Neandertalerskelette wurden in Vertiefungen gefunden, in denen die Toten offensichtlich beigesetzt worden waren. Diese Gräber fand man alle unter Abris oder in Höhlen im westlichen Europa und im Nahen Osten. Für die Toten wurden im Höhlenboden - man nimmt an: am Wohnplatz der Lebenden - Gruben ausgehoben, in die die Toten mit angewinkelten Armen und meist angezogenen Beinen auf dem Rücken - also in Schlafstellung - gebettet wurden. Die Gräber waren dabei meist in West-Ost-Richtung angelegt. Häufig sind regelrechte „Friedhöfe" mit mehreren Gräbern wie unter dem Abri von La Ferrassie in der Dordogne/Frankreich entdeckt worden (vgl. *Fagan* 1991; *Bosinski* 1993; s. Abb. IV, 2-7).

Einige der Skelette weisen schwere, aber verheilte Verletzungen und Zeichen von Krankheiten auf, die sie im Leben stark behindert haben müssen. Ein Beispiel ist das Skelett eines Mannes aus der Shanidar-Höhle im Irak. Es zeigt mit einem verheilten Bruch der Augenhöhle, einem verkümmerten rechten Oberarm, der außerdem zweimal gebrochen und wieder verheilt war, einem amputierten Unterarm, einer Knochenmarksentzündung, die zu Knochenveränderungen geführt hat, einem gebrochenen Mittelfußknochen und außerdem von Arthrose befallenen Knie- und Fußgelenken die verschiedensten schweren Verletzungen, die aber nicht zum Tod führten (vgl. *Bräuer* 1992). So verletzt konnte der Mann nur mit Unterstützung der Gruppe überlebt haben.

IV Evolution des Menschen

In vielen Gräbern fand man Grabbeigaben. Der Alte Mann von La Chapelle-aux-Saints war umgeben von Steinwerkzeugen. Auch in La Moustier lag ein junger Mann auf einem steinernen Kissen aus Werkzeugen und seine Hand hielt einen Faustkeil (vgl. *Fagan* 1991). Die herausragende, auch spirituelle Bedeutung und Ausdruckskraft der Steinwerkzeuge unterstreicht ein Fund aus Dederiyeh in Syrien. Es handelt sich um das Skelett eines erst 2jährigen Kindes, dem ein kleiner, dreieckiger Feuerstein ins Grab mitgegeben wurde, so plaziert, dass er im Skelett an der Stelle des Herzens lag (vgl. *Akazawa* u. a. 1995). Besondere Aufmerksamkeit erlangte die Shanidar-Höhle im Irak Anfang der 70er Jahre durch die Entdeckung, dass auch Blumen zu den Grabbeigaben gehörten („Die ersten Blumenkinder"). Erstmalig wurde hier der Bereich einer Grabstelle auf Blumenpollen hin untersucht, wobei sich insbesondere zwei Bodenproben als sehr pollenreich erwiesen. Sieben der acht gefundenen Arten stellten sich als heute noch im Irak bekannte Arznei- und Heilpflanzen heraus. Solche hohen Pollenkonzentrationen fanden sich nur bei einem der insgesamt acht Skelette, die in Shanidar gefunden wurden (vgl. *Solecki* 1975). Einige Autoren erklären die Pollenkonzentrationen trotzdem als natürlichen Windeintrag (vgl. *Schmid* 1989; *Rutte* 1992; s. Abb. IV, 2-7).

Schon früher fand man einzelne Schädel oder Unterkiefer. Dadurch entstand die Vorstellung eines Schädelkults beim Neandertaler. Aufgrund der oft ungenauen Funddokumentation konnten diese Belege aber nicht als gesichert angesehen werden. Auch der Fund von Monte Circeo/Italien aus den 50er Jahren (ein mit der basalen Schädelöffnung nach oben in einem Steinkreis aufgefundener Neandertaler-Schädel), der lange Zeit für Schädelkult und Kannibalismus stand, wird aufgrund einer sorgfältigen Nachuntersuchung von 1991 heute als Rest einer Carnivorenmahlzeit gedeutet (vgl. *Fagan* 1991; *Henke/Rothe* 1994). Aus diesen Gründen erscheint vielen Forschern ein Fund aus der Kebara-Höhle/Israel besonders bedeutsam. Es handelt sich um das weitgehend erhaltene Skelett eines erwachsenen Mannes, dem offenbar einige Monate nach seinem Begräbnis der Schädel entfernt worden war. Der Unterkiefer und das postkraniale Skelett blieben dabei an ihrem Platz - eine Fundlage, die viele Forscher als Beleg für rituell-religiösen Schädelkult oder sogar Kannibalismus auffassen (vgl. *Bar-Yosef/Vandermeersch* 1993). Auch das Ergebnis einer Nachuntersuchung des Fundes aus dem Neandertal ist in diesem Zusammenhang interessant: Die Knochen wurden offensichtlich „in entfleischtem Zustand niedergelegt" (*Henke/Rothe* 1994, 527).

Andere Fundorte zeigen auffällige Knochenanordnungen von Bärenknochen oder Steinbockgehörnen. Dies deutet auf eine bedeutende Rolle der (Beute)-Tiere in rituellen Zeremonien der Neandertaler hin („Bärenkult"), wenn auch die häufigen, massierten Ansammlungen von Bärenknochen in vielen Höhlen natürlich erklärt werden können (vgl. *Fagan* 1991).

Sprache. Die Sprachfähigkeit der Neandertaler wird bis heute kontrovers diskutiert. Zwar fand man bei dem Kebara-Skelett ein Zungenbein (Hyoid, der oberste Teil des Kehlkopfes), das einen modernen Stimmapparat vermuten lässt, so dass die Neandertaler eine vielfältigere Lautbildung als bisher vermutet gehabt haben dürften; doch werden diese Schlussfolgerungen auch angezweifelt (zu den Indizien für Sprachfähigkeit s. Abschnitt IV, 2.1.2: Eigenschaften des Homo erectus).

Ein weiteres Indiz ist die Form der Schädelbasis, die mit der Lage des Kehlkopfes und damit der differenzierten Vokalisation verbunden ist. Hier hat sich in einer Nachuntersuchung des Schädels von La Chapelle gezeigt, dass die Schädelbasislinie zwar etwas gewölbter als von Boule angenommen verläuft, aber bei weitem nicht die Wölbung und damit der Kehlkopf nicht die tiefe Position wie beim modernen Menschen besitzt (vgl. *Bar-Yosef/Vandermeersch* 1993; *Tattersall* 1995; *Vaas* 1995). Interessant ist, dass dies auch für den Fund aus La Ferrassie (50.000 Jahre vor heute) gilt - die frühen Neandertaler aus Saccopastore (100.000 Jahre vor heute) scheinen dagegen eine etwas stärker gewölbte Schädelbasis gehabt zu haben. In diesem Zusammenhang sollte auch berücksichtigt werden, dass bei kleinen Kindern die Wölbung ebenfalls flacher verläuft als bei Erwachsenen, trotzdem sprechen sie völlig artikuliert.

Es wird von den meisten Autoren angenommen, dass der Neandertaler eine „prinzipielle Sprachfähigkeit" (*Fagan* 1991, 97) besaß, dass aber eine „artikulierte Sprache, wie wir sie heute kennen, allein der moderne Mensch beherrscht" (*Tattersall* 1995, 212). Von manchen Forschern wird die Sprachfähigkeit heute bereits für Homo erectus diskutiert (s. Abschnitt IV, 2.1.2).

2.1.2 Homo erectus

Die Fundlage. Die Geschichte der Erforschung des Homo erectus begann 1891 mit der Entdeckung des Pithecanthropus erectus von Trinil/Java durch *Eugéne Dubois* (s. unten: Entdeckungsgeschichte). Ihren vorläufigen Höhepunkt erreichte sie, als man 1984 westlich des Turkanasees in Kenia ein fast vollständiges Exemplar dieser Frühmenschenform in Afrika entdeckte: den „Turkanajungen", mit wissenschaftlicher Bezeichnung KNM-WT 15000.
In der Zwischenzeit wurde eine Reihe weiterer Funde aus Asien, Europa und Afrika bekannt, die man nach der Vereinheitlichung der vorher ausufernden Nomenklatur im Jahre 1950 ebenfalls zu Homo erectus stellte.

Die asiatischen Funde
– Sinanthropus pekinensis (Pekingmensch): Zahlreiche Schädeldecken, Unterkiefer, Zähne und andere Skelettreste von mehr als 40 Individuen unterschiedlichen Alters aus Zhoukoudian bei Peking, die zwischen 1928 und 1937 von *Davidson Black* gefunden wurden. Diese Fossilien verschwanden im Zweiten Weltkrieg, als 1941 die Japaner in China einmarschierten, auf ungeklärte Weise. Heute stehen der Wissenschaft nur noch Abgüsse und Beschreibungen zur Verfügung, die der Anatom *Franz Weidenreich* Anfang der 40er Jahre erstellt hat (vgl. *Weaver* 1985; *Schmid* 1989).
– weitere Funde des Pithecanthropus auf Java/Indonesien: Hierbei handelt es sich einmal um Schädelfunde aus dem Gebiet von Sangiran auf Java, die der Pläontologe *Gustav Heinrich Ralph von Koenigswald* 1937/38 gemacht hat, zum anderen um Funde der 60er und 70er Jahre.
Auch ältere und robustere Schädelreste aus Modjokerto und Sangiran (Meganthropus, Pithecanthropus modjokerto), die *von Koenigswald* Ende der 30er Jahre entdeckte, sowie ältere Funde aus den 70er Jahren stellt man heute zu Homo erectus (vgl. *Gieseler* 1974; *Gibbons* 1994; *Tattersall* 1995; zur Datierung der asiatischen Funde s. unten: Ursprung und Verbreitung).

Die europäischen Funde
Hominide Fossilien in Europa sind insgesamt jünger und unterscheiden sich deutlich von den asiatischen, ihre Zuordnung zu Homo erectus ist durchweg umstritten. Morphologisch gesehen handelt es sich um Zwischenformen, die durch ihre Merkmalskombination (Mosaiktypen) die größeren Formenkreise Homo erectus und Homo sapiens neanderthalensis bzw. Homo sapiens neanderthalensis und Homo sapiens sapiens miteinander verbinden (vgl. *Schmid* 1989; *Henke/Rothe* 1994; *Tattersall* 1995). Deshalb grenzen einige Autoren teilweise eigene Taxa (z. B. Homo heidelbergensis) aus. Neuerdings werden diese Fossilien aber als Belege einer europäischen Linie des archaischen Homo sapiens, also als lokale Weiterentwicklung des Homo erectus aufgefasst, die zum Neandertaler führt. Die frühe europäische Hominidenlinie hätte danach die Sequenz Ante-Neandertaler (Vor-Neandertaler), Prae-Neandertaler (frühe Neandertaler), Klassischer Neandertaler (späte Neandertaler; vgl. *Bräuer* 1992; *Henke/Rothe* 1994; s. Abb. IV, 3-6).
Auch nach neueren spanischen Funden (Atapuerca 1992), die als frühes Neandertaler-Stadium eingeordnet werden, aber auch Merkmale des Homo erectus und Homo sapiens sapiens in sich vereinigen, ist die Diskussion über die Evolution der Homo-Linie in Europa und die Einwanderung des Homo erectus nicht beendet (vgl. *Stringer* 1993).

Die afrikanischen Funde
Der erste Homo erectus-Fund aus Afrika war ein Hirnschädel (OH 9) aus der Olduvai-Schlucht in Tansania, den *Mary* und *Louis Leakey* 1960 entdeckten. Weitere Fossilien stammen vom Turkana-See/Kenia. Im Koobi Fora-Gebiet am Ostufer fand *Richard Leakey* 1975/76 recht gut erhaltene Schädel (u.a. KNM-ER 3733, KNM-ER 3883, Eleret-Gebiet), die er zu Homo erectus stellte (vgl. *Walker/Leakey* 1978). 1984 folgte dann der „Junge von Turkana", das weitgehend vollständige Skelett eines jungen männlichen Homo erectus (vgl. *Brown* u.a. 1985; *Leakey/Lewin* 1993).

IV Evolution des Menschen

Die teilweise schwer datierbaren bzw. auszuwertenden Funde aus Süd- und Nordwestafrika sowie weitere aus Ostafrika sind jünger und in ihrer Zuordnung meist umstritten. In Afrika existierte Homo erectus über den langen Zeitraum von rund 1,8 bis 0,4 Millionen Jahre vor heute.

Eigenschaften des Homo erectus. Aufgrund der Fundlage sind hauptsächlich Schädelmerkmale der asiatischen Formen maßgeblich für die Bestimmung von Homo erectus. Danach ist Homo erectus im wesentlichen definiert durch die in Abbildung IV, 2-4 dargestellten Merkmale.

Trotz einer beträchtlichen Varianz hat Homo erectus im Vergleich zu Australopithecus eine deutlich größere Hirnschädelkapazität. Die Zunahme der Gehirngröße in Relation zur Körpergröße bei Homo erectus ist hinlänglich bekannt und in diverse Evolutionsszenarien eingegangen (s. Kapitel IV, 4).

Die mit dem vergrößerten Gehirn einhergehenden intellektuellen Fähigkeiten sind aber nur schwer abzuschätzen. Reine Volumenvergleiche sind recht wenig aussagekräftig, weil die Gehirnzellen in kleinen Gehirnen kleiner und dichter gepackt sind als in großen, so dass die Zellenanzahl relativ gleich bleibt. Wichtige Unterschiede gibt es dagegen in der Hirnkomplexität durch die Vielfalt der Vernetzungen der Zellen mit synaptischen Kontakten. Zwar ist diese Komplexität auf der Oberfläche des Gehirns durch zunehmend stärkere Faltung bemerkbar, aber dies ist bei Schädelausgüssen nur schwer zu erkennen, weil zwischen Gehirn und Hirnschädel noch Hirnflüssigkeitsräume (Liquorräume) und Hirnhäute liegen (vgl. *Henke/Rothe* 1994). Trotzdem zeigen Untersuchungen an Hirnschädelausgüssen, dass der Schläfenlappen (Temporallappen) und die darin enthaltenen hinteren Assoziationsfelder zunehmen. Hier sind beim Menschen Gehör-, Geruchs- und Sehassoziationen lokalisiert. Bei Verletzungen treten deshalb sensorische Halluzinationen auf. Dagegen ist der Stirnlappen (Frontallappen) mit der präfrontalen Cortex, die beim heutigen Menschen verantwortlich ist für „selbststeuernde, zielgerichtete Verhaltensweisen" und deren Ausfall „zu radikalen Persönlichkeitsveränderungen" führt, bei Homo erectus nur gering ausgebildet *(Falk* 1994, 71 f.; vgl. *Henke/Rothe* 1994).

Allerdings gibt es Hinweise für eine unterschiedliche Entwicklung von linker und rechter Hirnhälfte (Gehirnlateralität) und die Ausbildung des (motorischen) Brocaschen Zentrums, was mit Symbolik und einer ge-

Abb. IV, 2-4: Wesentliche Bestimmungsmerkmale von Homo erectus (nach verschiedenen Autoren)

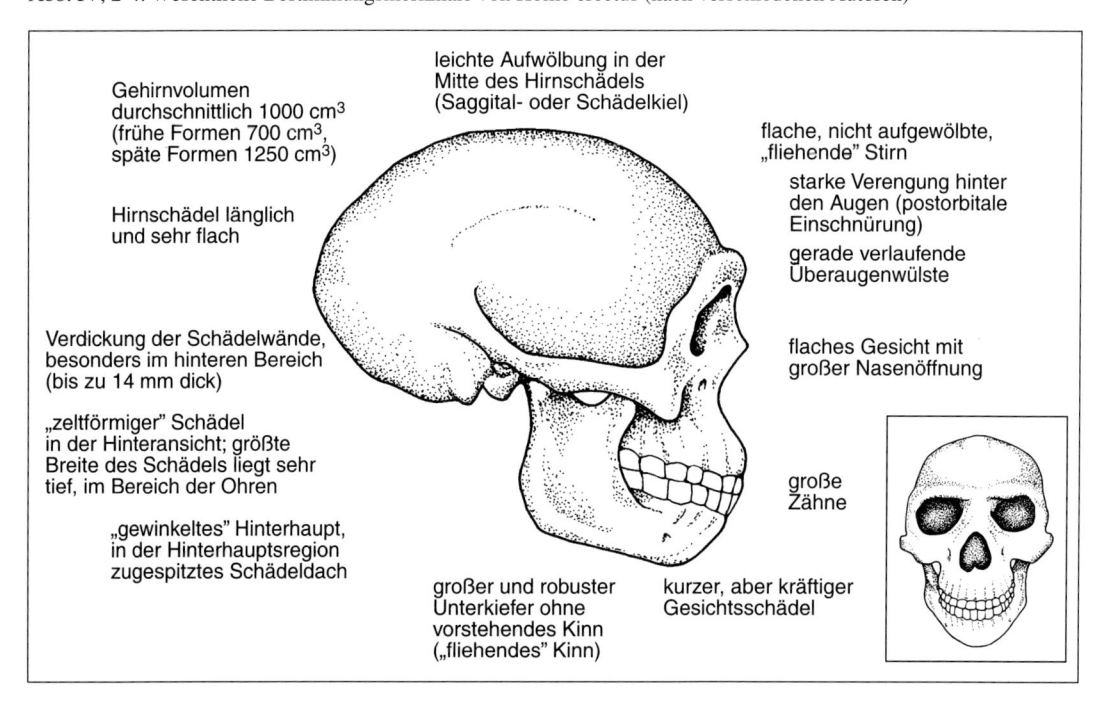

Gehirnvolumen durchschnittlich 1000 cm^3 (frühe Formen 700 cm^3, späte Formen 1250 cm^3)

Hirnschädel länglich und sehr flach

Verdickung der Schädelwände, besonders im hinteren Bereich (bis zu 14 mm dick)

„zeltförmiger" Schädel in der Hinteransicht; größte Breite des Schädels liegt sehr tief, im Bereich der Ohren

„gewinkeltes" Hinterhaupt, in der Hinterhauptsregion zugespitztes Schädeldach

leichte Aufwölbung in der Mitte des Hirnschädels (Saggital- oder Schädelkiel)

großer und robuster Unterkiefer ohne vorstehendes Kinn („fliehendes" Kinn)

flache, nicht aufgewölbte, „fliehende" Stirn

starke Verengung hinter den Augen (postorbitale Einschnürung)

gerade verlaufende Überaugenwülste

flaches Gesicht mit großer Nasenöffnung

große Zähne

kurzer, aber kräftiger Gesichtsschädel

steigerten Sprechfähigkeit in Zusammenhang gebracht wird. Auch scheint der Kehlkopf (Larynx) schon tiefer im Hals gelegen zu haben, was den Rachenraum (Pharynx) vergrößerte. Hierdurch wäre eine Verbesserung des zur Vokalartikulation nötigen Resonanzraums gegeben gewesen. Deshalb sehen viele Forscher in Homo erectus den ersten Hominiden, der zu einer (gewissen) sprachlichen Kommunikation fähig war (vgl. *Laitman* in *Rothe* 1990; *Leakey/Lewin* 1993; *Falk* 1994; *Henke/Rothe* 1994).

Ursprung und Verbreitung. Mit Homo erectus treten wesentliche Neuerungen in der Evolution des Menschen auf. Zum ersten Mal wird die Kultur als ein Mittel der Anpassung an den Lebensraum benutzt. Dies dürfte die Voraussetzung gewesen sein für die erste Ausbreitung einer Hominiden-Form über den ganzen afrikanischen Kontinent und darüber hinaus in gemäßigte Klimate nach Asien und Europa. Als Auslöser vermutet man steigende Populationsgrößen, wodurch die Ressourcen eines Gebietes verknappt wurden, so dass kleinere Gruppen in jeweils nahegelegene Gebiete abwanderten und sich der Vorgang anschließend wiederholte (vgl. *Weaver* 1985).

Die Mehrheit der Autoren geht aufgrund der Funddatierungen und der angenommenen Abstammung von Australopithecus von einem afrikanischen Ursprung des Homo erectus aus. Diese Auffassung ist für einige Forscher durch Neudatierungen javanischer Funde aus Modjokerto und Sangiran, die mit 1,8 bzw. 1,6 Millionen Jahren gleichalt mit den ältesten afrikanischen Funden am Turkana-See/Kenia wären, zweifelhaft geworden (vgl. *Gibbons* 1994; *Swisher* 1994). Andere Forscher sehen darin nur einen Beleg, dass der Aufbruch von Homo erectus noch früher als bisher mit rund 2 Millionen Jahren angesetzt werden muss. Hierin läge dann sogar eine Erklärung für die seit langem gemachte Beobachtung, dass die eigentlich für Homo erectus typischen Faustkeile und Handäxte im ostasiatischen Bereich nicht auftreten: Der Aufbruch in den fernen Osten hätte dann vor der Erfindung dieser Werkzeuge stattgefunden (vgl. *Gibbons* 1994; *Larick/Ciochon* 1996).

Im Zusammenhang der Ausbreitung von Homo erectus ist auch ein Unterkieferfund (Mandibel) aus Dmanisi/Georgien interessant, der auf rund 1,8 bis 1,6 Millionen Jahre datiert wird und starke Ähnlichkeiten mit den ostafrikanischen Homo erectus-Funden zeigt. Dies ist das bisher älteste westeurasische Fossil. Aber die Frage, ob Homo erectus rund 1 Million Jahre in Asien verweilte, bevor er ins westliche Europa vorstieß, muss offen bleiben (vgl. *Dean/Delson* 1995; *Gabunia/Vekua* 1995), da frühe Besiedlungsspuren in Westeuropa nur Acheuléen-Werkzeuge umfassen (oft in Assoziation mit Tierknochen), die zudem unsicher datiert sind. Eine unreflektierte Zuordnung zu Homo erectus verbietet sich aber, weil Werkzeugkulturen nicht als artspezifisch, sondern eher als „epochentypisch" anzusehen sind (s. Abschnitt IV, 2.1.1).

Die „missing link"-Problematik. Mit der Evolutionsvorstellung ist notwendig verbunden, dass sich in einer Entwicklungslinie Formen aus früheren Vorfahren entwickelt haben (Artumwandlung), aber auch zwei verschiedene Gruppen/Formen einmal eine gemeinsame Stammform (Bindeglied, „connecting link", „missing link", s. Abschnitt III, 2.1) gehabt haben (Artaufspaltung).

Die fehlenden Bindeglieder zwischen dem Menschen und den Menschenaffen waren folgerichtig in der Debatte in der 2. Hälfte des 19. Jahrhunderts und danach das Hauptargument gegen die Ausweitung der Evolutionstheorie auf den Menschen (vgl. *Kattmann/Pinn* 1984). Diese sogenannte „Affenfrage", die Vorstellung der Abstammung des Menschen und der heutigen Menschenaffen von einem gemeinsamen Vorfahren - damals wie heute oft als „Abstammung des Menschen vom Affen" missverstanden - entzweite die Gemüter und führte zu zahllosen diffamierenden Darstellungen in den öffentlichen Medien.

Aus der zentralen Bedeutung dieser Problematik für die Evolutionstheorie erwuchs für die Evolutionisten ein starker Impuls zur aktiven Suche nach einem solchen Zwischenglied auch für die Abstammungslinie des Menschen, nachdem bereits 1861 der Urvogel Archaeopteryx im Solnhofer Plattenkalk (Weißer Jura) entdeckt worden war (s. Abschnitt III, 2.1.2). Der Neandertaler wurde zum Teil ebenfalls als Bindeglied interpretiert. Der erste Forscher, der aktiv auf die Suche nach dem „missing link" zwischen Menschenaffen und Mensch ging, war *Eugéne Dubois* (s. Kasten IV, 2-5). Woran man ein „Brückentier" erkennen konnte, war durch die Theorie vorgegeben: Es musste Merkmale zweier Abstammungslinien in sich vereinigen; „missing links" müssen als Brückentiere zwischen zwei divergierenden Linien Mosaiktypen sein.

IV Evolution des Menschen

Noch Anfang unseres Jahrhunderts konnte ein kenntnisreicher Täter aufgrund des Mangels an Fossilfunden und die durch die Erwartung gegebene Anziehungskraft eines scheinbaren „missing links" auf die Vertreter der Evolutionslehre die Fachwelt zum Narren halten. 1912 wurde ein Fossilfund bekannt, der großes Aufsehen erregte: der Piltdown-Schädel, benannt nach seinem Fundort in Südengland. Es handelte sich um eine Reihe von Bruchstücken, die man zu einem Schädel zusammenfügte, der von einem frühen Vorfahren des Menschen stammen sollte. Der Hirnschädel zeigte dabei menschliche Merkmale, während der Unterkiefer menschenäffisch war - genau das hatte man von einem „missing link" erwartet. Nach anfänglichen Zweifeln über die Zusammengehörigkeit der Teile und der sonstigen Fundumstände wurde der Schädel für einige (besonders britische) Wissenschaftler ein wichtiger Beleg aus der Stammesgeschichte des Menschen. Erst gegen Ende der 40er Jahre kamen durch weitere Funde aus Afrika und Asien sowie deren Datierung Zweifel auf, und 1955 ergab eine sorgfältige Untersuchung, dass der Piltdown-Schädel eine Fälschung war (vgl. *Kattmann/Pinn* 1984; *Schmidt* 1984; *Gee* 1996).

Entdeckung und Kontroversen um Pithecanthropus erectus. Die Entdeckung des Pithecanthropus erectus (s. Kasten IV, 2-5) und seine Einordnung als „missing link" in der menschlichen Stammesentwicklung entfachte eine vehemente wissenschaftliche Debatte. Dabei unterschieden sich die Positionen der Wissenschaftler auffällig nach der jeweiligen Nationalität. Während die führenden englischen Anthropologen den Pithecanthropus als primitiven Menschen einordneten, schlossen sich Amerikaner und Franzosen, vor allem der bekannte Anatom *Manouvrier*, *Dubois'* Auffassung an, obwohl auch sie zum Teil hinsichtlich des Oberschenkelknochens Zweifel hatten. In Deutschland war die Ansicht gespalten. Während die Mehrheit der Wissenschaftler unter Führung des Antievolutionisten *Rudolf Virchow* die Funde für Menschenaffenfossilien hielt und *Dubois* das Verdienst zugestand, eine neue große Gibbonart entdeckt zu haben, stimmte *Ernst Haeckel* der Einstufung als Übergangsform zu.

Obwohl *Dubois* in den folgenden Jahren zahlreiche Studien zum Pithecanthropus veröffentlichte und unzählige Vortragsreisen unternahm, um den zweifelnden Forschern seine Fossilien im Original zugänglich zu machen, gelang es ihm nicht, seine Ansicht von der Bedeutung des Pithecanthropus als „missing link" durchzusetzen. Zuletzt resignierte er, zog sich von der wissenschaftlichen Bühne zurück und verbarg seine Fossilien (vgl. *Trinkaus/Shipman* 1993). Allerdings gab er seine Auffassung nie auf und forschte im Stillen, in der Hoffnung, sie letztendlich doch noch zu beweisen, beispielsweise über die Beziehung zwischen Hirngröße und Körpergröße bei Säugern. So glaubte er in späteren Jahren, einen weiteren Beleg für die Zwischenstellung des Pithecanthropus erectus gefunden zu haben (vgl. *Leakey/Lewin* 1993).

1907/08 versuchte die sogenannte Selenka-Expedition durch weitere Grabungen in Trinil neue Fossilien ans Tageslicht zu fördern. Es konnten aber keine neuen Pithecanthropus-Funde gemacht werden. Allerdings brachten umfangreiche sonstige Faunenfunde eine Einordnung Trinils als pleistozän, während *Dubois* noch ein älteres pliozänes Alter angenommen hatte.

Erst 1930 mit dem Pekingmenschen (Sinanthropus pekinensis) aus Choukoutien (Zhoukoudian) bei Peking und 1937 mit dem Pithecanthropus-II-Schädel aus Sangiran auf Java (nur etwa 60 km von Trinil entfernt) wurden frühmenschliche Fossilien bekannt, die durch ihre große Ähnlichkeit mit dem Pithecanthropus von Trinil dessen Einordnung als Vorläufer des Menschen endgültig bestätigten - wenn auch gegen den Protest *Dubois'* (vgl. *von Koenigswald* 1968; *Gieseler* 1974).

Der Junge von Turkana. Der Turkanasee im Norden Kenias ist für Paläoanthropologen fest mit dem Namen *Richard Leakey* verbunden. Am Ostufer der rund 2.500 km² großen Wasserfläche hatte *Leakey* am Ende der 60er Jahre mit paläontologischen Ausgrabungen begonnen, die zur Gründung des Forschungszentrums Koobi Fora führten, benannt nach dem Gebiet im Bereich der gleichnamigen Halbinsel im nördlichen Teil des Turkanasees. Hier hatte *Richard Leakey* 1968 fossilienführende geologische Schichten entdeckt und in den Folgejahren eine Vielzahl hominider Fossilien gefunden. Am häufigsten waren dabei Zähne, die hart und widerstandsfähig sind, gefolgt von Unterkiefern, besonders der Art Autralopithecus boisei. Neben Bruchstücken der anderen Skelettteile wurden aber auch Schädelknochen entdeckt. Herausragende Funde waren

1975 ein gut erhaltener Schädel von Homo erectus (KNM-ER 3733) und 1972 Schädelfragmente von Homo habilis (bzw. Homo rudolfensis, KNM-ER 1470; vgl. *Walker/Leakey* 1978). Der habilis-Fund bestätigte für die meisten Paläontologen die Existenz dieser von *Lewis Leakey* nach Funden in der Olduvai-Schlucht (OH 13) benannten Art und begründete den Ruhm seines Sohnes *Richard Leakey*.
Anfang der 80er Jahre dehnte *Richard Leakey* als Direktor des Kenia-National-Museums in Nairobi die Erkundung auf das bis dahin unerforschte Westufer des Turkana-Sees aus, in das Gebiet des Turkana-Volkes, dessen Namen der See seit der Unabhängigkeit Kenias 1963 trägt.
Im Jahre 1984 wurden hier 26 mögliche Grabungsorte untersucht und geologisch eingeordnet (vgl. *Brown* u. a. 1985). Indikatoren für erfolgversprechende Fundstellen sind dabei Säugetierknochen und Zähne, die von der Erosion oder durch einen Fluss freigelegt wurden. Findet sich ein hominider Fossilrest, wird die Fundstelle von dem Geologen des Forschungsteams aufgrund der geologischen Schichtung zeitlich eingeordnet, um festzustellen, ob es sich um eine paläoanthropologisch interessante Stelle handelt. Im Tal des Nariokotome-Flusses wurde der kenianische Suchtrupp fündig: Das Skelett WT 15000 erregte als „Turkanajunge" weltweites Aufsehen (s. Kasten IV, 2-7).
Dieses Skelett ist das vollständigste Hominidenskelett, das bisher gefunden wurde, hierin lediglich vergleichbar mit den Funden aus Neandertalergräbern. Besondere Bedeutung besitzt der Fund, weil er erstmals ein fast vollständiges postkraniales Skelett enthält und die Überreste von ein und demselben Individuum stammen (vgl. *Brown* u.a. 1985; *Leakey/Lewin* 1993).
Die Analyse des Materials hat ergeben, dass WT 15000 in vielerlei Hinsicht menschenähnlich ist, aber auch deutliche anatomische Unterschiede zum modernen Menschen aufweist. Zunächst widerspricht der Knochenbau völlig der weitverbreiteten bisherigen Vorstellung, dass Homo erectus eine stämmige, muskulöse Gestalt besaß, mit schweren, massiven Knochen. Unterschiede zum modernen Homo sapiens gibt es auch im Bau der Wirbel oder des Oberschenkelhalsknochens. Während der Kopf in der Größe dem des Menschen gleicht, ist der Schaft lang wie bei Australopithecinen. Auch der Beckenkanal ist enger als bei Homo sapiens, was darauf schließen lässt, dass die Frauen - soweit man das männliche Becken als Anhaltspunkt nehmen kann - nur Kinder mit kleineren Köpfen als bei Homo sapiens zur Welt bringen konnten (s. Abschnitt IV, 4.1.4). Auch der obere Teil des Nervenkanals der Wirbelsäule ist enger, so dass spekuliert wird, die nervöse Versorgung des Brustkorbs (Thorax) könnte begrenzt gewesen sein, mit Folgen für die kontrollierte Lauterzeugung. Außerdem besitzt der Brustkorb eine nach oben konisch zulaufende Form wie bei Australopithecinen, allerdings weniger stark ausgeprägt (vgl. *Brown* u. a. 1985; *Tattersall* 1995).
Das zeitliche Schema der Zahnentwicklung ist bei Menschenaffen und Mensch unterschiedlich. Dadurch kann man bei fossilen Kinderschädeln bestimmen, ob die Entwicklung nach menschlichem oder pongidem Standard erfolgt. Gleichzeitig ist eine Altersbestimmung möglich. Während Australopithecus afarensis ebenso wie Australopithecus africanus in ihrem Zahnentwicklungsmuster am besten in das menschenaffenähnliche Schema passen, gilt für den Neandertaler ein menschliches Zahnentwicklungsmuster. Die Auswertung des Turkanajungen erbrachte eine Zwischenstellung für den frühen Homo erectus. Der Zahnstand zeigt ein Wachstumsmuster, das sich im Verhältnis der Entwicklung von vorderen und hinteren Zähnen erst dem menschlichen Schema annähert. Nach diesen Untersuchungen war der Turkanajunge wahrscheinlich 9 (bis 10) Jahre alt, als er starb (vgl. *Smith* 1986, 1993).

„Stelle 50": Ein Blick in das Leben der Frühmenschen. Indizien für Rückschlüsse auf Kultur und Sozialverhalten des Homo erectus bietet eine archäologische Grabungsstelle, die als „Stelle 50" bekannt geworden ist. Die Ablagerungen sind mit 1,5 Millionen Jahren ungefähr so alt wie der Junge vom Westufer des Turkanasees.
Auf vereinzelten Tierknochen aus Olduvai und Koobi Fora konnte 1979 erstmals aufgrund von Schnittspuren ein Zusammenhang zwischen Artefakten und Tierknochenbearbeitung nachgewiesen werden. Außerdem entdeckte man Rillen von Raubtierzähnen auf einigen Knochen. Aus der Überlagerung von Bissspuren durch Schnittspuren ließ sich schließen, dass vor den Hominiden Carnivore an dem Tier gefressen hatten, ein Hinweis auf Aasverwertung durch Homo erectus. An der Stelle 50 konnte gezeigt werden, dass Knochen mit

Fleisch dorthin transportiert und dort bearbeitet wurden. Die Steinwerkzeuge dazu wurden ebenfalls an Ort und Stelle hergestellt. Einige Steinsplitter zeigten im Elektronenmikroskop Spuren, die auf die Bearbeitung von Fleisch, Holz und sogar Gras hinweisen.

Aufgrund dieser Befunde und der Ergebnisse der Analyse des Turkanajungen ist *Richard Leakey* heute - anders als Ende der 70er Jahre, als er noch die Nahrungsteilung betonte (vgl. *Isaac* 1978; *Kattmann* 1987) - der Auffassung, dass an der Stelle 50 nicht nur kurzzeitig geschlachtet oder ausgeweidet wurde, sondern dass dieser Ort „ein vorübergehendes Lager von Sammlern und Jägern" war (*Leakey/Lewin* 1993, 209; zu Sammlerinnen-und-Jäger-Kulturen s. Band 4, 299 ff.; 314 ff.). Dem steht nicht entgegen, dass teilweise auch Aas verwertet wurde; hierin zeigte sich ein opportunistisches Verhalten, das auch andere Fleischfresser auszeichnet. Im Gegensatz zu *Leakey*, der die Sammlerinnen-Jäger-Kultur - wenn auch in primitiver Form - also an den Beginn der Entwicklung zum Menschen stellt und damit die Mehrheit der Paläoanthropologen vertritt, sieht der Archäologe *Luis Binford* darin eine späte Kulturstufe, die frühestens mit Homo sapiens in Verbindung gebracht werden dürfe (vgl. *Leakey/Lewin* 1993).

2.2 Kriterien der Themenauswahl

Die Bedeutsamkeit des Themas „Neandertaler" für den Unterricht ergibt sich aus einer Reihe von Überlegungen.

Aus fachwissenschaftlicher Sicht ist der Neandertaler der älteste Fund eines menschlichen Vorfahren, um den es eine lange und kontroverse wissenschaftliche Diskussion gegeben hat, deren Reflexion als Warnung vor der ideologischen „Nutzung" von Wissenschaft dienen kann. Der aktuelle Forschungsstand liefert heute die notwendige Grundlage, ein recht umfassendes Gesamtbild zu vermitteln. Dies trifft sonst noch für den Cro-Mangnon-Menschen und Homo erectus zu.

Bei den Schülern besteht in dieser Altersstufe ein großes Interesse, die „eigene" Vergangenheit kennenzulernen, was allein an dem großen Angebot an Jugendbüchern zum Neandertaler und verwandten Themen zu erkennen ist.

Der Neandertaler ist nun ein Menschentyp, der den Schülern auch räumlich nahe liegt. Es besteht für viele die Möglichkeit, den Fundort ohne größeren Aufwand zu besuchen (obwohl sich dort seit der Entdeckung vieles geändert hat).

Mit der Behandlung von Pithecanthropus und dem Turkanajungen umgreift der Unterricht Anfang und Ende der gesamten Existenzzeit des Homo erectus, historisch gesehen auch Anfang und vorläufigen Endpunkt der Erforschung dieser Spezies. Es handelt sich dabei um zwei der wesentlichen Fossilien, die zum Thema Homo erectus angesprochen werden sollten. Darüber hinaus ist mit Pithecanthropus erectus die zentrale Problematik der darwinschen Evolutionstheorie, die missing link-Problematik verbunden. Der Fund WT 15000 (Turkanajunge) erhält seine große Bedeutung aus der Vollständigkeit des Fundes und der Erweiterung der wissenschaftlichen Kenntnisse um viele Aspekt des postkranialen Skeletts. So kann erstmals auch für einen frühen menschlichen Vorfahren, der bei Annahme einer Artumwandlung am Beginn der Evolution zum modernen Menschen steht, ähnlich dem Neandertaler ein recht differenziertes Gesamtbild entworfen werden. Dieser Forschungsstand dürfte eine wesentliche Voraussetzung sein, wenn menschliche Frühformen monographisch in der Klassenstufe 7/8 vorgestellt werden sollen. Nur dadurch ist Anschaulichkeit und Aspektreichtum gesichert.

Für die Schüler ermöglichen diese Themen durch die Einbeziehung der Entdeckungsgeschichten einen Blick hinter die Kulissen einer abenteuerlichen Wissenschaft; die Forscherpersönlichkeiten werden deutlich. Diese können in einem Alter der Orientierungssuche positive Vorbildfunktion haben, woraus wichtige Impulse für die weitere Persönlichkeitsentwicklung zu erwachsen vermögen.

2.3 Vorschläge zur Unterrichtsgestaltung am Beispiel „Neandertaler"

2.3.1 Didaktische Überlegungen

Mit dem Thema Neandertaler wird immer noch eine negative Assoziation geweckt. Oft ist ein veraltetes Bild vom Neandertaler bei den Schülern aus älteren populärwissenschaftlichen Darstellungen vorhanden. Die Ursachen für die Entstehung eines solchen gesellschaftlichen Vorurteils aufzuarbeiten, ist ein notwendiges Anliegen. Dass die Wissenschaft daran beteiligt war, das Negativbild des Neandertalers zu tradieren, verdeutlicht den Schülern, dass es in der Wissenschaft keine „ewigen Wahrheiten" gibt, und begründet eine Vorstellung von Wissenschaft als Kommunikationsgemeinschaft der Wissenschaftler. Dieses Kommunizieren kann in wissenschaftspropädeutischer Absicht durch eine offene Unterrichtsatmosphäre vorbereitet werden, was sich wesentlich auf Problemdiskussionen, aber gerade beim Thema Evolution auch auf die Analyse von Theorien bezieht. Unterschiedliche Auffassungen müssen zugelassen, aber auch begründet, verteidigt und doch aufgrund besserer Argumente anderer aufgegeben werden können. Um eine unvoreingenommene Bewertung des Neandertalers zu ermöglichen, werden zunächst die vorurteilsbehafteten Vorstellungen aufgearbeitet, die mit bestimmten Merkmalen der Neandertaler-Morphologie verbunden sind. Durch die E.T.-Figur ist es möglich, diese bewusst zu machen. Die Figur ist den Schülern aus Wiederholungen des berühmten Spielberg-Films von 1982 auch heute noch bekannt und ein starker Sympathieträger. Im Unterricht kann damit Aufmerksamkeit und Motivation erzeugt werden.

Unabhängig davon ist bei Schülern dieses Alters eine generelle Begeisterung für die Beschäftigung mit frühen Menschenformen vorhanden.

Die konkrete Wahl der Unterrichtsinhalte orientiert sich weitgehend am erwartbaren Vorwissen der Schüler (beispielsweise der Neandertaler als Höhlenmensch), um alte Vorstellungen zu korrigieren. Ergänzend zu der hier vorgenommenen Auswahl können der „Bärenkult" der Neandertaler und die Koexistenz zwischen Neandertaler und modernem Homo sapiens sapiens angesprochen werden (vgl. *Wraage* 1979; *Schudnagis* 1994). Der Klassenstufe entsprechend sollte auch das motorische Aktivitätsbedürfnis der Schüler befriedigt werden. Dies geschieht einmal durch die praktische Erprobung der Werkzeugproduktion. Aber auch die materialgebundene Arbeit in kleinen Gruppen trägt dem Rechnung. Die Suche nach Lösungen in Gruppenarbeit erlaubt darüber hinaus, die Lehrerdominanz zurückzunehmen. Dadurch wird zurückhaltenden Schülern eine stärkere Beteiligung an der Erarbeitung der Unterrichtsinhalte ermöglicht.

Unterrichtsziele:

Die Schüler sollen

– die wesentlichen Merkmale der Neandertaler-Gesichtsmorphologie nennen können;
– die mit dem Neandertaler verbundene Vorurteilsproblematik erörtern können;
– die Existenzzeit und klimatischen Lebensbedingungen des Neandertalers angeben können;
– die Kultur des Neandertalers in wesentlichen Aspekten beschreiben können.

2.3.2 Unterrichtsprozess

Der Einstieg in die Unterrichtseinheit erfolgt mit einer Abbildung von E.T., dem Außerirdischen (s. Abb. IV, 2-5), die mit Hilfe einer Folie projiziert und den Schülern außerdem ausgeteilt wird. Nach Klärung der filmischen Zusammenhänge leitet die Lehrperson zu einer genaueren Betrachtung der E.T.-Figur über: Wie sieht E.T. aus? Insbesondere die Gestaltung des Kopfes sollte hier analysiert werden: große Augen, kleine „Stupsnase", große Überaugenwülste, fliehendes Kinn, flacher Schädel (kein Hirnschädel). Die Arme sind dünn,

IV Evolution des Menschen

Abb. IV, 2-5: E.T. - Der Außerirdische (aus Hörzu, 6.10.1995)

Abb. IV, 2-6: a) Rekonstruiertes Lebendbild des Neandertalers (1909); b) Rekonstrukt des Neandertalers als Zeitgenosse (1939); c) Das neue Bild vom Neandertaler (a) und b) aus *Stringer/Gamble* 1994, 18; 28; c) aus Die Zeit, 2.10.1981)

ohne Muskeln, dazu kommt eine dürre Gestalt. Die Ergebnisse werden in einer Tabelle auf Folie oder an der Tafel festgehalten.

Anschließend wird die Wirkung dieser Merkmale mit den Schülern diskutiert und auch die Frage gestellt, woran die Schüler dadurch erinnert werden. Hierbei sollte deutlich werden, dass es sich teils um Kennzeichen für die Fremdheit, also den Unterschied zum Menschen handelt, so bei den Überaugenwülsten, dem fehlenden Hinterkopf, dem fehlenden Kinn, teils aber auch um Merkmale, die diese Figur „niedlich", sympathisch oder gar erbarmungswürdig machen, nämlich große Augen wie beim Kindchenschema (s. Band 4, Abschnitt III, 7.1.3), dünne Ärmchen. Die Absicht der Filmemacher, die Fremdheit dieses Wesens sympathisch erscheinen zu lassen, sollte mit den Schülern erörtert werden.

Hiernach wird den Schülern die Abbildung IV, 2-6 a mit der Darstellung des Neandertalers aus dem Jahre 1909 projiziert und sie werden aufgefordert, ihren Eindruck von diesem Wesen wiederzugeben. Assoziationen wie äffisch, brutal, fremd, primitiv usw. sollten danach auf die speziellen Merkmale wie vorgeschobene Mundpartie, Überaugenwülste, flache Stirn, fliehendes Kinn, muskulöser Körper, Behaarung des dargestellten Neandertalers bezogen und in die angefangene Tabelle eingetragen werden.

Dann gibt die Lehrperson die Entstehungszeit der Abbildung bekannt und regt an zu überlegen, welche Gründe in dieser Zeit kurz vor dem Ersten Weltkrieg zu dem negativen Bild vom Neandertaler geführt haben könnten. Da den Schülern die historischen Hintergründe unbekannt sein dürften, wird die Deutungsgeschichte der Neandertaler im Lehrervortrag geschildert, um einen altersgerechten Verständnishorizont aufzubauen (s. Abschnitt IV, 2.1.1).

Den Schülern sollte klar werden, dass das negative Bild vom Neandertaler seine Ursachen in der vorurteilsbehafteten zeitgeschichtlichen Bewertung bestimmter Merkmale hat, zu der wesentlich auch wissenschaftliche Fehlannahmen beitrugen, die bis in unsere Zeit fortwirken.

Zum Abschluss dieses Unterrichtsabschnitts präsentiert die Lehrperson eine moderne Rekonstruktion des Neandertalers (s. Abb. IV, 2-6 c). Mit der Betrachtung der wesentlichen Merkmale und in einem Gespräch über die Frage „Warum sieht das heutige Bild anders aus?" können die zuvor angesprochenen Aspekte gefestigt werden. Nun wird zur Frage nach der Lebensumwelt des Neandertalers übergeleitet. Die Lehrperson stößt darauf aufbauend eine Diskussion über die Frage an, ob man die Neandertaler als „Eiszeitmenschen" bezeichnen darf. Zur Beantwortung dieser Frage erhalten die Schüler das Material des Kastens IV, 2-1, das je nach Lerngruppe in Stillarbeit nacheinander oder in arbeitsteiliger Gruppenarbeit bearbeitet wird. Einige Schüler tragen ihre Ergebnisse anschließend auf einer Folie ein, die als Grundlage der Ergebniszusammenfassung dient.

Die Lehrperson leitet mit kurzen Worten in die Thematik „Wovon und wie ernährten sich die Neandertaler?" ein und nutzt die meist vorhandenen Vorkenntnisse der Schüler zur Formulierung des Themas Jagd. Die Lehrperson sollte dabei aber verdeutlichen, dass in Jäger-Gemeinschaften auch der weibliche Sammelanteil wesentlich, wenn nicht überwiegend zur Ernährung beiträgt (s. Band 4, Abschnitt III, 7.1.6). Dieser Aspekt muss bei der Betrachtung der Neandertaler aufgrund der Fundlage unberücksichtigt bleiben (s. Abschnitt IV, 2.1.1). Nun erhalten die Schüler ein Arbeitsblatt zu Jagdmethoden und Beutetieren (s. Kasten IV, 2-2). Sie beschäftigen sich in kleinen Gruppen mit den Aufgaben. Die Ergebnisse werden zusammengetragen, diskutiert und es werden die folgenden Gesichtspunkte auf einer Folie festgehalten: Die gefährliche Jagd mit dem Speer erfordert große körperliche Stärke und birgt ein großes Verletzungsrisiko. Da auch kleinere Beutetiere gejagt wurden, darf man neben Treibjagd auch Fallenstellerei erwarten. Durch diese Betrachtungen erfahren die Schüler implizit, über welche geistige Leistungsfähigkeit die Neandertaler verfügt haben müssen.

Eine Einführung in die Werkzeugherstellung der Neandertaler sollte auf dieser Klassenstufe nach Möglichkeit praktisch erfolgen. Dafür kann man in geeigneten Gebieten zuvor Steine sammeln. Notfalls können Steine auch beispielsweise aus einer Kiesgrube beschafft werden. Es sollte allerdings ein längerer Vorlauf eingeplant werden, weil gut spaltbare Steine recht selten sind. Zur praktischen Erprobung der Abschlagtechnik sollten zunächst anhand von Kasten IV, 2-3 das Vorgehen erarbeitet und die notwendigen Eigenschaften des Materials (Spaltbarkeit) besprochen werden. Dann versuchen sich die Schüler an einer geeigneten Stelle des Schulhofs selbst in der steinzeitlichen Werkzeugtechnik. Hierbei sind geeignete Schutzmaßnahmen (Brillen, Handschuhe) zu treffen (genaue Anleitung bei *Czieslik/Nottbohm* 1989).

IV Evolution des Menschen

○ frühe Neandertaler
● späte Neandertaler

a Fundstellen von Neandertalerfossilien

Aufgaben

1. Trage die Fundstellen (Kreise und Quadrate) aus Abbildung a) als farbige Punkte in die Abbildung b) ein.
2. Kreuze in der Legende an, in welchen Vegetationszonen Neandertaler lebten.
3. Welche Schlüsse über die Lebensumwelt der Neandertaler ziehst du daraus?

Legende Vegetationskarte:
- Gletscher
- Seen und Binnenmeere
- überwiegend Zwergstrauchtundra mit Steppenelementen
- subarktische Kältesteppen mit Tundrengesellschaften, aber weitgehend ohne Lößbildung
- Wald- und Strauchtundra, von Steppeninseln durchsetzt
- Waldsteppe – Waldtundra
- Lößtundra
- Steppe, meist mit Lößbildung
- Mischwald, maritim
- Waldsteppe
- Wüste
- Galerie- und Saumwälder
- letzteiszeitliche Küstenlinie (meist 100 m-Isobathe)

b Vegetationskarte

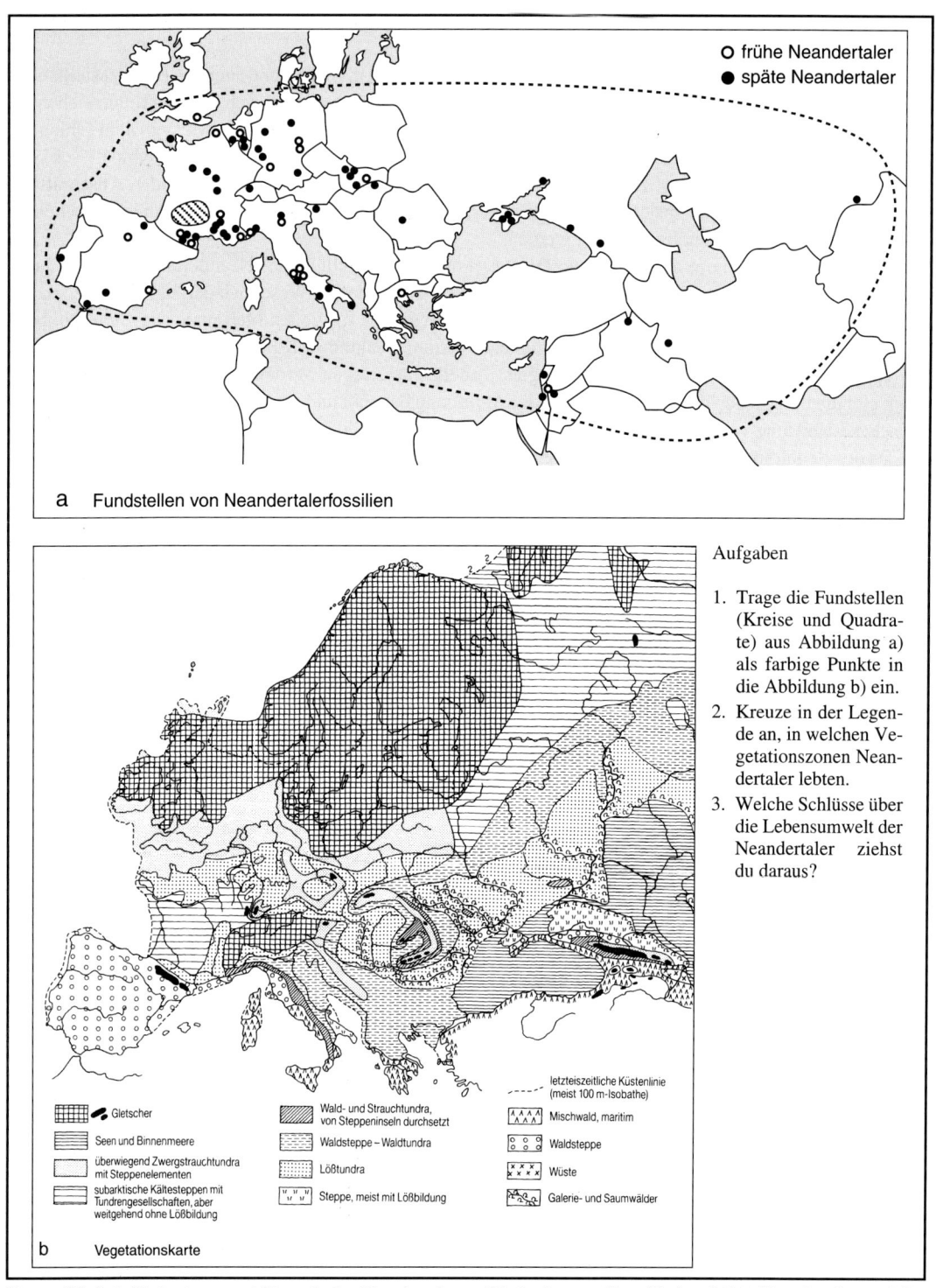

Kasten IV, 2–1: Verbreitung und Umwelt des Neandertalers. a) Verbreitung, offene Kreise: früher Neandertaler, gefüllte Kreise: später Neandertaler, schraffierte Fläche: gehäuftes Vorkommen von Neandertalerfossilien; b) Vegetationstypen in Europa zur Zeit der maximalen Vergletscherung der letzten Eiszeit (a) aus *Trinkaus/Howells* 1980, 82, b) aus *Schultz* 1989)

Jagdmethoden und Beutetiere

Aufgaben

1. Beschreibe die Jagdmethode der Neandertaler nach Abbildung a).
2. Welche Gefahren sind damit verbunden?
3. Welche Beutetiere wurden gejagt (Abb. b)? Welche weiteren Jagdmethoden könnten die Neandertaler noch angewandt haben?
4. Über welche Fähigkeiten müssen die Neandertaler verfügt haben?

Kasten IV, 2–2: Jagd mit dem Speer (a) und Beutespektrum (Salzgitter-Lebenstedt) (b): 1 Rentier 72%, 2 Mammut 14%, 3 Bison 5,4%, 4 Pferd 4,6%, 5 Wollnashorn 2%, 6 andere Tiere 2% (aus *Lambert* 1988)

IV Evolution des Menschen

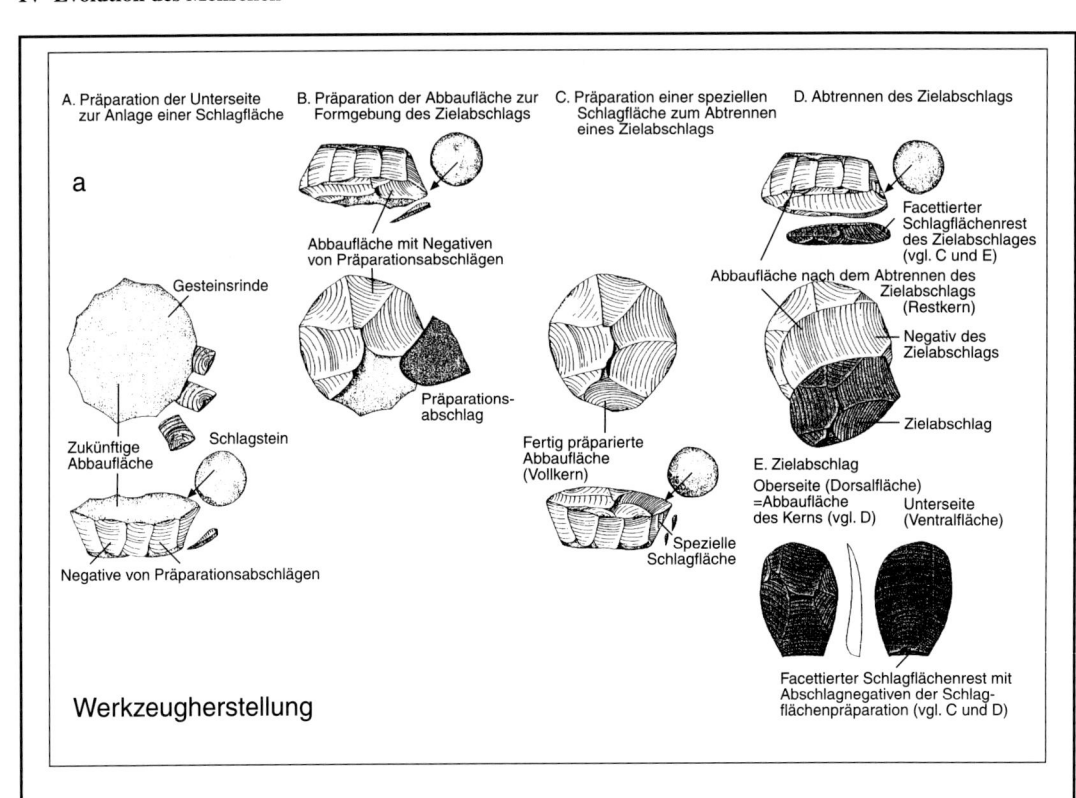

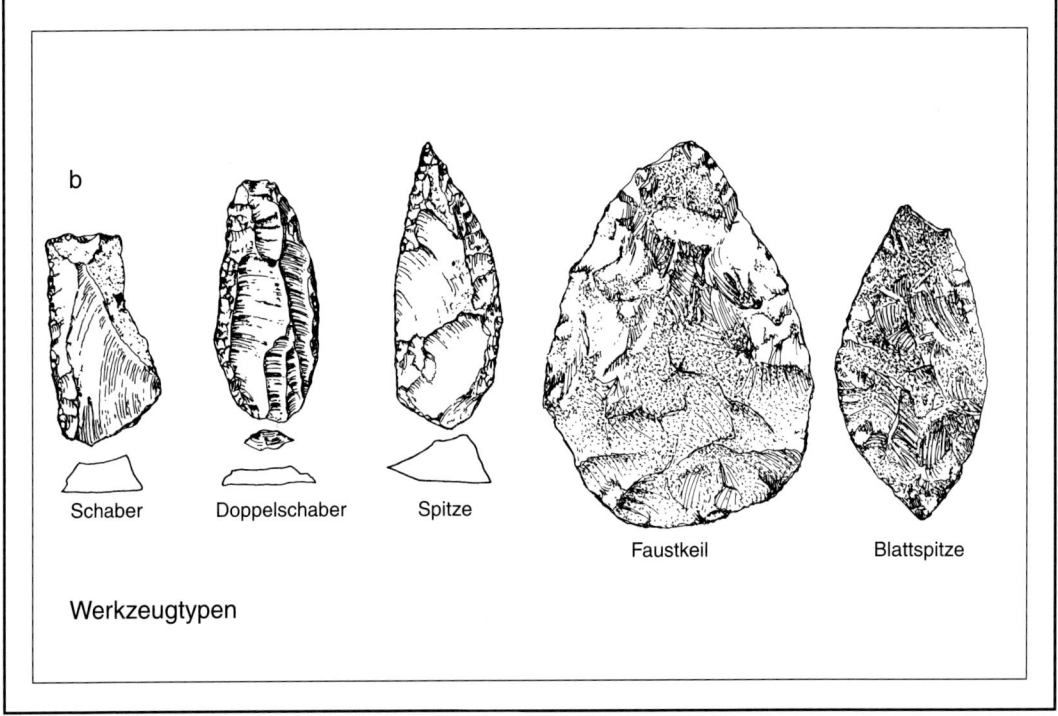

Kasten IV, 2–3; a) Werkzeugherstellung durch die Kernabschlagtechnik, b) Werkzeugtypen (aus *Schmid* 1989, 172 f.)

Klassenstufe 7/8   **2 Menschen der Vergangenheit**

Behausungen

Aufgaben

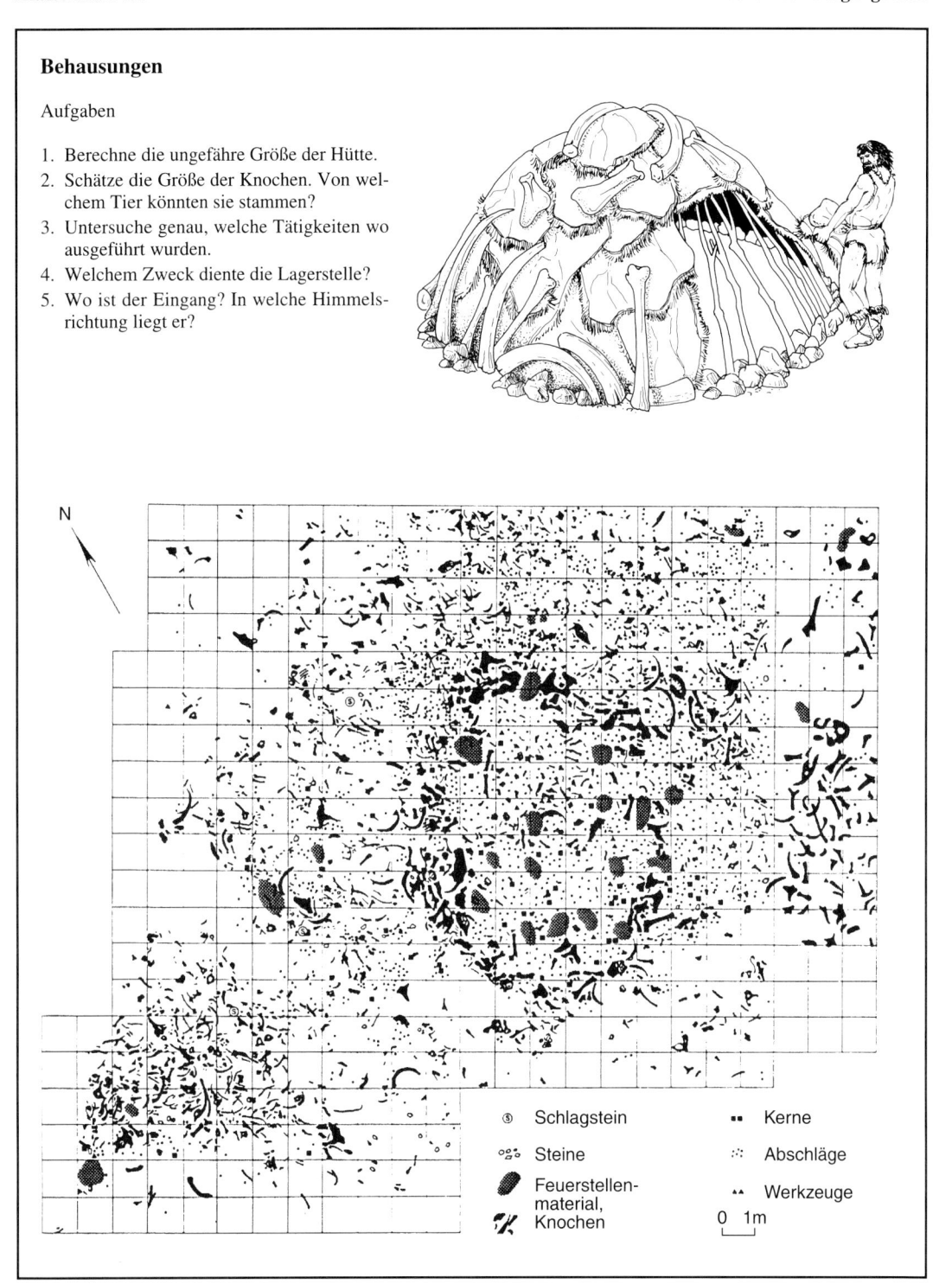

1. Berechne die ungefähre Größe der Hütte.
2. Schätze die Größe der Knochen. Von welchem Tier könnten sie stammen?
3. Untersuche genau, welche Tätigkeiten wo ausgeführt wurden.
4. Welchem Zweck diente die Lagerstelle?
5. Wo ist der Eingang? In welche Himmelsrichtung liegt er?

Kasten IV, 2–4: Grundriss der Freilandbehausung vom Fundplatz Molodova I am Dnjestr (aus *Schmid* 1989, 174; *Lambert* 1988)

IV Evolution des Menschen

Im Zusammenhang mit den eigenen Produkten und unter Einbeziehung der weiteren Werkzeuge der Neandertaler werden abschließend die Verwendungszwecke der Steinwerkzeuge (Tierzerlegung, Holz- und Knochenbearbeitung) diskutiert und ebenfalls selbst erprobt. Möglicherweise können die hergestellten Werkzeuge auch in einer kleinen Ausstellung im Klassenraum allen zugänglich gemacht und dadurch entsprechend gewürdigt werden.

Als Einstieg in den nächsten Unterrichtsabschnitt wird als Material Kasten IV, 2-4 ausgeteilt, und die Schüler werden aufgefordert, durch die Lösung der Aufgaben den Fund zu analysieren. Die Feststellungen werden dann zusammengetragen und gemeinsam besprochen, wobei die Vorstellungen vom Neandertaler als Höhlenmenschen relativiert werden. Als Ergebnisse sollten die Schüler wissen, dass nur eine kleine Gruppe das Lager bewohnt hat. Es diente dem Ausweiden erbeuteter Tiere, dazu war die Herstellung von Steinwerkzeugen nötig.

Indem die Ausrichtung nach Osten angesprochen wird, kann auf den letzten Unterrichtsabschnitt übergeleitet werden. Die Lehrperson weist darauf hin, dass auch die Gräber der Neandertaler in Ost-West-Richtung liegen.

Als Grundlage für die Diskussion über spirituelle Vorstellungen und soziale Solidarität der Neandertaler dient eine nachempfundene, altersangemessene Darstellung des Shanidar-Begräbnisses (s. Abb. IV, 2-7). Von den Ausgrabungsbefunden ausgehend (Schlafstellung, Grabbeigaben), werden die Vorstellungen und geistigen Fähigkeiten erschlossen. Auch Aspekte des Gruppenzusammenhalts, gegenseitige Hilfe u.ä. sind erschließbar, wenn die Lehrperson einbringt, dass vielfach verheilte Verletzungen und Krankheiten an den Skeletten festzustellen sind.

Das Unterrichtsgespräch zielt in diesem letzten Unterrichtsabschnitt nicht so sehr auf Tatsachenwissen ab, sondern leitet zu selbständiger Schlussfolgerung und Reflexion an. Auch das Problem der Unsicherheit der Faktenlage und die Gefahr der Übertragung eigener Vorstellungen sollte bewusst gemacht werden. Durch die strikte Trennung von Beobachtung und Deutung kann ein wesentlicher Aspekt wissenschaftspropädeutischen Unterrichtens schon auf unteren Klassenstufen realisiert werden (vgl. *Wraage* 1979; *Kattmann/Pinn* 1984).

Abb. IV, 2-7: a) Plan der Fundstelle von La Ferrassie (Dordogne, Frankreich). 1-6 Gräber, Grab 5 unter einem Erdhügel, Grab 6 in einer natürlichen Vertiefung des Felsenbodens und abgedeckt mit einem Steinblock; b) Das Begräbnis von Shanidar/Irak (popoulärwissenschaftliche Rekonstruktion); 1 Körper in Schlafstellung, 2 Körper Ost-West ausgerichtet, 3 Gesicht blickt nach Süden, 4 Steinkissen, 5 verbrannte Knochen, 6 Feuersteinwerkzeuge, 7 Unterlage aus Schachtelhalmen, 8 Blüten (a) aus *Schmid* 1989, 93; b) aus *Lambert* 1988)

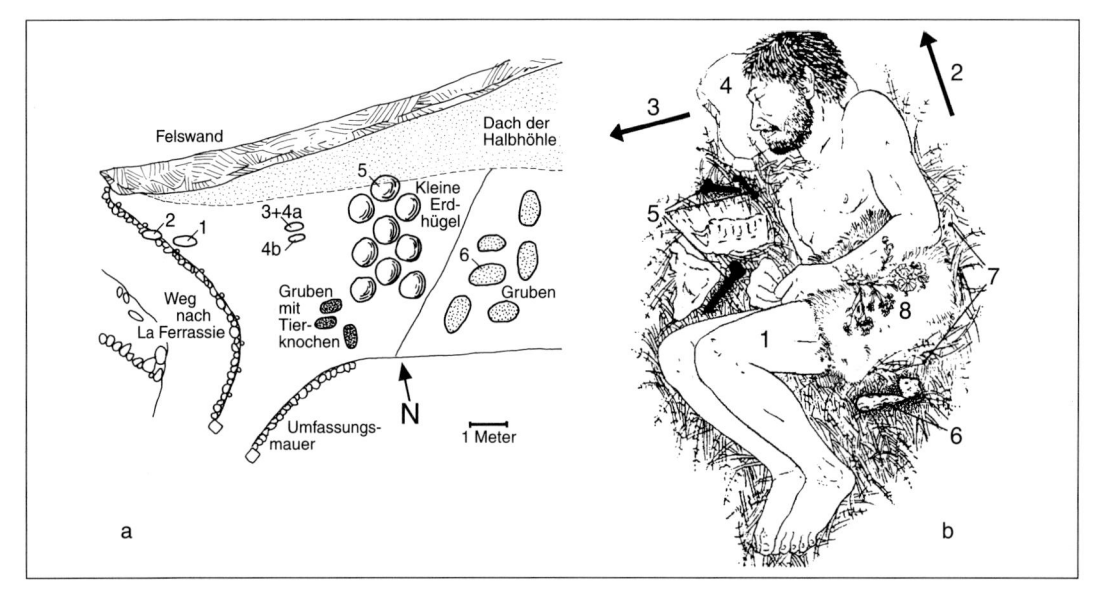

2.4 Vorschläge zur Unterrichtsgestaltung am Beispiel „Frühmenschen (Homo erectus)"

2.4.1 Didaktische Überlegungen

Die Unterrichtseinheit zu Homo erectus ist zweiteilig angelegt. Im Zusammenhang mit Pithecanthropus wird den Schülern zunächst die wissenschaftliche Situation am Ende des vorigen Jahrhunderts bewusst gemacht. Hierbei können Missverständnisse geklärt und Vorurteile aufgearbeitet werden, die in Bezug auf die Abstammung des Menschen teilweise auch heute noch bestehen. Gleichzeitig wird die historische Bedingtheit wissenschaftlicher Ansichten deutlich, was nicht zu resignativem Relativismus führen darf, sondern den Schülern einen eigenverantwortlichen Umgang mit wissenschaftlichen Theorien und ihren gesellschaftlichen Konsequenzen auferlegt.

Im zweiten Teil steht die menschliche Frühform Homo erectus im Zentrum, ihre Lebensweise und ihre Einordnung auf dem Weg der Evolution des Menschen. Der Klassenstufe entsprechend wird zur Verdeutlichung mit anschaulichen Szenarien gearbeitet, deren hypothetischer Charakter allerdings den Schülern bewusst gemacht werden sollte.

Die Vermittlung der Kenntnisse über den Frühmenschen Homo erectus erfolgt eingebettet in die Entdeckungsgeschichte der wichtigsten Fossilien. Dies bietet zum einen Anschaulichkeit, die in dieser Klassenstufe für den Lernerfolg unbedingt notwendig ist, zum anderen entspricht die Verbindung der Skelettfunde mit konkreten Personen und Ereignissen dem Interesse und der lernpsychologischen Entwicklungsstufe der Schüler. So eingebettet erscheint es möglich, auch in dieser Klassenstufe schon grundlegende und in der Öffentlichkeit häufig missverstandene Aspekte der Evolutionstheorie wie die „missing link"-Problematik zu vermitteln.

Als Alternative wäre auch denkbar, statt der Entdeckungsgeschichte die Morphologie des Homo erectus zu thematisieren, was erfahrungsgemäß auf die Schüler aber weniger stark motivierend wirkt.

Dagegen sind Schüler diesen Alters stark daran interessiert, etwas über die Lebensweise der Vor- und Frühmenschen zu erfahren. Dies fällt im Fall des Homo erectus mit der fachwissenschaftlichen Bedeutung zusammen: Durch die Auswertung des Turkanajungen (WT 15000) und der Stelle 50 liegen bedeutende und exemplarische wissenschaftliche Ergebnisse vor, die ihren Eingang auch in den Biologieunterricht finden sollten.

Unterrichtsziele:

Die Schüler sollen

– angeben können, was ein „missing link" ist und welche Bedeutung diese Brückenorganismen für die Evolutionstheorie haben;
– die Entdeckungsgeschichte des Pithecanthropus erectus in Grundzügen schildern können;
– das erdgeschichtliche „Schicksal" eines Fossils beschreiben können;
– die Lebensweise des Homo erectus beschreiben können;
– das Szenario der Lebensweise von Homo erectus kritisch beurteilen können.

2.4.2 Unterrichtsprozess

Die Entdeckung des Pithecanthropus

Als Einstieg berichtet die Lehrperson kurz von der Vorhersage *Ernst Haeckels*, dass es als Übergangsform zwischen Mensch und Affen einen sprachlosen „Affenmenschen" (Pithecanthropous alalus) gegeben habe müsse, und der Absicht von *Eugene Dubois*, dieses „missing link" (Brückenwesen) in der menschlichen Stammesentwicklung zu suchen, um dadurch die Richtigkeit der Evolutionstheorie auch für den Menschen nach-

IV Evolution des Menschen

Die Entdeckungsgeschichte des Pithecanthropus erectus

„missing link" gesucht   a

In der 2. Hälfte des 19. Jahrhunderts wurde in ganz Europa heftig über die natürliche Abstammung der Lebewesen diskutiert. In Deutschland und den angrenzenden Ländern war *Ernst Haeckel* (1834–1919) einer der größten Vorkämpfer der neuen Evolutionstheorie, die er auf Vortragsreisen den Menschen näherbrachte. *Haeckel* vertrat in seinen Vorträgen auch die Auffassung, dass der Mensch von affenähnlichen Vorfahren abstammte.

Anfang der 70er Jahre des vorigen Jahrhunderts besuchte in Roermond der junge holländische Student *Eugéne Dubois* einen dieser Vorträge und war sofort fasziniert: Die Frage nach der Abstammung des Menschen sollte ihn sein Leben lang nicht mehr loslassen.

Dubois studierte Medizin und wurde 1881 Hochschullehrer für Anatomie. Während dieser Zeit an der Universität beschäftigte er sich nebenher immer mit der stammesgeschichtlichen Entwicklung des Menschen. Seine Absicht war, durch Fossilien die Verbindung zwischen Menschenaffen und Menschen zu belegen, die es nach der *Darwinschen* Evolutionstheorie geben mußte. Doch wo konnte man dieses „missing link" finden, also einen primitiven fossilen Primaten, der menschenäffische und menschliche Merkmale in sich vereinigt?

Dubois wusste damals, daß die Menschenaffen als nächste Verwandte des Menschen in den Tropen lebten. Auch der Vorfahr des Menschen musste dort gelebt haben, weil er nur hier ohne schützende Behaarung überleben konnte. Außerdem glaubte man, dass der Mensch besonders nah mit dem Gibbon verwandt sei, der in Südostasien lebte. Von hier stammten auch die bekannten Fossilien von Menschenaffen. Deshalb vermutete man den Ursprung des Menschen ebenfalls in diesem Raum.

1887 gab *Dubois* seine Lehrtätigkeit auf und ging als Militärarzt der Königlich Niederländisch-Indischen Armee nach Ostindien.

Er diente zunächst in einem Militärhospital auf Sumatra. 1890 wurde er wegen einer Malaria-Erkrankung nach Java versetzt. Dort konnte er sich ganz der Suche nach dem „missing link" im menschlichen Stammbaum widmen.

... gefunden!   b

An vielen Stellen der Insel Java gruben Sträflinge für ihn. Die Ausbeute waren viele Kisten fossiler Knochen auch bisher unbekannter Tiere. Im August 1891 ließ *Dubois* an einem freiliegenden Steilufer des Soloflusses in der Nähe des kleinen Dorfes Trinil graben. Bei Niedrigwasser lag hier ein rund 14 m hoher Aufschluss aus Schichten alter Flussablagerungen frei, eine erfolgversprechende Stelle. Schon im folgenden Monat fanden die Arbeiter einen einzelnen menschenähnlichen Zahn.

Einige Zeit später wurde in der gleichen Schicht ein Fund gemacht, den *Dubois* nach dem Entfernen von Gestein sofort als eine menschenähnliche Schädeldecke erkannte. Bis zum Herbst 1892 förderte die Grabung an der gleichen Stelle zunächst nur Skelette verschiedenster Nichtprimaten ans Tageslicht. Im August 1892 fand man dann rund 15 m vom Fundort der Schädeldecke entfernt den linken Oberschenkelknochen eines Primaten, dem eines Menschen in nahezu jeder Hinsicht ähnlich. Für *Dubois* stand sofort fest, dass die Teile von einem einzigen Individuum stammen mussten, einem Mittelding zwischen Menschenaffe und Mensch, das bereits aufrecht ging.

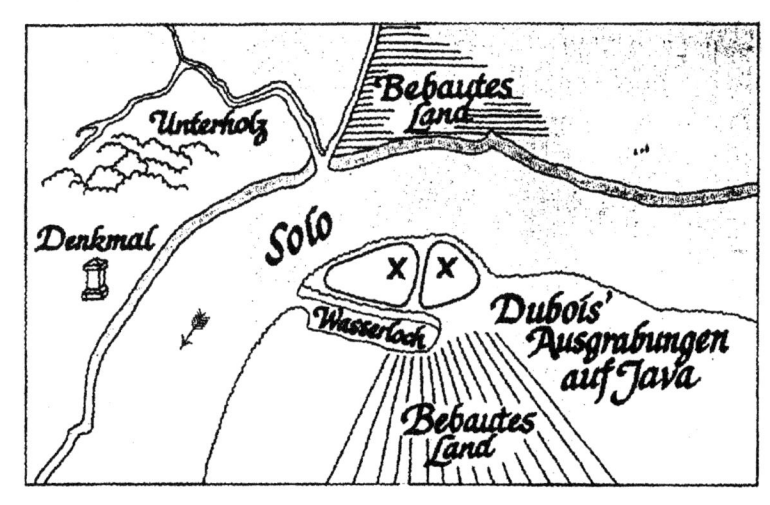

Klassenstufe 7/8   **2 Menschen der Vergangenheit**

Schädeldecke, Trinil, Java

Oberschenkelknochen, Trinil, Java

Seine Überzeugung, das „missing link" zwischen Menschenaffe und Mensch gefunden zu haben, drückte *Dubois* im Namen *Pithecanthropus erectus* (aufrechter Affenmensch) aus und verteidigte sie Jahrzehnte lang gegen die stärksten Widerstände

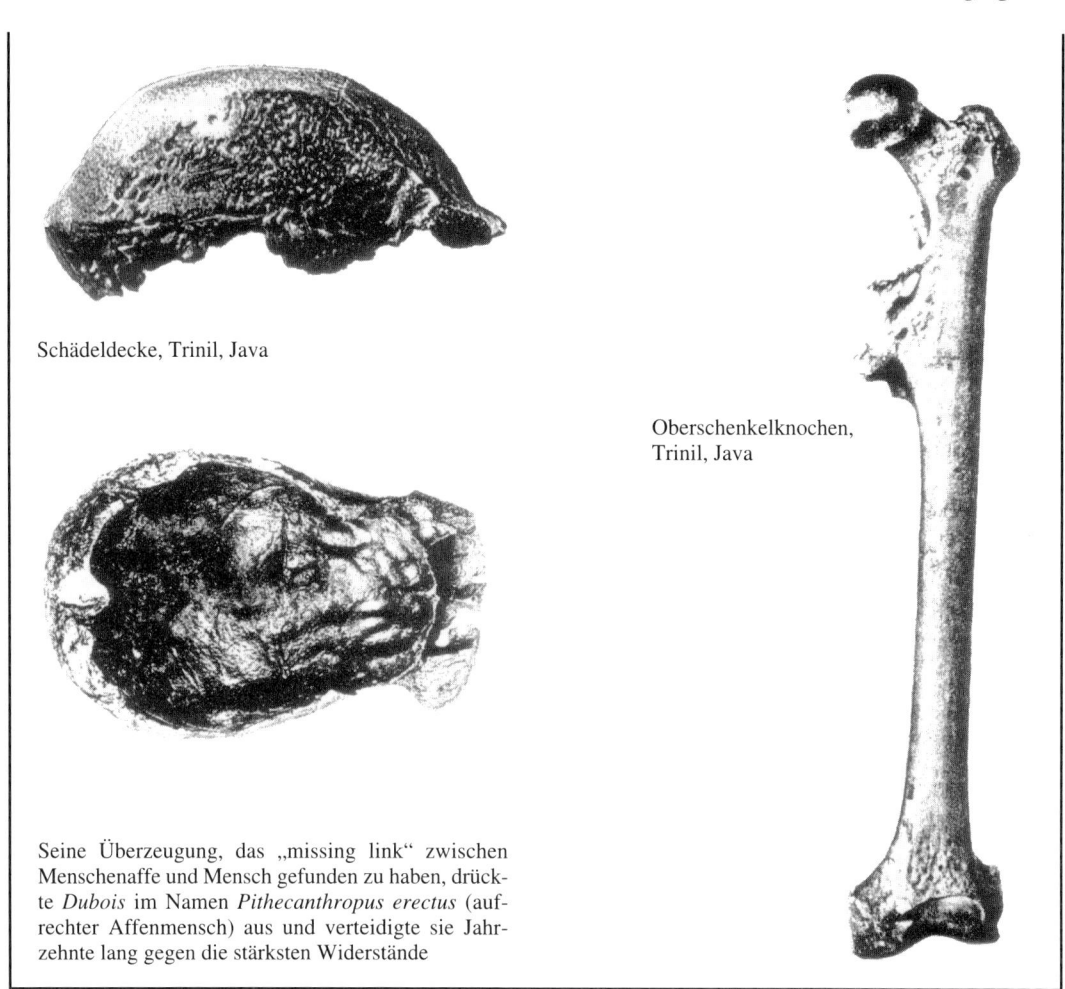

Kasten IV, 2–5: Material zum Pithecanthropus (Homo erectus) (nach *White/Brown* 1973; *Reader* 1982; *Kattmann/Pinn* 1984; *Trinkaus/Shipman* 1993; Abbildungen aus *White/Brown* 1973, 10)

zuweisen. Dazu erklärt die Lehrperson, was in der Evolutionstheorie mit einem „connecting link" oder „missing link" gemeint ist (s. Abschnitt III, 2.1). Dann erhalten die Schüler Material zur weiteren Information über die Entdeckung des Pithecanthropus (Kasten IV, 2-5 a), das sie in einer Stillphase durcharbeiten. In der anschließenden Textauswertung werden insbesondere folgende Fragen beantwortet: „Wo suchte *Dubois* nach menschlichen Vorfahren? „Warum wählte er gerade Süd-Ost-Asien?" „Von welchen Informationen konnte er ausgehen?". Die Schüler tragen damit im Unterrichtsgespräch die Grundlagen für *Dubois'* Absicht zusammen. Dabei sollten sie auch Gelegenheit haben, ihre Kenntnisse über die aktuelle wissenschaftliche Sicht einzubringen: Nach den Aufsehen erregenden Funden der letzten 30 Jahre ist es für die meisten selbstverständlich, dass die frühe Evolution des Menschen in Afrika stattgefunden hat. Für den geographischen Überblick greifen die Schüler auf den Atlas zurück. Auch Abbildungen und Schädelmodelle der ostasiatischen Menschenaffen können zur Veranschaulichung eingesetzt werden. Im Unterrichtsgespräch wird klar, dass aus heutiger Sicht eine Mischung aus Zufällen und ungesicherten Vermutungen den Ausschlag für *Dubois'* Suche in Süd-Ost-Asien gaben.

IV Evolution des Menschen

Um so überraschender ist der Fund des Pithecanthropus erectus, auf den nun eingegangen wird (s. Kasten IV, 2-5 b). Die Schüler diskutieren die Merkmale vor dem Hintergrund der Brückentier-Problematik: Ist Pithecanthropus das gesuchte missing link zwischen Menschenaffen und Menschen oder „nur" ein späterer Vorläufer des Menschen? Hierbei leisten die Schüler eine kritische Bewertung des Fundes, der Fundumstände und der Deutung durch *Dubois*. Die Lehrperson führt Aspekte der historischen Kontroverse ein und fasst am Ende ergebnissichernd zusammen: Pithecanthropus oder Homo erectus ist ein Frühmensch, schon zu menschlich, um als Brückenwesen („connecting link") gelten zu können.

Der Tod des Turkanajungen

Die Gruppe war früh aufgebrochen. Jetzt wanderten sie über hügeliges, grasbewachsenes Gelände mit vereinzelten Akazien. Auf der anderen Seite des Sees ging gerade die Sonne auf. Am Seeufer tranken Herden dreihufiger kleiner Pferde und Weißschwanzgnus. Im seichten Wasser standen unzählige Flamingos.

Jetzt sah die Welt friedlich aus. In der Nacht aber hatten alle die Säbelzahnkatzen bei der Jagd gehört. Vor einiger Zeit war ein kleiner Junge von einer angefallen worden. Einige Männer der Gruppe konnten die Katze zwar noch vertreiben, der Junge starb aber später am Blutverlust und einer starken Infektion. Offene Wunden waren im heißen afrikanischen Klima eine große Gefahr. Heute verfolgten die Männer eine Herde großer Antilopen mit korkenzieherförmigen Hörnern. Spuren der Herde hatten sie schon am Tag zuvor gefunden, sie musste sich heute rund 10 km weiter nördlich aufhalten. Diese Entfernung zurückzulegen war für die kräftigen hochgewachsenen Männer kein Problem. Gegen Mittag kam die Herde in Sicht. Die Tiere ruhten im Schatten einiger Bäume. Auf der Suche nach den Antilopen war den Männern auch eine Elefantenherde begegnet. Sie hielten einige Zeit Ausschau nach dem Kadaver eines frisch gestorbenen Elefanten. Die Elefantenjagd war zu gefährlich, aber einen Kadaver hätten sie gerne ausgeschlachtet. Antilopen waren eine leichtere Beute, weniger wehrhaft. Die Männer besaßen nur kurze Holzspeere und Steine. In einem Akaziengehölz verborgen beobachtete die Gruppe die Herde und wählte ein Jungtier als Beute aus. Wie immer planten sie, die Herde zu teilen und das Beutetier in die Falle zu treiben. Diese hatten sie aus Tierhaut, Rindenstreifen und Zweigen bereits gebaut.

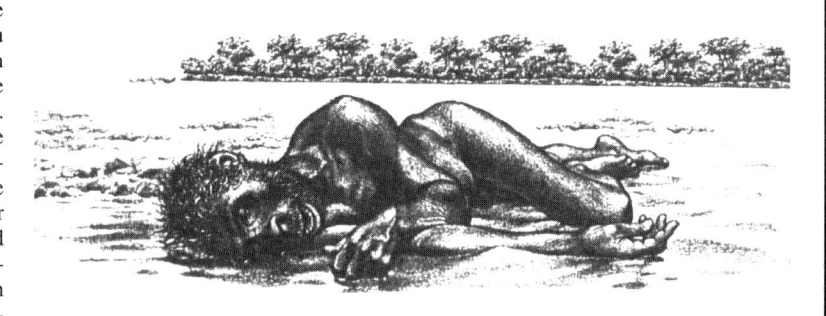

Vielleicht lag es an der Größe der Herde. Vielleicht waren die Antilopen auch durch die umherstreifenden Säbelzahnkatzen besonders nervös. Vielleicht war der Junge auch noch zu unerfahren und unsicher. Er war das erste Mal mit den Männern seiner Familie auf Jagd. Plötzlich rannte er um sein Leben, mit einer blutenden Wunde an der Hüfte, die ihm eine flüchtende Antilope gerissen hatte. Die Männer sah er nicht mehr. Als es dann schnell dunkel wurde, legte er sich vom Blutverlust geschwächt nieder. Die Verletzung pochte. Der nächste Tag brach an. Wo waren die anderen? Warum kamen sie nicht? Er machte sich auf, den See zu erreichen. Im kühlen Wasser würde er sich besser fühlen. Dort würden ihn die anderen leichter finden. Ein Tag verging. Sein Körper bebte vom Fieber, er fühlte sich sehr krank. Der Junge erreichte das Seeufer an einer seichten Lagune. Auf allen Vieren schleppte er seinen geschundenen Körper ins Wasser. Für kurze Zeit fühlte er sich wohler. Er wurde ruhiger und müde, sehr müde.

Die Männer der Gruppe fanden ihn nie, dort im Wasser der seichten Lagune auf der Westseite des Turkanasees. Damals, vor mehr als eineinhalb Millionen Jahren,

---

Kasten IV, 2–6: Szenario zum Sterben des Turkanajungen (nach *Leakey/Lewin* 1993, 21 ff.; Abbildung aus *Weaver* 1985, 582 f.)

Klassenstufe 7/8 — 2 Menschen der Vergangenheit

Der Turkanajunge

Zum Beginn dieses Unterrichtsabschnitts spielt die Lehrperson von einem vorbereiteten Tonband das Szenario 1 ab (s. Kasten IV, 2-6) oder liest den Text ersatzweise vor (ohne die Zeitangabe am Schluss). Anschließend gibt sie den Schülern Gelegenheit, darauf zu reagieren.

Die Lehrperson muss allerdings darauf achten, dass auch die Frage „Wann ist das passiert?" von den Schülern angesprochen wird. Diese Frage könnte durch einige Hinweise des Textes (z. B. Säbelzahntiger) angestoßen werden. Indem die Lehrperson die Zeit des Geschehens mit rund 1,6 Millionen Jahren vor unserer Zeit angibt, leitet sie über zur Besprechung der Ereignisse in der Zwischenzeit. In einem kurzen Unterrichtsgespräch werden die Ereignisse vom Tod eines Individuums über Sedimentation, Fossilisation, Erdbewegungen und - vielleicht - Wiederentdeckung nach Erosion von den Schülern nachvollzogen. An dieser Stelle können auch die Probleme mit der relativen geologischen Datierung bzw. die Ursachen für die Seltenheit fossiler Funde erörtert werden.

Anschließend informieren sich die Schüler über die Entdeckung des Turkanajungen (s. Kasten IV, 2-7). Auch Bedeutung und Schwierigkeiten der Rekonstruktion von Fossilien werden im Vergleich der Abbildung in Kasten IV, 2-7 besprochen. Einige weitere Fotos (vgl. *Leakey/Lewin* 1993; *Johanson/Edgar/Brill* 1996) können zur Veranschaulichung eingesetzt werden.

Zum Einstieg in den zweiten Unterrichtsabschnitt erhalten die Schüler Szenario 2 (s. Kasten IV, 2-8) als vorbereitende Hausaufgabe. Es gilt, sich ein Bild von der Kultur des Homo erectus zu machen. Die Schüler werten dazu den Text aus. Im Unterrichtsgespräch werden die wesentlichen Aussagen zu sozialen Beziehungen, Nahrungserwerb und sonstigen kulturellen Leistungen zusammengestellt: Sammlerinnen-Jäger-Gesellschaft, nomadische Lebensweise, Arbeitsteilung zwischen den Geschlechtern, verwandtschaftliche Bindungen zwischen den Männern einer Gruppe, Werkzeugverhalten, Heilkunst.

Das suggestive Szenario gibt abschießend Anlaß, über den Wert solcher konkret-realistischen Veranschaulichungen von wissenschaftlichen Hypothesen zu reflektieren. Darüber hinaus sollten auch die Grundlagen der Hypothesenbildung diskutiert werden: Reichen Begleitfunde (Werkzeuge, Tierknochen) und Skelettanalyse für solche weitreichenden Schlüsse aus? Kann man den Vergleich mit Menschenaffen, z. B. Schimpansen nutzen, um auf soziale Verhaltensweisen menschlicher Vorfahren zu schließen? Welche Fehler können beim Vergleichen mit heutigen Kulturen auftreten?

2.5 Medien

2.5.1 Abgüsse und Rekonstrukte

Eydam: Homo sapiens neanderthalensis 892501; Homo sapiens präsapiens (Steinheim) 892504; Homo erectus rhodesiensis 892506;

Hedinger: Schädel Homo sapiens neanderthalensis S3, C 479; Homo sapiens neanderthalensis, Schädeldach, männlich C 350; Oberschenkel C 351; der gesamte Fund C 352; Schädelrekonstrukt C 353; C 356; Unterkiefer, weiblich C 355; Schädel, männlich C 358; C 360; Oberschädel eines Kindes C 362; fragmentärer Oberschädel, weiblich, mit Unterkiefer, La Quina C 363; Schädel, männlich, mit Ergänzung C 365; Schädeldach I, II, männlich C 369; C 370; Skelettreste (der gesamte Fund) C 371; Handskelett, Fußekelett und Unterschenkel C 372; fragmentärer Oberschädel, weiblich C 374; 4 Schädelfragmente, juvenil C 375; Gesichtsfragment, weiblich C 376; Schädel Homo erectus modjokertensis S 2; Homo erectus C 473; Homo erectus pekinensis C 474; Calotte I, Trinil C 330; drei Zähne, Trinil C 331; linker Femur, Trinil C 332; Calotte II, Sangiran C 333; Schädel C 334; Homo erectus pekinensis Calvarium I, weiblich C 336; Unterkieferfragment, männlich C 337; Unterkieferfragment eines Kindes C 338; Schädel weiblich C 339; männlich C 340; Homo erectus modjokertensis, Schädel eines Kindes C 342; Homo erectus heidelbergensis, Mandibel, männlich C 344; Unterkiefer von Mauer S 6; Homo sapiens steinheimensis, Oberschädel weiblich C 346; C 347;

Leybold: Schädel Homo sapiens neanderthalensis 662518; Homo erectus modjokertensis 662517;

IV Evolution des Menschen

Der Junge von Turkana

Am 22. August 1984 erhielt *Richard Leakey* in Nairobi telefonisch die Nachricht, dass sein Suchtrupp westlich des Turkanasees im Norden Kenias ein kleines hominides Schädelbruchstück von etwa 4x5 cm gefunden hatte.
Die Suchmannschaft lagerte am ausgetrockneten Nariokotome-Fluss, ungefähr 5 km vom Westufer des Turkanasees entfernt. Etwa 300 m entfernt auf der anderen Seite des Flussbettes zeigte die Böschung eine Rinne, die leicht anstieg. Sie endete in einem kleinen Abhang, der mit Lavakies übersät war. Am Fuße dieses Abhangs war das Schädelbruchstück gefunden worden. Es war flach und nur leicht gebogen, zeigte lediglich einen schwachen Abdruck des Gehirns auf der Innenseite. Dadurch war es eindeutig als hominid zu bestimmen. Nach der Fundschicht war das Fundstück etwa 1,6 Millionen Jahre alt – es musste von einem *Homo erectus* stammen.
Trotzdem schien allen Beteiligten diese Fundstelle wenig aussichtsreich, denn die weitere Suche der gesamten Mannschaft hatte nur ein weiteres kleines Schädelfragment erbracht.
Drei Tage später trafen *Richard Leakey* und *Alan Walker* aus Nairobi ein. Man beschloss zu sieben – eine ungeliebte, anstrengende und schmutzige Arbeit. Nach zwei Stunden, in denen trockene Erde durch moskitonetzbespannte Rahmen geschüttelt worden war, entflohen *Leakey* und *Walker* den großen Staubwolken, die langsam über die Hügel abzogen. Keiner glaubte an einen Erfolg dieser Aktion, und so wollte man einige interessante Meeresablagerungen besichtigen. Welche Überraschung, als sie bei Einbruch der Dämmerung an den Nariokotome zurückkehrten. Schon von weitem riefen ihnen die Leute zu, dass sie weitere Knochen gefunden hätten, viele Schädelteile.
Am nächsten Tag wurden die Ausgrabungen in vollem Umfang durchgeführt. Das Sieben ging weiter. Auch die oberste Erdschicht wurde abgetragen. Weitere Funde belohnten die Mühen. Nach einigen Tagen hatte man viele Teile des Schädels gefunden: Stücke von Oberkiefer und Gesicht, Bruchstücke des Backenknochens; dazu ein Stückchen Schulterblatt, einen Wirbel, ein Stück vom Becken.
Nach einer Woche wurden keine neuen Funde mehr gemacht. Man legte eine Akazie, die auf der Fundstelle wuchs, als Grenze für die Ausgrabung fest. An diesem Strauch waren die meisten aus der Mannschaft schon mit der Kleidung hängengeblieben. Auch *Leakey*, der zum Abschluss zwischen den Wurzeln des sogenannten „Wartemalstrauches" einige Bodenschichten abtrug. Plötzlich nahm er aus dem Augenwinkel etwas wahr: Zähne, die in einem halben Oberkiefer steckten – vollständig erhalten. Und kurz darauf fand sich auch die andere Hälfte des Oberkiefers. Diese Entdeckung versetzte alle Beteiligten in helle Aufregung: Jetzt würde man noch mehr finden. Und der Oberkiefer brachte die erste kleine Sensation: Weil der dritte obere rechte Backenzahn noch nicht durchgebrochen war, musste es sich um einen Jugendlichen handeln. Nach menschlichen Verhältnissen um einen 12jährigen Jungen. Das Geschlecht konnte aus späteren Beckenfunden erschlossen werden.
Drei Wochen gingen die Ausgrabungen weiter. Von Tag zu Tag wurde das Skelett vollständiger und die Anzahl der Erdhügel neben der Grabungsstelle nahm zu, denn jetzt musste in die Böschung hinein abgetragen werden. Die Skelettreste des Turkanajungen waren über einen Abschnitt von rund 7 m verteilt. Das Skelett lag wahrscheinlich am Ufer einer Lagune oder eines toten Flussarms. Im Wasser musste nach höchstens einer Woche das Fleisch verwest und die Zähne ausgefallen sein. Nach dem Tod des Jungen sind zwar einige Knochen von Tieren zertreten worden. Es gibt aber keine Spuren von Fleisch- oder Aasfressern am Skelett. Der Turkanajunge war groß und schlank, ungefähr 1,62 m bei seinem Tod. Er hätte nach menschlichen Maßstäben gut 1,82 m groß werden können. Als erste Hominidenform hat der Turkanajunge (und damit *Homo erectus*) Körpermaße wie moderne Menschen.

Kasten IV, 2–7: Entdeckungsgeschichte des Turkanajungen (WT 15000) (nach *Brown* u.a. 1985; *Leakey/Walker* 1985; *Leakey/Lewin* 1993; *Morell* 1995; Abbildungen aus *Brown* u.a. 1985, 790, verändert; *Tattersall* 1995, 189)

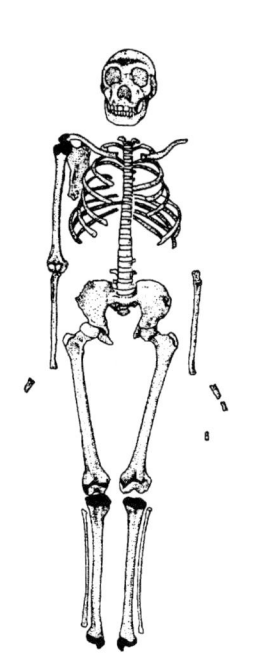

Alltagsleben –
vor 1,5 Millionen Jahren

Auf der anderen Seeseite, gegenüber der Gegend, wo ungefähr zur gleichen Zeit der Junge von Turkana und seine Familie lebten, hatte eine andere Sippe des Homo erectus ihr Lager gewählt. In dem weichen Sand konnte man bequem schlafen. Das Flussbett führte zu dieser Zeit bereits Wasser. Die Regenzeit stand bevor. Über dem Hochland im Norden gingen bereits Gewitter nieder. Die hohen Akazien entlang des Flusses boten Schutz, und die Büsche trugen süße, fleischige Früchte.
Bei Tagesanbruch verlassen drei Männer das Lager, um die Fallen zu überprüfen, die sie am Tag zuvor gelegt haben. Es sind einfache Vorrichtungen aus weicher Rinde und angespitzten Stäben, aber trotzdem geeignet, um das Bein eines Tieres festzuhalten, das hinein tappt. Die drei Männer tragen lange, spitze Stangen, um sich selbst zu schützen und zum Aufspießen fliehender Beutetiere.
Inzwischen schlingen im Lager einige erwachsene Frauen der Gruppe weiche Tierhäute um die Schulter: Sie brechen zur morgendlichen Nahrungssuche auf. Die Häute dienen ihnen als Babysitz und als Tragetasche. Stunden später werden die Frauen zurück sein, beladen mit Früchten, Nüssen und fleischigen Knollen, die allein ausreichen, um die ganze Gruppe zu versorgen. Wie die Männer tragen die Frauen lange, spitze Stangen als Schutz. Sie haben aber auch kürzere Stöcke, mit denen sie nach Knollen graben.
Im Lager sind mehrere Frauen und ein junger Mann zurückgeblieben. Sie unterhalten sich und behalten dabei ein kleines Kind im Auge. Der Mann war gestern bei der Antilopenjagd auf einer Böschung ausgerutscht und hatte sein Bein an einem Lavafelsen verletzt. Die Jagd wurde deshalb unterbrochen, und seine Brüder versorgten seine Wunde. Einer von ihnen suchte nach Sansiverien – diese dickblättrigen Pflanzen wachsen in der Umgebung des Sees. Er presste den Saft aus ein paar abgebrochenen Blättern und träufelte ihn in die Wunde. Der ältere Bruder wusste, wenn er dies nicht tat, konnte die Wunde ganz rot werden und der Verletzte sterben. Ein anderer brach Stacheln von einer Akazie und stach sie auf beiden Seiten der klaffenden Wunde in die Haut. Mit schmalen Rindenstreifen und den Stacheln zog er sie zusammen. Anschließend setzten die anderen Brüder die Jagd fort. Heute ist die Wunde zwar noch gerötet, aber sie ist sauber und nur wenig entzündet.
Eine der Frauen hat die ganze Zeit am Rand des Lagers gesessen und Steinsplitter von einem Lavabrocken abgeschlagen; die Abfälle liegen um sie verstreut. Jetzt bearbeitet sie Rindenstreifen, damit sie weich, geschmeidig und haltbar werden und zum Fallenbau gebraucht werden können. Eine andere schnitzt mit den scharfen Steinsplittern Holz zu Grabstöcken zurecht. Alle im Lager fragen sich, was die anderen – die Jäger und die Sammlerinnen – wohl an Nahrung mitbringen werden. Bei den Frauen kann man sich immer darauf verlassen, dass sie genug finden, um den Hunger zu stillen. So ist es auch heute. Später hört man den Lärm der heimkehrenden Jäger. Heute abend wird es auch Fleisch geben! In einer Falle hatte sich eine große Antilope verfangen. Zwar konnte sie sich befreien, aber sie verletzte sich dabei. Die meiste Zeit des Tages verfolgten die Jäger die verletzte Antilope, bis sie schließlich zusammenbrach und getötet werden konnte. Während die anderen Männer das Tier zerlegten, entdeckte einer den Kadaver eines Nilpferdes in der Nähe. Morgen würden sie dorthin zurückkehren und versuchen, auch hier Nahrung zu finden. Heute reicht die Antilope für alle.
Wie immer, wenn Fleisch ins Lager kommt, entsteht große Erregung: Man freut sich auf die bevorstehende Mahlzeit und die Erzählungen der Jagderlebnisse, die oft stark ausgeschmückt werden. Die Männer zerlegen die Teile der Antilope weiter, während ein älteres Kind mit einem angespitzten Holzstab im Fluß einen Wels erlegt. Bei der gemeinsamen Mahlzeit beschließt die Gruppe, an dieser günstigen Stelle auch die nächsten Tage zu bleiben. In der Nacht sieht man Wetterleuchten weit entfernter Gewitter über den Bergen.
In den folgenden Tagen gibt es ständig Anzeichen dafür, dass auch andere, ähnliche Gruppen in der Nähe sind. Wenn die jungen Frauen aus der Gruppe erwachsen sind, schließen sie sich einer dieser anderen Gruppen an, so dass viele Verwandtschaftsbeziehungen entstehen.
Manchmal entstehen durch Gruppen aus fremden Gegenden Spannungen und Angst. Wenn es keine verwandtschaftlichen Beziehungen gibt, kann es zu Kämpfen kommen. Nach einigen Tagen ist es Zeit weiterzuziehen. Die Gewitter werden jetzt immer kräftiger und kommen näher. Der Regen in den Bergen lässt den Fluß ansteigen. Er wird bald über die Ufer treten. Die Sippe kann den Aufbruch nicht mehr hinauszögern. Zurück bleiben Knochen, zerbrochene Steine, Rindenstreifen, weggeworfene Häute und Sehnen von Tieren. Die Gruppe sucht einen höher gelegenen Lagerplatz.

Kasten IV, 2–8: Szenario 2 – Stelle 50 (nach *Leakey/Lewin* 1993, 187 ff., 193)

IV Evolution des Menschen

Müller: Schädel Homo sapiens neanderthalensis 4303; Homo erectus modjokertensis 4302; Homo sapiens neanderthalensis (La Chapelle aux Saints) VP 751; Homo erectus pekinensis (Sinanthropus) VP 750; Homo sapiens präsapiens (Steinheim) VP 753; Homo erectus rhodesiensis (Broken Hill) VP 754;
PHYWE: Schädel Homo sapiens neanderthalensis 65733.00; Homo erectus 65732.00;
Schuchardt: Schädel Homo sapiens neanderthalensis 220117; Steinheimer 220437; Broken Hill (Homo erectus rhodesiensis) VP 754;
Späth: Schädel Homo erectus pekinensis C 339; Mandibel Homo erectus heidelbergensis C 344.

2.5.2 Filme
WBF (Institut für Weltkunde): Neandertaler und Höhlenbär (Bildstellen).

2.5.3 Diapositive
Dia-Didact (ehemals V-Dia): Zur Evolution des Menschen, I Arbeitstechniken 28003; II Mensch und Affe 28004; IV Archanthropinae und Palaeanthropinae 28006.

2.5.4 Arbeitstransparente und Arbeitsblätter
AV-Medien: Die Welt des Neandertalers T 5024;
Friedrich Verlag: CD-ROM Evolution 92637;
Hagemann: Stammbaum der Menschen und Menschenaffen 172001; Radiation der Menschenformen 192009; Karten fossiler Menschenfunde und Schädelabbildungen 172036:
Hedinger: Transparentemappe Evolution 1 ST 5010; Milchgebiß und Erwachsenengebiß 18199;
PHYWE: Abstammungslehre I, Evolution des Menschen 23 23047.01;
hervorragende Farbfotos aller wichtigen hominiden Fossilien (Folienvorlagen) bei *Johanson/Edgar/Brill 1996*.

2.5.5 Poster
Friedrich-Verlag: Frühzeit des Menschen 32605; Stammbaum und Verwandtschaft des Menschen 92609.

Literatur

Akazawa u. a. 1995; Bar-Yosef/Vandermeersch 1993; Bosinski 1993; Bräuer 1992; Brown u. a. 1985; Constable 1977; Czieslik/Nottbohm 1989; Dean/Delson 1995; Dennell 1995; Fagan 1991; Falk 1994; Gabunia/Vekua 1995; Gee 1996; Gibbons 1994; Gieseler 1974; Greber/Greber 1994; Henke/Rothe 1994; Howell 1975; Isaac 1978; Johanson/Edgar/Brill 1996; Kattmann 1985; 1987; Kattmann/Pinn 1984; von Koenigswald 1968; Lambert 1988; Larick/Ciochon 1996; Leakey/Lewin 1993; Leakey/Walker 1985; Lewin 1992; Mercier u. a. 1991; Morell 1995; Reader 1982; Rothe 1990; Rutte 1992; Schmid 1989; Schmidt, H., 1984; Schudnagis 1994; Schultz, J., 1989; Smith 1986; 1993; Solecki 1975; Stringer 1993; Stringer/Gamble 1994; Stringer/Grün 1991; Swisher 1994; Tattersall 1995; Trinkaus/Howells 1980; Trinkaus/Shipman 1993; Vaas 1995; Walker/Leakey 1978; Weaver 1985; White/Brown 1977; Wraage 1979; Zollikofer u. a. 1995

3 Stammbaumrekonstruktion

3.1 Sachanalyse

3.1.1 Klimatisch-ökologischer Hintergrund der Evolution des Menschen

Tektonische und klimatische Ereignisse haben wesentliche Impulse auf die Stammesentwicklung des Menschen ausgeübt, darüber besteht heute weitgehende Übereinstimmung (vgl. *Foley* 1987). Insbesondere die Veränderungen seit dem Miozän stehen im Mittelpunkt des Interesses.

Nach heutigem Kenntnisstand herrschte bis ins frühe Miozän (vor 22 bis 16 Millionen Jahren) hinein in mittleren Breiten ein relativ konstantes warmes Klima (s. Abb. IV, 3-1). In dieser Zeit war Afrika beiderseits des Äquators von einem riesigen tropischen Regenwaldgürtel bedeckt (vgl. *Johanson/Shreeve* 1989; *Lewin* 1992). Dieser Urwald stellte für früchteessende Primaten eine stabile Umwelt dar.

Zu Beginn des mittleren Miozäns (vor 16 bis 14 Millionen Jahren) kühlte das Klima weltweit ab. Die Westantarktis wurde von Eis bedeckt und der ostantarktische Eisschild verstärkte sich (vgl. *Lewin* 1992; *Schoell* u. a. 1994; zu den Methoden paläoklimatischer Forschung vgl. *Schwarzbach* 1974).

Für diese Zeit registriert man eine Zunahme der Artenvielfalt afrikanischer und eurasischer Hominoiden und zugleich eine Ausdehnung ihres Verbreitungsgebiets, da über Arabien eine Landbrücke zwischen Afrika und Eurasien entstanden war (vgl. *Foley* 1987; *Lewin* 1992). Nach molekularbiologischen Daten fällt die Abspaltung der Entwicklungslinie des Orang-Utan in diese Zeit (vor 16 Millionen Jahren, Sivapithecus; vgl. *Kattmann* 1994 a; s. Abb. III, 3-5).

Die globale Abkühlung bewirkte im Äquatorbereich, also auch in Afrika, kühleres und trockeneres Klima. Dadurch begann das große miozäne Regenwaldgebiet in Afrika zu zerfallen. Diese Langzeitentwicklung erfolgte parallel zur generellen Temperaturabnahme und war erst im Pliozän bzw. Pleistozän abgeschlossen (vgl. *Foley* 1987). Auch Pollenanalysen zeigen, dass im ostafrikanischen Raum ein kleinräumig abwechselndes Mosaik verschiedener Vegetationstypen beispielsweise aus Resten von Regenwäldern, Savannen-Gras-Landschaften und Galeriewäldern entlang von Flüssen entstand.

Diese Entwicklung wurde am Ende des späten Miozäns (vor 8 bis 6 Millionen Jahren) durch Ereignisse im Mittelmeerraum plötzlich beschleunigt. In dieser Zeit wurde die Thetys vom Atlantik abgeschlossen. Dies führte zur sogenannten „Mediterranen Salzkrise". Durch den fehlenden Wasseraustausch mit den Weltmeeren und den abgeschnittenen Zufluss vom asiatischen Festlandsbereich verringerte sich die Wassermenge und große Mengen Salz lagerten sich im trockenfallenden Mittelmeerbecken ab. Die Salzablagerung dauerte geo-

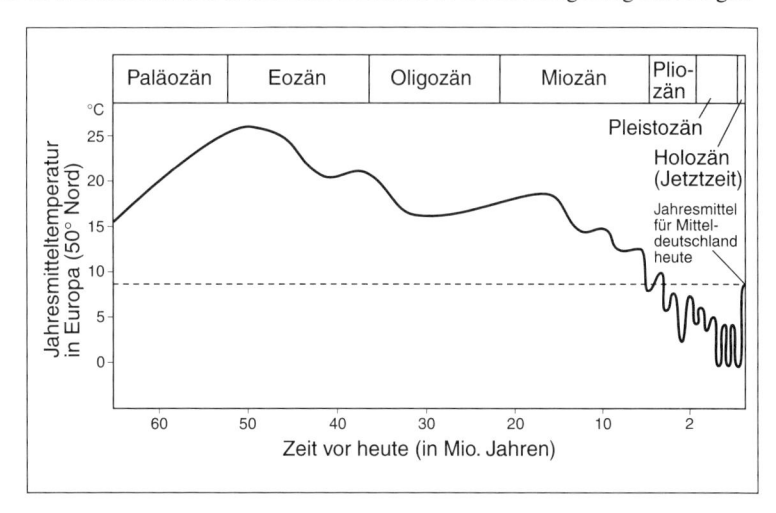

Abb. IV, 3-1: Temperaturveränderungen in Tertiär und Quartär (Erdneuzeit) (aus *Lewin* 1992, 34; verändert)

IV Evolution des Menschen

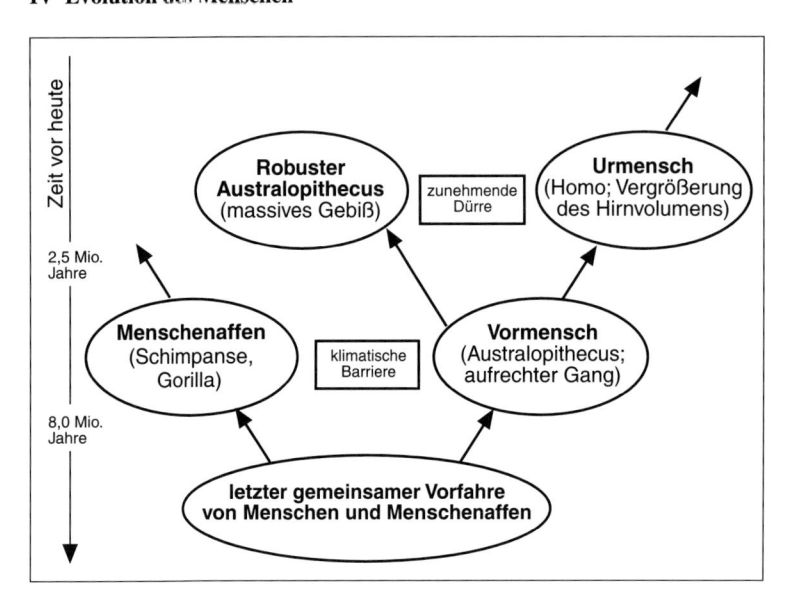

Abb. IV, 3-2: Der Einfluß ökologischer Veränderungen auf die Stammesentwicklung des Menschen (nach *Sentker* 1995)

logisch gesehen nur sehr kurzer Zeit, vielleicht wenige 100 000 Jahre, und bewirkte eine drastische Klimaveränderung. Die Temperatur auf der Erde sank plötzlich stark ab (vgl. *Hsü* u. a. 1977; *Johanson/Shreeve* 1990).

Der Zerfall des miozänen (Regen-)Waldes im östlichen Afrika beschleunigte sich zusätzlich durch lokale tektonische Ereignisse, bei denen unter starkem Vulkanismus der ostafrikanische Grabenbruch entstand, der eine neue Klimascheide bildete. Ostafrika geriet unter Monsunklima mit einem ausgeprägten Wechsel zwischen Regen- und Trockenzeiten, wodurch sich zunehmend eine trockenangepasste Savannen-Landschaft ausprägte, in der allerdings auch zerstreute Waldgebiete noch längere Zeit erhalten blieben (vgl. *Schmidt* 1985; *Coppens* 1994).

Diese klimatisch-tektonischen Veränderungen sind nach Ansicht vieler Forscher die Ursache für die Trennung der Hominiden-Linie von denen der afrikanischen Menschenaffen (s. Abb. IV, 3-2). Die Isolierung einer (kleinen) Teilpopulation der hominiden Ausgangsspezies im Bereich östlich der entstandenen geologischen Grenze ist außerdem die Ursache für eine Beschleunigung der Hominiden-Evolution (vgl. *Coppens* 1994). Die mit kleinen Populationen verbundene Alleldrift bildet zusammen mit einer mosaikartigen und instabilen Umwelt die idealtypischen Bedingungen für eine beschleunigte allopatrische Artbildung (adaptive Radiation, s. Kap. II, 0). Für fossil gut dokumentierte Säugergruppen des gleichen Lebensraums wie verschiedene Antilopengattungen konnte dementsprechend für die Zeit vor 5 Millionen Jahren eine deutliche Zunahme der Artenanzahl nachgewiesen werden (vgl. *Vrba* 1985). Neuere Hominidenfunde deuten - bei aller Vorsicht, die aufgrund der begrenzten Fundlage angebracht ist - auch für die menschliche Evolution eine adaptive Radiation an (s. Abb. IV, 0-3 e).

Für die Zeit vor rund 2,8 bis 2,5 Millionen Jahren registrieren die Klimatologen global einen weiteren drastischen Temperaturabfall, der sich als Verringerung der durchschnittlichen Meerwassertemperatur um 5 °C bemerkbar machte. Er führte auch im östlichen Afrika zu einem kühleren und trockeneren Klima. Hierdurch verstärkte sich schlagartig der schon seit Millionen von Jahren herrschende Zerfall großräumiger Waldbiotope und es herrschte zunehmend eine trockenadaptierte Savannenvegetation. Grabungen im Omo-Tal zeigen deutlich die gerichtete Sukzession des örtlichen Ökosystems als eine Anpassung an ein zunehmend trockeneres Klima. Ein weiteres Zeichen für ein arides Klima mit der entsprechenden Vegetation ist die starke Zunahme an Antilopenarten, die als zuverlässige Indikatoren für Trockengebiete gelten (s. Abb. IV, 3-3; vgl. *Vrba* 1985; *Johanson/Shreeve* 1990; *Coppens* 1994). Der Klimawandel, der vor 2,8 bis 2,5 Millionen Jahren in Ostafrika stattfand, ist also gut belegt. Die entstandene Savannenlandschaft war ein Mosaik aus höchst

Abb. IV, 3-3: Klimaentwicklung und Radiation von Hornträgern in Afrika (nach *Vrba* 1985)

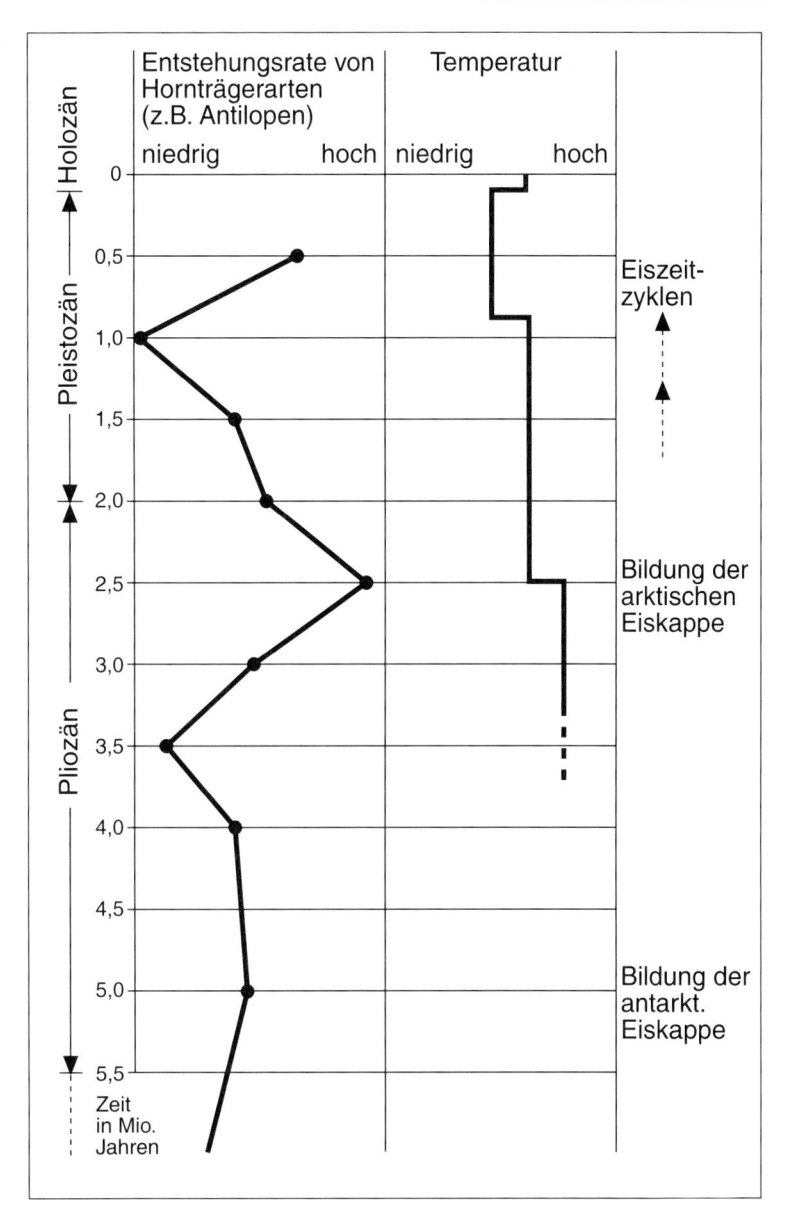

	Entstehungsrate von Hornträgerarten (z.B. Antilopen)	Temperatur
Holozän / Pleistozän / Pliozän (Zeit in Mio. Jahren)	niedrig — hoch	niedrig — hoch

Markierungen rechts: Eiszeitzyklen; Bildung der arktischen Eiskappe; Bildung der antarkt. Eiskappe

unterschiedlichen Biotopen. Galeriewälder entlang von Flussläufen gehörten ebenso dazu wie Grasebenen und Halbwüsten. Zu dieser räumlichen Gliederung kam ein verstärkter Wandel im Jahreslauf. Trockenzeiten sind in der Savanne Phasen eines verknappten Nahrungsangebots und dadurch stark erhöhter Konkurrenz (vgl. *Foley* 1987; *Johanson/Shreeve* 1990; *Lethmate* 1990). Sie dürften daher einen starken Selektionsdruck auf die frühen Hominiden ausgeübt haben.

Auch für die Ursprungszeit der Gattung Homo kann unter diesen ökologischen Bedingungen wiederum eine adaptive Radiation angenommen werden, bei der einzelne Populationen durchaus an unterschiedliche Umweltbedingungen angepasst wurden (vgl. *Lethmate* 1990; *Leakey/Lewin* 1993). Ein Beleg ist die in jüngster Zeit vertretene Ausgliederung von Homo rudolfensis aus der bisher als H. habilis zusammengefassten Art, der bis dahin recht inhomogenes Fossilmaterial zugeordnet war. So kann man heute für die Zeit zwischen 2,5

IV Evolution des Menschen

und 2,0 Millionen Jahren vier bis fünf Hominidenarten annehmen (vgl. *Wood* 1992; *Bromage/Schrenk/Zonneveld* 1995; *Schrenk* 1995).

Dabei gab es zwei große Anpassungsrichtungen, die von den Entwicklungslinien Homo und Australopithecus eingeschlagen wurden. Während die Australopithecinen (A. robustus, A. boisei, A. aethiopicus) eine streng vegetarische, auf wenig nährstoffreiche und schwer aufzuschließende Pflanzen und Pflanzenteile spezialisierte Nahrungsstrategie entwickelten, wandelten sich die Vertreter der Gattung Homo zu Generalisten, die ihre Nahrungsstrategie um Fleisch als weitere hoch energetische Nährstoffquelle erweiterten (vgl. *Foley* 1987).

Ein weiterer starker Temperaturabfall trat vor rund 1 Million Jahren auf. Etwas zeitversetzt registriert *Elizabeth Vrba* (1985) nochmals eine verstärkte Artbildung bei den Antilopen (s. Abb. IV, 3-3). Auch diese Abkühlungsphase wirkte sich vermutlich auf die Hominiden-Evolution aus. Beispielsweise ist ein Zusammenhang mit dem Aussterben der robusten Australopithecinen und Wanderungsbewegungen von Vertretern der Gattung Homo herzustellen. Interessanterweise sind in diesem Zeitraum zugleich Nordwanderungen afrikanischer Großsäuger wie Flusspferde, Waldelefanten, einiger Wiederkäuer und Löwen nach Europa und Asien zu verzeichnen (vgl. *Vrba* 1985; *Fagan* 1991).

3.1.2 Rekonstruktionen des menschlichen Stammbaums

Der Ursprung der Hominiden-Linie als „Familie der aufrecht gehenden Menschenaffen" (*Johanson*) wird heute (nach molekularbiologischen Daten) auf die Zeit vor 8 bis 5 Millionen Jahren festgelegt. Nach langen Kontroversen wurde dieser Richtwert Anfang der 80er Jahre auch von den meisten Paläoanthropologen akzeptiert (vgl. *Wilson/Cann* 1992; *Coppens* 1994). Viele Paläanthropologen hielten Ramapithecus (Sivapithecus) mit einem Alter von 12 bis 16 Millionen Jahren lange für einen Vorfahren des Menschen, was eine spätere Abspaltung der Hominidenlinie ausschloß. Voraussetzung für das Umdenken war, dass Ramapithecus aus der menschlichen Stammeslinie entfernt und in die Stammeslinie des Orang gestellt wurde (vgl. *Pilbeam* 1984, 105; *Simons* 1989, 1343; *Kattmann* 1994 a, 6 f.).

Als basale Gattung wurde bisher Australopithecus angesehen, dem alle bis zu 4 Millionen Jahre alten Fossilfunde zugeordnet wurden. Aufgrund der auf 4,4 Millionen Jahre datierten Funde aus Aramis im mittleren Awash-Gebiet (Äthiopien) wurde mit Ardipithecus eine neue Gattung aufgestellt (vgl. *White/Suwa/Asfaw* 1995). Weitere Funde werden die Ansichten über die Entwicklungszusammenhänge an der Wurzel des Hominiden-Stammbaums, also für die Zeit der ersten Hominiden-Radiation wohl weiter verkomplizieren.

Die frühen **Australopithecinen** zeigen ein Merkmalsmosaik. Die Unterschiede zu den Menschenaffen sind anfänglich nur graduell, lediglich der Körperbereich ab der Hüftregion zeigt abgeleitete Merkmale, die sich alle auf den Aufrechtgang beziehen. Die Gattung zeichnet sich durch eine starke Sexualdimorphie aus, die allerdings von den frühen zu den späten Formen hin abnimmt.

Die Hirngröße der Australophithecinen liegt absolut im Variationsbereich der rezenten Menschenaffen, gilt aber auf das geschätzte Körpergewicht bezogen als relativ größer. Die Gehirngröße nimmt bis zu den robusten Australopithecinen nur sehr begrenzt zu. Der Hirnschädel der Australopithecinen ist allerdings relativ höher und stärker gerundet als bei den afrikanischen Menschenaffen. Das nach vorne verlagerter Hinterhauptsloch (Foramen magnum) in der Schädelbasis ist ein Indikator für eine aufrechte Körperhaltung.

Der Gesichtsschädel zeigt eine verringerte Prognathie: Die Schnauze ist verglichen mit den Menschenaffen verkürzt. Dieser Trend verstärkt sich innerhalb der Linie der Australopithecinen.

Typisch sind die - je nach Art - stark seitlich ausladenden Jochbogen, die der Vorderansicht des Gesichts den besonderen Umriss geben. In der Seitenansicht hat das Gesicht keinen Kinnvorsprung (fliehendes Kinn). Der Unterkiefer ist größer und massiver als bei den Menschenaffen. Er ist bei den robusten Formen extrem stark ausgebildet. Die Veränderungen im Gesichtsbereich werden als Anpassungen zur Steigerung der Kaukraft gedeutet (vgl. *Henke/Rothe* 1994). Bei den (männlichen) robusten Australopithecinen tritt hierzu noch die

Ausbildung eines Scheitelkamms als zusätzliche Ansatzfläche vergrößerter Kaumuskeln. Als Ursache hierfür nimmt man eine Anpassung an zunehmend härtere und schwerer aufzuschließende Nahrung an.

Das Gebiss der Australopithecinen hat keine hervorragenden Eckzähne, diese sind in die Zahnreihe integriert (abgeleitetes Merkmal). Zugleich besitzt das Gebiss in der Regel keine Diastemata („Affenlücken"), die bei großen Eckzähnen nötig wären, um das Gebiss schließen zu können. Die Kaufläche aus Vorbacken- und Backenzähnen ist zunehmend vergrößert und diese Zähne besitzen dicken Zahnschmelz.

Das postkraniale Skelett erscheint vielen Autoren aufgrund der Extremitätenproportionen eher menschenäffisch. Die Australopithecinen hatten im Vergleich zu den Beinen relativ lange Arme. Außerdem waren Mittelhandknochen und Finger sowie auch die Zehenglieder wie bei Menschenaffen gebogen (vgl. *Henke/Rothe* 1994; *McHenry* 1994).

An diese und weitere Befunde zum Becken, zum Beinskelett sowie zum Bau des Fußes knüpft sich eine Kontroverse um die Rolle der Bipedie bei Australopithecinen, insbesondere bei Australopithecus afarensis („Lucy"). Während einige Wissenschaftler (z. B. *Lovejoy* 1989; *Johanson/Shreeve* 1989) aufgrund der Merkmale von Becken und Beinskelett annehmen, dass A. afarensis stets (habituell) aufrecht gegangen ist, und die anderen Merkmale nur als funktionslosen evolutiven Überrest ansehen, deutet die Mehrheit der Forscher die langen Arme und den Bau der Hände als Angepasstheiten an das Klettern, das dann neben der Bipedie auf dem Boden zum natürlichen Bewegungsrepertoire von Australopithecus (afarensis) gehörte. Das Klettern auf Bäume diente nach dieser Ansicht dem Nahrungserwerb (Früchte) und evtl. zur Nachtruhe und zum Schutz gegen Fressfeinde.

Die Art Australopithecus afarensis wurde 1978 von *Donald Johanson* und *Timothy White* eingeführt. Sie fassten dazu ihre eigenen Funde aus Hadar/Äthiopien, die als „Lucy" (1974; ein zu 40% vollständiges Hominidenskelett) und als „erste Familie" (1975; eine Kollektion von Skeletteilen 13 verschiedener Individuen) bekannt geworden waren, mit den von *Mary Leakey* 1974 in Laetoli/Tansania entdeckten Fossilien zusammen (vgl. *Johanson/White* 1979).

Nach dieser Auffassung war Australopithecus afarensis eine sehr vielgestaltige Art, zusätzlich mit einer stark ausgeprägten Sexualdimorphie (der Körpergröße), die rund 1 Million Jahre lang existierte und eine breite ökologische Potenz besaß: „Lucy" lebte vor ungefähr 3 Millionen Jahren in Hadar in einem wald- und vegetationsreichen, feuchten Flussgebiet, während die Laetoli-Hominiden vor 3,5 Millionen Jahren im ariden Klima einer Trockensavanne existierten.

In Maka im mittleren Awash-Gebiet (Äthiopien) wurde Anfang der 90er Jahre ein Unterkiefer entdeckt, der mit einer Datierung von rund 3,4 Millionen Jahren zwischen den Hadar- und Laetoli-Fossilien mit 3 bzw. 3,5 Millionen Jahren liegt. Ein Vergleich der Zähne im Maka-Unterkiefer mit denen aus den Australopithecus afarensis-Funden der 70er Jahre zeigte, dass die Fossilien von Maka und Laetoli im Variationsbereich der Hadar-Fossilien liegen. Dies ist für *White* u. a. (1993) ein Beleg dafür, dass die Laetoli- und die Hadar-Fossilien tatsächlich zu einer einzigen Art zusammengefasst werden können (vgl. auch *Kimbel/Johanson/Rak* 1994). Diese Auffassung wird heute von der Mehrheit der Forscher akzeptiert. Entsprechend wird Australopithecus afarensis als gemeinsamer Vorfahr der robusten Australopithecinen und der Homo-Linie an die Basis des Hominiden-Stammbaums gestellt.

Allerdings gibt es auch abweichende Stimmen (u. a. *Richard Leakey*). In diesem Zusammenhang finden die physiologischen Studien von *Dean Falk* zum venösen Blutfluss im Gehirn zunehmend Beachtung. *Falk* studierte die Gehirndrainage bei Menschenaffen, rezenten Menschen und hominiden Vorfahren u. a. anhand von geeigneten fossilen Schädelfunden und Schädelausgüssen. Sie konnte zeigen, dass die grazilen Australopithecinen der Art Australopithecus africanus sowie die fossilen Vertreter der Homo-Linie das venöse Blut aus dem Gehirn über ein zunehmend stärker ausgeprägtes Abflusssystem aus Sinus transversus und Sinus sigmoideus (T/S-Sinus-System) ableiten. Bei Australopithecus afarensis (d. h. den Funden aus Hadar) dagegen findet sich ebenso wie bei den robusten Australopithecinen Australopithecus robustus und boisei ein anderer Drainageweg (O/M-Sinus-System; vgl. *Falk/Conroy* 1983; *Falk* 1990; 1994). Aufgrund ihrer Untersuchungen und einer anderen Gewichtung der geographischen, klimatologischen und morphologischen Befunde stellt *Falk* die Einheit der Art A. afarensis in Frage. Sie geht von einer frühen Gabelung des Stammbaums aus und

IV Evolution des Menschen

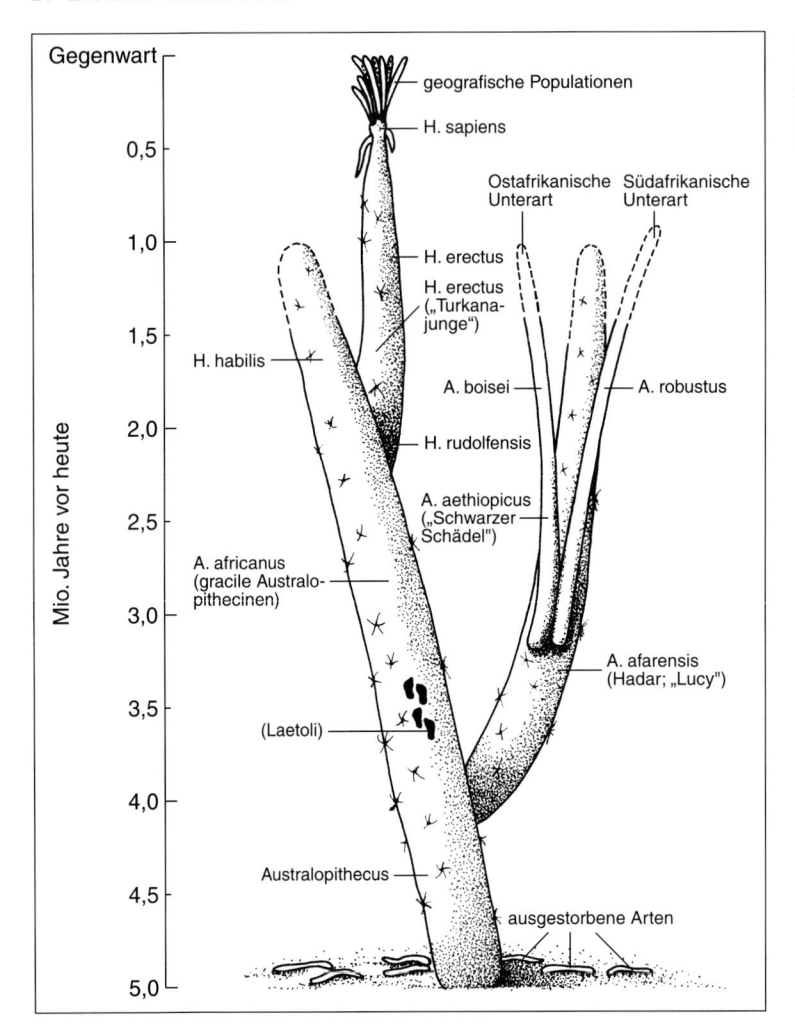

Abb. IV, 3-4: Der "Stammkaktus" als alternative Stammbaumhypothese. H: Homo, A: Australopithecus (aus *Falk* 1994, 25)

ordnet die Hadar-Hominiden (Australopithecus afarensis) als Vorfahren der robusten Australopithecinen ein. An den Ursprung der Homo-Linie stellt sie dagegen die Laetoli-Fossilien und Australopithecus africanus (s. Abb. IV, 3-4).

Die Analyse der Abstammungsverhältnisse innerhalb der Australopithecinen wird durch die nach den bisherigen Funden offenbar regional begrenzte Verbreitung der einzelnen Formen erschwert. Australopithecus afarensis existierte nach bisheriger Erkenntnis in ganz Ostafrika von Tansania bis Äthiopien. In Ostafrika lebten auch Australopithecus boisei und Australopithecus aethiopicus, Australopithecus africanus und robustus sind dagegen auf Südafrika beschränkt. Dass es Wanderungen zwischen diesen Regionen gegeben hat, wurde bisher immer vermutet, und man hat Abstammungsverhältnisse entsprechend rekonstruiert. Fossilfunde aus dem Tschad, ca. 2 500 km nordwestlich des ostafrikanischen Grabenbruchs, zeigen große Ähnlichkeit mit Australopithecus afarensis. Sie bestätigen die vermuteten Wanderungen. Vor 3 bis 3,5 Millionen Jahren herrschten im Tschad ähnliche Lebensbedingungen wie im Rift-Valley (vgl. *Brunet* u. a. 1995).

Ein Fund aus Malawi belegt, dass - zumindest etwa 1 Million Jahre später - auch der Bereich zwischen Süd- und Ostafrika von Hominiden besiedelt war. Biogeographische Untersuchungen lassen die Forscher vermuten, dass der Ursprung der Hominiden in Ostafrika lag und diese sich während der klimatischen Veränderungen vor rund 2,5 Millionen Jahren bei günstigen ökologischen Bedingungen nach Südafrika ausbreiteten.

So entstanden die südafrikanischen Formen Australopithecus africanus und robustus (vgl. *Schrenk* u. a. 1993).

Die **definitorische Abgrenzung der Gattung Homo** wird erschwert durch die fehlende Übereinkunft der Spezialisten über die Kriterien. Die ältesten Bestimmungsmerkmale sind
– der Aufrechtgang: Er ist als abgrenzendes abgeleitetes Merkmal für Homo wenig aussagekräftig, weil heute alle Hominiden, also auch die Australopithecinen als auf dem Boden bipede Hominiden gelten. Allerdings sehen einige Forscher deutliche Unterschiede in der Art des Aufrechtgangs zwischen den Gattungen;
– das vergrößerte Gehirn: Die Grenze für eine Zuordnung zu Homo wurde mehrfach verändert. Während zunächst rund 750 cm^3, also das Mittel zwischen Homo sapiens und den rezenten Menschenaffen, als Grenzwert galten, wurde dieser mit Homo habilis auf 600 cm^3 abgesenkt.

Am häufigsten werden als Definitionskriterien der Gattung Homo (zur Abgrenzung zu Australopithecus) neben der gesteigerten Hirnschädelkapazität angeführt (nach *Schmid* 1989; *Wood* 1992; *Henke/Rothe* 1994):
– eine deutlichere Wölbung des Hirnschädels,
– eine kleinere postorbitale Einschnürung,
– weniger ausladende Jochbögen (mit Auswirkung auf die Gesichtsform),
– eine verringerte Prognathie,
– ein weiter nach vorne verlagertes Hinterhauptsloch,
– kleinere Backenzähne (dementsprechend eine kleinere Kaufläche) und eine Verkürzung der molaren Zahnreihe (Reduktion des 3. Backenzahns).

Seit ihrer Beschreibung durch *Louis Leakey* im Jahre 1964 aufgrund von spärlichen Funden aus dem Jahre 1960 ist die Art **Homo habilis** Gegenstand heftigster wissenschaftlicher Kontroversen, die bis heute andauern. Nach den Vorstellungen der 60er Jahre schätzte man den Unterschied zwischen den bis dahin bekannten Arten Australopithecus africanus und Homo erectus als zu gering ein, um zwischen ihnen eine weitere Art zu plazieren. Außerdem erwartete man für eine Homo-Art ein bedeutend größeres Gehirn als die von *Louis Leakey* für Homo habilis geschätzten 680 cm^3 (vgl. *Lewin* 1992; *Henke/Rothe* 1994). In den Folgejahren wurden indes weitere Fossilien insbesondere aus Olduvai und Koobi Fora (Ost-Turkana) zu Homo habilis gestellt. Den herausragenden Fund machte *Richard Leakey,* der Sohn von *Louis* und *Mary Leakey*, 1972 mit dem Schädel KNM-ER 1470, den die Mehrzahl der Forscher ebenfalls Homo habilis zuordnete. *Richard Leakey* selbst betrachtete ihn zwar als zu Homo gehörig, vermied aber eine Artzuschreibung (vgl. *Walker/Leakey* 1978; *Leakey/Lewin* 1993).

Erst in den 80er Jahren wurde die Art Homo habilis mehrheitlich akzeptiert. Allerdings blieb es ein uneinheitliches Taxon, das entweder eine Art mit extrem starker Variation und großer Sexualdimorphie umfaßte, oder es waren zwei verschiedene Arten unter dem Namen Homo habilis vereinigt worden. Außerdem wies ein Teil der Fossilien Merkmale auf, die sie in die Nähe der Australopithecinen rückte.

Während also in den 80er Jahren die Vorstellung einer einheitlichen Art vorherrschte, die am Ursprung einer sich durch Artumwandlung entwickelnden Homo-Linie stand, überwiegt gegenwärtig die Auffassung, daß das Taxon in zwei Arten zu teilen ist. Danach kann Homo habilis im weiteren Sinne untergliedert werden in Homo habilis im engeren Sinne, wozu alle Funde aus der Olduvai-Schlucht/Tansania und einige ältere Fossilien aus Koobi Fora/Ost-Turkana/Kenia gehören, und **Homo rudolfensis,** worunter im wesentlichen die restlichen älteren Fossilien aus Koobi Fora (einschließlich des Schädels 1470) und neuere Funde vor allem in Malawi zusammengefaßt werden (vgl. *Wood* 1992; *Leakey/Lewin* 1993; *Bromage/Schrenk/Zonneveld* 1995). Homo habilis i.e.S. ist dabei die Art mit der größeren Nähe zu Australopithecus (africanus), allgemein den ursprünglicheren Merkmalen, beispielsweise einem kleineren Gehirn, eher menschenäffischen Gliedmaßenproportionen und Extremitäten. So wird Homo habilis i.e.S. in neueren Stammbaumdarstellungen als Seitenast der eigentlichen Homo-Linie gezeichnet oder der Australopithecus-Linie zugeordnet. Homo rudolfensis gilt dann als Vorläufer von Homo erectus (s. Abb. IV, 3-5).

IV Evolution des Menschen

Stammbaum der Hominiden

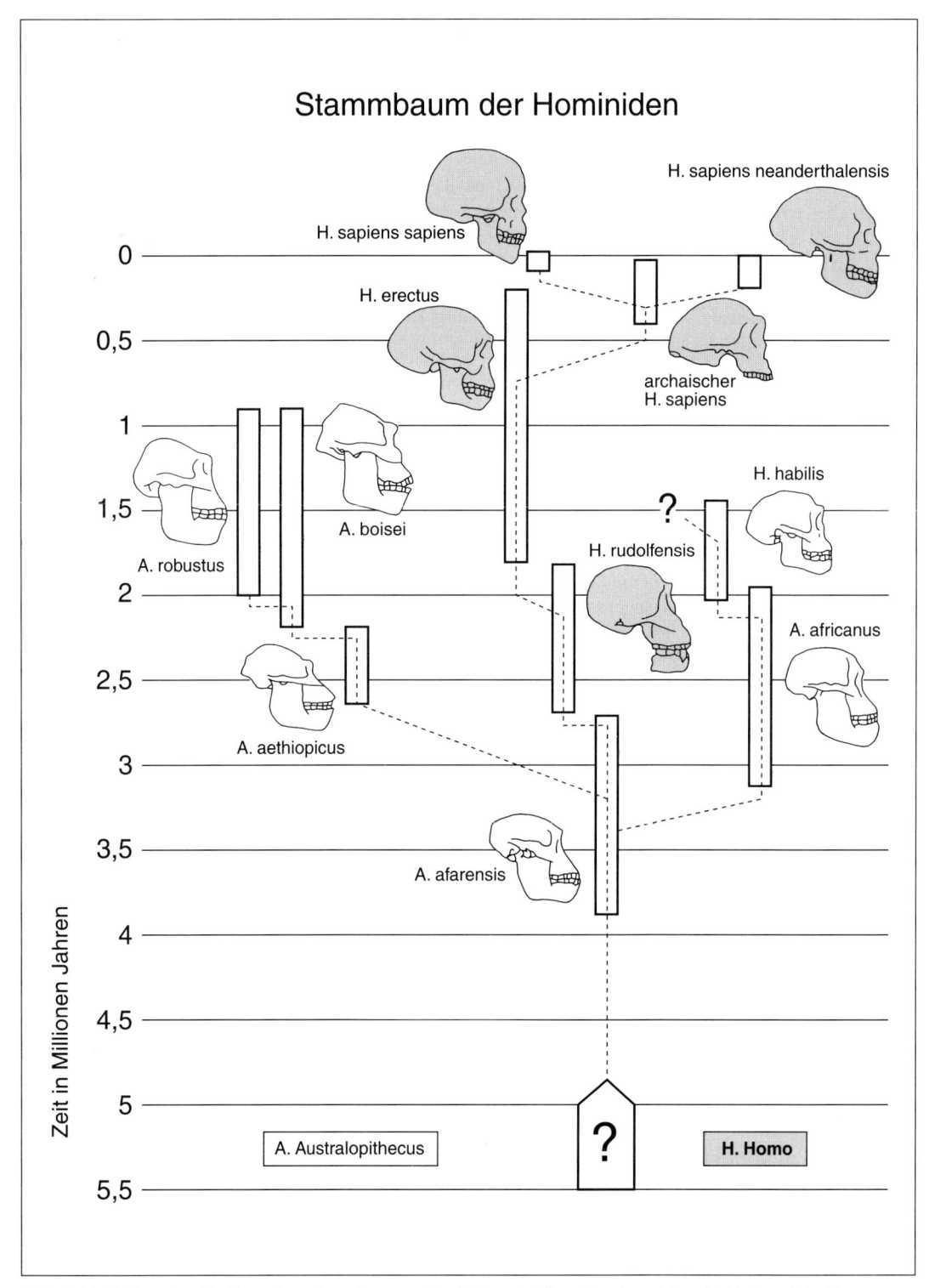

Abb. IV, 3-5: Eine aktuelle Stammbaumhypothese zur Evolution des Menschen (aus *Schrenk* 1995, verändert)

Es hat sich also in jüngerer Zeit entgegen der früheren Vorstellung einer einfachen Gabelung die Auffassung durchgesetzt, dass es um 2,5 Millionen Jahre vor heute mehrere Hominiden-Arten gab. Dies steht in Übereinstimmung mit der Voraussage der „Impuls-Umschwung-Hypothese" von *Elizabeth Vrba* (1985), nach der der klimatische Impuls zunehmender Aridität auch bei den Hominiden zu einer vielfältigen Artaufspaltung (adaptiven Radiation) führen sollte, wie sie für die Boviden (z. B. Antilopen) gut dokumentiert ist (s. Abb. IV, 3-3).

Allerdings sind dadurch die phylogenetischen Beziehungen zwischen den grazilen Australopithecinen und der Gattung Homo sowie den robusten Australopithecinen auf der anderen Seite schwer zu rekonstruieren. Hinzu kommt noch, dass im Rahmen einer Mosaikevolution verschiedene Merkmale unterschiedlich schnell evoluieren. So verwundert es nicht, dass der menschliche Stammbaum besonders für die Zeit, in der man den Ursprung der Gattung Homo vermutet, Gegenstand anhaltender Kontroversen ist (s. Abschnitt IV, 0.1.2; vgl. *Lewin* 1992; *Wood* 1992; *Leakey/Lewin* 1993; *Henke/Rothe* 1994; *Kattmann* 1994 a).

Die zuerst entdeckten Funde von **Homo erectus** stammen aus Asien (s. Abschnitt IV, 2.1.2). Dort wurden seit etwa 1880 bis heute zahlreiche Fossilien gefunden, die diesem Taxon zuzuordnen sind. Erst nach dem Zweiten Weltkrieg stieß man auch in Afrika auf Homo erectus-Fossilien, in Ostafrika sogar erst in den 70er Jahren. So ist es nicht verwunderlich, dass Homo erectus teilweise als eine asiatische Form angesehen wurde und man lange Zeit einen asiatischen Ursprung des Menschen annahm.

Verbesserte Datierungsmethoden und die zunehmende Fülle älterer afrikanischer Funde führten zu einem Umdenken, so dass heute die Mehrzahl der Forscher einen afrikanischen Ursprung für Homo erectus annimmt. Von hier aus hat sich Homo erectus nach heutiger Kenntnis als erste Hominiden-Art über Afrika und darüber hinaus ausgebreitet.

Während man bisher als Zeitpunkt für den (ersten) Aufbruch von Hominiden aus Afrika rund 1 Million Jahre vor heute angenommen hat, könnten neuere Funde aus Georgien (vgl. *Gabunia/Vekua* 1995) und China (*Huang* u. a. 1995) sowie Neudatierungen javanischer Fossilien dazu zwingen, diesen Zeitpunkt früher anzusetzen. Diese Fossilien sind nämlich mit einer Datierung von rund 1,8 Millionen Jahren gleich alt wie die ältesten afrikanischen Funde (vgl. *Swisher* 1994).

Um die Unterschiede zwischen den afrikanischen und asiatischen Fossilien zu erklären, verweisen einige Forscher auf eine zu erwartende große Variation bei einer lange Zeit und weit verstreut existierenden Art hin. Aufgrund von kladistischen Analysen geht man dagegen davon aus, dass nach der Trennung von der afrikanischen Population der asiatische Homo erectus eine eigenständige Entwicklung durchgemacht hat, die zu den nur hier vorkommenden abgeleiteten Merkmalen geführt hat. Einige Forscher fassen die frühe afrikanische Homo erectus-Form sogar als eigene Art „Homo ergaster" auf.

Zur Erklärung von Ursprung und Entwicklung des **Homo sapiens** konkurrieren heute zwei gegensätzliche Hypothesen: das multiregionale Modell und das „Out-of-Africa"-Modell (s. Kasten IV, 3-9).

Die Hypothese eines multiregionalen Ursprungs des modernen Menschen basiert auf der Vorstellung eines afrikanischen Ursprungs des H. erectus als Ausgangsform, der sich von dort aus über Europa und Asien ausgebreitet hat. Anschließend soll sich dann in den verschiedenen Verbreitungsgebieten parallel und konvergent der moderne Homo sapiens entwickelt haben. Die Anhänger dieser Hypothese sind vor allem Paläoanthropologen. Sie berufen sich auf fossile Befunde, die ihrer Auffassung nach eine kontinuierliche Entwicklung über einen langen Zeitraum beispielsweise in Südostasien oder Europa belegen. Weiterhin gehen manche Vertreter der multiregionalen Hypothese von vielfältigem Genfluss zwischen den verstreuten Populationen durch Wanderungen aus, wobei sich aber die regionalen physischen Besonderheiten erhalten hätten, wie es bei vergleichbaren Vorgängen heute auch der Fall sei (vgl. *Thorne/Wolpoff* 1992). Dementsprechend wären auch die verschiedenen „Rassenmerkmale" sehr alt (vgl. *Stringer* 1991).

Die Vorstellung einer multiregionalen Entstehung des modernen Menschen dominierte bis in die 70er Jahre hinein. Solange stammten alle bedeutenden Belege (mit Ausnahme von Homo habilis) aus Europa oder Asien; Afrika spielte in Bezug auf Fossilfunde zur Evolution der Gattung Homo nur eine untergeordnete Rolle.

IV Evolution des Menschen

Dies änderte sich mit den bedeutenden Entdeckungen der 70er Jahre: Afrika trat ins Zentrum des Interesses der Paläoanthropologen.

Die Neudatierung der steinzeitlichen Fossilien und Artefakte aus Afrika, die ein hohes Alter für diese Werkzeuge ergab, ließ 1975 die Alternativ-Hypothese eines afrikanischen Ursprungs des anatomisch modernen Menschen entstehen (vgl. *Stringer* 1991; *Bräuer* 1992; *Henke/Rothe* 1994). Als „Out-of-Africa"-Modell, „Arche-Noah"- oder „Eva"-Hypothese wurde diese Vorstellung allerdings erst durch molekularbiologische Untersuchungen zur Evolution des Menschen in den 80er Jahren populär. Seit Ende der 60er Jahre hatte sich auch die molekulare Genetik mit Fragen der menschlichen Abstammung beschäftigt. Nachdem man zunächst Unterschiede bei homologen Proteinen von Menschenaffen und Mensch analysierte, um Aufschluss über die Trennung von Menschenaffen- und Hominiden-Linie zu erhalten, arbeitet man seit den 80er Jahren direkt mit dem genetischen Material. Große Aufmerksamkeit erregte die Analyse von Mitochondrien-DNA. Man benutzte dazu neutrale, d. h. nicht der Selektion unterliegende Abschnitte der DNA, die schnell und mit konstanter Geschwindigkeit mutieren. Durch die hohe Mutationsgeschwindigkeit war es möglich, auch die jüngeren Abschnitte der Hominiden-Evolution zu untersuchen. Die Ergebnisse vergleichender Studien an rezenten Populationen der ganzen Welt deuteten auf einen späten Ursprung des anatomisch modernen Menschen vor rund 150000 Jahren und auf Afrika als Ursprungsland hin. Dieser Wert wird aus dem Vergleich mit den entsprechenden DNA-Sequenzen beim Schimpansen gewonnen, wobei man die Trennung der Stammeslinien von Mensch und Schimpanse hier mit 5 Millionen Jahren angesetzt hat (vgl. *Wilson/Cann* 1992). Weitere molekulargenetische Untersuchungen anhand von Genen des Y-Chromosoms oder anderer Chromosomen des Zellkerns brachten mit dem Nachweis erhöhter Variabilität in afrikanischen Populationen, die durch das Anhäufen von Mutationen über einen längeren Zeitraum erklärt wird, weitere Belege für die Richtigkeit dieser Auffassung (vgl. *Tishkoff* u. a. 1996).

Im „Out-of-Africa"-Modell wird in der strengen Version (vgl. *Wilson/Cann* 1992) davon ausgegangen, dass sich der anatomisch moderne Mensch in Afrika (südlich der Sahara) durch Artumwandlung aus Homo erectus entwickelte, von dort auswanderte und sich in Asien und Europa ausbreitete, wobei er die dort lebende „Urbevölkerung", die von lokalen Homo erectus-Formen abstammte, vollständig ersetzte, ohne sich mit ihr zu vermischen. Andere Vertreter der Hypothese vom afrikanischen Ursprung des modernen Menschen halten ein gewisses Maß an Hybridisierung bei der Verdrängung der ursprünglichen Bevölkerung durch die modernen Einwanderer für möglich (vgl. *Henke/Rothe* 1994).

Die molekulargenetischen Ergebnisse deuten ebenfalls an, dass die afrikanische Ursprungspopulation relativ klein gewesen ist (Schätzwert: 10 000, vgl. *Wilson/Cann* 1992). Das Durchlaufen eines solchen „Flaschenhalses" in der Populationsentwicklung ist mit Alleldrift verbunden, durch die sich neue Merkmale in evolutiv kurzer Zeit in einer Population ausbreiten können. Der anatomisch moderne Mensch wäre danach das Ergebnis eines beschleunigten, innerhalb relativ kurzer Zeit ablaufenden Artbildungsvorgangs. Die neue Art hat sich dann in mehreren Wanderschüben über die Erde ausgebreitet (s. Abschnitt II, 4.1). Nach multiregionaler Vorstellung wäre dagegen der wesentliche Faktor die Rekombination in einem wesentlich längeren Zeitraum. Obwohl die Entscheidung für eines der beiden Modelle zur Erklärung der Evolution des modernen Menschen keineswegs schon gefallen ist und viele Probleme offen bleiben, sprechen interdisziplinäre Ergebnisse - zu denen z. B. auch linguistische Forschungen über Sprachfamilien gehören - für einen afrikanischen Ursprung des Menschen, so dass heute eine Mehrzahl der Forscher diese Position einnimmt (vgl. *Cavalli-Sforza* 1992; *Ayala* u. a. 1994).

Einigkeit besteht zwischen Vertretern beider Hypothesen darüber, dass es keine klare morphologische Abgrenzung zwischen Homo erectus und modernem Homo sapiens gibt.

Für die jüngste Evolutionsgeschichte der Gattung Homo werden folgende evolutive Trends beschrieben:
– Die Hirnschädelkapazität nimmt weiter zu (bis rund 1.400 cm^3 im Durchschnitt),
– der Hirnschädel vergrößert und rundet sich ab,
– durch ein vergrößertes Frontalhirn kommt es zur Ausbildung einer stärker aufrechten Stirn,
– das Hinterhauptsloch verlagert sich weiter nach vorn,
– die Prognathie verschwindet,

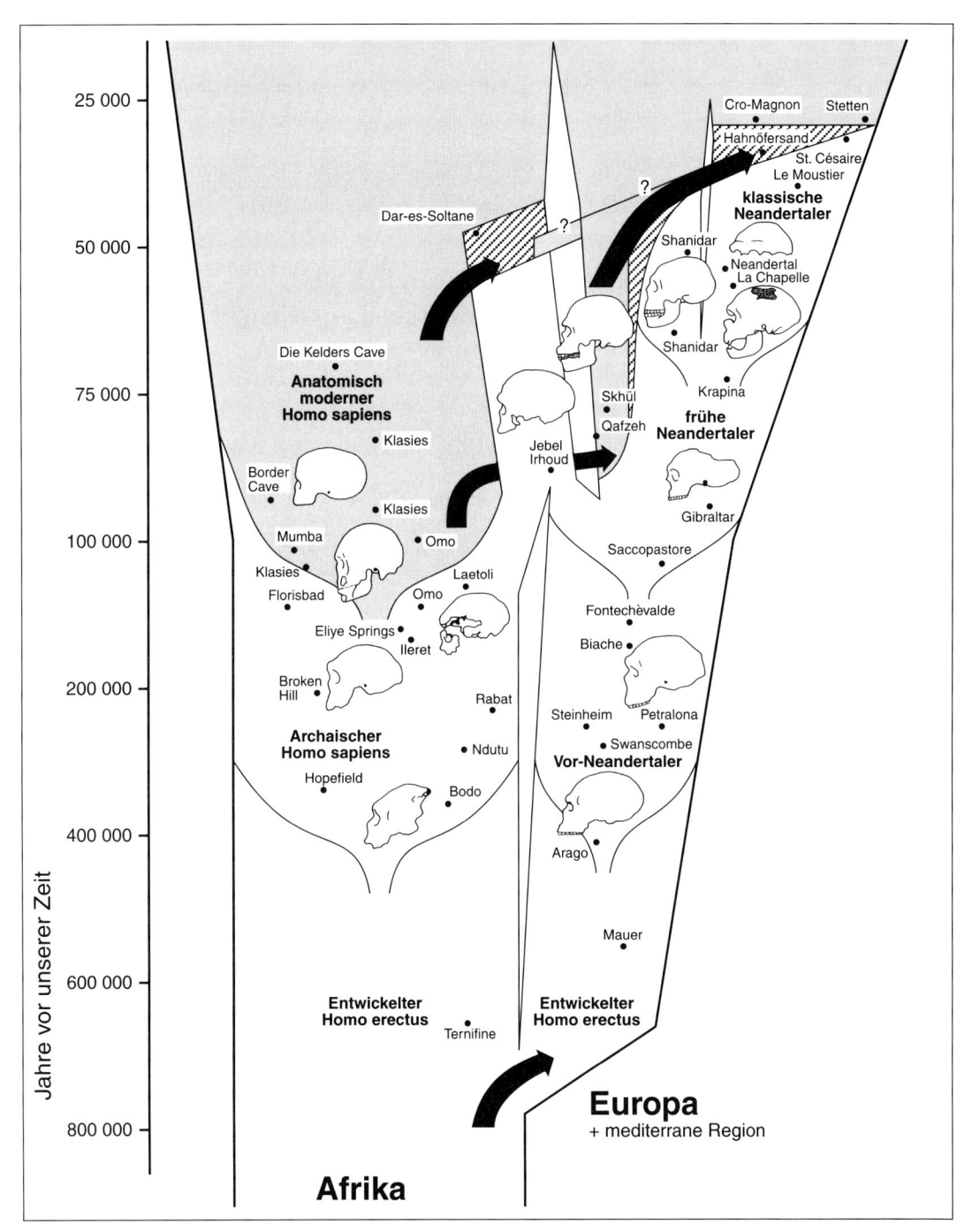

Abb. IV, 3-6: Entwicklung vom späten Homo erectus bis zum modernen Menschen in Afrika, Europa und Westasien mit Angabe der Fundorte und vermuteter Ausbreitung. Grauraster: moderner Jetztmensch (Homo sapiens sapiens); Schraffur: Koexistenz zwischen modernem Jetztmenschen und Neandertalern (nach *Bräuer* 1992, 36, verändert). Nach neuesten Funden und Neudatierungen entwickelten sich der archaische Homo sapiens und der moderne Homo sapiens früher heraus als bisher angenommen (700.000 bis 500.000 bzw. 150.000 Jahre vor unserer Zeit; vgl *Bräuer* u.a. 1997)

IV Evolution des Menschen

– es kommt zur Ausbildung eines prominenten Kinns,
– der Knochenbau wird leichter (vgl. *Bräuer* 1992; *Henke/Rothe* 1994).

Der Übergang von Homo erectus zu Homo sapiens verlief nach Ansicht vieler Forscher über ein archaisches H. sapiens-Stadium, das je nach Kontinent eine unterschiedliche Entwicklung nahm. Für Europa repräsentiert dieses Stadium der Neandertaler, dessen Stammeslinie sich allerdings schon früh von der des modernen Menschen getrennt hat (s. Abb. IV, 3-6; *Bräuer* 1992). Dafür sprechen auch Untersuchungen an aus Knochen des Neandertalers isolierter Mitochondrien-DNA (vgl. *Krings* u.a. 1997)

3.2 Vorschläge zur Unterrichtsgestaltung am Beispiel „Wie könnte der Stammbaum des Menschen aussehen?"

3.2.1 Didaktische Überlegungen

Lebewesen früherer Zeiten sind für die Schüler erfahrungsgemäß von großem Interesse. Dies gilt nicht nur für die Dinosaurier, sondern für die älteren Schüler am Ende der Sekundarstufe I offensichtlich besonders für die „eigenen" Vorfahren des Menschen. Zur Befriedigung dieses Wissensbedürfnisses stehen zahlreiche Veröffentlichungen von Jugendbuchverlagen zur Verfügung. Durch die Lektüre solcher populärwissenschaftlicher Literatur besitzen die Schüler z. T. recht umfangreiche Vorkenntnisse, viele fachwissenschaftliche Bezeichnungen sind ihnen dann bereits geläufig. Die Schüler wissen, dass sie in entsprechender Literatur Informationen zur Abstammung des Menschen finden, und bieten oft an, solche Bücher mit in den Unterricht zu bringen. Auch Stammbäume sind in den populärwissenschaftlichen Büchern zu finden. Dies sollte unabhängig vom sonstigen Vorgehen im Unterricht genutzt werden.

In Öffentlichkeit und Fachwissenschaft wird in den letzten Jahrzehnten jeder Fund eines hominiden Fossils als eine kleine oder größere Sensation angesehen und erregt entsprechendes Aufsehen. Jeder neue Fund bringt Bewegung in die Auffassung über vermeintliche Abstammungsbeziehungen zwischen den Formen und führt zu vielfältigen Stammbaumhypothesen, die heftig diskutiert werden. Hierbei sind durchaus nicht nur wissenschaftliche Erkenntnisse maßgebend. Auch Forscherpersönlichkeiten und zwischenmenschliche Beziehungen spielen eine wesentliche Rolle in der wissenschaftlichen Auseinandersetzung (vgl. *Johanson/Shreeve* 1990). Bei der Materialzusammenstellung wurde deshalb auch eine Information über die Entdeckungsgeschichte ausgewählt, die zugleich zur Beschäftigung mit dem ausgewählten Fossil motivieren soll. Die Schüler erhalten so einen Blick hinter die Kulissen der Wissenschaft und sehen, dass Wissenschaft „von Menschen gemacht wird". Interessierten Schülern kann die Lektüre des Buches „Lucy's Kind" (*Johanson/Shreeve* 1990) empfohlen werden, worin ein Gesamtüberblick über die Erforschung der Evolution des Menschen gegeben wird, eingebettet in die romanhafte Schilderung der Entdeckung eines Fossils (OH-62).

Die Erarbeitung der Arbeitsbogen zu den Fossilien erfolgt in arbeitsteiliger Gruppenarbeit. Hierdurch ist es möglich, dass die Schüler sich die Kenntnisse aktiv aneignen. In den Kleingruppen der Schüler kann sich das vermutlich unterschiedliche Vorwissen angleichen. Auch die Begeisterung einiger Schüler für die Thematik kann sich dabei übertragen. Das Aufstellen von Stammbäumen im Klassenplenum simuliert die Diskussion unter Wissenschaftlern. Für die Diskussion mehrerer Stammbaumversionen ist es günstig, einen flexiblen Stammbaum an der Magnettafel (hilfsweise auch Pinnwand) zu erstellen. In der Regel wird die Lehrperson die dazu nötigen Magnettafelbilder selbst erstellen und immer wieder verwenden (Anleitung vgl. *Sandrock* 1979). Bei genügend viel Zeit können die Schüler daran beteiligt werden.

Eine weitere denkbare Alternative wäre die Besprechung des menschlichen Stammbaums während eines Besuchs in einem geeigneten Museum. Um das Thema konzentriert zu behandeln, empfiehlt sich ein Unterrichtsgang allein zur Stammbaumproblematik. Als Teilaspekt eines umfangreicheren Museumsprogramms sollte das Thema nur dann angesprochen werden, wenn die Lehrperson lediglich eine erste Information beabsichtigt (vgl. *Strey* 1976; *Fischer* 1994).

Klassenstufe 9/10 **3 Stammbaumrekonstruktion**

Unterrichtsziele:

Die Schüler sollen

– wesentliche Merkmale einer Frühform in der menschlichen Stammesgeschichte beschreiben können;
– einen möglichen Stammbaum des Menschen erläutern und beurteilen können;
– die menschliche Evolution zeitlich in die Erdgeschichte einordnen können;
– die besondere Bedeutung geologisch-ökologischer Veränderungen für die Evolution des Menschen angeben können;
– die Verbreitung der fossilen Hominiden nennen können;
– die wesentlichen evolutiven Trends in der Evolution des Menschen darstellen können;
– Kriterien für die Einordnung von Fossilien des Menschen in den Stammbaum des Menschen nennen können.

3.2.2 Unterrichtsprozess

Zu Beginn der Unterrichtseinheit bringt die Lehrperson die Nachbildung des Schädels einer Frühmenschenform mit in den Unterrichtsraum (s. Abschnitt VI, 3.3.1). Durch den stummen Impuls wird ein Gespräch unter den Schülern angeregt, in das die Lehrperson zunächst nicht eingreift. Nachdem klar ist, dass es sich um die Schädelnachbildung einer frühen Menschenform handelt, systematisiert die Lehrperson und notiert an der Tafel drei Fragen, die Problembereiche bei der Beschäftigung mit der menschlichen Abstammung betreffen: Woran kann man Frühmenschen erkennen? Welche verschiedenen Vorfahren gibt es? Welche Abstammungsverhältnisse bestehen untereinander?
Damit stehen die Inhalte der Unterrichtseinheit zur Behandlung des Stammbaums des Menschen den Schülern deutlich vor Augen.
Die Lehrperson schlägt jetzt vor, den folgenden Unterricht als Gruppenarbeit zu gestalten, bei der die einzelnen Gruppen verschiedene Hominidenformen bearbeiten. Sie erhalten dazu den Auftrag, entsprechende Bücher aus eigenem Bestand oder aus Bibliotheken mitzubringen. Der Bücherbestand wird gegebenenfalls durch die Lehrperson ergänzt.
Jede Gruppe erhält den Schädelabguss „ihres" Vormenschen und das entsprechende Arbeitsblatt (s. Kästen IV, 3-2 bis IV, 3-9) sowie ein Aufgabenblatt mit dem Schädelvergleich zwischen Menschenaffen und Mensch (s. Kasten IV, 3-1).
Nach der Gruppenarbeits-Phase werden zur Rekonstruktion eines menschlichen Stammbaums die Ergebnisse nacheinander vorgestellt. Die Lehrperson hält dazu Magnettafelelemente (vergrößerte Bilder der Fossilien und Balken der Existenzzeit der Hominidenformen) zum Erstellen des flexiblen Stammbaums bereit. Falls keine Magnettafel vorhanden ist, werden die Elemente mit Klebefolie an die Tafel geheftet. Die Zeitskala liegt entweder ebenfalls als Magnettafelelement bereit oder wird mit Kreide an der Magnettafel markiert. Eine Weltkarte wird aus der Erdkundesammlung entliehen.
Die Gruppen charakterisieren ihr Fossil und heften die Pappstreifen als Kennzeichnung der jeweiligen Existenzzeit der Vor- oder Frühmenschen sowie die Abbildung des Schädels entsprechend der Zeitskala an die Magnettafel. Dabei stellt sich heraus, dass manche Formen zur selben Zeit existierten, so dass sich die Fragen der Aufspaltungen und Differenzierungen von selbst stellen. Dabei wird die Vorstellung von einer geradlinig erfolgenden „Aufwärtsentwicklung" zum Menschen korrigiert (s. Abb. I, 3-4 b; c).
Um den Einfluss klimatischer Veränderungen auf die Artbildung zu zeigen, hält die Lehrperson einen kurzen Vortrag über Klimaveränderungen und stellt dabei die Phasen der Boviden-Evolution innerhalb der letzten 5 Millionen Jahre heraus (s. Abschnitt IV, 3.1.1 und Abb. IV, 3-3). Die Phasen der verstärkten Artbildung bei Hornträgern werden an der Zeitskala farbig markiert. Dabei wird deutlich, dass die Radiationen in der Hornträger- und Hominiden-Evolution parallel und zeitgleich mit klimatischen Einbrüchen erfolgten, was eine kausale Beziehung zwischen Klimaveränderung, verstärkter Artbildung und Wanderungsschüben nahelegt.

IV Evolution des Menschen

Nun wird die Aufmerksamkeit auf die zentrale Frage gelenkt, in welcher stammesgeschichtlichen Beziehung die Hominidenformen zueinander stehen. Das Feststellen der evolutiven Trends (s. Aufgabenblatt) in der Hominiden-Evolution dient in dieser Diskussion dazu, die Vielzahl der Möglichkeiten auf die zwei bis drei wahrscheinlichsten zu reduzieren. Die Materialien erlauben Aussage u. a. über zunehmende Gehirngröße, abnehmende Sexualdimorphie (in der Homo-Linie), eine Verringerung der Kaufläche und die Veränderung der Gesichts- bzw. Schädelform. Es entsteht ein Stammbaumbild, das etwa der Abbildung IV, 3-5 entspricht. Meinungsverschiedenheiten zu verschiedenen Möglichkeiten der stammesgeschichtlichen Beziehungen werden eingehend erörtert und gegebenenfalls Alternativen in den Stammbaum eingezeichnet (s. dazu Abb. IV, 0-3). Anschließend werden die Fundorte der Fossilien von den Gruppen nacheinander mit verschiedenfarbigen Klebepunkten auf der Weltkarte markiert. Hierbei zeigt sich das begrenzte Vorkommen der Australopithecus-Arten, das sich auf Süd- und Ostafrika beschränkt. Die Lehrperson sollte aber darauf hinweisen, dass nach neueren Befunden schon die Gattung Australopithecus weitere Gebiete Afrikas besiedelt haben könnte.

Die Verteilung der Punkte im Zusammenhang der zeitlichen Datierungen zeigt den Schülern, dass sich nach heutiger Kenntnis erst die Gattung Homo in zwei Schüben über Afrika hinaus ausbreitete (vgl. auch *Stöckle* 1993). Die Frage der Besiedlung Europas durch Homo erectus muss dabei aufgrund der unklaren Fundsituation für die Zeit von 1 bis rund 0,5 Millionen Jahren offen bleiben.

Nach dieser Betrachtung werden die Modelle zur Entstehung des modernen Menschen diskutiert, wobei sich die Mitglieder der Gruppe „Homo sapiens" (s. Kasten IV, 3-9) als Experten beteiligen (zur Ausbreitung des modernen Homo sapiens vgl. *Schmidt* 1985; 1991 a; b; *Weaver* 1985; *Fagan* 1991). Es bietet sich an, an diesen Unterrichtsabschnitt das Thema der Populationsdifferenzierung beim Menschen anzuschließen (s. Kapitel II, 4).

Aufgaben zur Gruppenarbeit

1. Informiert euch anhand des Textes über die Entdeckung des bedeutsamsten Fundes eurer Hominidenform.
2. Erstellt eine Liste mit den wichtigsten Merkmalen des Schädels. Achtet auf
   – Schnauzenbildung,
   – Überaugenwülste,
   – Form des Hinterhaupts und den wahrscheinlichen Ansatz der Nackenmuskulatur,
   – Form des Kinns,
   – wahrscheinliche Haltung des Schädels (Unterstützungsrichtung).
   Nehmt dabei den Schädelvergleich von Mensch und Schimpanse zu Hilfe (Abb.).
3. Errechnet aus den Angaben die Geschlechtsdimorphie hinsichtlich Körpergröße und Körpermasse nach der Formel: männlich : weiblich x 100.
4. Stellt in einer Übersichtskarte im Atlas fest, wo sich die angegebenen Fundorte des Fossils befinden.
5. Löst gegebenenfalls die Aufgaben, die zusätzlich im Arbeitsblatt stehen.
6. Stellt Hypothesen dazu auf, an welchem Platz das Fossil in der Stammesgeschichte des Menschen stehen könnte.

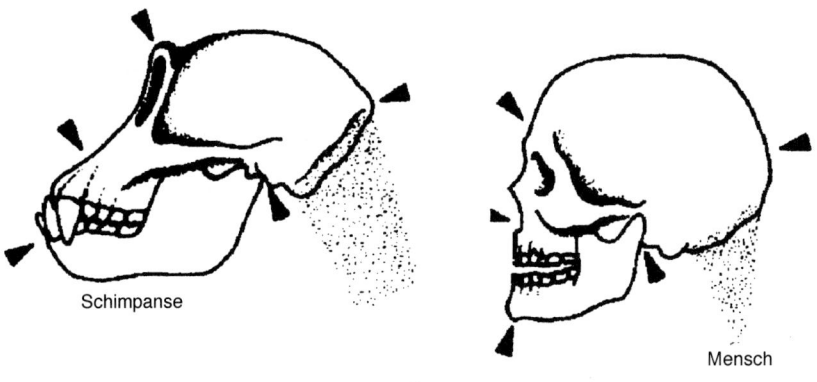

Kasten IV, 3–1: Aufgabenblatt zu den Kästen IV, 3–2 bis IV, 3–9

„Lucy"

Als Doktorand entdeckte *Donald Johanson* seine Leidenschaft für die Erforschung der menschlichen Stammesgeschichte und organisierte Expeditionen in den Osten Afrikas, genauer das Gebiet des Afar-Stammes am Awash-Fluss in Äthiopien. Ein Tag machte ihn dann mit einem Schlag weltberühmt.

30. November 1974: *Donald Johanson* erwachte früh am Morgen mit einer glücklichen Vorahnung. Obwohl er an diesem Vormittag eigentlich Papiere aufarbeiten wollte, fuhr er ins Gelände, um dem Expeditionspaläontologen die Lage einer Fundstelle für die Einzeichnung in den Gesamtplan der Fundorte zu zeigen. Die Landschaft war felsig und ohne Vegetation. Fossilien werden so gewöhnlich durch den Regen aus dem Boden herausgewaschen und sind auf der Erdoberfläche zu finden. Auch diesmal gingen die beiden Männer wie alle Expeditionsteilnehmer nach der Kartierung mit gesenkten Köpfen durchs Gelände und suchten nach Fossilien. Nach zwei Stunden war es fast Mittag und das Thermometer auf 42 °C gestiegen. Bisher hatten sie nichts gefunden und beschlossen umzukehren. Nur eine kleine Senke wollte *Johanson* noch absuchen. Nachdem sie die Rinne erfolglos durchsucht hatten, wandten sie sich zum Gehen.

Plötzlich sah *Johanson* auf halber Höhe des Abhangs etwas liegen: „Das ist das Bruchstück eines hominiden Arms", sagte er sofort. Nähergekommen entdeckten sie weitere Teile und gerieten in Aufregung: ein Stück Schädelrückseite, Teile eines Oberschenkelknochens, ein Hüftknochen, zwei Rückenwirbel, Rippen ... alle Teile gehörten zu einem einzigen Skelett!

Solch einen Fund hatte es bisher noch nicht gegeben! Ein unglaublich vollständiger Vormensch erblickte das Licht der Welt. Bei der abendlichen Freudenfeier im Lager war auch klar, wie das Skelett hieß: Lucy! Keiner weiß, wie es gekommen ist, aber der immer wieder mit voller Lautstärke laufende Beatles-Hit „Lucy in the sky with diamonds" und die aufgelockerte Atmosphäre taten das Ihre.

Australopithecus afarensis

Wichtige Fundorte:
Afar-Region (Hadar)/Äthiopien, Laetoli/Tansania
Wichtige Funde: „Lucy", Fußspuren von Laetoli
Gehirngröße: 310–485 cm^3
Größe der Kaufläche: 460 mm^2
Körpermasse: männlich 45 kg
　　　　　　　　weiblich 29 kg
[*Sexualdimorphie: 155*]
Körpergröße: männlich 151 cm
　　　　　　　　weiblich 105 cm
[*Sexualdimorphie: 143*]
Existenzzeit: von 3,7/3,5 bis 3/2,8 Mio. Jahren vor heute

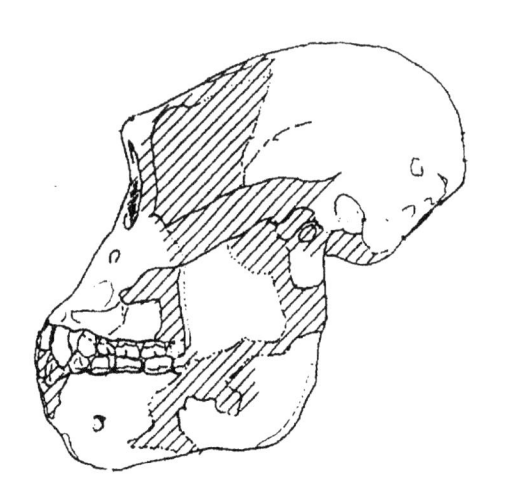

Kasten IV, 3–2: Material Gruppe 1 (nach verschiedenen Autoren)

IV Evolution des Menschen

Das „Kind von Taung"

Anfang der 20er Jahre dieses Jahrhundert übernahm der Australier *Raymond Dart* nach dem Medizinstudium und ersten Berufserfahrungen als Universitätsassistent in England eine Professur für Anatomie an der neugegründeten Universität Witwatersrand in Johannesburg, Südafrika. Zum Aufbau einer Lehrsammlung schrieb er einen Wettbewerb für das Auffinden interessanter Knochenfunde aus.

Eines Tages, 1924, brachte ihm eine Studentin einen versteinerten Pavianschädel, den sie bei dem befreundeten Verwalter der Steinbrüche von Taung entdeckt hatte. Sofort bat *Dart* darum, dass ihm sämtliche Fossilfunde aus den Steinbrüchen geschickt würden, was der Verwalter gerne tat.

Die ersten beiden Kisten mit Versteinerungen trafen ein, als *Dart* zur Hochzeit eines Freundes gehen wollte. Statt sich umzuziehen, untersuchte *Dart* die Kisten. Die erste barg nichts Besonderes.

Doch in der zweiten lag obenauf ein versteinerter Schädelausguss, der *Dart* in Aufregung versetzte. Die deutlich sichtbaren Windungen des Gehirns stammten von einem höheren Primaten, der ein weiter entwickeltes Gehirn als ein Menschenaffe besaß! Weiter unten in der Kiste befand sich ein Steinblock, in den der Schädelausguss genau passte und der einen Gesichtsschädel erahnen ließ.

Da aber störte der Bräutigam die weitere Untersuchung der Fossilien. *Dart* musste sich umziehen und kam anschließend gerade noch rechtzeitig zur Trauung seines Freundes.

Sofort danach machte er sich an die Präparation des vielversprechenden Fossils. Um die harte Kalksteinkruste zu entfernen, benötigte er fast einen Monat. Zu Weihnachten 1924 gelang es ihm endlich, ein Kindergesicht freizulegen, mit vollständigem Unterkiefer und allen Milchzähnen, nur der erste Backenzahn war bereits durchgebrochen: Das „Kind von Taung" erblickte das Licht der Welt, der erste Vertreter des Vormenschen *Australopithecus africanus*, wie ihn *Dart* anschließend benannte.

Australopithecus africanus

Wichtige Fundorte: Taung 1924, Sterkfontein 1936, Makapansgat (alle Südafrika)
Wichtige Funde: Kind von Taung, „Mr. Ples" (Broom) 1936
Gehirngröße: 430–520 cm^3
Größe der Kaufläche: 516 mm^2
Körpermasse (Schätzungen): männlich 41 kg, weiblich 30 kg
[*Sexualdimorphie: 136*]
Körpergröße: männlich 138 cm, weiblich 115 cm
[*Sexualdimorphie: 120*]
Existenzzeit: von 3,0 bis 2,0 Mio. Jahren vor heute

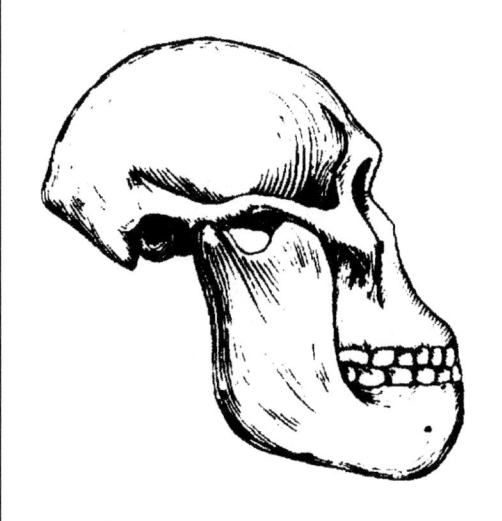

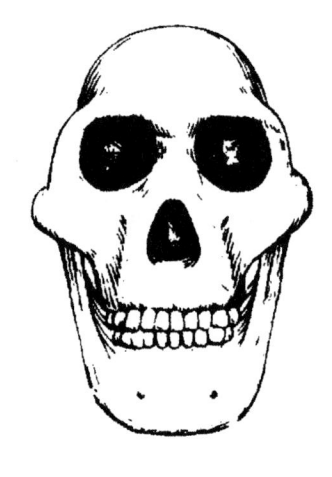

Kasten IV, 3–3: Material Gruppe 2 (nach verschiedenen Autoren)

„Zinj"

Louis Leakey wurde als Kind einer Missionarsfamilie in Kenia geboren. Seine Ausbildung erhielt er in England, seine Leidenschaft galt aber der afrikanischen Vorgeschichte.

Mit seiner zweiten Frau *Mary* durchstreifte er jahrzehntelang Ostafrika auf der Suche nach menschlichen Fossilien.

Im Jahre 1959 befand sich das Ehepaar *Leakey* auf einer paläontologischen Exkursion in der Olduvai-Schlucht in Tansania. Schon in den Jahren zuvor hatten sie hier geforscht und unzählige Tierknochen und Steinwerkzeuge entdeckt. Überreste der Menschenformen, die diese Werkzeuge benutzt hatten, konnten sie allerdings nie finden.

Die *Leakeys* gingen immer gemeinsam auf Erkundungsgänge, wobei sie ihre beiden Dalmatiner ausführten. Am 17. Juli 1959 allerdings hatte *Louis* leichtes Fieber und so war *Mary Leakey* an diesem Vormittag allein auf der Suche.

Besonders die Vormittags- und die Nachmittagsstunden sind für die Suche nach Fossilien günstig, weil bei tieferem Sonnenstand durch den Schattenwurf aus dem Boden gewaschene Fossilien gut von Steinen zu unterscheiden sind. Über die Mittagszeit wird alles von der Sonne überstrahlt, so dass nichts zu erkennen ist.

An diesem Tag hatte sich *Mary Leakey* gerade entschlossen, ihre Suche wegen der vorgerückten Tageszeit zu beenden, als sie ein Knochenstück entdeckte, das aus dem Gestein ragte. Es schien ein Teil von einem Schädel zu sein und sah sehr menschenähnlich aus. Dann entdeckte sie zwei Zähne in einem Kiefer. Voller Aufregung kehrte sie zurück und *Louis Leakey* vergaß seine Krankheit, sprang aus dem Bett und besichtigte den Fund. Der anschließend freigelegte Schädel war außergewöhnlich wuchtig und hatte sehr massive Knochen.

Von *Louis Leakey* zunächst als *Zinjanthropus*, als „Ostafrika-Mensch" benannt, gilt „Zinj" heute als „hyperrobuster" ostafrikanischer Vertreter der Gattung *Australopithecus*.

Australopithecus boisei
(Paranthropus boisei)

Wichtige Fundorte: Olduvai, Omo, Turkana-See
Wichtiger Fund: Zinjanthropus („Zinj"), Nußknackermensch
Gehirngröße: 500–530 cm^3
Größe der Kaufläche: 756 (799) mm^2
Körpermasse: männlich 49 kg
  weiblich 34 kg
[*Sexualdimorphie: 144*]
Körpergröße: männlich 137 cm
  weiblich 124 cm
[*Sexualdimorphie: 110*]
Existenzzeit: von 2,4/2,2 bis 1 Mio. Jahre vor heute

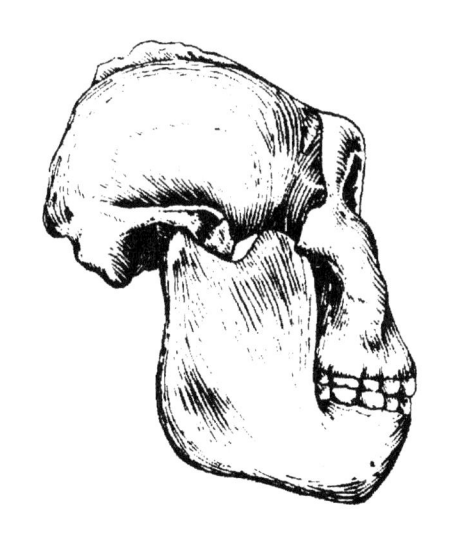

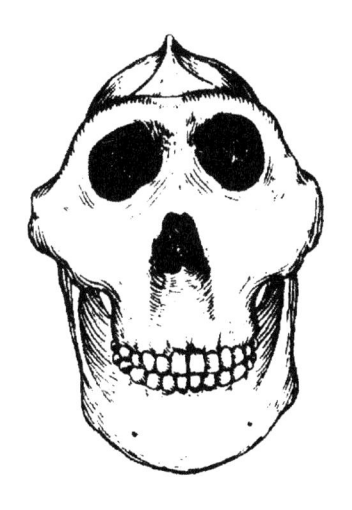

Kasten IV, 3–4: Material Gruppe 3 (nach verschiedenen Autoren)

IV Evolution des Menschen

Robuste Zähne

Der Schotte *Robert Broom* galt als arrogant und unkonventionell. Er war Mediziner und schlug sich in jüngeren Jahren bei vielen Reisen durch die ganze Welt mit Arztvertretungen durch. Sein besonderes Interesse galt aber den Fossilien.

In den 20er Jahren ließ er sich in Südafrika nieder, zog auf der Suche nach Fossilien durch das Land und wurde zum berühmtesten Paläontologen des Landes.

Noch im hohen Alter von über siebzig Jahren war er im schwarzen Anzug und gestärktem Kragen unter heißer Sonne in Steinbrüchen und trockenen Flussbetten anzutreffen.

„Als *Broom* hörte, dass ein Schuljunge, *Gert Terblanche,* bei Kromdraai, einer Farm in der Nähe von Sterkfontein, fossile Zähne gefunden hätte, ging er sofort dorthin, aber der Junge war nicht zu Hause, sondern in der Schule. Er sprach mit *Gerts* Schwester und bat sie, ihn zu der Anhöhe zu führen, auf der ihr Bruder die Fossilien gefunden hätte. Dort fand er einen Zahn und ging in glühender Hitze die anderthalb Kilometer bis zum Schulhaus. Der Direktor ließ *Gert* rufen, der noch weitere vier fossile Zähne in der Tasche hatte, die *Broom* ihm für je einen Schilling abkaufte. Nun wollte *Broom* sofort zu der Stelle gehen, wo die Zähne gelegen hatten. Aber der Unterricht sollte noch zwei Stunden dauern. Der Direktor bat *Broom,* den Schülern einen Vortrag über die Fossilien zu halten und ihnen zu sagen, wie man sie in den Kalksteinablagerungen finden könnte. Dieser unerwartete Besuch einer abgelegenen Landschule durch den berühmten Wissenschaftler und sein Vortrag dort waren für die Schüler eine Sensation. Auch andere Klassen wurden vom Unterricht befreit, um daran teilnehmen zu können, aber endlich machten sich *Broom* und *Gert* doch zur Fundstelle der Fossilien auf. *Gert* führte *Broom* an den Platz, wo er die Zähne aus einem in den Kalkstein eingebetteten Schädel herausgeschlagen hatte. Der Schädel war dabei zerbrochen. Es gelang Broom jedoch, einige Bruchstücke aus dem Stein herauszulösen. Mit diesem Material und einem weiteren Zahn, den *Gert* dem Wissenschaftler für fünf Tafeln Schokolade überließ, konnte *Broom* den zweiten australopithecinen Schädel rekonstruieren." *Australopithecus robustus* war entdeckt!

Australopithecus robustus
(Paranthropus robustus)

Wichtige Fundorte: Swartkans und Kromdraai/ Südafrika
Wichtigster Fund: Paranthropus
Gehirngröße: 530 cm^3
Größe der Kaufläche: 588 mm^2
Körpergröße: männlich 132 cm
weiblich 110 cm
[*Sexualdimorphie: 120*]
Körpermasse: männlich 40 kg
weiblich 32 kg
[*Sexualdimorphie: 125*]
Existenzzeit: von 1,9 bis 1 Mio. Jahre vor heute

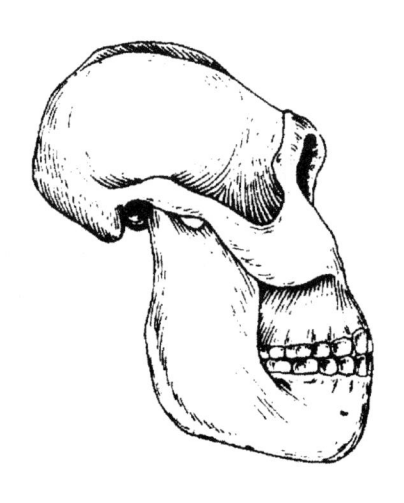

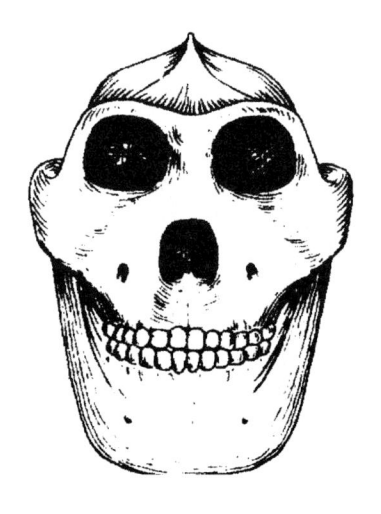

Kasten IV, 3–5: Material Gruppe 4 (aus *Johanson/Edey* 1984; nach verschiedenen Autoren)

Klassenstufe 9/10   **3 Stammbaumrekonstruktion**

Der „Schwarze Schädel"

Anfang August 1985 war *Alan Walker*, der seit Jahrzehnten mit *Richard Leakey* zusammenarbeitet, zu einer Ausgrabungskampagne im Gebiet westlich des Turkana-Sees/Kenia. Die Funde waren bescheiden und man widmete sich der Bergung eines Nilpferdschädels. *Walker* suchte an diesem Tag noch eine andere Stelle auf und befand sich auf dem Rückweg. Da es ihn nicht zurück zu dem Nilpferdschädel zog, machte er einen Umweg. Plötzlich sah er neben einem Steinhaufen ein dunkel gefärbtes Knochenstück. *Walker* bückte sich und sah, dass es ein Stück Oberkiefer mit sehr großen Zahnwurzeln war. Ein Rinderkiefer? Dann fand er ein weiteres Stück Vorderschädel: War es von einem großen Affen? Das nächste Knochenstück brachte die Gewissheit: Es war ein Hominide!

100 m weiter arbeiteten seine Frau *Pat Shipman* und die Mannschaft immer noch an dem Nilpferdschädel. *Walker* führte sie aufgeregt zu seinem neuen Fund. Bald hockten alle am Boden, um die dunklen Fossilbruchstücke eines zerbrochenen Schädels aufzusammeln.

Es war ein ganz ungewöhnliches Fundstück. Ein fast vollständiger Schädel, dem Mangansalze eine wunderschöne schwarzbronzene Färbung gegeben hatten. Bei der Rekonstruktion wurde eine weitere Besonderheit des Schädels deutlich: Die Zusammensetzung des Gehirnschädels machte keine Probleme, aber das Gesicht war schwierig. Schließlich wurde deutlich, woran es lag: Das Gesicht war so flach, wie bei keiner bekannten Hominiden-Art. Eigentlich passten Gesichts- und Hirnschädel gar nicht zusammen.

Kein Paläoanthropologe hatte mit so einer Merkmalskombination gerechnet. Die Gehirngröße war geringer als bei *A. afarensis*, der Gehirnschädel sehr primitiv, allerdings mit einem starken Schädelkamm. Das Gesicht ähnelte dagegen den jüngeren *A. robustus* und *boisei*. Dieses Mosaik aus ursprünglichen und weit entwickelten Merkmalen überraschte die Forscher.

Australopithecus aethiopicus

Fundort: West-Turkana
Wichtigster Fund: „Schwarzer Schädel" WT 17000
Gehirngröße: 419 cm^3
Größe der Kaufläche: 688 mm^2
Körpergröße: unbekannt
Existenzzeit (Datierung) 2,6–2,3 Mio Jahre vor heute

Aufgaben
1. Was versteht man unter einer „Mosaikevolution"?
2. Warum bereitet die Mosaikevolution bei der Einordnung von Fossilien Probleme?

Lösungshinweise
1. Merkmale entwickeln sich unterschiedlich schnell. Fossile Menschen können ursprüngliche und abgeleitete Merkmale zeigen.
2. Unvollständige Funde können deshalb zu falschen Zuordnungen führen.

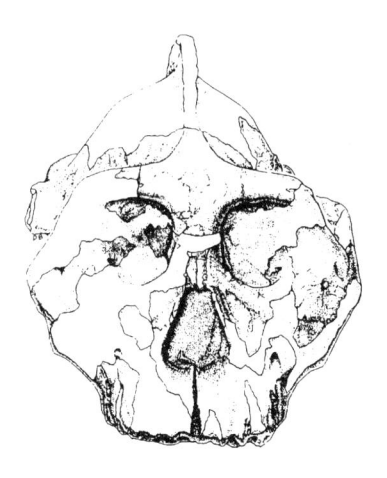

Kasten IV, 3–6: Material Gruppe 5 (nach verschiedenen Autoren)

Homo habilis

Wichtige Fundorte: Olduvai (nur *H. habilis i.e.S.*)
Ost-Turkana
(Malawi)
Wichtige Funde: KNM-ER 1470 (*H. rudolfensis*)
1813 (*H. habilis i.e.S.*)

Homo rudolfensis

Körpermasse: männlich 60 kg
weiblich 51 kg
[Sexualdimorphie: 117]
Gehirngröße: 709 cm^3 (ER 1470: 775)
Größe der Kaufläche: 570 mm^2
Existenzzeit: von 2,4 bis 1,8 Mio. Jahre vor heute

Homo habilis im engeren Sinne

Körpermasse: männlich 37 (48,5)
weiblich 32 (41,5)
[Sexualdimorphie: 115 (116)]
Gehirngröße: 579 cm^3
Größe der Kaufläche: 478 mm^2
Existenzzeit: von 1,9 bis 1,4 Mio. Jahre vor heute

Schädel 1470

Das genaue Datum ist nicht bekannt, aber irgendwann im Juli 1972, während einer Grabungskampagne in Koobi Fora, östlich des Turkana-Sees in Nord Kenia, entdeckte ein Fossiliensucher aus dem Team von *Richard Leakey*, der damals am Anfang seiner Karriere als Paläoanthropologe stand, ein unscheinbares Knochenstück. Vermutlich ein Stück Schädelknochen. *Richard Leakey* wurde gerufen und bestätigte dies. Eine kurze Suche erbrachte weitere Bruchstücke von verschiedenen Partien eines Schädels. Aber er war in sehr kleine Teile zerbrochen, die man nur beim Durchsieben des Bodens finden konnte. Mit dieser ungeliebten Arbeit hatte es niemand so recht eilig und es geschah einige Wochen lang nichts. Dann, im August, lag ein kleiner Beutel mit den Fragmenten des Schädels vor *Leakey*. Er versuchte, die Teile zusammenzusetzen – aber war schnell entmutigt: es schien unmöglich! Er schob die Teile hinüber zu seiner Frau *Meave*. Sie hatte als Kind gerne Puzzles gelöst und konnte sie sogar mit der Unterseite nach oben zusammensetzen.

Der Schädel war aber eine viel größere Herausforderung. Doch sie war geduldig: Über drei Wochen – und sie hatte die Bruchstücke, trotz einiger fehlender Teile, zusammengefügt. Der Schädel war eine Überraschung! Größer als bei allen bis dahin bekannten Hominiden. Sie füllten die Lücken mit Knetmasse und Klebeband und gossen den Schädel mit Sand aus, um die Gehirngröße zu ermitteln: fast 800 cm^3! Und das bei einem rd. 2 Mio. Jahre alten Fossil.

Der Beweis für *Leakeys* Auffassung, dass schon vor mehr als 2 Mio. Jahren Vertreter der Gattung Homo mit einem großen Gehirn durch die afrikanische Savanne streiften.

Der Schädel mit der Nummer KNM-ER 1470 machte *Richard Leakey* mit einem Schlag berühmt.

Homo rudolfensis
KNM-ER 1470

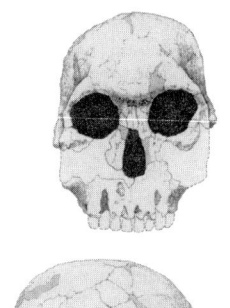

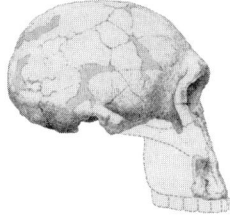

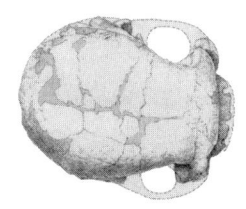

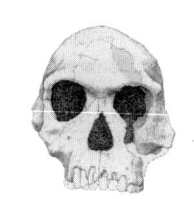

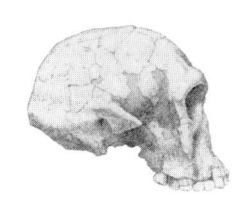

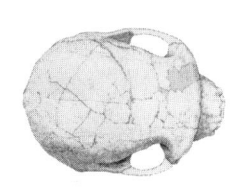

Homo habilis i.e.S.
KNM-ER 1813

Kasten IV, 3–7: Material Gruppe 6 (nach verschiedenen Autoren)

Homo erectus

Wichtige Fundorte: West-Turkana/Kenia (WT 15000) [1,8 Mio. Jahre]
Ost-Tukana/ Kenia [1,6 Mio. Jahre]
Java/Indonesien [0,75; 1,8 Mio. Jahre ?]
China (Peking) [0,75–0,5 Mio. Jahre]
Europa ? [*Homo erectus* oder archaischer *Homo sapiens* 0,4 – 0,25 Mio. Jahre]
Wichtige Funde: Pithecanthropus
Homo pekinensis
Turkanajunge (WT 15000)

früher Homo erectus (1,8–1,5 Mio. Jahre
(z.B. Turkanajunge; auch *Homo ergaster* benannt)
Gehirngröße: 804 cm^3
Größe der Kaufläche: 377 mm^2
Körpermasse: männlich 58 kg
weiblich 52 kg
[*Sexualdimorphie: 111*]

später Homo erectus
(Asien)
Gehirngröße: 980 cm^3
Größe der Kaufläche: 390 mm^2
Körpermasse: männlich 60 kg
weiblich 55 kg
[*Sexualdimorphie: 109*]

Existenzzeit: von 1,8 bis 0,5 Mio. Jahre vor heute

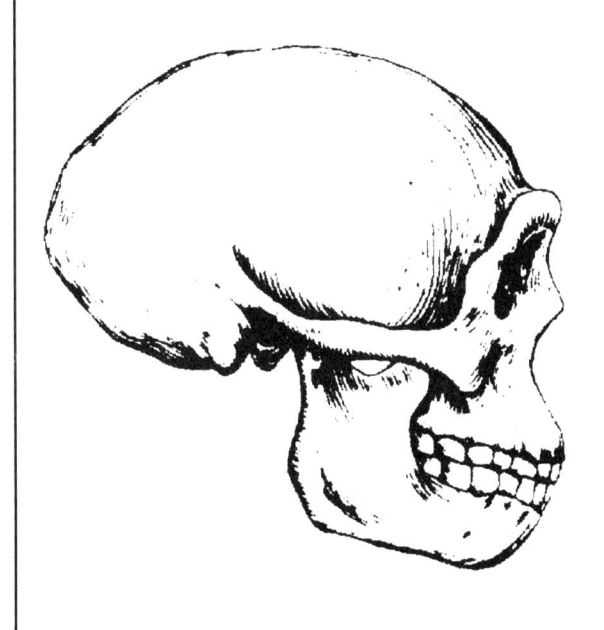

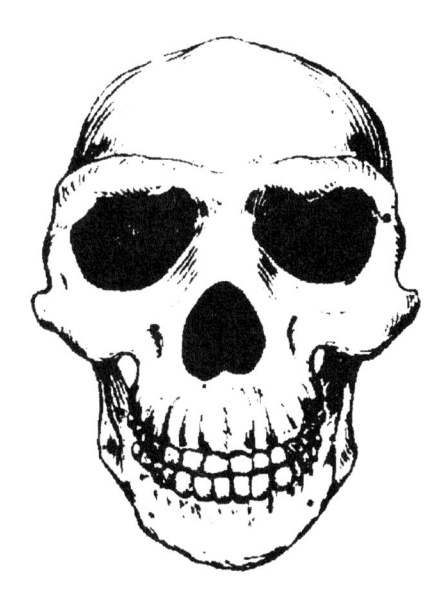

Kasten IV, 3–8: Material Gruppe 7 (nach verschiedenen Autoren. Material zur Entdeckungsgeschichte s. Kasten IV, 2–5)

IV Evolution des Menschen

Homo sapiens

Wichtige Fundorte:
Mitteleuropa (Neandertaler und anatomisch moderner Mensch), Süd- und Ost-Afrika, Asien (China), Israel

Gehirngröße:
1350–1400 cm³ (Mittelwert, heutiger Mensch); zwischen 1245–1750; 1520 (Mittelwert, Neandertaler); 1560 (Mittelwert, früher anatomisch moderner Mensch)

Größe der Kaufläche:
334 mm² (heutiger Mensch)

Körpermasse:
männlich 58 (66), weiblich 49 (55)
[*Sexualdimorphie: 118 (120)*]

Körpergröße:
Sexualdimorphie 111

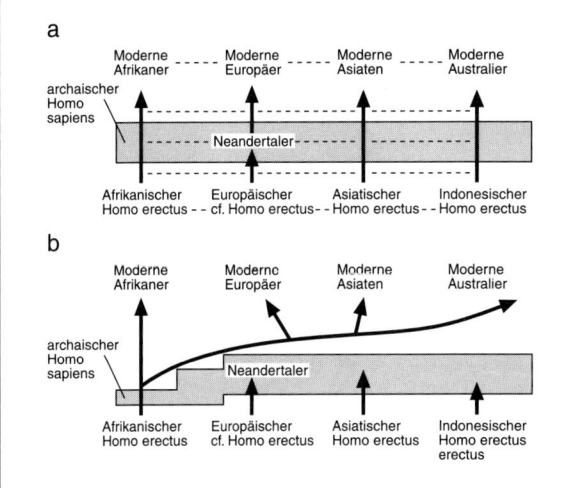

Die nebenstehende Abbildung zeigt zwei Hypothesen zum Ursprung des Modernen Menschen: (gestrichelte Linien in a) = Genfluß)
a) Das Multiregional-Modell
b) Das Out-of-Africa-Modell.

Aufgaben
1. Wo entstand nach den beiden Hypothesen der moderne Mensch?
2. Wie wird die Beziehung zu *Homo erectus* gesehen?
3. Welche Rolle spielen Wanderungen in den beiden Modellen?

Lösungshinweise
1. a) In den Regionen Afrika, Europa, Asien. b) Nur in Afrika.
2. Homo sapiens entsteht durch Artumwandlung aus Homo erectus, nach a) in Afrika, Asien und Europa getrennt, bei Genfluß durch Wanderungen; nach b) ausschließlich in Afrika. Anschließend Wanderungen von Afrika nach Asien und Europa, später Australien und Amerika. Verdrängung der Urbevölkerung.
3. a) Wanderungen finden während der gesamten Zeit der Artumwandlung statt und garantieren durch den Genfluss die Einheitlichkeit der neuen Art H. sapiens. b) Nach dem Entstehen von H. sapiens Wanderungen zur Ausbreitung über die gesamte Welt.

Kasten IV, 3–9: Material Gruppe 8 (Abb. a) und b) aus *Stringer/Gamble* 1994, 72; verändert; Schädel Abb. aus *Kattmann/Pinn* 1984)

3.3 Medien

Angaben zu Homo sapiens neanderthalensis und Homo erectus finden sich in Abschnitt IV, 2.5.

3.3.1 Abgüsse und Rekonstrukte
Eydam: Australopithecus boisei 892505; Homo sapiens sapiens 892502;
Hedinger: Australopithecus boisei S 1; C 323; Australopithecus africanus S 5; C 312; C 309; C 465; Australopithecus robustus C 313; C 322; C 470; Homo habilis C 324; Homo sapiens sapiens S 4; Schädel männlich, Cro Magnon C 385; Oberschädelfragment II, weiblich, Cro Magnon C 386;
Leybold: Australopithecus boisei 662516; Australopithecus africanus 662520; Homo sapiens sapiens (Cro Magnon) 662519;
Müller: Homo 4007; Australopithecus boisei 4301; fossiler Homo sapiens sapiens 4305; Australopithecus africanus 4305; Cro Magnon (Homo sapiens sapiens) VP 752; Steinheim (Homo sapiens präsapiens) VP 753; Oldoway H5 (Australopithecus boisei, Zinjanthropus) VP 755; Unterkiefer von Mauer bei Heidelberg 4308;
PHYWE: Australopithecus africanus 65730.00; Australopithecus boisei 65731.00; Homo sapiens sapiens (fossil, Cro Magnon) 65734.00;
Schuchardt: Australopithecus boisei 220115; Homo sapiens sapiens 220118; Cro Magnon (Homo sapiens sapiens) VP 752; Steinheim (Homo sapiens präsapiens) VP 753; Oldoway OH 5 (Australopithecus boisei, Zinjanthropus) VP 755;
Späth: Australopithecus boisei S 1; Homo sapiens sapiens (fossil) S 4; Australopithecus africanus (Kind von Taung) C 312; Homo sapiens (Cro Magnon) C 385; Homo sapiens steinheimensis C 347.

3.3.2 Filme
FWU: Der Ursprung des Menschen 42 01839.

3.3.3 Magnetarbeitsmittel
Klett: MAM Box IV: Evolution, Lernset 1 Evolution des Menschen: Magnettafelbilder für Australopithecus, Homo erectus, Cro-Magnon, Neandertaler, Jetztmensch;
Anleitung zur Selbstherstellung s. *Sandrock* (1979).

3.3.4 Arbeitstransparente und Arbeitsblätter
AV-Medien: Stammbaum und Entwicklung des Menschen T 5023; Vergleich Schimpanse-Mensch T 5022;
Friedrich-Verlag: CD-ROM Evolution 92637;
Hedinger: Transparentemappe Evolution 1 ST 5010;
Müller: Stammbaum des Menschen 1 und 2 172001; 172009; Schimpanse-Mensch 172007; 172035;
Schuchardt: Transparentemappe Evolution II 172030;
Farbfotos als Vorlagen für Transparente, hominide Fossilien bei *Johanson/Edgar/Brill* 1996.

3.3.5 Wandtafeln und Poster
Friedrich-Verlag: Stammbaum und Verwandtschaft des Menschen 92609;
Klett: Der menschliche Schädel TA2;
Späth: Der menschliche Schädel 150021; 150221.

Literatur

Aiello/Dean 1990; *Ayala* u. a. 1994; *Bräuer* 1992; *Bräuer* u.a. 1997; *Bromage/Schrenk/Zonneveld* 1995; *Brunet* u. a. 1995; *Cavalli-Sforza* 1992; *Coppens* 1994; *Fagan* 1991; *Falk* 1990; 1994; *Falk/Conroy* 1983; *Fischer* 1994; *Foley* 1987; *Gabunia/Vekua* 1995; *Henke/Rothe* 1994; *Hsü* u. a. 1977; *Huang* u. a. 1995; *Johanson/Edey* 1984; *Johanson/Edgar/Brill* 1996; *Johanson/Shreeve* 1990; *Johanson/White* 1979; *Kattmann/*

IV Evolution des Menschen

Pinn 1984; *Kattmann* 1994 a; *Kimbel/Johanson/Rak* 1994; *Krings* u.a. 1997; *Leakey/Lewin* 1993; *Lethmate* 1990; *Lewin* 1992; *Lovejoy* 1989; *McHenry* 1994; *Meyer/Daumer* 1980; *Pilbeam* 1984; *Sandrock* 1979; *Schmidt, H.*, 1985; 1991a; b; *Schmidt, P.*, 1989; *Schoell* u. a. 1994; *Schrenk* 1995; 1997; *Schrenk* u. a. 1993; *Schwarzbach* 1974; *Sentker* 1995; *Simons* 1989; *Stöckle* 1993; *Strey* 1976; *Stringer* 1991; *Stringer/Gamble* 1994; *Swisher* 1994; *Thorne/Wolpoff* 1992; *Tishkoff* u. a. 1996; *Tobias* 1981; *Vrba* 1985; *Walker/Leakey* 1978; *Weaver* 1985; *White* u. a. 1993; *White/Suwa/Asfaw* 1995; *Wilson/Cann* 1992; *Wood* 1992

4 Menschwerdung

4.1 Sachanalyse

4.1.1 Menschliche Eigenart und Menschwerdung

Nach *Darwin* sind es die „intellektuellen Fähigkeiten", seine „socialen Gewohnheiten" zusammen mit seiner „körperlichen Bildung", welche die Eigenart und Überlegenheit des Menschen ausmachen (*Darwin* 1871, 53). Als die wichtigsten Errungenschaften, die der menschliche Geist hervorgebracht hat, sieht *Darwin* die Sprache und die Entdeckung des Feuers an. Das herausragende soziale Merkmal ist die männliche Kooperation. Einen engen Zusammenhang sieht er zwischen dem Aufrechtgang, den dadurch nicht an die Fortbewegung angepassten, also in diesem Sinne freien Händen und dem Werkzeugverhalten (s. auch Kap. IV, 1).

Damit sind bereits sehr früh fast alle Merkmale genannt, die bis heute zur Kennzeichnung der Eigenart des Menschen angeführt werden (vgl. *Lewin* 1992; *Tattersall* 1995) und die in einem langen Evolutionsprozess entstanden sind. Ohne dass damit eine Vorstellung von zielgerichteter Evolution verbunden ist, bezeichnet man dies als Menschwerdung oder Hominisation.

Die Forschungen der letzten Jahre haben gezeigt, dass sich der Hominisationsprozess in verschiedene Phasen gliedert.

Unter Hominisation wurde im Anschluss an *Darwin* lange das Problem der Abspaltung von der Menschenaffen-Linie verstanden, also die Entstehung der Australopithecinen, und die Entstehung sowie die Rolle der Bipedie standen im Zentrum des Interesses.

Abb. IV, 4-1: Faktoren der Lebensstrategie in Abhängigkeit von der Körpergröße (aus *Lewin* 1992, 55, verändert)

Heute hat sich dagegen die Ansicht durchgesetzt, dass die typisch menschlichen Eigenschaften in einer stammesgeschichtlich gesehen recht späten Phase entstanden. Die Menschwerdung wird damit zu einem Prozess, der in der Gattung Homo ablief (vgl. *Lewin* 1992) und in enger Beziehung zum Gehirnwachstum stand. Die frühen Australopithecinen werden deshalb heute stark menschaffenähnlich gesehen, die sich von den zur selben Zeit lebenden Menschenaffen lediglich durch den Aufrechtgang unterschieden und in einem anderen Biotop lebten. Dagegen gibt es immer mehr Hinweise, dass am Beginn der Menschwerdung eine tiefgreifende biologische Veränderung stand. Danach haben sich bei der Entstehung der Gattung Homo nicht nur einige anatomische Merkmale verändert, sondern die gesamte „Lebensgeschichte" (life history strategy, s. Abb. IV, 4-1; vgl. *Smith* 1986; *Leakey/Lewin* 1993).

4.1.2 „Lebensgeschichten"

Im Vergleich zu anderen Säugetieren sind Primaten ausgeprägte K-Strategen (s. Band 5, 227 ff.), bei Menschenaffen und Mensch ist diese Tendenz am stärksten (vgl. *Lewin* 1992).
Die Lebensgeschichte der Primaten wird nach dem Durchbruchsalter der Zähne, insbesondere der Backenzähne (Molaren), in Abschnitte gegliedert. In der vergleichenden Primatologie markiert das Erscheinen des ersten bleibenden Molaren im Unterkiefer (M1, s. Abb. IV, 4-2) das Ende des Säuglingsalters und den Beginn der Kindheit, weil damit bei den nichtmenschlichen Primaten ungefähr die Entwöhnung zusammenfällt. Der Durchbruch des zweiten Backenzahns im Unterkiefer (M2) ist ein guter Indikator für den Beginn des Jugendalters, also die einsetzende Pubertät. Für viele Primatenarten bedeutet die vollständige Ausbildung des bleibenden Gebisses mit dem Erscheinen des dritten Molaren im Oberkiefer (M3) das Ende des Körpergrößenwachstums. Lediglich das Körpergewicht nimmt dann im Erwachsenenalter noch zu. In der Entwicklungsbiologie werden die Phasen anders eingeteilt. Beim Vergleich mit nichtmenschlichen Primaten ist jedoch die Einteilung der Primatologie zweckmäßig. Dann gelten die Richtwerte der folgenden Tabelle (Angaben in Jahren):

Abb. IV, 4-2: Vergleich der Lebensgeschichte von Homo sapiens, Homo erectus und Schimpanse (Pan troglodytes) in Werten des Zahnalters. Die Phasen richten sich für den Menschen im primatologischen Vergleich nach denen der Menschenaffen. Die in der Entwicklungsbiologie des Menschen übliche Phaseneinteilung ist oben zusätzlich angegeben. M Backenzähne (Molaren), PWS pubertärer Wachstumsschub, Pfeile: Durchbruchsalter der Backenzähne (nach *Smith* 1989, 200; 215, verändert)

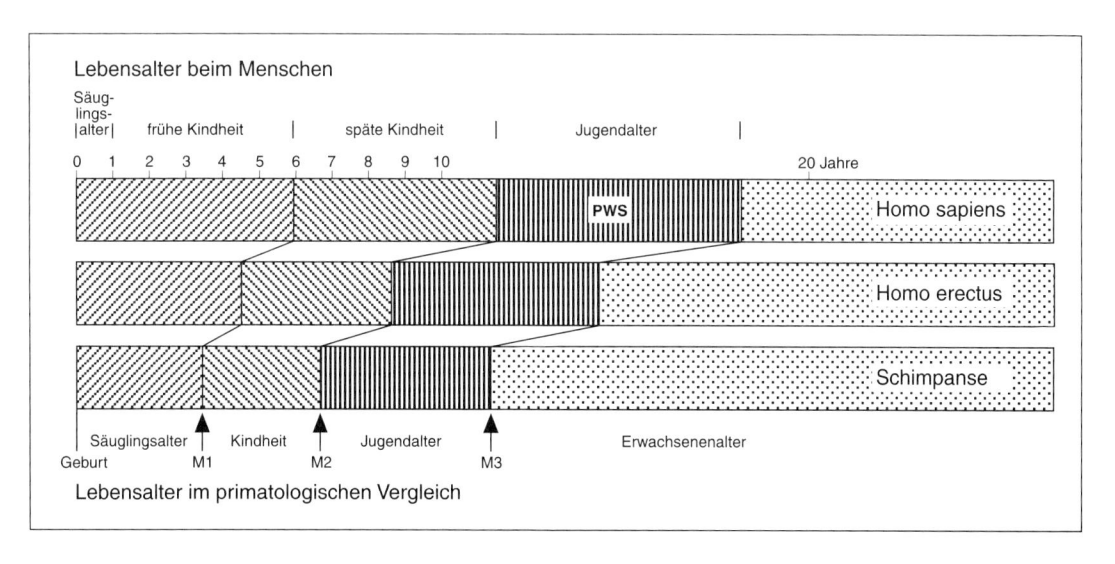

IV Evolution des Menschen

	Schimpansen	Mensch
Säuglingsalter	Geburt - 3,3	Geburt - 5,9 (Säugling bis 1)
Kindheit	3,3 - 6,5	5,9 - 11,3 (13)
Jugendalter	6,5 -11,4	11,3 (13) - 18,0

In Klammern sind Schwankungsbreiten angegeben. Wie einige Unterschiede im Durchbruchsmuster der Zähne gibt es in der Entwicklung von Tieraffen über Menschenaffen zum Menschen eine Tendenz zur Verlangsamung mancher Prozesse, neben der Zahnentwicklung auch der körperlich-skelettalen Reifung. Diese erfolgt später und würde als Grundlage einer Altersschätzung ein höheres „skelettales Alter" anzeigen.
Die besonderen Merkmale der menschlichen Lebensgeschichte sind also eine verlangsamte Entwicklung und eine eingeschobene lange Periode der kindlichen Abhängigkeit bei nur mäßiger Körpergröße und der längsten Lebensdauer unter den Primaten. Die Entwicklungszeit von der Empfängnis bis zum Erwachsenenalter dauert ungefähr doppelt so lange wie bei den großen Menschenaffen. Was die Lebensgeschichte aber einzigartig macht, ist die besondere menschliche Wachstumskurve: Ein wesentlicher Teil des (Körper-)Größenwachstums erfolgt schubartig nach dem Beginn der Pubertät. Dieser pubertäre Wachstumsschub fehlt den Menschenaffen; ihr Wachstum verläuft kontinuierlich (vgl. *Portmann* 1956; 1965; *Schultz* 1972; *Smith* 1993, zu Wachstum und Entwicklungsphasen beim Menschen s. Band 5, 130 ff.; 136 ff.).

4.1.3 Der Beginn des Menschlichen

Neuere Untersuchungen haben gezeigt, dass die Gehirngröße ein guter Indikator für den Verlauf der Lebensgeschichte ist. Die Gehirnentwicklung ist wiederum eng mit der Zahnentwicklung korreliert (vgl. *Smith* 1989), so dass die häufig fossil dokumentierten Zähne und (Unter-)Kiefer Rückschlüsse auch auf die Lebensgeschichte eines hominiden Vorfahren des Menschen zulassen. Damit ist heute die Frage nach der Menschwerdung als Frage nach der Entstehung des menschlichen Entwicklungsschemas mit den Folgerungen für soziale und kulturelle Aspekte des Menschlichen zunehmend besser zu beantworten.
Wie Untersuchungen zur Terminierung des Zahndurchbruchs (Zahnung) zeigen, durchlaufen Australopithecus afarensis, Australopithecus africanus und Homo habilis (bzw. Homo rudolfensis) eine Zahnentwicklung, die eine menschenäffische Lebensgeschichte nahelegt (vgl. *Smith* 1986). Das menschliche Zahnentwicklungsschema findet sich dagegen beim Neandertaler und Homo sapiens sapiens. Nach diesen Untersuchungen tritt der Übergang von einem menschenäffischen zu einem humanen Zahnungsmuster und damit eine Veränderung der Lebensgeschichte mit dem frühen Homo erectus (WT 1500, Turkanajunge) auf (vgl. *Smith* 1993). Auch Gehirnuntersuchungen anhand von Gehirnschädelausgüssen lieferten einen Beleg für die qualitative Trennung zwischen Australopithecinen und Homo. Als Anzeichen für ein menschliches Gehirn benutzte man das Vorkommen des sogenannten Broca-Zentrums im Frontallappen der Großhirnrinde, das beim Menschen als Sprachzentrum gilt: Es ist im Gehirn der rezenten Menschenaffen nicht vorhanden und bei den Fossilien der grazilen und robusten Australopithecinen nicht erkennbar. Erst am Beginn der Homo-Linie (Homo rudolfensis, ER 1470) zeigt der Frontallappen ein menschenähnliches Bild (vgl. *Falk* 1994).
Insgesamt weisen diese Studien ebenso wie weitere zur Entwicklung des Gesichts und der Ausbildung des Rachenraums mit den entsprechenden Folgerungen für die Sprachfähigkeit (vgl. *Laitmann* 1987 in *Rothe* 1990) darauf hin, dass die stammesgeschichtliche Entwicklung des Menschen in drei Stufen unterteilt werden kann:
1. Die frühen Hominiden (Australopithecinen) ähnelten stark den Menschenaffen: Sie besaßen eine schnelle, kontinuierliche Individualentwicklung.
2. Eine Zwischenstellung nimmt der frühe Homo erectus ein: Hier zeigen die anatomischen Neuerungen eine tiefgreifende biologische Veränderung, nämlich den Beginn einer Umstellung der Lebensgeschichte im Auftreten einer verlängerten Kindheit und möglicherweise auch eines Wachstumsschubs vor der Geschlechtsreife.

3. Erst Homo sapiens und in Annäherung der späte Homo erectus besaßen eine menschliche Lebensgeschichte mit einer extrem langen Kindheit durch eine verzögerte Entwicklung und einem starken pubertären Reifungsschub (vgl. *Leakey/Lewin* 1993).

4.1.4 Gehirnentwicklung

Seit dem Ende des 19. Jahrhunderts wurden das vergrößerte Gehirn und der Aufrechtgang mit wechselnder Betonung in einem Kausalzusammenhang mit der Menschwerdung gesehen. Nach heutiger Auffassung stellt die Gehirnzunahme den eigentlichen Übergang zum menschlichen Hominiden dar. Damit korreliert ist eine Umstellung der Lebensgeschichte, eingebettet in grundlegende Veränderungen im sozialen Zusammenhang (s. Tabelle IV, 4-1).

Tab. IV, 4–1: Parameter, die signifikant mit der Vergrößerung des Gehirns korrelieren (nach *Foley* 1990, 355)

Parameter	Veränderung beim Menschen im Vergleich zu den Menschenaffen
Faktoren der Lebensgeschichte	
Schwangerschaftsdauer	relativ unverändert
Lebenserwartung	bedeutend verlängert
Geburtsgewicht	geringer
Entwöhnungsalter	stark verringert bei den meisten modernen Menschen, besonders in Nahrung produzierenden Gesellschaften
Alter der ersten Fortpflanzung	nur wenig später als bei afrikanischen Menschenaffen, bei Männern stärker variabel
Abstände zwischen den Geburten	ähnlich wie bei Gorillas, kürzer als bei Schimpansen
Ökologische Faktoren	
Größe des Streifgebiets	stark vergrößert
Nahrungsqualität	qualitativ hochwertiger
Soziale Faktoren	
Gruppengröße	größer beim modernen Menschen; möglicherweise größer als bei den meisten Hominiden
„Soziale Komplexität"	erhöht
Kommunikation	Sprache, Symbolik, usw.

Der Aufrechtgang kann heute nicht mehr als ausschlaggebende Triebkraft der Menschwerdung angesehen werden, ist aber eine wichtige Vorbedingung. So bestimmen die physikalischen Anforderungen des Aufrechtgangs die Größe des Geburtskanals. Dadurch ist eine natürliche Grenze für die Schädel- und damit Gehirngröße eines Neugeborenen vorgegeben (vgl. *Leakey/Lewin* 1993). Im Vergleich zu den Menschenaffen werden beim Menschen die Babys mit „unterentwickelten" Gehirnen geboren. Bei den Menschenaffen verlangsamt sich die hohe vorgeburtliche Wachstumsgeschwindigkeit mit der Geburt. Beim Menschen wächst das Gehirn nach der Geburt wie vorher mit hoher Geschwindigkeit weiter. Erst mit 12 Monaten tritt eine Veränderung auf. Letztendlich vergrößert sich das Gehirn beim Menschen von der Geburt bis zur sexuellen Reife um mehr als das Dreifache, während es sich bei den Menschenaffen lediglich verdoppelt (vgl. *Shipman/Walker* 1989; *Leakey/Lewin* 1993; *Walker/Ruff* 1993).

IV Evolution des Menschen

Nach dem Wachstumsschema der Menschenaffen wäre die für Homo erectus abgeschätzte Gehirnmasse bei der Geburt zu groß, um den Kopf durch den (kleinen) Geburtskanal (abgeschätzt nach dem Turkanajungen) zu zwängen. Die Homo erectus-Kinder müssen daher mit kleinerem Gehirn geboren worden sein. Daraus ist auf ein menschenähnliches Hirnentwicklungsschema mit einer starken Wachstumsphase nach der Geburt zu schließen (vgl. *Brown* u. a. 1985; *Shipman/Walker* 1989; s. Kasten IV, 4-2).

Die Konsequenz der Vergrößerung des Gehirns bei Homo ist eine stärkere elterliche Fürsorge, durch die allein Babys als „physiologische Frühgeburten" überleben können (vgl. *Portmann* 1956). Die notwendige längere Reifezeit verlängerte die Kindheit schon beim frühen Homo erectus. Nach übereinstimmender Auffassung dient die verlängerte Kindheit des Menschen dem sozialen und kulturellen Lernen und somit der Integration in Sozialsystem und Kultur.

4.1.5 Aufrechtgang und Hominisation

Durch die Fossilfunde der 70er und 80er Jahre zeigte sich, dass der Aufrechtgang eine frühe Errungenschaft der Hominiden ist und nicht - wie lange Zeit geschehen - zur Erklärung des Hominisationsprozesses in einen Rückkopplungszusammenhang mit freien Händen, Werkzeugproduktion, Jagen und Gehirnzunahme gestellt werden kann (vgl. *Falk* 1990). Die gegenwärtig diskutierte „Kühlertheorie" weist der speziellen Bipedie in der Gattung Homo aber eine neue wichtige Rolle als Voraussetzung für das Gehirnwachstum zu. Sie setzt bei der venösen Drainage des Gehirns an. Hierzu existieren beim Menschen zwei Venensysteme, die -je nach Körperposition- das venöse Blut aus dem Gehirn abführen (vgl. *Klemmstein* 1996). In horizontaler Lage fließt es im Hinterkopfbereich über dieses Sinus-System in die Jugularvene (Halsvene) ab. In aufrechter Stellung aber sind diese Gefäße aufgrund des Druckgefälles im Venensystem weitgehend kollabiert. Das Blut tritt in diesem Fall über ein ausgeprägtes Emissarien-Venen-System (EVS) aus dem Gehirn aus und gelangt von dort in ein Venengeflecht, das die Wirbelsäule umgibt (Plexus venosus vertebralis).

Indikatoren für die Existenz des EVS sind Austrittsöffnungen in der Schädeldecke (Foramina), insbesondere makroskopisch sichtbare im oberen Hinterkopfbereich und im Bereich hinter den Ohren. Diese Öffnungen sind auch an Fossilien feststellbar und erlauben deshalb Rückschlüsse auf die Existenz eines EVS auch bei frühen Hominiden. Man findet diese Verhältnisse mit zunehmender Komplexität ausschließlich in der Homo-Linie (und bei den grazilen Australopithecinen), nicht aber bei Australopithecus afarensis und den robusten Australopithecinen (s. Abb. IV, 4-3).

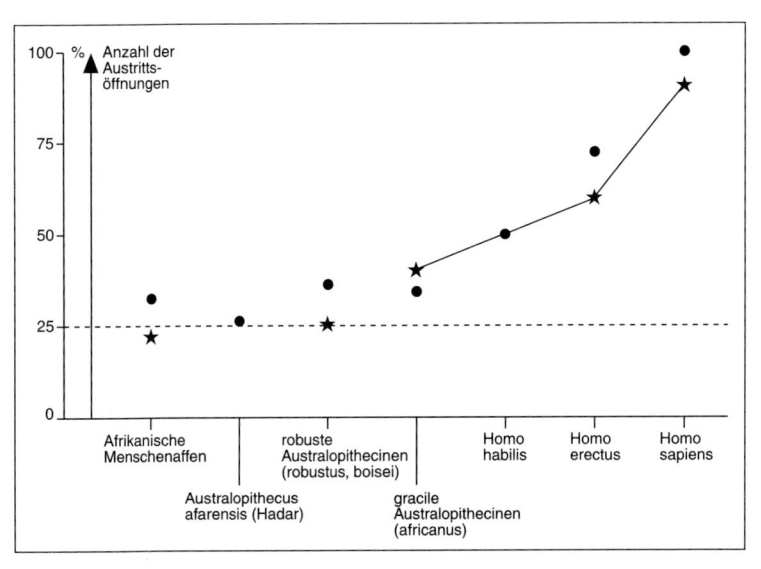

Abb. IV, 4-3: Kühlsystem des Gehirns und Gehirngröße. Schwarze Sterne: Anzahl der Austrittsöffnungen aus dem Schädel als Indikator für ein vergrößertes Emissarien-Venen-System (EVS), Punkte: Gehirngröße in Prozent der Gehirngröße des Jetztmenschen (aus *Falk* 1990, 341, verändert)

Neben der Gehirndrainage erfüllt das EVS nach der „Kühlertheorie" eine zweite wichtige Funktion: Es kühlt das Gehirn im Falle der Überhitzung. Hierzu kehrt sich der Fluss des Blutes in den klappenlosen Emissarien-Venen um und das im gesamten Oberflächenbereich des Schädels durch Transpiration abgekühlte Blut gelangt ins Innere des Kopfes (vgl. *Cabanac/Brinnel* 1985; *Klemmstein* 1996).
Die Kühlung ist notwendig, weil das Gehirn stark temperaturempfindlich ist. Bei körperlicher Anstrengung und/oder in heißer Umgebung (wie für die frühen Homo-Vertreter anzunehmen), entsteht eine Wärmebelastung für das Gehirn, die mit zunehmender Größe durch die gesteigerte eigene Wärmeproduktion des Gehirns noch verstärkt wird.
Die „Kühlertheorie" geht nun davon aus, dass in der Evolution erst das zunehmend komplexer werdende EVS-„Kühlsystem" die thermisch-physiologische Beschränkung für das Gehirnwachstum aufgehoben hat. Als Beleg dient die parallele Zunahme der Häufigkeit der Foramina und der Gehirngröße. Entsprechend zeigen Formen ohne EVS wie Australopithecus afarensis, die robusten Australopithecinen und die Menschenaffen keine Gehirnzunahme (vgl. *Falk* 1990; s. Abb. IV, 4-3).
Nach der „Kühlertheorie" bekommt also der Aufrechtgang im Zusammenhang einer spezifischen Lösung der mit der aufrechten Körperhaltung verbundenen hydrostatischen Probleme eine neue Rolle als Voraussetzung für die Vergrößerung des Gehirns in der Homo-Linie und damit der Menschwerdung.

4.1.6 Erweiterung der ökologischen Nische

Das Gehirn ist ein energetisch aufwendiges Organ: Während es beim erwachsenen Menschen nur rund 2% des Körpergewichts beträgt, verbraucht es in Ruhe mehr als 20% der verfügbaren Energie, bei Schimpansen sind es nur 9% (vgl. *Smith* 1993; s. Abb. IV, 4-4 und IV, 4-5). Mit der Vergrößerung des Gehirns war im Verlauf der Evolution demnach ein erhöhter Energiebedarf verbunden. Offensichtlich ist die Gehirnzunahme trotzdem selektionsbegünstigt: Das Gehirn ist „ein universell nützliches Organ", dessen Zunahme zu erhöhter „Intelligenz" führt, die sich in individuellen Fähigkeiten wie Gedächtnis, Lernen, Flexibilität im Verhalten, Sprache, Erfindungsgeist/Kreativität, Problemlösungsfähigkeit ausdrückt, die sich sozial und kulturell auswirkten (*Martin* 1995, 53; vgl. *Smith* 1993).

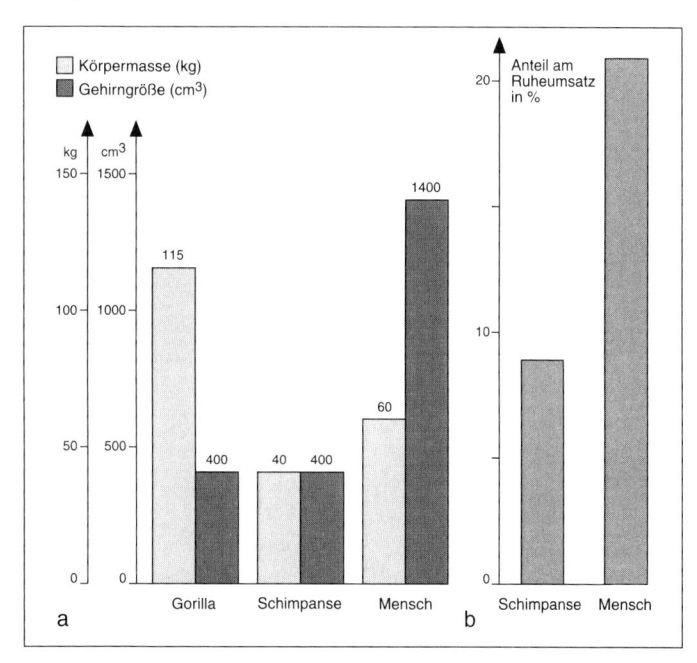

Abb. IV, 4-4: Gehirnvolumen, Körpergröße und Energiebedarf des Gehirns. a) Körpermassen und Gehirngrößen bei Menschenaffen und Mensch, b) Energiebedarf des Gehirns bei Mensch und Schimpanse (nach verschiedenen Autoren)

IV Evolution des Menschen

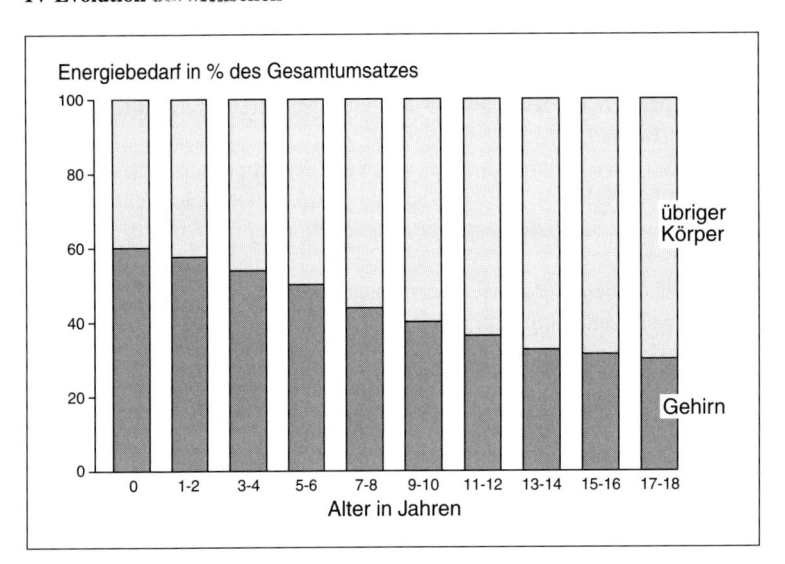

Abb. IV, 4-5: Lebensalter und Energiebedarf des Gehirns beim Menschen (aus *Martin* 1995, 53)

Die frühen Vertreter der Homo-Linie ernährten sich nach Untersuchungen der Abnutzungsspuren auf den Zähnen im wesentlichen von hochwertiger Pflanzennahrung (vgl. *Milton* 1993). In ihrer saisonal geprägten Umwelt (s. Abschnitt IV, 3.1.1), bestand das größte Problem darin, die an hoher Qualität orientierte Nahrungsstrategie aufrecht zu erhalten. Insbesondere in Trockenzeiten war die Ernährungsgrundlage stark begrenzt. Homo erectus löste dieses Problem, indem er seine ökologische Nische durch die Nutzung fleischlicher Nahrung erweiterte - und beseitigte damit gleichzeitig die energetische Beschränkung des Gehirnwachstums. Die Vorteile des ergänzenden Fleischverzehrs, also einer omnivoren Ernährung, lagen in der hohen Qualität der Nahrung, der Transportierbarkeit und eben dem häufigen Vorkommen gerade in der Trockenzeit, wodurch die saisonalen Schwankungen im Nahrungsangebot ausgeglichen und Konkurrenz vermieden wurde (vgl. *Foley* 1987).

Es erscheint heute am wahrscheinlichsten, dass die Frühmenschen zunächst natürlich verendete Tiere ausbeuteten, die sie beispielsweise auf den Wegen wandernder Herden oder in Flussnähe fanden bzw. durch Beobachtung in ihrer Umwelt aufspüren konnten (vgl. *Sinclair/Leakey/Norten-Griffiths* 1986; *Blumenschine/Cavallo* 1992; *Kattmann* 1994 a; s. Kasten IV, 4-3). Diese als „Aasfresser-Hypothese" bekannt gewordene Vorstellung vom Frühmenschen als opportunistischem Großwildnutzer stellt weniger Ansprüche an die intellektuellen Fähigkeiten des frühen Homo als das lange Zeit propagierte Jägermodell. Die Anforderungen liegen völlig im Bereich der strategischen Fähigkeiten, die bisher und weiterhin zum Auffinden von Früchten, Wurzeln, Knollen usw. ebenfalls nötig waren. Neuere Untersuchungen zeigen, dass die Nutzung von Aas gleichbedeutend mit der Verwertung großer Tiere ist, weil nur diese lange genug erhalten blieben. So erscheint ein fließender Übergang zur Großwildjagd denkbar.

Die Nutzung von fleischlicher Nahrung bedeutet ökologisch gesehen zumindest einen teilweisen Wechsel auf eine höhere Trophiestufe, der mit weiteren Folgen für die Rolle im Ökosystem verbunden ist. Neben einer geringeren Populationsdichte, einem vergrößerten Streifgebiet ergeben sich Konsequenzen für das soziale Verhalten und die kulturelle Entwicklung: Durch die Nutzung von energiereichem Fleisch wird schon der frühe Homo freie Zeit gewonnen haben, die ansonsten zur Suche nach pflanzlicher Nahrung hätte aufgewendet werden müssen. Diesen Rückschluss legt ein Vergleich zwischen Herbivoren und Carnivoren im Hinblick auf den prozentualen Zeitanteil der Futtersuche bzw. der Nahrungsaufnahme nahe (vgl. *Shipman/Walker* 1989). Die Teilung von verendetem Großwild gab außerdem einen Impuls zur Nahrungsteilung und damit stärkeren sozialen Bindung und Organisation der Gruppenmitglieder. Beide Elemente - Muße und Regeln zur Teilung der Jagdbeute - finden sich in den Kulturen der Sammlerinnen und Jäger besonders gut ausgeprägt (s. Band 4, 299 ff.; 314 ff.).

4.1.7 Werkzeuggebrauch

Um die neue Nahrungsnische entwickeln zu können, brauchten die frühen Hominiden Werkzeuge. Möglicherweise dienten die ersten einfachen Steinwerkzeuge zunächst nur dazu, die Reste auszubeuten, die Fleischfresser übrig gelassen hatten. Mit einfachen Kerngeräten wurden Knochen zertrümmert, so dass energiereiches Mark und Hirn freigelegt wurden. Die harte und zähe Haut vieler Großtiere dürfte für die unspezialisierten frühen Hominiden ein Problem dargestellt haben (vgl. *Toth* 1987). Einfache Abschläge wurden als Klingen genutzt, um einen unverletzten Kadaver aufzuschließen. Sie ersetzten so gleichsam die Reißzähne der Raubtiere. Aufgrund des relativ geringen Anteils an fleischlicher Nahrung vermutet man aber nur einen sehr schwachen Selektionsdruck in Richtung auf den Gebrauch von (Stein-)Werkzeugen (vgl. *Sinclair/Leakey/Norten-Griffiths* 1986).

Nachdem die Vorstellung einer osteodonto-keratischen Kultur mit aus Zahn-, Knochen und Geweih gefertigten Werkzeugen verworfen wurde, sieht man heute die nach der Olduvai-Schlucht/Tansania benannten Oldowan-Steinartefakte (2,5 bis 1,5 Millionen Jahre vor heute) als Zeugnisse der ersten Werkzeugkultur an. Sie wird dem frühesten Homo zugeschrieben. Die Artefakte bestehen aus einer Reihe verschiedener Kerngeräte ebenso wie Abschlägen. Durch die Möglichkeit der Aasverwertung interpretiert man diese frühen Werkzeuge der Oldowan-Kultur nicht notwendigerweise als Indizien für ein ausgeprägtes Jagdverhalten. Führende Autoren verbinden das Auftreten der Jagd neben der Aasverwertung deshalb heute erst mit Homo erectus (vgl. *Leakey/Lewin* 1993; *Henke/Rothe* 1994).

Gleichzeitig mit einem größeren Gehirn findet man dann bei H. erectus elaborierte Steinwerkzeuge (vor 1,5 Millionen Jahren), die man - wie alle Werkzeugkulturen nach dem Erstfundort in Frankreich benannt - als Acheuléen-Kultur zusammenfasst (s. Kapitel IV, 2).

„Die Acheuléen-Industrie ist nicht nur dadurch gekennzeichnet, dass zahlreiche, sondern dass auch sehr komplexe und unterschiedlich gestaltete Werkzeuge hergestellt wurden. Erstmals werden die Werkzeuge nicht - wie die des Oldowan - mehr oder weniger zufällig gestaltet, sondern standardisiert und formbeständig zugerichtet, was nur durch größere Geschicklichkeit und komplexere Arbeitsschritte erreicht werden konnte" (*Henke/Rothe* 1994, 423). Hierzu muss der Werkzeughersteller über ein geistiges Muster im Gehirn verfügt haben (vgl. *Tattersall* 1995).

Durch die Untersuchung der Steingeräte nach Abnutzungsspuren wie auch durch den Einsatz selbst hergestellter Werkzeuge im Rahmen der experimentellen Archäologie hat sich ein breites Verwendungsspektrum gezeigt. Die Versuche belegen, dass verschiedene Werkzeuge für unterschiedliche Aufgaben wie das Öffnen eines Kadavers, das Fleischschaben von einem Knochen oder das Aufbrechen eines Knochens gefertigt wurden. Die mikroskopischen Untersuchungen bewiesen ebenfalls den Werkzeugeinsatz beim Schlachten von Tieren, bei der Holzbearbeitung und sogar zum Schneiden weicherer Pflanzen (vgl. *Toth* 1987). Die Holzbearbeitungsspuren deuten auf ein weiter entwickeltes Werkzeugverhalten hin: die Herstellung von Werkzeugen mit Hilfe von Werkzeugen. Man nimmt an, dass z. B. Grabstöcke, Fallen oder einfache Tragegeräte gefertigt wurden - aber auch die Herstellung von Speeren ist nicht ausgeschlossen (vgl. *Lewin* 1992).

Das Acheuléen bestand in Afrika und Europa über eine Million Jahre bis vor rund 150 000 Jahren. Dann wurde es allmählich durch das Moustérien ersetzt, das mit dem archaischen Homo sapiens, in Europa mit dem Neandertaler, verbunden wird (vgl. *Lewin* 1992; s. Abschnitt IV, 2.1.1).

Der Vergleich mit den rezenten Menschenaffen gibt weiteren Aufschluss zu den Voraussetzungen bei der Entstehung des Werkzeugverhaltens beim Menschen (s. Band 4, Kapitel III, 6; vgl. *Lethmate* 1987 b; 1989 a; 1990; *McGrew* 1992):

– Der Gebrauch (und die Herstellung) von (Stein-)Werkzeugen gehört zu den potentiellen Fähigkeiten einiger Menschenaffen (Schimpanse, Orang).
– Der Werkzeuggebrauch bei Menschenaffen scheint ein „Beiprodukt einer allgemeinen Problemlösungsfähigkeit" zu sein, das keiner direkten Selektion unterliegt.
– Es ist wahrscheinlich, dass Schimpansen Steinwerkzeuge vom Oldowan-Typ herstellen können/könnten.

IV Evolution des Menschen

- Der Werkzeuggebrauch bezieht sich bei Schimpansen (als den am besten untersuchten Menschenaffen) ganz überwiegend auf Holzwerkzeuge, nur in einigen Kulturen werden Steinhämmer benutzt.
- Die Jagd auf kleine Säuger (z. B. Roter Colobus) ist bei Schimpansen nicht mit Werkzeuggebrauch verbunden.
- Die Häufigkeit des Werkzeuggebrauchs ist positiv korreliert mit der Anzahl verschiedener Beutetiere, die gefressen werden.
- Bei Schimpansen existieren lokale Kulturtraditionen unterschiedlichen Werkzeugverhaltens.

4.1.8 Sozialsystem

Mit der Ausweitung der ökologischen Nische durch Nutzung größerer Tiere als Quelle fleischlicher Nahrung sind Vorstellungen über Kooperation der Gruppenmitglieder, Arbeits- und Nahrungsteilung zwischen den Geschlechtern und die Annahme von zentralen (Lager)-Plätzen verbunden, zu denen die erbeutete oder gesammelte Nahrung transportiert wurde und wo sich ein komplexes Sozialverhalten abspielte (vgl. *Isaac* 1978; *Kattmann* 1987; s. Abschnitte IV, 2.1.1 und IV, 2.4).

Diese Annahmen werden im wesentlichen auch durch verhaltensökologische Überlegungen zur Sozialstruktur des Homo erectus gestützt. Beutetiere und verwertbare Kadaver kamen im Lebensraum der Hominiden punktuell verteilt und - anders als früchtetragende Bäume - an wechselnden Orten vor, weshalb eine Ausweitung des Streifgebietes zu erwarten ist. Unter diesen Bedingungen erscheint männliche Kooperation bei der Nahrungsbeschaffung und ebenso die Einrichtung von zentralen Plätzen von Vorteil.

Durch die Vergrößerung des Gehirns und die Änderungen in der Lebensgeschichte wie die Wachstumsverzögerung in der Kindheit, die spätere Geschlechtsreife und längere Abhängigkeit von der Mutter erhöhte sich für die Weibchen (Frauen) der Aufwand für die Fortpflanzung. Einige Autoren sehen in der mütterlichen Investition während Schwangerschaft und Stillzeit sogar den wesentlichen Bedingungsfaktor für die Größe des Gehirns. Die Einbeziehung der Männchen (Männer) in die Versorgung und Verteidigung der Nachkommen konnte zudem das Sterblichkeitsrisiko verringern und zu stabileren Männchen-Weibchen-Beziehungen führen (vgl. *Martin* 1981; 1995; *Foley/Lee* 1989).

Als Indikatoren, die einen Rückschluss auf soziale Beziehungen zulassen, wertet man in der Verhaltensökologie die Sexualdimorphie im Zusammenhang mit dem Nahrungsangebot und den Nahrungspräferenzen (vgl. *Klemmstein* 1994 b).

4.2. Vorschläge zur Unterrichtsgestaltung am Beispiel „Werkzeuggebrauch, Sozialleben und kulturelle Entwicklung"

4.2.1 Didaktische Überlegungen

Der Prozess der Menschwerdung (Hominisation) ist eines der zentralen Themen im Zusammenhang der Evolution des Menschen. Zu dieser Frage sind in der Vergangenheit viele Erklärungsansätze vorgetragen worden. Die besondere fachwissenschaftliche Bedeutung macht die Beschäftigung mit dieser Frage im Unterricht unverzichtbar, wenn auch viele Aussagen dazu nach wie vor Hypothesen bleiben, die durch weitere Erkenntnisse überholt werden können.

In jüngster Zeit sind einige neue Ansätze unternommen worden, den Klärungsprozess voranzutreiben (Lebensgeschichte, Rolle des Gehirns, Aasfresser-Hypothese), die im Unterricht thematisiert werden sollten.

Die Beschäftigung mit der Problematik der Menschwerdung sollte sinnvoller Weise die Klärung der Frage nach der Eigenart des Menschen voraus gehen. In der Diskussion über die Frage „Was macht den Menschen aus?" können vorhandene Auffassungen aufgearbeitet, dadurch bewusst gemacht und eventuell korrigiert werden. Dabei sollte die Frage nach der Eigenart des Menschen (s. Kapitel IV, 1) nicht zu eng biologisch gefasst werden, auch philosophische Bestimmungen sollten angesprochen werden. Dies entspricht dem ganzheitlichen Denken der Schüler.

Die unterrichtliche Behandlung der Menschwerdung leistet einen wichtigen Beitrag für die Entwicklung des Welt- und Selbstverständnisses der Schüler. Dementsprechend stößt das Thema auf reges Interesse, das in diesem Alter auf das Finden eigener Positionen gerichtet ist. Die umfangreiche populärwissenschaftliche Jugendliteratur zu diesem und verwandten Themen sind ein Beleg dafür.

Die Schüler bringen deshalb z. T. vielfältiges Vorwissen mit, das den verschiedensten Quellen entstammt. In den Darstellungen der Jugendbücher werden oft sehr konkrete und detaillierte Vorstellungen über Frühmenschen vermittelt. Auch Fernsehberichte über Steinzeitkulturen der Gegenwart sind eine Quelle für Vorwissen über Teilaspekte des Themas „Menschwerdung" wie beispielsweise den Werkzeuggebrauch. Häufig kennen die Schüler bereits originale Steinwerkzeuge von privaten oder schulischen Museumsbesuchen. Meist haben sie im Zoo auch schon Menschenaffen beobachtet (s. Abschnitt III, 3.4) oder entsprechende Fernsehfilme gesehen, so dass auch diese Kenntnisse zu einem recht komplexen Verstehenshorizont beitragen, auf den sich die unterrichtliche Behandlung der Hominisation beziehen kann.

Kontrastierend zur biologischen Sicht ist den Schülern meist aus dem Religionsunterricht die biblische Schöpfungsgeschichte bekannt. Angesichts eines erstarkenden Kreationismus erhält die Behandlung der Menschwerdung im Unterricht auch eine große gesellschaftliche Relevanz, indem sie die Schüler zu einer wissenschaftsorientierten und differenzierenden Argumentation befähigt (s. Abschnitt I, 3.2).

Die Hominisation ist ein komplexer evolutiver Vorgang. Die lernpsychologische Situation der Schüler am Ende der Sekundarstufe I erlaubt es aber schon, die Kausalzusammenhänge der (vermutlich) beteiligten Faktoren aufzuarbeiten und damit einem zentralen Erkenntnisinteresse der Evolutionsforschung zu entsprechen. Bei jüngeren Schülern würde die Thematik anschaulicher zu behandeln sein, beispielsweise indem die Geschichte der Menschwerdung an Monographien verschiedener Vor- und Frühmenschen aufgezeigt wird (s. Kapitel IV, 2).

Bei der Frage, welche Eigenschaften den Menschen auszeichnen, sind aus biologischer Sicht die folgenden Aspekte zu bedenken:
– die historische bzw. fachwissenschaftliche Bedingtheit der herangezogenen Merkmale;
– die lediglich relative Bedeutung einzelner Kriterien, die in anderer Form auch bei den Menschenaffen vorkommen (z. B. Werkzeuggebrauch);
– das Problem der unterschiedlichen Gewichtung von Kriterien für die Menschwerdung.

Die Erarbeitung des Stoffes erfolgt zweckmäßigerweise in mehreren Schritten, die anschließend aufeinander bezogen werden. Um die Arbeitsschritte zu verdeutlichen und die Inhalte zu fixieren, wird vorgeschlagen, schrittweise ein Tafelbild zu entwickeln. Dieses erleichtert die Orientierung und Weiterarbeit im Unterrichtsprozess. Schüleraktivität wird dabei im freien Unterrichtsgespräch, aber auch durch die Arbeit in Kleingruppen ermöglicht.

Unterrichtsziele:

Die Schüler sollen
– die Rolle des Aufrechtgangs im Zusammenhang der Menschwerdung beschreiben können;
– wesentliche Faktoren der Lebensgeschichte von Menschenaffen und Mensch nennen können;
– die Stellung des frühen Homo erectus am Beginn der Menschwerdung im engeren Sinne begründen können;
– die sozialen Konsequenzen einer Gehirnvergrößerung angeben können;
– die Aasfresser-Hypothese darstellen können;
– die Entwicklung der Werkzeugkulturen des Menschen in groben Zügen beschreiben können.

IV Evolution des Menschen

4.2.2 Unterrichtsprozeß

Der Einstieg in das Thema „Menschwerdung" erfolgt in einem offenen Gespräch über die Eigenart des Menschen. Mit der Frage „Was macht den Menschen aus?" stößt die Lehrperson den Meinungsaustausch der Schüler an. In dieser Schülerdiskussion kann das Material aus Kasten IV, 4-1 als Anregung dienen. Das Material sollte die eigenen Überlegungen der Schüler aber nicht festlegen.

Als Impuls in der unterrichtlichen Diskussion und als Überleitung zu einer stärker biologischen Betrachtung kann im Unterrichtsgespräch das provokante Zitat von *Simpson* (s. Kasten IV, 4-1) dienen. Am Ende der Diskussion sollte den Schülern bewusst sein, dass es nicht ein bestimmtes Merkmal gibt, das das „Wesen" des Menschen kennzeichnen kann. Allerdings weisen die Vorschläge zur Bestimmung des Menschlichen auf die zentrale Bedeutung des Gehirns und der damit verbundenen Fähigkeiten hin.

Im Anschluss an die Einstiegsdiskussion stellt die Lehrperson die aus biologischer Sicht angeführten Merkmale an der Tafel zusammen. Dies geschieht in Form eines Übersichtsdiagramms, in dem der „Mensch" als Zentralbegriff von den herausgearbeiteten Merkmalen der Eigenart umgeben wird und die Beziehungen zwischen den Komponenten durch Linien gekennzeichnet werden.

Je nach den Voraussetzungen der Schüler empfiehlt es sich, an dieser Stelle die älteren Rückkoppelungsmodelle, wie sie in der „Werkzeughypothese" oder der „Sozialverhaltenshypothese" vorliegen, zu reflektieren (vgl. *Kull* 1979; *Lethmate* 1979; *Christner* 1983).

In der Besprechung der Kausalbeziehungen zwischen den herangezogenen Merkmalen stellte die Lehrperson abschließend als die beiden basalen Merkmale des Menschen den Aufrechtgang und das große Gehirn heraus.

Die Lehrperson lenkt nun den Blick auf die Besonderheiten der „Lebensgeschichte" der Hominiden. Den Einstieg bildet eine kurze Brain-storming-Phase, in der die Schüler ihre Assoziationen zum Begriff „Lebensgeschichte" zusammentragen, der aus anderen Zusammenhängen bekannt ist.

Der Vergleich zwischen kleinen und großen Tieren läßt den Unterschied der Lebensgeschichten besonders deutlich werden. Zur Information erhalten die Schüler Abbildung IV, 4-1 mit den Unterschieden bei den wesentlichen Faktoren der Lebensgeschichte kleiner und großer Tiere. Die Lehrperson verdeutlicht, dass die Lebensgeschichte von Menschenaffen und Mensch einer K-Strategie folgt, mit geringen Nachkommenzahlen und einer ausgeprägten Brutpflege.

„Wie unterscheiden sich aber die Lebensstrategien von Menschenaffen und Mensch?" ist die sich nun logisch ergebende Frage. Sie wird von den Schülern anschließend anhand von Abbildung IV, 4-2 (Zeile 1 und 3) beantwortet: Im wesentlichen hat der Mensch eine längere Entwicklungszeit bis zum Erwachsenenalter, eine verlängerte Kindheit mit Wachstumsverzögerung und einen Wachstumsschub in der Pubertät. Anschließend lenkt die Lehrperson - wenn die Schüler nicht schon zuvor diese Frage gestellt haben - die Aufmerksamkeit darauf, wann die Veränderung der Lebensgeschichte in der Evolution des Menschen stattgefunden hat. Dazu wird die Lebensgeschichte des Homo erectus in die Betrachtung einbezogen (s. Abb. IV, 4-2, Zeile 2): Die Lebensgeschichte des frühen Homo erectus belegt eine Zwischenstellung zwischen Menschenaffen und Mensch, indem sie eine längere Entwicklungsdauer bis zum Erwachsenenalter sowie eine verlängerte Abhängigkeit des Säuglings und eine längere Kindheit andeutet.

Anknüpfend an den Beginn der Unterrichtsreihe wird jetzt die Gehirnentwicklung angesprochen und Kasten IV, 4-2 als Arbeitsblatt ausgeteilt.

Hieran erarbeiten die Schüler zunächst im Vergleich die Unterschiede im Gehirnwachstum bei Menschenaffen und Mensch. Insbesondere die Konsequenzen der Beibehaltung einer hohen Wachstumsgeschwindigkeit nach der Geburt des Menschen werden erörtert. Die erschließbare starke Abhängigkeit von der Mutter kann in Verbindung gebracht werden mit der verlängerten Kindheit (s. Abb. IV, 4-2).

Die Beantwortung der Frage, warum beim Menschen ein starkes nachgeburtliches Gehirnwachstum auftritt, macht den Schülern die Begrenzung durch den Geburtskanal und den Zusammenhang mit der aufrechten Körperhaltung bewusst.

Klassenstufe 9/10   **4 Menschwerdung**

Was ist der Mensch?

Aussagen von Philosophen

Der Mensch ist ein Wesen, dessen Anlagen sich vollkommen nur in der Gattung im Prozess der geschichtlichen Entwicklung entfalten können. Er ist zum Leben in der Gesellschaft bestimmt, in der er zur Kultur gelangt. Durch eigene Aktivitäten, durch vernünftig-zweckvolle Gestaltung, nicht durch Instinkte wie das Tier, erreicht er seine Bestimmung, schreitet er vom Tierischen zum rein Menschlichen fort, der Idee der Menschheit seine Triebe unterordnend. Der Mensch hat viele Schwächen, aus so krummen Holze kann nichts Vollkommenes werden, aber er hat Anlagen zum Guten und zum Fortschritt der Gattung. Der Mensch ist durch seine Vernunft bestimmt, in Gemeinschaft mit Menschen zu sein. (*Kant*, 1804)

Mensch – die zum Bewusstsein kommende ganze Natur – als seiner selbst bewusstes Tier. Nur der Mensch denkt und hat, weil er denkend ist, Freiheit. Die Bestimmung des Menschen ist die denkende Vernunft – er unterscheidet sich vom Tier durch das Denken. (*Hegel*, 1831)

Der Mensch unterscheidet sich keineswegs nur durch das Denken vom Tiere. Sein ganzes Wesen ist vielmehr sein Unterschied vom Tiere. Allerdings ist der, welcher nicht denkt, kein Mensch, aber nicht, weil das Denken die Ursache, sondern nur, weil es eine notwendige Folge und Eigenschaft des menschlichen Wesens ist. (*Feuerbach*, 1872)

Bestimmungen des Menschen aus verschiedenen Wissenschaften

lateinische Bezeichnung	deutsche Übersetzung	Merkmal
Homo sapiens	verständig, einsichtsvoll	Verstand, Vernunft
Homo faber	Handwerker, Schmied	Schaffen und Gestalten, Werkzeugherstellung- und gebrauch
Homo creator	Schöpfer	Schöpfertum, Kreativität
Homo loquens	sprechend	Sprache
Homo ludens	spielend	Spiel
Homo investigans	erforschend	lebenslange Neugier, Wissenschaft und Forschung
Homo religiosus		Religion, „das betende Tier"
Homo oeconomicus	wirtschaftend	Kosten-Nutzen-Rechner, Wirtschaft, Geld
Homo politicus	politisch	geselliges Wesen, Normen, Recht, Gesetz, Institutionen, Staat

„Was ist der Mensch?" ist wohl die inhaltsschwerste Frage, die vom Menschen überhaupt gestellt werden kann. Ich möchte hier ausdrücklich bemerken, dass alle vor 1859 (also vor *Darwin*) unternommenen Versuche, die Frage zu beantworten, ohne jeglichen Wert sind und dass wir besser daran tun, sie vollkommen zu ignorieren, weil keine dieser Antworten sich auf eine solide, objektive Grundlage stützen konnte, solange man nicht erkannt hatte, dass der Mensch das Produkt der Evolution aus den frühesten Menschenaffen ist. (*Simpson* 1972)

Kasten IV, 4–1: Definition des Menschen (aus *Schiefenhövel/Vogel/Vollmer* 1992, 7, 20, verändert)

An dieser Stelle beginnt die Lehrperson damit, ein zusammenfassendes Tafelbild zu entwickeln, das die bisher genannten Aspekte enthält (s. die entsprechenden Teile der Abbildung IV, 4-6, rechts unten). So wird das Erarbeitete gefestigt und für die Weiterarbeit ein systematischer Rahmen geschaffen.

In einem kurzen Lehrervortrag weist die Lehrperson darauf hin, dass die Kühlung des Gehirns mit zunehmender Größe problematisch wird und der Aufrechtgang -obwohl er lange vor der Gehirnzunahme in der menschlichen Stammesgeschichte auftrat- nach aktueller Auffassung eine wesentliche Rolle bei der Lösung

IV Evolution des Menschen

Gehirnentwicklung im Vergleich

Die folgende Abbildung stellt das Gehirnwachstum im Mutterleib und nach der Geburt bei Schimpansen, Mensch und *Homo erectus* dar.

Aufgaben:
1. Wie verläuft die Gehirnentwicklung von Schimpanse und Mensch vor und nach der Geburt?
2. Welche Gehirnmasse hätte *Homo erectus* bei der Geburt gehabt, wenn die Entwicklung a) wie bei Schimpansen, b) wie beim Menschen verlaufen wäre?
3. Welche Möglichkeit hältst du für wahrscheinlich? Beachte bei deinen Überlegungen, dass das Becken von *Homo erectus* kleiner als bei heutigen Frauen war.

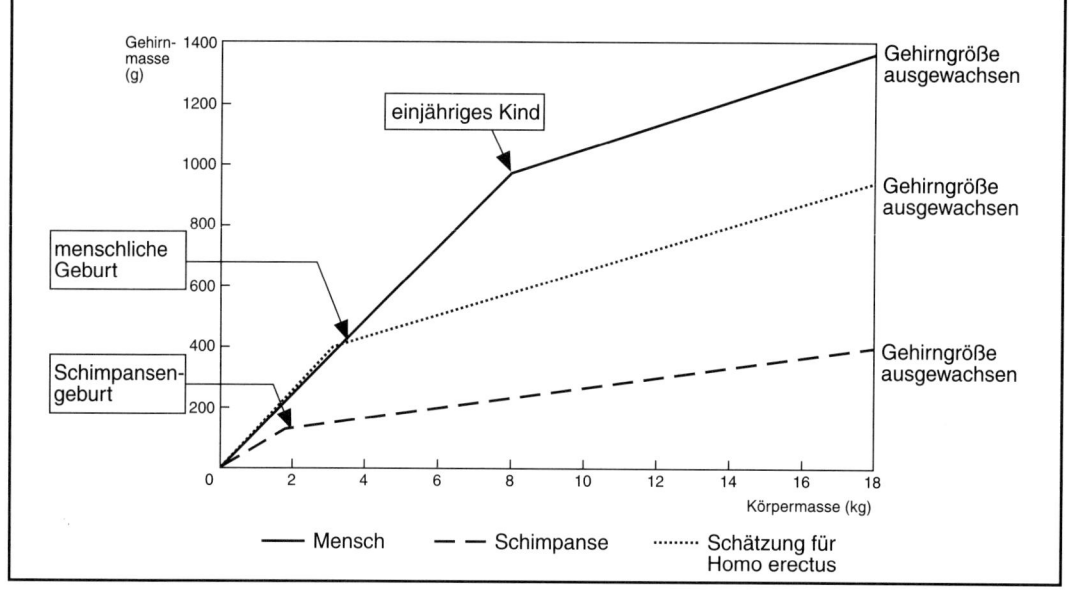

Kasten IV, 4–2: Darstellung des fetalen und postnatalen Gehirnwachstums bei Schimpansen und Mensch sowie eine Abschätzung der Verhältnisse bei *Homo erectus* (Abb. aus *Shipman/Walker* 1989, 388)

des Problems gespielt hat. Wie dies die sogenannte „Kühlertheorie" (*Falk*) erklärt, kann an dieser Stelle ergänzend behandelt werden (vgl. *Klemmstein* 1996). Abschließend wird anhand von Abbildung IV, 4-3 die enge Korrelation zwischen der Gehirnzunahme in der Homo-Linie und der Vergrößerung des Emissarien-Venen-Systems (EVS) erkannt, die als Hinweis auf eine Kausalbeziehung zwischen beiden Größen gedeutet wird. Das Tafelbild wird entsprechend um diese Aspekte ergänzt (s. Abb. IV, 4-6, links oben).

Um die weiteren energetischen Konsequenzen eines vergrößerten Gehirns anzusprechen, projiziert die Lehrperson die Abbildungen IV, 4-4 und 4-5 mit Hilfe einer Folie. Die Schüler betrachten die Darstellung und ziehen Schlüsse: Ein vergrößertes Gehirn muss mit einer erhöhten Energieversorgung einher gehen. An dieser Stelle kann meist das Vorwissen der Schüler zur Evolution des Menschen eingebracht werden: Die Frühmenschen waren Sammlerinnen und Jäger. Das Fleisch konnte den erhöhten Energiebedarf decken. Die vorhandenen Vorstellungen von einer Sammlerinnen-und-Jäger-Gesellschaft sollten an dieser Stelle aufgearbeitet werden (Verbindung mit Arbeitsteilung zwischen den Geschlechtern, Nahrungsteilung, Lagerplätze, Kooperation, Werkzeuggebrauch; s. Band 4, Abschnitt III, 7.5).

Anschließend bespricht die Lehrperson mit den Schülern die neueren Überlegungen zum Erwerb fleischlicher Nahrung beim frühen Homo, wobei auch die starke Anlehnung des Sammlerinnen-und-Jäger-Modells an rezente Sozialformen kritisch reflektiert wird. Zur Überprüfung, ob die Aasfresser-Hypothese tragfähig

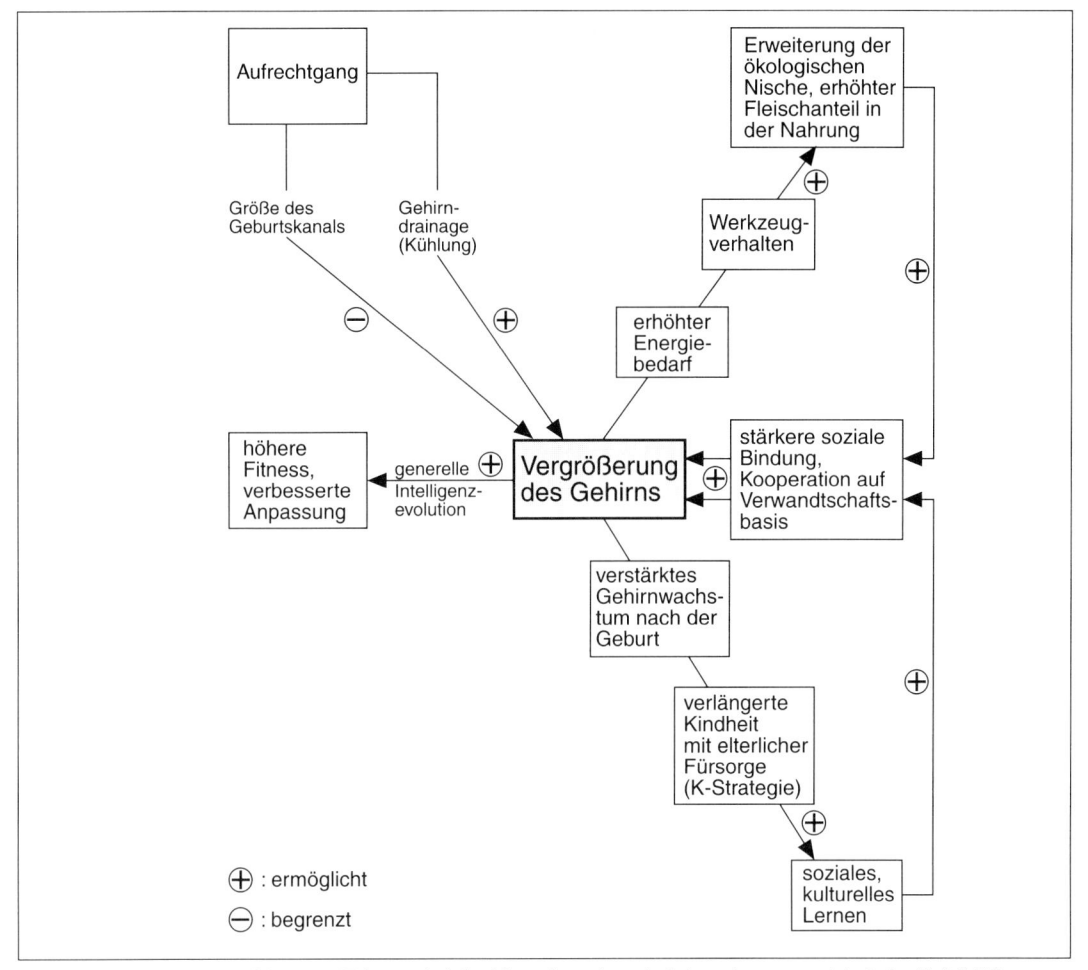

Abb. IV, 4-6: Zusammenwirken von Faktoren bei der Menschwerdung (schrittweise zu entwickelndes Tafelbild)

ist, erhalten die Schüler Kasten IV, 4-3 als Arbeitsblatt. In Gruppen beantworten sie die Fragen: Das Material legt das Vorkommen und damit die hauptsächliche Nutzung größerer Kadaver im Galeriewald der Flüsse nahe. Die Erschließung fleischlicher Nahrung könnte mit Aasverwertung begonnen haben.

An dieser Stelle empfiehlt es sich, einen Exkurs über Werkzeugverhalten bei Menschenaffen anzuschließen (s. Band 4, Kapitel III, 6). Hierzu bieten sich zahlreiche Filme bzw. Videos an (s. Abschnitt IV, 4.3.1).
Das in den Filmen gezeigte Werkzeugverhalten wird im Hinblick darauf analysiert, welches Licht es auf die Menschwerdung wirft. Den Schülern werden auf diese Weise phylogenetische Voraussetzungen bewusst gemacht (vgl. *Lethmate* 1989 a; 1990; *McGrew* 1992). Auf dem Hintergrund des Werkzeuggebrauchs bei Menschenaffen werden die Zeugnisse des Werkzeuggebrauchs bei Frühmenschen beurteilt. Zusammenfassend wird festgestellt:
– Werkzeuggebrauch gehört zu den Fähigkeiten der Menschenaffen.
– Es gibt keine enge Korrelation zwischen einem großen Gehirn und Werkzeuggebrauch.
– Werkzeuggebrauch kann deshalb nicht mehr als Triebfeder der Menschwerdung angesehen werden.
– Die Bedeutung von Holzwerkzeugen (beispielsweise von Fallen und Grabstöcken) wird möglicherweise bei den Überlegungen zur Hominisation unterbewertet, weil nur Steinartefakte erhalten geblieben sind.

IV Evolution des Menschen

Waren die Frühmenschen Aasfresser?

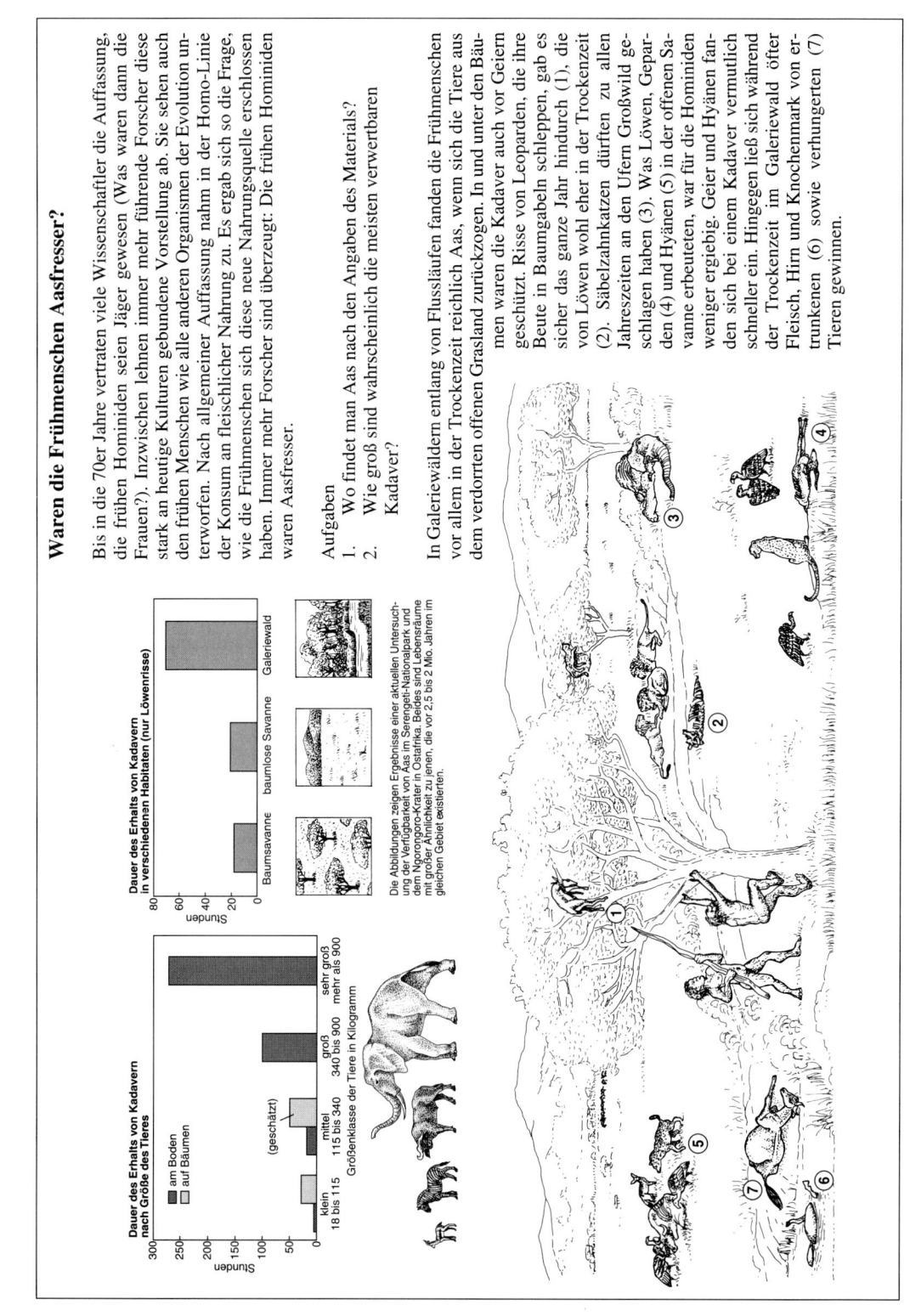

Bis in die 70er Jahre vertraten viele Wissenschaftler die Auffassung, die frühen Hominiden seien Jäger gewesen (Was waren dann die Frauen?). Inzwischen lehnen immer mehr führende Forscher diese stark an heutige Kulturen gebundene Vorstellung ab. Sie sehen auch den frühen Menschen wie alle anderen Organismen der Evolution unterworfen. Nach allgemeiner Auffassung nahm in der Homo-Linie der Konsum an fleischlicher Nahrung zu. Es ergab sich so die Frage, wie die Frühmenschen sich diese neue Nahrungsquelle erschlossen haben. Immer mehr Forscher sind überzeugt: Die frühen Hominiden waren Aasfresser.

Aufgaben
1. Wo findet man Aas nach den Angaben des Materials?
2. Wie groß sind wahrscheinlich die meisten verwertbaren Kadaver?

In Galeriewäldern entlang von Flussläufen fanden die Frühmenschen vor allem in der Trockenzeit reichlich Aas, wenn sich die Tiere aus dem verdorrten offenen Grasland zurückzogen. In und unter den Bäumen waren die Kadaver auch vor Geiern geschützt. Risse von Leoparden, die ihre Beute in Baumgabeln schleppen, gab es sicher das ganze Jahr hindurch (1), die von Löwen wohl eher in der Trockenzeit (2). Säbelzahnkatzen dürften zu allen Jahreszeiten an den Ufern Großwild geschlagen haben (3). Was Löwen, Geparden (4) und Hyänen (5) in der offenen Savanne erbeuteten, war für die Hominiden weniger ergiebig. Geier und Hyänen fanden sich bei einem Kadaver vermutlich schneller ein. Hingegen ließ sich während der Trockenzeit im Galeriewald öfter Fleisch, Hirn und Knochenmark von ertrunkenen (6) sowie verhungerten (7) Tieren gewinnen.

Kasten IV, 4-3: Material zur Aasfresser-Hypothese (nach *Blumenschine/Cavallo* 1992, 88, 89, 94)

Abschließend ergänzt die Lehrperson das angefangene Tafelbild (s. Abb. IV, 4-6), indem sie die Zusammenhänge zwischen Gehirngröße, Werkzeugverhalten und erhöhtem Fleischanteil in der Nahrung einträgt.

4.3 Medien

4.3.1 Filme
Eydam: Entwicklung des Menschen 860707; Verhaltensweisen der Schimpansen 860761;
Schuchardt: Werkzeuggebrauch und einsichtiges Handeln (Orang-Utan) 000441;
Klett: Menschenforschung - Jäger und Sammler der Kalahari 75159; Verhaltensstudien am Schimpansen 998802; Soziales Verhalten bei Freiland-Schimpansen 376015; Lernverhalten im Sozialgefüge bei Schimpansen 376032;
Sailer: Wenn Tiere denken: Schimpanse Kanzi „spricht" englisch 946;
ZDF (National Geographic): Auf der Suche nach den Urahnen der Menschen (Reihe: Wunderbare Welt, Bildstellen);
FWU: Der Ursprung des Menschen 42 01839;
Institut für den Wissenschaftlichen Film (IWF): Zielgerichtetes Handeln bei Menschenaffen - Intelligenzleistungen von Schimpansen, Lernen durch Einsicht (Bildstellen);
Institut für Weltkunde (WBF): Kein Tier ist dem Menschen ähnlicher ... Einblicke in das Sozialverhalten einer Schimpansengruppe.(Bildstellen).

4.3.2 Diapositive
Dia-Didact (ehemals V-Dia): Lernversuche mit Orang-Utans 25015; Kunst der Eiszeit 51009;
FWU: Verhaltensbiologie von Menschenaffen: Verhaltenskatalog 1 und 2 10 03017; 10 03018; Werkzeugverhalten 10 03019; Intelligenz 10 03020; sprachähnliches Verhalten 10 03021.

4.3.3 Arbeitstransparente und Arbeitsmaterialien
CVK: Vergleich von Skelett, Gehirnvolumina und Werkzeuggebrauch C15998;
Friedrich Verlag: CD-ROM Evolution 92637; Materialien „Sprache, Bewusstsein und Empathie" 92621;
Hagemann: Entwicklung des aufrechten Ganges und der geistigen Fähigkeiten beim Menschen 172008.

4.3.4 Wandtafeln und Poster
Friedrich Verlag: Frühzeit des Menschen 32605;
Hedinger: Der kulturelle Aufstieg des Menschen im Eiszeitalter J1116.

Literatur

Blumenschine/Cavallo 1992; *Brown* u. a. 1985; *Cabanac/Brinnel* 1985; *Christner* 1983; *Darwin* 1871; *Erbeling/Erbeling* 1989; *Falk* 1990; 1994; *Foley* 1987; 1990; *Foley/Lee* 1989; *Henke/Rothe* 1994; *Isaac* 1978; *Kattmann* 1987; 1994 a; *Klemmstein* 1994 b; 1996; *Kull* 1979; *Leakey/Lewin* 1993; *Lethmate* 1979; 1987 b; 1989 a; 1990; *Lewin* 1992; *Martin* 1981; 1995; *McGrew* 1992; *Milton* 1993; *Portmann* 1956; 1965; *Rothe* 1990; *Schiefenhövel/Vogel/Vollmer* 1992; *Schultz, A. H.*, 1972; *Shipman/Walker* 1989; *Sinclair/Leakey/Norten-Griffiths* 1986; *Smith* 1986; 1989; 1993; *Tattersall* 1995; *Toth* 1987; *Walker/Ruff* 1993

Literaturverzeichnis

Liste der verwendeten Abkürzungen

BioS	Biologie in der Schule
BiuZ	Biologie in unserer Zeit
BU	Der Biologieunterricht
DIFF	Deutsches Institut für Fernstudien
Mitt. d. VDBiol	Mitteilungen des Verbandes Deutscher Biologen
MNU	Der mathematische und naturwissenschaftliche Unterricht
NBB	Neue Brehm Bücherei
NiU-B	Naturwissenschaften im Unterricht - Biologie
PdN-B	Praxis der Naturwissenschaften - Biologie
UB	Unterricht Biologie
ZfDN	Zeitschrift für Didaktik der Naturwissenschaften

Aiello, L: Die Ursprünge des Menschen. München: Christian 1982
Aiello, L./Dean, C.: An introduction to human evolutionary anatomy. London: Academic Press 1990
Akazawa, T., u. a.: Neanderthal infant burial. Nature 377 (1995), 585-586
Allan, M.: Darwins Leben für die Pflanzen: der Schlüssel zur „Entstehung der Arten". Düsseldorf: Econ 1977
Altner, G. (Hrsg.): Der Darwinismus. Darmstadt: Wissenschaftliche Buchgesellschaft 1981
Alvarez, W./Asaro, F.: Die Kreide-Tertiär-Wende: ein Meteoriteneinschlag?. Spektrum (1990), H. 12, 52-59
Arendt, W.: Gut zu Fuß. Steyr: Ennsthaler 1989
Attenborough, D.: Life on earth. London: Collins 1979
Ayala, F. J.: Mechanismen der Evolution. Spektrum (1979), H. 5, 8-18
Ayala, F. J., u. a.: Molecular genetics of speciation and human origins. Proc. Natl. Acad. Sci. USA 91 (1994), H. 7, 6787-6794
Ax, P.: Systematik in der Biologie. Stuttgart: Fischer 1988
Baalmann, W.: Schülervorstellungen zur Evolution. Bericht über eine empirische Untersuchung. In: *Bayrhuber* u. a. (1997), 163-167
Bange, W.: Schöpfung oder Evolution: Ein unzeitgemäßer Konflikt. PdN-B 38 (1989), H. 8, 37-42
Bar-Yosef, O./Vandermeersch, B.: Koexistenz von Neandertaler und modernem Homo sapiens. Spektrum (1993), H. 6, 32-39
Bauch, J.: Herstellung von Abgüssen. PdN-B 35 (1986), H. 4, 31-32
Bauer, E. W.: Biologie 5/6. Berlin: CVK 1976
Baumann, B./Harwardt, M./Schoppe, S./Kattmann, U.: Vom Wasser aufs Land - und zurück. UB 20 (1996). H. 218, 17-21
Bayrhuber, H./Gebhard, U./Gehlhaar, K.-H./Graf, D./Gropengießer, H./Harms U./Kattmann, U./Klee, R./Schletter, C. (Hrsg.): Biologieunterricht und Lebenswirklichkeit. Kiel: IPN 1997
Bayrhuber, H./Kull, U.: Linder Biologie. Stuttgart: Metzler 1989
Beck, J./Linhart, D./Litz, M./Rodach, P./Sauter, G./Schäfer, B./Seybold, H.: Umwelt Biologie 9/10 Baden Württemberg. Stuttgart: Klett 1995
Becker, P.: Untersuchungen zur Begriffsauswahl und zum Begriffslernen zum Thema Evolution für die Klassenstufe 9/10. In: *Bayrhuber* u.a. (Hrsg.): Biologieunterricht und Lebenswirklichkeit. Kiel: IPN 1997, 168-172
Becker, P./Berck, K.-H.: Ohne genaue Kenntnis des Homologie-Begriffs kein Verständnis für Evolution - auch in der Sekundarstufe I. MNU 45 (1992), H.7, 419-425
Benton, M.: Diversification and extinction in the history of life. Science 268 (1995), 53-58
Benz, U.: Mannigfaltigkeit und Ordnung - Biologieunterricht zum Thema Systematik in einer 8. Klasse eines Gymnasiums. NiU-B 32 (1984), H. 5, 165-173
Berck, K.-H./Graf, D. (Hrsg.): Rahmenplan des Verbandes Deutscher Biologen für das Schulfach Biologie. Bremen: VDBiol 1984
Beyer, P.-K.: Der außerschulische Lernort Zoo - Didaktische Überlegungen. PdN-B 41 (1992), H. 3, 1-5
Block, B. A., u. a.: Evolution of endothermy in fish: Mapping physiological traits on a molecular phylogeny. Science 260 (1993), 210-214
Bloom, A. L.: Die Oberfläche der Erde. Stuttgart: dtv 1976
Blumenschine, R. J./Cavallo, J. A.: Frühe Hominiden - Aasfresser. Spektrum (1992), H. 12, 88-95
Böhme, W. (Hrsg.): Evolution und Gottesglaube. Ein Lese- und Arbeitsbuch zum Gespräch zwischen Naturwissenschaft und Theologie. Göttingen: Vandenhoeck & Ruprecht 1988
Bosinski, G.: Der Neandertaler und seine Zeit. In: *Bosinski/Henke* (1993), 25-48
Bosinski, G./Henke, W. (Hrsg.): Der Neandertaler, seine Zeit - sein Schicksal. Gelsenkirchen: Archaea 1993
Bowler, P. J.: Evolution - the history of an idea. Berkely - Los Angeles: University of California Press 1984

Bräuer, G.: Vom Puzzle zum Bild. Fossile Dokumente der Menschwerdung. Funkkolleg Der Mensch. Anthropologie heute. Studienbrief 2. Tübingen: DIFF 1992
Bräuer, G./Yokoyama, Y./Falguéres, C./Mbua, E.: Modern human origins backdated. Nature 386 (1997), 27. March, 337 f.
Brauner, K.: Von der Wilden Möhre zur Mohrrübe. UB 12 (1988), H. 138, 22-26
Bretschneider, J.: Biologische Evolutionstheorie - Konsens und Kontroversen. BioS 40 (1991), H. 5, 248-255
Bromage, T. G./Schrenk, F./Zonneveld, F. W.: Paleoanthropology of the Malawi Rift: An early hominid mandible from the Chiwowo Beds, northern Malawi. Journal of Human Evolution 28 (1995), H. 1, 71-108
Brown, F., u. a.: Early Homo erectus skeleton from west Lake Turkana, Kenya. Nature 316 (1985), 788-792
Brumby, M.: Problems of learning the concept of natural selection. Journal of Biology Education 13 (1979), H. 2, 119-122
Brunet, M., u. a.: The first Australopithecine 2,500 kilometres west of the Rift Valley (Chad). Nature 378 (1995), 273-274
Bülow, K. von: Geologie für Jedermann - eine erste Einführung in geologisches Denken, Arbeiten und Wissen. Stuttgart: Franckh 1974[10]
Cabanac, M./Brinnel, H.: Blood flow in the emissary veins of the human head during hyperthermia. European Journal of Applied Physiology 54 (1985), 172-176
Cavalli-Sforza, L. L.: Stammbäume von Völkern und Sprachen. Spektrum (1992), H. 1, 90-98
Cavalli-Sforza, F./Cavalli-Sforza, L. L.: „Verschieden und doch gleich". München: Knaur 1994
Charig, A. J./Greenaway, F./Milner, A. C./Walker, C. A./Whybrow, P. J.: Archaeopteryx is not a forgery. Science 232 (1986), May, 622-626
Christner, J.: Stundenblätter Stammesgeschichte Sekundarstufe II. Stuttgart: Klett 1983
Claasen, H./Padberg, B.: Pferd und Mensch. UB 18 (1994), H. 195, 18-23
Cloud, P.: Die Biosphäre. Spektrum (1983), H. 11, 126-136
Comberg, G. (Hrsg.): Tierzüchtungslehre. Stuttgart: Ulmer 1971
Constable, G.: Die Neandertaler. Reinbek: Rowohlt 1977
Coppens, Y.: Geotektonik, Klima und der Ursprung des Menschen. Spektrum (1994), H. 12, 64-71
Coudenhove-Kalergi, H.: Antisemitismus. München/Wien: Amalthea 1992
Courtillot, E.: Die Kreide-Tertiär-Wende: verheerender Vulkanismus? Spektrum 1990, H. 12, 60-69
Cox, B. : Dinosaurier. München: Mosaik 1992
Czieslik, O./Nottbohm, G.: Rekonstruktion früher Steinwerkzeuge. UB 13 (1989), H. 141, 33-35 (auch in *Kattmann,* 1995 d, 101-103)
Czihak, G./Langer, H./Ziegler, H. (Hrsg.): Biologie. Berlin/Heidelberg/New York: Springer 1976 (1993[5])
Darwin, C.: On the origin of species. London: 1859 (Penguin-Paperback Classics, 1985, nach der 1. Aufl.); dtsch: Die Entstehung der Arten, Stuttgart: Reclam 1963, Übersetzung nach der 6. Aufl.; Stuttgart-Leipzig 1968
Darwin, C.: Über die Einrichtungen zur Befruchtung britischer und ausländischer Orchideen durch Insecten und über die günstigen Erfolge der Wechselbefruchtung. Stuttgart: Schweizerbart 1862
Darwin, C.: Das Variiren der Thiere und Pflanzen im Zustande der Domestication. Stuttgart: Schweizerbart 1868
Darwin, C.: Die Abstammung des Menschen. Stuttgart: Schweizerbart 1871 (Nachdruck Wiesbaden: Fourier 1986)
Darwin, C.: Reise eines Naturforschers um die Welt. Stuttgart: Schweizerbarth 1875
Deadman, J. A./Kelly, P. J.: What do secondary school boys understand about evolution and heredity before they are taught the topics? Journal of Biology Education 12 (1978), H. 1, 7-15
Dean, D./Delson, E.: Homo at the gates of Europe. Nature 373 (1995), 472-473
Demel, W.: Wie die Chinesen gelb wurden. Ein Beitrag zur Frühgeschichte der Rassentheorien. In: Historische Zeitschrift 255 (1992), 625-666
Denffer, D. von, u. a.: Strasburger - Lehrbuch der Botanik. Stuttgart: Fischer 1978[31]
Dennell, R.: In search of Neanderthals. Nature 376 (1995), 397
Desmond, A./Moore, J.: Darwin. Reinbek bei Hamburg: Rowohlt 1994
Diehl, M.: Abstammungslehre. Heidelberg: Quelle & Meyer 1980
Dietrich, W./Meier, U.: Hütet ein Wolf Schafe?. UB 13 (1989), H. 141, 20-23
DIFF (Hrsg.): Die Entstehung der Evolutionstheorie. Studienbriefe für Biologielehrer, Reihe C: Vererbung und Evolution, Studienbrief 7, Tübingen 1978
Dobzhansky, T.: Die Entwicklung zum Menschen. Hamburg: Parey 1958
Dobzhansky, T.: Sind alle Menschen gleich erschaffen? In: Naturwissenschaft + Medizin 3 (1966), H. 13, 3-13
Dobzhansky, T.: Nothing in biology makes sense except in the light of evolution. The American Biology Teacher 35 (1973), 10- 21
Döhl, J.: Menschenaffen. PdN-B 38 (1989), H. 1, 1-6
Dombrowski, T.: Die Dinosaurier - Planung und Durchführung einer Unterrichtseinheit unter Berücksichtigung fächerübergreifender Aspekte (Arbeitsgemeinschaft Biologie für die Förderstufe/Jahrgangsstufe 6). Pädagogische Prüfungsarbeit im Fach Biologie am Studienseminar Kassel II, Februar 1994

Dopichay, C./Teutloff, G.: Je größer, desto dümmer? Gehirn- und Körpergrößen von Sauriern im Vergleich. UB 15 (1991), H. 166, 36-40 (auch in *Kattmann*, 1995 d, 56-60)
Duderstadt, H./Scholz, E. F./Winkel, G.: Biologie. Lehrerhandbuch. Frankfurt: Diesterweg 1970
Duhr, B.: Rassen- und Artbildung als populationsgenetische Prozesse. BU 15 (1979), H. 2, 5-33
Dulitz, B./Gropengießer, I.: Evolution spielerisch erfahren. UB 16 (1992), H. 179, 12- 15
Dulitz, B./Kattmann, U.: Bioethik. Fallstuden für den Unterricht. Stuttgart: Metzler 1990
Dulitz, B./Kattmann, U.: Verantwortung für die Biosphäre. UB 15 (1991), H. 162, 46-50
Dulitz, B./Winkel, G.: Auch Zwillinge sind nie ganz gleich. UB 15 (1991), H. 167, 18-21
Dylla, K.: Eine Untersuchung über die Transformierbarkeit moderner biologischer Erkenntnisse in den Unterstufenunterricht. MNU 25 (1972), H. 1, 37-46
Dylla, K./Kattmann, U.: Art oder Rasse? Eine Übung zur systematischen Einordnung von Populationen einheimischer Singvögel. PdN-B 28 (1979), H. 2, 29-45
Edlin, H. L.: Mensch und Pflanze. Wiesbaden: Brockhaus 1969
Eibl-Eibesfeldt, I.: Galapagos - Die Arche Noah im Pazifik. München: dtv 1970
Eickstedt, E. von: Rassenkunde und Rassengeschichte der Menschheit. Stuttgart: Enke 1934
Eliade, M.: Geschichte der religiösen Ideen - Quellentexte (hrsg. von *G. Lanczkowski*). München: Herder 1981
Erbeling, L./Erbeling, M.: Sukzession an Kadavern. UB 13 (1989), H. 146, 43-49
Erben, H. K.: Die Entwicklung der Lebewesen. München: Piper 1988
Eschenhagen, D.: Das Thema Evolution im Unterricht. UB 1 (1976), H. 3, 2-12
Eschenhagen, D.: Nutzpflanzen. UB 6 (1982), H. 74, 2-12
Eschenhagen, D./Hasler, J.: Wale. UB 15 (1991), H. 169, 14-18
Eschenhagen, D./Kattmann, U./Rodi, D.: Fachdidaktik Biologie. Köln: Aulis 1996[3]
Etschenberg, K.: Lichtschutzmittel im Test. UB 18 (1994), H. 198, 18 f.
Facchini, F.: Der Mensch. Ursprung und Entwicklung. Augsburg: Natur 1991
Fagan, B. M.: Aufbruch aus dem Paradies. München: Beck 1991
Falk, D.: Brain evolution in Homo: The „radiator" theory. Behavioral and Brain Sciences 13 (1990), H. 2, 333-344
Falk, D.: Braindance oder Warum Schimpansen nicht steppen können. Basel: Birkhäuser 1994
Falk, D./Conroy, G. C.: The cranial venous sinus system in Australopithecus afarensis. Nature 306 (1983), 779-781
Feduccia, A.: Es begann am Jura-Meer: Die faszinierende Stammesgeschichte der Vögel. Hildesheim: Gerstenberg 1984
Fels, G.: Abstammungslehre dargestellt anhand von Quellentexten. Stuttgart: Klett 1965
Fischer, W. P.: Geschichte des Lebens - Biologieunterricht im Westfälischen Museum für Naturkunde in Münster. PdN-B 43 (1994), H. 6, 28-34
Fleagle, J. G.: Primate adaption & evolution. San Diego: Academic Press 1988
Flor, F.: Einführung in die Abstammungslehre. Frankfurt: Diesterweg/Salle 1980
Förster, A./Kattmann, U.: Bambusfressender Harlekin. UB 21 (1997), H. 222, 42-48
Foley, R.: Another unique species. Patterns in human evolutionary ecology. Harlow: Longman 1987
Foley, R.: The causes of brain enlargement in human evolution. Behavioral and Brain Sciences 13 (1990), H. 2, 354-356
Foley, R. A./Lee, P. C.: Finite social space, evolutionary pathways, and reconstructing hominid behavior. Science 243 (1989), 901-906
Franzen, J. L.: Die Stammesgeschichte der Pferde in ihrer wissenschaftshistorischen Entwicklung. Natur und Museum 114 (1984), H. 6, 149-162
Franzen, J. L.: Die Evolution des Menschen. PdN-B 42 (1993), H. 8, 25-33
Frey, C.: Verantwortung nicht nur für das Handeln, sondern auch für das Denken. In: *Preuschoft/Kattmann* (1992), 1-18
Frings, H. J.: Erfahrungen mit Hunden. UB 2 (1977), H. 5, 21-32
Fritsch, K.: Saurier auf dem Schulgelände. Bericht über ein Projekt in der Primarstufe. UB 15 (1991), H. 166, 16-20
Futuyma, D. J.: Evolutionsbiologie. Basel: Birkhäuser 1990
Gabunia, L./Vekua, A.: A plio-pleistocene hominid from Dmanisi, East Georgia, Caucasus. Nature 373 (1995), 509-512
Gamlin, L.: Evolution: Von der Sintfluttheorie zur modernen Abstammungslehre. Hildesheim: Gerstenberg 1993
Gee, H.: Box of bones 'clinches' identity of Piltdown palaeontology hoaxer. Nature 381 (1996), 261-262
Geis, D.: Dinosaurier. Nürnberg: Tessloff (Was-ist-was 15) 1980
Gerdes, G.: Die Rolle der Mikroben in der Geschichte des Bioplaneten Erde. BioS 45 (1996), H. 5, 307-315
Gerdes, G.: Die Rolle der Mikroben in der Erdgeschichte und ihre Bedeutung für ein evolutionäres Weltverständnis. In: *Bayrhuber* u. a. (1997), 189-193
Ghiglieri, M. P.: Die Verhaltensökologie von Schimpansen. Spektrum (1985), H. 8, 104-111
Gibbons, A.: Rewriting - and redating - prehistory. Science 263 (1994), 1087-1088
Gieseler, W.: Die Fossilgeschichte des Menschen. In: *Heberer* (1974), Bd. III, 171-517
Glaubrecht, M.: Explosive Evolution in ostafrikanischen Seen. BiuZ 24 (1994), H. 1, 45-52
Glaubrecht, M.: Der Weg ins Meer. Bild der Wissenschaft (1995), H. 12, 86-93
Goerttler, V.: Haushunde. In: *Grzimek* (1979), Band 12: Säugetiere 3, 209-211

Gönner, M.: Modellversuche zur Immunbiologie und Evolution. UB 9 (1985), H. 107, 46-47
Goodall, J.: Schimpansen. In: *Grzimek* (1988 a), Band 2, 463-481
Gould, S. J.: Der falsch vermessene Mensch. Basel: Birkhäuser 1983
Gould, S. J.: Warum wir menschliche Rassen nicht benennen sollten. In: Darwin nach Darwin. Frankfurt/Berlin/Wien: Ullstein 1984, 195-200
Gould, S. J.: The fossil fraud that never was. New Scientist (1987), H. 1551, 32-36
Gould, S. J..: Der Daumen des Panda. Frankfurt: Suhrkamp 1989
Gould, S. J.: Wo Darwin irrte. Bild der Wissenschaft (1990), H. 6, 116-121
Gould, S. J.: Zufall Mensch. München: Hanser 1991 a
Gould, S. J.: Die Evolution als Tatsache und als Theorie. In: Wie das Zebra zu seinen Streifen kommt. Frankfurt: Suhrkamp 1991 b, 251-260
Gould, S. J.: Bravo Brontosaurus. Hamburg: Hoffmann & Campe 1994
Grant, P. R.: Ecology and evolution of Darwin's finches. Princeton: University Press 1986
Grant, P. R./ Grant, B. R.: Hybridisierung von Darwins Finken. PdN-B 44 (1995), H. 8, 24-26
Greber, E./Greber, W.: Der Mensch und seine nächsten Verwandten. UB 18 (1994), H. 200, 47-53
Greber, E./Greber, W.: Phänomen Leben. UB 20 (1996), H. 211, 4-13
Griffith, M.: Das Schnabeltier. Spektrum (1988), H. 7, 76-83
Gropengießer, H.: Schön braun? Zur Ökologie des Sonnenbadens. In: Gesundheit. Friedrich Jahresheft VIII, 1990, 90-94
Gropengießer, H.: Biologie und Technik. UB 17 (1993), H. 190, 4-13
Grzimek, B. (Hrsg.): Grzimeks Tierleben. München: DTV 1979
Grzimek, B. (Hrsg.): Grzimeks Enzyklopädie Säugetiere. München: Kindler 1988 a
Grzimek, B.: Gorilla. 1988 b. In: *Grzimek* (1988 a), Band 2, 424-441
Gutmann, W. F./Peters, D. S.: Die Stellung des „Urvogels" Archaeopteryx im Ableitungsmodell der Vögel. Natur und Museum 106 (1976), H. 9, 265-275
Haeckel E.: Anthropogenie, Zweiter Teil. Stammesgeschichte des Menschen. 1874 (5. Aufl. 1903)
Haeckel. E.: Die Welträtsel. München: Kröner 1984
Halldén, O.: The evolution of species: pupil perspectives and school perspectives. International Journal of Science Education 10 (1988), H. 5, 541-552
Harwardt, M.: „Low Tech" kontra „Upper Class"? UB 20 (1996), H. 218, 22-31
Hassfurther, J./Rautenberg, E.: Gorilla und Orang-Utan leben in verschiedenen Etagen des Regenwaldes. UB 9 (1985), H. 103, 24, 37-41
Haubold, H. (Hrsg.): Die Lebenswelt des Rotliegenden. Wittenberg: Ziemsen 1983
Haubold, H.: Die Dinosaurier: System, Evolution, Paläobiologie. Wittenberg: Ziemsen (NBB) 1990
Haubold, H./Kuhn, O.: Lebensbilder und Evolution fossiler Saurier. Wittenberg: Ziemsen (NBB) 1981
Hay, R. L./Leakey, M. D.: Die versteinerten Fußspuren von Laetoli. Spektrum (1982), H. 4, 44-51
Heberer, G. (Hrsg.): Die Evolution der Organismen. Stuttgart: Fischer 1959[2]; Band II, 2 1971[3], Band III 1974[3]
Hecht, M. K./Ostrom, J. H./Viohl, G./Wellnhofer, P. (Hrsg.): The beginning of birds. Proceedings of the International Archaeopteryx Conference, Eichstätt 1984
Hegi, C.: Illustrierte Flora von Mitteleuropa. Bände IV, 1 und V, 2. München: Hauser 1926 und 1958[2]
Heilen, M.: Zooschulunterricht - Das Beispiel Primaten. Vorteile und Schwierigkeiten einer direkten Begegnung. UB 11 (1987), H. 121, 48-50
Heinzel, H./Fitter, R./Parslow, J.: Pareys Vogelbuch. Hamburg: Parey 1972 (Neubearbeitung 1996)
Heiszler, F.: Strömungsmechanik des Fischkörpers im Biologieunterricht der Orientierungsstufe. MNU 45 (1992), H. 1, 41-43
Henke, W.: Das Schicksal der Neandertaler und die Hypothesen zur Entstehung des modernen Menschen. In: *Bosinski/Henke* (1993)
Henke, W./Rothe, H.: Paläoanthropologie. Berlin: Springer 1994
Henningsen, D.: Einführung in die Geologie der Bundesrepublik Deutschland. Stuttgart: Enke 1986[3]
Herre, W.: Domestikation und Stammesgeschichte. In: Heberer (1959), Band II, 801-856
Herre, W./Röhrs, M.: Haustiere zoologisch gesehen. Stuttgart: Fischer 1990
Herrmann, B. (Hrsg.) Umweltgeschichte. UB 18 (1994), H. 195
Herwerth, J./Venter, J.: Nützliche Pflanzenteile. UB 6 (1982), H.74, 15-20
Horn, F.: Der Lehrplan Biologie der zehnklassigen allgemeinbildenden Oberschule. Inhaltliche und methodische Erläuterungen. Berlin: Volk und Wissen 1989
Hoff, P./Miram, W.: Evolution. Hannover: Schroedel 1979 (Neuaufl. 1987)
Hoffmann, W. (Hrsg.): Lehrbuch der Züchtung landwirtschaftlicher Kulturpflanzen. Bände 1 und 2, Berlin: Parey 1970 und 1971
Högermann, C.: „Selektion durch Anpassung an die Umwelt - Selektion als Evolutionsfaktor" Ein Spielmodell. NiU-B 32 (1984), H. 10, 351

Högermann, C.: Praktische Evolutionsbiologie: Beispiel „Blattmetamorphosen". BioS (1993), H. 7/8, 254-258
Howell, F. C.: Der Mensch der Vorzeit. Reinbek bei Hamburg: Rowohlt 1975
Hsü, K. J., u. a.: History of the Mediterranean salinity crisis. Nature 267 (1977), 399-408
Huang, W. u. a.: Early Homo and associated artefacts from Asia. Nature 378 (1995), 275-278
Hund, W. D.: Die Farbe der Schwarzen. Über die Konstruktion von Menschenrassen. In: Blätter für deutsche und internationale Politik (1993), H. 8, 1005-1014
Illner, R./Gebauer, M.: Bericht über das Symposium „Evolution und Lebenswirklichkeit". In: *Bayrhuber* u. a. (1997), 211-218
Isaac, G.: The food-sharing behavior of protohuman hominids. Scientific American 238 (1978), H. 4, 90-108
Jahn, I.: Grundzüge der Biologiegeschichte. Jena: Fischer 1990
Janßen, W.: Tierproduktion. UB 7 (1983), H. 84, 2-12
Janßen, W.: Steppentiere der Kontinente: Körpergestalt und Umwelt. UB 9 (1985), H. 101, 41-43
 (auch in *Kattmann*, 1995 d, 61-63)
Jeßberger, R.: Kreationismus. Berlin/Hamburg: Parey 1990
Johannsen, F.: Schöpfungsglaube und Evolutionstheorie. UB 6 (1982), H. 76, 11-14
Johannsen, F.: Schöpfungsglaube heute. Anregungen und Materialien für die Sekundarstufe II. Gütersloh: Gerd Mohn, 1988
Johannsen, F.: Schöpfung und Evolution. Religionspädagogische Überlegungen im Spannungsfeld des theologischen Schöpfungsgedankens und der biologischen Evolutionstheorie. In: *Bayrhuber* u. a. (1997), 201-205
Johanson, D./Edey, M.: Lucy - Die Anfänge der Menschheit. Frankfurt: Ullstein 1984
Johanson, D./Edgar, B./Brill, D.: From Lucy to language. New York: Simon &Schuster 1996
Johanson, D./Shreeve, J.: Lucy's Kind. München: Piper 1990
Johanson, D. C./White, T. D.: A systematic assessment of early African hominids. Science 203 (1979), 321-330
Junker, R.: Grundtypenkonzept und Mikroevolution in der Schöpfungsforschung. PdN-B 38 (1989), H. 8, 23-27
Junker, R.: Das Konzept gleichzeitig erschaffener Grundtypen in der Biologie. BioS (1991), H. 4, 150-159
Junker, R./Scherer, S.: Entstehung und Geschichte der Lebewesen. Gießen: Weyel 1986
Kämpfe, L. (Hrsg.): Evolution und Stammesgeschichte der Organismen. Stuttgart: Fischer 1985
Kalusche, D.: Wechselwirkungen zwischen Organismen. Basiswissen Biologie 2. Stuttgart/New York: Fischer 1989
Kaminski, B./Kattmann, U.: Hautfarben und Gene. UB 19 (1995), H. 209, 23-31
Kaminski, B./Kattmann, U.: Alles im Ei. Embryonenschutz bei Landwirbeltieren. UB 20 (1996), H. 218, 43-49
Kattmann, U. (Hrsg.): Rassen - Bilder vom Menschen. Wuppertal: Jugenddienst 1973
Kattmann, U.: Sonderstellung oder Eigenart? Zur Stellung des Menschen innerhalb der Lebewesen. PdN-B 23 (1974), H. 10, 253-254
Kattmann, U.: Rassen und Rassenvorurteile in populationsbiologischer Sicht. UB 1 (1977), H. 14, 2-13
Kattmann, U.: Artbegriff und Evolution. 1981 a. In: *Kattmann/von Wahlert/Weninger* (1981), 71-118
Kattmann, U.: Parasitismus und Symbiose. UB 5 (1981 b), H. 53, 2-13
Kattmann, U.: Biologische Unterwanderung?. UB 6 (1982), H. 72/73, 35-42
Kattmann, U.: Geschichte im Biologieunterricht. UB 8 (1984 a), H. 100, 2-13
Kattmann, U.: Annäherung an Darwin. UB 8 (1984 b), H. 100, 36-40 (auch in *Kattmann*, 1995 d, 22-26)
Kattmann, U.: Entwicklung der Steinwerkzeuge - Evolution oder Geschichte? UB 9 (1985), H. 110, 50-51
Kattmann, U.: Verhalten als Triebfeder der Menschwerdung: Nahrungsteilung. UB 11 (1987), H. 121, 43-47
 (auch in *Kattmann*, 1995 d, 119-123)
Kattmann, U.: Evolution und Verhalten. UB 13 (1989), H. 141, 4-13
Kattmann, U.: Umwelt und Gene. UB 15 (1991), H. 167, 4-13
Kattmann, U.: Evolutionstheorie und die Geschichte des Lebens. UB 16 (1992 a), H. 179, 2-11
Kattmann, U.: Evolution im Unterricht. UB 16 (1992 b), H. 179, 44-49
Kattmann, U.: Wissenschaftler macht sensationelle Entdeckung - Neue Arten von Hangnagern entdeckt - Kleine Insel beherbergt ungewöhnliche Hangnager. UB 16 (1992 c), H. 179, 32 f.
Kattmann, U.: Anmerkungen zur Wissenschaftssystematik und Wissenschaftsethik der Anthropologie auf dem Hintergrund ihrer Geschichte. 1992 d. In: *Preuschoft/Kattmann* (1992), 127-142
Kattmann, U.: Menschenbild und Evolution des Menschen. UB 18 (1994 a), H. 200, 4-13
Kattmann, U.: Humanevolution im Unterricht. UB 18 (1994 b), H. 200, 54 f.
Kattmann, U.: Konzeption eines naturgeschichtlichen Unterrichts: Wie Evolution Sinn macht. ZfDN 1 (1995 a), H. 1, 29-42
Kattmann, U.: Was heißt hier Rasse? UB 19 (1995 b), H. 204, 44-49
Kattmann, U.: Menschen. Materialien zur genetischen Vielfalt. UB 19 (1995 c), H. 204, Beihefter
Kattmann, U.: Evolution. Sammelband Unterricht Biologie. Velber: Friedrich 1995 d
Kattmann, U.: Wirbeltiere: Evolution, Lebensweisen und Leistungen. UB 20 (1996), H. 218, 4-13
Kattmann, U.: Testen und Beurteilen im Biologieunterricht. UB 21 (1997), H 230, 4-13
Kattmann, U.: Evolution ohne Umwelt? Eine kritische Würdigung der Frankfurter Theorie. UB 22 (1998), H. 232, 48 f.
Kattmann, U./Fischbeck, M./Sander, E.: Von Systematik nur eine Spur: Wie Schüler Tiere ordnen. UB 20 (1996), H. 218, 50-52

Kattmann, U./Pinn, H.: Die Suche nach dem „missing link". Texte zur Stammesgeschichte des Menschen. Bad Salzdetfurth: Franzbecker 1984
Kattmann, U./Rüther, F. (Hrsg.): Kennzeichen des Lebendigen, Biologie 9/10. Hannover: Metzler 1991
Kattmann, U./Rüther, F. (Hrsg.): Kennzeichen des Lebendigen. Biologie 8/9. Materialienband für Lehrerinnen und Lehrer. Hannover: Metzler 1994
Kattmann, U./Schmitt, A.: Elementares Ordnen: Wie Schüler Tiere klassifizieren. ZfDN 2 (1996), H. 2, 21-38
Kattmann, U./Seidler, H.: Rassenkunde und Rassenhygiene. Ein Weg in den Nationalsozialismus. UB 13 (1989), H. 189, Beihefter
Kattmann, U./Stange-Stich, S.: DER Mensch und DIE Tiere. IPN-Einheitenbank Curriculum Biologie. Köln: Aulis 1974
Kattmann, U./Strauß, W.: Naturvölker in biologischer und ethnologischer Sicht. UB 4 (1980), H. 44, 2-12
Kattmann, U./Wahlert, G. von/Weninger, J.: Evolutionsbiologie. Köln: Aulis 1981[2]
Katz, K.-P.: Homologien und das Stammbaumproblem. UB 6 (1982), H. 68, 31-40
Kehren, W.: Kakteen - ein Modellfall der Evolution: Vorschläge zum Einsatz im Unterricht. PdN-B 45 (1996), H. 2, 1-11
Kerr, R. A.: The greatest extinction gets greater. Science 262 (1993), 26 Nov, 1370 f.
Kerr, R. A.: A volcanic crisis for ancient life? Science 270 (1995), 6 Oct, 27 f.
Kettlewell, H. B. D.: The phenomenon of industrial melanism in Lepidoptera. Annual Review of Entomology 6 (1961), 245 ff.
Kieffer, E.: Der Maulwurf - angepaßt an ein Leben im Boden. UB 12 (1988), H. 133, 14-19
Kimbel, W. H./Johanson, D. C./Rak, Y.: The first skull and other new discoveries of Australopithecus afarensis at Hadar, Ethiopia. Nature 368 (1994), 449-451
Kirsch, M.: Verwandtschaft oder Konvergenz? PdN-B 35 (1986), H. 1, 41-47
Klahm, G.: Pflanzen und Tiere des Karbons - ein Exkursionsvorschlag für die Sekundarstufe I. UB 9 (1985), H. 105, 25-26 u. 35-36
Klaus, R.-D./Schiedges, I.: Evolutionstrends bei Primaten. UB 13 (1989), H. 141, 24-38
Klein, R. G.: The human career. Human biological and cultural origins. Chicago/London: University of Chicago Press 1989
Klemmstein, W.: Fußabdrücke in der Asche. UB 18 (1994 a), H. 200, 35-37 (auch in *Kattmann*, 1995 d, 104-109)
Klemmstein, W.: Evolution von Sozialstrukturen. UB 18 (1994 b), H. 200, 38-46 (auch in *Kattmann*, 1995 d, 110-118)
Klemmstein, W.: Ein eigenartiges Wirbeltier. UB 20 (1996), H. 218, 36-42
Knodel, H./Bayrhuber, H. (Hrsg.): Linder Biologie - Lehrbuch für die Oberstufe. Stuttgart: Metzler 1983[19]
Knoll, J. (Hrsg.): Grundfragen der Biologie 5/6. München: Oldenbourg 1981
Knoll, J.: Paläontologie. UB 9 (1985 a), H. 105, 4-14
Knoll, J.: Zur Veranschaulichung erdgeschichtlicher Zeiträume. UB 9 (1985 b), H. 105, 54
Knußmann, R.: Vergleichende Biologie des Menschen. Stuttgart: Fischer 1996[2]
Koenigswald, G. H. R. von: Das absolute Alter des Pithecanthropus erectus Dubois. In: *Kurth, G.* (Hrsg.): Evolution und Hominisation. Stuttgart: Fischer 1968, 195-203
König, H.: Das Thema „Saurier" im Unterricht der 6. Klasse. NiU-B 30 (1982), H. 10, 362-369
König, H.: Schildkröten - Überlebensstrategie in der Sackgasse?. UB 15 (1991), H. 166, 31-35 (auch in *Kattmann*, 1995 d, 51-55)
Koop, B. F., u. a.: Primate η-globin DNA sequences and man's place among the great apes. Nature 319 (1986), 234-238
Körber-Grohne, U.: Nutzpflanzen Deutschlands. Kulturgeschichte und Biologie. Stuttgart: Theiss 1987
Krings, M./Stone, A./Schmitz R.W./Krainitzki, H./Stoneking, M./Pääbo, S.: Neandertal DNA sequences and the origin of modern humans. Cell 90 (1997) July, 19-30
Krumbiegel, G./Krumbiegel B.: Fossilien der Erdgeschichte. Stuttgart: Enke 1981
Kruse, H.: «Qualzuchten» und «Designerrassen» bei Hunden und Katzen. Rasse = Klasse!? UB 21 (1997), H. 226, 31-33 und 27-30 (Beihefter)
Kuckuck, H./Kobabe, G./Wenzel, G.: Grundzüge der Pflanzenzüchtung. Berlin: de Gruyter 1985[5]
Kufner, R.: Ökologie und Evolution der Darwinfinken. PdN-B 34 (1985), H. 3, 11-14
Kuhn, O.: Die vorzeitlichen Vögel. Wittenberg: Ziemsen 1971
Kull, U.: Evolution. Stuttgart: Metzler 1977
Kull, U.: Evolution des Menschen. Stuttgart: Metzler 1979
Kurtze, W.: Melanismus und Industriemelanismus. UB 7 (1983), H. 80, 45-50 (auch in *Kattmann*, 1995 d, 27-32)
Labhart, T. P.: Geologie - Einführung in die Erdwissenschaften. Bern/Stuttgart: Hallwag 1988[6]
Lack, D.: Darwin's finches. Cambridge: University Press 1983
Lambert, D.: Dinosaurier: Geheimnisvolle Vorfahren. Heidelberg: Quelle & Meyer 1980
Lambert, D.: Alles über die Frühmenschen. Würzburg: 1988
Lang, M.: Footprints in stone and biology teaching. The American Biology Teacher 45 (1984), H. 1, 31-35
Langston, W.: Pterosaurus. Scientific American 1981, H. 2, 92-102
Larick, R./Ciochon, R. L.: The African emergence of early Asian dispersals of the genus Homo. American Scientist 84 (1996), H. 6, 538-551

Latter, B. D. H.: Genetic differences within and between populations of the major human subgroups. In: Am. Nat. 116 (1980), 220-237
Leakey, M. D./Hay, R. L.: Pliocene footprints in the Laetoli beds at Laetoli, northern Tanzania. In: Nature 178 (1979), 317-323
Leakey, M. G., u. a.: New four-million-year-old hominid species from Kanapoi and Allia Bay, Kenya. Nature 376 (1995), 565-571
Leakey, R./Lewin. R.: Der Ursprung des Menschen. Frankfurt/M.: Fischer 1993
Leakey, R./Walker, A.: Homo erectus unearthed. National Geographic 168 (1985), H. 5, 625-629
Leder, K./Kämper, R.: Vom Halbaffen zum Menschen. Unterrichtsanregung und Materialien für Zooexkursionen zum Thema Primatenevolution. PdN-B 41 (1992), H. 3, 14-22
Lehmann, C.: Die Tomate. Leipzig: Portig 1953
Lehmann, C.: Das morphologische System der Kulturtomaten. Berlin: Springer 1955
Leisler, B.: Artbildung und adaptive Radiation bei Darwinfinken. PdN-B 44 (1995), H. 8, 18-23
Lethmate, J.: Das Verhalten von Menschenaffen als Modell des Hominisationsprozesses. UB 3 (1979), H. 31, 32-42
Lethmate, J.: Die Verwandten des Menschen. UB 11 (1987 a), H. 121, 2-11
Lethmate, J.: Traditionen bei Primaten UB 11 (1987 b), H. 121, 37-42
Lethmate, J.: Evolutionsökologie der Menschenähnlichen (Hominoidea). PdN-B 38 (1989 a), H. 1, 7-15
Lethmate, J.: Sozialstrukturen von Menschenaffen. PdN-B 38 (1989 b), H. 1, 16-30
Lethmate, J.: Evolution des Menschen 3: Evolutionsökologie und Verhalten der Hominoiden, 1. und 2. Teil. Tübingen: DIFF 1990
Lethmate, J.: Die Waldmusik der Kleinen Menschenaffen. UB 15 (1991), H. 163, 34-39
Lethmate, J.: Vom Affen zum Halbgott. Funkkolleg Der Mensch - Anthropologie heute, Studienbrief 1, Studieneinheit 2. Tübingen: DIFF 1992
Lethmate, J.: Intelligenz von Orang-Utans. Spektrum (1994), H. 11, 78-89
Lewin, R.: Spuren der Menschwerdung. Heidelberg: Spektrum 1992
Lewis, R. W.: Teaching the theories of evolution. The American Biology Teacher 47 (1986), H. 6, 344-347
Lewontin, R. C.: The apportionment of human diversity. In: Evol. Biol. 6 (1972), 382-398
Lewontin, R. C.: Menschen. Genetische, kulturelle und soziale Gemeinsamkeiten. Heidelberg: Spektrum 1986
Leyhausen, P.: Verhaltensstudien an Katzen. Berlin: Parey 1973
Lichter, G.: Fossilien bergen, präparieren und ausstellen. Stuttgart: Franckh 1979
Lindsay, W.: Bildatlas der Dinosaurier. München: ars edition 1992
Lorenz, K.: Über die Wahrheit der Abstammungslehre. In: Naturwissenschaft und Medizin 1 (1964), H. 1, 5-18
Lovejoy, C. O.: Die Evolution des aufrechten Gangs. Spektrum (1989), H. 1, 92-100
Lumsden, C. J./Wilson, E. O.: Das Feuer des Prometheus. München: Piper 1984
Lüthje, E.: Zierefeu - Muster ohne Wert. UB 19 (1995), H. 209, 48
McGrew, W. C.: Chimpanzee material culture. Cambridge: University Press 1992
McHenry, H. M.: Tempo and mode in human evolution. Proc. Nat. Acad. Sci. USA 91 (1994), 6780-6786
MacKinnon, K.: Orang-Utan. In: *Grzimek* (1988 a), Band 2, 401-419
McNamara, J. M./Houston, A. I.: State-dependent life histories. Nature 380 (1996), 2215-2221
Mahner, M.: Kreationismus. Berlin: Pädagogisches Zentrum 1986
Mahner, M.: Warum eine Schöpfungstheorie nicht wissenschaftlich sein kann. PdN-B 38 (1989), H. 8, 33-36
Manke-Kramer, K.: Grundschüler entdecken die Welt der Saurier. Ein Unterrichtsbesuch im Naturkundemuseum. UB 9 (1985), H. 105, 15-20
Margulis, L./Guerrero, R./Bunyard, P.: We are all symbionts. In: *Bunyard, P.* (Hrsg.): Gaia in action. Edinburgh: Floris, 1996, 167-185
Martin, R. D.: Relative brain size and basal metabolic rate in terrestrial vertebrates. Nature 293 (1981), 57-60
Martin, R. D.: Hirngröße und menschliche Evolution. Spektrum (1995), H. 9, 48-55
Mayr, E.: Artbegriff und Evolution. Hamburg: Parey 1967
Mayr, E.: Evolution und die Vielfalt des Lebens. Berlin/Heidelberg: Springer 1979
Mayr, E.: Die Entwicklung der biologischen Gedankenwelt. Vielfalt, Evolution und Vererbung. Berlin/Heidelberg/New York: Springer 1984
Mercier, N., u. a. : Thermoluminescence dating of the late Neanderthal remains from Saint-CÉsaire. Nature 351 (1991), 737-739
Meyer, H./Daumer, K.: Evolution. München: Bayerischer Schulbuchverlag (1980) 1981
Meyer, R./Schmidt-Kaler, H.: Wanderungen in die Erdgeschichte Bd. 5: Durch die Fränkische Schweiz. München: Pfeil 1992
Mikin, M.: Die Entwicklung neuer Nutzpflanzen. UB 6 (1982), H. 74, 49- 55
Milton, K.: Ernährung und Evolution der Primaten. Spektrum (1993), H. 10, 68-75
Mischke, G.: Wie die Vielfalt der Lebewesen entstand. UB (1976), H. 3, 20-44
Miyamoto, M. M., u. a.: Molecular systematics of higher primates: Genealogical relations and classification. Proc. Nat. Acad. Sci. USA 85 (1988), H. 10, 7622-7631

Morell, V.: Ancestral passions. The Leakey family and the quest for humankind's beginnings. New York: Simon & Schuster 1995

Moyà-Solà, S./Köhler, M.: A Dryopithecus skeleton and the origins of great-ape locomotion. Nature 379 (1996), 156-159

Munding, H./Rottländer, E.: Zur Geschichte der Evolutionsbiologie. In: *Eyselin, K.*, u. a.: Fächerübergreifende Zusammenarbeit zum Thema Evolution. 1 Materialsammlung. Tübingen: DIFF 1987, 43-90

Nachtsheim, H.: Vom Wildtier zum Haustier. Berlin: Parey 1949

Norman, D./Milner, A.: Dinosaurier - Aufstieg und Niedergang einer faszinierenden Tiergruppe; Artenreichtum, Entwicklung, Lebensweise. Hildesheim: Gerstenberg 1994

Nottbohm, G.: Rekonstruktionen aus fossilen Spuren. UB 13 (1989), H. 150, 51

Nottbohm, G.: Paläontologische Freilandarbeit - Erkundung der fossilen Lebewelt des Kasseler Meeressandes. Arbeitshilfe 34 des Schulbiologiezentrums Botanischer Garten Kassel 1994

Nottbohm, G.: Handlungsorientierte Bausteine zur UE „Evolution - Lebewesen haben sich entwickelt": Anfertigung von Fossilabgüssen. Arbeitshilfe des Schulbiologiezentrums Kassel 1995

Numbers, R. L.: Creationism in 20th-century America. Science 218 (1982), 5 Nov, 538-544

Ohly, K. P.: Evolutionstheorie und Islam - kulturelle Unterschiede im Umgang mit biologischen Theorien. In: *Bayrhuber* u. a. (1997), 206-210

Paturi, F. R. (Hrsg.): Die Chronik der Erde. Dortmund: Chronik 1991

Pflug, H. D.: Die Spur des Lebens. Paläontologie - chemisch betrachtet: Evolution, Katastrophen, Neubeginn. Berlin/Heidelberg: Springer 1984

Pflumm, W./Wilhelm, U.: Einführung in die Abstammungslehre unter Gesichtspunkten der Systematik anhand historischer Texte. BU. 20 (1984), H. 4, 5-15

Pflumm, W./Wilhelm, U./Stripf, R./Kattmann, U.: Historische Texte zur Begründung von Systematik und Evolutionstheorie. BU 20 (1984), H. 4, 33-64

Pies-Schulz-Hofen, R.: Zoopädagogik - Angebote für einen naturnahen Biologieunterricht. BioS 41 (1992), H. 10, 334-341

Pilbeam, D.: Die Abstammung von Hominoiden und Hominiden. Spektrum (1984), H. 5, 98-108

Pissarek, A./Riquarts, B.: Welchen Tieren ähnelt der Mensch? UB 3 (1979), H. 31, 13-17

Portmann, A.: Zoologie und das neue Bild vom Menschen. Hamburg: Rowohlt 1956

Portmann, A.: Die Stellung des Menschen in der Natur. In: *Bertalanffy, L. von/Gessner, F.* (Hrsg.): Handbuch der Biologie. Band IX. Konstanz: Athenaion 1965, 437-460

Preuschoft, H.: Kleine Menschenaffen oder Gibbons. In: *Grzimek* (1988 a), Band 2, 328-356

Preuschoft, H./Kattmann, U. (Hrsg.): Anthropologie im Spannungsfeld zwischen Wissenschaft und Politik. Oldenburg: BIS Universität 1992

Preuschoft, H./Witte, H.: Die Körpergestalt des Menschen als Ergebnis biomechanischer Erfordernisse. In: *Voland, E.* (Hrsg.): Evolution und Anpassung. Stuttgart: Hirzel 1993

Probst, E.: Deutschland in der Urzeit: Von der Entstehung des Lebens bis zum Ende der Eiszeit. München: Bertelsmann 1986

Probst, W.: Die Rose und ihre Verwandten. UB 17 (1993), H. 189, 44-49

Probst, W.: Neue Kulturpflanzen. UB 19 (1995), H. 206, 4-13

Prost, J. H.: Origin of bipedalism. American Journal of Physical Anthropology 52 (1980), 175-190

Quasigroch, G.: Der Einsatz von Schädelpräparaten. UB 3 (1979), H. 31, 43-47

Rauh, W.: Morphologie der Nutzpflanzen. Heidelberg: Quelle & Meyer 1950

Reader, J.: Die Jagd nach den ersten Menschen. Stuttgart: Birkhäuser 1982

Reese, E.: Ich möchte ein Kaninchen haben. UB 1 (1977), H. 5, 15-20

Richter, D./Kattmann, U.: Korrespondenzen zwischen sozialwissenschaftlichen und naturwissenschaftlichen Konzepten - Beispiel: „Rasse" und Diskriminierung. In: *Marquardt-Mau, B./Köhnlein, W./Cech, D./Lauterbach, R.* (Hrsg.): Lehrerbildung Sachunterricht. Bad Heilbrunn: Klinkhardt 1996, 195-204

Rick, C. M.: Die Tomate. Spektrum (1978), H. 11, 24-34

Ricke, J.: Fossilien bergen und präparieren. UB 9 (1985), H. 105, 52-53

Ridley, M. (Hrsg.): Darwin lesen. München: dtv 1996

Riedl, R.: Die Ordnung des Lebendigen. Systembedingungen der Evolution. Hamburg: Parey 1975

Robins, A. H.: Biological perspectives on human pigmentation. Cambridge: University Press 1991

Rodman, P. S./McHenry, H. M.: Bioenergetics and the origin of hominid bipedalism. American Journal of Physical Anthropology 52 (1980), 103-106

Rogers, E.: Wirbeltiere im Überblick. Eine Praktikumsanleitung. Heidelberg: Quelle & Meyer 1989

Rothe, H.: Evolution des Menschen 1: Die Stellung des Menschen im System der Primaten. Tübingen: DIFF 1990

Rottländer, E.: Wissenschaftspropädeutische und fächerübergreifende Behandlung evolutionstheoretischer Fragen im Unterricht. MNU 42 (1989 a), H. 2, 104-108

Rottländer, E.: Zur Diskussion Schöpfungsmodell kontra Evolutionstheorie. PdN-B 38 (1989 b), H. 8, 9-20

Rottländer, E./Falkenhausen, E. von/Dünckmann, M./Ingensiep, H. W./Duhr, B./Kelb, H. H./Kempf, W./Klinger, R./Landmesser, M.: Handreichung zum Lehrplan Biologie (Evolution). Kultusministerium Rheinland-Pfalz 1988

Rudzinski, H. G.: Artenentstehung und Artenvielfalt. UB 16 (1992), H. 179, 23- 35 (auch in *Kattmann,* 1995 d, 13-21)
Rüppell, G.: Vogelflug. Reinbek: Rowohlt 1980
Rutte, E.: Bayerns Neandertaler. München: Ehrenwirth 1992
Ruvolo, M., u. a.: Gene trees and hominoid phylogeny. Proc. Nat. Acad. Sci. USA 91 (1994), 8900-8904
Sackarndt, P. (Hrsg.): Katzen. München: Georg Müller 1930
Sandrock, F.: Ein flexibler Stammbaum zur Evolution des Menschen. UB 3 (1979), H. 32, 53-55
Sauer, K./Müller, J.: Ursachen und Mechanismen der Evolution. Evolution der Pflanzen- und Tierwelt 2. Tübingen: DIFF 1987
Scharf, K. H.: Archaeopteryx - eine Fälschung? PdN-B 35 (1986), H. 4, 46-47
Scharf, K. H.: Das Solnhofener Exemplar - Ein sechster Archaeopteryx gefunden. PdN-B 38 (1989), H. 3, 41-44
Scharf, K. H./Tischlinger, H.: Archaeopteryx bavarica. Das siebte Archaeoterix-Exemplar aus den Solnhofer Schichten. PdN-B 43 (1994), H. 7, 26-28
Schiefenhövel, W./Vogel, C./Vollmer, G.: Von der Wiege bis zur Bahre - Was uns am Menschen interessiert. Funkkolleg Der Mensch - Anthropologie heute, Studienbrief 1, Studieneinheit 1. Tübingen: DIFF 1992
Schilke, K.: Modellversuche zu den Evolutionsfaktoren. UB (1976), H. 3, 54-64
Schmid, P.: Evolution des Menschen 2: Die phylogenetische Entwicklung der Hominiden. Tübingen: DIFF 1989
Schmidt, H.: Der „Piltdown-Mensch". PdN-B 33 (1984), H. 3, 75-86
Schmidt, H.: Die Bedeutung der adaptiven Radiation in der Humanevolution. PdN-B 34 (1985), H. 3, 23-35
Schmidt, H.: Warum starben die Dinosaurier aus? Theoriengeschichte und die Problemstellung von wissenschaftlichen Modellen. PdN-B 35 (1986), H. 1, 12-24
Schmidt, H.: Woher kam der moderne Mensch? Wie breitete er sich über die Erde aus? PdN-B 40, (1991), H. 6, 42-47; H. 7, 38-42
Schmidt, T.: Die dynamische Erde. Begleitheft zur PC-Diskette. Loseblatt Nr. 7.1, Naturmuseum Senckenberg (Museumspädagogik) 1994
Schmitt, A./Rottländer, E./Reinhard, P.: Theoretische Grundlagen der Evolutionsbiologie. Evolution der Pflanzen- und Tierwelt Bd. 3, Tübingen: DIFF 1986
Schneider, H.: Anatomische Voraussetzungen der Menschwerdung. UB 3 (1979), H. 31, 25-31
Schniepp, H.: Versteinerungen: suchen, sammeln, präparieren. Stuttgart: Franckh 1976
Schoell, M., u. a.: A molecular organic carbon isotope record of Miocene climate changes. Science 263 (1994), 1122-1125
Schrenk, F., u. a.: Oldest Homo and Pliocene biogeography of the Malawi Rift. Nature 365 (1993), 833-836
Schrenk, F.: Alle Spuren führen nach Afrika. Süddeutsche Zeitung, 21.12.1995
Schrenk, F.: Die Frühzeit des Menschen. München: Beck 1997
Schrooten, G.: „Anpassung" („Adaptation") - ein Beispiel für die Schwierigkeit, biologische Sachverhalte eindeutig auszudrücken. BU 17 (1981), H.3, 56-60
Schudnagis, R.: Neues vom Neandertaler. UB 18 (1994), H. 200, 18-23
Schulbiologiezentrum der Stadt Hannover, Arbeitshilfen: Die Züchtung des Kohls (Nr. 7.15). Die Züchtung des Alpenveilchens (Nr. 7.29). Zuchtformen der Tomate (Nr. 7.20). Die Entstehung des Kulturweizens (Nr. 7.25). Mutationsformen der Besenheide (Nr. 7.16). Phylogenie einer Familie am Beispiel Zierpfeffer (Nr. 7.5). Hannover: Schulbiologiezentrum, o. J.
Schultz, A. H.: Die Primaten. Lausanne: Rencontre 1972
Schultz, J.: Die Biosphäre. In: *Nolzen, H.* (Hrsg.): Handbuch des Geographieunterrichts Band 10/II: Physische Geofaktoren. Köln: Aulis 1989, 112-192
Schürings, H.: Ethnien und Stämme haben eine Geschichte. In: *Preuschoft/Kattmann* (1992), 59-73
Schwanitz, F.: Die Entstehung der Nutzpflanzen als Modell für die Evolution der gesamten Pflanzenwelt. In: *Heberer* (1959), Band I, 713-800; (1971), Band II, 2, 175-300
Schwanitz, F.: Entstehung der Kulturpflanzen. Berlin: Springer 1957
Schwanitz, F.: Die Evolution der Kulturpflanzen. München: BLV 1967
Schwanitz, F.: Nutzpflanzenanbau und die Evolution. Naturwissenschaft und Medizin 6 (1969), H. 26, 25-37
Schwarzbach, M.: Das Klima der Vorzeit. Stuttgart: Enke 1974[3]
Seger, J.: Im Wettstreit mit Talpa europaea - ein Beitrag zum Biologieunterricht im Freiland. PdN-B 39 (1990), H. 7, 43-45
Seidel, D.: Anpassungsformen bei Wolfsmilchgewächsen. UB 16 (1992), H. 173, 43-48 (auch in *Kattmann,* 1995 d, 69-74)
Seidler, H.: Einige Bemerkungen zur sogenannten Rassenkunde unter besonderer Berücksichtigung der deutschsprachigen Anthropologie. In: *Preuschoft/Kattmann* (1992), 75-101
Senglaub, K.: Sie sind veränderlich. Köln: Aulis/Leipzig: Urania 1982
Senckenbergische Naturforschende Gesellschaft (Hrsg.): Archaeopteryx. (Themenheft). Natur und Museum 106 (1976), H. 9, 257-288
Sentker, A.: Knochen, Klima, Katastrophen. Die Zeit, 10.11.1995
Shipman, P./Walker, A.: The costs of becoming a predator. Journal of Human Evolution 18 (1989), 373-392
Sibley, C. G./Ahlquist, J. E.: Der DNA-Stammbaum der Vögel. In: Spektrum (1986), H. 5, 96-107
Siedentop, W.: Didaktik und Methodik des Biologieunterrichts. Heidelberg: Quelle & Meyer 1972[4]

Simpson, G. G.: Fossilien - Mosaiksteine zur Geschichte des Lebens. Heidelberg: Spektrum 1984
Simon, E.: Problemlösung Fliegen - Flugsaurier und Urvögel. PdN-B 35 (1986), H. 4, 37-40
Simons, E. L.: Human origins. Science 245 (1989), 1343-1350
Sinclair, A. R. E./Leakey, M. D./Norten-Griffiths, M.: Migration and hominid bipedalism. Nature 324 (1986), 307-308
Smith, B. H.: Dental development in Australopithecus and early Homo. Nature 323 (1986), 327-330
Smith, H. B.: Dental development as a measure of life history in primates. Evolution 43 (1989), 683-688
Smith, B. H.: The physiological age of KNM-WT-15000. In: *Walker, A./Leakey, R.* (Hrsg.): The Nariokotome Homo erectus skeleton. Cambridge, Mass.: Harvard University Press 1993, 195-220
Solecki, R. S.: Shanidar IV, a Neanderthal flower burial in northern Iraq. Science 190 (1975), 880-881
Spieth, H.: Evolution 1: Homologie und phylogenetische Rekonstruktion. Tübingen: DIFF 1987
Stanley, S. M.: Relation of shell form to life habits of the Bivalvia (Mollusca). Geol. Soc. America 125, Boulder/Col. 1970
Stanley, S. M.: Krisen der Evolution. Heidelberg: Spektrum 1988
Stanley, S. M.: Historische Geologie: eine Einführung in die Geschichte der Erde und des Lebens. Heidelberg/Berlin/Oxford: Spektrum 1994
Starck, D.: Vergleichende Anatomie der Wirbeltiere. Teil 2. Berlin: Springer 1979
Steitz, E.: Die Evolution des Menschen. Weinheim: VCH 1974
Stenzel, A.: Die Dinosaurier. UB 3 (1978), H. 24/25, 71-72
Stephan, B.: Urvögel - Archaeopterygiformes. Wittenberg: Ziemsen 1979
Stephan, B.: Das Grundtypkonzept - Ergebnis wissenschaftlicher Erkenntnis oder kreationistisches Postulat. BioS 40 (1991 a), H. 4, 144-150
Stephan, B.: Grundtypkonzepte, Urvögel und Affenprozesse. BioS 40 (1991 b), 203-207
Stichmann, W.: Die historische Dimension im Biologieunterricht. UB 13 (1989), H. 146, 55-58
Stöckle, C.: Auf der Suche nach dem verlorenen Paradies. UB 17 (1993), H. 185, 45-49 (auch in *Kattmann*, 1995 d, 124-128)
Strey, G.: Die Stammesgeschichte des Menschen. UB (1976), H. 3, 45-53
Stringer, C. B.: Die Herkunft des anatomisch modernen Menschen. Spektrum (1991), H. 2, 112-120
Stringer, C. B.: Secrets of the pit of the bones. Nature 362 (1993), 501-502
Stringer, C./Gamble, C.: In search of the Neanderthals. London: Thames & Hudson 1994
Stringer, C. B./Grün, R.: Time for the last Neanderthals. Nature 351 (1991), 701-702
Stripf, R.: Lamarck - Cuvier - Geoffroy und der Akademiestreit. UB 8 (1984), H. 100, 30-35
Stripf, R.: Die Entdeckungsgeschichte der Urvögel. PdN-B 35 (1986), H. 4, 1-11
Stripf, R.: Evolution - Geschichte einer Idee: Von der Antike bis Haeckel. Stuttgart: Metzler 1989
Stripf, R./Zupanc, M. M./Zupanc, G. K. H.: Kreationismus in den USA und in der Bundesrepublik Deutschland. PdN-B 38 (1989), H. 8, 1-8
Stümpke, H.: Bau und Leben der Rhinogradentia. Stuttgart: Fischer 1975
Sulloway, F. J.: Darwin and his finches: The evolution of a legend. Journal of the History of Biology (1982), H.1, 1-53
Susman, R. L.: Fossil evidence for early hominid tool use. Science 265 (1994), 1570-1573
Swinton, W. E.: Fossil birds. London: British Museum (Natural History) 1965
Swisher III, C. C., u. a.: Age of the earliest known hominids in Java, Indonesia. Science 263 (1994), 1118-1121
Tattersall, I.: The fossil trail. New York/Oxford: Oxford University Press 1995, (dtsch.: Puzzle der Menschwerdung. Heidelberg: Spektrum 1997)
Teichert, R.: Ähnlich - aber doch nicht gleich. UB 14 (1990), H. 156, 23-26
Thenius, E.: Paläontologie - die Geschichte unserer Tier- und Pflanzenwelt. Stuttgart: Franckh 1970
Thenius, E.: Versteinerte Urkunden. Berlin/Heidelberg/New York: Springer 1981
Thorne, A. G./Wolpoff, M. H.: Multiregionaler Ursprung der modernen Menschen. Spektrum (1992), H. 6, 80-87
Tischlinger, H.: Simulation der Fossilentstehung. PdN-B 35 (1986), H. 4, 33-36
Tishkoff, S. A., u. a.: Global patterns of linkage disequilibrium at the CD4 locus and modern human origins. Science 271 (1996), 1380-1387
Tobias, P. V.: The emergence of man in Africa and beyond. In: *Young, J. Z./Jope, E. M./Oakley, K. P.* (Hrsg.): The emergence of man. Cambridge, Mass.: University Press 1981, 43-56
Toth, N.: Die ersten Steinwerkzeuge. Spektrum (1987), H. 6, 124-134
Trinkaus, E./Howells, W. W.: Die Neandertaler. Spektrum (1980), H. 2, 81-90
Trinkaus, E./Shipman, P.: Die Neandertaler - Spiegel der Menschheit. München: Bertelsmann 1993
UNESCO-Workshop: Stellungnahme zur Rassenfrage. Biologen in unserer Zeit (1996), Nr. 5, (Mitt. VdBiol 426), 71 f.
Vaas, R.: Konnten die Neandertaler sprechen? Naturwissenschaftliche Rundschau 48 (1995), H. 5, 179-183
Vogel, C.: Menschliche Stammesgeschichte - Populationsdifferenzierung. Biologie in Stichworten V. Kiel: Hirt 1974
Vogel, F./Motulsky, A. G.: Human genetics. Berlin/Heidelberg: Springer 1996
Vogel, G./Angermann, H.: dtv-Atlas zur Biologie. München: dtv 1982 (dreibändige Ausgabe 1984)
Vogel, K.: Lebensweise und Umwelt fossiler Tiere. Heidelberg: Quelle & Meyer 1984

Vollmer, G.: The status of the theory of evolution in the philosophy of science. In: *Andersen, S./Peacocke, A.* (Hrsg.): Evolution and creation. Aarhus: University Press 1987, 70-77

Vrba, E. S.: Ecological and adaptive changes associated with early hominid evolution. In: *Delson, E.* (Hrsg.): Ancestors: The hard evidence. New York: Liss 1985

Wahlert, G. von: Zur Evolutionsökologie der Biosphäre. In: *Jüdes, U./Eulefeld, G./Kapune, T.* (Hrsg.): Evolution der Biosphäre. Stuttgart: Hirzel 1990, 51-62

Wahlert, G. von: Zufall und Plan: Rückfragen an das Evolutionsverständnis. Mitteilungen des hamburgischen zoologischen Museums und Instituts 89 (Ergebnisband 1) (1992), 123-138

Wahlert, G. von: Bemerkungen eines Evolutionsbiologen zu Evolution und Erkenntnis. In: *Kühnemund, H./Frey, H. D.* (Hrsg.): Lebenswirklichkeit und Wissenschaft. II. Arbeitsberichte Naturwissenschaft 16. Tübingen: DIFF 1993, 7-24

Wahlert, G. von / Wahlert, H. von: Was Darwin noch nicht wissen konnte. Die Naturgeschichte der Biosphäre. München: DTV 1981

Walker, A./Leakey, R. E. F.: Die Hominiden von Ostturkana. Spektrum (1978), H. 11, 56-66

Walker, A./Ruff, C. B.: The reconstruction of the pelvis. In: *Walker, A./Leakey, R.* (Hrsg.): The Nariokotome Homo erectus skeleton. Cambridge, Mass.: Harvard University Press 1993, 221-233

Wandersee, J. H./Good, R. G./Demastes S. S.: Forschung zum Unterricht über Evolution: Eine Bestandsaufnahme. ZfDN 1 (1995), H. 1, 43-54

Ward, P. D: Der lange Atem des Nautilus oder warum lebende Fossilien noch leben. Heidelberg/Berlin/Oxford: Spektrum 1993

Weaver, K. F.: The search for our ancestors. National Geographic 168 (1985), H. 5, 560-623

Weber, I: Saurier und lebende Reptilien. UB 15 (1991), H. 166, 4-15

Weber, I.: Zeigt her eure Hände. UB 18 (1994), H. 200, 14-17

Weber, I./Kattmann, U.: Archaeopteryx - ein befiederter Dinosaurier? UB 15 (1991), H. 166, 41-43

Wellnhofer, P.: Das fünfte Skelettexemplar von Archaeopteryx. Palaeontographica, Abt. A, 147 (1974), 169-216

Wellnhofer, P.: Archaeopteryx. Spektrum (1989), H. 9, 78-92

Weninger, J./Kattmann, U.: Genkoppelung und Selektion als Faktoren allmählicher Artbildung. In: *Kattmann/von Wahlert/Weninger* (1981), 119-155

Wieser, W.: Gibt es einen neuen Bildungsauftrag an die Naturwissenschaften? In: Bildung. Friedrich Jahresheft IV, 1992, 68-71

White, E./Brown, D. (Redaktion Time-Life): Die ersten Menschen. Reinbek bei Hamburg: Rowohlt 1977

White, T. D., u. a.: New discoveries of Australopithecus at Maka in Ethiopia. Nature 366 (1993), 261-265

White, T. D./Suwa, G./Asfaw, B.: Australopithecus ramidus, a new species of early hominid from Aramis, Ethiopia. Nature 371 (1994), 306-312

White, T. D./Suwa, G./Asfaw, B.: Australopithecus ramidus, a new species of early hominid from Aramis, Ethiopia. Nature 375 (1995), 88

Williams, M. B.: The status of evolutionary theory. The American Biology Teacher 46 (1985), H. 4, 205-210

Wilson, A. C./Cann R. L.: Afrikanischer Ursprung des modernen Menschen. Spektrum (1992), H. 6, 72-79

Winkel, G.: Haustiere. UB 2 (1977), H. 5, S. 2-7

Winkel, G.: Die Johannisbeertomate. UB 6 (1982), H. 79, 69

Winkel, G.: Heimtiere. UB 11 (1987), H. 128, 4-13

Winkel, G.: Gemüse. UB 12 (1988 a), H. 138, 4-13

Winkel, G.: Herkunft der Arten und Sorten Gemüse. UB 12 (1988 b), H. 138, 55-56

Winkel, G.: Vom Haustier zum Wildtier? UB 16 (1992), H. 179, 16- 21 (auch in *Kattmann*, 1995 d, 6-11)

Winkel, G.: Umwelt und Bildung. Seelze-Velber: Kallmeyer 1995 a

Winkel, G.: Was sagt Ihnen Josta?. UB 19 (1995 b), H. 206, 4-13

Winkel, G.: Schulpraktische Hinweise zur Verknüpfung von Ökologie und Evolution im Unterricht der Klassen 3 bis 10. In: *Bayrhuber* u. a. (1997), 184-188

Witte, G. R.: Zur Biologie des Maulwurfs. PdN-B 39 (1990), H. 3, 48-50

Witte, G. R.: Konvergenz bei grabenden Kleinsäugern. PdN-B 40 (1991), H. 5, 36-43

Wood, B.: Origin and evolution of the genus Homo. Nature 355 (1992), 783-790

Wood, B.: Four legs good, two legs better. Nature 363 (1993), 587-588

Wraage, J.: Was wissen wir vom Neandertaler? UB 3 (1979), H. 31, 18-24

Wuketits, F. M.: Die sieben Formen der biologischen Ähnlichkeit. BiuZ 7 (1977), H. 4, 106-111

Wuketits, F. M.: Grundriß der Evolutionstheorie. Darmstadt: Wissenschaftliche Buchgesellschaft 1982

Zauner, F.: Zahlenkanon zur Geschichte der Deszendenzlehre. BU 4 (1968), H.2, 61-76

Zeuner, F.: Geschichte der Haustiere. München: BLV 1967

Ziegler, B.: Einführung in die Paläobiologie Teil 1: Allgemeine Paläontologie. Stuttgart: Schweizerbart 1972

Zimen, E.: Der Wolf. Wien: Meyster 1979[2]

Zollikofer, C. P. E., u. a.: Neanderthal computer skulls. Nature 375 (1995), 283-285

Zwölfer, H./Bush, G. L.: Sympatrische und parapatrische Artbildung. Zeitschrift für Zoologische Systematik und Evolutionsforschung 22 (1984), H. 3, 211-233

Stichwortverzeichnis

Aasfresser-Hypothese 237, 284, 285 f., 290, 292
Aaskrähe 113
Abschlagtechnik 230
Abstammung 5, 53
Abstammung (Mensch) 35, 37, 45, 177 ff., 202 ff., 255 ff.
Abstammungsgemeinschaft 11 ff., 16
Abstammungslehre 92 f., 202
Acheuléen 230, 235, 285
Ackerbau 55
Adalia 105, 109 120 f., 123
Adam 35
Adaptation 51
Affenlücke 259
Affenmensch 247
Agricola 24
Ähnlichkeit 91, 154, 177, 183, 188
Akademie-Streit 93
Aktualitätsprinzip 94
Alleldrift 134 f.
Allelfluss 134, 136
Allensche Regel 227
Alltagsvorstellung 37, 38, 96
Alpenveilchen 77
Ammonit 25, 26, 29, 31
Amphibien 13, 14, 167
Analogie 155, 177, 183, 185, 190 f.
Angepasstheit 8, 49, 52, 91, 124, 130, 177, 208, 215 f., 219, 222, 226
Angraecum 96, 103
Anpassung 48 f., 51 f.
Anthropologie 133
Anthropomorphismus 96
Antilopen 256, 258
Antisemitismus 140
Archaeopteryx 34, 156, 158, 166, 168-172, 175
Archosaurier 156
Ardipithecus 205, 258
Arme 211
Art 11, 35, 44, 152, 204
Art, biologische 112
Artaufspaltung 51, 97, 112-119, 126-131, 204, 267
Artbegriff 54
Artbildung, allopatrische 113, 256
Artbildung, sympatrische 113, 119
Artenvielfalt 126, 255
Artenwandel 93, 98, 100
Artkonstanz 97
Artumwandlung 97, 112, 113, 117, 204
Asteroid-Hypothese 161
Atmosphäre 2, 4
Aufrechtgang 208-216, 218 ff., 259, 279, 281, 282 f., 288, 291
Ausbreitung 130
Auslese 57
Außengruppenvergleich 184
Aussterben 26, 27, 28, 152, 160 f.
Australopithecus 205, 258, 262, 268, 279 f.
Australopithecus aethiopicus 260, 273
Australopithecus afarensis 204, 216, 259 f., 269

Australopithecus africanus 260, 270
Australopithecus boisei 260, 271
Australopithecus robustus 260, 272
Bänderschnecken 105, 109 f., 120-122, 126
Bärenkult 232
Bau-Funktions-Verschränkung 28, 164, 173, 216
Baumfink 95, 118 f.
Baumleben 214
Bauplan 94, 189
Bauplanmerkmale 11
Beagle 94
Becken 210, 211
Befiederung 160
Begräbnis 231, 246
Behausung 245, 229
Beine 211
Belege 52 f., 119, 152 ff.
Belemnit 25, 29
Beutetiere 243
Bibel 35, 38, 40, 42
Bild Gottes 36
Bindeglied 235 f. 247 f. s. auch Brückentier
Biodiversität 119
Biologieunterricht, naturgeschichtlicher IX, 10, 13
Bioplanet 2
Biosphäre 1, 10
Bipedie s. Aufrechtgang
Birkenspanner 110 f. 120, 124
Blindschleiche 189
Blütenpflanzen 191
Botanischer Garten 74, 89
Boule 224, 225
Brocasches Zentrum 234, 280
Brontosaurus 163
Broom 272
Brückentier 34, 166 ff., 179, 235, 250
Brutpflege 13, 159
Buckland 156
Buntbarsche 119
Cepaea 105, 109 f., 120-122, 126
Cirripedia 193
Coelurosaurier 169
Compsognathus 172
Computersimulation 120
Cotylosaurier 156
Cuvier 19, 92 f., 97, 156, 166, 180
Dart 270
Darwin 1, 3, 5 f., 8, 34, 47 ff., 54, 81, 87, 92, 93-96, 97, 98 ff., 101 ff., 115, 126, 152, 154f. 166, 177, 202, 278
Darwinfinken 95, 115, 118, 126
Dendrogramm 155
Diastema 259
Differenzierung 9
Dimension, zeitliche 28, 30
Dingo 62
Dinosaurier 28, 34, 39, 40, 156, 157, 162, 171
Diskriminierung 140, 142, 147 ff.
Distanz, genetische 138
Divergenz 47, 185 f., 188

305

Diversifikation 8 f., 18
DNA-Hybridisierung 181 f.
DNA-Sequenzierung 181, 264
Domestikation 47, 53-62, 63 ff., 76, 80
Drachen 156
Drainage 282
Dubois 233, 235 f., 247 ff.
Durchbruchsmuster 280
Dynamik der Evolution 53, 119
Echsenbecken-Dinosaurier 157
Eiablage 14
Eidechse 15
Eigenart des Menschen 10, 44, 203, 208, 216, 228, 278, 286, 288
Einheit der Natur 36 f.
Einnischung 49
Eiszeit 228
Emissarien-Venen-System 282
Endivie 77
Endothermie 160
Energiebedarf 216, 284, 290
Entdeckungsgeschichte 238, 247 f., 266
Ente 56
Entenmuschel 193
Entwicklung 1, 15 f.
Entwicklungshöhe 10
Entwicklungsphasen 280
Entwicklungsreihen 186
Epochen der Erdgeschichte 22
Erbgang, dominant-rezessiver 109, 121
Erdgeschichte 2-4, 19-33, 91, 97, 120, 162, 171, 173
Erdzeitalter 20 ff.
Erklärungen, nomologische 2
Erklärungen, historische 1
Erklärungsprinzip IX, 10
Essentialismus 97
Ethik, heimliche 207
Eukaryoten 2 f., 4
Europide 133
Eva-Hypothese 264
Evolutionsbiologie 2
Evolutionsfaktoren 49 f., 130
Evolutionslehre 202
Evolutionsprozess 207
Evolutionsthemen 52
Evolutionstheorie 3-7, 34, 47, 91 f., 95 f., 115, 119, 154, 185
Exkursion 29 f., 194
Extremitäten 178, 180, 187, 189, 211
Falbkatze 60
Fälschung (Fossilien) 34, 168, 236
Farbige 137, 142
Faustkeil 231
Feder 168
Fehlurteile, ahistorische 7
Felsentaube 101
Fernursachen 2
Fingernägel 183 f.
Fische 167, 190
Fischform 187
Fitness 105
Flaschenhals 264
Fliegen 169, 173

Flugsaurier 164
Formenvielfalt 90
Forschungsdiskussion 207
Forschungsmethoden 97
Fortbewegungsweise 215, 217, 218
Fortpflanzungserfolg 105
Fortpflanzungsgemeinschaft 12, 112
Fortschritt 8, 10
Fossilabgüsse 29, 174
Fossilfundplätze 28
Fossilien 4, 19-32, 34, 41, 93, 134, 152, 155, 168, 204 f., 207, 266
Fossilisation 24, 173
Frankfurter Theorie 49 f., 96
Freiarbeit 165
Freigelände 162
Fremdgruppe 140
Frühmenschen 237, 247
Fuhlrott 223
Funktionsmorphologie 49 f., 96
Fuß 212 f., 259
Fußspur 34, 39, 208, 219 f., 222
Gaia 96
Galapagos 115, 117, 126
Galapagosfinken 95
Gänseblümchen 73
Gartenbohne 67
Gartenmöhre 68 f., 85 f., 90
Geburtskanal 281, 282, 288
Gehäusetypen 110, 120-122
Gehirn 282, 286
Gehirndrainage 259
Gehirnentwicklung 279, 281 ff., 288, 290 f.
Gehirngröße 160, 208, 234, 258, 268, 280
Gehirntemperatur 192
Gemüsepflanzen 68
Genealogie 155
Genetik 121, 143
Genotyp 105, 109, 138
Genpool 54
Geochronologie 22
Geoffroy 92 f.
Geographie 28
Geologie 19, 22 f., 94
Geschichte 203
Geschmack 88
Geschwisterart 115 f., 127
Getreide 76
Gibbons 195, 214, 218
Ginkgo 31
Giraffe 98, 101
Giraffengazelle 208
Glaubensaussagen 11, 35-37
Glaubensvorstellung 100
Gleichbehandlung 141
Gliedmaßen 178, 180, 187, 189, 211
Gondwana 160
Gorilla 198 f., 214, 218
Grabbeigaben 232
Grabenbruch 256
Grabstock 285
Greifhand 216
Großrassen 133, 136, 147

Großwildjagd 284
Gründerpopulation 136
Grundfink 95, 115, 117, 126, 130 f.
Grundtypenlehre 33
Haeckel 3, 11, 36, 81, 92, 94, 95, 153 f., 236, 248
Hand 208
Handlungsbezug 74
Hangeln 208
Hangnager 126-130
Hase 80
Häufigkeitsverteilung 133 ff.
Haushund 56 ff., 62, 74
Hauskaninchen 63 f., 76, 80-85, 89
Hauskatze 59, 60 ff., 76, 77-79, 89
Hauspferd 56, 62 ,75
Hausrind 56
Hausschaf 63
Hausschwein 74 f.
Haustaube 101
Haustiere 53
Haustierrassen 133
Haustierwerdung s. Domestikation
Haut 136
Hautfarbe 136 f., 141-150
Hautfarbenverteilung 145
Hautpigmentierung 143 f.
Heringsmöwe 113 f.
Höherentwicklung 9 f., 39, 44, 267
Höhlenbär 228
Hominiden 204 ff., 256 ff.
Hominisation 278, 282, 286 ff., 291
Hominoiden 198 f.
Homo 257, 261, 263, 268
Homo erectus 233, 237, 247, 253, 261, 263, 265, 268, 275, 280, 282, 284, 285, 286, 290
Homo ergaster 263, 275
Homo habilis 257, 261, 274, 280
Homo rudolfensis 257, 261, 274, 280
Homo sapiens 262 ff., 268, 276, 280, 285
Homo sapiens sapiens 233, 265, 276
Homoiothermie 160, 192
Homologie 155, 177-180, 183-185, 190 f.
Honigbiene 53
Hornträger 257, 267
Huhn 56
Hund 56 ff., 62, 74
Hunderassen 74
Huxley 6, 11
Hybridisieren 115
Hypothese 6, 97, 152
hypothetisch-deduktiv 6, 47 f.
Ichthyostega 167
Iguanodon 163
Industriemelanismus 110 f., 120, 124
Insel 117 f., 130
Intelligenztests 137
Inversion, typologische 8, 11
Isolation 51, 112-119, 126 f., 130, 134
Jagdmethoden 227, 241, 243
Jagdverhalten 229
Jägermodell 284
Jahreszeiten 126
Jetztmensch 233, 265, 276

Johanson 269
K-Strategie 279
Kambrium 2, 20, 22, 26
Kampf ums Dasein 48
Kaninchen 63 f., 76, 80-85, 89
Kannibalismus 232
Kartenabfrage 38
Kartoffel 76
Katastrophen, erdgeschichtliche 26 f., 161
Katastrophentheorie 94
Katze 59, 60 ff., 76, 77-79, 89
Kehlkopf 232
Kerntechnik 231
Kiesewetter 143
Kladistik 184 f., 203
Kladogramm 199 f., 204
Klassifikation 11-13, 93, 140 f., 155, 177, 184 f., 200
Klettern 214, 259
Klima 26, 215, 221, 255 ff., 267
Klin 113, 136
Kloakentiere 12
Knöchelgänger 215
Knochenfische 8
Koenigswald, von 233
Koevolution 96
Kohl 70 f., 76, 87 f., 90
Komplexität 8
Konkurrenzausschluss 178
Konstanzlehre 100
Konstruktionsmorphologie 49 f., 96
Kontinentalverschiebung 22
Kontingenz 1, 7
Kontroversen 207, 263
Konvergenz 186 ff.
Konzept des naturgeschichtlichen Biologieunterichts IX, 10, 13
Konzeptwandel 140
Korrelationsregel 180
Korrespondenzen 34 f.
Kreationismus 1, 33, 37, 96 f., 287
Kreidezeit 40 f.
Kreuzbarkeit 112, 127
Kreuzung 86
Krokodile 13 f., 156
Kühlertheorie 282, 290
Kultur 230, 235, 251, 282, 284
Kulturpflanzen 53, 64, 67, 90
Kumpan 55
Laetoli 220
Lamarck 6, 92 f., 96-100, 155
Landrasse 57
Landwirbeltiere 12-18
Larve 193
Latimeria 31
Laurasia 160
Leakey, Louis 233, 261, 271
Leakey, Mary 261, 271
Leakey, Richard 233, 236, 252, 259, 261, 273, 274
Lebende Fossilien 27, 31
Lebensalter 279, 284
Lebensbereiche 12, 38, 41-43
Lebensbild 173, 204, 240
Lebensformtypen 178

Lebensgemeinschaften, fossile 24, 26 f., 31
Lebensgeschichte 279 ff., 286, 288
Lebensraum 13 f., 18, 221, 227, 235, 242, 255
Lernen 282
Leserichtung 8, 12, 189
Levalloistechnik 230
Linné 92 f., 97, 177, 202
Lippstädter Fall 33
Lorenz 11
Lucy 216, 269
Luftverschmutzung 112
Lunge 8 f.,
Lyell 92 f.
Magnettafel 267
Makrelen 192
Malthus 47
Mammut 228, 243
Männchen-Weibchen-Beziehung 286
Marienkäfer 123
Massenaussterben 26, 161
Medienkritik 147
Mehrfachfunktion 216
Mensch 10, 35 f., 39 ff., 44 , 119, 133 ff., 153, 182, 185, 186, 189, 194 ff., 199, 200, 202 ff.
Mensch-Tiere-Vergleich 203
Menschenaffen 185, 189, 194 ff., 202 f., 208-215, 217 ff., 235, 256, 280, 285, 291
Menschenbild 202 f.
Menschenrassen s. Rassen
Menschenrechte 149
Menschwerdung 278, 286, 287, 288, 291
Merkmal 154, 177, 182, 184
Merkmal, abgeleitetes 183
Merkmal, selektionsneutrales 135
Merkmal, ursprüngliches 183
Merkmalsähnlichkeit 183
Merkmalsübergänge 113, 136
Metamorphose 191
Meteorit 26
Methode, naturwissenschaftliche 6
missing link 235 f., 247 f.
Modell 126 f.
Möhre 68 ff., 85 f., 90
Molch 15
Mongolide 133
Mosaikevolution 169, 182, 184, 206, 216, 233, 235, 263
Moustèrien 230, 231, 285
Möwen 113 f.
multiregionales Modell 263
Museum 28, 31, 162, 266
Mustang 62
Mutation 49, 107, 120, 126
Mythen 34
Nachtigall 115 f.
Nacktsamer 168
Naegeli 103 f.
Nahrungsstrategie 284
Nahrungsteilung 238, 284
Nahursachen 2
Nationalsozialismus 140, 142
Naturgeschichte 1 f., 7, 9-13
Nautilus 31
Neandertaler 223 f., 232 f., 238 ff., 246, 265, 276, 280, 285

Nebelkrähe 113, 115, 127
Negride 133
neolithische Revolution 55
Nische, ökologische 10
Obstbaum 73
Oldowan-Kultur 285
Ontogenese 1
Orang-Utan 196, 199, 214, 218, 255, 258
Orchidee 96, 103
Organisation der Lebewesen 49
Organisationsebenen 50
Organisationstypen 99
Originalberichte 207
Out-of-Africa-Modell 263 f.
Owen 156
Paläontologie 19, 28
Paluxy River 38-40
Pangäa 160
Paprika 67
Parallelentwicklung 56, 66
Paranthropus 272
Petunie 77
Pferd 56, 62, 188, 208
Pferdezucht 76
Phänotyp 105, 109
Phantasiemodell 126
Phylogramm 155
Pigment 143
Pigmentierung 136, 145
Piltdown 236
Pinguine 190
Pithecanthropus 233, 236, 238, 247 ff.
Plattentektonik 7
Polymorphie 105, 110, 112, 120, 123
Polymorphie, balancierte 109
Polytypie 112 f.
Pongiden 185
Popper 6
Population 98 f., 105 f., 110, 112-119, 123, 127-131, 133-139
Populationsdenken 52
Populationsdifferenzierung 51, 119, 133 ff., 268
Populationsgenetik 7
Populationsgeschichte 135, 139
Präkambrium 2
Präzipitintest 180
Präzisionsgriff 208
Primaten 183 f., 194 ff., 209, 279
Problemdiskussion 239
Prognose 6 f., 96, 103
Prokaryoten 2-4
Pteranodon 163
Pterosaurier 164
Pudel 57
Qualzucht 74
Quastenflosser 31
Rabenkrähe 113, 115, 127
Radiation, adaptive 8, 49, 206, 256 f.
Ramapithecus 258
Rasse (Haustiere) 58 f., 74 f., 79, 84, 95, 101 f.
Rasse (Mensch) 133 ff.
Rasse, geographische 113
Rassekriterium 147

Rassenbegriff 133
Rassenbildung 134
Rassenideologie 142
Rassenkonzept 133, 137, 139
Rassenmerkmal 134
Rassenmischung 139
Rassensystem 139
Rassentrennung 137
Rassentypologien 139
Rassenunterschiede 133, 146
Rassismus 140 ff.
Reflexionsgrad 137
Regressionsreihe 180, 188
Reifezeit 282
Rekombination 107
Rekonstruktion 2, 154, 159, 160, 173, 175, 185, 200, 224, 241, 255, 258, 267
Rekonstruktionsexperiment 163
Religion 37
Ren 56, 243
Reptilien 13, 156 f., 160, 169, 171, 180
Retrodikt 6
Rhinogradentia 126
Riesenhirsch 228
Riesenwuchs 56, 66
Rind 56
Robben 190
Rüben 86
Rückbildung 189
Rückkoppelungsmodell 282, 288
Ruderfußkrebs 193
Samenfarn 168
Sammlerinnen und Jäger 55, 215, 227, 229, 238, 251, 253, 284, 290
Sauerstoffgehalt 4
Sauerstoffvorrat 2
Säuger 15
Saurier 18, 26, 40 f., 156, 162 f., 173, s. auch Dinosaurier
Saurierspuren 38
Savanne 256
Schaaffhausen 223
Schädel 212, 268
Schädelabguss 267
Schädelkult 232
Schaf 63
Schalentypen 110, 120 ff.
Scheitelkamm 259
Schicht, geologische 155
Schildkröten 13 f., 18
Schimpansen 182, 185, 196, 199 f., 210, 211, 212, 214, 218, 280, 285, 286, 290
Schimpansen-Modell 214
Schmeckstunde 88
Schnabelmerkmale 131
Schnabeltier 12, 14, 16
Schneckenexkursion 121
Schneckenschmiede 120
Schöpfung 8, 33-44, 93, 97, 202
Schöpfungstext 11, 34 ff., 38, 41-44, 91, 287
Schöpfungswissenschaft 33
Schubladendenken 142
Schülervorstellungen 51 f., 96 f.
Schulgelände 165

Schuttplatz 89
Schutzfärbung 124
Schwanzflosse 189
Schwanzmeise 115 f.
Schwärmer 103
Schwefeldioxid 111
Schwein 56, 74 f
Schwertfische 192
Schwestergruppe 185, 198
Schwimmblase 8 f.
Selbsterkenntnis 202
Selbstverständnis 287
Selektion 5, 47, 49, 51, 100, 103, 105-112, 121-126, 130 f., 134 ff., 145, 213, 215 f., 257
Selektion, aufspaltende 107 f., 112
Selektion, frequenzabhängige 108
Selektion, stabilisierende 107 f., 112
Selektion, transformierende 107 f., 112
Selektionsspiel 125
Selektionstheorie 3, 5 ff., 47 f., 53, 96, 104
Selektionstypen 108
Serum 181
Sexualdimorphie 259, 268, 286
Sichelzellen 112
Siedlungsplatz 229 f.
Silbermöwe 113 f.
Simulationsspiel 126
Singdrossel 121
Singvögel 115 f.
Sinnaussagen 35, 44
Sintflut 34, 37, 44
Sivapithecus 255, 258
Sonderstellung 10, 36, 38, 44, 202 ff., s. auch Eigenart
Sonnenschutz 144
Sozialsystem 286
Sozialverhalten 215, 246, 284, 286, 288
Spechtfink 118
Spencer 1
Sprache 147, 232
Sprachfähigkeit 232, 235, 280
Sprosser 115 f.
Stammart 62, 96, 177
Stammbaum 46, 152 ff., 173, 182, 194, 196, 198 ff., 203 ff., 255 ff.
Stammbaumhypothesen 206 f., 260, 262
Stammbaumschemata 155
Stammesgeschichte 1, 112, 152, 156, 204 ff.
Stammeslinie 12, 185, 206
Stammform 54, 74 f.
Standfuß 212, 218
Star 115 f.
Stegosaurus 163
Steinwerkzeug 228, 229, 231 f., 238, 285
Steinzeit 55
Stemmgreifklettern 208
Stratigraphie 22
Stromatolith 4
Stufenreihe 8 f., 45, 93, 155, 202
Symplesiomorphie 183
Synapomorphie 183
Synthetische Theorie 51
System 177, 202, 208
Systematik 154, 183, 203

309

Systematik, evolutionäre 154
Systematik, phylogenetische 11, 154, 184 f., 200
Szenario 247, 250, 251, 253
Tafelbild 289
Tarsoidentheorie 204
Tatsachenaussage 5, 37, 44
Taubenrassen 96, 101 f.
Tauglichkeit 105
Taung 270
Tautologie 51
Taxonomie 184 f.
Taxonomische Gruppe 12
Technik 231
Teilhard de Chardin 34
Teleologie 51, 96, 203
Temperaturveränderung 255
Testintelligenz 137
Textarbeit 40, 147, 207
Theorie 33
Therapsiden 167
Thermoregulation 160, 192
Thunfische 192
Tomate 66
Traditionsabbruch 38
Triceratops 163
Turkanajunge 233, 236 ff., 250 ff., 280
Typen 155
Typenfolge 119
Typenlehre 93
Typenwandel 101
Typogenese 166
Typologie 8, 51, 133
typologische Inversion 154
Übergangsform s. Bindeglied
Überproduktion 47 f.
Umwelt 49
Umweltbedingungen 105, 121
Unangepasstheit 8, 52
Unterart 113 ff., 119, 126 f., 130, 139
Urflut 37
Urvogel 168, 172
UV-Einstrahlung 136, 144
Variabilität 47 f., 51, 105, 112, 136, 147
Verantwortung 203
Vereisung 227, 242
Vergleich 152, 177
Vergleichende Anatomie 154
Verhaltensweisen 180
Verwandtschaftsbestimmung 180
Verwandtschaft 5, 53, 91, 134, 136, 144, 152, 155, 177 ff.
Verwilderung 49, 53, 62, 65, 72, 73, 76, 80, 90
Viehzucht 55
Vielfalt 91, 106-112, 120 f., 130, 137 ff., 162
Vierbeiner 208

Virchow 223, 236
Vitamin-D-Hypothese 136
Vögel 15, 156, 169, 173
Vogelbecken-Dinosaurier 157
Vorurteil 141 f., 147 ff.
Vulkanismus-Hypothese 26 f , 161
Wachstumskurve 280
Wale 16 f., 187 ff., 190
Wallace 92, 94 f.
Wanderungen 134, 136, 267
Wärmeregulation 160, 192
Weidenreich 233
Weismann 103
Weltanschauung 10, 35
Weltbild, babylonisches 36 f., 41
Weltbild, geozentrisches 202 f.
Weltbild, heliozentrisches 203
Weltverständnis 34 f.
Werkzeuge 231, 235, 285, 288
Werkzeugherstellung 215, 229, 230, 241, 244
Werkzeugverhalten 228, 291
Wildform 67
Wildkaninchen 65, 80 ff., 89
Wildkatze 60
Wildkohl 70, 88
Wildmöhre 86
Wildtiererbe 62
Wirbelsäule 210
Wirbeltiere 9, 11 ff., 157, 162, 166 f., 169, 173, 178, 180, 208
Wirbeltierextremitäten 177, 187
Wissensbehauptung 37
Wissenschaftsgeschichte 96 f.
Wissenschaftspropädeutik 246
Wolf 57
Wollnashorn 228, 243
Zahnentwicklung 237, 279 f.
Zeitvorstellung 28, 30
Ziege 56
zielgerichtetes Handeln 51
Zielgerichtetheit 8
Zinjanthropus 271
Zoo 74, 189, 194 f., 217 f.
Zuchtformen 133
Züchtung 47 f., 53, 71-75
Züchtungsräume 134
Zuchtwahl 47, 54, 74, 95
Zuchtziele 88
Zufallswirkung 135
Zweckmäßigkeit 8
Zweipunkt-Marienkäfer 105, 109 120 f., 123
Zwergwuchs 56, 66
Zwischenform s. Brückentier